ST. ATHANASIUS'

ORATIONS AGAINST THE ARIANS.

ΤΟΥ ΑΓΙΟΥ

ΑΘΑΝΑΣΙΟΥ

ΚΑΤΑ ΑΡΕΙΑΝΩΝ ΛΟΓΟΙ

THE

ORATIONS OF ST. ATHANASIUS

AGAINST THE ARIANS

ACCORDING TO THE BENEDICTINE TEXT

With an Account of his Life

by

WILLIAM BRIGHT, D.D.
CANON OF CHRIST CHURCH
REGIUS PROFESSOR OF ECCLESIASTICAL HISTORY

Eugene, Oregon

Wipf and Stock Publishers
199 W 8th Ave, Suite 3
Eugene, OR 97401

The Orations of St. Athanasius against the Arians
According to the Benedictine Text
With an Account of His Life by William Bright
By Athanasius, St. and Bright, William
ISBN: 1-59752-222-8
Publication date 5/25/2005
Previously published by Oxford, UK, 1873

CONTENTS.

INTRODUCTION, on the Life of St. Athanasius. . . . P. i–xcviii

ORATION I.

Necessity of exposing the true character of Arianism. Reference to the 'Thalia' of Arius for its essential propositions. The Catholic doctrine stated. The question is, Whether our Lord be truly Son of God, and truly God, or not. His Eternity proved by texts of Scripture, by His Divine Sonship, by the doctrine of the Trinity, and by His titles, as 'Wisdom,' 'Word,' 'Image.' Arian objections considered. Analogy of human parentage, how far applicable. The term 'Ingenerate' discussed. Moral unalterableness of the Son as such. Examination of the texts alleged by Arians: Phil. ii. 9, 10; Ps. xlv. 7, 8; Heb. i. 4. These are shown to harmonize with Catholic doctrine. . . . . P. 1

ORATION II.

Examination of texts resumed: Heb. iii. 2; Acts ii. 36. Points in which the Son differs from all creatures as such. The Arian theory, that He is a creature, created to create others, absurd. Contrast between the respective relations of creatures and of the Son to the Father. Scripture illustrations helpful up to a certain point. The Sonship necessarily mysterious. The one Word of God contrasted with other 'words.' Argument from Baptismal form. Examination of Prov. viii. 22, LXX.; it is explained as referring to the Incarnation. Illustration of the point from Rom. viii. 29; Col. i. 15; Col. i. 18. Consideration of the context of the passage in Proverbs. . . . . P. 68

ORATION III.

Examination of John xiv. 10. Doctrine of Coinherence of the Father and the Son. John xvii. 3, &c. contrast the Father not with the Son, but with false gods. Texts on 'unity' of the Father and the Son, as John x. 30, xvii. 11, mean more than moral unity; for this belongs to all God's servants. The unity of Father and Son must be essential. Another Arian explanation, comparing the unity of Father and Son to that of Christians with each other, refuted by the title of 'the Word.' Limited scope of human analogies.

Contents.

Texts affirming Christ's Manhood are unfairly used by Arians to deny His Godhead. The Incarnation has a twofold aspect. The Incarnate Christ has a Divine and a human sphere of action: 1 Pet. iv. 1 serves as a key-text. Texts, like Matt. xi. 27, as to the Son receiving from the Father refer not to Him as Word, but to Him as Man. Texts, like Mark xiii. 32, as to limitations of His knowledge, and texts, like Matt. xxvi. 39, as to His fearing or being troubled, similarly explained. Consideration of an Arian objection as to the Son being 'begotten by will.' This is virtually the same as saying that 'once He did not exist.' The Son neither by necessity nor by will, but, as Son, 'the proper offspring of the Father's essence, and not external to Him,' the essential Will and Counsel of the Father. P. 154

ORATION IV.

A series of notes, directed against a form of Sabellianism.

The 'Monarchia,' or Unity of Origin in the Godhead, is entirely consistent with, and indeed requires, the doctrine of a Personal Word or Son.

Texts ascribing human feelings to the Son refer to Him as Incarnate Mediator.

Some own Him as Son, but not as properly Word. Others say that the Word is not properly Son.

Such a text as John x. 30 supports the 'Homoousion.'

Against the Sabellianizing theory of a Word going forth after quiescence into action, and then returning into quiescence.

The Word identical with the Son. Not true that 'the Man Jesus only is the Son,' or that 'the Word and Jesus are the Son,' or that 'the Word became Son when it was associated with Jesus.'

Sabellianism exhibited in its results.

Renewed argument for identity of the Word and the Son. The Word, in the Incarnation, was not associated with a man, but became Man, continuing to be God. Thus Jesus Christ is both God and Man. . . P. 222

ERRATA.

P. 180, l. 22, *for* Σαμωσατέα *read* Σαμοσατέα.
P. 226, marg., *for* Col. iii. 1. *read* Eph. i. 20.

INTRODUCTION,

ON THE LIFE OF ST. ATHANASIUS.

INTRODUCTION,

ON THE LIFE OF ST. ATHANASIUS.

THE 'Orations of St. Athanasius against the Arians' are here reprinted from the Benedictine text, in a form which, it is hoped, will prove convenient to students of theology. It seems desirable to prefix to them some account of the life of their ever-memorable author.

I.

Those who think of studying the life of St. Athanasius will need no prefatory assurance of its grandeur. They will probably know something of it, to begin with,—enough to make them desirous of knowing more. The name, a household word through Christendom,—the story, in its merest outline so impressive, — the character, which compelled even Gibbon[1] to acknowledge its majesty,—these are elements of unique, unfailing interest, independently of the attractiveness which all adherents of a great religion must find in the record of such great things done for its cause.

It would be hardly less superfluous to disclaim any expectation of doing justice in a few pages to so broad and lofty a theme. What will be attempted is, to describe this career in its

[1] Gibbon, iii. 69 (c. 21).

On the Life

main features, by way of introducing the student to the fuller narratives of Montfaucon or Tillemont; to show, in some degree, from the words of Athanasius himself, and especially from his autobiographical fragments, what the real man was in his own personality,—what he thought, and felt, and aimed at,—how he worked, how he suffered, how, in the long run, he overcame. To conceal that sympathy for his side in the Arian contest, which is involved in the confession of the Nicene faith, would be a paltry and foolish affectation: but, on the other hand, it must never be forgotten that the memory of a hero is not honoured by hero-worship, and that the example of a saint has sometimes been dimmed by hagiology.

Athanasius was born at Alexandria; in the words of the Emperor Constantius, that city contained his 'paternal home[1];' and his father's tomb is known to have been situated in its outskirts[2]. Of his family circumstances we know but little: one of his relations lived to suffer persecution from his enemies in A.D. 340[3]; and his own declaration to Constantine, at a crisis of his life, must be taken to mean that he was, at any rate, not wealthy[4]. The time of his birth can be approximately determined by observing, that his recollections of the 'persecution under Maximian,' in A.D. 303-5, were imperfect[5], and that he was comparatively young when consecrated in A.D. 326, but that he was old enough to receive some theological instruction from teachers who suffered under Maximin Daza in A.D. 311[6], and that he seems to have written his first theological work as early as A.D. 318. Thus we infer that he was born about A.D. 297: a conclusion which bears on the famous anecdote first told by Rufinus of Aquileia, who must have heard it from contemporaries of Athanasius when he visited Egypt about A.D. 372[7]. Alexander, bishop of Alexandria,—so runs the story,—after finishing a festival service in commemoration of his martyred predecessor, Peter, was expecting some of his

---

[1] Ath. Apol. c. Ari. 51. [2] Soc. iv. 13. [3] Ath. Hist. Ari. 13.
[4] Apol. c. Ari. 9. [5] Hist. Ari. 64. [6] De Incarn. 56.
[7] Rufin. H. E. i. 14; Soc. i. 15; Soz. ii. 17.

of St. Athanasius.

clergy to dine with him in a house standing near the sea. Looking out towards the shore, he saw a party of boys who were evidently imitating Church ceremonies; after watching them for a while with interest, he observed that they were enacting a mimic baptism. This, he thought, was going too far: he caused them to be brought in, and, with some difficulty, elicited from them that one of their number, named Athanasius, had been officiating as a bishop, and others as priests and deacons; and that some boys, who were still ranked among catechumens in the Church, had been 'baptized,' with careful observance of the prescribed forms. Upon which, after consulting the clergy, Alexander resolved to treat this baptism as valid, only adding the episcopal imposition of hands, and the application of chrism to the forehead, — in one word, confirmation. He then, it is added, exhorted the parents of the young officiants to train them up for actual Church ministry; and the 'boy-bishop,' in particular, having been duly sent to school, was 'given back' to Alexander as a 'deposit,' and 'bred up, like another Samuel, in the temple.' The story has a tender, old-world gracefulness, which commended it to the author of the 'Lyra Innocentium[1].' But even if we suppose, with Hefele[2], that there had been a real intention, not to play, but 'to do what the Church meant to have done,' the account given by Rufinus appears incompatible with the fact that Athanasius must have been about sixteen at the accession of Alexander[3]. Still, it is likely enough that bishop Peter had discerned in the boy some promise of a high vocation, and had exhorted his parents to watch over it; and it is certain that Alexander did become his kind and fatherly patron, took him into his house, and employed him as a secretary. The position involved some signal advantages. It was much to be admitted, in youth, to

---

[1] See the verses on 'Enacting Holy Rites,' at p. 187.
[2] Hefele, Hist. of Councils, b. ii. c. 2. s. 25.
[3] Alexander became bishop in A.D. 313; Peter had been martyred in A.D. 311.

the confidence of the 'Archbishop[1]' or 'Pope[2]' of Alexandria, the occupant of 'the Evangelical throne,' the second bishop in the Church, whose authority over the bishops of Egypt, Libya, and Pentapolis, was virtually both patriarchal and metropolitical[3]; and to 'live, as a son with a father[4],' under the roof of a prelate beloved for his 'gentle disposition[5],' must have been a happiness often thankfully remembered amid the storms and conflicts of later life.

Such was the introduction of Athanasius, probably soon after A.D. 313, to the threshold of his ministry. He was eminently qualified to make full use of all his opportunities; and they were many and various. All his antecedents had exercised his powers of observation. He had been bred up in a home ruled by Christian influences, but amidst the many-sided life of that vast city[6], so 'full of stirs,' an intellectual as well as a commercial meeting-place[7] for various nationalities,— a scene of collisions, and also of fusions, between widely diverse elements. Whenever he traversed the broad street that ran from the Sungate southwards[8], or looked around him at the Tetrapylon, the Alexandrian 'Carfax,' he would find something new in the aspects of that strange population, so frivolous and restless, so bitterly contentious and feverishly excitable[9]: or in the south-

[1] The title of Archbishop first appears in a document of A.D. 326, and seems to be applied to Alexander. Ath. Apol. c. Ari. 71.

[2] On this title, signifying 'dear father,' and given to all bishops, but specially to the bishop of Alexandria, see Ath. Apol. 64; Euseb. vii. 7; Pearson, Vind. Ign. i. c. 11 (vol. i. p. 304); Routh, Rell. Sacr. iii. 235.

[3] Cf. Con. Nic. can. 6; Synes. Ep. 67; Mansi, Conc. vii. 55. See Valesius, Obs. Eccl. in Soc. et Soz. iii. 9; Le Quien, Or. Chr. ii. 353; Neale, Introd. East. Ch. i. 111.

[4] So St. Cyril of Alex. says, Epist. 1., to the Monks.

[5] Ruf. i. 1; Neale, Hist. Alex. i. 115.

[6] Cf. Josephus, B. Jud. iv. 11. 5; Ammianus Marcell. xxii. 16. 7; Greg. Naz. Orat. xxi. 7.

[7] See Merivale, Hist. Rom. viii. 235; Jowett on Epist. of St. Paul, i. 452; Vacherot, L'Ecole d'Alex. i. 103.

[8] Strabo, xvii. 1.

[9] Ammian. xxii. 11. 3; Dion Chrys. Orat. xxxii.; Dion Cass. xxxix. 58; Hadrian ap. Vopiscus, in Hist. Aug. Scr. ii. 719; Soc. vii. 13.

of St. Athanasius.

western quarter he might see the forces of Alexandrian Paganism[1], of its worship and of its thought, concentrated in the towering pile of the Serapeion[2], which, long years afterwards, was to be literally the stronghold of its furious despair[3]. If he turned to the south-east, he would reach the Jewish district, where the indestructible race which at one time held two-fifths of the city, and gloried in its grand synagogue and in the legal authority of its ethnarch[4], still, after many losses and sufferings[5], held its own,—with its proverbial sharpness in overreaching a Gentile customer[6], and its sleepless watchfulness for an opportunity of striking at the Church[7]. To the north of this 'Jewry' Athanasius passed much time, as a young student, in the 'Didascaleion' or Catechetical School[8], so famous for a line of teachers including such names as Dionysius, Origen, and Clement: its traditions would encourage and urge him to become acquainted with Greek literature[9]; and thus,—apparently in the neighbouring Museum[10], the ancient seat of the Alexandrian university, — he learned 'grammar,' logic, and rhetoric[11], read the Homeric poems[12], made some progress in Platonic studies[13], and perhaps acquired the principles of Roman law[14]. His mind was prepared for future meditation on the

---

[1] See Ath. c. Gent. 10, 23; de Incarn. 45.
[2] Ruf. ii. 23; Clem. Alex. Protrept. 48; Ammianus, xxii. 16. 12. See Milman, Hist. Chr. iii. 68.
[3] Soz. vii. 15.
[4] Philo, in Flacc. 8; Jos. Ant. xiv. 7. 2. See Milman, Hist. Jews, ii. 133.
[5] Philo, in Flacc. 9, Legat. 19; Jos. B. Jud. ii. 18. 8; Euseb. iv. 2.
[6] Ath. Orat. c. Ari. iii. 35.
[7] Ath. Encycl. 3.
[8] Euseb. v. 10; vi. 3, 15, 26; Jerome, de Vir. Illustr. 36; Soz. iii. 15.
[9] Euseb. vi. 18; vii. 7. Comp. Soc. iii. 16.
[10] See Ammian. xxii. 16. 15; Matter, L'Ecole d'Alex. i. 287, 301; Newman, Hist. Sketches, p. 95 sq.; Merivale, Hist. Rom. viii. 234. The Museum had been greatly injured in the devastation of the Bruchion quarter in A. D. 272.
[11] Newman, in Athan. Treatises (Lib. Fath.), i. 52.
[12] See Ath. c. Gent. 16.
[13] See Ath. de Incarn. 2, 43; c. Gent. 19.
[14] Sulpicius Severus, ii. 36, even calls him 'jurisconsultum.'

hypotheses of pantheism and materialism, and eagerly took hold of the arguments from design to a Creator, and from yearnings after immortality to the existence of the soul[1]. But all his early studies were subordinated to the object of becoming 'a scribe instructed unto the kingdom of heaven.' Christian theology constituted his chief interest[2]; and he must have already exhibited that high endowment which alone could make versatility truly powerful, and manifold cultivation truly precious,—a commanding and elevating simplicity of aim. And whatever he learned as an ecclesiastical student would come home to him with special meaning and vitality when he remembered how often the streets of his native city had been reddened with Christian blood. Those vivid anecdotes of Alexandrian martyrdom or confessorship[3], which we read in the pages of Eusebius (whom Athanasius, as a boy, may have seen in Alexandria about A. D. 309) must have been familiar to all Alexandrian Church-people: and Athanasius must have been told, in his own childhood, how fierce a persecution had been lately rekindled,—how some of the brethren had been literally cut in pieces for their faith[4]. A deep impression, probably, was made on his mind by what he would hear of Phileas bishop of Thmuis, who suffered in A. D. 306, proclaiming his faith in the Divinity of the Crucified[5]: some years later, as we have seen, he listened to teachers who were soon to die for the same confession: and he may well have connected the stedfastness of his own bishop Peter with devotedness to One who, as Peter expressed it, 'being by nature God, became by nature Man[6].' His acquaintance, whatever was its extent, with such heroic souls, would tend to form in such a soul as his the heroism not less true, nor less religious, which was to bear him so well through the 'long tragedy[7]' of the future; it would fill him once for all with a deep sense of the realities of Christianity; and

---

[1] Ath. c. Gent. 27, 28, 30, 33.   [2] See Theod. i. 26.
[3] Euseb. vi. 2, 3, 5, 41.   [4] Ib. viii. 12. Cf. Ath. de Incarn. 27.
[5] Ruinart's Act. Sinc. p. 519, ed. 1859. See Euseb. viii. 10.
[6] Routh, Rell. Sacr. iv. 48.   [7] Hooker, E. P. v. 42. 5.

of St. Athanasius. vii

his public course is best appreciated when we recognize in him the confessor's spirit. And even after the persecution was over, he would have frequent evidence of the hostility which Christianity, although again a 'licensed religion,' was still called upon to face. Those sharp Alexandrian mockeries which had not spared even kings and emperors were levelled ceaselessly at a religion which affirmed an Incarnation and gloried in a Cross[1], and whose votaries had lately been hurried in masses to a death of ignominy and torture. But another experience of a very different kind, most fruitful in its consequences, did much to intensify the religious convictions of Athanasius: this was his acquaintance with Antony. He tells us, in his 'Life[2]' of the great hermit, that he had often seen him; and although that reading of one passage which makes him say that he 'for some time attended on him, and poured water upon his hands,' may be considered doubtful, we know that afterwards Athanasius was described as an 'ascetic[3],' and that when in later days of trouble he took shelter among the monks of Egypt, he found himself perfectly at home. He contracted an extreme admiration for monasticism, which will not surprise us if we consider that the spiritual enthusiasm of Christianity had found a most emphatic, although a one-sided expression, in such a life as was being led by men who had fled from a town-society at once tainted and brutalized beyond modern conception[4], and had imitated the first Christians by actually 'giving up all' for Christ. In the character of St. Antony, the morbid and eccentric elements of monasticism were largely counteracted by a rare amount of wisdom, humility, and love. His sound moral judgment[5], his serene courage, his deep tenderness, even the outward charm

---

[1] Ath. de Incarn. 1, &c.
[2] 'Its substantial integrity' is undoubted. Newman, Ch. of Fathers, p. 176; Kingsley's 'Hermits,' p. 22. See Cave, Hist. Lit. i. 193. Such a book, indeed, would be likely to receive additions, in the way of marginal notes, from readers who had anecdotes of their own respecting Antony.
[3] Ath. Apol. c. Ari. 6.
[4] St. Chrys. in Oppugn. Vit. Mon. iii. 11.
[5] See his sayings in Coteler. Eccl. Gr. Monum. i. 340 sq.

viii   *On the Life*

of a face that never lost its bright tranquillity[1], and that would seem especially radiant when,—as Athanasius perhaps saw him,—he stood, conspicuous by his white cloak newly washed, in the very path of the Alexandrian præfect in the last days of the persecution[2],—all this union of strength and sweetness would act irresistibly on the imagination and affection of such a youth as Athanasius: nor is it fanciful to think that in subsequent trials he may often have recalled Antony's sentiment, once expressed in Egyptian to younger monks, that 'the longest life of religious labours was nothing to the ages of ages and the crown[3].'

But we must now look briefly at Athanasius's first appearance as a theologian. He wrote, for the benefit of a convert from Heathenism, a work consisting of two essays, 'Against the Gentiles' and 'On the Incarnation of the Word.' It appears that its date must be placed earlier than A.D. 319; for it does not allude to the Arian controversy, which broke out in that year. The first of the two treatises offers a refutation of Heathenism, and then argues constructively to Monotheism, and to the recognition of the Divine Son and Word. It exhibits the lively play of a young author's mind[4], together with a characteristic attention to different aspects of one truth[5], and a not less characteristic boldness in retorting on Pagans the charge of 'fatuity,' and in analyzing the various apologies advanced for a refined and sublimated polytheism. In the second treatise, Athanasius begins by stating the primary truth of the existence of one supreme Creator, and then shows how, as being all-good, He gave to man reason as a shadow of His own Word, and after 'man's first disobedience,' applied the one remedy for the ruin by a combination of Divine justice and benignity in the personal intervention of that Word, His Son, whose human life was absolutely spotless, and whose death was a world-redeeming sacrifice. The Cross—Athanasius argues—

---

[1] Vit. Ant. 67.   [2] Ib. 46.   [3] Ib. 16.
[4] See the variety of illustrations, c. Gent. 5, 8, 31, 38, 43.
[5] E. g. see c. Gent. 1, 45, 33, 35.

of St. Athanasius. ix

was indispensable, as the truest enhancement of Christ's glory; and His resurrection could alone account for the moral triumphs of His religion. What mankind needed, an Incarnate God could alone bestow, and Christ alone has bestowed it: the success of His work in the regeneration of humanity is a manifest proof of His Divine Sonship and true Godhead. After dwelling triumphantly on this great subject, the writer urges his friend to study the Scriptures, but to remember that a preparation of heart and will is a condition of appreciating their sense; and so concludes a treatise of which Möhler[1] has said that it was the first attempt ever made to present the doctrines and facts of Christianity in a philosophically religious form. 'By the sure tact of his noble and Christian nature, Athanasius refers everything to the Person of the Redeemer: everything rests upon Him: He appears throughout.' Already, in Dorner's words, he exhibited his 'intensely fervid' consciousness of 'the vital centre of Christianity' as constituted by 'the living Person of the God-Man, the Redeemer, in His totality[2];' a consciousness which went with him through life, lay at the root of his theological eminence, and supplied the chief motive for his earnestness in the controversy which broke out, as it appears, almost immediately after he had completed his first work, and—although somewhat under the usual age—had been ordained a deacon.

II.

It was in A.D. 319 that archbishop Alexander was informed of the dissemination, among Alexandrian Church-people[3], of strange opinions derogatory to the dignity of the Son of God.

[1] In his 'Athanasius the Great.'
[2] Dorner, Person of Christ, 1st per. 2nd ep. sect. 2. c. 3. Cf. 3rd ep. s. 2. c. 1 (vol. ii. E. T. pp. 248, 333). See his analysis of the De Incarnatione. 'By the depth of his view of the fundamental idea of Christianity, Athanasius reminds us of the best Fathers of the second century . . . . he surpasses them all, however, in clearness and scientific precision;' (p. 259.)
[3] Soz. i. 15.

Their author, it appeared, was Arius, a priest of mature age, who, after a period of misdirected and factious activity, had attained a high position as pastor of the oldest church in Alexandria[1]. He was respected for his ascetic life, and admired for his eloquent preaching and dialectical ability; while his influence was enhanced by a dignified demeanour and a voice full of persuasive charm[2]. A private conversation between the bishop and the presbyter had no effect: and Alexander found it necessary to assemble the clergy, and address them on the Unity of the Father and the Son. Arius, having by this time secured a large amount of support, boldly challenged the bishop's statements[3], as involving that Sabellian confusion of the Son's personality with the Father's, which Dionysius, the most venerated of Alexandrian 'Popes,' had resisted with so much energy. He then argued that since a father must needs be prior to a son, the Son of God must once have been non-existent, and afterwards[4], at a period inconceivably remote, have been called, by the Divine fiat, 'out of what had not previously existed.' The consequence, perhaps, was not expressed, but was inevitable: this 'Son' was only a creature, though of all creatures the most ancient and the most exalted. Such was Arianism in its outset: it rested on the assumption that the relation of priority and posteriority attaching to a human parent and child must hold good in regard to a Divine Fatherhood and a Divine Sonship[5]; and (as was afterwards repeatedly observed) it ended by destroying the reality of that Fatherhood and Sonship, inasmuch as no identity of nature could exist between the One Creator and the highest product of His creative will[6].

[1] Alexandria already possessed what we call the parochial system, Epiph. Hær. 69. 1, 2.   [2] Ib. 3.   [3] Soc. i. 5.
[4] The 'generation' of the Son was thus viewed by Arius as an *event*, whereas the Catholic doctrine views it as an eternal *fact* in the Divine life.
[5] Thus, a rationalistic element lay at the root of the theory, although Arius was less consistently rationalistic than Eunomius, Soc. iv. 7.
[6] Athan. Orat. i. 9, 15, 26; ii. 2, 5; de Decr. 10. See Newman, Arians, p. 213, ed. 1871. Of course, the 'identity of nature' in a parent and child is inadequate to represent the inseparable unity of the Divine 'coinherence.'

of St. Athanasius.   xi

The clerical conference having come to no result,—a remarkable fact, which we may ascribe to the popularity of Arius, to a dread of 'Sabellianizing,' and to the influence of Origenistic modes of thought in the direction of an excessive Subordinationism,—Alexander formally summoned the priests and deacons of the city to sign a letter, in which he exhorted the partizans of Arius to 'renounce their impiety.' This vigorous step was followed up by the assembling of a Council of his suffragan bishops, nearly 100 in number, which drew forth from Arius and his friends, among whom were two prelates, a fuller exposition of their belief[1], and thereupon passed sentence of excommunication and anathema. Arius retired to Palestine, where he met with a certain degree of countenance from Eusebius the historian, bishop of Cæsarea: but he was more effectively befriended by another Eusebius, bishop of Nicomedia in Bithynia, 'under whose direction' he wrote a cautiously worded letter of self-justification to 'Alexander his blessed Pope and bishop,' in which he spoke of the Son as 'God's perfect creature,' but 'not as other creatures,' and as 'born and created apart from time, and so as to be unchangeable;' and criticized, as unspiritual and degrading, any language which derived Him from the Divine essence[2]. Alexander and his clergy were exposed to many annoyances at home from Arian intriguers[3], and from flippant Arian talkers, who asked the women whom they met in the streets whether a son could exist before he was born[4]. There were many letters to be written in defence of the doctrine denied by Arius, and in order to expose his real meaning: the most important of these, the 'Encyclical[5],' has been assigned, on internal evidence,

---

[1] Including (Soc. i. 6) the statements that the Son was called the Word after an eternal impersonal Word,—was created to be an instrument in creating,—did not thoroughly know the Father. The assertion that He was capable of change from good to evil was hastily made, and soon recalled.   [2] See Athan. de Synodis, 16.   [3] Theod. i. 4.

[4] Ath. Orat. i. 22.

[5] Soc. i. 6. The style of the Encyclical is unlike that of the letter of Alexander to Alex. of Byzantium, Theod. i. 4; Newman, Ari. p. 446.

to the hand of Athanasius, now, apparently, archdeacon of Alexandria[1]. Addressing itself to all Christian prelates, the letter insisted that the propositions of Arius were at variance alike with Scripture and with continuous Christian teaching: and in one sentence, eminently 'Athanasian,' called on its readers to 'hold aloof, as Christians, from those who spoke or thought in opposition to Christ.' Athanasius was among the forty-four deacons who, with thirty-six priests, signed this letter, as they had signed the earlier one: we cannot doubt that his constant sympathy and ready assistance were a powerful support to Alexander; but to ascribe them merely to loyal feeling for a superior, or grateful feeling for a benefactor, to polemical interest, or to ecclesiastical conservatism, or even to zeal for sincerely held opinions, would be gravely to misread his character, and to lose the lesson of his life. Constantine might say, in his letter to Alexander and Arius[2], that they were wrangling over a trivial question: Athanasius discerned the true greatness of the issue, in regard to Christianity[3],—and to Christ. He knew that while Arianism promised much to various minds,—a rational theology, or a just estimate of some Scriptural texts, or a barrier against heretical or materializing conceptions of Deity,—yet in fact it was radically incoherent[4], offered no permanent standing-ground, conceded either too much or too little as to the position of the Saviour[5], showed an apparent tendency to Ditheism[6], and therefore an affinity to Paganism, sought to measure the Infinite by human formulas, wrested some texts and ignored others, exaggerated the force of some Christian writers' dicta, while virtually opposing the broad stream of Christian tradition and the foundation-principles of the Christian faith, which, by affirming the Divine Unity, the distinct personality of the Son, and His Divinity, included Him within 'the one indivisible essence[7],' and

[1] Theod. i. 25, 'leader of the choir of deacons.'   [2] Soc. i. 7.
[3] Bp. Kaye on Counc. of Nicæa, p. 151.
[4] See Waterland, Works, ii. 36 (Serm. 1), Dorner, Person of Christ, vol. ii. p. 243, E. Tr.   [5] See Chr. Remembrancer, Jan. 1847, p. 168.
[6] Ath. Orat. iii. 16; de Syn. 50.   [7] Newman, Ari. p. 260.

presented to Christians a Christ whom they could consistently adore. He saw, therefore, that what was really involved was the belief in a really Divine Redeemer: and that Arianism was working in the interests of non-Christian thought, and of heresy such as of old had been stigmatized as 'God-denying[1].' We who can look back on the strange history of Arianism since his time can appreciate, in some sense, the greatness of the struggle in which, thus early in life, he found himself involved. A theory which was to show a vitality so tenacious, an activity so versatile, to fight a long battle with the Church of the fourth century, to win a dominion among barbaric races, to hold Spain until the latter years of the sixth century, to start up after long slumbers amid the confusions of the sixteenth, to mould the belief of Milton and of Newton, to claim 'a home for itself in the Church of England in the person of Samuel Clarke[2],' to task the energies of such a foe as Waterland, to confront 'Trinitarianism' in a royal presence[3], and to leave a deep mark on Irish Presbyterianism,—such a theory, however unsatisfactory to reason, however repulsive to piety and to faith, must needs have been formidable when it first spoke out, and called forth Athanasius as its adversary. And it was his intense conviction that Christ was God Incarnate, and that His absolute claim on the devotion of Christian souls was at stake in the strife with Arius, which made Athanasius strong to meet the challenge.

That strength was acknowledged when, in the summer of A. D. 325, Athanasius appeared and spoke in the Nicene Council, not as properly one of its members[4], but as one of the ecclesiastics who were present in attendance on their bishops, and were allowed to contribute to the discussions. 'He contended earnestly,' says Theodoret[5], 'for the apostolic doctrines, and was applauded by their champions, while he

---

[1] Euseb. v. 28. Cf. Ath. Orat. i. 38; iii. 51.
[2] Liddon, Bamp. Lect. p. 18.   [3] See Waterland's Works, i. 78.
[4] The constituent members of the synod were bishops, or delegates of absent bishops.   [5] Theod. i. 26. Compare Ath. Apol. 6.

earned the hostility of their opponents.' We can picture him as he stood forth beside Alexander, while all eyes were gradually attracted towards that slight figure which Julian afterwards petulantly sneered at[1], and that beautiful countenance which Julian's great Christian fellow-student compared to the face of an angel[2]: we can imagine how he appealed, for the eternity and real Divinity of the Son, to Scripture and to immemorial Christian consciousness; how he mentally distinguished the various elements of the Council,—the large orthodox majority, including several whom he venerated as confessors in heathen persecution,—the 'moderate orthodox,' so to speak, who thought that his bishop might have been too stringent in dealing with Arius,—the Arianizers, of whom some were represented by the metropolitan of Cæsarea, and others, more pronounced, by him of Nicomedia,—and the very few thoroughgoing Arians; how his keen eyes watched, and his memory registered, the confusions and anxieties, the private conferences, the whispers, the significant looks, of the 'Eusebians,' as they agreed to accept, with a view to the proposed doctrinal formulary, Biblical phrases regarding the Son, which they could interpret in their own sense[3]. He was probably prepared to find that their evasive ingenuity made it necessary, in the interests of 'the sense of Scripture[4],' to insert into the formulary, or Creed, one or two phrases outside the area of Scripture language. 'Let us say, The Son is begotten of the Father, Only-begotten, that is, of the *essence* of the Father.' The word *ousia* had been variously employed, in Greek philosophy[5], for an individual substance, for a genus or species, or for matter. Christian writers had used it for the nature or

---

[1] Julian, Epist. 51.   [2] St. Greg. Naz. Orat. xxi. 9.

[3] Ath. de Decr. 20; ad Afros, 5; Theod. i. 8. The Eusebians, at first, presented a document which was 'torn in pieces' as 'perverse' and heterodox, Theod. l. c.

[4] Ath. de Decr. 21. On Athanasius's profound reverence for Scripture, see de Decr. 32; c. Gent. 1; ad ep. Æg. 4; de Syn. 6.

[5] Newman, Arians, p. 190; Ath. Treatises, i. 152; Hussey on Soc. iii. 7; Zeller on Stoics and Epicureans, E. Tr. p. 121.

of St. Athanasius.

being of God, and in this sense Eusebius of Nicomedia had denied that the Son was begotten of the Father's *ousia*[1]: for that very reason, the leaders of the majority determined to affirm what he denied, and proposed to intensify the statement by adding that the Son was 'of one essence with the Father,'— the famous phrase *Homoousion*. This latter proposal, as Athanasius must have seen, was fraught with difficulty. In the first place, the term was a philosophical one, and, as such, might prove an embarrassing auxiliary to Christian truth. Again, it had been applied to individual members of one class[2]; viewed in this aspect, it might seriously compromise the strict Monotheism which lay at the root of Christianity. Thirdly, as *ousia* had sometimes been used for the being of God, considered in the light of what we call His personality, *homoousion* might, to some minds, suggest Sabellianism[3]. Fourthly, it had been associated by Gnostics with the idea of partition of an existing 'essence,' and this sense had been invidiously imposed on it by Paul of Samosata, the heretical bishop of Antioch. And this very sophism, dexterously put forward by Paul, had induced his judges in the Council of Antioch (A.D. 269) to forbear using the term[4]; so that it could be described as, to that extent, discountenanced by Church authority. In reply to these arguments it could be said, 'The term is now put forward under necessity, in order to protect Scriptural terms from abuse: and it will be quite possible so to use it as not to encumber the faith with philosophic speculations[5]. Moreover, the context of our proposed Creed, and the very form of the word itself[6], will guard against any Sabellianizing perversion; and any materialistic

---

[1] Theod. i. 6. Contrast Theognostus of Alexandria, 'The Son is from the Father's essence, as a beam from light,' Athan. de Decr. 25. See too Tertull. adv. Prax. 4.

[2] Bull, Def. Nic. b. ii. c. 1. s. 2; Newman, Arians, p. 192 sq.; Liddon, Bamp. Lect. p. 430.

[3] Routh, Rell. S. iii. 323; Waterland, i. 285; Ath. Treat. i. 203.

[4] Athan. de Syn. 45; Bull, D. N. ii. 1. 10; Routh, Rell. S. iii. 361; Newman, Arians, p. 197.

[5] Ath. de Syn. 51.   [6] St. Ambrose, de Fide, iii. 126.

sense will be excluded by the primary Christian conception of God as a Spirit and as One. It was as fallaciously used that the term was set aside at Antioch : it has been used in a sound sense by great teachers[1]; and in that sense, as affirming the Son to be *truly* the Son, therefore truly God, uncreated and eternal[2],—and therefore as a bulwark against Arianism[3],—it is now proposed for the Council's acceptance.' These arguments prevailed: the 'Nicene Creed' was drawn up[4], with anathemas appended to it against the maintainers of the several points of Arianism; and so the doctrinal question was settled, and, as Athanasius regarded it, 'the cause of religiousness towards Christ was upheld[5].'

Two other questions, far less momentous, but not insignificant, were brought before the Council. (1) In regard to the long-standing 'Paschal controversy,' it was decided that Easter should always be kept on a Sunday,—that this Sunday should always be subsequent to the 14th day of the Jewish month,— and that the vernal equinox should be reckoned as preceding that 14th day[6]. More particular information, in regard to each year, was to be furnished by the bishop of Alexandria, with the help of Alexandrian science, to the Church of Rome, and by that church to 'remoter churches[7].' (2) The other case was that of the schismatic Egyptian bishop Meletius, and his partizans. His character has always been more or less problematical. Athanasius, writing in A. D. 356, or, as some think, in A. D. 361, says that it is fifty-five years since Meletius began his schism[8]: and in another work, written about A. D. 350-2, he tells us that Meletius began it because he had been condemned

---

[1] See Ath. de Decr. 25. Cf. Tertullian, adv. Prax. 4.
[2] Ath. de Decr. 20; de Syn. 41, &c.
[3] Euseb. of Nicom. had treated it as manifestly inadmissible; St. Ambrose, de Fid. iii. 125.
[4] See it in Soc. i. 8; compare the differences between it and the revised edition put forth by the Council of Constantinople in A. D. 381.
[5] Ath. de Syn. 54; comp. ib. 45, 48; de Decr. 20; Ep. ad Jov. 1 sq.; ad Afros, 11.   [6] See Hefele, Hist. of Councils, b. ii. c. 2. s. 37.
[7] St. Leo, Ep. 121.   [8] Ath. ad ep. Æg. 22.

in a Council, by bishop Peter, for various offences, and especially for an act of apostasy during persecution[1]: on the other hand, Epiphanius (evidently relying on Meletian information) describes Meletius as a brave confessor, who broke off from Peter's communion out of zeal against an indulgent treatment of lapsed Christians[2]. The authorities followed by Epiphanius are in various points proved to be untrustworthy: but some documents, first published by Maffei in the eighteenth century[3], represent Meletius as having ordained some clergy outside his own diocese, on the pretext of an emergency caused by the persecution, and as having been censured by some eminent confessors, and by Peter, for this irregularity. The charge of apostasy was unknown to the Nicene Council, which regarded Meletius as having gone wrong through 'impetuosity:' it may have gradually arisen out of the fact that he had come into collision with other prelates who became martyrs: and Athanasius, it seems, was too ready to believe a story which affixed a brand on the founder of a vexatious schism. The Meletians, in A. D. 325, were numerous, but showed some desire to be reconciled to the Church. The Council thought it best to treat them generously; their chief was received into communion; and all their other bishops were allowed to retain their episcopal rank, after receiving 'a holier imposition of hands,'—probably a reinstating benediction[4],—and to succeed to any sees that became vacant, if they were duly 'chosen by the people,' and approved by the see of Alexandria[5]. Athanasius thought this course too lenient. 'In the Council of Nicæa the Meletians were, on whatever grounds,—for it is needless now to state the reason,—received into the Church.... Would that Meletius had never been so admitted[6]!'

[1] Ath. Apol. c. Ari. 59.   [2] Epiph. Hær. 68.
[3] See Routh, Rell. Sacr. iv. 91 sq.; Hefele, Councils, ii. 2. 40.
[4] Tillemont, vi. 814. Valesius takes it of re-ordination.
[5] Soc. i. 9.
[6] Ath. Apol. 59, 71.

On returning to Egypt, Alexander carried out this resolution of the Council, after receiving from Meletius a list of his twenty-nine episcopal supporters, with a statement of the number of Meletian clergy in Alexandria and the neighbourhood. Within 'five months' afterwards[1] Alexander lay on his death-bed. Athanasius was absent, having probably been sent by Alexander to Constantine's court, on some Church business[2]: and we are told on the authority of Apollinaris of Laodicea[3], whose father was an Alexandrian, and who was on friendly terms with Athanasius, that the dying prelate called for Athanasius by name. A namesake of his, one of the priests who stood around the bed, replied to the summons. Alexander paid no heed to him, but again and again repeated, 'Athanasius!' then, when no one answered, he mustered strength to say, 'You think you have escaped, but there is no escape for you:' thereby intimating, says Apollinaris, 'that Athanasius was summoned to the struggle.' No one, indeed, could wonder either that Alexander should thus recommend his faithful deacon as his successor, or that in so doing he should augur for him a career of difficulty and conflict. When Athanasius returned, the suffragan bishops met for the election; and, as they afterwards testified[4], the great body of Alexandrian Churchmen, assembled in the church, persisted, for 'many nights and days,' in expressing their wishes,—'Give us Athanasius, the good, the devout, the true Christian, one of the ascetics! he will be a bishop indeed!' The majority of the prelates voted for him, 'in the sight and amid the acclamations of the people.' This testimony is the more emphatic, in that it does not conceal the fact that the bishops were not unanimously disposed in favour of the young archdeacon. Thus, in the words of Gregory Nazianzen[5], 'by the suffrage of the whole people,'—a phrase which cannot mean less than the earnest resolute manifestation of

---

[1] Ath. Apol. 59. [2] Epiph. Hær. 68. 6.
[3] Soz. ii. 17.
[4] Encyclic. of Egyptian Bishops in Ath. Apol. 6; Gibbon, iii. 71.
[5] Greg. Naz. Orat. xxi. 8.

of St. Athanasius.

their desire, constituting morally, if not formally, what was otherwise called a 'choice [1],'—'not according to the villainous fashion afterwards prevalent, nor by bloodshed and tyranny, but in a manner apostolic and spiritual, was Athanasius elevated to the throne of Mark.' Such evidence disposes of the Arian stories that 'six or seven bishops' clandestinely elected Athanasius,[2], or that he took possession of a church at nightfall, and compelled two bishops whom he found there to perform his consecration[3]. But was there, it may be asked, *any* innovation on preceding Alexandrian usage in the circumstances of his appointment? According to Eutychius, patriarch of Alexandria about six centuries after this period, 'St. Mark appointed twelve presbyters to continue with the patriarch, and to fill up the see when vacant by choosing out of their own body, on whose head the other eleven were to lay hands, bless him, and appoint (or make) him patriarch : which custom lasted until the time of Alexander, who forbade any such appointment by presbyters for the future, and ordered that on a patriarch's death the bishops should meet, and make a new one, not being restricted in their choice to members of the Alexandrian presbytery : and so the old institution came to an end [4].' On this it is to be observed that Eutychius is a late writer, and a very credulous one [5]: and that his statement looks like an exaggeration of Jerome's, who says that, 'until the times of Heraclas and of Dionysius, the presbyters of Alexandria used to nominate as bishop one chosen from among themselves, and placed (by them) in a higher rank, just as an army might make an imperator, or deacons choose an archdeacon [6].' Here Jerome dates

---

[1] Cf. Eus. Vit. Con. iii. 62; Athan. Apol. 30; St. Ambrose, Ep. 63. 2; St. Chrys. de Sacerd. iii. 15. See Pusey on Councils, p. 42.

[2] Ath. Apol. 6.

[3] Philostorgius, ii. 11.

[4] Eutychius, Annal. ed. Pocock, i. 331.

[5] See mistakes of his cited by Pearson, Vindic. Ignat. i. 294; cf. Neale, Hist. Alex. ii. 181; Skinner's Prim. Truth and Order, p. 298.

[6] St. Jerome, Epist. 146.

the change some seventy years earlier than the time mentioned by Eutychius: he says nothing about ordination or consecration; but his illustrations suggest the subsequent confirmatory action of a higher authority than the presbyters',—and if he did not imagine consecration to have been omitted, he must have supposed bishops to have performed it[1]. Probably, therefore, he believed that by the old mode of choosing the Alexandrian prelates, the Alexandrian presbyters alone elected, and also were alone eligible[2]. Eutychius himself may have meant that the presbyters used to designate the bishop-elect, or solemnly approve of his appointment[3]: if he thought that they consecrated him, the supposition is excluded by other and better evidence, e. g. by the fact that in A.D. 324, a synod at Alexandria pronounced the 'ordinations' performed by the schismatic presbyter Colluthus to be invalid, because he was only a presbyter[4]: not to say that if Alexander had deprived the presbytery of the 'right' to ordain their bishop, the enemies of Athanasius would certainly have made the novel mode of his appointment an element in their charges against him.

The consecration of Athanasius must, according to his own date for the death of Alexander, be assigned to A. D. 326. The index appended (by some Alexandrian writer unknown) to his 'Festal Letters' goes wrong in giving A.D. 328 as the year, but

---

[1] 'Quid enim,' he asks, 'facit, exceptâ ordinatione, episcopus, quod presbyter non facit?' Epist. 146.
[2] Not that such a custom, if it existed, was invariable. Cf. Sollerius, Act. SS., Junii, v. 8; Neale, Hist. Alex. i. 12.
[3] See Echellensis, Eut. Vind. p. 40, 19. Yet cf. Renaudot, Lit. Or. i. 380.
[4] Athan. Apol. c. Ari. 12, 74, 76. The 'presiding elders' who, according to Firmilian, had 'power to ordain,' seem, by the context, to have been bishops (St. Cypr. Ep. 75. 7), and the statements of Hilary the Deacon (on Eph. iv. 11), and of the author of certain 'Quæstiones' on O. and N. T. (app. to vol. iii. of St. Aug.) qu. 101, that in Egypt, if a bishop is not present, 'presbyteri consignant,' or 'consecrat presbyter,' clearly refer to Confirmation: Hooker, vii. 6. 4. See also Bingham, ii. 3. 7.

of St. Athanasius. xxi

may be right in naming, as the day, the 14th of Pauni[1], that is, the 8th of June. The day must, at any rate, be subsequent to May 2, 326; for on May 2, 373, he had, according to Cyril of Alexandria, been bishop for 'forty-six whole years[2],' not forty-seven.

Gregory of Nazianzus, who wrote a panegyric on his character, and would fain have written a memoir of his life[3], may have allowed somewhat too little for the gradual development of powers and graces in one who became a bishop at about thirty, and closed his career at about seventy-six. But we may well believe that the outlines of that splendid picture are applicable to Athanasius at the opening of his episcopate; that he was not only too noble to become arrogant in his new dignity, but that he already began to show something of that harmony of excellences which Gregory regards as his special glory; the business-like vigour in general administration which was consistent with discriminating and sympathetic attention to particular cases; the strictness which was not rigid, the gravity which could melt into geniality, the force which would make itself respected, the tenderness which could not but be loved. Already, doubtless, he was finding his way to various minds and hearts, with somewhat of a Pauline versatility: 'setting an example more persuasive than any eloquence, yet so eloquent as to have little occasion for severity: stimulating these, restraining the ardour of those: guarding some against a fall, raising up others who had fallen: able to keep on a low level with commonplace minds, yet to soar high above the more aspiring: hospitable to strangers, kindly to supplicants,' (here Gregory applies to him some titles of Gentile gods,) 'accessible to all, slow to anger, quick in sympathy, pleasant in conversation, and still more pleasant in temper, effective

---

[1] On the Egyptian months, see Festal Epist. of St. Ath., Lib. Fath. p. xiii.; L'Art de vérif. les Dates depuis J. C. i. 52.
[2] St. Cyril Alex. Epist. 1.
[3] St. Greg. Orat. xxi. 5.

alike in discourse and in action, assiduous in devotions, helpful to Christians of every class and age, a theologian with the speculative, a comforter of the afflicted, a staff to the aged, a guide of the young, a physician to the sick;—relieving the wants of the poor, and assisting the rich to use their riches wisely: a defender of widows, a father of orphans, a promoter of Christian marriage and a sanctifier of married life,—one who became all things to all men, that he might gain all, or at least the greater number,—in short, such a prelate as Paul described by anticipation, when, in writing to Timothy, he showed what a bishop ought to be[1].'

III.

The first three or four years of his episcopate were tranquil enough to allow him full time for work of a purely pastoral character, which definitively secured his moral position amid his flock: and it is usual to place within them an evènt which brought him into connection with mission work of a specially interesting kind. 'He had but recently,' says Rufinus[2], 'received the episcopate[3],' when a visitor from 'Ethiopia' or Abyssinia desired to see him, and told a story 'stranger than fiction.' His name was Frumentius: he was a Christian, born at Tyre. Years before, he and his brother Ædesius, then mere boys, had accompanied their kinsman and guardian, Meropius, on a journey to Ethiopia. On their return, their vessel put in for necessaries at a port in the Red Sea. Meropius and all the

---

[1] St. Greg. Orat. xxi. 9, 10, 36.
[2] Ruf. i. 9. He heard the story from Ædesius, long afterwards, at Tyre. Cf. Soc. i. 19; Soz. ii. 24; Theod. i. 23.
[3] There are difficulties about the date, chiefly caused by the date which, according to Ammianus, xxi. 4. 23, seems required for the journey of Metrodorus, which, according to Rufinus, preceded that of Meropius. But Rufinus may be in error on this point. Tillemont, vii. 710. Hussey would place Frumentius' mission later: on Soc. i. 19.

sailors were slaughtered by the barbarians; but the two children, who were found sitting under a tree on the shore and learning their lessons, were spared, and carried to the Ethiopian king. In his household, at the capital city of Axum, they grew up to manhood; Ædesius became his cup-bearer, Frumentius his secretary and accountant. At his death they were made guardians of his two sons, whose names, as another document tells us [1], were Aizan and Sazan. Frumentius acted as regent of the kingdom, and used his powers to provide places of worship for Christian residents, and to familiarize the natives with Christian ideas. When the princes grew up, they and their mother entreated the brothers to stay on with them, but each, for his own reasons, withstood the request: Ædesius longed for his Phœnician home, and hastened thither; Frumentius simply said, 'It is not right to conceal the Lord's work,' and thereupon repaired to Alexandria to ask its 'Pope' that a bishop might be sent to watch over the Christian congregations in Ethiopia. Athanasius assembled a synod of prelates, laid the case before them, and said significantly, looking at Frumentius, 'Can we find such a man as *this*, a man in whom the Spirit of God is?' All assented. Frumentius was consecrated, and returned to Axum, where he so laboured as to earn the title of 'Father Salama, the door of mercy, who illuminated the darkness of Ethiopia with the brightness of the light of Christ [2].'

The Meletians, now headed by a bishop named John Arcaph [3], had not been conciliated by the Nicene decision. They renewed their intrigues, especially in the Thebaid, where Meletius had lived as bishop; and it was not improbably about this time that Athanasius resolved to visit southern Egypt, and to go as far as Syene. When his vessel, ascending the Nile, had nearly passed through the diocese of Tentyra in the second Thebaid, he found himself near a place which had very recently

---

[1] Ath. Apol ad Const. 31.   [2] See Bened. Vit. S. Ath.
[3] See Ath. Apol. 65, 71.

xxiv   *On the Life*

become the seat of a new institution, the cloister-life of monks living in community. The eremitic life had in Antony's case been modified by the formation of groups of disciples, who came to practise their spiritual 'training' in separate cells near his own mountain retreat. A further step was naturally taken when Pachomius, who had begun life as a young Pagan soldier, and had been won over to Christianity by the kindness which he and his comrades received from the Christians of Thebes, gathered round him a small band of ascetics, who dwelt with him at Tabenne, on the eastern bank of the Nile[1]. The monastery thus founded became, in truth, the parent of all conventual houses,—of Monte Cassino and of the 'Studium,' of the Troitska and of Fulda, of Marmoutier, of Cluny, of St. Alban's. Pachomius proved himself a great organizer: his discipline[2] was minute and exacting, but its spirit was equitable, morally elevating, and thoroughly Christian. The brethren were exhorted to regard self-will as the worst of evils, to persevere in their 'training' without being so 'insane' as to be proud of it, to 'keep the Lord ever in sight' by the remembrance of His Cross and the expectation of His return. Their community, it seems, like others which soon became offshoots from it, was divided into a number of 'families,' each occupying one house, and discharging in rotation the common duties and labours, although specially employed in some one occupation. Everything at Tabenne was prescribed by rule; the twelve prayers and psalms for midnight, for day-time, for evening,—the afternoon service in the church,—the Eucharist on Sunday and Saturday,—the addresses, meditations, confessions, penances, times of silence and of work, of eating and of sleeping, followed each other with absolute uniformity. But when the archbishop approached the place, all its inmates came forth to greet him with processional psalmody; he stood up in his boat, and gazed on the orderly train of monastic figures, each

---

[1] See Tillemont, vii. 177.
[2] See his Rule and Admonitions in Galland. Bibl. Patr. iv. 718 sq.

of St. Athanasius.　　　xxv

attired in the 'sheep-skin' cloak, the sleeveless tunic, the linen girdle, the woollen cowl: if he looked for Pachomius himself, it was in vain, for the abbot, fearing lest he should be presented to Athanasius to be ordained priest, hid himself in the throng, but contrived to see the face of his 'Pope,' and predicted that he 'would have much to endure in the cause of true religion.'

This foresight ere long began to be verified. Arianism was recovering from the blow dealt to it at Nicæa. Eusebius of Nicomedia had regained favour with Constantine [1]: Arius himself was allowed to present a statement of belief, inadequate, but not heterodox, and on the strength of it was relieved from his sentence of exile [2]. Eustathius, the zealously anti-Arian [3] bishop of Antioch, was attacked by an Arianizing cabal on a variety of charges, deposed, and banished [4]; other orthodox prelates were similarly got rid of, and Athanasius himself was menaced, first by some movements of Meletian activity, which he understood as betokening an alliance between Meletians and Arians [5], and against which, we are told, he employed the aid of the civil power [6]; and next by a demand, on the part of Eusebius, that he would readmit Arius to communion. His answer was decisive: 'I cannot communicate with persons who have invented a heresy in contradiction of the truth, and have been anathematized by the Œcumenical Council [7].' Eusebius appealed to Constantine: it was easy to stir up the jealousy of an autocrat by asking whether his just and gracious intentions towards a priest who had suffered so much from misrepresentation were to be nullified by one self-opinionated prelate. The emperor sent two officers of his household with a peremptory mandate to Athanasius. 'Since you are informed of my

---

[1] The story told by Soc. i. 8, 14, appears untrustworthy.
[2] Soc. i. 25, 26.
[3] 'Full of zeal for the truth,' Ath. Hist. Ari. 4.
[4] See Ath. l. c.; Soc. i. 24; Theod. i. 21; Eus. Vit. Con. iii. 59.
[5] Ath. Apol. 59.　　　[6] Epiph. Hær. 68. 6.
[7] Ath. Apol. 59; Soc. i. 27.

will, give admission into the Church to all who desire it. If I find that you have hindered any, I shall instantly send some one to depose you.' Athanasius replied by a letter, in which he urged 'that there could be no communion between the Catholic Church and a heresy that was fighting against Christ.' This emphatic language had its effect, and Eusebius was obliged to employ his Meletian friends as accusers of the intractable archbishop. Three of them appeared at court, and charged Athanasius with taxing Egypt to provide linen vestments—apparently albs[1]—for the church of Alexandria. But two of his own priests, being on the spot, refuted this calumny; and Constantine wrote to him, condemning his accusers and summoning him to court. He repaired to Nicomedia, but was there seized with a long and distressing illness[2], and also obliged to rebut a second charge, that he had sent a purse of gold to a rebel named Philumenus. A third, which became more famous, was levelled principally at one of his priests as his agent, and ran thus :—' A priest named Ischyras was wont to officiate in a hamlet of the Mareotis, named The Peace of Sacontararum. One day, while he was in the act of offering the oblations at the Eucharist, Macarius, a priest sent by Athanasius, rushed into the church, threw down the holy table, and broke the chalice[3].' Athanasius, on hearing of this charge, met it promptly. Ischyras, he said, was not a priest[4]; he was a man of no good character, who had received a pretended ordination from the schismatic priest Colluthus, but had been readmitted into the Church on condition that he should live as a layman. For a time he did so; afterwards he got possession, not of a church,—for his little village had none,—but of a cottage belonging to an orphan boy, wherein he performed the service before a small congregation, consisting chiefly of his own kindred. Athanasius, while making his visitation of

[1] *Sticharia.* See Neale, Introd. East. Ch. i. 306.
[2] Fest. Ep. for 332.
[3] See Ath. Apol. 11, 28, 37, 41, 63, 74, 76.
[4] See Soc. i. 27.

of St. Athanasius.   xxvii

the Mareotis, attended by a large body of clergy and laity, heard of this irregularity, and sent Macarius, together with the priest of the district, to bring Ischyras before him. Macarius arrived at the place on a common week-day, when there would be no Eucharist[1]: he found that Ischyras was ill in bed, and therefore communicated the archbishop's message through his father. On recovering, Ischyras found that his relatives would no longer attend his ministry; vexation drove him to join the Meletians, who were glad to gain an adherent in the Mareotis; and thus the story of 'the broken chalice' was concocted. The emperor, holding a court of inquiry at Psammathia near Nicomedia, was satisfied with the explanations given on this charge and on that of disloyal traffickings. Athanasius, in his next 'Festal' letter, written after the usual time, announced that the accusers had been ' driven away in disgrace ;' and on returning home brought with him an imperial letter[2] reflecting on them with much severity. After a while, however, the tale was renewed, and was sometimes told as if Athanasius himself had been guilty of the alleged sacrilege[3]. Ischyras, however, being censured by his friends, came to the archbishop, and besought his communion. Athanasius naturally reproached him for his conduct. He answered, 'weeping,' that he had been compelled, even with blows, by three Meletian bishops, to circulate the slander. 'God knows, no chalice was broken, nor holy table overturned.' He put this statement into writing, and gave it to Athanasius in the presence of thirteen clergy[4]; but his absolution was delayed until his sincerity should be fully tested[5]; and this treatment, however just, threw him back, and gave the Meletians a fresh opportunity for spreading the story and bringing it again before the emperor's cognizance. But at the same time a darker calumny was invented, which ascribed to the

---

[1] Ath. Apol. 11. It was usual in Egypt to celebrate the Eucharist only on Sundays, Saturdays, and holydays. Cf. Mansi, Conc. iii. 1252.
[2] Addressed to the Catholic people of Alexandria.
[3] Ath. Apol. 17, 68, 74.
[4] Ib. 64.   [5] Ib. 74.

archbishop of Alexandria the combined guilt of murder and of magic.

Arsenius, a Meletian bishop, living at Hypsele in the Thebaid, unexpectedly disappeared, and was reported to have been killed by Athanasius, and dismembered for purposes of sorcery. 'Here,' said the narrators, showing a little wooden box containing a dead man's hand, 'is all that we can recover of Arsenius[1].' At a time when the dread of magic was so intense[2], this grotesquely hideous charge would soon find credence among the ignorant sectarians of Upper Egypt, who regarded Athanasius with mingled hatred and fear: but others, who should have known better, were startled, and Athanasius, to his astonishment, found himself summoned in the emperor's name by the Censor Dalmatius, Constantine's half-brother, to meet this charge at Antioch. At first he treated the order with indifference; but, finding that the emperor was in earnest, he wrote to the Egyptian bishops requesting that search might be made for Arsenius, and sent one of his deacons to prosecute the inquiry[3]. The deacon, a man of prompt action, went straight to the Thebaid, fell in with a monk of Hypsele and three other persons, and made them confess that the missing man was concealed in a monastery at Ptemencyrcis, on the eastern bank of the Nile. They contrived, however, to give instant warning to its superior, Pinnes, who sent Arsenius down the Nile into Lower Egypt, under the care of a monk named Helias. When the deacon arrived at Ptemencyrcis, he found Arsenius gone, but seized Pinnes, and also Helias, who had returned, and carried them before one of the three military commanders of Egypt, who was stationed at Alexandria. 'Then,' wrote Pinnes to John Arcaph in a curious letter, which the archbishop's agents, no doubt, intercepted, 'I was no longer able to deny, but confessed, that Arsenius was alive, and had *not* been

---

[1] Theod. i. 30; Soc. i. 27.

[2] Comp. Euseb. vii. 10; Theod. iii. 26; Ammian. xxviii. 1, xxix. 2. See Gibbon, iii 2, 3; Döllinger, Gentile and Jew, E. Tr. ii. 214.

[3] Ath. Apol. 65; Soz. ii. 23.

killed ... I tell you this, father, that you may not resolve to accuse Athanasius; for I said that he was alive, and had been hidden with us: and all this is now known in Egypt, and can no longer be a secret[1].' The next point, of course, was to track the dead-alive: and the next scene of this strange drama is laid in a tavern at Tyre[2], where the servants of a man of consular dignity, named Archelaus, heard another customer say casually that Arsenius was hidden in a particular house. They noted the speaker's face, informed their master, and thus enabled the friends of Athanasius[3] to search the house, where a man was found secreted, who protested that he was not Arsenius. But when placed 'in court' before Paul, the bishop, who had known Arsenius of old, he was, in Tillemont's quaint language, 'convicted of being himself[4];' and thereupon wrote, for himself and his clergy, to his 'blessed and beloved Pope Athanasius,' promising to renounce the schism, and remain stedfast in the communion of the Catholic Church, and in obedience to the see of Alexandria. 'Very soon, if God permit, we will visit your Grace. I, Arsenius, pray that you may be strong in the Lord for many years[5].' 'I reported,' says Athanasius, 'to the emperor the discovery of Arsenius, and reminded him of what he had heard in Psammathia about Macarius: on which he stopped the proceedings of the censor's court, and wrote, condemning the movement against me as calumnious, and commanding the Eusebians, who were coming into the East as my accusers, to return[6].' He also wrote a letter 'to the Pope Athanasius[7],' which he was 'to read aloud frequently in public,' and in which the Meletians were stigmatized as reckless and malignant slanderers, and were warned that any new offences of theirs would be dealt with by the emperor himself with all the rigour of State law. Letters of

[1] Ath. Apol. 67.   [2] Soc. i. 29.
[3] Ath. Apol. 65.   [4] Tillemont, viii. 27.
[5] Ath. Apol. 69.   [6] Ib. 65.
[7] Ib. 68. The letter ends, 'May God have you in His keeping, beloved brother.'

sympathy and congratulation flowed in from friends of Athanasius. In his 'Apology against the Arians,' our main authority for these events, he produces one letter from the venerable Alexander, bishop of Thessalonica[1], who had received a letter from Athanasius by the hands of a promising youth named Sarapion, but had also heard from his own deacon, then at Constantinople, of the exposure of 'the calumniator Arcaph.' Arcaph himself now found it expedient to profess repentance, and to request communion with Athanasius; and Constantine, on receiving a letter from him to that effect, replied in such gentle terms as showed Arcaph to have been a power[2].

So ended the conspiracy, for a time, at the close of A.D. 332. Athanasius, in announcing the Easter-day of A. D. 333, could write with the fresh joyousness of one relieved from a great anxiety. After a single passing reference to 'heretics and schismatics,' he dwelt on the moral and spiritual purposes of the coming festival, and inculcated, as accompaniments of the preceding fast, 'prayers, alms, charity,—above all, a conciliatory disposition.' Such a disposition was not shared by his old opponents: they began to weave new webs, and Eusebius of Nicomedia was able to persuade Constantine that the recent charges against the bishop of Alexandria required the cognizance of an ecclesiastical Council. Such a Council was summoned to meet at Cæsarea, under the auspices of the historian Eusebius; but delays were interposed,—it did not meet until A. D. 334,—and 'during thirty months,' as Sozomen tells us, Athanasius, in spite of urgent citations, refused to attend an assembly from which he could expect no justice[3]. The refusal, however respectfully worded, was of course represented as contumacy[4]; and in the summer of A.D. 335 Athanasius was peremptorily commanded by Constantine to appear at a Council to be holden at Tyre[5], pre-

---

[1] Ath. Apol. 66, 16. [2] Ib. 70. [3] Soz. ii. 25.
[4] Theod. i. 28: cf. Ath. Apol. 77.
[5] Ath. Apol. 71.

of St. Athanasius. xxxi

paratory to the solemn dedication of the newly finished church of the Resurrection at Jerusalem[1].

To Tyre, accordingly, just ten years after the opening of the Nicene Council, Athanasius repaired with forty-eight of his suffragans. Their impetuous Egyptian temperament, already incensed against the slanderers of their 'father,' blazed out uncontrolled when they found themselves ushered into the assembly, not by deacons, but by a registrar of charges[2], and saw Macarius dragged in chains before the Council[3], Ischyras standing among the accusers, the Arianizing bishop of Antioch presiding, and six other prelates, notoriously hostile to Athanasius, seated as judges. To these men they took formal exception in a legal document, which Athanasius handed in, but which the court would not receive[4]. He himself, as an accused person, was kept standing; and that sight was too much for Potammon, bishop of the Egyptian see of Heraclea, who had been specially honoured at Nicæa as having been a confessor in the persecution. He passionately addressed Eusebius of Cæsarea: 'Do *you* sit there, and is Athanasius, in his innocency, to have you for his judge? Intolerable! You and I were once imprisoned together; I lost an eye in the cause of the truth; you bear no trace of a wound. How did you escape, save by some guilty compromise[5]?' The imputation, —in which, apparently, Paphnutius, another confessor-bishop, joined[6],—was probably groundless; it naturally provoked Eusebius to retort, 'If you can domineer in this fashion among us, what may you not have done against your opponents in your own country?' By one account, Paphnutius was more successful in detaching Maximus, bishop of Jerusalem, from what he tersely characterized as 'a council of malignants,' and convincing him, by some earnest words in a low voice, that Athanasius had been wronged by calumny[7].

The attack now formally made on Athanasius touched no

[1] Soc. i. 28. [2] Ath. Apol. 8. [3] Ib. 71.
[4] See Ath. Apol. 77 sq.; Soc. i. 31. [5] Epiph. Hær. 68. 7.
[6] Ath. Apol. 8. [7] Rufin. i. 17; Soz. ii. 25; yet see Soc. ii. 8.

point of doctrine; for it did not then suit the Eusebian policy to call in question the Nicene faith, but to weaken that faith indirectly by blackening the character of its great representative. The former charges were revived and amplified; Ischyras protested that when his 'church' was attacked, its sacred books were burned[1]. The charge (already mentioned) of uncanonical and lawless acquisition of the Alexandrian bishopric was urged in detail. 'Athanasius,' proceeded the accusers[2], 'has deposed, excommunicated, and subjected to military cruelties, a bishop named Callinicus, for suspecting him in the matter of the chalice[3], has thrown down his episcopal chair[4], and given his see to a priest who had been deposed. He has falsely accused Ischyras of having pelted the emperor's statues, and thus occasioned his imprisonment, in contempt of his priestly character.' Five Meletian bishops declared that having been deceived by him, they had quitted his communion, and had then been imprisoned by his means[5]. To these charges, by one account, was added that of immorality, an accusation which, if made, was promptly and signally confounded[6]. Some of the charges were not pressed; others he refuted; as to others, he asked for time, in order to procure exculpatory evidence; Macarius could not be convicted of any outrage[7], and Ischyras, on being cross-examined, admitted that he was lying sick on the day in question[8], and that his 'congregation' included no more than seven persons[9]. But the Eusebians vehemently put aside the testimony offered by the Egyptian bishops, not without menacing language towards those of the judges who were disposed to give it a hearing[10]; on the other hand, a paper was read, purporting to come from a number of Alexandrian Churchmen whose consciences would not allow them to attend church when Athanasius officiated[11]. A considerable impression was made on some of his reputed

---

[1] See Ath. Apol. 46. [2] Against this, see Ath. Apol. 5.
[3] Soz. ii. 25; Philost. ii. 11. [4] Ath. Apol. 17.
[5] Soz. l. c. [6] Rufin. i. 17; Soz. l. c. [7] Ath. Apol. 72.
[8] Ib. 46. [9] Ib. 77. [10] Ib. 7, 8. [11] Soz. l. c.

of St. Athanasius. xxxiii

friends[1]; and the previous detection of Arsenius in that very city was intrepidly explained as a mere imposture. 'The man discovered was a counterfeit. Look at this box—look at the murdered victim's hand!' A cry of horror broke forth; Athanasius, who was prepared even for this, looked round with calm self-possession. 'Does any one here,' he asked, 'know Arsenius by sight?' 'We *did* know him well,' cried several voices. He turned aside, and led forward a man closely muffled up, with head bent down. 'Raise your head.' The figure obeyed, and showed the features of Arsenius. 'Is not this he?' Athanasius asked; and then deliberately lifted up the cloak, first from one hand, then, after a pause, from the other. 'You see he has two hands; where was the third cut off[2]?' For the moment, he enjoyed a triumph: Arcaph ran out of the court, but his associates exclaimed, 'It is another case of magical illusion:' amid the uproar that followed, the Count Dionysius, who acted as imperial commissioner, and had a certain sense of justice, secured the safety of Athanasius by hurrying him away[3]. It was, however, resolved to drop the case of Arsenius, and to press that of Ischyras, by obtaining a committee of inquiry which, with the Council's authority, should proceed to the Mareotis. The Egyptian bishops in vain remonstrated: and four days after two Meletians had been sent on to prepare evidence[4], the Council was induced to empower six thorough-going Eusebians[5] to act in the matter, and report. Two of these men, Valens and Ursacius, were destined to be conspicuous: they were Westerns who had been instructed by Arius, had been degraded from the priesthood, and, although still very young, had been appointed to bishoprics in Pannonia for their zeal in the Arian cause[6]. The

---

[1] Soz. ii. 25.
[2] Soc. i. 29. Or, as Theod. i. 30, 'Two hands, and only two, has each man received from the Creator.' Athanasius briefly alludes to the scene in Apol. 72. See Dean Stanley's description, East. Ch. p. 286.
[3] Soz. l. c.   [4] Ath. Apol. 77, 78.   [5] Ib. 72 sq.
[6] See Ath. Apol. 13, 41; ad Ep. Æg. 7; Hilar. Fragm. 2. 12.

commissioners left Macarius at Tyre, under strict guard, but took Ischyras with them, as 'a sharer in lodging, board, and wine-cup[1]:' when they opened their court in the Mareotis, unbelievers were allowed to be present at an inquiry which touched on the Christian mysteries, while presbyters were rigidly shut out[2]. Philagrius, præfect of Egypt, who had become an Arian, was there, with heathen soldiers, to intimidate the witnesses[3], among whom were persons who could not have been present at what purported to be an Eucharistic celebration[4], yet even so, the evidence given included some damaging statements[5]. An inquiry of such an *ex parte* character called forth indignant protests from the Alexandrian and Mareotic clergy[6]; these documents are extant, and one of them is dated on the 10th of Thoth, i.e. Sept. 7. All remonstrance, however, was disregarded: four Alexandrian priests were exiled[7]; the Pagan rabble were allowed to insult the Alexandrian Catholics on a fast-day[8], and the commissioners, returning to Tyre, presented their report.

Athanasius had not waited for them. He had already convinced Dionysius of the unfair composition of the committee[9]; his suffragans demanded that the case should be reserved for the emperor's hearing[10]; and some of them exclaimed to Alexander of Thessalonica, 'The wild beasts are just going to spring upon us[11]!' Alexander wrote to Dionysius, speaking of Athanasius as the victim of a conspiracy; and the count sent on his letter to be read by the 'Eusebians,' exhorting them (not for the first time) to be careful that their proceedings were not vitiated by injustice[12]. But Athanasius regarded them as already vitiated; and 'resolved,' as Gibbon expresses it, 'to make a bold and dangerous experiment,—whether the throne was in-

---

[1] Ath. Ap. 14, 73.　　[2] Ib. 14, 73, 83.　　[3] Ib. 72, 75, 83.
[4] Ib. 14, 31.　　[5] Ib. 28, 83.　　[6] Ib. 73-76; they were 51 in all.
[7] Ib. 17, 40.　　[8] Ib. 15.　　[9] Ib. 72.　　[10] Ib. 79.
[11] Ib. 80.
[12] Ib. 81. It seems from c. 9 that Dionysius after this took a strong line against Athanasius.

of St. Athanasius.

accessible to the voice of truth [1].' Accompanied by five of his suffragans, he took the first vessel for Constantinople, and suddenly presented himself in the midst of the road when the emperor was riding into his new capital. Not recognizing him at first sight, Constantine, on learning from his attendants who the petitioner was, and what was his grievance, refused to hear him, and was nearly ordering him to be removed: but Athanasius persisted, and requested 'only this, that either a lawful Council should be assembled, or the members of the Tyrian Council should be summoned to meet him before the emperor [2].' Constantine thought the latter proposal reasonable: and so it was, that, after the majority at Tyre had received the Mareotis report, and condemned Athanasius partly on the strength of it, partly as having abandoned his own cause [3], had adjourned to Jerusalem, and amid the splendour of the great dedication festival [4] had recognized Arius as having proved himself orthodox [5], they were startled by an imperial letter, expressing some displeasure and mistrust, and summoning them to Constantinople [6]. The gathering at Jerusalem broke up in much disorder: but the two Eusebii, Theognis, Patrophilus, Valens, and Ursacius, obeyed the mandate [7], were confronted with Athanasius, prudently suppressed the case of Ischyras, and presented a new charge of a political kind,—that Athanasius had threatened to stop the Alexandrian corn-ships bound for Constantinople [8]. The emperor's passionate jealousy was excited: Athanasius answered, 'I never said so; and as a poor man in a private station, I could not have said so.' 'He did say it,' replied Eusebius of Nicomedia: 'he is rich and powerful, and can do anything [9].' Athanasius attempted a rejoinder, but Constantine would hear nothing more, and sent him away to Trier or Treves, 'the capital of Gaul [10],' and the seat of government of

---

[1] Gibbon, iii. 73.   [2] Ath. Apol. 9, 86.   [3] Soc. i. 32.
[4] Eus. V. C. iv. 43; Soz. ii. 26.   [5] Ath. Apol. 84.   [6] Ib. 86.
[7] Ib. 87.   [8] Ib.   [9] Ib. 9.
[10] Ath. Hist. Ari. 33.

his eldest son Constantine, who received the primate of Egypt with all respect and cordiality[1], in the opening of A.D. 336.

IV.

The first exile of Athanasius lasted nearly two years and a half; it was a time of rest, not of suffering. The scene was very new to him; transferred on a sudden to the distant North, he found himself in a city already venerable, which could be described as 'an illustrious abode of sovereigns[2],' and which showed to him in their freshness many features of Roman grandeur, some of which it still exhibits to the modern visitor in their decay[3]. Maximin, the bishop[4], an orthodox prelate, became his fast friend; and Athanasius was present when the services of great festivals were held in a large basilica before its completion and dedication[5]. His 'wants were abundantly supplied[6];' he had with him some Egyptian 'brethren,' and kept up a correspondence with friends at home, although at the risk of having his letters seized in order to find fresh matter for attack[7]. We can imagine him walking under the 'broad walls[8]' of the city, pondering the news just received, of his people's success in resisting the return of Arius[9], of the failure of their attempts, and of Antony's, in petitioning for his own[10], —of the terrible end of the heresiarch[11], of the long-deferred baptism of Constantine, and of his death, on Whitsunday in A.D. 337[12]. At the beginning of A.D. 338 he wrote a Festal letter, announcing the coming Easter as one which he would keep with

---

[1] Ath. Apol. 87.
[2] Ammianus, xv. 11. 9. 'Urbe excellentissimâ,' Salvian, de Gub. Dei, vi. 8.
[3] The Porta Nigra, the amphitheatre, &c.
[4] Ath. Apol. ad Con. 3; ad Ep. Æg. 8.   [5] Ath. Apol. ad Const. 15.
[6] Ath. Apol. c. Ari. 87.   [7] Ath. Fest. Ep. 10.
[8] Ausonius, Nob. Urb. 4.   [9] Soc. i. 37; Soz. ii. 29.   [10] Soz. ii. 31.
[11] Ath. Ep. ad Serap. 3; ad Ep. Æg. 19.   Milman, Hist. Chr. ii. 382, is unjust to Athanasius.   [12] Eus. V. C. iv. 62 sq.

his flock in a real, though not a local, fellowship of joy. Into one passage he seems to pour his whole spirit, in its faith, tenderness, and devotion: reminding his 'beloved ones' that they must needs pass through trouble into comfort,—that antichristian hostility must be expected and encountered,—that the man who lived in Christ was sure of victory [1].

For more than a year, the late emperor's death produced no change in the archbishop's condition. At length, on June 17, 338 [2], Constantine II., who, in the partition of the empire, had a certain precedence over his brothers Constantius and Constans, the sovereigns of the East and of Italy, wrote from Trier to the Alexandrian Catholics, informing them that he was but carrying out his father's 'intentions [3]' by resolving to 'restore' Athanasius, and thus to satisfy their 'longings' for the return of so admirable a teacher [4]. In this he appears to have assumed the consent of Constantius: he took Athanasius with him to Viminacium [5], an important town of Upper Mœsia, on the high road to Constantinople. Here the three emperors met, and concurred in the restoration of the bishop of Alexandria, who spent a short time in Constantinople, where he was present when the Arianizing Macedonius brought an accusation against the orthodox bishop Paul, who himself had lately returned from his exile in Pontus [6]. From the 'new Rome,' Athanasius travelled to Cæsarea in Cappadocia, when he again had a conversation with Constantius; and in November he was once more at home. 'The people ran in crowds to see his face; the churches were full of rejoicing; thanksgivings were offered up everywhere; the ministers and clergy thought that day the happiest of their lives [7].' But his enemies bestirred

---

[1] Ath. Fest. Ep. 10.

[2] For this date, see Newman, Hist. Tracts of St. Ath., p. xii.; Hefele, Hist. Counc. b. 3. s. 52; Hussey on Soc. ii. 3.

[3] Ath. Apol. 87. Constantine represents his father as having had a benevolent purpose in sending Athanasius into Gaul. See too ib. 9.

[4] 'Exponent of the adorable law,' . . . . 'his far-famed virtue,' &c.

[5] Ath. Ap. ad Const. 5.   [6] Ath. Hist. Ari. 7.   [7] Ath. Apol. 7.

themselves afresh, 'took long journies,' 'wrote letters of deadly import,' in order to press on 'the three emperors'' attention [1] two new charges,—that he had sold for his own purposes the corn given by Constantine for the support of widows in Libya and in Egypt [2], and that on his return he had caused some persons to be banished, and others to be executed [3]. Constantius wrote to him in angry remonstrance, assuming the truth of the former charge [4]; but Athanasius, in letters to him and to Constans [5], disproved both. The corn had been duly distributed; and the recent punishment of some offenders had been the act of the præfect, on grounds purely temporal, and while Athanasius was still passing through Syria; '*he* caused no imprisonment, no bloodshed,—not a man in Alexandria was banished for his sake [6].'

But Constantius, who was soon to be 'his scourge and torment [7],' fell more and more under the influence of his great enemy, the Nicomedian Eusebius, now transferred to the see of Constantinople, which had been vacated by the second expulsion of Paul [8]. A second expulsion of Athanasius was now meditated, and it was resolved to do what had been impracticable in A. D. 336,—to place a new bishop on the Alexandrian throne.

The Eusebians, in this project, could appeal to ecclesiastical principles, and represent Athanasius as having ignored the sentence of a Council, and resumed his see on the ground of an imperial mandate [9]. The charge did not come gracefully from men who had relied so much on Court influence; but it was not without some technical force, although Athanasius might justly plead that the assembly at Tyre had forfeited all moral authority. The person fixed on to supersede him was Pistus, who, as a priest, had been deposed by Alexander for adhering to Arius (Athanasius being one of those who 'as-

---

[1] Ath. Apol. 3, 6, 18; Hist. Ari. 9; cp. Fest. Ep. 11.
[2] Ib. 18.   [3] Ib. 3, 5.   [4] Ib. 18.   [5] Ap. ad Const. 4.
[6] Ath. Apol. 5.   [7] Hooker, E. P. v. 42. 2.
[8] Ath. Hist. Ari. 7.
[9] Ath. Apol. 8; Soc. ii. 3. See Neale, Hist. Alex. i. 172.

of St. Athanasius. xxxix

sented' to his deposition), and had, after the Nicene Council, received consecration from the excommunicated Arian bishop Secundus[1]. The Eusebians also thought it worth while to make further use of Ischyras: by virtue of an imperial order they built him a church, and even made him, against rule, bishop of his little village; but they could not supply him with a flock[2].

And now, in the latter part of A.D. 339, the Eusebians applied to the Western Church, and especially to Rome as its head, on behalf of their nominee Pistus. A priest and two deacons appeared as their envoys before Julius, bishop of Rome, requesting him to write a letter of communion to Pistus[3], and presenting a letter which contained various charges against Athanasius[4], who, on the other hand, having already written an 'encyclical' letter in his own name, which induced many foreign prelates to anathematize his intended rival[5], assembled a council of his suffragans from Egypt, Libya, and Pentapolis[6], and procured from it an 'encyclical,' which he sent by the hands of some priests to Rome. The two deputations being thus confronted with each other, Julius learned the facts as to the character of Pistus, and thereupon declined to write to him; and the Mareotis report, shown to him by the Eusebian envoys, condemned itself in his eyes as unfair, and he afterwards sent it to Athanasius[7]. Unable to withstand the evidence from Egypt, the senior of these envoys 'decamped by night, in spite of illness[8];' the two others 'requested Julius to call a Council, and to act, if he so pleased, as judge[9].' Thereupon Julius wrote to both parties, inviting them to a Council to be held, says Athanasius, 'at the place which *we* might

---

[1] Ath. Apol. 24.
[2] Ib. 12, 41, 85. It is repeatedly observed that he had never been really a priest, even among the Meletians. From a letter of Athanasius to bishop Serapion, of about this date, it appears that some Meletians claimed to be in Church communion. (Fest. Ep.)
[3] Ib. 24. [4] Ib. 27. [5] Ath. Encycl. 6.
[6] Included in Ath. Apol. 3-19. [7] Ath. Apol. 27, 83.
[8] Ib. 24. [9] Ib. 20.

choose¹.' But soon afterwards, at the beginning of A. D. 340, the Alexandrian Church was startled by a formal announcement from the præfect Philagrius, that a new bishop was coming 'from the court' to be installed by military power; not Pistus, who might now seem too obnoxious,—but a Cappadocian named Gregory, who had been appointed by Eusebian bishops at Antioch². 'Such a proceeding,' says Athanasius, 'was unheard of.' The people showed their affection for their own bishop by resorting more than ever to the churches, and indignantly protested to the other magistrates and to the whole city that this new attack upon him arose from no ecclesiastical ground of offence, but from the mere wantonness of Arian hatred³. Gregory was known to be an Arian, and a fellow-countryman of Philagrius: according to his namesake of Nazianzus, he had studied at Alexandria, and received kindness from Athanasius⁴. Philagrius replied by encouraging a crowd of the lowest Pagan townspeople, together with Jews, and countrymen armed with clubs, to break into the church of St. Quirinus, and perpetrate atrocious cruelties and profanations. Hideous orgies were carried on in the baptistery, copies of Scripture burned, the holy table defiled by heathenish sacrifices, the stores of wine, oil, and candles pillaged, monks, virgins, and widows maltreated or even slain, and the church itself set on fire⁵. Athanasius was residing in the precincts of the church of St. Theonas: he knew that he was specially aimed at, and, in hope of preventing further outrage, he anticipated the Easter baptisms in the case of a number of catechumens, and then withdrew, on March 19, to a place of concealment in the neighbourhood, where he began to write an encyclical, descriptive of these horrors. 'Four days later,' according to the index of

---

¹ Ath. Hist. Ari. 9. To this first invitation Julius refers in Ath. Apol. 30.
² Ath. Encycl. 2; Apol. 30. Not, as Soc. thought, ii. 10, by the 'Dedication Council' of A.D. 341.
³ Ath. Encycl. 2.   ⁴ Greg. Orat. xxi. 15.
⁵ Ath. Encycl. 3, 4; Hist. Ari. 10.

the Festal Letters[1], 'Gregory entered the city as bishop.' The latter part of Lent[2] was a time of Arian persecution: on Good Friday, Gregory punished the abhorrence shown at his entry into a church by causing Philagrius to scourge publicly thirty-four persons, one of whom, a virgin, had her psalter in her hand[3]. Easter-day, to the delight of the Pagans[4], was selected as a time for throwing Catholics into prison; captains of vessels were subjected to violence, in order to make them convey Gregory's letters of communion: clergy were hindered from baptizing or from visiting the sick: lay people could not pray in their own houses undisturbed: an indictment signed by Pagans and Arians, accusing Athanasius of capital crimes, was given to Philagrius for transmission to the emperor. Athanasius, after finishing and despatching his encyclic, which is still extant, sailed for Rome in the Easter season of A.D. 340[5].

On arriving at Rome, Athanasius 'laid his case before the Church[6],' and exhibited documents in support of it[7]: he was at once admitted to communion, pending the proposed inquiry into his conduct, and 'spent his time,' for the most part, 'in the Church services.' He had with him two Egyptian monks, one of whom, Ammonius, is said to have shown no interest in any Roman buildings except the churches of St. Peter and St. Paul[8]. But their presence in the city, and their bishop's enthusiasm for monasticism as represented by Antony, made a strong impression on Roman Church society, and abated the

---

[1] The Index assigns these events to A.D. 339, but this date does not allow time enough for the proceedings as to Pistus.

[2] Athanasius was anxious to make his people keep a Lent of forty days, as did all other churches. Ep. to Serap. in Fest. Ep.

[3] Ath. Encycl. 4.   [4] 'They abhor that day,' ib. 5.

[5] This is Hefele's view. 'The simple hypothesis' (Gibbon, iii. 75), of *one* visit of Athanasius to Rome at this period is now generally adopted. He wrote a Fest. Ep. for A.D. 341 'from Rome,' therefore must have gone to Rome in A.D. 339 or A.D. 340: the latter date is the more probable one.

[6] Ath. Ap. ad Const. 5.   [7] Ath. Apol. 28.

[8] Soc. iv. 23. For a description of this old St. Peter's, see Fergusson, Hist. Archit. i. 363.

prejudices there existing against the name and the appearance of a monk: so that when Gibbon says that 'Athanasius introduced into Rome the knowledge and practice of the monastic life [1],' he records the inauguration of a vast European movement, and represents the great Alexandrian exile as the spiritual ancestor, in some sense, of Benedict, of Columban, and of Bernard, and of all the founders and reformers of monastic communities in the West. Athanasius received great kindness, not only from Julius, who soon learned to admire and love him [2], but from Eutropia, the sister of Constantine I., from Abuterius, Sperantius, and many other excellent persons; and he associated with Marcellus, the exiled bishop of Ancyra, whom he had seen at Nicæa, and who, having been deposed by the Eusebians at the end of A. D. 335, on a charge of Sabellianizing, had taken refuge, like himself, at Rome [3]. Julius appears to have sent two priests, Elpidius and Philoxenus, in the summer of this year, to Antioch with a letter for the Eusebians, in which he again invited them to a Council, naming the ensuing December as the time and Rome as the place [4]. He wrote in his own name, but expressed the mind, as he himself says, 'of all the bishops in Italy [5].' On arriving at Antioch his legates were kept for months without an answer: the Eusebians were embarrassed by learning that Athanasius was at Rome, and were not disposed to meet him under circumstances unfavourable to their interests [6]. They stimulated Philagrius and Gregory to new severities [7]: Potammon, against whom they had a special grievance, was beaten so brutally that he died soon after: Sarapammon, another confessor-bishop, was exiled: others were imprisoned, others made to labour at 'public works:' monks and virgins were beaten by a duke's

[1] Gibbon, iv. 308. See Jerome, Epist. 127. 5. Cf. Milman, Lat. Chr. i. 70, 412, ed. 1.
[2] Ath. Apol. 53.   [3] Ath. Ap. ad Const. 7.
[4] Ath. Apol. 21. See Hefele, Hist. Counc. b. 3. s. 54.
[5] Ath. Apol. 26.   [6] Ib. 20; Hist. Ari. 11.
[7] Ath. Hist. Ari. 12, 13. Antony wrote to remonstrate with Gregory, but his letters met with insult. Ib. 14. See also Vit. Ant. 69.

of St. Athanasius. xliii

order in Gregory's presence: the widows and the poor were deprived of their church-dole: the aunt of Athanasius, dying at this time, would have been 'cast away unburied' if her friends had not evaded Gregory's order. Such were the tidings that saddened Athanasius, when, at the beginning of A. D. 341, he wrote 'from Rome' his Festal letter[1]. The Roman envoys, detained at Antioch until January[2], were then sent home with a letter in which their church was spoken of in high terms, but their bishop's invitation referred to in a tone of cavil. The Eusebians complained that Julius had written by himself, and not to all the Easterns; had presumed on the secular greatness of his own city[3]; had proposed a revision of the Tyrian Council's judgment; had ignored the disturbed state of the East, and given them too short notice of the proposed Council; and had fraternized with Athanasius and Marcellus. Julius was annoyed by this letter, but kept it to himself for a long time[4], hoping that some of the Eusebians would yet arrive, and make the public reading of it unnecessary. Months passed, and no one came; on the contrary, the Eusebians took advantage of the dedication[5] of a new basilica at Antioch, called from its splendour 'the Golden Church,' to hold, probably in August, a large Council of ninety-seven bishops, many of whom were neither positively Arian nor strongly attached to Nicene rulings[6]. The result was a confirmation of the sentence against Athanasius,—a series of canons, the fourth of which was aimed at his case as having disregarded his 'deposition,'—and three creeds framed in language partly indefinite, partly all but Nicene[7]. Of this 'Dedication Council' no

[1] Fest. Ep. 13. 'These things happen in order to test us ... In all things let us praise Christ, and so, through Christ, we shall be delivered.'
[2] Ath. Apol. 25.
[3] Ib.; comp. Soz. iii. 8. They evidently recognized no supreme power in the Roman see.
[4] Ath. Apol. 21.
[5] Soc. ii. 8; Soz. iii. 5; cp. Euseb. Vit. Con. iii. 50.
[6] See Hefele, b. 3. s. 56. Athanasius treats them all as practically Arianizers; de Syn. 22. Contrast St. Hilary, de Syn. 32.
[7] Ath. de Syn. 22.

information had reached Rome, when, in November, Julius resolved to wait no longer, and held a Council of more than fifty bishops in the church of the presbyter Vito[1]. The Eusebian letter was read, and gave great offence: the documents of the Athanasian case, supported by the later oral evidence of Egyptian priests, and of bishops and priests from other countries, among whom probably was Asclepas of Gaza[2], produced a decisive impression. Athanasius was formally recognized as innocent, and as in communion with the Italian Church. Marcellus was acquitted of heresy on the strength of his own declarations; but these, as we can see, were too vague to be really adequate[3], and apparently the Western prelates did not understand how his anti-Arian zeal had hurried him into the use of language which implied that the Word, though eternal, was impersonal, that the title 'Son of God' belonged to the merely human Christ in whom the Word was 'actively' manifested, and that this manifestation would have an end when the Word returned into its original repose in God[4]. If this was really his meaning, he deceived the Council when he said that he thought with the Church as to Christ; for the Christ, according to this theory, was no more truly Divine than the Word was 'subsistent.' But he may not have consciously realized the full scope of his own speculations; at any rate, he was accepted as orthodox: and Julius[5], by desire of the Council, wrote to the Eusebians a letter which is extant, in which he went over the whole case, and observed, temperately but firmly, that after he had, by desire of their envoys, given notice of a Council, they ought not to have treated the Alexandrian see as vacant; that if bishops were accused of offences, 'information should have been given to us all, that so a just sentence might proceed from all;' but that, in particular, complaints affecting Alex-

[1] Ath. Apol. 20. Vito had been a legate at Nicæa.
[2] Ath. Apol. 44; note in Hist. Tr. p. 69.
[3] Ath. Apol. 32.
[4] See Ath. Orat. iv.; comp. Euseb. c. Marc. ii. 1, &c. See Newman, Athan. Treat. ii. 504; Dorner, Person of Christ, ii. 272, E. Tr.
[5] Ath. Apol. 20-35.

andria should, according to usage, have been referred to the Church of Rome[1]. It is not improbable that Athanasius employed some part of his leisure, at this period, in writing the 'Exposition of Faith,' which is one of his undoubted works, and appears to belong to this stage of the Arian controversy. It begins in the form of a creed, 'We believe in one unbegotten God, Father Almighty, Maker of all things... and in one Only-begotten Word, Wisdom, Son, ... eternally begotten, ... but a Word not uttered, not immanent[2] (i.e. not like a spoken word or a thought), not an efflux, not a fraction ... not a product[3], but a Son perfect in Himself, living and acting, ... equal to the Father in honour and glory... very God from very God ... Almighty from Almighty ... He was begotten ineffably, inconceivably,' &c. The phrase 'Man of the Lord' occurs, as applied to Christ in His Humanity: it was afterwards laid aside by St. Augustine as inaccurate, though not indefensible[4]. Athanasius refers briefly to the Holy Spirit, anathematizes 'the doctrines contrary to this' faith, and then goes more into detail, disowning alike Sabellianism and the Tritheistic notion of 'three hypostases *divided* from each other[5];' affirming that the Son as such is uncreate, and that only as to His humanity could He be said to be 'created[6],' and that 'the Holy Spirit, proceeding from the Father, is ever in the hands of the Father who sends and of the Son who brings It.' The concluding doxology is 'to the Father through the Son.' We may also consider in this place his tract 'On the text, *All things are delivered unto Me*,' &c. (St. Luke x. 22), which must, at any rate, have been written (whether at Alexandria

---

[1] Ath. Apol. 30, 35. His claims are exaggerated by Soc. ii. 15, 17; Soz. iii. 8, 10. Cf. Hist. Tracts of Ath. p. 56; Hussey, Papal Power, p. 7.

[2] οὐ προφορικὸν, οὐκ ἐνδιάθετον. Cf. Newman, Arians, p. 203.

[3] οὔτε προβολήν. Cf. Newman, Arians, p. 195.

[4] St. Aug. Retract. i. 19. 8; Jerome, c. Ruf. ii. 20; Aquin. Sum. iii. 16. 3. 'Homo' was often used for Christ's Manhood.

[5] Comp. Dionysius of Rome, ap. Routh, Rell. Sacr. iii. 374.

[6] So, here and in his 'Orations,' he explains Prov. viii. 22, LXX.

or at Rome) before the Nicomedian Eusebius, who had been translated to Constantinople, died in A. D. 342 [1]. In this tract (the beginning of which appears to be lost) Athanasius, expressly controverting the use made of this text by Eusebius and other Arians, interprets it, not of our Lord's pre-existence, but of His Mediatorial office and powers; guarding, at the same time, against the notion that the Father, in granting those powers to the Son as Man, parted with aught of His own sovereignty. He insists on such texts as St. John xvi. 15, Isaiah ix. 6 [2]; 'asserts the undivided natural oneness' of the Son with the Father; and, very remarkably, adopts the phrase 'three perfect hypostases [3]' in reference to the one coequal [4] adorable Trinity, 'undivided, yet united without confusion.' In one place he speaks of the Word as 'conjoined to the Man,' but in a sense, clearly, which gives no support to Nestorianism [5]. The tract is characterized by a fervid eloquence in regard to the benefits of the Incarnation [6], and to the inscrutable mystery of the nature of God [7].

Athanasius remained at Rome until the summer of A. D. 343, when, 'in the fourth year' from his arrival, he received a letter from the young emperor Constans [8], who, for about the same period since the slaughter of Constantine II., had been sole sovereign of the West. He had formerly obtained from Athanasius some 'bound copies' of the Scriptures; and had recently, under the influence of bishop Maximin, repulsed four Eusebian prelates sent from the East to influence him against Athanasius, and to show him a new creed which all but con-

---

[1] Soc. ii. 12. [2] 'In illud, Omnia,' 5; 'Strong God,' &c.

[3] Generally he makes *hypostasis = ousia.* Dr. Newman, in the 3rd ed. of his 'Arians,' p. 446 sq., considers that Athanasius did not use the word in two substantially different senses, but in two aspects (so to speak) of one.

[4] He expressly denies an inferiority of the Son and Spirit as to Godhead, c. 6. Comp. the *Quicunque.*

[5] Cf. Ath. Orat. iii. 30, &c.

[6] 'By suffering He refreshed us, by hungering He fed us,' &c.

[7] He refers to the Seraphim veiling their faces, Isa. vi. 2.

[8] Ath. Ap. ad Const. 4.

of St. Athanasius. xlvii

fessed the Homoousion[1]. He now desired Athanasius to meet him at Milan. 'On inquiring the cause,' says Athanasius, 'I learned that some bishops had gone to his court, and asked him to write to Constantius, in order to a new Council. Accordingly, I went to Milan, and received great kindness from him; for he condescended to see me,' in company with Protasius, bishop of Milan, behind the curtain of the presence-chamber, but within hearing of his 'master of the offices,'— to say that he had written according to this request. By the emperor's direction, Athanasius went into Gaul in order to meet Hosius, the venerated bishop of Cordova, and accompany him to Sardica, where the two sovereigns had by this time agreed to assemble the new Council on the border line of East and West. In this Mœsian city, within the Eastern Illyricum, about a hundred and seventy prelates met, a small majority being Western, towards the end of the year A. D. 343 [2].

It soon appeared that united action was impossible. The majority, ignoring the Councils of Tyre and Antioch, and regarding the whole case as open, treated Athanasius as innocent, or, at least, as not yet proved guilty; and he 'joined them in celebrating the Divine mysteries[3].' The Eusebian

---

[1] See Ath. de Syn. 25; Soz. iii. 10; Hilar. Fragm. iii. 27.

[2] The discoveries of the Maffeian Fragment and the Festal Letters have had the effect of throwing back the dates of the Sardican Council and the second return of Athanasius. The received date of A. D. 347 for the Council (Soc., Soz.) is proved to be too late (even apart from the difficulty as to Euphrates of Cologne). For Athanasius's return was some time after the death of Gregory, which was (says Athanasius, in Hist. Ari. 21) some ten months after the deposition of Stephen of Antioch, which was soon after the Easter subsequent to the Council. But, not to say that the Fragment gives Oct. A. D. 346 for Athanasius's return, the nineteenth Festal Letter, for A. D. 347, was written after it. Therefore the Council cannot be placed later than the end of A. D. 344, which is Mansi's date, received by Gieseler; and cf. Newman, Hist. Tracts, p. vi. But Hefele's date, the end of A. D. 343, is more probable. The 'Macrostich' Confession was presented by four Eusebian deputies at Milan in the spring of A. D. 345 (Ath. de Syn. 26; Hil. Fragm. 5. 4). It could not have been presented within four months after the Sardican Council. See Hefele, b. iv. s. 58.

[3] Hil. Fragm. iii. 14.

minority,—of whom the chiefs were Stephen of Antioch, Menophantus of Ephesus, Acacius, and Narcissus—on reaching Sardica, had simply announced their arrival, and then shut themselves up in the lodgings provided for them at the palace, and refused to join their brethren until the persons whom they denounced as convicted men, such as Athanasius, Marcellus, Asclepas, and Lucius of Hadrianople, should be deprived of seats in the Council [1]. The answer was, that the Council was prepared to go into all the cases which could be submitted to it: each party would be free to implead the other [2]. Witnesses were ready to attest the sufferings of the orthodox, to tell of forged letters and of organized terrorism; even to exhibit wounds inflicted, and hands that had been fettered, by Eusebian violence [3]. A series of messages, charges, and recriminations went on for many days: Athanasius and Marcellus repeatedly expressed their readiness to confront their adversaries, who on their part refused to appear until the sentences passed by their own Councils were treated as final. Hosius invited some of them to meet him, assured them that nothing was settled, that there should be full hearing and discussion, that if they convicted Athanasius, he should be condemned; 'and even if you fail,' said Hosius, 'yet still object to communicating with him, I will persuade him to come with me into Spain.' This signally liberal offer, in which Athanasius had acquiesced [4], was rejected: and in the end the Eusebians withdrew from Sardica on an idle pretext [5], and, in spite of a formal summons from that majority, established themselves as a Council at Philippopolis [6] further within the Eastern empire, renewed the sentences against Athanasius, betrayed their theological *animus* by accusing him of blasphemy [7], put forth new sentences against Julius, Hosius, and others, drew up an encyclic, and adopted a creed which Socrates treats with great

[1] Ath. Apol. 48; Hil. Fr. 3. 17.
[2] Ath. Apol. 36.
[3] Ib. 45.
[4] Ath. Hist. Ari. 44.
[5] Ib. 16.
[6] Ammian. xxi. 10. 3.
[7] Hil. Fr. 3. 23.

injustice by describing it as ultra-Arian¹. The prelates at Sardica proceeded with their inquiry, heard evidence, went through the Mareotis report, recognized in consequence the innocence of Athanasius², accepted from Marcellus an explanation of his own impugned writings³, and excommunicated eleven Eusebian bishops, as men who 'separated the Son from the Father, and so merited separation from the Catholic Church.' They enacted several canons, including the famous ones providing for a reference, in certain circumstances, to the bishop of Rome, in 'honour of St. Peter's memory,' so that he might make arrangements for the rehearing of a prelate's cause⁴. It need hardly be added that they would have no creed but the Nicene. They drew up an encyclical, preserved by Athanasius,—wrote to the two emperors,—and sent letters of sympathy to the suffragans of Athanasius and the Churchmen of Alexandria, urging the faithful 'to contend earnestly for the sound faith and the innocence of Athanasius,' and to remember that 'although the Catholic Church had suffered many an outrage, yet he that endured to the end should be saved⁵.'

Such was the judgment of this great Western Council in the case of Athanasius; but, of course, it was powerless to replace him in his see. It could not influence the Arian sovereign of the East: in fact, the bold line taken at Sardica provoked the advisers of Constantius to fresh severities; and the Alexandrian magistrates received orders to behead Athanasius, or certain of his clergy expressly named, if they should come near the city⁶. Five Alexandrian clergy were banished into Armenia. Many

---

¹ Soc. ii. 20.
² Valesius remarks that they said nothing of Paul of Constantinople, and supposes that he had previously—for the third time—regained his see (Obs. Eccl. ii. 7). See Theod. ii. 5.
³ Not a sufficient one; see it in Ath. Apol. 47.
⁴ On this see Hussey on Papal Power, p. 3.
⁵ Apol. 37–43. Maffei published 'letters of the Council and of Athanasius' to the Church in the Mareotis, and one 'of Athanasius' to the Alexandrian clergy. Hefele rejects them. ⁶ Hist. Ari. 19.

On the Life

Catholics, we are told, were terrified into dissembling their belief; many fled into the deserts, in order to avoid the dominant party[1]. The Council, supported by Constans, endeavoured to move Constantius by sending to him two delegates, Vincent, bishop of Capua, and Euphrates of Cologne[2]. They reached Antioch at Easter, A. D. 344. Stephen, the Arian patriarch of Antioch, devised an atrocious plot against Euphrates. It was detected, and led to his deposition; and Constantius, in an honest revulsion of feeling, recalled the banished clergy from Armenia, and wrote to stop the persecution of Athanasius' adherents[3]. Athanasius, himself still kept under his ban, had gone from Sardica to Naissus, and thence, at the invitation of Constans, to Aquileia. There, in company with the bishop Fortunatian (for, he observes, he never saw Constans alone), he was admitted to more than one audience; and whenever Constans mentioned Constantius, he replied in terms respectful towards the latter[4]. Of his sojourn in this city, near the walls of which Constantine II. had met his tragical end, we read, that on one occasion, a large church, while still undedicated, was filled by a large congregation, including Constans, who retained, amid his moral deterioration, a respect for religion which combined with his personal kindness to affect Athanasius' judgment of his character[5]. He is said to have peremptorily[6] urged his brother to reinstate Athanasius. The death of the intrusive bishop Gregory, about February A. D. 345[7], gave Constantius a plea for yielding the point. He therefore wrote, after 'a long time,' to Athanasius, affecting

---

[1] Hist. Ari. 18, 20.
[2] The deposition of Euphrates, by a Council of Cologne, 'for denying that Christ was God,' is dated in the 'Acts' A. D. 346. But this date must be too early; for the Acts make Servatius, bishop of Tungri, say that he had rebuked Euphrates in the presence of Athanasius, who in that case could not have allowed him to be appointed a delegate from Sardica. Mansi, ii. 1371. Hefele doubts the whole story, b. 5. s. 69.
[3] Hist. Ari. 20, 21; Theod. ii. 9. [4] Ath. Ap. ad Con. 3, 4.
[5] Ap. ad Con. 15, 7; cf. Hist. Ari. 44; Ammian. xvi. 7. 5.
[6] Soc. ii. 22: but the letter there given is untrustworthy.
[7] Hist. Ari. 21. Not by murder, as Theod. ii. 4.

of St. Athanasius. li

to be anxious for the Western emperor's assent to an act of his own free clemency. He wrote two other letters[1], and employed six 'counts' to write encouragingly to the exile; and Athanasius, after receiving these letters at Aquileia, made up his mind, at last[2], to act on these assurances; but not until Constantius could tell Constans that he had been 'expecting Athanasius for a year.' Invited by Constans to Trier, Athanasius made a diversion on his journey in order to see Rome again; it was six years since he had been cordially welcomed by Julius, who now poured forth his generous heart in a letter of congratulation for the Alexandrian Church, one of the most beautiful documents in the whole Athanasian series. He dwelt on the well-tried worth of Athanasius, on his own happiness in gaining such a friend, on the steady faith which the Alexandrians had exhibited, on the rapture, 'the multitudinous greetings, the glorious festivity, which would gladden their hearts on the day of his brother's return:' and concluded by invoking for his 'beloved brethren' the blessings 'which eye had not seen, nor ear heard[3].' Athanasius travelled northward, about midsummer; visited Constans, passed through Hadrianople[4], where he saw the graves of ten slaughtered Catholics; proceeded to Antioch, and saw Constantius for the third time[5]. The reception was gracious: the emperor valued himself on his impassive demeanour[6]. Athanasius maintained a grave self-respect, and, without vilifying his enemies, firmly desired leave to confront them[7]. 'No,' said Constantius, 'God knows, I will never again credit such accusations; and all records of past charges shall be erased.' This latter promise he at once fulfilled, by orders sent to the authorities in Egypt; and he wrote letters in favour of the archbishop to the clergy of Egypt and

---

[1] Apol. 51; Hist. Ari. 22.
[2] His slowness in coming to this conclusion is certainly somewhat surprising.
[3] Apol. 53. Soc. ii. 23, in his version of the letter, inserts eulogistic phrases which Athanasius' text does not give.
[4] Hist. Ari. 18.   [5] Ap. ad Con. 5.   [6] Ammian. xvi. 10. 9.
[7] Ap. ad Con. l. c.; Hist. Ari. 22, 44.

the laity of Alexandria. One thing he asked, that Athanasius would allow the Alexandrian Arians a single church. Athanasius promptly replied that he would do so, if a church might be granted at Antioch to the 'Eustathian' body, which kept aloof from the crypto-Arian bishop Leontius, and had enjoyed the intense satisfaction of seeing the great confessor take part in their services, which were held in a private house. The emperor would have agreed to this concession; but his advisers stood in the way[1].

From Antioch Athanasius proceeded to the Syrian Laodicea, where a young and accomplished 'reader' in its church, Apollinaris, soon to be unhappily famous, welcomed him enthusiastically, and thereby offended George, the Arian bishop, who had been deposed from the priesthood by Alexander[2]. Athanasius halted next at Jerusalem, where an orthodox Council of sixteen bishops, summoned not by the metropolitan of Cæsarea, but in virtue of the honorary precedency of the see of St. James, met to do him honour, and to congratulate his Church[3]. And now he had but to return home, and enjoy the welcome which that Church was eager to give. He touched Egyptian ground once more at Pelusium, and warned the people against Arian craft; and entered his own city, according to the Festal Index, on October 21 (Paophi 24), A. D. 346. We see in Gregory Nazianzen's panegyric[4] a picture of the vast mass of population,

---

[1] See Soc. ii. 23; Soz. iii. 20. The Eustathians were called after bishop Eustathius; see above, p. xxv. For Leontius, see De Fugâ, 26; Theod. ii. 10, 24; Hooker, v. 42. 9. Many of the orthodox continued to worship in his churches, where the spirit of Catholic belief and devotion was kept up by two laymen, Flavian and Diodore. Constantius' absolute dependence on his advisers is scornfully noted in Hist. Ari. 69, 70.

[2] Soc. ii. 46. For this George see Ath. de Syn. 17.

[3] See Ath. Apol. 57; Soz. iii. 22. On the dignity of the see of Jerusalem, cf. the seventh Nicene canon.

[4] Greg. Naz. Orat. xxi. 28, 29 It appears that Gregory's description, which he connects with the third return, should rather belong to the second. The Festal Index favours this view: it is taken by Montfaucon and Möhler, though not by Tillemont and Neale. The grandeur of the

of St. Athanasius. liii

distributed into its several classes, and streaming forth, 'like another Nile,' to meet him at some distance from Alexandria[1]; the faces gazing from every eminence at the well-known form, the ears strained to catch his accents, the voices rising in emulous plaudits, the hands clapping, the air fragrant with incense, the ground spread with carpets, the city festal with banquets and blazing with illuminations—all that made this return of Athanasius the standard in after times for any grand popular display. 'It is like the day when Pope Athanasius came home!' It was what Julius had anticipated,—a day of 'glorious festivity,' a day such as leaves an ineffaceable impression of splendour, triumph, intense unmitigated joy. The 'Arian History[2]' says little of the exterior brilliancy of his restoration, but dwells with real beauty of style and tone on its practical results in multiplying acts of charity, in deepening religious earnestness, and in sanctifying family life while it stimulated exceptional self-devotion[3]. Many, we are told, gave themselves up to 'care for the things of the Lord,' in consecrated celibacy: others made their houses seem like churches, and worked energetically among the poor. Thus the exuberant enthusiasm of his reception had a real effect in raising the moral and religious tone of his people. Characteristically, the kindhearted Gregory dwells on his hero's gentle bearing towards old opponents, and his peace-making zeal in allaying feuds: many persons who had been frightened into siding with the Arians, came by night to him with their excuses: 'they had always been faithful to him at heart.'

popular demonstration seems certainly most suitable to a return which had the fullest measure of imperial sanction. Dean Stanley connects it with the first return (East. Ch. p. 274).

[1] 'Chæreu,' i. e. 'Chæreus' land' (cf. Vit. Ant. 86), was 'the first outpost of the city' (Stanley, East. Ch. p. 274). 'Usque ad centesimum lapidem,' says the Latin version of the Festal Index.

[2] c. 25.

[3] Pachomius did not live to hear of this return; but Orsisius his successor sent to Athanasius some monks of Tabenne, whom the archbishop welcomed with great kindness (Act. SS., Maii, vol. iii. 326).

V.

His 19th Festal Letter, for A. D. 347, begins with a thanksgiving for having been 'brought from distant lands,' and ends with information as to recent appointments of bishops, among whom was Arsenius, now canonically established at Hypsele; others were doubtless Catholics, whom the archbishop had set in the places of Arians[1]. The Egyptian prelates, in council, received the decrees of Sardica. More than 400 bishops of different countries, including Britain, were now in communion with Athanasius; he had a multitude of their 'letters of peace' to answer[2]. It was a time 'of deep and wondrous peace[3],' which lasted for a few years. Valens and Ursacius had already, it seems, anathematized Arianism before a Council at Milan; but they deemed it expedient to do more. In A. D. 347 they appeared at Rome, and presented to Julius a humble apologetic letter; having already written in a different strain to Athanasius, briefly announcing that they were 'at peace with him[4].' He believed at the time that they were sincere; they afterwards ascribed their act to fear of Constans[5]. This motive, if it existed, was ere long removed; the revolt of Magnentius

---

[1] Soz., iii. 21, says that he was accused of having made similar substitutions even while passing through foreign countries. Both Soz. and Socr., ii. 24, say that he was charged with ordaining in the dioceses of other bishops in Egypt. Yet see Hussey on Soc. l. c. Le Quien holds that he had a right to perform ordinary episcopal functions throughout Egypt. Or. Chr. ii. 359. So Neale, Intr. East. Ch. i. 111.

[2] Hist. Ari. 28.   [3] Ib. 25.

[4] See Newman's note, Hist. Tracts, p. 86 (Apol. 19): cf. Apol. 2; Hist. Ari. 26, 44. As Westerns, they naturally treated the bishop of Rome with much greater deference than the bishop of Alexandria; and even in their statement to Julius they betray their distrust of Athanasius. That they should retract, from motives of policy, was for them no unnatural course. Compare Hil. Fragm. 2, 20.

[5] Hist. Ari. 29.

of St. Athanasius. lv

brought Constans to an ignominious death at the foot of the Pyrenees, in February A. D. 350.

This tragedy was a severe shock to Athanasius[1]. He received, indeed, a letter from Constantius, assuring him of continued favour, and encouraging him to pursue his episcopal work. 'Our will and pleasure is that you should at all times remain in your own place as bishop[2].' The Alexandrian authorities were also commanded to suppress any 'plotting against Athanasius.' Thereupon, in presence of high state officers, including the bearers of these letters, Athanasius desired his people, assembled in church, 'to pray for the safety of the most religious Constantius Augustus.' The response was at once made, 'O Christ, help Constantius[3]!'

He had leisure for writing, and made good use of it. His letter to a friend 'on the Nicene Definition,' i. e. on the soundness of the great Council's doctrinal statements, is referred to this period of his life, and professes to answer the question, Why the Council used the non-scriptural phrases, 'of the essence' and 'co-essential;'—a question proposed by that class of Arians who were followers of Acacius, the successor of Eusebius of Cæsarea, and whose formula was the *Homoion*,— that the Son was simply 'like' to the Father[4]. Athanasius had 'argued against them fully in a former letter,' now lost. In the extant letter he begins by enforcing a point which, to his mind, lay at the root of the matter. If our Lord's Sonship is not real or natural, then—whatever distinctions[5] may be invented—it is *ejusdem generis* with ours. If it is more than this, then it is natural, therefore eternal and Divine. The names given to the Son,—he proceeds,—confirm this; e. g. 'Word,' 'Wisdom,'—for He is the one Word of God. The phrases used by the Council were not, indeed, taken from Scripture, but employed to guard that *sense* of Scripture which, but for heretical

---

[1] He spoke of Constans to Magnentius' envoys with tears, Ap. ad Con. 9.
[2] Ath. Ap. ad Con. 23; Hist. Ari. 24, 51.
[3] Ap. ad Con. 10, 33.   [4] Newman, Arians, p. 314.
[5] De Decr. 7, 9.

evasiveness, might have been expressed—as the Council at first meant to express it—in Scripture words[1]. They do not profess to explain the inexplicable, but to preserve it from being explained away[2]. They agree, more or less verbally, with the language of earlier Church writers[3]: for 'the Creed of the Council is the faith of the Catholic Church.' As for 'non-scriptural' phrases, what of the Arian term 'Ingenerate'? It is capable of several senses; taken in one, it implies proper Arianism; taken in another, it simply contrasts God with His works, and does not set Him forth as Father. To this treatise Athanasius subjoins the letter in which Eusebius of Cæsarea explained to his own people his acceptance of the Homo-ousion.

In another theological essay, 'On the Sentiments of Dionysius, bishop of Alexandria,' Athanasius undertook to show that the Arians had no right to claim his great predecessor as on their side. True, Dionysius had said, in one of his letters, 'The Son was *made* . . . . is alien in essence from the Father, as the vine from the husbandman, the ship from the shipwright; and, as made, He was not before He came into being.' But, Athanasius contends, let the circumstances, and the rest of his language, be considered. He was opposing Sabellianism, and urging the distinction between the Son and the Father; and for this purpose was dwelling exclusively on one side of the truth, that which relates to Christ's Manhood[4]. When his words were made matter of complaint 'before his namesake, the Roman bishop Dionysius,' he wrote a 'Refutation and Defence,' the very title of which is significant, and in which he distinctly admitted the eternity of the Son, as such, as involved in the eternity of the Father; cited illustrations used by him, which

---

[1] De Decr. 19 sq. Above, p. xiv.   [2] De Decr. 22.

[3] Theognostus, the Dionysii, Origen: see the defence of Origen in c. 27. He is cited as owning the Son's eternity. And cf. Routh, Rell. Sac. iv. 354.

[4] This is what Athanasius here means by 'economy.' 'The apostles,' he says, 'argued from the Manhood to the Godhead,' c. 8. Cf. de Decr. 25. On the two Divine and human spheres of Christ's action, comp. de Sent. Dion. 9 with Orat. iii. 32, &c.

of St. Athanasius. lvii

agreed with the idea expressed by 'co-essential;' and spoke of the Word as *not* 'a thing made.' Thus, by anticipation, he condemned Arianism[1]. Athanasius concludes with a prayer that 'all who are gone astray may renounce their impiety and recognize the truth.'

He brought out, at this time, although he afterwards made additions to it, the great narrative called his 'Apology against the Arians[2],' embodying and commenting upon a number of documents of the highest value. It may have been about this time that he chose the blind scholar Didymus, already renowned for vast and varied learning, and for his persuasive advocacy of Nicene doctrine, to preside over the Catechetical School[3]. When Magnentius sent envoys to Constantius, one of them visited Alexandria; and Athanasius, in speaking to him of Constans, burst into tears. He at first had some apprehension of danger from Magnentius; but it was soon evident that his real danger was from the Arianizing advisers of Constantius. Valens and Ursacius, having now recanted their recantation, were ready to form new plots; and Liberius, the new bishop of Rome, was plied with letters against him, which were outweighed, in the judgment of a Roman synod, by an encyclic of eighty Egyptian prelates; and Rome remained faithful to his cause[4]. This was in A.D. 352; and Athanasius, in May A.D. 353, thought it advisable to send five bishops[5], one of them being

---

[1] Dorner does not think Athanasius' pleading satisfactory, although he says that Dionysius did not *consciously* deny the Son's Deity (Person of Chr. vol. ii. p. 178, E. T.) Dionysius does not expressly *say*, 'I was referring to the Manhood.' See Neale, Hist. Alex. i. 75, 121.

[2] In the Bollandist Life (Act. SS., May 2), the 'Apology against Arians,' is called the Syllogus, or collection of documents, &c., framed about A. D. 342, and afterwards appended to the Arian History 'ad Monachos.' The old name of Second Apology is, at all events, clearly misapplied.

[3] Jerome, de Vir. Illustr. 109; Soz. iii. 15. See Tillemont, x. 389.

[4] See Liberius' letter to Constantius, Hil. Fragm. 5. Another letter, in which Liberius is made to say that he had put Athanasius out of his communion for refusing to come to Rome when summoned, may be rejected as a forgery. De Broglie, L'Egl. et l'Emp. ii. 1. 233.

[5] Soz. iv. 9, and Fragm. Maff.

On the Life

his friend Serapion of Thmuis, and three presbyters, to disabuse Constantius of bad impressions as to his conduct. Five days later, May 23, Montanus, a 'silentiary' or palace chamberlain, arrived with an imperial letter forbidding him to send envoys, but purporting to grant a request from himself to visit the court of Milan. Athanasius, detecting an attempt to decoy him, replied that as he had never made such a request, he could not think it right to use a permission granted under a misconception; but that if the emperor sent him a definite order, he would set forth at once [1]. Montanus departed; and the next news that Athanasius received from Europe was such as to make him forget all personal danger. The Western usurper had been finally overthrown in August; and Constantius, having gone to Arles for the winter, was induced by the Arians to hold there, instead of at Aquileia, the Council which Liberius and many Italian bishops had requested him to assemble [2]. The event was disastrous; Vincent, the Roman legate, was induced to join with other prelates in condemning Athanasius; but Paulinus of Trier had inherited Maximin's stedfastness, and preferred exile to the betrayal of a just cause [3].

In the Lent of A.D. 354, the Alexandrian churches were so crowded that some persons suffered severely, and the people urged Athanasius to allow the Easter services to be held in a large church which was still unfinished, called the Cæsarean. The case was peculiar [4]: the church was being built on ground belonging to the emperor; to use it prematurely, without his leave, might be deemed a civil offence; to use it before dedication, an ecclesiastical impropriety. Athanasius tried to persuade the people to put up with the existing inconvenience; they answered they would rather keep Easter in the open country. Under these circumstances, he gave way. The

---

[1] Ap. ad Const. 19-21.
[2] See Liberius' letter to Hosius in Hil. Fragm. 63. The spurious letter referred to above begins 'Studens paci,' and forms Fr. 4.
[3] Hil. Fr. 1. 6.
[4] Ap. ad Const. 15; Epiph. Hær. 69. 2.

of St. Athanasius. lix

Arianizers were habitually courtiers, and ready, on occasion, to be formalists likewise; and this using of the undedicated imperial church was one of several charges now urged at court against their adversary, and dealt with in his 'Apology to Constantius;' the others being that he had stimulated Constans to quarrel with his brother, had corresponded with Magnentius, and that he had not come to Italy on receiving the letter brought by Montanus. A letter which he wrote before the Easter festival of this year, or perhaps of A.D. 355, is particularly interesting; he seeks to recall Dracontius, a monk who had been elected to a bishopric[1], and had weakly fled from his new duties. The earnestness, good sense, and affectionateness of this letter are very characteristic of Athanasius. He dwells repeatedly on the parable of the Talents, reminds Dracontius of solemn obligations, blames his reliance on bad advisers, quotes cases of monks who have become bishops, and warns him against imagining the monastic life to be the one sphere of Christian self-denial[2]. And the calm contemplation of fast-approaching trials, which would make a severe demand on Christian men's endurance, corresponds exactly to that 'discernment' of the 'signs' of A.D. 354-5, in which Athanasius cannot have been wanting.

For, in the spring of A.D. 355, he would hear of the success of Constantius in terrorizing the great majority of a large Council at Milan, which had been summoned at the urgent desire of Liberius. A few faithful men, such as Eusebius of Vercellæ, Lucifer of Caliaris, Dionysius of Milan, after a momentary weakness, and Maximus of Naples, who was suffering at the time from illness, alone refused to condemn Athanasius[3]; and in standing out against the incurable tyrannousness of Cæsarism,

---

[1] 'In fear of the present crisis,' ad Drac. 3. He said that his voice was bad, ib. 5. 'Come hither,' writes Athanasius, 'to us who love you . . . . and when you minister in the churches, remember us.' Dracontius obeyed, and lived to be banished. Ath. Hist. Ari. 72.
[2] 'We know of bishops who do, and of monks who do not, fast;' c. 9.
[3] Hist. Ari. 32-34; Marc. et Faust. Lib., in Sirmond. i. 141.

as thus exhibited, must have felt themselves to be contending both for civil justice and for Nicene orthodoxy [1].

That some *coup d'état* was meditated against Athanasius must have been evident, not only from the emperor's passionate eagerness to have him condemned, and from the really brutal persecution which began to rage throughout the empire against those who adhered to his communion [2], but from the appearance at Alexandria, in July or August, A. D. 355, of an imperial notary, named Diogenes [3], who, though he brought no express orders, and had no interview with Athanasius, used every effort to get him out of the city. Failing in this, he departed in December; and on January 5, 356, Syrianus, a general, with another notary named Hilarius, entered Alexandria. The Arian party exulted in their approaching triumph; Athanasius asked Syrianus if he had brought any letter from the emperor. He said he had not. The archbishop referred him to the guarantee of security which he had himself received; and the presbyters, the laity, and the majority of all the inhabitants, supported him in demanding that no change should be made without a new imperial letter—the rather that they themselves were preparing to send a deputation to Constantius. The præfect of Egypt and the provost of Alexandria were present at this interview; and Syrianus, at last, promised 'by the life of the emperor' that he would comply with the demand. This was on January 18; and for more than three weeks all was quiet. But about midnight on Thursday, February 8, when Athanasius was at a night-long vigil service in the large church of St. Theonas, preparatory to the Friday service, Syrianus, with Hilarius, and Gorgonius the head of the police force, beset the church with

[1] 'The arts of the court party,' says Neander (iv. 72, E. T.), 'were aimed not barely against the person, but also against the doctrines of Athanasius.' He adds that 'it was not the State, it was only the Church, which in those times of despotism and servility had such men to show' as these brave confessors.

[2] 'Whatever provocations had been given by the orthodox party were far surpassed by the violence and unrelenting bitterness of the Arians.' Stanley, East. Ch. p. 282. Hist. Ari. 31. [3] Ath. Ap. ad Const. 22.

of St. Athanasius. lxi

a large body of soldiers[1]. 'I sat down,' says Athanasius[2], 'on my throne,' (which would be at the extreme end of the church,) 'and desired the deacon to read the Psalm' (our 136th), 'and the people to respond, *For His mercy endureth for ever*[3], and then all to depart home.' This majestic 'act of faith' was hardly finished, when the doors were forced, and the soldiers rushed in with a fierce shout, clashing their arms, discharging their arrows, and brandishing their swords in the light of the church lamps. Some of the people in the nave had already departed, others were trampled down or mortally injured; others cried to the archbishop to escape. 'I said I would not do so, until they had all got away safe. So I stood up, and called for prayer, and desired all to go out before me . . . . and when the greater part had gone, the monks who were there, and certain of the clergy, came up to me and carried me away[4].' And then, he adds, he passed through the mass of his enemies unobserved, thanking God that he had been able to secure in the first instance his people's safety, and afterwards his own. As on a former occasion, he deemed it his duty to accept an opportunity of escape, especially when the sacrifice of his life would have been ruinous to the cause of the Church in Egypt[5]; and he therefore repaired to a place of concealment in the country, 'hiding himself,' as the Arian History[6] employs the prophet's words, 'for a little moment, until the indignation should be overpast.'

[1] Comp. Ath. Ap. de Fugâ, 24; Ap. ad Const. 25. Cf. Lyra Apost. p 121, 'In the dark night, mid the saints' trial sore,' &c.
[2] Ap. de Fugâ, 24. Comp. Hist. Ari. 81, the protest of the Catholic laity, Feb. 12.
[3] His love for, and practical knowledge of, the Psalter is beautifully shown in his Letter to Marcellinus, although his Comments on the Psalms are not very striking. He was wont to have the Psalms recited rather than sung, 'tam modico flexu vocis faciebat sonare lectorem psalmi,' &c. St. Aug. Confess. x. 50.
[4] The protest says that he fainted: and this, at the last moment of such a scene, and amid such a pressure and confusion, is not unlikely. Soc. ii. 11 erroneously connects this scene with Gregory's intrusion.
[5] See Augustine, Ep. 228. 6.   [6] c. 48.

On leaving Alexandria, Athanasius at first thought of appealing in person to Constantius, who could not, he tried to hope, have sanctioned the late outrage. But he was deterred by the news of one woe following upon another [1]. Bishops of the West who had refused to disown him were suffering under tyranny, or had been hurried into exile. Among the latter class was the Roman bishop himself, who had manfully spurned both gifts and menaces [2]; and Hosius, for addressing to Constantius a remonstrance full of pathetic dignity [3], had been sent for to, and detained at, Sirmium. Then came news which touched Athanasius more closely. It was given out that one George [4], a Cappadocian of evil reputation and ruthless temper, was coming to supersede him; and that a vague creed, purporting to be simply Scriptural [5], but in fact ignoring the Nicene doctrine, was to be proposed for his suffragans' acceptance. This last report set him at once to work, with characteristic promptitude and energy, on a 'Letter to the Egyptian and Libyan Bishops,' in which he recapitulated the early history of Arianism, and warned them against those who were now endeavouring to veil its deformity. But he had soon to hear of a repetition of the sacrileges and brutalities of the days of Gregory. As before, Lent [6] was the time chosen for the arrival of the usurper. Easter brought an increase of trouble in the persecution of prelates, clergy, virgins,

---

[1] Ap. ad Const. 27, 19. [2] Theod. ii. 16. [3] It is in Ath. Hist. Ari. 44.
[4] Though coarse, corrupt, and violent, 'he collected a valuable library,' Gibbon, iii. 171. He had been recommended by an Arianizing synod at Antioch. See Soz. iv. 8, with Valesius' note. Ath. ad Ep. Æg. 7. In Hist. Ari. 75, he is said to have been fraudulent as a contractor of stores at Constantinople.
[5] Compare, on this phase of Arianism, such passages as De Decret. 21. The principle on which Athanasius went was Waterland's,—that 'the sense of Scripture *is* Scripture.' Works, iii. 652.
[6] Comp. Hist. Ari. 55; De Fugâ, 6; Theod. ii. 14. Other cruelties are narrated in Hist. Ari. 58 sq. There is a difficulty, in that Athanasius' language appears inconsistent with the date given in the Festal Index and Maffeian Fragment, which defer George's arrival until Feb. 24, 357,

of St. Athanasius. lxiii

widows, the poor, and even ordinary Catholic householders. On the evening of the Sunday after Pentecost, when 'the brethren' had met for worship, apart from the Arians, in the precincts of a cemetery, a military commander, named Sebastian, a fierce-tempered Manichean, whose sympathies went with George, came to the spot with more than 3000 soldiers, and found some virgins and others still in prayer after the general congregation had broken up[1]. On their refusal to embrace Arianism, he caused them to be stripped, and beaten or wounded with such severity that some died from the effects, and their corpses were kept without burial. This was followed by the exile of twenty-six bishops, doubtless for rejecting the new-made creed[2]; more than thirty fled, others were scared into apparent conformity, and the vacated churches were given over to men whose moral disqualifications for any religious office were compensated by their profession of Arianism. Tragical as were these tidings, Athanasius still clung to his purpose of presenting himself before Constantius, until he learned that one imperial letter had denounced him

although the Fragment says that on June 15, 356, the churches were given up to the adherents of 'Gregory'—meaning, of course, George—by Heraclius and Cataphronius, the men who are named in Hist. Ari. 55, as setting on the young Pagans to attack the Cæsarean church on a Wednesday, before George came, and evidently soon after Athanasius had fled. Perhaps the Fragmentist, knowing that George came in *a* Lent (and in 356 Easter was Apr. 7), that Heraclius had previously disturbed the Catholics' possession of the churches, and that in June, 356 (the exact day, Sunday after Pentecost in that year, was June 2) another great outrage took place, was led to mix up these facts with his erroneous notion (in itself sufficiently improbable) of a whole year's interval before the arrival of the intruding bishop, to place Heraclius' arrival about three months too late, and to confound his proceeding, in some degree, with Sebastian's. The exclusion of Catholics from Alexandrian churches is illustrated by a letter attributed to Athanasius, 'Which has the most,—he who holds the place of worship, or he who holds the Faith?' A fragment of another letter, preserved by Theodoret, ii. 14, speaks of the Arians as 'sitting like demons round the tombs, to debar the dead from burial.'

[1] De Fugâ, 6; Hist. Ari. 72; Ap. ad Con. 27.
[2] De Fugâ, 7; Hist. Ari. l. c.

as a fugitive criminal who richly merited death, and another[1] had exhorted the two Ethiopian sovereigns to send Frumentius to Alexandria, that George might instruct him in the knowledge of 'the supreme God[2].'

Then it was that Athanasius, accepting the position of a proscribed man who must needs live as a fugitive, 'turned back again,' as he says, 'towards the desert[3],' and sought for welcome and shelter amid the innumerable monastic cells. Antony had died at the beginning of the year, desiring that a worn-out sheep-skin cloak (the monk's usual upper dress), which, when new, had been the gift of Athanasius, might be returned to him[4]. But many 'abbots,' who had imbibed Antony's spirit, would deem their cœnobitic settlements only too much graced by receiving their archbishop as a sufferer for the truth's sake; and many a young monk would think that the 'discipline' which he had embraced, and which Athanasius had propagated in distant lands, gained a new charm while the person whom he most reverenced on earth was actually mingling in the routine of prayer and psalmody, meditation, and manual toil, wearing the same habit, eating the same food, sometimes delivering the prescribed exhortation, or taking the office of celebrant at the monastic altar. As Athanasius appears to have made secret visits to Alexandria[5], he probably spent some time among the recluses of

---

[1] Ap. ad Const. 30, 31.
[2] Meaning, of the Father (see Arius, in Athan. de Syn. 15). Frumentius continued undisturbed; see Le Quien, Or. Chr. ii. 644.
[3] Ap. ad Const. 32; Greg. Orat. xxi. 19.
[4] Vit. Ant. 91. Athanasius had lately invited Pambon to Alexandria, Soc. iv. 23.
[5] Festal Index, A.D. 358. And compare the Index for 360, on the virgin Eudæmonis, tortured by the præfect when he searched for Athanasius in a small chamber, with Palladius' famous story (Vit. Patr. l. 8. c. 136) of the young Alexandrian lady who sheltered him in her own house; a story which, although it bears exaggeration on its face, may possibly have some foundation. See Soz. v. 6. Cave and Montfaucon think that the lady may have received him for a few days after Syrianus' irruption.

of St. Athanasius. lxv

Lower Egypt, on the Nitrian mountain, or in 'the wilderness of cells' further inland, or in the yet remoter Scetis; but he also doubtless found cause to visit 'the pathless solitudes which surround Upper Egypt, and the monasteries and hermitages of the Thebaid.' He might converse in one place with Pior, the austere disciple of Antony; in another with Pambon, famed for his vigilance against sins of the tongue; in another with Macarius of Egypt, whose recorded sayings exhibit such knowledge of the heart and such abundant charity [1]. As he thus changed his places of abode, a veil of mystery was drawn over his life; and the interest was heightened by the romantic incidents naturally following from the government's attempts to track and seize him [2]. When the pursuit was hot, there would be a rapid and well-arranged flight from one refuge to another [3], involving, probably, 'hair-breadth 'scapes' and strange concealments which might anticipate the experience of a Jacobite or a Vendéan. When comparatively undisturbed, he would still be full of activities, ecclesiastical and theological. The 'royal-hearted [4]' exile, the 'invisible patriarch,' was always effectively governing his Church, consoling

---

[1] Soc. iv. 23; Soz. vi. 29-31; Coteler. Mon. Gr. i. 524, 640.
[2] See Ep. ad Serap. i. 1. The 'Life of Pachomius' gives a vivid scene. A 'duke' named Artemius is hunting for Athanasius, comes to a monastery, and asks, 'Is Athanasius here?' Psarphi, the monk in charge, answers simply, 'He is indeed the father of us all, but I never yet saw his face.' Artemius, after a vain search, asks Psarphi to pray for him. But, as an Arian bishop is his companion, he is repelled by the answer, 'We may not pray with those who are in communion with Arians.' It is possible that Athanasius, by a visit or by letters, encouraged the intensely ecclesiastical population of Oxyrynchos, who, when their bishop joined the communion of George, at once disowned him, and procured for themselves an orthodox chief pastor,—supposing that in this matter we may trust the authority of Marcellinus and Faustinus (Sirmond. i. 251).
[3] Gibbon, iii. 85.
[4] Dr. Newman in Lyra Apostolica, p. 118:—
  'And royal-hearted Athanase,
  With Paul's own mantle blest.'
See Stanley, East. Ch., p. 284. A curious anecdote, showing his knowledge of character, is told by Tillemont, viii. 232.

f

or stimulating the faithful, keeping in his hands a network of correspondence[1], despatching messages and orders which would be received as loyally as if brought by a deacon of the Alexandrian throne. And with that marvellous power of self-adaptation, prominent among the Pauline qualities which Dean Stanley has so well pointed out in this majestic character, Athanasius made those six years of seclusion available for literary work of the most substantial kind, both controversial and historical. The books which he now began to pour forth were apparently written in cottages or caves[2], where he sat, like any monk, on a mat of palm-leaves, with a bundle of papyrus beside him, amid the intense light and stillness of the desert, which might well harmonize with his meditations and his prayers. The fondness of Athanasius for the illustration of 'the Light and the Ray' is well known[3]. He finished in this year (A. D. 356) his 'Apology to Constantius[4],' a work which he had for some time in hand, and which he still hoped to be able, in better days, to deliver in the emperor's presence. He afterwards met the taunts of 'cowardice' directed against him by Leontius, George, Narcissus, and other Arians,

---

[1] He tells Serapion that the letters he has received are a source of comfort, and make him feel as if his friends were with him (i. 1). Compare Hist. Ari. 40.

[2] 'I even dwelt with wild beasts,' Ap. ad Con. 34. The story of his being concealed for six years in a dark dry cistern—which Rufinus appears to believe (i. 18)—may be founded on his having once during those years lain hid in such a place. See Soz. iv. 10. Compare De Fugâ, 17. Every cave and glen was known to the monks.

[3] See, e. g. Orat. ii. 33, iii. 13, 66; de Decr. 23. Cf. Kingsley's Hermits, p. 132.

[4] Throughout this Apology he addresses Constantius with the forms of loyal respect. This was necessary, if it was ever to be actually presented; and he may have forced himself, even at this time, to hope that Constantius might amend his conduct. 'Still it was going rather far to talk of Constantius' 'well-known benignity' (c. 32): (his cruelties towards his relatives are referred to in Hist. Ari. 69). But Athanasius never afterwards spoke of him in this tone. See De Fugâ, 26; Hist. Ari. 74; de Syn. 55. He did indeed, in Hist. Ari. 69, make allowance for his imbecile credulity, which made him a tool in the hands of worse men.

of St. Athanasius. lxvii

with an 'Apology for his Flight¹', in which he dwelt on the precept and example of Christ, and on the conduct of eminent saints, Biblical and ecclesiastical²; enlarging at the same time on the fury of the persecution, and referring to the banishment of orthodox bishops. This treatise is remarkable as condemning absolutely the principle of persecution³, and stating a view of a bishop's duty, under such circumstances, which was identical with that of Dionysius and of Cyprian, but was discussed and accepted with certain limitations by Augustine in one of his last letters. To the same period belong the 'Letter to the Monks⁴,' with the 'Arian History' (not now extant as a whole), which it introduces, and as to which it is difficult to resist the impression that part of it, at least, was written under the archbishop's supervision, by some friend or secretary⁵; a 'Letter to Serapion,' bishop of Thmuis, refuting the notion that Arius had died in Church communion by an account of his death, the details of which he had learned from his presbyter Macarius, while he himself was resident at Trier⁶;

¹ The 'Apologia de Fugâ' was written between the lapse of Hosius and that of Liberius—probably about the end of A.D. 357. The Arians who taunted him, he says, professed friendly feelings towards him. Part of the tract is quoted in Soc. iii. 8; and its argument is summarized by Newman, Ch. of the Fath., p. 231.
² Matt. x. 23; John xi. 54, &c.; Eus. vi. 39; Cyp. Ep. 20; Aug. Ep. 228.
³ De Fugâ, 23. Cf. Hist. Ari. 67.
⁴ In this letter he says he has complied with their request for an account of the persecution and a refutation of Arianism. The refutation is identified by the Bollandist Life with the 'Orations;' Montfaucon and Newman think it is lost. Athanasius requests the monks not to copy or even retain these documents, lest they should be misinterpreted.
⁵ It is written generally in the third person; but the first person occurs in c. 7, 9, 15, &c. (see especially 64); in c. 52 ('if the text be not corrupt,' see Newman, Hist. Tracts, p. 219), we find 'he *and* we.' This inconsistency is just what might happen if an amanuensis were used. And see c. 13. The style is somewhat declamatory; as to speeches, a dramatic freedom is used. One sentence, in c. 32, is suspicious; for Constantius' death could not have seemed near at hand.
⁶ Neander (iv. 58, E. Tr.) blames Athanasius for imputing deception to Arius in regard to the profession of belief which he had tendered to Constantine. But if the statement in this letter be true, he really did say that

f 2

and, above all, the great 'Orations' or 'Discourses against the Arians.' These last have been described by Montfaucon as 'the sources whence arguments have been borrowed by all who have since written in behalf of the Divinity of the Word[1];' and although it cannot be denied that in some details of their argument a modern reader will detect what seems irrelevant or forced, or otherwise unsatisfactory[2], and that the close reasoning which Photius and other writers have so justly admired in Athanasius is occasionally embellished, as the taste of that age would consider, by forms of polemical oratory, yet all candid readers will appreciate the richness, fulness, and versatility of the Scriptural exegesis, the steady grasp of certain primary truths, and especially of the Divine Unity, and of Christ's real or 'genuine,' 'natural,' and Divine Sonship[3], in which the whole Catholic doctrine was involved, for 'a son is the proper offspring of the father's essence, and not external to him;' the keen penetration with which Arian objections are analyzed[4], Arian imputations disclaimed, Arian state-

he had not taught what Alexander had imputed to him. And according to Athan. ad Ep. Æg. 18, he told Constantine that he had never held or taught otherwise than the profession, couched in Scriptural words, contained. Neander says, Athanasius had no right to assume that Arius must take those words as he himself did. But the point is, that Constantine would naturally take them in a sense which, at least, was not that condemned at Nicæa.

[1] 'Excellentiam Verbi tui, quam beatus Athanasius asseruit.' Parisian Breviary, Collect for May 2.

[2] See Bp. Kaye on Council of Nicæa, p. 279. Cf. Orat. ii. 29, 48, 63, iii. 59, 65, iv. 28, &c.

[3] E. g. Orat. i. 15, ii. 2, 3, 5, 22, 23 (where, as in iii. 12, He, as true Son, is contrasted with angels), 32, 34, 45, and 73, 'This is the main question, *Whether He is Son?*' and iii. 62, cited in the text. Athanasius seems to be constantly saying, as it were, to himself, 'There is one Godhead,—God has a true Son,—that Son is God,' &c. Parts of the Orations, it may be observed, are reproductions of what he had written before, e. g. in the de Decret. (Cf. Or. i. 30 sq., de Decr. 28 sq., on the Arian 'sophism' about 'Ingenerate.')

[4] E. g. Orat. i. 14, 27, 29; see also ii. 26, iii. 59. With this acute analysis should be compared the lucid statement of such plain arguments as that from the Baptismal Form, ii. 41. In this, as in other ways, Athanasius could be 'all things to all men.' Cf. Photius, Bibl. 140.

of St. Athanasius. lxix

ments, old and new, the bolder and the more cautious, compared, Arian evasions pointed out, Arian logic traced to its conclusions, and Arianism shown to be inconsistent, irreverent, professedly zealous for Monotheism, yet in a certain sense Ditheistic; the incidental exposure of earlier heresies, like that of Paul of Samosata[1]; the 'distinct[2] and luminous protests, by anticipation, against' later heresies, like the Nestorian and Eutychian; and the solemn earnestness with which the orthodox conclusions are exhibited as ministering to the deepest needs of the Christian soul[3]. The work is rich in passages which concentrate the writer's thought and impress themselves on the reader's memory[4]. Sometimes also we find highly suggestive language on the relation of the Spirit to the Son[5], on the purport of the terms Son and Word respectively[6], on the

[1] Orat. i. 38, ii. 13, iii. 51. He also frequently alludes to Gnostics (ii. 21, &c.) and Manicheans (i. 23, &c.); and he carefully excludes Sabellianism, e.g. iii. 4, 36, iv. 25.

[2] Newman in Athan. Treat. ii. 291; ib. ii. 295, and 436 on Orat. iii. 29 sq. See too Orat. i. 45, iv. 31. In i. 50, ii. 70, iii. 58, he implies the reality of a human 'nature' in Christ, and expressly asserts His manhood. Compare De Sent. Dion. 9. Athanasius may indeed have occasionally used phrases which later theologians would deem inaccurate; e.g. in Orat. ii. 70, iv. 33. Compare c. Apollin. ii. 16.

[3] E.g. Orat. i. 35, 49, 50, ii. 43, 67, 69, 70 (comp. Cyril of Alexandria's argument from the Atonement against Nestorius, in his 'De Rectâ Fide').

[4] 'There is an eternal and one Godhead in Three ... the Blessed Trinity, unalterable and perfect' (Orat. i. 18). 'It was not that the Son was Man, and then became God, but that He was God, and then became Man' (ib. i. 39). 'He who is the Son of God, Himself became the Son of Man' (ib. i. 45). 'Creature does not worship creature, but servant Lord, and creature God' (ib. ii. 23. He is arguing that Christ accepted worship, John xx. 28, whereas angels refuse it, Rev. xxii. 9). 'If He had been a creature, and so had become Man, man had remained just what he was, not joined to God' (ib. ii. 67). 'We confess God to be one through the Trinity' (ib. iii. 15). '*He* is by nature and essence Word and true God, and we are made sons through Him by adoption' (ib. iii. 19). 'Is Jesus Christ Man like other men, or is He God bearing flesh?' (ib. iii. 51. Athanasius quotes Rom. ix. 5 and 1 John v. 20 as asserting Christ's Deity; ib. i. 10, iii. 9, &c.) For some resemblances to the 'Athanasian Creed,' see below.

[5] Orat. i. 48, iii. 24.

[6] Ib. i. 28.

dignity of the Virgin Mother as 'Theotocos¹,' on the question of the 'necessity' of the Incarnation², on the Atonement³, on the superiority of man's state as restored over his state as first created⁴. Among the characteristic points are a readiness to repeat, for clearness' sake, what has been already stated⁵, and to offer a choice of explanations⁶; together with a frequent reference to the 'rule' of orthodox thought or 'the Church's point of view⁷.' The phraseology includes logical or other philosophical terms; the word 'ousia' is repeatedly used, 'hypostasis' very sparingly⁸; but the 'Homoousion,' although it occurs⁹, is for the most part 'avoided in these discourses¹⁰,' clearly in order to conciliate the Semi-arians and attract them towards Catholicism. And it is very evident, on the face of the Orations, that the great idea which fills their writer's mind is independent of any terms which he may borrow from current philosophy in order to indicate and symbolize what can neither be comprehended nor expressed¹¹. He has not 'made to himself' an object of belief out of 'the residue' of a technical terminology; if such phrases as 'essence' or 'subsistence' were proscribed, the doctrine of the Father and the Son, as he conceives of it, as his thought lives in it, would be for him just where it is; while an indefinite multiplication of such phrases could not measure

---

¹ Orat. iii. 14, 29, iv. 32. See, on this phrase, Bright's Hist. Ch. p. 312.
² Ib. ii. 68. As to whether it would have taken place without the Fall, Athanasius takes the 'Thomist' view, that it would *not*, ib. i. 49, ii. 54.
³ Ib. i. 59, 60, ii. 9, 66. ⁴ Ib. ii. 67.
⁵ Ib. ii. 22, iii. 54. See the oft-repeated 'proper Offspring.'
⁶ Ib. i. 44, ii. 13, iii. 21. ⁷ Ib. iii. 28, 35, 58.
⁸ Ib. iii. 65, iv. 1, 35. In ii. 51 he contrasts the Son's 'ousia,' meaning, His Godhead, with His Manhood.
⁹ Very prominently in Orat. i. 9. Cf. ib. iv. 9, 12.
¹⁰ Newman, in Athan. Treat. i. 210. Cf. ib. 17. Athanasius 'was not the slave of language,' but 'had his eye upon ideas, truths,' &c., Liddon, Bamp. Lect. p. 436.
¹¹ Orat. ii. 36. Cf. de Decr. 22. 'To comprehend what the essence of God is, is impossible,' ib. 12. Cf. Ep. ad Mon. 2; ad Serap. i. 17. Contrast this with the Anomœan view, Soc. iv. 7.

of St. Athanasius. lxxi

its vastness nor abate its mystery. What he contemplates, so to speak, insatiably, yet as knowing that he can but see it 'in part,' is that doctrine as presented in the simple[1] language of the Apostles and Evangelists; it is to secure and enforce the full significance of their statements that he now writes the 'Orations,' as in his youth he had argued at Nicæa.

The First Oration begins[2] with an exposition of the greatness of the question at issue, 'Is He God or not?' 'Is He really Son or not?' and proceeds to proofs of the Son's eternity and uncreatedness, drawn from His Scriptural titles and the fact of His Sonship; then to a discussion of objections, some of which were popular, some scholastic; ending with comments on texts alleged in support of Arianism, i.e. Phil. ii. 9, 10, Ps. xlv. 7, 8, Heb. i. 4, which are explained by Athanasius in reference to Christ's position as Man. The Second, written after some interval, pursues this line of comment, especially on a text much urged by Arians in the LXX. Version (Prov. viii. 22[3]), which is explained of our Lord's Mediatorial appointment at His Incarnation. The Third[4] explains texts in the Gospels, such as John xiv. 10, xvii. 7, x. 30—where, it is urged, a *moral* unity is inadequate—and those texts which ascribe to the Son the limitations and affections of humanity. If in a few passages of the Orations the real human conditions of the Incarnation seem insufficiently recognized, that defect is amended in

---

[1] The use of ὑπόστασις in Heb. i. 3 is, with Athanasius, a precedent and a sanction for Nicene language.

[2] For a very full summary of the argument of the Orations, see Bp. Kaye on the Council of Nicæa, p. 152 sq. The student should by all means make use of the very elaborate and important Notes (criticized, in some points, by Bp. Kaye) of Dr. Newman, appended to the translation of the Orations in the Library of the Fathers. ('Select Treatises of St. Athanasius.')

[3] Comp. Euseb. Eccl. Theol. iii. 2: on the rendering ἐκτήσατο, and see also St. Basil, adv. Eunom. ii. 20.

[4] It begins by dwelling on the doctrine of the Coinherence; for which see also i. 61. The general view taken, in this discourse, of Mark xiii. 32, is that the Son, *quâ* man, in His state of humiliation, assumed a limitation of knowledge, as He assumed a capacity of suffering.

this more systematic presentation of the Christ of the Church, as uniting in Himself true Godhead and true Manhood[1]; and the Oration then deals with another Arian statement, that the Sonship was a result of God's mere will[2]. Following Dr. Newman[3] and Bishop Kaye[4], we may consider the 'Fourth Oration' to be an undigested collection of notes or memoranda on several heresies, principally that notion of an impersonal 'Word' energizing through a human 'Son' or Christ, which was, as we have seen, 'imputed to his friend Marcellus, and to persons connected with him;' an imputation which Athanasius, about A. D. 360, began to think not undeserved, although, as if wishing to hope the best, he refrained from naming Marcellus while opposing what might be called Marcellianism. It may be felt by readers who have no bias against the theology of the Discourses, that this tenderness towards an old associate (which we shall see Athanasius exhibiting on another occasion) is in striking contrast with the exuberance of objurgation[5] bestowed

[1] See also ad Serap. iv. 14.
[2] See too Orat. i. 29, ii. 2; Newman, Arians, p. 214; Neander, iv. 65, E. T. Comp. Didymus, de Trin. i. 9.
[3] Newman, in Athan. Treat. ii. 502. He regards Athanasius' arguments, or rather heads for argument, on the identity of the Word with the Son, &c., as levelled against what was held by Marcellus or his school. Cf. Orat. i. 28, and the remark on the Word as not merely 'uttered,' ib. ii. 35.
[4] Kaye on Council of Nicæa, p. 268. Athanasius, Montfaucon thinks, did not begin to suspect Marcellus before A.D. 358. The statement in the second Hilarian Fragment, that he broke off communion with him before A. D. 349, is derived from questionable authority, and is inconsistent with De Fugâ, 3, 'Ancyra is mourning for Marcellus,' and Hist. Ari. 6. It was probably after the third exile that Epiphanius, on asking Athanasius what he thought about Marcellus, inferred from a significant smile that he considered him to be 'not far from heresy,' but to have 'made a defence for himself.' (Hær. 72, 4). Perhaps Epiphanius is alluding to the defence made at Rome (Hist. Ari. 6), but hinting that it seemed no longer to satisfy Athanasius. Or it may be (if Epiphanius spoke to Athanasius as he passed through Palestine towards Alexandria in A. D. 346), that Athanasius was thinking of suspicions which had not unreasonably been entertained before that defence.
[5] Dr. Newman has collected (Athan. Treat. ii. 341), and Dean Stanley has gently commented on, some cases in which Athanasius makes a rather

of St. Athanasius. lxxiii

on Arians 'as madmen' (or fanatics), and 'foes of God' and 'of Christ.' But, not to urge that the fourth century had no established rules of controversial politeness, and that the acerbity of Greek disputation and the personalities of Roman society had often too much influence on the tone of Christian argument, one must remember that Athanasius is not attacking all members of the 'Arian body, but representatives of it who had been conspicuous for their heterodoxy, or their secularity, or their duplicity, or their tyrannous violence. And if some elements of human passion mingled with his indignation at what he deemed an apostasy from Christ, allowance must surely be made for the position of a man whom this party had been striking at for thirty years with a persistent energy of hatred; who knew that amid a general persecution his life was now being specially sought[1]; who, driven at sixty years old from the throne of a prince of bishops into outlawry under the ban of a malignant autocrat, might seem to have, humanly speaking, no better earthly prospect than a few more years of perilous wandering, to be saddened by a deepening consciousness of defeat, and to be closed by death in some 'wilderness of cells.' Yet, although he might now be said, in words derived from Hooker[2], to be alone *contra mundum*, it would have been very unlike Athanasius the Great to give way to despondency, or to think that he had 'spent his strength for nought,' in a cause which his faith told him had in it all the elements of

---

large use of a precedent derived from such Scripture language as 'brood of vipers.' See also the vehement language in Orat. ii. 4, 28, 43 : iii. 17. He does not omit to taunt Asterius, the old Arian writer whom he quotes (and from whom Arius borrowed an argument), with having sacrificed under persecution; e. g. ii. 24: comp. de Decret. 8, de Syn. 18. He says (Or. iii. 59) that later Arians have become ashamed of such plain-spoken formulas as 'the Son is a creature,' (comp. de Decret. 28,) and seek to convey their doctrine in less startling language.

[1] De Fugâ, 9; cf. Stanley, East. Ch. p. 279.
[2] Hooker, v. 42. 5. Athanasius says in Hist. Ari. 47, 'Our Saviour also was left alone . . . in order that we, when persecuted and left alone by men, might not faint, but set our hope on Him, and not betray the truth.'

ultimate victory. The spirit in which he had chosen a psalm of thanksgiving as his Church's answer to the din of a fierce onslaught, enabled him to look through the present darkness, to foresee the future by manful hope, to keep his spirit braced for any exertion, to enjoy heartily the comfort of friendly letters, and to follow up his Discourses by four 'Letters to Serapion,' of Thmuis, his friend 'beloved and longed for,' of which the second briefly repeated the teaching of the Discourses, while the others were directed against a theory then reported to him by Serapion as springing up, and afterwards known as Macedonianism; which, abandoning the Arian position in regard to the Son, strove with singular inconsistency to retain it in regard to the Spirit, whom it declared to be neither a Divine Person nor a Divine attribute, but a ministering creature, 'differing only in degree from the angels[1].' Athanasius met this error by contending for 'a Trinity real, eternal, and undivided,' in which the Spirit was included with the Father and the Son; and replied to the pointed cavils which, in the eristic style of the old Arians, were being now directed against His coequal personality[2].

VI.

Whenever Athanasius looked away, so to speak, from his writing, to watch the course of Church affairs, he must have needed all his hopeful patience. The Nicene faith had not now to deal merely with the modified Arianism, rather negative than positive, which had spoken at Antioch in A.D. 341–2. The 'Eusebians' had become bolder since 'the assassination

---

[1] See Soc. ii. 45; Soz. iv. 27; Epiphan. Hær. 74. 1. This view had been already excluded by Cyril, Catech. viii. 2. See also St. Basil, de Sp. S. 16; St. Ambr. de Sp. S. i. 27, etc.: and the 'Invocation' in 'St. Mark's Liturgy.'

[2] See ad Serap. i. 2, 10, 15, 21, 32. In c. 20 he explains the Procession of the Spirit as the mission 'from the Word who is confessedly of the Father.' See also ib. iii. 1, 5. On the unpardonable sin, cf. ib. iv. 8 sq.

of St. Athanasius. lxxv

of the Catholic Constans, A. D. 350,' and under the skilful management of Acacius, bishop of Cæsarea[1], had developed a more heterodox theory, which professed to deprecate non-scriptural terms, and spoke of the Son as 'like,' or 'at most,' 'like in all things, to the Father:' while a downright and thoroughgoing Ultra-arianism, called Anomœan from its asserting Him to be 'unlike,' was actually being disseminated in Alexandria by Aetius, whom George was employing as a deacon, and whose career, since he began life as a vinedresser's underling at Antioch, had been a signal example of acuteness and versatility[2]. The two formulas, 'Homoion' and 'Anomoion,' were in sharp apparent opposition; but the former suggested a merely moral likeness[3], such as would not be excluded by the latter. It was doubtless Acacian Arianism which Hilary, the exiled bishop of Poictiers, found so widely prevalent in Phrygia and the neighbouring districts[4]; and which was able in A. D. 357 to secure the sanction of the hitherto Semi-arian Constantius for a creed composed by Potamius, bishop of Lisbon, adopted by a few Western bishops at Sirmium, and stigmatized by Hilary as a 'blasphemia,' not only for its rejection of the term 'essence' in regard to God, but for its open denial of the Son's Divine coequality[5]. Athanasius must have been deeply grieved to hear that this formula had been reluctantly accepted by the venerable bishop Hosius, then a prisoner at Sirmium. But he speaks of this lapse in a tone of tender pity, which contrasts with what Gibbon calls 'the inhuman severity of some of the orthodox[6].' He, in whom 'there was nothing observed other than such as very well became a wise man to do and a righteous to suffer[7],' tells us with characteristic generosity that if the old

[1] Above, p. lv; Newman, Arians, pp. 312-314.
[2] Ath. de Syn. 6; Soc. ii. 35; Soz. iv. 12; Philost. iii. 15. Cp. Tillemont, vi. 4.   [3] Cf. Soc. ii. 40; Theod. ii. 29; Greg. Orat. xxi. 22.
[4] Hil. de Syn. 63.
[5] Ath. de Syn. 28; Hil. de Syn. 11; Soc. ii. 30. 'The Father,' said this document, 'is greater in Godhead than the Son.'
[6] Gibbon, iii. 80.   [7] Hooker, v. 42. 5.

lxxvi   *On the Life*

confessor, 'the father of prelates,' did at last 'communicate with Valens and Ursacius,' it was 'through the weakness of old age, after stripes and long confinement, and conspiracies formed against his kindred:' and after all, he 'would not sign the condemnation of Athanasius,' that is, would not admit the charges affecting his conduct, and afterwards, 'on the approach of death, anathematized Arianism[1].' Athanasius heard, ere long, of another lapse, that of Liberius of Rome, who could confront a despot—as he did in A.D. 355—better than he could bear up against captivity. Longing to return to his Church, he disowned the communion of Athanasius, and accepted a creed from the Arians: it is an old question what creed this was. Probably it was neither the 'first Sirmian' creed of A.D. 351, (which was not positively heterodox,) nor the 'second Sirmian,' the formulary of Potamius, but a digest made up from several formulas, in the Semi-arian interest, at Sirmium[2] in A.D. 358. According to letters ascribed to him in the 'Fragments' of St. Hilary[3], Liberius wrote to the Easterns, to three Western Arians, and to Vincent of Capua, announcing that he had ascertained the criminality of Athanasius, and had 'ceased to defend him.' Yet Athanasius in his own way defends Liberius, or at least palliates his weakness, ascribing it to 'the fear of threatened death[4].' He was never nobler than in his charity as regards these two cases; and in A.D. 359 he showed his characteristic 'forbearance and tenderness towards the inconsistent[5],' in a manner not much less remarkable. The Semi-arians, alarmed at the growth of Acacianism and of Anomœanism, had met at Ancyra in A.D. 358, insisted on their own

---

[1] Apol. 89; de Fugâ, 5; Hist. Ari. 45; Soc. ii. 31; Soz. iv. 6. See St. Aug. c. Parm. i. 7.

[2] Soz. iv. 15; cf. Hil. c. Const. 11; Jerome, de Vir. Ill. 97. See Newman, Ath. Treat. i. 162; Hefele, Councils, b. 5. s. 79.

[3] Hil. Fragm. 6. 'Ego Athanasium non defendo .. Amoto Athanasio a communione omnium nostrum,' &c. This letter has anathemas against Liberius inserted into it. Hefele sets aside these letters as spurious, equally with that in Fr. 4; but most writers think them genuine.

[4] Ath. Hist. Ari. 41.   [5] Newman, Arians, p. 367.

formula of the 'Homoiousion,' denounced all inadequate notions of the Son's likeness as well as the assertion of 'unlikeness,' and even condemned the 'Homoousion,' although this condemnation was afterwards cancelled[1]. They had made plans for a General Council, which was to establish Semi-arianism; but the Acacians managed to 'divide the Council into two[2],' and caused the preliminary adoption at Sirmium, in May A. D. 359, of a formulary known as 'the Creed dated by the Consulships[3],' which forbade the doctrinal use of 'ousia,' and affirmed the Son to be 'like to the Father in all things.' This step was very effective: Semi-arianism triumphed for awhile in the Eastern Council of Seleucia, and Catholicism in the Western Council of Ariminum: but ere the year closed, the general body of prelates at Ariminum were partly cheated, partly harassed[4], into accepting the 'Dated Creed' in a form still more Acacian, with the words 'in all things' struck out, and a proscription of 'hypostasis' as well as of 'ousia[5].' An account of the earlier proceedings of these two synods was drawn up in the form of a letter, 'On the Councils of Ariminum and Seleucia,' by Athanasius; who, at the outset, professes to describe 'what he has seen[6],' i. e. the documents transmitted to him, 'and accurately ascertained.' In this narrative he labours to detach some of the Semi-arians from the heterogeneous Arian body, and to reconcile them to the Nicene faith. Expressly naming their leader, Basil of Ancyra, he welcomes these 'Homoiousians' as 'brothers who mean essentially what we mean, and dispute only about the name[7].' It

[1] Hil. de Syn. 12, 90.   [2] Ath. de Syn. 2.

[3] Ib. 8. He taunts the framers of this Creed with saying that 'The Catholic faith was set forth' *in a particular year*. The Nicene Council, he says, wrote. 'Thus the Catholic Church believes,' ib. 5. The Dated Creed is also in Soc. ii. 37.

[4] See Sulpicius, ii. 43; Jerome, adv. Lucif. 19.   [5] Ath. de Syn. 30.

[6] Tillemont, vi. 704, infers from this that he was secretly present at Seleucia; and see Gibbon, iii. 86. But this seems improbable, Ath. Treat. i. 73. Socrates, i. 13, refers to a work by Athanasius, called 'Synodicon,' which is now lost.

[7] Ath. de Syn. 41. Comp. Hil. de Syn. 78, 88.

has been sometimes said that Athanasius on this occasion was
'willing to waive[1],' in the sense of 'surrendering,' the Homo-
ousion. But his words are clear enough; he will not, for
the present[2], press the Nicene term on persons who, he is
sure, will in time accept it, as involving neither more nor less[3]
than their own belief in an uncreated Son. 'As they confess
the Son to be from the Father's essence, and not a creature,
but His genuine offspring, eternally coexisting with Him, as
Word and Wisdom, they are not far from accepting also the
term Homoousion.' If, as he believes to be the case, they
own the Sonship to be real, not adoptive, let them give up
'fighting with shadows[4],' and adopt the Nicene Creed as a
refuge from endless variations[5] and a symbol of authentic
Christianity.

The troubles of the Semi-arians in A. D. 360 might well
lead some of them to profit by this advice and abandon their
untenable position. Constantius was alienated from them;
their chiefs were deposed and exiled; the Acacians, trium-
phant in the East and West, transferred Eudoxius, bishop of
Antioch, who really sympathized with the Anomœans[6], to the
great see of Constantinople, and expected to find an ally in
his successor Meletius, a man of high character, brilliant elo-
quence, and atractive disposition[7]. But the new prelate, in
a carefully prepared discourse on Prov. viii. 22, incensed the
Arians, and delighted the Catholics, by statements virtually,
though not verbally, Nicene. He was promptly deposed and
banished; and Euzoius, the old companion of Arius, was
appointed to the see. This was too much for those Antio-

---

[1] Stanley, East. Church, pp. 297, 161.
[2] St. Aug. in much the same sense consents to waive the authority of the Nicene Council in disputing with an Arian. Con. Max. ii. 14.
[3] De Syn. 38, 39, 41, 42, 45, 48, 53.
[4] Ib. 54.
[5] Ib. 21, 32.
[6] Ath. Hist. Ari. 4; de Syn. 1, 37, 38; Soc. ii. 37, 43; Soz. iv. 12, 26.
[7] Soc. ii. 44; Soz. iv. 28; Theod. ii. 31; St. Chrys. Hom. de S. Mel.

of St. Athanasius. lxxix

chene Churchmen who had hitherto communicated with their Arianizing bishops; but the 'Eustathians,' with whom Athanasius had worshipped, stiffly refused to unite with them, and thus began a new stage in the 'schism of Antioch.'

The death of Constantius, in the November of A. D. 361, gave over the empire to a prince who for ten years had secretly renounced his baptism and his faith[1], and who had recently avowed his adhesion to Paganism. No sooner was the accession of Julian proclaimed at Alexandria than the Pagans, who detested George for his oppressiveness and for his attacks on their worship[2], rose in tumultuous force, threw him into prison, and, on the afternoon of the 24th of December[3], dragged him out, beat and kicked him to death, exposed and burned his corpse, and flung the ashes into the sea. Julian rebuked them for this outrage[4], but, as if to show his contempt for Christian dissensions, or his hatred of the memory of Constantius, permitted the bishops exiled under the late reign to return home; and Athanasius, at the invitation of the præfect, took advantage of this permission. It was the 21st of February, A. D. 362, when—doubtless with many recollections of that February night in A. D. 356—he seated himself once more upon his throne, amid the jubilation of his people. At his presence the Arians shrunk away into places of hiding rather than of meeting[5]; and we find him speedily engaged, not only in the work of his own special office, including the conversion of Pagans, but in the task of a general ecclesiastical reorganizer[6], which fell naturally to one marked out by such pre-eminent merits, and by so rare a combination of opposite excellences, for the moral primacy

---

[1] Milman, Hist. Chr. ii. 457.
[2] Soc. iii. 2; Soz. v. 7; Ammian. xxii. 11; Epiphan. Hær. 76. 1.
[3] See the Maffeian 'Chronicon.' Ammianus hints that the Athanasians hated George too much to interfere.
[4] Jul. Ep. 10, ap. Soc. iii. 3.
[5] 'Mean little houses,' Soc. iii. 4.
[6] Not of an 'ecclesiastical dictator,' as Gibbon says, iii. 174.

of Christendom. The edict of recall had brought Eusebius, bishop of Vercellæ[1], and Lucifer, bishop of Caliaris[2] in Sardinia, from the Thebaid into Lower Egypt. Eusebius proceeded to Alexandria, in order to consult Athanasius as to the remedy for confusions produced by the Ariminian Council; but Lucifer hastened to Antioch, leaving two deacons to represent him. At the request of Eusebius, Athanasius summoned a Council; some twenty bishops were present, with deputies from Paulinus, the pastor of the Eustathians, and from Apollinaris, now bishop of Syrian Laodicea. The following questions were considered and settled.

(1) What should be done in regard to prelates or others who, having been involved in Arian connections, might be desirous of joining the Catholic body? There were not a few bishops 'who had been entangled in the snares of Ariminum[3],' and who now deplored their own weakness; to treat them severely would be not only impolitic, but inequitable. Again, there was the open division at Antioch: through the generous respect of Euzoius for Paulinus, the Eustathians occupied a little church in the 'new city,' while the adherents of Meletius worshipped at the 'Apostles' church' in the 'old city[4].' What terms of peace should the Eustathians be advised to offer? The Council resolved to extend its communion to all who, having Arianized, would condemn Arianism and other current heresies, and accept the Nicene Creed[5]. Let these terms, it was resolved, be proposed by 'our beloved Paulinus and his flock' to the congregation in the 'old city.' So will that unity of belief be secured, which is a condition of the

[1] Hist. Ari. 33; de Fugâ, 4; St. Ambrose, Ep. 63; St. Jerome, de Vir. Ill. 96.
[2] Hist. Ari. 33; de Fugâ, 4.   [3] Jerome, adv. Lucifer. 19.
[4] Soc. iii. 9; Theod. ii. 31.
[5] Athanasius went too far when, in his 'Letter to Rufinianus,' he excused the conduct of the 'Ariminians' as an instance of 'economy.' See Chr. Remembr. Jan. 1854, p. 160. But on the gentleness shown by the Council, see Rufinus, i. 28. Observe, too, how Athanasius blames Novatian hardness in ad Serap. iv. 13. He wrote against Novatianism.

of St. Athanasius. lxxxi

presence of Him who dwells among His people. To this was added a warning against a so-called 'Creed of Sardica:' the orthodox Sardican Council knew no creed but the Nicene.

(2) A dispute had arisen as to the use of the word 'Hypostasis.' Many Churchmen, including those who had emerged from Semi-arianism, had accustomed themselves to speak of 'three hypostases' in the Godhead; but the majority asserted 'one hypostasis.' The latter suspected the former of Arianizing, and were suspected in turn of Sabellianizing: could anything be done to quench this discord? Here, as Gregory says, Athanasius showed himself a true peacemaker. 'He addressed both parties gently and kindly, examined accurately into the meaning of their respective phrases, and found them to be agreed in thought[1].' He himself tells us[2] that those who spoke of 'three hypostases' were found to be wholly clear of Tritheism. 'Why, then,' it was asked, 'do you use the phrase?' 'Because, in the unity of the Godhead, there is a real Trinity—Father, Son, and Holy Spirit, respectively subsisting.' Similarly, those who spoke of 'one hypostasis' fully acknowledged such a Trinity, and intended simply to affirm the 'one essence[3].' Thus the two parties, by help of mutual explanations, found that they were of one mind, agreed in condemning Arianism and Sabellianism, and promised to be content with Nicene language, which spoke neither of 'one hypostasis[4]' nor of 'three.'

---

[1] Greg. Orat. xxi. 35. 'Sensitively alive to the difference between misbelief and misapprehension,' Newman, Arians, p. 336.

[2] Tom. ad Antioch. 5; Newman, ib. p. 382.

[3] The senses of ὑπόστασις are thus enumerated by Dean Liddell in the appendix to his Sermon on 'Where two or three,' &c.: 1. sediment of a liquid; 2. a foundation; 3. solid reality; 4. nature; and 5. personality.

[4] Indirectly, indeed, the Nicene anathema sanctioned the phrase, 'one hypostasis,' by making 'hypostasis' synonymous with 'ousia.' (Ath. Treatises, i. 66 sq.) Socrates, iii. 7, makes a strange mistake in saying that the Council proscribed the use of either *word* (as if it had been an Acacian synod). Sozomen, v. 12, corrects this, saying that the Council restricted the use of the two contested phrases to controversy with Sabellianism. See Hussey's Socrates, vol. iii. p. 255.

(3) Again, there was a tendency in some persons to explain away the Incarnation as a mere visitation of the Son of Mary by the Word; while others were said to mar the human aspect of the mystery by denying that the Incarnate had a 'reasonable soul.' Of these views, the first was a foreshadowing of Nestorianism; the latter was the incipient heresy of the learned and zealous Apollinaris. Here, too, the Council ascertained that one party acknowledged the Word to have become Incarnate, so that the Son of Man was the selfsame as the Son of God[1]; while, on the other side, the envoys of Apollinaris professed to admit that, as both souls and bodies were saved by the Lord Incarnate, the body which He assumed was not without a mind.

A synodal letter or 'Tome,' addressed 'to those at Antioch,' Lucifer and two other bishops, and intended to be read by the Eustathians, is one of the most Christian-like documents in Church history. It was doubtless written by Athanasius, and bears the mark, at once, of his comprehensive theological insight[2], and of his practical solicitude for unity. 'If haply the Lord will pity us, and reunite what has been divided, so that when there is again one flock, we may all again have one Guide!'

Eusebius brought the letter to Antioch, but found that he was too late. Lucifer, who sympathized intensely and exclusively with the Eustathians, and whose hard narrow mind was all the harder and narrower for his sufferings, had resolved not to wait for his brethren's counsel, and consecrated Paulinus as bishop of Antioch. Such a step could but 'aggravate the dissension[3],' and, in fact, prolonged it for more than fifty years, and made it no small element in the discords of Christendom. Eusebius, disappointed and grieved, left Antioch: but Lucifer, unmoved by disapproval, refused to acquiesce in the readmission of the 'Ariminians' to communion on any other footing than that of lay penitents. The rapid deterioration of a brave confessor into an intolerant schismatic must have been a keen

---

[1] 'He who was the Son of God before Abraham was no other than He who was after Abraham.' Ad Antioch. 7.
[2] See Dean Merivale's Boyle Lect. for 1865, p. 50.   [3] Theod. iii. 5.

grief to Athanasius, who had honoured him as an 'excellent bishop and preacher of the truth [1].'

Meantime the Pagans of Alexandria had found it easy to incense Julian against the archbishop, as one whose influence would ruin their religion. He assured them that he had never intended Athanasius to resume 'what is called the episcopal throne;' commanded that he should leave Alexandria; and in a letter to the præfect Ecdicius, declared that 'the foe of the gods, who during his reign had dared to baptize Greek ladies,' should meet with a heavier penalty than mere expulsion [2]. The 1st of December was named as the day on which he was to be out of Egypt. But, according to Egyptian records, the Imperial edict was communicated to Athanasius by Pythiodorus, a Pagan philosopher, on Oct. 23 (= Paophi 27 [3]). The faithful gathered around him weeping. 'Be of good heart,' he said, 'it is but a cloud; it will soon pass.' He instantly embarked, to go up the Nile. But Julian's implied orders were not forgotten; some government agents pursued his vessel. They met a boat coming down the river, and asked for news of Athanasius. 'He is not far off,' was the reply. The boat was his own—he himself, perhaps, the speaker [4]. His facilities of information had given him warning of the peril, and his ingenuity had baffled it. He sailed on towards Alexandria, but concealed himself at Chæreu, the first station from the capital; then proceeded to Memphis, where he wrote his Festal Letter for A.D. 363; and then made his way to the Thebaid.

VII.

It was, probably, about this time [5], shortly before Easter A.D. 363, that Athanasius was met, while approaching Hermopolis,

[1] Ath. de Fugâ, 4. Two Latin 'letters of Athanasius to Lucifer' are probably spurious. [2] Julian, Ep. 26 and 6; Gibbon, iii. 175.
[3] Fest. Ind., Fragm. Maff. [4] Theod. iii. 9; Soc. iii. 14.
[5] Vit. Pach. Montfaucon places this incident in the period following the third exile; Tillemont defers it to A. D. 365: but both the Fragment and the Index connect a journey to the Thebaid with the fourth exile, and the Fragment names Hermopolis and Antinoe.

by Theodore of Tabenne. Seeing the banks of the Nile thronged by bishops, clergy, and monks, the archbishop exclaimed, in Isaiah's words, 'Who are these that fly as a cloud, and as the doves to their cotes?' Night, apparently, favoured this demonstration; Athanasius, having disembarked, mounted an ass which Theodore led, and pursued his way amid a vast body of monks bearing lanterns and torches, and chanting psalms. 'It is not we that are fathers,' he broke forth enthusiastically; 'it is these men devoted to humility and obedience.' He stayed some time at Hermopolis and Antinoe, for the purpose of preaching; then proceeded southwards to Tabenne, observed everything, even to the seats of the monks, and warmly commended the abbot. 'Remember us,' said Theodore, 'in your prayers.' The answer was characteristic. 'If I forget thee, O Jerusalem!' According to another story, which professes to have been heard from his own lips 'in the great church,' he was at Antinoe, apprehensive of being arrested and put to death, when Theodore and another abbot named Pammon came to see him, and persuaded him to embark with them in Theodore's closely covered boat, in order to conceal himself in Tabenne. The wind was against them; Theodore's monks began to tow the boat; Athanasius was in prayer, agitated by the prospect of martyrdom, but gaining calmness from his vivid faith. 'Believe me,' said he to Pammon, 'my heart is more confident in time of persecution than in time of peace. For I am well assured that as suffering for Christ, and strengthened by His mercy, if I should be killed,'—here the two abbots smiled at each other; and Theodore, according to the story, assured him that Julian had at that very hour been slain in his Persian war[1]. The day of Julian's death was the 26th of June, A.D. 363.

'The cloud had passed,' and Athanasius 'returned by night to Alexandria.' After his arrival, which was kept secret[2], he

---

[1] Ath. Narr. ad Ammon. He is represented as asking, 'Do you think me cowardly, that you smile?'

[2] Fest. Ind., Fragm. Comp. what Soz. v. 6 says of the return in 362.

received a letter from the new emperor Jovian, praising his Christian fidelity[1], and bidding him resume his work. Athanasius at once assembled a Council, and framed a Synodal 'Letter to Jovian,' which embodied the Nicene Creed as the true and necessary expression of that primitive belief which 'was known and read out of Scripture,' and in which 'the saints had been martyred.' ' In this' (Nicene) 'faith, as Divine and apostolical,' says the letter, (almost anticipating the language of the *Quicunque*,) 'it is necessary that all should remain.' The great majority of Churches (including the British) was referred to as professing it, and those who still opposed it were represented as 'a few:' but some were said to confess it insincerely, taking the Homoousion in an inadequate sense. The true sense, it was urged, was that which recognized the Sonship as 'genuine, real, natural, the Son being very God from God.' And as the Homoousion was thus insisted on, the coequality of the Holy Spirit was affirmed in terms which, probably, were remembered when the Nicene Creed was revised at Constantinople: 'The Nicene Council glorified the Holy Spirit with the Father and the Son, ... because in the Holy Trinity there is one Godhead.' On Sept. 5, Athanasius sailed to Antioch, bearing this letter, 'a gift,' says Gregory, 'worthy of a monarch[2];' and was most graciously received, while the Arian Lucius of Alexandria was rebuffed with some humour and some impatience by the blunt soldier-prince, who, however, during his brief reign, showed himself as tolerant as he was orthodox. The general prospects of the Church must now have seemed brighter than at any time since A. D. 330. Liberius had repaired his fault by rejecting the Ariminian formula, and had written to the bishops of Italy in accordance with the resolutions of Alexandria and of an Achaian Council, desiring that any who had given way at Ariminum should be

---

[1] 'We honour you, most reverend bishop, admiring your pious life . . . . you feared no labour nor persecution, and cared nought for perils and threats of slaughter, while contending for the truth.'

[2] Greg. Orat. xxi. 33. Cf. Theod. iv. 3.

received to communion on professing the Nicene faith[1]. This profession was made by many bishops, in answer to the appeals of Hilary and Eusebius; and it might be said that the West was now reunited in orthodoxy. But the local troubles of Antioch were distressing; Athanasius endeavoured to mediate, but Meletius, who had been ignored in the Tome of A. D. 362, and keenly annoyed by the consecration of Paulinus (although Lucifer alone was responsible for that proceeding), held aloof from all proposals of accommodation, or put off Athanasius with vague promises[2]. On the other hand, Athanasius perhaps looked with suspicion on Meletius, as having recently joined with the Acacians[3] in explaining the Homoousion by the Homoiousion, whereas Athanasius had suggested the reverse process. The consequence was that Athanasius, who, ever since he had worshipped with the Eustathians in A. D. 346, had given them his warm sympathy, now recognized their bishop[4] as the true head of the Antiochene Church, on his appending to his signature of the Tome a full and orthodox declaration, explicit on the completeness of Christ's Humanity, which Athanasius himself had framed and proposed for his acceptance[5].

Having written his Festal Letter for A. D. 364 at Antioch, Athanasius reached home, apparently, on Feb. 19, a few days before Jovian's death. Valentinian I. succceded, and soon afterwards assigned the East to his brother Valens. The Alexandrian Church was not at first a sufferer by this change of monarchs; and A. D. 364–5 may be the probable date for the publication of the 'Life of Antony[6],' which Athanasius addressed 'to the monks abroad,' i. e. those in Italy and Gaul[7]. But, ere

---

[1] Hil. Fragm. 12.   [2] St. Basil, Ep. 89, 258.   [3] Soc. iii. 25.
[4] His letter to this effect was treasured by the Eustathians, Bas. Ep. 214.
[5] Epiph. Hær. 77. 20.
[6] At its close he desires that it may be 'read to the brethren, that they may learn what sort of life monks ought to lead, and trust that our Saviour will glorify those who glorify Him.' And he adds, 'if it can be of use to heathens, read it to them also.'
[7] It is very probable that he himself sent to Trier, in remembrance of his own sojourn there some thirty years previously, the copy which two

of St. Athanasius. lxxxvii

long, his troubles to some extent reappeared. According to the Egyptian documents, it was the spring of A. D. 365[1] when Valens issued an order for the expulsion of all bishops who, having been expelled under Constantius, had been recalled under Julian, and thereby announced that he meant to follow the Arian policy of Constantius. But it would appear that Athanasius was specially marked out for severe treatment, on the ground of 'many accusations:' it was on the 5th of May that the order for his ejection reached Alexandria, and caused a popular ferment, only quieted on June 8 by the præfect's promise to refer the case of Athanasius to the emperor. If we may combine his statement with Sozomen's (who, however, places these events in a subsequent year), we should suppose that the præfect was but biding his time; and on the night of Oct. 5, Athanasius, having doubtless been forewarned, left his abode in the precinct of St. Dionysius' church, and took refuge in a country house near the New River[2]. It was not an hour too soon: the præfect, with a military commander, beset the church that same night, broke open the outer gates, and searched the building, even to the roof, in vain. For four months the archbishop's concealment lasted; until Barasides, or Bresidas, an imperial notary, having brought an order for his return, came to the country house with a great multitude, and led Athanasius back into his church, Feb. 1 (Mechir 7), A. D. 366. His quiet was not again disturbed, except by such

young officers of the provincial government, walking one afternoon in the gardens beside the city wall, found in a cottage occupied by monks, and the reading of which 'kindled' in them an instant resolution to exchange their secular prospects for the monastic 'service' of God. The story contributed somewhat to the conversion of St. Augustine. See his Confess. viii. 15.

[1] The usual date is A.D. 367; and it has been said that Valens was not an Arian until baptized by Eudoxius that year. But he was under the influence of that old Arian when he banished the deputies of the Semi-arian Council of Lampsacus, most probably in the spring of A.D. 365. See Chron. Cod. Theod. p. lxxvi. Cf. Bas. Ep. 242.

[2] Soc. iv. 13, says he concealed himself for four months in his father's tomb. See Soz. vi. 12.

events as a Pagan riot on July 21, A.D. 366, in which the
Cæsarean church, completed by George just before his death,
was burned; or the attempt of Lucius, on Sept. 23, A.D. 367, to
establish himself within the enclosure of another church—the
consequence of which was that the magistrates, in order to
save him from the populace, placed him in the hands of the
military power 'to be removed from Egypt.' Although Atha-
nasius must have deeply sympathized with his brethren's suffer-
ings under the tyranny of Valens, he was free to devote himself
to his proper work, whether of writing or of administration,
or of co-operation with other representatives of the cause of
orthodoxy. He must have rejoiced in the acceptance of the
Nicene Creed, in the presence of Liberius, by Semi-arian depu-
ties, and grieved over the failure of the plan for holding a
Council of reunion at Tarsus, in A.D. 367[1]. His Festal
Letter for that year—which had been known from Greek
MSS. long before the discovery of the series—contained a list
of the books of Scripture which, so far as regards the New
Testament, agrees precisely with our own. The 'canonical'
books are described as 'the fountains of salvation, through
which alone' (a mode of speaking very usual with Athanasius),
'is the teaching of religion transmitted;' a second class of
books is mentioned as 'read' in church for religious edifica-
tion; the name 'apocryphal' is reserved for a third class, to
which heretics have assigned a fictitious dignity[2]. To this
period has been assigned the comment on doctrinal texts
which is called a treatise 'On the Incarnation and against
the Arians;' but its entire genuineness has been doubted[3], for
it uses[4] the phrase 'Three Hypostases,' which his own recent
Council had in some sense discouraged. There is less force
in the objection that it explains[5] John xiv. 28, not as he had

---

[1] Soc. iv. 12.   [2] Westcott, on the Canon, pp. 416, 516.
[3] Dr. Newman speaks of it doubtfully, (Athan. Treat. i. 264, ii. 494.)
But see the Benedictine preface. This treatise insists that Christ's self or
Ego is Divine, and that 'no one can know God unless he owns the Crucified
as Lord and God,' c. 19.   [4] De Inc. et c. Ari. 10.   [5] Ib. 4.

of St. Athanasius. lxxxix

done in Orat. i. 58, of the dependence involved in the Divine Sonship[1], but, with St. Cyril and Latin Church writers, of the Humanity. In or about A.D. 369 he held a Council at Alexandria, in order to receive letters from a Roman Council held under Damasus, the successor of Liberius, and also from other Western prelates, excommunicating Ursacius and Valens, and enforcing the authority of the Nicene Creed. Hereupon Athanasius, in a Synodal letter addressed 'To the Africans,' i.e. to those in the Carthaginian territory, contrasts the 'ten or more' Synodical formulas of Arianism with the Nicene Creed, gives some account of its formation, and exposes the futile attempt of its present adversaries to claim authority for the later, as distinct from the earlier, proceedings of the Ariminian Council. Those, he says, whom that Council at first condemned, (the leaders of Acacian Arianism,) had 'dared to write that God must not be said to have any "ousia" or "hypostasis." Now "hypostasis" is "ousia," and means that which itself is, or, "existence[2]."' After drawing out the Scriptural argument for the uncreatedness of the Son, he says, (as he had said in his letter 'On the Councils,') 'Let those who profess to dread the word Homoousion say and hold, simply and truly, that the Son is by nature Son,' and adopt the Nicene anathemas; 'and *then* we are assured that they will straightway acknowledge the Son to be from the Father's essence, and "Homoousion."' At the end of this letter, after calling the Nicene Council an 'inscription, as on a tablet, set up against all heresies,' he infers, as before, from its words, 'We believe in the Holy Spirit,' that it condemns 'those who call Him a creature,' and proclaims 'the one God, known in the holy and perfect Trinity.' Another letter was written to Damasus, expressing some surprise that Auxentius, the Arian bishop of Milan[3], had not been put under the same ban with Ursacius

---

[1] On this 'subordination,' cf. Liddon, Bamp. Lect. pp. 199, 428.

[2] 'Those who think that they know the Scriptures, and will not speak of "hypostasis" as to God, were they not justly deposed?' Ad Afr. 4.

[3] See Hist. Ari. 75.

and Valens; and the suggestion was adopted by a subsequent Roman synod, and by others in Spain and Gaul.

It appears that on Sept. 22, 369, Athanasius, who had in May of the previous year begun to rebuild the Cæsarean church, laid the foundations of another church afterwards called by his own name[1]. About this time he showed in two remarkable acts, on the one hand, his superiority to mere technical formalism, and, on the other, his zeal (to borrow Mr. Freeman's words about St. Anselm[2]) in 'the cause at once of ecclesiastical discipline and of moral righteousness.' The people of two towns in Pentapolis—Palæbisca and Hydrax—wished to have a bishop of their own in the person of a young layman named Siderius. The aged prelate of the diocese to which they belonged was persuaded to consent; and Siderius was actually consecrated by a single bishop, and without any sanction from the 'Evangelical throne.' Yet Athanasius, hoping that the young bishop's practical ability might be turned to good account in a district troubled by Arianism, not only overlooked the double irregularity of the consecration, but afterwards promoted Siderius to a more important see[3]. Again, we find Athanasius excommunicating a cruel and licentious governor in Libya, and signifying the act by circular letters. One of these was sent to Basil, who had just become exarch, or archbishop, of Cæsarea in Cappadocia, and had received, perhaps at that time, from Athanasius[4], a formal notification of the proceedings of the Council of A.D. 362[5]. He immediately announced to his own people the sentence pronounced in Egypt; the strong sense of Church unity made such a step both regular and natural, and he wrote to assure Athanasius that the offender would be regarded by the faithful at Cæsarea as utterly alien from Christian fellow-

---

[1] Fest. Ind.   [2] Freeman, Norm. Conquest, ii. 212.
[3] Synesius, Ep. 67.
[4] The Benedictine biographer of Basil considers that he received it some years before he became a bishop, in answer to a question whether he ought to communicate with Eustathius of Sebaste (Vit. Bas. viii. 8).
[5] Basil, Ep. 204.

of St. Athanasius.   xci

ship[1]. This led to a correspondence, carried on actively in A.D. 371. Basil, who had troubles of all kinds weighing upon his spirit, sought aid in regard to one of them—the unhappy schism of Antioch—from 'the keen insight, the practical energy, the evangelical sympathy,' of the widely venerated man who must be supposed to feel with special acuteness the contrast between former peace and present confusion[2]. What he wanted, as he explained more distinctly in his next letter, was, that Athanasius should promote the recognition, by the Westerns, of Meletius as the rightful bishop of Antioch, and should so 'manage' the Eustathians as to induce them to enter upon some negotiation[3]. The bearer of his letter was Dorotheus, Meletius' deacon, whom Athanasius, probably about Easter, A.D. 371, sent back, with one of his own priests, to convey his answer to Basil. In the autumn Basil wrote again, and the tone which he adopts towards Athanasius is very remarkable. He calls him the foremost person (literally, the *summit*) of the whole Church, who, not content with caring for his own immediate flock, was incessantly and actively interesting himself, by discourses, admonitions, letters, messages, in the welfare of all the Churches[4]. In another letter Basil appeals to him as able, by his prayers and counsels, to save their Eastern brethren 'from this fearful storm,' and entreats him not to omit an opportunity of writing to them. 'If I were enabled once to see thee, and to profit by the graces that are in thee, and to add to the story of my own life an interview with so grand and apostolic a soul, I should think I had received a consolation which would compensate for all the afflictions that I have ever endured[5].' Once more, in a tone still more anxiously importunate, Basil addresses his 'spiritual father' as 'a physician provided by our Lord

[1] Basil, Ep. 61.
[2] Ib. Ep. 66. He adds, 'Become a Samuel to the churches.'
[3] Ib. Ep. 67. Basil fully recognizes both congregations as forming 'the orthodox portion' of the Antiochene Church (Ep. 69); and he gives Meletius an admonition to be conciliatory (Ep. 89). See too Ep. 156.
[4] Basil, Ep. 69.   [5] Ib. Ep. 80. See Newman's Arians, p. 388.

for the ailments of the Churches,' as the one 'competent pilot' who, 'having himself, from youth upward, taken part in all struggles in the cause of religion,' could aid the storm-tossed vessel, and 'wake up the Lord to rebuke the winds and sea [1].'

But, although Athanasius consented to act as a medium between Basil and the Westerns [2], he could not, with consistency or with dignity, take any direct part in favour of Meletius, whose bearing, in A.D. 363, had disappointed his pacific efforts, and whose rival's position he had unequivocally recognized [3]. When the friends of Meletius, Eastern bishops of like antecedents, desired that Athanasius would write to them as a body, even Basil felt that this might be asking too much [4]; and Athanasius, in fact, declined to send to Basil a letter addressed to the Easterns, and stipulated that the first overtures should come from Meletius. On the whole, as Dr. Newman expresses it [5], 'nothing came of the application;' but when some Cappadocian monks complained of Basil's reserved language as to the Divinity of the Holy Spirit [6], Athanasius reproved them in a letter, the gist of which is evident from his extant letters 'To John and Antiochus,' and 'To Palladius.' In the latter he said that the objectors 'would have done well to contend, if Basil had been suspected concerning the truth; but since he was an ornament of the Church, and was fighting on the side of the truth, they ought to appreciate the "economy" or caution which he exhibited in its interests, and praise God for bestowing such a bishop on Cappadocia [7].'

But one of these letters of Basil [8] had apparently a remarkable result. He complained of the countenance still given to

---

[1] Basil, Ep. 82.   [2] Ib. Ep. 90.
[3] Montfaucon, indeed, thinks that Athanasius was 'reconciled to Meletius.' Benedict. Life of Ath., A.D. 370.
[4] Basil, Ep. 82.   [5] Church of the Fathers, p. 73.
[6] Greg. Naz. Ep. 26 (or 58). Cf. Basil, de Sp. S. 45, 70.
[7] Probably Athanasius had heard about this time of Basil's majestic courage when assailed by the Prætorian præfect Modestus, and by Valens.
[8] Basil, Ep. 69. Marcellus, he thinks, had deceived the Westerns.

Marcellus by the Westerns, who were therefore looked upon in the East as indifferent about any heresy that happened not to be Arianism. Athanasius, as we have seen, had written against the views ascribed to Marcellus, and had begun to regard him, at least, with more or less suspicion; but now, in consequence of Basil's letter [1], Marcellus, fortifying himself with commendatory letters from Athanasius' friends, the bishops of Greece and Macedonia, sent his deacon Eugenius, with others, as a deputation to Athanasius. On their arrival, Athanasius of course put questions to them as to doctrine. In reply, they presented to him, in the name of Marcellus 'and a great multitude' who adhered to him, a statement which condemned the theory of his disciple Photinus, together with Sabellianism; acknowledged an eternal Son, identical with a personal Word; in short, was explicit on all points save one, the permanence of Christ's Humanity and Kingdom. This point, however, might be supposed to be included in the rest: Athanasius would be only too glad to accept as satisfactory this representation of the belief of his former friend, who was now drawing to the close of a prolonged and troubled life. It is doubtless by mere accident that his own 'name does not appear among the extant signatures [2]' by which four Egyptian prelates accepted the statement with 'Amen.'

But if his final opinion of Marcellus was thus lenient, he was far from tolerating, in these latter years of his life, any theories which seemed definitely heterodox respecting either the Divine or the human side of the Incarnation. In A. D. 371 a Christian 'philosopher' named Maximus, after several importunities, prevailed on him to write a short letter against the notion that Christ was a holy man whom the Word visited [3],

---

[1] See Montfaucon, Coll. Nov. ii. p. 71 sq.; Newman, Ath. Treat. ii. 503.
[2] Ib. 504.
[3] See above, as to the Council of A.D. 362. Nestorianism seems again foreshadowed in the opinions implicitly combated in c. Apollin. i. 9. 10, 20; ii. 7.

instead of being 'the Word made flesh;' and that He was even 'born in the ordinary course of nature.' 'If,' says Athanasius, 'they profess to be Christians, let them learn that the crucified Christ was the Lord of glory,' the Lord and God whom Thomas owned after 'handling' Him; whose human body was real, but who, being Himself God, 'gave dignity to what in His body He endured [1].' A bishop named Adelphius informed him of the line taken by some Arians, who accused the Catholics of idolatry for adoring the human body of Christ, in other words, 'a thing created.' Athanasius, in a letter, replied, 'We do not adore the body as if separate from the Word; but neither do we, in adoring the Word, regard Him as apart from His body; we adore our Maker, the Lord Incarnate, in the body which He made His own [2].' Another very important tract was called forth by a communication from Epictetus [3], bishop of Corinth, who had told Athanasius of a discussion which had arisen (although but temporarily) between some Churchmen who regarded the Virgin-born and crucified Jesus as a human individual different from the Son or Word, and others who represented Christ's body as not truly human, but formed out of the essence of Godhead,—which was, in fact, the second proposition [4] of the heresy called Apollinarian, the first being that which had attracted the attention of the Council of A.D. 362, and had been disclaimed by those whom the Council could examine,—as to the non-existence, in Christ, of a rational soul, the Word being supposed to supply its place. Such views had been taken up from an unbalanced eagerness to exalt the Saviour's dignity: but the great upholder of Nicene faith saw that they were incompatible with His Manhood and His Headship, that they virtually brought back

[1] Ep. ad Max. 1-3. 'The Word Himself,' he says, 'offered up His own body for us, that our faith and hope might not be in a man, but in God the Word.' [2] Ad Adelph. 3.

[3] See Neale, Hist. Alex. i. 272. The original of this letter was kept in the archives of the Alexandrian Church, and by it Cyril proved to Paul of Emesa that some copies had been corrupted. St. Cyril, Epist. pp. 120, 140.

[4] It was chargeable on the *school* of Apollinaris.

of St. Athanasius. xcv

Docetism, and that one of them, at any rate, involved a debased conception of Deity[1]. It would be enough, he says, to answer as to both the kinds of error described by Epictetus, 'This is not the mind of the Catholic Church;' but he will treat the case with reference to Scripture: and then he adduces texts in proof of the real assumption of humanity by the Word. As Tertullian had argued against Docetism, so Athanasius urges that such real assumption was necessary for a real salvation of man[2]. Christ's body, therefore, could not be 'coessential' with His Godhead, nor could the Word have been 'converted into flesh.' The term 'Homoousion' was applied to the Son Himself[3], not to that body which was 'born of Mary our sister, and was human by nature, although appropriated by the Word.' On the other hand, the Son of Mary alone was 'Emmanuel;' not a Saint signally favoured[4], but the Word Himself made Man. In the next year, A.D. 372, he combated both the Apollinarian propositions with 'the keenness and richness of thought which distinguish his writings generally[5],' in two books which bear the title, 'Against Apollinaris.' But he never mentioned the name of his old friend, the bishop of Syrian Laodicea[6], as responsible for either of these errors; his wish to believe the best of all whom he had loved or with whom he had acted may have made him reject suspicions which proved to be only too just. These books are remarkable for the masterly distinctness with which the one Christ is set forth as 'perfect God and perfect Man[7]:' without confusion and without severance, and as having assumed a soul at once human and impeccable. If words occur in ii. 10 which seem at first sight to favour Monothelitism, the context[8] shows their meaning to be that the

[1] Cf. Ath. Orat. iv. 31, on John i. 14. Apollinarianism was a current error when the 'Athanasian Creed' was written.
[2] Ad Epict. 7. [3] Ib. 4.
[4] Ib. 11. 'Else, why is *His* death alone said to have taken place *for* us?'
[5] See Newman, Church of the Fathers, p. 162; Præf. Ed. Ben. ii. 7.
[6] See Epiph. Hær. 77. 2. [7] C. Apoll. i. 16.
[8] Not to cite De Incarn. et c. Ari. 21, which distinctly asserts two wills

Divine will in Christ was dominant over the human: if in the next chapter the phrase, 'God suffered through the flesh,' is called unscriptural, the argument is directed against the ascription of passibility to the Saviour's Godhead. In truth, these later treatises, like the Orations, exclude by anticipation both the forms of error, respecting the 'Person' and 'Natures' of Christ, which troubled the Church in the next three centuries[1].

Athanasius, in regard to the results of his work, was 'in truth the Immortal[2];' he was continually 'planting trees under which a later age might sit.' It might well be said of him that he 'waxed old in his work[3];' but the time for him to rest from labours arrived in the spring of A. D. 373. For the discussions as to the year of his death may be considered as practically closed: the 'Festal Index,' although sometimes faulty in its chronology, coincides with the Maffeian Fragment in favour of the date of A. D. 373, which is supported by other authorities, and accepted by the best modern scholars[4]. The exact day, we may believe, was Thursday, May 2 (the 7th of Pachon), on which day his festival is kept by the Greek and Latin Churches. As we have already seen, the most eminent of his successors, Cyril of Alexandria, speaks of him as having held the Alexandrian bishopric for forty-six complete years: had he lived somewhat longer, the years of his episcopate would have been forty-seven. Having consecrated[5] Peter, his old companion, and one of his presbyters, as his successor, he died quietly in his own house,—after his 'many struggles,' as Ru-

---

in Christ, the Sixth General Council, in condemning Monothelitism, appealed to some words of 'the most wise Athanasius' which appear among his 'Fragmenta Varia,' 'It was necessary that the will of the flesh should be moved, but that it should be subjected to the Will which was Divine.' Mansi, Conc. xi. 637.

[1] See c. Apoll. i. 10, 11; ii. 10, 18. Comp. the 'Definitio' of Chalcedon.
[2] Chr. Remembr. xxxvii. 206.
[3] Ecclus. xi. 20.
[4] See the Benedictine Life; Tillemont, viii. 251, 719; Newman, Hist. Tracts, p. xx; Neale, Hist. Alex. i. 199.   [5] Fragm. Maff.

of St. Athanasius.

finus and Theodoret express it, had won him 'many a crown¹.'
'He closed his eyes,' says Gregory, 'in a good old age, and was gathered to his fathers, patriarchs, prophets, apostles, and martyrs, who had contended for the truth².'
Such was the career of Athanasius the Great, as he began to be called in the next generation. Möhler has reason to say that 'the narrative of his life is a panegyric which words can only enfeeble.' And yet one would not 'willingly let die' the words in which so many writers have felt constrained to do homage to such a life and such a soul. If Gregory Nazianzen's eulogy is too rhetorically gorgeous for modern taste³, Hooker's will live while English is spoken⁴: and Gibbon's admiration for Athanasius as a born ruler of men⁵ is the more significant as coming from one who could have no tenderness for Church heroes⁶. Four points in the character may be thought specially worthy of recollection: (1) the deep religiousness which illuminated all his studies and controversies with a sense of personal Christian duty, and made him not simply tenacious of a dogma, but loyal to a living and present Lord⁷; (2) the unwearied persistency, so remarkable in one whose temperament was strongly sensitive; (3) the many-sidedness, and harmonious 'combination of excellences,' which enabled him to be 'all things to all men,' discerning, self-adapting, and considerate⁸;

---

[1] Ruf. ii. 3; Theod. iv. 20.   [2] Greg. Orat. xxi. 37.
[3] Cave, in his 'Lives of the Fathers,' has condensed this panegyric into quaint but vigorous English. In his 'Historia Literaria' he gives one which reads like a good Latin epitaph.
[4] Hooker, v. 42.
[5] Gibbon, iii. 70. Cf. Stanley, East. Ch. p. 276.
[6] See also the summary at the close of Montfaucon's Life; the 117th 'article' in Tillemont's biography (viii. 251); Bp. Pearson's account of his troubles in Vindic. Ignat. i. c. 8 (vol. i. p. 235); the brief but weighty rationale of his labours as a theologian in Dorner's 'Person of Christ,' ii. 248, E. T.; and the forcible words of Canon Robertson, Hist. Ch. i. 193, ed. 1.
[7] See Liddon, Bamp. Lect. p. 436; Prince de Broglie, 'L'Eglise et l'Empire,' i. 1. 372.
[8] See Greg. Orat. xxi. 10, 36; Newman, Arians, p. 367.

and, in close connection with this ready and effective sympathy, (4) the affectionateness which made him so tender and generous as a friend, so patient and equitable as a peacemaker,—which won for him such enthusiastic loyalty, and endowed the great theologian and Church-ruler with the capacities and opportunities peculiar to a truly loveable man. That he was not faultless, that his words could be somewhat too sharp in controversy, or somewhat unreal in addressing a despot, or somewhat lax, on one occasion, under a generous impulse, in his judgment of other men's conduct,—this is to be admitted: but after all, and looking at the whole man, we shall not exaggerate if we pronounce his name to be the greatest in post-apostolic Church history, and especially if we regard him as 'a principal instrument, after the Apostles, by which the sacred truths of Christianity have been conveyed and secured to the world [1].'

Christ Church, Christmas Eve, 1872.

[1] Newman, Arians, p. 387. Comp. his Univ. Sermons, p. 97: 'One man (Athanasius) has impressed an image on the Church, which, through God's mercy, shall not be effaced while time lasts.'

Even the short notice of his life which Jerome gives in his 'Catalogue' of 'illustrious men' shows us that some of his writings—(the whole list, says Jerome, would be too long for enumeration—) are now lost (De Vir. Illustr. 87). For an account of his works, and of ' those which have been ascribed to him,' see Tillemont's 110th note to his 'Life' (viii. 725); Cave, Hist. Lit. i. 191; Fabricius, Bibl. Gr., ed. Hailes, viii. 179; and Dr. Smith's Dictionary of Gr. and Rom. Biography, i. 397. It may be confidently said that the 'Athanasian Creed' is both of later and of Western origin: but several of its sentences are in close verbal accord with passages in his works. See Orat. i. 18, 19; iii. 4, 6, 15, 28, 36; iv. 3, 33, 36; de Syn. 52; c. Apoll. i. 11, 16, ii. 10, 18. The Divine coequality and human inferiority of the Son to the Father is as much the doctrine of Athanasius as of the Athanasian Creed.

The Eutychians relied on some words in a tract 'On the Incarnation,' which Cyril had cited, in his 'De rectâ Fide,' as by Athanasius : ' One φύσις of God the Word,' (and that) 'incarnate.' But φύσις, in the context, is equivalent to 'Person;' as in Ath. de Syn. 52 (Ath. Treat. i. 155), c. Apoll. i. 12.

The saying of Cosmas, an abbot of the sixth century, is worthy of mention: 'When you have found any work by St. Athanasius, and have not paper (to copy it), write it on your clothes.' From Moschus' Pratum Spirituale, in Coteler. Eccl. Gr. Mon. ii. 369.

ΤΟΥ ΑΓΙΟΥ

ΑΘΑΝΑΣΙΟΥ

ΚΑΤΑ ΑΡΕΙΑΝΩΝ ΛΟΓΟΙ

ΤΟΥ ΕΝ ΑΓΙΟΙΣ ΠΑΤΡΟΣ ΗΜΩΝ

ΑΘΑΝΑΣΙΟΥ

ΑΡΧΙΕΠΙΣΚΟΠΟΥ ΑΛΕΞΑΝΔΡΕΙΑΣ

ΚΑΤΑ ΑΡΕΙΑΝΩΝ ΛΟΓΟΣ ΠΡΩΤΟΣ.

1. ΑΙ μὲν αἱρέσεις ὅσαι τῆς ἀληθείας ἀπέστησαν, ἐπινοήσασαι μανίαν ἑαυταῖς φανεραὶ τυγχάνουσι, καὶ τούτων ἡ ἀσέβεια πάλαι πᾶσιν ἔκδηλος γέγονε. Τὸ γὰρ ʽἐξελθεῖν ἀφʼ ἡμῶνʼ τοὺς ταῦτα ἐφευρόντας δῆλον ἂν εἴη, ὡς ἔγραψεν ὁ μακάριος Ἰωάννης, ὅτι τῶν τοιούτων οὔτε ἦν, οὔτε νῦν ἐστι μεθʼ ἡμῶν τὸ φρόνημα. Διὸ, καὶ, ὡς εἶπεν ὁ Σωτὴρ, ʽμὴ συνάγοντες μεθʼ ἡμῶν, σκορπίζουσιʼ μετὰ τοῦ διαβόλου, παρατηρούμενοι τοὺς κοιμωμένους, ἵνα, τὸν ἴδιον ἰὸν τῆς ἀπωλείας ἐπισπείραντες, ἔχωσι τοὺς συναποθνήσκοντας ἑαυτοῖς. Ἐπειδὴ δὲ ἡ μία τῶν αἱρέσεων ἡ ἐσχάτη, καὶ νῦν ἐξελθοῦσα πρόδρομος τοῦ Ἀντιχρίστου, ἡ Ἀρειανὴ καλουμένη, δόλιος οὖσα καὶ πανοῦργος, βλέπουσα τὰς πρεσβυτέρας ἑαυτῆς ἀδελφὰς ἄλλας αἱρέσεις ἐκ φανεροῦ στηλιτευθείσας, ὑποκρίνεται περιβαλλομένη τὰς τῶν Γραφῶν λέξεις, ὡς ὁ πατὴρ αὐτῆς ὁ διάβολος, καὶ βιάζεται πάλιν εἰσελθεῖν εἰς τὸν παράδεισον τῆς Ἐκκλησίας, ἵνα, πλάσασα ἑαυτὴν ὡς Χριστιανὴν, ἀπατήσῃ τινὰς κατὰ Χριστοῦ φρονεῖν τῇ πιθανότητι τῶν παραλογισμῶν· (εὔλογον γὰρ οὐδὲν παρʼ αὐτῇ·) καὶ ἐπλάνησέ γε τῶν ἀφρόνων ἤδη τινὰς, ὥστε τούτους μὴ μόνον φθαρῆναι τῇ ἀκρῇ, ἀλλὰ καὶ λαβόντας κατὰ τὴν Εὔαν γεύσασθαι, καὶ λοιπὸν

ἀγνοοῦντας νομίζειν 'τὸ πικρὸν γλυκὺ,' καὶ τὴν βδελυκτὴν αἵρεσιν λέγειν καλήν· ἀναγκαῖον ἡγησάμην προτραπεὶς παρ' ὑμῶν διελεῖν τὴν 'πτύξιν τοῦ θώρακος' τῆς μιαρᾶς αἱρέσεως ταύτης, καὶ δεῖξαι τὴν δυσωδίαν τῆς ἀφροσύνης αὐτῆς· ἵνα οἱ μὲν πόρρωθεν ὄντες αὐτῆς ἔτι φύγωσιν αὐτὴν, οἱ δ' ἀπατηθέντες ἀπ' αὐτῆς μεταγνῶσι, καὶ ἠνεῳγμένοις τοῖς ὀφθαλμοῖς τῆς καρδίας νοήσωσιν ὅτι, ὥσπερ τὸ σκότος οὐκ ἔστι φῶς, οὐδὲ τὸ ψεῦδος ἀλήθεια, οὕτως οὐδὲ ἡ Ἀρειανὴ αἵρεσίς ἐστι καλή. Ἀλλὰ καὶ οἱ τούτους καλοῦντες 'Χριστιανοὺς' πολὺ καὶ λίαν πλανῶνται, ὡς μήτε τὰς Γραφὰς ἀνεγνωκότες, μήτε ὅλως εἰδότες τὸν Χριστιανισμὸν καὶ τὴν ἐν αὐτῷ πίστιν.

2. Τί γὰρ ὅμοιον ἑωρακότες τῆς αἱρέσεως πρὸς τὴν εὐσεβῆ πίστιν, φλυαροῦσιν ὡς μηδὲν κακὸν λεγόντων ἐκείνων; Τοῦτό ἐστιν ἀληθῶς καὶ τὸν Καϊάφαν αὐτοὺς εἰπεῖν Χριστιανὸν, καὶ τὸν προδότην Ἰούδαν ἔτι συναριθμεῖν τοῖς ἀποστόλοις, τούς τε τὸν Βαραβᾶν αἰτησαμένους ἀντὶ τοῦ Σωτῆρος, λέγειν μηδὲν κακὸν πεποιηκέναι· καὶ Ὑμέναιον δὲ καὶ Ἀλέξανδρον συνιστάνειν ὡς καλῶς φρονοῦντας, καὶ ψεύδεσθαι κατ' αὐτῶν τὸν ἀπόστολον. Ἀλλ' οὔτε ταῦτ' ἂν ἀκοῦσαι Χριστιανὸς ἀνάσχοιτο, οὔτε τὸν τολμῶντα λέγειν τοῦτο ὑγιαίνειν ἄν τις τοῦτον ταῖς φρεσὶν ὑπολάβοι. Ἀντὶ γὰρ Χριστοῦ παρ' αὐτοῖς Ἄρειος, ὡς παρὰ Μανιχαίοις Μανιχαῖος, ἀντὶ δὲ Μωϋσέως καὶ τῶν ἄλλων ἁγίων Σωτάδης τις ἐξεύρηται παρ' αὐτοῖς ὁ καὶ παρ' Ἕλλησι γελώμενος, καὶ ἡ θυγάτηρ Ἡρωδιάδος. Τοῦ μὲν γὰρ τὸ κεκλασμένον καὶ θηλυκὸν ἦθος μεμίμηται γράφων Ἄρειος καὶ αὐτὸς Θαλίας· τῆς δὲ τὴν ὄρχησιν ἐζήλωσεν ἐξορχούμενος καὶ παίζων ἐν ταῖς κατὰ τοῦ Σωτῆρος δυσφημίαις, ὥστε τοὺς ἐμπίπτοντας εἰς τὴν αἵρεσιν διαστρέφεσθαι μὲν τὸν νοῦν καὶ ἀφρονεῖν, ἀλλάσσειν δὲ τὸ ὄνομα τοῦ Κυρίου τῆς δόξης 'ἐν ὁμοιώματι εἰκόνος φθαρτοῦ ἀνθρώπου,' καὶ ἀντὶ Χριστιανῶν λοιπὸν Ἀρειανοὺς ὀνομάζεσθαι, τοῦτό τε τῆς ἀσεβείας ἔχειν τὸ γνώρισμα. Μὴ γὰρ προφασιζέσθωσαν, μηδὲ ὀνειδιζόμενοι καταψευδέσθωσαν κατὰ τῶν μὴ ὄντων ὡς εἰσὶν, οὕτω καλοῦντες καὶ αὐτοὶ τοὺς Χριστιανοὺς ἀπὸ τῶν διδασκάλων, ἵνα δόξωσι καὶ αὐτοὶ οὕτως καλεῖσθαι Χριστιανοί· μηδὲ αἰσχυνόμενοι τὸ ἐπονείδιστον ἑαυτῶν ὄνομα, παιζέτωσαν· εἰ δὲ αἰσχύνονται, ἐγκαλυπτέσθωσαν, ἢ ἀποπηδάτωσαν ἀπὸ τῆς ἑαυ-

I. 3.]   *Title of 'Arians.'*   3

τῶν ἀσεβείας. Οὐδὲ πώποτε γὰρ λαὸς ἀπὸ τῶν οἰκείων ἐπισκόπων ἔσχε τὴν ἐπωνυμίαν, ἀλλ' ἀπὸ τοῦ Κυρίου, εἰς ὃν καὶ τὴν πίστιν ἔχομεν· τῶν γοῦν μακαρίων ἀποστόλων διδασκάλων ἡμῶν γενομένων, καὶ διακονησάντων τὸ τοῦ Σωτῆρος Εὐαγγέλιον, οὐκ ἐξ ἐκείνων ἐκλήθημεν, ἀλλ' ἀπὸ τοῦ Χριστοῦ 'Χριστιανοὶ' καὶ ἐσμὲν, καὶ ὀνομαζόμεθα. Οἱ δὲ παρ' ἑτέρων ἔχοντες τὴν ἀρχὴν ἧς νομίζουσι πίστεως, ἐκείνων εἰκότως ἔχουσι καὶ τὴν ἐπωνυμίαν, ὡς αὐτῶν γενόμενοι κτῆμα.

3. Ἀμέλει πάντων ἡμῶν ἀπὸ τοῦ Χριστοῦ Χριστιανῶν ὄντων καὶ καλουμένων, ἐξεβλήθη πάλαι Μαρκίων αἵρεσιν ἐφευρών· καὶ οἱ μὲν παραμείναντες μετὰ τοῦ ἐκβαλόντος ἐκεῖνον ἔμειναν Χριστιανοί· οἱ δ' ἀκολουθήσαντες Μαρκίωνι οὐκέτι μὲν Χριστιανοὶ, Μαρκιωνισταὶ δὲ λοιπὸν ἐκλήθησαν. Οὕτω καὶ Οὐαλεντῖνος, καὶ Βασιλίδης, καὶ Μανιχαῖος, καὶ Σίμων ὁ μάγος τοῖς ἀκολουθήσασι μεταδεδώκασι τοῦ ἰδίου ὀνόματος· καὶ οἱ μὲν Οὐαλεντινιανοὶ, οἱ δὲ Βασιλιδιανοὶ, οἱ δὲ Μανιχαῖοι, κἀκεῖνοι Σιμωνιανοὶ, καὶ ἄλλοι κατὰ Φρύγας ἀπὸ Φρυγίας, καὶ ἀπὸ Νοουάτου Νοουατιανοὶ προσαγορεύονται. Οὕτω καὶ Μελέτιος, ἐκβληθεὶς παρὰ Πέτρου τοῦ ἐπισκόπου καὶ μάρτυρος, οὐκέτι Χριστιανοὺς ἀλλὰ Μελιτιανοὺς ἐκάλεσε τοὺς ἰδίους· οὕτως ἄρα καὶ τοῦ μακαρίτου Ἀλεξάνδρου τὸν Ἄρειον ἐκβαλόντος, οἱ μὲν μετὰ Ἀλεξάνδρου μείναντες ἔμειναν Χριστιανοί· οἱ δὲ συνεξελθόντες Ἀρείῳ τὸ μὲν ὄνομα τοῦ Σωτῆρος ἡμῖν τοῖς μετὰ Ἀλεξάνδρου καταλελοίπασιν, ''Αρειανοὶ' δὲ λοιπὸν ἐκλήθησαν ἐκεῖνοι. Ἰδοὺ γοῦν καὶ μετὰ θάνατον τοῦ Ἀλεξάνδρου, οἱ κοινωνοῦντες τῷ διαδεξαμένῳ τοῦτον Ἀθανασίῳ, καὶ οἷς ὁ αὐτὸς Ἀθανάσιος κοινωνεῖ, τὸν αὐτὸν ἔχουσι τύπον· καὶ οὔτε ἐκείνων τὸ τούτου τινὲς ἔχουσιν ὄνομα, οὔτε αὐτὸς ἐξ ἐκείνων ὀνομάζεται, ἀλλὰ πάντες πάλιν καὶ συνήθως Χριστιανοὶ καλοῦνται. Κἂν γὰρ διδασκάλων διαδόχους ἔχωμεν, καὶ μαθηταὶ τούτων γινώμεθα, ἀλλά γε τὰ τοῦ Χριστοῦ παρ' αὐτῶν διδασκόμενοι, Χριστιανοὶ οὐδὲν ἧττον ἐσμὲν καὶ καλούμεθα. Οἱ δέ γε τοῖς αἱρετικοῖς ἀκολουθοῦντες, κἂν μυρίους διαδόχους ἔχωσιν, ἀλλὰ πάντως τὸ ὄνομα τοῦ τὴν αἵρεσιν ἐφευρόντος φέρουσιν. Ἀμέλει τελευτήσαντος Ἀρείου, πολλῶν δὲ τῶν ἰδίων αὐτὸν διαδεξαμένων, ὅμως οἱ τὰ ἐκείνου φρονοῦντες ἐξ Ἀρείου γνωριζόμενοι Ἀρειανοὶ

B 2

καλοῦνται. Καὶ θαυμαστόν γε τούτου τεκμήριον, οἱ μὲν ἐξ
Ἑλλήνων καὶ νῦν εἰς τὴν Ἐκκλησίαν ἐρχόμενοι, ἀφιέντες τὴν
τῶν εἰδώλων δεισιδαιμονίαν, οὐ τῶν κατηχούντων λαμβάνουσι
τὴν ἐπωνυμίαν, ἀλλὰ τὴν τοῦ Σωτῆρος, καὶ ἀντὶ Ἑλλήνων
ἄρχονται ' Χριστιανοὶ' καλεῖσθαι· οἱ δὲ πρὸς ἐκείνους ἀπιόντες,
ἢ ὅσοι δ' ἂν ἀπὸ τῆς Ἐκκλησίας πρὸς τὴν αἵρεσιν μεταβάλ-
λονται, τὸ μὲν Χριστοῦ καταλιμπάνουσιν ὄνομα, καὶ λοιπὸν δὲ
' Ἀρειανοὶ' καλοῦνται, ὡς οὐκέτι τὴν Χριστοῦ πίστι νέχοντες,
ἀλλὰ τῆς Ἀρείου γενόμενοι μανίας διάδοχοι.

4. Πῶς τοίνυν Χριστιανοὶ οἱ μὴ Χριστιανοί, ἀλλὰ Ἀρειομα-
νῖται; Ἢ πῶς τῆς καθολικῆς Ἐκκλησίας εἰσὶν οἱ τὴν ἀποστολι-
κὴν ἀποτιναξάμενοι πίστιν, καὶ καινῶν κακῶν ἐφευρεταὶ γενό-
μενοι, οἱ τὰ μὲν τῶν θείων Γραφῶν λόγια καταλείψαντες, τὰς
δὲ ' Θαλείας' Ἀρείου σοφίαν καινὴν ὀνομάζοντες; εἰκότως
τοῦτο λέγοντες· καινὴν γὰρ αἵρεσιν ἀπαγγέλλουσι. Διὸ καὶ
θαυμάσειεν ἄν τις, ὅτι πολλὰ πολλῶν συντάγματα καὶ πλείστας
ὁμιλίας εἴς γε τὴν Παλαιὰν καὶ τὴν Καινὴν γραψάντων, καὶ
παρὰ μηδενὶ Θαλείας εὑρισκομένης, ἀλλὰ μηδὲ παρὰ τοῖς σπου-
δαίοις τῶν Ἑλλήνων, ἢ παρὰ μόνοις τοῖς ᾄδουσι τὰ τοιαῦτα
παρὰ πότον μετὰ κρότου καὶ σκωμμάτων ἐν παιδιαῖς, ἕνεκεν τοῦ
γελᾶσθαι παρ' ἑτέρων, ὁ θαυμαστὸς Ἄρειος, οὐδὲν σεμνὸν μιμη-
σάμενος, ἀλλὰ καὶ τὰ τῶν σπουδαίων ἀγνοήσας, πλεῖστά τε
τῶν ἄλλων αἱρέσεων ὑποκλέψας, τὴν τοῦ Σωτάδου μόνου
γελοιολογίαν ἐζήλωσε. Τί γὰρ ἔπρεπε ποιεῖν αὐτόν, ἢ θέλοντα
κατὰ τοῦ Σωτῆρος ὀρχήσασθαι, τὰ δύστηνα ἑαυτοῦ ῥημάτια τῆς
ἀσεβείας ἐν ἐκλύτοις καὶ παρειμένοις μέλεσι σημαίνειν; ἵν'
ὥσπερ ἡ Σοφία φησίν, 'Ἀπὸ ἐξόδου λόγου ἐπιγνωσθήσεται
ἀνήρ,' οὕτως ἀπ' ἐκείνου τὸ τῆς ψυχῆς μὴ ἀνδρωδῶς, καὶ τῆς
διανοίας ἡ φθορὰ τοῦ γράψαντος γινώσκηται. Καὶ γὰρ οὐδὲ
ἔλαθεν ὁ δόλιος, ἀλλὰ καίτοι πολλάκις, ὡς ὁ ὄφις, ἄνω καὶ κάτω
στρέφων ἑαυτόν, ὅμως πέπτωκεν εἰς τὴν πλάνην τῶν Φαρισαίων.
Ὡς γὰρ ἐκεῖνοι, θέλοντες παρανομεῖν, ἐσχηματίζοντο τὰ τοῦ
νόμου μελετᾶν ῥήματα, καὶ θέλοντες ἀρνεῖσθαι τὸν προσδοκη-
θέντα καὶ παρόντα Κύριον, ὑπεκρίνοντο μὲν ὀνομάζειν τὸν
Θεόν, ἠλέγχοντο δὲ βλασφημοῦντες ἐν τῷ λέγειν, Διὰ τί ' σύ,
ἄνθρωπος ὤν, Θεὸν σεαυτὸν ποιεῖς,' καὶ λέγεις, ' Ἐγὼ καὶ ὁ

I. 5.] *its impiety.* 5

Πατὴρ ἕν ἐσμεν;' οὕτω καὶ ὁ κίβδηλος καὶ Σωτάδειος Ἄρειος ὑποκρίνεται μὲν ὡς περὶ Θεοῦ λέγων, παρεντιθεὶς τὰς τῶν Γραφῶν λέξεις, ἐλέγχεται δὲ πανταχόθεν Ἄρειος ἄθεος, 'ἀρνού- μενος τὸν Υἱὸν,' καὶ τοῖς ποιήμασιν αὐτὸν συναριθμῶν. 5. Ἡ μὲν οὖν ἀρχὴ τῆς Ἀρειανῆς 'Θαλείας' καὶ κουφολογίας, ἦθος ἔχουσα καὶ μέλος θηλυκὸν, αὕτη· 'Κατὰ πίστιν ἐκλεκτῶν Θεοῦ, συνετῶν Θεοῦ, παίδων ἁγίων, ὀρθοτόμων, ἅγιον Θεοῦ πνεῦμα λαβόντων, τάδε ἔμαθον ἔγωγε ὑπὸ τῶν σοφίας μετεχόντων, ἀστείων, θεοδιδάκτων, κατὰ πάντα σοφῶν τε. Τούτων κατ' ἴχνος ἦλθον ἐγὼ βαίνων ὁμοδόξως ὁ περικλυτὸς, ὁ πολλὰ παθὼν διὰ τὴν Θεοῦ δόξαν, ὑπό τε Θεοῦ μαθὼν σοφίαν καὶ γνῶσιν ἐγὼ ἔγνων.' Τὰ δὲ ἐν αὐτῇ κροτούμενα παρ' αὐτοῦ σκώμματα φευκτὰ καὶ μεστὰ δυσσεβείας τοιαῦτά ἐστιν. 'Οὐκ ἀεὶ ὁ Θεὸς Πατὴρ ἦν· ἀλλ' ἦν ὅτε ὁ Θεὸς μόνος ἦν, καὶ οὔπω Πατὴρ ἦν· ὕστερον δὲ ἐπιγέγονε Πατήρ. Οὐκ ἀεὶ ἦν ὁ Υἱός· πάντων γὰρ γενομένων ἐξ οὐκ ὄντων, καὶ πάντων ὄντων κτισμάτων καὶ ποιημάτων γενομένων, καὶ αὐτὸς ὁ τοῦ Θεοῦ Λόγος ἐξ οὐκ ὄντων γέγονε, καὶ ἦν ποτε, ὅτε οὐκ ἦν· καὶ οὐκ ἦν πρὶν γένηται, ἀλλ' ἀρχὴν τοῦ κτίζεσθαι ἔσχε καὶ αὐτός. Ἦν γὰρ, φησὶ, μόνος ὁ Θεὸς, καὶ οὔπω ἦν ὁ Λόγος καὶ ἡ σοφία. Εἶτα θελήσας ἡμᾶς δημιουργῆσαι, τότε δὴ πεποίηκεν ἕνα τινὰ, καὶ ὠνόμασεν αὐτὸν Λόγον, καὶ Σοφίαν καὶ Υἱὸν, ἵνα ἡμᾶς δι' αὐτοῦ δημιουργήσῃ. Δύο γοῦν σοφίας φησὶν εἶναι, μίαν μὲν τὴν ἰδίαν καὶ συνυπάρχουσαν τῷ Θεῷ, τὸν δὲ Υἱὸν ἐν ταύτῃ τῇ σοφίᾳ γεγενῆσθαι, καὶ ταύτης μετέχοντα ὠνομάσθαι μόνον Σοφίαν καὶ Λόγον. Ἡ Σοφία γὰρ, φησὶ, 'τῇ σοφίᾳ ὑπῆρξε σοφοῦ Θεοῦ θελήσει.' Οὕτω καὶ Λόγον ἕτερον εἶναι λέγει παρὰ τὸν Υἱὸν ἐν τῷ Θεῷ, καὶ τούτου μετέχοντα τὸν Υἱὸν ὠνομάσθαι πάλιν κατὰ χάριν Λόγον καὶ Υἱὸν αὐτόν. Ἔστι δὲ καὶ τοῦτο τῆς αἱρέσεως αὐτῶν ἴδιον φρόνημα, δηλούμενον ἐν ἑτέροις αὐτῶν συγγράμμασιν, ὅτι πολλαὶ δυνάμεις εἰσί· καὶ ἡ μὲν μία τοῦ Θεοῦ ἐστιν ἰδία φύσει καὶ ἀίδιος· ὁ δὲ Χριστὸς πάλιν οὐκ ἔστιν ἀληθινὴ δύναμις τοῦ Θεοῦ, ἀλλὰ μία τῶν λεγομένων δυνάμεών ἐστι καὶ αὐτὸς, ὧν μία καὶ 'ἡ ἀκρὶς καὶ ἡ κάμπη' οὐ 'δύναμις' μόνον, ἀλλὰ καὶ 'μεγάλη' προσαγορεύεται· αἱ δ' ἄλλαι πολλαὶ καὶ ὅμοιαί εἰσι τῷ Υἱῷ, περὶ ὧν καὶ Δαβὶδ

1 John ii. 23.

Joel ii. 25.

ψάλλει λέγων· 'Κύριος τῶν δυνάμεων.' Καὶ τῇ μὲν φύσει, ὥσπερ πάντες, οὕτω καὶ αὐτὸς ὁ Λόγος ἐστὶ τρεπτὸς, τῷ δὲ ἰδίῳ αὐτεξουσίῳ, ἕως βούλεται, μένει καλός· ὅτε μέντοι θέλει, δύναται τρέπεσθαι καὶ αὐτὸς ὥσπερ καὶ ἡμεῖς, τρεπτῆς ὢν φύσεως. Διὰ τοῦτο γὰρ, φησὶ, καὶ 'προγινώσκων ὁ Θεὸς ἔσεσθαι καλὸν αὐτὸν, προλαβὼν αὐτῷ ταύτην τὴν δόξαν δέδωκεν, ἣν ἄνθρωπος καὶ ἐκ τῆς ἀρετῆς ἔσχε μετὰ ταῦτα· ὥστε ἐξ ἔργων αὐτοῦ, ὧν προέγνω ὁ Θεὸς, τοιοῦτον αὐτὸν νῦν γεγονέναι πεποίηκε.'

6. Εἰπεῖν δὲ πάλιν ἐτόλμησεν, ὅτι 'οὐδὲ Θεὸς ἀληθινός ἐστιν ὁ Λόγος. Εἰ δὲ καὶ λέγεται Θεὸς, ἀλλ' οὐκ ἀληθινός ἐστιν· ἀλλὰ μετοχῇ χάριτος, ὥσπερ καὶ οἱ ἄλλοι πάντες, οὕτω καὶ αὐτὸς λέγεται ὀνόματι μόνον Θεός.' Καὶ πάντων ξένων καὶ ἀνομοίων ὄντων τοῦ Θεοῦ κατ' οὐσίαν, οὕτω καὶ 'ὁ Λόγος ἀλλότριος μὲν καὶ ἀνόμοιος κατὰ πάντα τῆς τοῦ Πατρὸς οὐσίας καὶ ἰδιότητός ἐστι·' τῶν δὲ γενητῶν καὶ κτισμάτων ἴδιος καὶ εἷς αὐτῶν τυγχάνει. Μετὰ τούτων δὲ ὥσπερ καὶ διάδοχος τῆς προπετείας τοῦ διαβόλου γενόμενος, ἔθηκεν ἐν τῇ 'Θαλείᾳ,' ὡς ἄρα 'καὶ τῷ Υἱῷ ὁ Πατὴρ ἀόρατος ὑπάρχει, καὶ οὔτε ὁρᾷν, οὔτε γινώσκειν τελείως καὶ ἀκριβῶς δύναται ὁ Λόγος τὸν ἑαυτοῦ Πατέρα·' ἀλλὰ καὶ ὃ γινώσκει καὶ ὃ βλέπει, 'ἀναλόγως τοῖς ἰδίοις μέτροις' οἶδε καὶ βλέπει, ὥσπερ καὶ ἡμεῖς γινώσκομεν κατὰ τὴν ἰδίαν δύναμιν. Καὶ γὰρ καὶ ὁ Υἱὸς, φησὶν, οὐ μόνον τὸν Πατέρα ἀκριβῶς οὐ γινώσκει, λείπει γὰρ αὐτῷ εἰς τὸ καταλαβεῖν· ἀλλὰ καὶ 'αὐτὸς ὁ Υἱὸς τὴν ἑαυτοῦ οὐσίαν οὐκ οἶδε· καὶ ὅτι μεμερισμέναι τῇ φύσει, καὶ ἀπεξενωμέναι καὶ ἀπεσχοινισμέναι, καὶ ἀλλότριοι, καὶ ἀμέτοχοί εἰσιν ἀλλήλων αἱ οὐσίαι τοῦ Πατρὸς καὶ τοῦ Υἱοῦ καὶ τοῦ ἁγίου Πνεύματος,' καὶ, ὡς αὐτὸς ἐφθέγξατο, 'ἀνόμοιοι πάμπαν ἀλλήλων ταῖς τε οὐσίαις καὶ δόξαις εἰσὶν ἐπ' ἄπειρον.' Τὸν γοῦν Λόγον φησὶν 'εἰς ὁμοιότητα δόξης καὶ οὐσίας' ἀλλότριον εἶναι παντελῶς ἑκατέρων τοῦ τε Πατρὸς καὶ τοῦ ἁγίου Πνεύματος· τούτοις γὰρ ἐφθέγξατο τοῖς ῥήμασιν ὁ ἀσεβής· καὶ διῃρημένον δὲ εἶναι καθ' ἑαυτὸν, καὶ ἀμέτοχον κατὰ πάντα τοῦ Πατρὸς τὸν Υἱὸν ἔφησε. Ταῦτα μέρη τῶν ἐν τῷ γελοίῳ συγγράμματι κειμένων μυθιδίων ἐστὶν Ἀρείου.

7. Τίς τοίνυν, τῶν τοιούτων καὶ τοῦ μέλους τῆς 'Θαλείας' ἀκούσας, οὐ μισήσειεν ἐν δίκῃ παίζοντα τὸν Ἄρειον ὡς ἐπὶ

σκηνῆς περὶ τοιούτων; Τίς οὐ θεωρεῖ τοῦτον διὰ τοῦ δοκεῖν ὀνομάζειν Θεὸν καὶ περὶ Θεοῦ λέγειν, ὡς τὸν ὄφιν συμβουλεύοντα τῇ γυναικί; Τίς δὲ, τοῖς ἑξῆς ἐντυγχάνων, οὐ βλέπει τὴν ἀσέβειαν αὐτοῦ, ὥσπερ καὶ τοῦ ὄφεως τὴν μετὰ ταῦτα πλάνην, εἰς ἣν παρήγαγε σοφισάμενος τὴν γυναῖκα; Τίς ἐπὶ ταῖς τοιαύταις βλασφημίαις οὐκ ἐξίσταται; Ὁ μὲν οὖν 'οὐρανὸς,' ὡς ὁ προφήτης φησὶν, 'ἐξέστη, καὶ ἡ γῆ ἔφριξεν' ἐπὶ τῇ παραβάσει Jer. ii. 12. τοῦ νόμου· ὁ δὲ ἥλιος πλέον ἀγανακτῶν, καὶ μὴ φέρων τότε τὰς κατὰ τοῦ κοινοῦ πάντων ἡμῶν Δεσπότου γενομένας σωματικὰς ὕβρεις, ἃς ἑκὼν αὐτὸς ὑπὲρ ἡμῶν ὑπέμεινεν, ἀπεστράφη, καὶ τὰς ἀκτῖνας συστείλας, τὴν ἡμέραν ἐκείνην ἀνήλιον ἔδειξεν· ἐπὶ δὲ ταῖς Ἀρείου βλασφημίαις πῶς οὐ πᾶσα τῶν ἀνθρώπων ἡ φύσις ἀφασίᾳ πληγήσεται, καὶ κλείσει μὲν τὰς ἀκοὰς, καμμύσει δὲ τοὺς ὀφθαλμοὺς, ἵνα μήτε ἀκοῦσαι τοιούτων, μήτ' ἰδεῖν τὸν ταῦτα γράψαντα δυνηθῇ; ὁ δὲ Κύριος αὐτὸς πῶς οὐ μᾶλλον δικαίως κατὰ τούτων, ὡς ἀσεβῶν, ἀλλὰ καὶ ἀχαρίστων βοήσει, ἃ καὶ διὰ τοῦ προφήτου Ὡσηὲ προείρηκεν, 'Οὐαὶ αὐτοῖς, ὅτι Hos. vii. 13. ἀπεπήδησαν ἀπ' ἐμοῦ· δείλαιοί εἰσιν, ὅτι ἠσέβησαν εἰς ἐμέ. Ἐγὼ δὲ ἐλυτρωσάμην αὐτούς· αὐτοὶ δὲ κατελάλησαν κατ' ἐμοῦ ψευδῆ.' Καὶ μετ' ὀλίγα· 'Καὶ εἰς ἐμὲ ἐλογίσαντο πονηρά, Ib. 15. ἀπεστράφησαν εἰς οὐδέν.' Τὸν γὰρ ὄντα τοῦ Θεοῦ Λόγον ἀποστραφέντες, πλάσαντες δὲ ἑαυτοῖς τὸν οὐκ ὄντα, εἰς τὸ μηδὲν πεπτώκασι. Διὰ τοῦτο γὰρ καὶ ἡ οἰκουμενικὴ Σύνοδος ταῦτα λέγοντα τὸν Ἄρειον ἐξέβαλε τῆς Ἐκκλησίας, καὶ ἀνεθεμάτισεν οὐ φέρουσα τὴν ἀσέβειαν· καὶ λοιπὸν αἵρεσις ἐλογίσθη ἡ Ἀρείου πλάνη ἔχουσά τι πλέον τῶν ἄλλων αἱρέσεων, ὅτι καὶ Χριστομάχος ἐκλήθη, καὶ πρόδρομος ἐλογίσθη τοῦ Ἀντιχρίστου. Εἰ καὶ τὰ μάλιστα τοίνυν, ὡς προεῖπον, αὐτάρκης ἡ τοσαύτη κρίσις κατὰ τῆς ἀσεβοῦς αἱρέσεως πεῖσαι πάντας φεύγειν ἀπ' αὐτῆς· ὅμως, ἐπειδή τινες τῶν λεγομένων Χριστιανῶν, ἢ ἀγνοοῦντες, ἢ ὑποκρινόμενοι, καθάπερ εἴρηται πρόσθεν, ἀδιάφορον πρὸς τὴν ἀλήθειαν ἡγοῦνται τὴν αἵρεσιν, καὶ τοὺς ταῦτα φρονοῦντας Χριστιανοὺς ὀνομάζουσι, φέρε κατὰ δύναμιν ἐρωτῶντες αὐτοὺς, ἀποκαλύψωμεν τὴν πανουργίαν τῆς αἱρέσεως. Τάχα κἂν οὕτω συμποδισθέντες ἐπιστομισθῶσι καὶ φύγωσιν ἀπ' αὐτῆς ὡς ἀπὸ προσώπου ὄφεως.

8. Εἰ μὲν οὖν, διὰ τὸ λέξεις τινὰς τῆς θείας Γραφῆς ἐν τῇ 'Θαλείᾳ' γράψαι, νομίζουσι καὶ τὰς βλασφημίας εὐφημίας εἶναι, πάντως που καὶ τοὺς νῦν 'Ιουδαίους ὁρῶντες ἀναγινώσκοντας τὸν νόμον καὶ τοὺς προφήτας, ἀρνήσονται καὶ αὐτοὶ διὰ τοῦτο σὺν ἐκείνοις τὸν Χριστόν· ἀκούοντες δὲ τάχα καὶ Μανιχαίων λεγόντων μέρη τινὰ τῶν Εὐαγγελίων, ἀρνήσονται σὺν αὐτοῖς τὸν νόμον καὶ τοὺς προφήτας. Εἰ δὲ ἀγνοοῦντες οὕτω χειμάζονται καὶ τοιαῦτα βαττολογοῦσι, μαθέτωσαν ἀπὸ τῶν Γραφῶν, ὅτι καὶ ὁ τὰς αἱρέσεις ἐπινοήσας διάβολος διὰ τὴν ἰδίαν τῆς κακίας δυσωδίαν κιχρᾶται τὰς λέξεις τῶν Γραφῶν, ἵνα, αὐτὰς ἔχων ἐπικάλυμμα, τὸν ἴδιον ἰὸν ἐπισπείρας, ἀπατήσῃ τοὺς ἀκεραίους. Οὕτω τὴν Εὔαν ἠπάτησεν· οὕτω καὶ τὰς ἄλλας αἱρέσεις ἔπλασε· οὕτω καὶ νῦν Ἄρειον ἔπεισεν εἰπεῖν καὶ σχηματίσασθαι δῆθεν κατὰ τῶν αἱρέσεων, ἵνα λάθῃ τὴν ἰδίαν ἐπιβάλλων αἵρεσιν. Καὶ ὅμως οὐκ ἔλαθεν οὐδὲ οὕτως ὁ πανοῦργος· εἰς γὰρ τὸν τοῦ Θεοῦ Λόγον ἀσεβήσας, πάντων εὐθὺς ἐξέπεσε, καὶ δέδεικται πᾶσιν, ὅτι καὶ περὶ τῶν ἄλλων ἠγνόησε, καὶ μηδὲν ὅλως ἀληθὲς φρονῶν ὑποκρίνεται. Πῶς γὰρ ἂν ἀληθεύσῃ περὶ τοῦ Πατρὸς ὁ τὸν Υἱὸν ἀρνούμενος, τὸν ἀποκαλύπτοντα περὶ αὐτοῦ; Ἢ πῶς περὶ τοῦ Πνεύματος ὀρθὰ φρονήσει, δυσφημῶν εἰς τὸν τοῦτο χορηγοῦντα λόγον; Τίς δὲ πιστεύσει λέγοντι τούτῳ περὶ ἀναστάσεως, ἀρνουμένῳ τὸν 'ἐκ νεκρῶν' δι' ἡμᾶς 'πρωτότοκον' γενόμενον Χριστόν; Πῶς δὲ οὐκ, ἄντικρυς ἀγνοήσας τὴν ἐκ Πατρὸς τοῦ Υἱοῦ γνησίαν καὶ ἀληθινὴν γέννησιν, πλανηθήσεται καὶ περὶ τῆς ἐνσάρκου παρουσίας αὐτοῦ; Οὕτω γὰρ καὶ οἱ τότε 'Ιουδαῖοι, ἀρνησάμενοι τὸν Λόγον, καὶ λέγοντες, 'Οὐκ ἔχομεν βασιλέα εἰ μὴ Καίσαρα,' πάντων ἀθρόως ἀφηρέθησαν, καὶ γεγόνασιν ἔρημοι φωτὸς λύχνου, ὀσμῆς μύρου, προφητείας γνώσεως, καὶ αὐτῆς τῆς ἀληθείας, καὶ νῦν οὐδὲν συνιέντες, ὡς ἐν σκότῳ περιπατοῦντές εἰσι. Τίς γὰρ ἤκουσε πώποτε τοιαῦτα; Ἢ πόθεν ἢ παρὰ τίνος οἱ κόλακες καὶ δωροδόκοι τῆς αἱρέσεως ἤκουσαν τοιαῦτα; Τίς, ὅτε κατηχοῦντο, τοιαῦτα λελάληκεν αὐτοῖς; Τίς αὐτοῖς εἴρηκεν ὅτι, 'τὴν εἰς τὴν κτίσιν λατρείαν ἀφέντες, κτίσματι καὶ ποιήματι πάλιν προσέρχεσθε λατρεύειν;' Εἰ δὲ καὶ αὐτοὶ πρῶτον νῦν ὁμολογοῦσιν ἀκηκοέναι τὰ τοιαῦτα, μὴ ἀρνείσθωσαν ἀλλοτρίαν καὶ μὴ ἐκ πατέρων εἶναι τὴν αἵρεσιν ταύτην. Τὸ δὲ μὴ

ἐκ πατέρων, ἀλλὰ νῦν ἐφευρεθὲν, τί ἂν εἴη ἕτερον ἢ περὶ οὗ προείρηκεν ὁ μακάριος Παῦλος· 'Ἐν ὑστέροις καιροῖς ἀποστήσονταί 1 Tim. iv. 1. τινες τῆς ὑγιαινούσης πίστεως, προσέχοντες πνεύμασι πλάνης καὶ διδασκαλίαις δαιμονίων, ἐν ὑποκρίσει ψευδολόγων, κεκαυτηριασμένων τὴν ἰδίαν συνείδησιν,' καὶ ' ἀποστρεφομένων τὴν ἀλήθειαν.' Tit. i. 14.

9. 'Ἰδοὺ γὰρ ἡμεῖς μὲν ἐκ τῶν θείων Γραφῶν παρρησιαζόμεθα περὶ τῆς εὐσεβοῦς πίστεως, καὶ ὡς λύχνον ἐπὶ τῆς λυχνίας τιθέαμεν λέγοντες· Ὑἱὸς ἀληθινὸς φύσει καὶ γνήσιός ἐστι τοῦ Πατρὸς, ἴδιος τῆς οὐσίας αὐτοῦ, Σοφία μονογενὴς, καὶ Λόγος ἀληθινὸς καὶ μόνος τοῦ Θεοῦ οὗτός ἐστιν· οὐκ ἔστι κτίσμα οὔτε ποίημα, ἀλλ' ἴδιον τῆς τοῦ Πατρὸς οὐσίας γέννημα. Διὸ Θεός ἐστιν ἀληθινὸς, ἀληθινοῦ Πατρὸς ὁμοούσιος ὑπάρχων. Τὰ δ' ἄλλα, οἷς εἶπεν, ' Ἐγὼ εἶπα· Θεοί ἐστε,' μόνον μετοχῇ τοῦ Λόγου διὰ τοῦ Ps. lxxxi. (lxxxii.) 6. Πνεύματος ταύτην ἔχουσι τὴν χάριν παρὰ τοῦ Πατρός. ' Χαρακ- Heb. i. 3. τὴρ γάρ ἐστι τῆς τοῦ Πατρὸς ὑποστάσεως,' καὶ φῶς ἐκ φωτὸς, καὶ δύναμις καὶ εἰκὼν ἀληθινὴ τῆς τοῦ Πατρὸς οὐσίας. Τοῦτο γὰρ πάλιν εἶπεν ὁ Κύριος· ' Ὁ ἐμὲ ἑωρακὼς ἑώρακε τὸν Πατέρα.' John xiv. 9. 'Ἀεὶ δὲ ἦν καὶ ἔστι, καὶ οὐδέποτε οὐκ ἦν. Ἀϊδίου γὰρ ὄντος τοῦ Πατρὸς, ἀΐδιος ἂν εἴη καὶ ὁ τούτου Λόγος καὶ ἡ Σοφία. Αὐτοὶ δὲ τί ἄρα ἡμῖν ἐκ τῆς πανεγκλήτου ' Θαλίας' προφέρουσιν ; Ἡ πρῶτον ἀναγνώτωσαν αὐτὴν, μιμούμενοι τὸ ἦθος τοῦ γράψαντος, ἵνα κἂν παρ' ἑτέρων χλευαζόμενοι μάθωσιν ἐν ποίῳ κεῖνται πτώματι, καὶ οὕτω λοιπὸν λεγέτωσαν. Τί δ' ἂν εἴποιεν ἐξ αὐτῆς, ἢ ὅτι· ' Οὐκ ἀεὶ ὁ Θεὸς Πατὴρ ἦν, ἀλλ' ὕστερον γέγονεν· οὐκ ἀεὶ ἦν ὁ Υἱὸς, οὐ γὰρ ἦν πρὶν γεννηθῇ. Οὐκ ἔστιν ἐκ τοῦ Πατρός· ἀλλ' ἐξ οὐκ ὄντων ὑπέστη καὶ αὐτός. Οὐκ ἔστιν ἴδιος τῆς οὐσίας τοῦ Πατρός· κτίσμα γάρ ἐστι καὶ ποίημα. Καὶ οὐκ ἔστιν ἀληθινὸς Θεὸς ὁ Χριστὸς, ἀλλὰ μετοχῇ καὶ αὐτὸς ἐθεοποιήθη. Οὐκ οἶδε τὸν Πατέρα ἀκριβῶς ὁ Ὑἱὸς, οὔτε ὁρᾷ ὁ Λόγος τὸν Πατέρα τελείως, καὶ οὔτε συνιεῖ, οὔτε γινώσκει ἀκριβῶς ὁ Λόγος τὸν Πατέρα· οὐκ ἔστιν ὁ ἀληθινὸς καὶ μόνος αὐτὸς τοῦ Πατρὸς Λόγος, ἀλλ' ὀνόματι μόνον λέγεται Λόγος καὶ Σοφία, καὶ χάριτι λέγεται Υἱὸς καὶ δύναμις. Οὐκ ἔστιν ἄτρεπτος, ὡς ὁ Πατὴρ, ἀλλὰ τρεπτός ἐστι φύσει, ὡς τὰ κτίσματα, καὶ λείπει αὐτῷ εἰς κατάληψιν τοῦ γνῶναι τελείως τὸν Πατέρα.' Θαυμαστή γε ἡ αἵρεσις, μηδὲ τὸ πιθανὸν ἔχουσα, ἀλλὰ καὶ εἰς τὸ

10   The question at issue.   [I. 10.

μὴ εἶναι κατὰ τοῦ ὄντος φανταζομένη, καὶ ἀντὶ εὐφημίας δυσφημίας διόλου προβαλλομένη. Εἴ τις ἄρα, τὰ παρ' ἀμφοτέρων ἐξετάσας, ἐρωτηθείη τὴν ὁποτέρου πίστιν ἂν ἕλοιτο, ἢ τὰ τίνος ἂν εἴποι ῥήματα πρέποντα εἶναι Θεῷ· μᾶλλον δὲ καὶ εἰπάτωσαν

John i. 1. αὐτοὶ οἱ τῆς ἀσεβείας κόλακες, τί πρέπει περὶ Θεοῦ (' Θεὸς γὰρ ἦν ὁ Λόγος') ἐρωτώμενον ἀποκρίνασθαι; ἀπὸ γὰρ τούτου καὶ τὸ ὅλον ἑκατέρων τῶν προβληθέντων γνωσθήσεται τί πρέπει λέγειν, τὸ ἦν, ἢ τὸ οὐκ ἦν· τὸ ἀεὶ, ἢ τὸ πρὶν γενέσθαι· τὸ ἀΐδιον, ἢ τὸ ἀφ' οὗ καὶ ἐξότε· ἀληθινὸν, ἢ θέσει καὶ μετοχῇ καὶ κατ' ἐπίνοιαν· τῶν γενητῶν ἕνα λέγειν αὐτὸν, ἢ τῷ Πατρὶ συνάπτειν αὐτόν· ἀνόμοιον αὐτὸν εἶναι κατ' οὐσίαν τοῦ Πατρὸς, ἢ ὅμοιον καὶ ἴδιον τοῦ Πατρὸς εἶναι· κτίσμα εἶναι, ἢ δι' αὐτοῦ τὰ κτίσματα γεγενῆσθαι· αὐτὸν εἶναι τὸν τοῦ Πατρὸς Λόγον, ἢ ἕτερον παρὰ τοῦτον, καὶ δι' ἐκείνου τοῦτον γεγενῆσθαι καὶ δι' ἄλλης σοφίας· καὶ τοῦτον ὀνόματι μόνον Σοφίαν καὶ Λόγον κεκλῆσθαι, κἀκείνης τῆς σοφίας τοῦτον μέτοχον καὶ δεύτερον γεγενῆσθαι.

10. Τὰ τίνων ἄρα ῥήματα θεολογεῖ καὶ δεικνύει Θεὸν εἶναι καὶ Υἱὸν τοῦ Πατρὸς τὸν Κύριον ἡμῶν Ἰησοῦν Χριστόν; Ταῦθ' ἅπερ ὑμεῖς ἐξημέσατε, ἢ ἅπερ ἡμεῖς ἐκ τῶν Γραφῶν εἰρήκαμεν καὶ λέγομεν; Εἰ μὲν οὖν οὐκ ἔστι Θεὸς οὐδὲ Λόγος οὐδὲ Υἱὸς ὁ Σωτὴρ, ἐξέστω λέγειν, ὥσπερ τοῖς Ἕλλησι καὶ τοῖς νῦν Ἰουδαίοις, οὕτω καὶ ὑμῖν, ἃ βούλεσθε· εἰ δὲ Λόγος τοῦ Πατρὸς

Rom. ix. 5. καὶ Υἱὸς ἀληθινός ἐστι, καὶ ἐκ Θεοῦ Θεός ἐστι, καὶ ' ἐπὶ πάντων εὐλογημένος εἰς τοὺς αἰῶνας,' πῶς οὐκ ἄξιον ἀφανίσαι καὶ ἀπαλεῖψαι τά τε ἄλλα ῥήματα καὶ τὴν Ἀρειανὴν ' Θαλείαν,' ὡς εἰκόνα κακῶν καὶ πάσης ἀσεβείας γέμουσαν; εἰς ἣν ἐμπίπτων

Prov. ix. 18. ' οὐκ οἶδεν, ὅτι γηγενεῖς παρ' αὐτῇ ὄλλυνται, καὶ ἐπὶ πέταυρον ᾅδου συναντᾷ.' Καὶ τοῦτο ἴσασι καὶ αὐτοὶ, καὶ ὡς πανοῦργοι κρύπτουσι, μὴ θαρροῦντες ἐκλαλεῖν αὐτὰ, ἀλλ' ἕτερα φθεγγόμενοι παρὰ ταῦτα. Ἐάν τε γὰρ εἴπωσι, καταγνωσθήσονται· ἐάν τε ὑπονοηθῶσι, βληθήσονται παρὰ πάντων τοῖς ἐκ τῶν Γραφῶν ἐλέγχοις. Διὰ τοῦτο γοῦν ὡς ' υἱοὶ τοῦ αἰῶνος τούτου' ὄντες, πανούργως τὸν νομιζόμενον ἑαυτῶν λύχνον ἅψαντες ἐκ

Job xviii. 5. τῆς ἀγριελαίου, καὶ φοβούμενοι μὴ ταχέως ἀποσβεσθῇ (' Φῶς γὰρ,' φησὶν, ' ἀσεβῶν σβέννυται') τοῦτον μὲν ' κρύπτουσιν ὑπὸ τὸν μόδιον' τῆς ὑποκρίσεως, ἕτερα δὲ φθέγγονται, καὶ προστασίας

What the Arian phrases involve.

φίλων, καὶ Κωνσταντίου φόβον ἐπαγγέλλονται, ἵν' οἱ εἰσερχόμενοι πρὸς αὐτοὺς ὑπὸ τῆς ὑποκρίσεως καὶ τῆς ἐπαγγελίας μὴ βλέπωσι τὴν τῆς αἱρέσεως ῥυπαρίαν. Πῶς οὖν οὐκ ἀξία καὶ κατὰ τοῦτο πάλιν μίσους ἡ αἵρεσις, ὅπουγε καὶ παρ' αὐτῶν τῶν ἰδίων ὡς μὴ ἔχουσα παρρησίαν κρύπτεται, καὶ ὡς ὄφις θάλπεται; Πόθεν γὰρ ἑαυτοῖς συνεφόρησαν τὰ ῥημάτια ταῦτα; *Ἡ παρὰ τίνος ἄρα λαβόντες, τοιαῦτα τετολμήκασι λέγειν; Ἀνθρώπων μὲν οὖν οὐδένα ἂν εἴποιεν τὸν ταῦτα παρασχόντα. Τίς γάρ ἐστιν ἀνθρώπων ἢ Ἕλλην ἢ βάρβαρος, ὅστις ὃν ὁμολογεῖ Θεὸν, τοῦτον τολμᾷ λέγειν ἕνα εἶναι τῶν κτισμάτων, καὶ, 'Οὐκ ἦν πρὶν ποιηθῇ;' ἢ τίς ἐστιν, ὅστις ᾧ πεπίστευκε Θεῷ, ἀπιστεῖ λέγοντι, 'Οὗτός ἐστιν ὁ Υἱός μου ὁ ἀγαπητὸς,' φάσκων Matt. iii. 17. ὅτι οὐκ ἔστιν υἱὸς, ἀλλὰ ποίημα; Πλέον γὰρ ἀγανακτήσουσι πάντες κατ' αὐτῶν τοιαῦτα μαινομένων. Ἀλλ' οὐδὲ ἐκ τῶν Γραφῶν ἔχουσι τὰς προφάσεις. Ἐδείχθη γὰρ πολλάκις, δειχθήσεται δὲ καὶ νῦν, ἀλλότρια ταῦτα τῶν θείων λογίων. Οὐκοῦν ἐπειδὴ λείπει λοιπὸν εἰπεῖν, ὅτι παρὰ τοῦ διαβόλου λαβόντες ἐμάνησαν· (τούτων γὰρ ἐκεῖνος μόνος ἐστὶ σπορεύς·) φέρε, πρὸς αὐτὸν ἀντιστῶμεν· πρὸς ἐκεῖνον γάρ 'ἐστιν ἡμῖν' διὰ τούτων 'ἡ Eph. vi. 12. πάλη·' ἵνα, τοῦ Κυρίου βοηθοῦντος, κἀκείνου συνήθως πίπτοντος τοῖς ἐλέγχοις, αἰσχυνθῶσιν οὗτοι, βλέποντες ἀποροῦντα τὸν ἐπισπείραντα τὴν αἵρεσιν αὐτοῖς, καὶ μάθωσι κἂν ὀψέποτε ὅτι, Ἀρειανοὶ ὄντες, οὐκ εἰσὶ Χριστιανοί.

11. Εἰρήκατε καὶ φρονεῖτε, ὑποβάλλοντος ὑμῖν ἐκείνου, ὅτι 'ἦν ποτε ὅτε οὐκ ἦν ὁ Υἱός·' τοῦτο γὰρ πρῶτον ὑμῶν τῆς ἐπινοίας ἀποδῦσαι τὸ ἔνδυμα δεῖ. Τί τοίνυν ἦν ποτε ὅτε ὁ Υἱὸς οὐκ ἦν, εἴπατε, ὦ δύσφημοι καὶ δυσσεβεῖς. Εἰ μὲν οὖν τὸν Πατέρα λέγετε, μείζων ὑμῶν ἡ βλασφημία· οὐ γὰρ θέμις εἰπεῖν, ὅτι ποτὲ ἦν, ἢ ἐν τῷ 'ποτὲ' σημαίνειν αὐτόν· ἔστι γὰρ ἀεὶ, καὶ νῦν ἐστιν, ὄντος τε καὶ τοῦ Υἱοῦ ἐστι, καὶ αὐτός ἐστιν ὁ ὢν καὶ τοῦ Υἱοῦ Πατήρ. Εἰ δὲ λέγετε ὅτι ὁ Υἱὸς ἦν ποτε, ὅτε αὐτὸς οὐκ ἦν· μωρὰ καὶ ἀνόητός ἐστιν ἡ ἀπόκρισις. Πῶς γὰρ ἦν αὐτὸς, καὶ οὐκ ἦν αὐτός; Οὐκοῦν ἐν τούτοις ἀποροῦντας ὑμᾶς ἀνάγκη λοιπὸν λέγειν, 'Ἦν ποτε χρόνος, ὅτε οὐκ ἦν ὁ Λόγος·' τοῦτο γὰρ φύσει σημαίνει καὶ αὐτὸ τὸ 'ποτέ' ὑμῶν ἐπίρρημα. Καὶ ὅπερ δὲ πάλιν γράφοντες εἰρήκατε, 'Οὐκ ἦν ὁ Υἱὸς πρὶν γεννηθῇ,'

12   *The Eternity of the Son.*   [I. 12.

ταὐτόν ἐστι λέγειν ὑμᾶς, ''Ην ποτε ὅτε οὐκ ἦν·' χρόνον γὰρ εἶναι κἀκεῖνο καὶ τοῦτο πρὸ τοῦ Λόγου σημαίνει. Πόθεν οὖν

Ps. ii. 1.   ὑμῖν ἐξεύρηται ταῦτα; ''Ινα τί καὶ ὑμεῖς, ὡς τὰ ἔθνη, ἐφρυάξατε, καὶ ἐμελετᾶτε κενὰ' λεξείδια 'κατὰ τοῦ Κυρίου καὶ κατὰ τοῦ Χριστοῦ αὐτοῦ;' Οὐδεμία γὰρ τῶν ἁγίων Γραφῶν τοιοῦτόν τι περὶ τοῦ Σωτῆρος εἴρηκεν, ἀλλὰ μᾶλλον τὸ ἀεὶ, τὸ ἀΐδιον, καὶ

John i. 1.   τὸ συνεῖναι ἀεὶ τῷ Πατρί. ''Εν ἀρχῇ γὰρ ἦν ὁ Λόγος, καὶ ὁ Λόγος ἦν πρὸς τὸν Θεὸν, καὶ Θεὸς ἦν ὁ Λόγος.' Καὶ ἐν τῇ

Rev. i. 8.   'Αποκαλύψει τάδε λέγει· ''Ο ὢν καὶ ὁ ἦν καὶ ὁ ἐρχόμενος.' Τοῦ δὲ ὂ ὢν καὶ τοῦ ὁ ἦν τίς ἂν ἀφέλοιτο τὸν ἀΐδιον; Τοῦτο γὰρ καὶ ὁ Παῦλος ἐν τῇ πρὸς 'Ρωμαίους 'Ιουδαίους μὲν ἤλεγχε

Rom. ix. 5.   γράφων· ''Εξ ὧν ὁ Χριστὸς τὸ κατὰ σάρκα, ὁ ὢν ἐπὶ πάντων Θεὸς εὐλογητὸς εἰς τοὺς αἰῶνας·' ''Ελληνας δὲ ἐντρέπων ἔλεγε·

Ib. i. 20.   'Τὰ γὰρ ἀόρατα αὐτοῦ ἀπὸ κτίσεως κόσμου τοῖς ποιήμασι νοούμενα καθορᾶται, ἥ τε ἀΐδιος αὐτοῦ δύναμις καὶ θειότης.' Τίς δὲ

1 Cor. i. 24.   ἡ τοῦ Θεοῦ δύναμις, αὐτὸς πάλιν διδάσκει λέγων· 'Χριστὸς Θεοῦ δύναμις, καὶ Θεοῦ σοφία.' Οὐ γὰρ δὴ τοῦτο λέγων τὸν Πατέρα σημαίνει, ὡς πολλάκις πρὸς ἀλλήλους ἐψιθυρίσατε λέγοντες· ''Ο Πατήρ ἐστιν ἡ ἀΐδιος αὐτοῦ δύναμις.' Οὐκ ἔστι δὲ οὕτως· οὐ γὰρ εἴρηκεν, αὐτὸς ὁ Θεός ἐστιν ἡ δύναμις· ἀλλ' αὐτοῦ ἐστιν ἡ δύναμις. Εὔδηλον δὲ πᾶσίν ἐστιν, ὡς τὸ αὐτοῦ οὐκ ἔστιν αὐτὸς, ἀλλ' οὐδὲ ξένον, ἴδιον δὲ μᾶλλον αὐτοῦ.

2 Cor. iii. 16, 17.   'Ανάγνωτε δὲ καὶ τὴν ἀκολουθίαν τῶν ῥημάτων, καὶ ' ἐπιστρέψατε πρὸς Κύριον' ('ὁ δὲ Κύριος τὸ Πνεῦμά ἐστι') καὶ ὄψεσθε περὶ τοῦ Υἱοῦ εἶναι τὸ σημαινόμενον.

12. Περὶ γὰρ τῆς κτίσεως μνημονεύων, ἀκολούθως γράφει καὶ περὶ τῆς ἐν τῇ κτίσει τοῦ δημιουργοῦ δυνάμεως, ἥτις ἐστὶν

John i. 3.   ὁ Λόγος τοῦ Θεοῦ, δι' οὗ καὶ 'τὰ πάντα γέγονεν.' Εἰ μὲν οὖν αὐτάρκης ἐστὶν ἡ κτίσις ἀφ' ἑαυτῆς μόνης χωρὶς Υἱοῦ γνωρίσαι τὸν Θεὸν, σκοπεῖτε μὴ πέσητε, νομίζοντες καὶ χωρὶς Υἱοῦ τὴν κτίσιν γεγονέναι· εἰ δὲ δι' Υἱοῦ γέγονε, καὶ ἐν αὐτῷ τὰ πάντα συνέστηκεν, ἐξ ἀνάγκης ὁ τὴν κτίσιν ὀρθῶς θεωρῶν θεωρεῖ καὶ τὸν ταύτην δημιουργήσαντα Λόγον, καὶ δι' αὐτοῦ τὸν Πατέρα

Matt. xi. 27.   νοεῖν ἄρχεται· εἰ δὲ καὶ κατὰ τὸν Σωτῆρα, 'Οὐδεὶς γινώσκει τὸν Πατέρα εἰ μὴ ὁ Υἱὸς, καὶ ᾧ ἂν ὁ Υἱὸς ἀποκαλύψῃ·' τῷ τε

John xiv. 9.   Φιλίππῳ λέγοντι, 'Δεῖξον ἡμῖν τὸν Πατέρα,' οὐκ ἔλεγε, 'Βλέπε

The Eternity of the Son.

τὴν κτίσιν,' ἀλλ' ''Ο ἐμὲ ἑωρακὼς ἑώρακε τὸν Πατέρα·' εἰκότως ὁ Παῦλος, αἰτιώμενος τοὺς Ἕλληνας, ὅτι, τὴν ἁρμονίαν καὶ τὴν τάξιν τῆς κτίσεως θεωροῦντες, οὐ διανοοῦνται περὶ τοῦ ἐν αὐτῇ δημιουργοῦ Λόγου· (τὰ γὰρ κτίσματα μηνύει τὸν ἑαυτῶν δημιουργόν·) ἵνα δι' αὐτῶν καὶ τὸν ἀληθινὸν Θεὸν νοήσωσι, καὶ παύσωνται τῆς εἰς τὰ κτίσματα λατρείας, εἴρηκεν, 'ἥ τε ἀΐδιος Rom. i. 20. αὐτοῦ δύναμις καὶ θειότης,' ἵνα τὸν Υἱὸν σημάνῃ. Λέγοντες δὲ οἱ ἅγιοι, ''Ο ὑπάρχων πρὸ τῶν αἰώνων,' καὶ 'δι' οὗ ἐποίησε τοὺς Heb. i. 2. αἰῶνας,' οὐδὲν ἧττον πάλιν τὸ ἀΐδιον εὐαγγελίζονται τοῦ Υἱοῦ καὶ τὸ αἰώνιον, ἐν ᾧ καὶ αὐτὸν τὸν Θεὸν σημαίνουσιν. Ὁ μὲν γὰρ Ἡσαΐας φησί· ' Θεὸς αἰώνιος, ὁ κατασκευάσας τὰ ἄκρα τῆς Isa. xl. 28. γῆς·' ἡ δὲ Σουσάννα ἔλεγεν· ''Ο Θεὸς ὁ αἰώνιος·' ὁ δὲ Βαροὺχ Dan. xiii. ἔγραφε· ' Κεκράξομαι πρὸς τὸν αἰώνιον ἐν ταῖς ἡμέραις μου·' (Sus.) 42. Bar. iv. 20, 22. καὶ μετ' ὀλίγα· ' Ἐγὼ γὰρ ἤλπισα ἐπὶ τῷ αἰωνίῳ τὴν σωτηρίαν ὑμῶν, καὶ ἦλθέ μοι χαρὰ παρὰ τοῦ ἁγίου.' Ἐπειδὴ δὲ καὶ πρὸς Ἑβραίους γράφων ὁ Ἀπόστολός φησιν, ''Ὃς ὢν ἀπαύγασμα Heb. i. 3. τῆς δόξης, καὶ χαρακτὴρ τῆς ὑποστάσεως αὐτοῦ·' ψάλλει δὲ καὶ ὁ Δαβὶδ ἐν τῷ ὀγδοηκοστῷ ἐνάτῳ ψαλμῷ, ' Καὶ ἡ λαμπρότης Ps. lxxxix. Κυρίου ἔστω ἐφ' ἡμᾶς,' καὶ, ' Ἐν τῷ φωτί σου ὀψόμεθα φῶς·' (xc.) 17. Ib. xxxv. τίς οὕτως ἐστὶν ἀνόητος, ὡς ἀμφιβάλλειν περὶ τοῦ ἀεὶ εἶναι τὸν (xxxvi.) 10. Υἱόν; Πότε γάρ τις εἶδε φῶς χωρὶς τῆς τοῦ ἀπαυγάσματος λαμπρότητος, ἵνα καὶ περὶ τοῦ Υἱοῦ εἴπῃ, ' ἦν ποτε, ὅτε οὐκ ἦν,' ἤ, ὅτι 'πρὶν γεννηθῆναι οὐκ ἦν;' Καὶ τὸ λεγόμενον δὲ ἐν τῷ ἑκατοστῷ τεσσαρακοστῷ τετάρτῳ ψαλμῷ πρὸς τὸν Υἱὸν, ' Ἡ Ib. cxliv. βασιλεία σου βασιλεία πάντων τῶν αἰώνων,' οὐκ ἐπιτρέπει τινὰ (cxlv.) 13. κἂν τὸ τυχὸν διάστημα λογίσασθαι, ἐν ᾧ μὴ ὑπῆρχεν ὁ Λόγος. Εἰ γὰρ πᾶν διάστημα ἐν τοῖς αἰῶσι μετρεῖται, πάντων δὲ τῶν αἰώνων βασιλεύς ἐστι καὶ ποιητὴς ὁ Λόγος· ἀνάγκη, μὴ ὄντος κἂν τοῦ τυχόντος διαστήματος πρὸ αὐτοῦ, μανία τὸ λέγειν, ''Ἦν ποτε ὅτε οὐκ ἦν ὁ αἰώνιος,' καὶ, ' Ἐξ οὐκ ὄντων ἐστὶν ὁ Υἱός.' Λέγοντος δὲ καὶ αὐτοῦ τοῦ Κυρίου, ' Ἐγώ εἰμι ἡ ἀλήθεια,' καὶ John xiv. 6 οὐ λέγοντος, Ἐγενόμην ἀλήθεια, ἀλλ' ἀεὶ τὸ 'εἰμὶ' λέγοντος, ' Ἐγώ εἰμι ὁ ποιμήν·' Ἐγώ εἰμι τὸ φῶς·' καὶ πάλιν, ' Οὐχ ὑμεῖς Ib. x. 14; λέγετέ με, ὁ Κύριος, καὶ ὁ διδάσκαλος, καὶ καλῶς λέγετε, εἰμὶ viii. 12. Ib. xiii. 13. γάρ·' τίς, τὸ τοιοῦτον ἀκούων ῥῆμα παρὰ Θεοῦ καὶ Σοφίας καὶ Λόγου Πατρὸς περὶ ἑαυτοῦ λέγοντος, ἔτι διστάξειε περὶ τῆς ἀληθείας, καὶ οὐκ εὐθὺς πιστεύσει, ὅτι ἐν τῷ 'εἰμὶ' τὸ ἀΐδιον καὶ τὸ πρὸ παντὸς αἰῶνος ἄναρχον τοῦ Υἱοῦ σημαίνεται;

13. Ὅτι μὲν οὖν τὸ ἀΐδιον περὶ τοῦ Υἱοῦ αἱ Γραφαὶ δείκνυνται λέγουσαι, φανερὸν ἐκ τῶν εἰρημένων· ὅτι δὲ ἅπερ φθέγγονται οἱ Ἀρειανοὶ λέγοντες τὸ 'οὐκ ἦν,' καὶ τὸ 'πρὶν,' καὶ τὸ 'ὅτε,' αἱ αὐταὶ Γραφαὶ περὶ τῶν κτισμάτων λέγουσι, δηλώσει πάλιν τὰ μέλλοντα λέγεσθαι. Ὁ μὲν γὰρ Μωϋσῆς περὶ τῆς καθ' ἡμᾶς γενέσεως διηγούμενός φησι· 'Καὶ πᾶν χλωρὸν ἀγροῦ πρὸ τοῦ γενέσθαι ἐπὶ τῆς γῆς· καὶ πάντα χόρτον ἀγροῦ πρὸ τοῦ ἀνατεῖλαι· οὐ γὰρ ἔβρεξεν ὁ Θεὸς ἐπὶ τὴν γῆν, καὶ ἄνθρωπος οὐκ ἦν ἐργάζεσθαι τὴν γῆν.' καὶ ἐν μὲν τῷ Δευτερονομίῳ· '"Οτε διεμέριζεν ὁ "Υψιστος ἔθνη.' Ὁ δὲ Κύριος διὰ μὲν ἑαυτοῦ ἔλεγεν· 'Εἰ ἠγαπᾶτέ με, ἐχάρητε ἂν, ὅτι εἶπον· Πορεύομαι πρὸς τὸν Πατέρα, ὅτι ὁ Πατὴρ μείζων μού ἐστι· καὶ νῦν προείρηκα ὑμῖν πρὶν γενέσθαι, ἵνα, ὅταν γένηται, πιστεύσητε·' περὶ δὲ τῆς κτίσεως διὰ Σολομῶνός φησι· 'Πρὸ τοῦ τὴν γῆν ποιῆσαι, καὶ πρὸ τοῦ τὰς ἀβύσσους ποιῆσαι, καὶ πρὸ τοῦ προελθεῖν τὰς πηγὰς τῶν ὑδάτων, καὶ πρὸ τοῦ ὄρη ἑδρασθῆναι, πρὸ δὲ πάντων τῶν βουνῶν γεννᾷ με·' καὶ, 'Πρὶν Ἀβραὰμ γενέσθαι, ἐγώ εἰμι.' Περὶ δὲ Ἱερεμίου λέγει· 'Πρὸ τοῦ με πλάσαι σε ἐν κοιλίᾳ, ἐπίσταμαί σε.' Καὶ ὁ μὲν Δαβὶδ ψάλλει· 'Κύριε, καταφυγὴ ἐγενήθης ἡμῖν ἐν γενεᾷ καὶ γενεᾷ. Πρὸ τοῦ ὄρη γενηθῆναι καὶ πλασθῆναι τὴν γῆν καὶ τὴν οἰκουμένην, ἀπὸ τοῦ αἰῶνος καὶ ἕως τοῦ αἰῶνος σὺ εἶ·' ἐν δὲ τῷ Δανιήλ· ''Ανεβόησε φωνῇ μεγάλῃ Σουσάννα, καὶ εἶπεν· Ὁ Θεὸς ὁ αἰώνιος, ὁ τῶν κρυπτῶν γνώστης, ὁ εἰδὼς τὰ πάντα πρὶν γενέσεως αὐτῶν.' Τὸ ἄρα 'οὐκ ἦν ποτε,' καὶ τὸ 'πρὶν γενέσθαι,' καὶ τὸ 'ὅτε,' καὶ ὅσα τοιαῦτά ἐστι λεξείδια ἐπὶ μὲν τῶν γενητῶν καὶ κτισμάτων, τῶν ἐξ οὐκ ὄντων γενομένων, ἁρμόζει λέγεσθαι, ἀλλότρια δὲ τοῦ Λόγου ἐστίν. Εἰ δὲ ταῦτα μὲν ἐπὶ τῶν γενητῶν, τὸ δὲ 'ἀεὶ' ἐπὶ τοῦ Υἱοῦ λέγουσιν αἱ Γραφαί, οὐκ ἄρα, ὦ θεομάχοι, ἐξ οὐκ ὄντων γέγονεν ὁ Υἱὸς, οὐδὲ ὅλως τῶν γενητῶν ἐστιν ὁ Υἱὸς, ἀλλὰ τοῦ Πατρὸς εἰκὼν καὶ Λόγος ἀΐδιός ἐστιν, οὐδὲ πώποτε οὐκ ὢν, ἀλλὰ ἀεὶ ὢν, ὡς ἀϊδίου ὄντος φωτὸς ἀΐδιον ἀπαύγασμα. Τί τοίνυν χρόνους πρὸ τοῦ Υἱοῦ φαντάζεσθε; ἢ διὰ τί μετὰ χρόνους βλασφημεῖτε τὸν Λόγον, δι' οὗ καὶ οἱ αἰῶνες γεγόνασι; Πῶς γὰρ ὅλως

I. 14.]   *Reply to an objection.*   15

χρόνος ἢ αἰὼν ὑπέστη μήπω φανέντος καθ' ὑμᾶς τοῦ Λόγου, δι' οὗ τὰ πάντα γέγονε, καὶ χωρὶς αὐτοῦ ἐγένετο οὐδὲ ἕν; Ἢ διὰ τί, χρόνον σημαίνοντες, οὐ λέγετε φανερῶς· 'Ἦν χρόνος ὅτε οὐκ ἦν ὁ Λόγος;' Ἀλλὰ τὸ μὲν ὄνομα τοῦ χρόνου σκέπετε, πρὸς ἀπάτην τῶν ἀκεραίων, τὸ φρόνημα δὲ ὅλως ἑαυτῶν οὐ κρύπτετε, ἀλλ' οὐδὲ κρύπτοντες λαθεῖν δύνασθε· πάλιν γὰρ χρόνους σημαίνετε λέγοντες, 'Ἦν ποτε ὅτε οὐκ ἦν,' καὶ 'Οὐκ ἦν πρὶν γεννηθῇ.'

14. Τούτων οὕτω δεικνυμένων, ἔτι πλέον ἀναιδεύονται λέγοντες· 'Εἰ μὴ ἦν ποτε ὅτε οὐκ ἦν, ἀλλ' ἀΐδιός ἐστιν ὁ Υἱὸς, καὶ συνυπάρχει τῷ Πατρὶ, οὐκέτι Υἱὸν, ἀλλ' ἀδελφὸν εἶναι τοῦ Πατρὸς λέγετε αὐτόν.' Ἀνόητοι καὶ φιλόνεικοι! εἰ μὲν γὰρ ἀϊδίως συνεῖναι μόνον αὐτὸν ἐλέγομεν, καὶ μὴ Υἱὸν, πιθανή τις ἦν αὐτῶν ἡ προσποίητος εὐλάβεια· εἰ δὲ ἀΐδιον λέγοντες ὁμολογοῦμεν αὐτὸν Υἱὸν ἐκ Πατρὸς, πῶς ὁ γεννηθεὶς ἀδελφὸς τοῦ γεννήσαντος δύναται νομίζεσθαι; Καὶ εἰ εἰς Πατέρα καὶ Υἱὸν ἡμῶν ἐστιν ἡ πίστις, ποία ἀδελφότης ἐν τούτοις ἐστίν; ἢ πῶς δύναται ὁ Λόγος ἀδελφὸς λέγεσθαι τούτου, οὗ καὶ ἔστι Λόγος; Οὐκ ἔστιν ἀντίρρησις αὕτη ὡς παρὰ ἀγνοούντων γινομένη· συνορῶσι γὰρ καὶ αὐτοὶ τὴν ἀλήθειαν· ἀλλὰ 'πρόφασίς' ἐστιν Ἰουδαϊκὴ, καὶ θελόντων, ὡς εἶπεν ὁ Σολομὼν, ἀπὸ τῆς ἀληθείας Prov. xviii. 1. 'χωρίζεσθαι.' Οὐ γὰρ ἔκ τινος ἀρχῆς προϋπαρχούσης ὁ Πατὴρ καὶ ὁ Υἱὸς ἐγεννήθησαν, ἵνα καὶ ἀδελφοὶ νομισθῶσιν· ἀλλ' ὁ Πατὴρ ἀρχὴ τοῦ Υἱοῦ καὶ γεννήτωρ ἐστὶ, καὶ ὁ Πατὴρ πατήρ ἐστι, καὶ οὐχ υἱός τινος γέγονε· καὶ ὁ Υἱὸς δὲ υἱός ἐστι, καὶ οὐκ ἀδελφός. Εἰ δὲ ἀΐδιον γέννημα τοῦ Πατρὸς λέγεται, καλῶς λέγεται. Οὐ γὰρ ἀτελὴς οὐσία τοῦ Πατρὸς ἦν ποτε, ἵνα καὶ τὸ ἴδιον αὐτῆς ἐπισυμβαίνῃ ταύτῃ· οὐδὲ ὡς ἄνθρωπος ἐξ ἀνθρώπου γεγέννηται ὁ Υἱὸς, ἵνα καὶ ὑστερίζῃ τῆς πατρῴας ὑπάρξεως· ἀλλὰ Θεοῦ γέννημά ἐστι, καὶ ὡς Θεοῦ τοῦ ἀεὶ ὄντος ἴδιος ὢν Υἱὸς, ἀϊδίως ὑπάρχει. Ἀνθρώπων μὲν γὰρ ἴδιον τὸ ἐν χρόνῳ γεννᾷν διὰ τὸ ἀτελὲς τῆς φύσεως· Θεοῦ δὲ ἀΐδιον τὸ γέννημα, διὰ τὸ ἀεὶ τέλειον τῆς φύσεως. Εἰ μὲν οὖν οὐκ ἔστιν Υἱὸς, ἀλλ' ἐξ οὐκ ὄντων ποίημα γέγονε, δεικνύτωσαν πρότερον, καὶ ὡς περὶ ποιήματος φανταζόμενοι κραζέτωσαν, ὅτι 'Ἦν ποτε ὅτε οὐκ ἦν·' (οὐκ ὄντα γὰρ γέγονε τὰ γενητά). Εἰ δὲ Υἱός ἐστι, τοῦτο

16   Christ eternal, because 'the Son.'   [I. 15.

γὰρ καὶ ὁ Πατὴρ λέγει, καὶ αἱ Γραφαὶ βοῶσι·) τὸ δὲ Υἱὸς οὐδὲν ἕτερόν ἐστιν ἢ τὸ ἐκ τοῦ Πατρὸς γεννώμενον, τὸ δὲ γεννώμενον ἐκ τοῦ Πατρὸς Λόγος ἐστὶν αὐτοῦ καὶ Σοφία καὶ ἀπαύγασμα· τί δεῖ λέγειν ἢ ὅτι λέγοντες, '*Ἦν ποτε ὅτε οὐκ ἦν ὁ Υἱὸς,' ὡς λῃσταί τινες ἀποσυλῶσι τὸν Λόγον ἀπὸ τοῦ Θεοῦ, καὶ ἄντικρυς κατ' αὐτοῦ φθέγγονται, ὅτι 'ἦν ποτε' τοῦ ἰδίου Λόγου καὶ Σοφίας χωρὶς, καὶ τὸ φῶς 'ἦν ποτε' χωρὶς αὐγῆς, καὶ ἄγονος ἦν ἡ πηγὴ καὶ ξηρά; Κἂν γὰρ τὸ ὄνομα τοῦ 'χρόνου' προσποιούμενοι φοβεῖσθαι διὰ τοὺς ὀνειδίζοντας αὐτοὺς, λέγωσι 'πρὸ χρόνων' αὐτὸν εἶναι· ἀλλ' ὅμως ὅτι διαστήματά τινα διδόασιν, ἐν οἷς μὴ εἶναι αὐτὸν φαντάζονται, οὐδὲν ἧττον χρόνους σημαίνοντες, καὶ ἀλογίαν περὶ τὸν Θεὸν εἰσάγοντες, μεγάλως ἀσεβοῦσιν.

15. Εἰ δὲ καὶ τὸ ὄνομα τοῦ Υἱοῦ πάλιν συνομολογοῦσι, διὰ τὸ μὴ βούλεσθαι φανερῶς παρὰ πάντων καταγινώσκεσθαι, τὸ δὲ εἶναι τοῦτον τῆς οὐσίας τοῦ Πατρὸς ἴδιον γέννημα ἀρνοῦνται, ὡς μὴ δυναμένου τούτου εἶναι χωρὶς τῆς ἐκ μερῶν καὶ διαιρέσεων ὑπονοίας· οὐδὲν ἧττον πάλιν ἀρνοῦνται μὴ εἶναι μὲν ἀληθινὸν Υἱὸν, ὀνόματι δὲ μόνον λέγοντες Υἱόν. Πῶς δὲ οὐ σφάλλονται μεγάλως περὶ τοῦ ἀσωμάτου τὰ σωμάτων ἐνθυμούμενοι, καὶ διὰ τὴν ἀσθένειαν τῆς ἰδίας φύσεως ἀρνούμενοι τὸ φύσει καὶ ἴδιον τοῦ Πατρός; Ὥρα γὰρ αὐτοὺς μὴ νοοῦντας καὶ πῶς ἐστιν ὁ Θεὸς, ἢ ποταπός ἐστιν ὁ Πατὴρ, ἀρνεῖσθαι καὶ αὐτὸν, ἐπεὶ καὶ τὸ γέννημα τοῦ Πατρὸς ἐξ ἑαυτῶν μετροῦσιν οἱ ἄφρονες. Ἀλλ' οὕτως αὐτοὺς διακειμένους, καὶ νομίζοντας μὴ δύνασθαι εἶναι Υἱὸν τοῦ Θεοῦ, οἰκτείρειν μὲν ἄξιον· ἐρωτᾶν δὲ καὶ διελέγχειν αὐτοὺς ἀκόλουθόν ἐστι, τάχα κἂν οὕτως εἰς αἴσθησιν ἔλθωσιν. Εἰ καθ' ὑμᾶς 'ἐξ οὐκ ὄντων ἐστὶν ὁ Υἱὸς, καὶ οὐκ ἦν πρὶν γεννηθῇ,' πάντως που κατὰ μετουσίαν καὶ αὐτὸς Υἱὸς, καὶ Θεὸς, καὶ Σοφία ἐκλήθη· οὕτω γὰρ καὶ τὰ ἄλλα πάντα συνέστηκέ τε καὶ ἁγιαζόμεια δοξάζεται. Τίνος τοίνυν ἐστὶ μέτοχος, εἰπεῖν ὑμᾶς ἀνάγκη. Τὰ μὲν γὰρ ἄλλα πάντα τοῦ Πνεύματος μετέχει, αὐτὸς δὲ ἄρα καθ' ὑμᾶς τίνος ἂν εἴη μέτοχος; Τοῦ Πνεύματος; Καὶ μὴν αὐτὸ τὸ Πνεῦμα μᾶλλον 'παρὰ τοῦ Υἱοῦ λαμβάνει,' ὡς αὐτὸς εἴρηκε, καὶ ἄλογόν ἐστιν εἰπεῖν τοῦτον ἁγιάζεσθαι παρ' ἐκείνου. Οὐκοῦν τοῦ Πατρὸς μετέχει· τοῦτο γὰρ λείπεται, καὶ ἀνάγκη λέγειν. Καὶ τί τοῦτο

John xvi. 14.

I. 16.] *Reality of the Sonship.* 17

ἆρα ἢ πόθεν ἐστίν; εἰ μὲν οὖν ἔξωθέν ἐστιν ἐπινοηθὲν παρὰ τοῦ Πατρὸς, οὐκέτι πάλιν τοῦ Πατρὸς μετέχων ἂν εἴη, ἀλλὰ τοῦ ἔξωθεν γενομένου, καὶ οὐκέτι αὐτὸς οὐδὲ δεύτερος ἔσται μετὰ τὸν Πατέρα, ἔχων πρὸ ἑαυτοῦ ἐκεῖνο· οὐδὲ τοῦ Πατρὸς Υἱὸς ἂν λεχθείη, ἀλλ' ἐκείνου, οὗ καὶ μετέχων Υἱὸς καὶ Θεὸς ἐκλήθη· εἰ δὲ τοῦτο ἄτοπον καὶ ἀσεβὲς, λέγοντος μὲν τοῦ Πατρὸς, 'Οὗτός ἐστιν ὁ Υἱός μου ὁ ἀγαπητὸς,' λέγοντος δὲ καὶ τοῦ Υἱοῦ, 'Πατέρα ἴδιον εἶναι τὸν Θεόν·' δῆλον ὅτι οὐκ ἔξωθεν, ἀλλ' ἐκ τῆς οὐσίας τοῦ Πατρός ἐστι τὸ μετεχόμενον. Τοῦτο δὲ πάλιν ἐὰν ἕτερον ᾖ παρὰ τὴν οὐσίαν τοῦ Υἱοῦ, τὸ ἴσον ἄτοπον ἀπαντήσει, μέσου πάλιν εὑρισκομένου τούτου ἐκ τοῦ Πατρὸς καὶ τῆς οὐσίας τοῦ Υἱοῦ, ἥτις ποτέ ἐστιν.

Matt. iii. 17; John v. 18.

16. Τοιούτων δὴ οὖν ἀτόπων καὶ παρὰ τὴν ἀλήθειαν ἀναφαινομένων λογισμῶν, ἀνάγκη λέγειν τὸ 'ἐκ τῆς οὐσίας τοῦ Πατρὸς' ἴδιον αὐτοῦ σύμπαν εἶναι τὸν Υἱόν· τὸ γὰρ ὅλως μετέχεσθαι τὸν Θεὸν, ἴσον ἐστὶ λέγειν, ὅτι καὶ γεννᾷ· τὸ δὲ 'γεννᾷν' τί σημαίνει ἢ Υἱόν; Αὐτοῦ γοῦν τοῦ Υἱοῦ μετέχει τὰ πάντα κατὰ τὴν τοῦ Πνεύματος γινομένην παρ' αὐτοῦ χάριν· καὶ φανερὸν ἐκ τούτου γίνεται, ὅτι αὐτὸς μὲν ὁ Υἱὸς οὐδενὸς μετέχει, τὸ δὲ ἐκ τοῦ Πατρὸς μετεχόμενον, τοῦτό ἐστιν ὁ Υἱός. Αὐτοῦ γὰρ τοῦ Υἱοῦ μετέχοντες, τοῦ Θεοῦ μετέχειν λεγόμεθα· καὶ τοῦτό ἐστιν, ὃ ἔλεγεν ὁ Πέτρος, ''Ίνα γένησθε θείας κοινωνοὶ φύσεως,' ὥς φησι καὶ ὁ Ἀπόστολος, 'Οὐκ οἴδατε, ὅτι ναὸς Θεοῦ ἐστε;' καὶ, ''Ημεῖς γὰρ ναὸς Θεοῦ ἐσμεν ζῶντος.' Καὶ αὐτὸν δὲ τὸν Υἱὸν βλέποντες, ὁρῶμεν τὸν Πατέρα. Ἡ γὰρ τοῦ Υἱοῦ ἔννοια καὶ κατάληψις γνῶσίς ἐστι περὶ τοῦ Πατρὸς, διὰ τὸ ἐκ τῆς οὐσίας αὐτοῦ ἴδιον εἶναι γέννημα. Ὥσπερ δὲ τὸ μετέχεσθαι οὐκ ἄν τις ὑμῶν ἔτι πάθος εἴποι καὶ μερισμὸν τῆς τοῦ Θεοῦ οὐσίας· (δεδήλωται γὰρ καὶ ὡμολόγηται μετέχεσθαι τὸν Θεὸν, καὶ ταὐτὸ εἶναι μετέχεσθαι καὶ γεννᾷν·) οὕτως τὸ γέννημα οὐ πάθος, οὐδὲ μερισμός ἐστι τῆς μακαρίας ἐκείνης οὐσίας. Οὐκ ἄπιστον ἄρα ἐστὶν Υἱὸν ἔχειν τὸν Θεὸν, τῆς ἰδίας οὐσίας τὸ γέννημα· οὐδ' ἄρα πάθος καὶ μερισμὸν τῆς οὐσίας τοῦ Θεοῦ σημαίνομεν, λέγοντες Υἱὸν καὶ γέννημα· ἀλλὰ μᾶλλον τὸ γνήσιον καὶ τὸ ἀληθινὸν καὶ τὸ μονογενὲς τοῦ Θεοῦ γινώσκοντες, οὕτω πιστεύομεν. Τούτου δὲ οὕτω πεφασμένου καὶ δεικνυμένου, ὅτι τὸ ἐκ

2 Pet. i. 4.

1 Cor. iii. 16. 2 Cor. vi. 16.

C

της του Πατρός ουσίας γέννημα τούτο έστιν ό Τιός, ουδενί λοιπόν αμφίβολον, αλλά και πρόδηλον αν είη, ότι τούτο έστιν η Σοφία και ο Λόγος του Πατρός, εν ω και δι' ου τα πάντα κτίζει και ποιεί· και τούτό έστιν αυτού το απαύγασμα, εν ω τα πάντα φωτίζει, και αποκαλύπτεται οις εάν θέλη· τούτο έστιν αυτού χαρακτήρ και εικών, εν ω θεωρείται και γινώσκεται, διο

John x. 30. και 'αυτός και ο Πατήρ έν εισι·' και γαρ ο τούτον βλέπων
2 Cor. v. 17. βλέπει και τον Πατέρα· τούτο έστιν ο Χριστός, εν ω τα πάντα λελύτρωται, και πάλιν την καινήν ειργάσατο κτίσιν. Του δε Υιού πάλιν ούτως όντος, ουχ αρμόζει, αλλά και λίαν επικίνδυνόν έστιν ειπείν τούτον 'εξ ουκ όντων ποίημα,' ή, 'Ουκ ην πριν γεννηθή.' Ο γαρ το ίδιον της ουσίας του Πατρός ούτω λέγων και εις αυτόν τον Πατέρα φθάνει βλασφημών, τα τοιαύτα φρονών περί αυτού, οία και περί του εξ αυτού γεννήματος φανταζόμενος καταψεύδεται.

17. Έστι μεν ουν και τούτο μόνον ικανόν ανατρέπειν την Αρειανήν αίρεσιν· όμως δε και εκ τούτου αν τις ίδοι το αλλόδοξον αυτής. Ει ποιητής και κτίστης έστιν ο Θεός, δια Υιού δε τα ποιήματα κτίζει, και ουκ έστιν άλλως ιδείν τα γινόμενα ή δια του Λόγου γινόμενα· πως ου βλάσφημον, ποιητού όντος του Θεού, λέγειν τον δημιουργικόν αυτού Λόγον και την Σοφίαν 'μη είναί ποτε;' Ίσον γάρ έστιν ειπείν, ότι μηδέ ποιητής έστιν ο Θεός, ουκ έχων ίδιον εξ αυτού δημιουργικόν Λόγον, αλλ' έξωθεν επεισαγόμενός έστι και ξένος αυτού, και ανόμοιος κατ' ουσίαν τυγχάνων, εν ω δημιουργεί. Έπειτα λεγέτωσαν ημίν, μάλλον δε καν εκ τούτου βλεπέτωσαν την δυσσέβειαν εαυτών εκ του λέγειν, '"Ην ποτε ότε ουκ ην,' και, 'Ουκ ην πριν γεννηθή.' Ει γαρ ουκ αϊδίως σύνεστιν ο Λόγος τω Πατρί, ουκ έστιν η Τριάς αΐδιος· αλλά μονάς μεν ην πρότερον, εκ προσθήκης δε γέγονεν ύστερον Τριάς, και προϊόντος του χρόνου κατ' αυτούς ηύξησε και συνέστη της θεολογίας η γνώσις. Πάλιν τε, ει ουκ έστιν ο Υιός ίδιον της του Πατρός ουσίας γέννημα, αλλ' εξ ουκ όντων γέγονεν, εξ ουκ όντων συνίσταται Τριάς, και ην ποτε ότε ουν ην Τριάς, αλλά μονάς· και ποτέ μεν ελλειπής Τριάς, ποτέ δε πλήρης· ελλειπής μεν πριν γένηται ο Υιός, πλήρης δε ότε γέγονε· και λοιπόν και το γενητόν τω κτίστη συναριθμείται, και το ποτέ

I. 18.] *proves the Son's Eternity.* 19

μὴ ὂν τῷ ἀεὶ ὄντι συνθεολογεῖται καὶ συνδοξάζεται· καὶ τό γε μεῖζον, ἀνόμοιος ἑαυτῆς ἡ Τριὰς εὑρίσκεται, ξέναις καὶ ἀλλοτρίαις φύσεσί τε καὶ ταῖς οὐσίαις συνισταμένη. Τοῦτο δὲ οὐδὲν ἕτερόν ἐστιν εἰπεῖν ἢ γενητὴν τὴν τῆς Τριάδος σύστασιν. Ποταπὴ οὖν αὕτη θεοσέβεια ἡ μηδὲ ἑαυτῇ ὁμοία τυγχάνουσα, ἀλλ' ἐκ προσθήκης χρόνων πληρουμένη, καὶ ποτὲ μὲν μὴ οὕτως, ποτὲ δὲ οὕτως οὖσα; Εἰκὸς γὰρ αὐτὴν καὶ πάλιν λήψεσθαι προσθήκην, καὶ τοῦτο εἰς ἄπειρον, ὡς ἅπαξ καὶ κατὰ τὴν ἀρχὴν ἐκ προσθήκης ἔσχε τὴν σύστασιν. Οὐκ ἀμφίβολον δὲ ὅτι καὶ δυνατὸν αὐτὴν μειοῦσθαι. Τὰ γὰρ προστιθέμενα φανερὸν ὅτι καὶ ἀφαιρεῖσθαι δύναται.

18. Οὐκ ἔστι δὲ οὕτως· μὴ γένοιτο! Οὔκ ἔστι γενητὴ ἡ Τριάς· ἀλλ' ἀΐδιος καὶ μία θεότης ἐστὶν ἐν Τριάδι, καὶ μία δόξα τῆς ἁγίας Τριάδος· καὶ σχίζειν αὐτὴν εἰς διαφόρους φύσεις τολμᾶτε· τοῦ Πατρὸς ἀϊδίου ὄντος, τὸν συγκαθήμενον αὐτῷ Λόγον λέγετε, ὅτι 'ἦν ποτε ὅτε οὐκ ἦν·' τοῦ δὲ Υἱοῦ συγκαθημένου τῷ Πατρὶ, ἐνθυμεῖσθε τοῦτον μακρύνειν ἀπ' αὐτοῦ. Κτίζουσά ἐστι καὶ δημιουργὸς ἡ Τριάς· καὶ οὐ φοβεῖσθε καταφέροντες αὐτὴν εἰς τὰ ἐξ οὐκ ὄντων· οὐκ αἰδεῖσθε τὰ δοῦλα συνεξισάζοντες τῇ εὐγενείᾳ τῆς Τριάδος, καὶ τὸν βασιλέα Κύριον Σαβαὼθ τοῖς ὑπηκόοις συντάττοντες. Παύσασθε συμφύροντες τὰ ἄμικτα, μᾶλλον δὲ τὰ μὴ ὄντα τῷ ὄντι. Οὐκ ἔστι ταῦτα λέγοντας ἐνεγκεῖν δόξαν καὶ τιμὴν τῷ Κυρίῳ, ἀλλὰ ἀδοξίαν καὶ ἀτιμίαν· ὁ γὰρ ἀτιμάζων τὸν Υἱὸν ἀτιμάζει τὸν Πατέρα. Εἰ γὰρ νῦν ἐν Τριάδι ἡ θεολογία τελεία ἐστὶ, καὶ αὕτη ἡ ἀληθὴς καὶ μόνη θεοσέβειά ἐστι, καὶ τοῦτό ἐστι τὸ καλὸν καὶ ἡ ἀλήθεια· ἔδει τοῦτο οὕτως ἀεὶ εἶναι, ἵνα μὴ τὸ καλὸν καὶ ἡ ἀλήθεια ἐπιγένηται, καὶ ἐκ προσθήκης συνίσταται [for. συνίστᾶται.] τὸ τῆς θεολογίας πλήρωμα. Ἔδει οὖν τοῦτο ἀϊδίως εἶναι· εἰ δὲ μὴ ἀϊδίως ἦν, ἔδει μηδὲ νῦν οὕτως αὐτὴν εἶναι, ἀλλ' οὕτως εἶναι, ὥσπερ ἐξ ἀρχῆς ὑμεῖς αὐτὴν ὑποτίθεσθε, ἵνα μηδὲ νῦν Τριὰς ᾖ. Ἀλλ' οὐ ἂν ἀνάσχοιτό τις Χριστιανῶν τῶν τοιούτων αἱρετικῶν· Ἑλλήνων γὰρ ἴδια ταῦτα, ὥστε γενητὴν εἰσάγειν Τριάδα, καὶ τοῖς γενητοῖς αὐτὴν συνεξισάζειν. Τῶν γὰρ γενητῶν ἐστιν ἐλλείψεις καὶ προσθήκας δέχεσθαι· Χριστιανῶν δὲ ἡ πίστις ἄτρεπτον καὶ τελείαν καὶ ἀεὶ ὡσαύτως ἔχουσαν τὴν

C 2

μακαρίαν οἶδε Τριάδα, καὶ οὔτε πλέον τι τῇ Τριάδι προστίθησιν, οὔτε ἐνδεῆ ποτε ταύτην γεγενῆσθαι λογίζεται· ἑκάτερον γὰρ τούτων δυσσεβές· διὸ καὶ ἀμιγῆ μὲν αὐτὴν γινώσκει τῶν γενητῶν, ἀδιαίρετον δὲ τὴν ἑνότητα τῆς θεότητος αὐτῆς φυλάττουσα προσκυνεῖ· καὶ φεύγει μὲν τὰς τῶν Ἀρειανῶν βλασφημίας, ὁμολογεῖ δὲ καὶ οἶδεν ἀεὶ εἶναι τὸν Υἱόν· ἔστι γὰρ ἀΐδιος ὡς ὁ Πατὴρ, οὗ καὶ ἔστι Λόγος ἀΐδιος· καὶ γὰρ καὶ τοῦτο πάλιν ἴδωμεν.

19. Εἰ πηγὴ σοφίας καὶ ζωῆς ἐστι καὶ λέγεται ὁ Θεὸς, ὡς διὰ μὲν Ἱερεμίου, ' Ἐμὲ ἐγκατέλιπον πηγὴν ὕδατος ζῶντος·' καὶ πάλιν, ' Θρόνος δόξης ὑψωμένος, ἁγίασμα ἡμῶν, ὑπομονὴ Ἰσραὴλ, Κύριε, πάντες οἱ ἐγκαταλιπόντες σε αἰσχυνθήτωσαν· ἀφεστηκότες, ἐπὶ τῆς γῆς γραφήτωσαν· ὅτι ἐγκατέλιπον πηγὴν ζωῆς τὸν Κύριον·' ἐν δὲ τῷ Βαροὺχ γέγραπται· ' Ἐγκατελίπετε τὴν πηγὴν τῆς σοφίας·' ἀκόλουθον ἂν εἴη τὴν ζωὴν καὶ τὴν σοφίαν μήτε ξένα τῆς οὐσίας τῆς πηγῆς εἶναι, ἀλλ' ἴδια, μήτε ἀνύπαρκτά ποτε εἶναι, ἀλλ' ἀεὶ εἶναι. Ἔστι δὲ ταῦτα ὁ Υἱὸς, ὁ λέγων, ' Ἐγώ εἰμι ἡ ζωὴ,' καὶ, ' Ἐγὼ ἡ Σοφία κατεσκήνωσα βουλήν.' Πῶς τοίνυν οὐκ ἀσεβεῖ ὁ λέγων, 'Ἦν ποτε ὅτε οὐκ ἦν ὁ Υἱός;' Ἴσον γάρ ἐστιν εἰπεῖν, 'Ἦν ποτε ὅτε ἡ πηγὴ ξηρὰ ἦν, χωρὶς τῆς ζωῆς καὶ τῆς σοφίας.' Ἡ δὲ τοιαύτη οὐκ ἂν εἴη πηγή· τὸ γὰρ μὴ ἐξ ἑαυτοῦ γεννῶν οὐκ ἔστι πηγή. Ὅσης δὲ ἀτοπίας γέμον ἐστὶ τοῦτο! Ὁ μὲν γὰρ Θεὸς τοὺς ποιοῦντας αὐτοῦ τὸ θέλημα ἐπαγγέλλεται ὡς πηγὴν ἔσεσθαι, ἣν μὴ ἐξέλιπεν ὕδωρ, λέγων διὰ Ἡσαΐου τοῦ προφήτου· ' Καὶ ἐμπλησθήσῃ, καθάπερ ἐπιθυμεῖ ἡ ψυχή σου, καὶ τὰ ὀστᾶ σου πιανθήσεται, καὶ ἔσται ὡς κῆπος μεθύων, καὶ ὡς πηγὴ, ἣν μὴ ἐξέλιπεν ὕδωρ·' οὗτοι δὲ τὸν Θεὸν, λεγόμενον καὶ ὄντα πηγὴν τῆς σοφίας, ἄγονον αὐτὸν καὶ λείψαντά ποτε τῆς ἰδίας σοφίας δυσφημεῖν τολμῶσιν. Ἀλλὰ τὰ μὲν παρὰ τούτων ἐστὶ ψεῦδη· ἡ δὲ ἀλήθεια μαρτυρεῖ πηγὴν ἀΐδιον εἶναι τὸν Θεὸν τῆς ἰδίας σοφίας. Ἀϊδίου δὲ τῆς πηγῆς οὔσης, ἐξ ἀνάγκης καὶ τὴν Σοφίαν ἀΐδιον εἶναι δεῖ. Ἐν ταύτῃ γὰρ καὶ τὰ πάντα γέγονεν, ὡς ψάλλει Δαβίδ· ' Πάντα ἐν Σοφίᾳ ἐποίησας·' καὶ Σολομῶν φησιν· ' Ὁ Θεὸς τῇ Σοφίᾳ ἐθεμελίωσε τὴν γῆν, ἡτοίμασε δὲ οὐρανοὺς ἐν φρονήσει.' Αὕτη τε ἡ Σοφία ἐστὶν ὁ Λόγος, καὶ ' δι' αὐτοῦ,' ὡς

I. 20.] *Christ not one of 'all things.'* 21

Ἰωάννης φησὶν, 'ἐγένετο τὰ πάντα, καὶ χωρὶς αὐτοῦ ἐγένετο οὐδὲ ἕν.' Καὶ αὐτός ἐστιν ὁ Χριστός, 'εἶς γὰρ Θεὸς ὁ Πατὴρ, ἐξ οὗ τὰ πάντα, καὶ ἡμεῖς εἰς αὐτὸν, καὶ εἶς Κύριος Ἰησοῦς Χριστὸς, δι' οὗ τὰ πάντα, καὶ ἡμεῖς δι' αὐτοῦ.' Εἰ δὲ τὰ πάντα δι' αὐτοῦ, αὐτὸς οὐκ ἂν εἴη συναριθμούμενος τοῖς πᾶσιν. Ὁ γὰρ τολμῶν τὸν 'δι' οὗ τὰ πάντα' λέγειν ἕνα εἶναι τῶν πάντων, πάντως δή που καὶ περὶ Θεοῦ, 'ἐξ οὗ τὰ πάντα,' τὸ αὐτὸ λογίσεται. Εἰ δὲ τοῦτο ὡς ἄτοπον φεύγει τις, καὶ διίστησιν ὡς ἄλλον ἀπὸ τῶν πάντων τὸν Θεὸν, ἀκόλουθον ἂν εἴη καὶ τὸν μονογενῆ Υἱὸν, ἴδιον ὄντα τῆς τοῦ Πατρὸς οὐσίας, ἄλλον λέγειν εἶναι τῶν πάντων· μὴ ὄντος δὲ αὐτοῦ τῶν πάντων, οὐ θέμις ἐπ' αὐτοῦ λέγειν τὸ 'ἦν ποτε ὅτε οὐκ ἦν,' καὶ, 'οὐκ ἦν πρὶν γεννηθῇ.' Αἱ τοιαῦται γὰρ φωναὶ κατὰ τῶν ποιημάτων ἁρμόζουσι λέγεσθαι· αὐτὸς δὲ ὁ Υἱὸς τοιοῦτός ἐστιν, οἷός ἐστιν ὁ Πατὴρ, οὗ καὶ ἔστι τῆς οὐσίας ἴδιον γέννημα, Λόγος, καὶ Σοφία. Τοῦτο γὰρ ἴδιον τοῦ Υἱοῦ πρὸς τὸν Πατέρα, καὶ τοῦτο τὸν Πατέρα τοῦ Υἱοῦ δείκνυσιν ἴδιον, ὥστε μήτε τὸν Θεὸν λέγειν ποτὲ ἄλογον, μήτε τὸν Υἱὸν ἀνύπαρκτόν ποτε λέγειν. Ἐπεὶ διὰ τί Υἱὸς, εἰ μὴ ἐξ αὐτοῦ; ἢ διὰ τί Λόγος καὶ Σοφία, εἰ μὴ ἀεὶ καὶ ἴδιον αὐτοῦ;

20. Πότε γοῦν τοῦ ἰδίου χωρὶς ἦν ὁ Θεός; ἢ πῶς τις περὶ τοῦ ἰδίου, ὡς περὶ ξένου καὶ ἀλλοτριοουσίου δύναται λογίσασθαι; Τὰ μὲν γὰρ ἄλλα οἷά ἐστι τὰ γενητὰ, οὐδὲν ὅμοιον κατ' οὐσίαν ἔχει πρὸς τὸν πεποιηκότα· ἀλλ' ἔξωθεν αὐτοῦ ἐστι, χάριτι καὶ βουλήσει αὐτοῦ τῷ Λόγῳ γενόμενα, ὥστε πάλιν δύνασθαι καὶ παύεσθαί ποτε, εἰ θελήσειεν ὁ ποιήσας· ταύτης γάρ ἐστι φύσεως τὰ γενητά. Τὸ δὲ ἴδιον τῆς οὐσίας τοῦ Πατρὸς (ὡμολόγηται γὰρ ἤδη τοῦτο εἶναι ὁ Υἱός)· πῶς οὐ τολμηρὸν καὶ δυσσεβὲς εἰπεῖν 'ἐξ οὐκ ὄντων,' καὶ ὅτι 'οὐκ ἦν πρὶν γεννηθῇ,' ἀλλ' ἐπισυμβέβηκε, καὶ δύναται πάλιν 'μὴ εἶναί ποτε;' Τοῦτο δὲ καὶ μόνον ὁ ἐνθυμούμενος κατανοείτω, πῶς τὸ τέλειον καὶ τὸ πλῆρες τῆς τοῦ Πατρὸς οὐσίας ἀφαιρεῖται· καὶ γὰρ φανερώτερον ἄν τις ἴδοι πάλιν τὸ ἄτοπον τῆς αἱρέσεως, ἐὰν ἐνθυμηθῇ ὅτι ὁ Υἱὸς 'εἰκὼν' ἐστι καὶ 'ἀπαύγασμα τοῦ Πατρὸς,' καὶ 'χαρακτὴρ,' καὶ 'ἀλήθεια.' Εἰ γὰρ ὑπάρχοντος φωτὸς, ἔστιν εἰκὼν αὐτοῦ τὸ ἀπαύγασμα, καὶ οὔσης ὑποστάσεως, ἔστι ταύτης ὁ χαρακτὴρ ὁλόκληρος, καὶ ὄντος

Πατρὸς, ἔστιν ἡ ἀλήθεια, σκοπείτωσαν οἱ τὴν εἰκόνα καὶ τὸ εἶδος τῆς θεότητος χρόνῳ μετροῦντες, εἰς πόσον ἀσεβείας βάραθρον πίπτουσιν. Εἰ γὰρ οὐκ ἦν ὁ Υἱὸς πρὶν γεννηθῇ, οὐκ ἦν ἀεὶ ἐν τῷ Θεῷ ἡ ἀλήθεια. Ἀλλὰ τοῦτο λέγειν οὐ θέμις· τοῦ γὰρ Πατρὸς ὄντος, ἦν ἀεὶ ἐν αὐτῷ ἡ ἀλήθεια, ἥτις ἐστὶν ὁ Υἱὸς ὁ λέγων· 'Ἐγώ εἰμι ἡ Ἀλήθεια·' καὶ τῆς ὑποστάσεως ὑπαρχούσης, πάντως εὐθὺς εἶναι δεῖ τὸν χαρακτῆρα καὶ τὴν εἰκόνα ταύτης· οὐ γὰρ ἔξωθέν ἐστι γραφομένη ἡ τοῦ Θεοῦ εἰκών· ἀλλ' αὐτὸς ὁ Θεὸς γεννητής ἐστι ταύτης, ἐν ᾗ ἑαυτὸν ὁρῶν προσχαίρει ταύτῃ, ὡς αὐτὸς ὁ Υἱὸς λέγει· 'Ἐγὼ ἤμην ᾗ προσέχαιρε.' Πότε γοῦν οὐχ ἑώρα ἑαυτὸν ὁ Πατὴρ ἐν τῇ ἑαυτοῦ εἰκόνι; ἢ πότε οὐ προσέχαιρεν, ἵνα τολμήσῃ τις εἰπεῖν, 'Ἐξ οὐκ ὄντων ἐστὶν ἡ εἰκών,' καί, 'Οὐκ ἦν χαίρων ὁ Πατήρ, πρὶν γένηται ἡ εἰκών;' Πῶς δὲ καὶ ἑαυτὸν ἂν ἴδοι ὁ ποιητὴς καὶ κτίστης ἐν κτιστῇ καὶ γενητῇ οὐσίᾳ; Τοιαύτην γὰρ εἶναι δεῖ τὴν εἰκόνα, οἷός ἐστιν ὁ ταύτης Πατήρ.

21. Φέρε τοίνυν, ἴδωμεν τὰ τοῦ Πατρὸς, ἵνα καὶ τὴν εἰκόνα ἐπιγνῶμεν, εἰ αὐτοῦ ἐστιν. Ἀΐδιός ἐστιν ὁ Πατὴρ, ἀθάνατος, δυνατὸς, φῶς, βασιλεὺς, παντοκράτωρ, Θεὸς, Κύριος, κτίστης, καὶ ποιητής. Ταῦτα εἶναι δεῖ ἐν τῇ εἰκόνι, ἵνα ἀληθῶς 'ὁ τὸν Υἱὸν ἑωρακὼς ἴδῃ τὸν Πατέρα.' Εἰ δὲ μὴ οὕτως ἐστὶν, ἀλλ' ὡς οἱ Ἀρειανοὶ φρονοῦσιν, γενητός ἐστι, καὶ οὐκ ἀΐδιος ὁ Υἱὸς, οὐκ ἔστιν αὕτη τοῦ Πατρὸς ἀληθὴς εἰκὼν, εἰ μὴ ἄρα λοιπὸν ἀπερυθριάσαντες εἴπωσιν, ὅτι καὶ τὸ εἰκόνα λέγεσθαι τὸν Υἱὸν οὐχ ὁμοίας οὐσίας ἐστὶ γνώρισμα, ὄνομα δὲ μόνον ἐστὶν αὐτοῦ. Ἀλλὰ τοῦτο πάλιν, ὦ Χριστομάχοι, οὐκ ἔστιν εἰκὼν, οὐδὲ χαρακτήρ. Ποία γὰρ ἐμφέρεια τῶν ἐξ οὐκ ὄντων πρὸς τὸν κτίσαντα τὰ οὐκ ὄντα εἰς τὸ εἶναι; ἢ πῶς τῷ ὄντι τὸ οὐκ ὂν ὅμοιον εἶναι δύναται, λειπόμενον τῷ ποτὲ μὴ εἶναι, καὶ τῷ πρὸς τὰ γενόμενα τὴν σύνταξιν ἔχειν; Τοιοῦτον γὰρ αὐτὸν εἶναι θέλοντες οἱ Ἀρειανοὶ, λογισμοὺς ἑαυτοῖς ἐπενόησαν, λέγοντες· 'Εἰ γέννημά ἐστιν ὁ Υἱὸς τοῦ Πατρὸς καὶ εἰκὼν, καὶ ὅμοιός ἐστι κατὰ πάντα τοῦ Πατρὸς, ὀφείλει πάντως, ὥσπερ γεγέννηται, γεννᾶν καὶ ὁ Υἱὸς, καὶ γίνεσθαι καὶ αὐτὸς πατὴρ υἱοῦ· πάλιν τε ὁ ἐξ αὐτοῦ γεννώμενος γεννᾶν καὶ αὐτὸς, καὶ καθεξῆς ἕως εἰς ἄπειρον· τοῦτο γὰρ ὅμοιον δείκνυσι τὸν γεννηθέντα τοῦ γεννήσαντος.' Ἐφευρεταὶ

I. 22.] *Divine Sonship not like human.* 23

δυσφημῶν ἀληθῶς οἱ θεομάχοι, οἵτινες, ἵνα μὴ τὸν Υἱὸν εἰκόνα τοῦ Πατρὸς ὁμολογήσωσι, σωματικὰ καὶ γήϊνα περὶ αὐτοῦ τοῦ Πατρὸς φρονοῦσι, τομὰς, καὶ ἀποῤῥοίας καὶ ἐπιῤῥοίας κατηγοροῦντες κατ' αὐτοῦ. Εἰ μὲν οὖν ὡς ἄνθρωπός ἐστιν ὁ Θεὸς, γινέσθω καὶ γεννητὴς, ὡς ἄνθρωπος, ἵνα καὶ ὁ Υἱὸς ἑτέρου γίνηται πατὴρ, καὶ οὕτω καθεξῆς ἐξ ἀλλήλων γινέσθωσαν, ἵνα καὶ εἰς πλῆθος θεῶν ἡ διαδοχὴ κατ' αὐτοὺς αὐξάνῃ· εἰ δὲ οὐκ ἔστιν ὡς ἄνθρωπος ὁ Θεός· (οὐκ ἔστι γάρ·) οὐ δεῖ τὰ ἀνθρώπων ἐπ' αὐτοῦ λογίζεσθαι. Τὰ μὲν γὰρ ἄλογα ζῶα καὶ οἱ ἄνθρωποι ἐκ δημιουργικῆς ἀρχῆς κατὰ διαδοχῆς ἀλλήλων γεννῶνται· καὶ ὁ γεννώμενος, ἐκ γεννωμένου πατρὸς γεννηθεὶς, εἰκότως καὶ αὐτὸς ἑτέρου γίνεται πατὴρ, ἔχων ἐκ πατρὸς ἐν ἑαυτῷ τοῦτο, ἐξ οὗ καὶ αὐτὸς γέγονε. Διὸ οὐδέ ἐστιν ἐν τοῖς τοιούτοις κυρίως πατὴρ καὶ κυρίως υἱὸς, οὐδὲ ἕστηκεν ἐπ' αὐτῶν τὸ 'πατὴρ' καὶ τὸ 'υἱός·' ὁ γὰρ αὐτὸς υἱὸς μὲν τοῦ γεννήσαντος, πατὴρ δὲ τοῦ γεννωμένου ἐξ αὐτοῦ. Ἐπὶ δὲ τῆς θεότητος οὐκ ἔστιν οὕτως· οὐ γὰρ ὡς ἄνθρωπος ὁ Θεός· οὔτε γὰρ ὁ Πατὴρ ἐκ πατρός ἐστι· διὸ οὐδὲ γεννᾷ τὸν γεννησόμενον πατέρα· οὔτε ὁ Υἱὸς ἐξ ἀποῤῥοίας ἐστὶ τοῦ Πατρὸς, οὐδὲ ἐκ γεννηθέντος Πατρὸς γεγέννηται· διὸ οὐδὲ γεγέννηται εἰς τὸ γεννᾶν. Ὅθεν ἐπὶ τῆς θεότητος μόνης ὁ Πατὴρ κυρίως πατήρ ἐστι, καὶ ὁ Υἱὸς κυρίως υἱός ἐστι, καὶ ἐπὶ τούτων καὶ μόνων ἕστηκε τὸ Πατὴρ ἀεὶ πατὴρ εἶναι, καὶ τὸ Υἱὸς ἀεὶ υἱὸς εἶναι.

22. Οὐκοῦν ὁ ζητῶν διὰ τί μὴ γεννητικὸς υἱοῦ ὁ Υἱὸς, ζητείτω διὰ τί μὴ πατέρα ἔσχεν ὁ Πατήρ. Ἀλλὰ ἄτοπά γε ἀμφότερα καὶ πάσης μεστὰ ἀσεβείας. Ὡς γὰρ ὁ Πατὴρ ἀεὶ πατὴρ, καὶ οὐκ ἄν ποτε γένοιτο υἱὸς, οὕτως ὁ Υἱὸς ἀεὶ υἱός ἐστι, καὶ οὐκ ἄν ποτε γένοιτο πατήρ· καὶ ἐν τούτῳ γὰρ μᾶλλον χαρακτὴρ ὢν καὶ εἰκὼν τοῦ Πατρὸς δείκνυται, μένων ὅ ἐστι καὶ οὐκ ἀλλασσόμενος, ἀλλ' ἔχων ἐκ τοῦ Πατρὸς τὴν ταὐτότητα. Εἰ μὲν οὖν ὁ Πατὴρ μεταβάλλεται, μεταβαλέσθω καὶ ἡ εἰκών· πρὸς γὰρ τὸν γεννήσαντα οὕτω καὶ ἡ εἰκὼν αὐτοῦ καὶ τὸ ἀπαύγασμα ἕστηκεν· εἰ δὲ ἄτρεπτός ἐστιν ὁ Πατὴρ, καὶ ὅ ἐστιν οὕτως διαμένει, ἐξ ἀνάγκης καὶ εἰκὼν ὅ ἐστι διαμένει, καὶ οὐ τραπήσεται. Ἔστι δὲ ἐκ τοῦ Πατρὸς Υἱός· οὐκ ἄρα ἕτερόν τι γενήσεται, ἢ ὅπερ ἐστὶ τῆς τοῦ Πατρὸς οὐσίας ἴδιον. Μάτην ἄρα καὶ τοῦτο

24   *Idle sophisms of Arians.*   [I. 23.

ἐπενόησαν οἱ ἄφρονες, ἐξᾶραι θέλοντες ἀπὸ τοῦ Πατρὸς τὴν εἰκόνα, ἵνα τοῖς γενητοῖς τὸν Υἱὸν ἐξισάσωσιν. Ἐν τούτοις γοῦν αὐτὸν συντάττοντες οἱ περὶ Ἄρειον ἐκ διδασκαλίας Εὐσεβίου, καὶ τοιοῦτον εἶναι νομίζοντες οἷα τὰ δι' αὐτοῦ γενόμενά ἐστιν, ἀπεπήδησαν μὲν ἀπὸ τῆς ἀληθείας, συμφορήσαντες δὲ ἑαυτοῖς ῥημάτια πανουργίας, περιήρχοντο κατὰ τὴν ἀρχήν, ὅτε τὴν αἵρεσιν ταύτην ἔπλασσον, καὶ μέχρι δὲ νῦν τινες συναντῶντες ἐξ αὐτῶν παιδαρίοις κατὰ τὴν ἀγορὰν, πυνθάνονται αὐτῶν, οὔτι γε ἀπὸ τῶν θείων Γραφῶν, ἀλλ' ὥσπερ ' τὰ περισσεύματα τῆς καρδίας' αὐτῶν ἐρευγόμενοι λέγουσιν· ' Ὁ ὢν τὸν μὴ ὄντα ἐκ τοῦ ὄντος πεποίηκεν, ἢ τὸν ὄντα; ὄντα οὖν αὐτὸν πεποίηκεν, ἢ μὴ ὄντα ;' Καὶ πάλιν, '᾿Εν τὸ ἀγένητον, ἢ δύο ; καὶ αὐτεξούσιός ἐστι καὶ ἰδίᾳ προαιρέσει οὐ τρέπεται, τρεπτῆς ὢν φύσεως; Οὐ γὰρ ὡς λίθος ἐστὶν ἀφ' ἑαυτοῦ μένων ἀκίνητος.' Εἶτα καὶ εἰσερχόμενοι πρὸς γυναικάρια, πάλιν αὐταῖς ἐκτεθηλυμένα ῥημάτια φθέγγονται, ' Εἰ εἶχες υἱὸν πρὶν τέκῃς ; ὥσπερ δὲ οὐκ εἶχες, οὕτω καὶ ὁ τοῦ Θεοῦ Υἱὸς οὐκ ἦν, πρὶν γεννηθῇ.' Τοιούτοις ῥήμασιν ἐξορχούμενοι παίζουσιν οἱ ἄτιμοι, καὶ τὸν Θεὸν ἀνθρώποις ἀπεικάζουσι· φάσκοντές τε εἶναι Χριστιανοὶ, ' ἀλλάσσουσι τὴν τοῦ Θεοῦ δόξαν ἐν ὁμοιώματι εἰκόνος φθαρτοῦ ἀνθρώπου.'

23. Ἔδει μὲν οὖν μηδὲν ἀποκρίνασθαι πρὸς τὰ τοιαῦτα, οὕτως ἀνόητα ὄντα καὶ μωρά· ἵνα δὲ μὴ δοκῇ τι βέβαιον ἔχειν ἡ αἵρεσις αὐτῶν, προσήκει κἂν ὡς ἐκ παρέργου διελέγξαι καὶ ἐν τούτοις αὐτοὺς, μάλιστα διὰ τὰ εὐχερῶς ἀπατώμενα παρ' αὐτῶν γυναικάρια. Ἔδει δὲ ταῦτα λέγοντας αὐτοὺς, καὶ ἀρχιτέκτονος πυνθάνεσθαι, ' Εἰ δύνασαι χωρὶς ὕλης ὑποκειμένης οἰκοδομεῖν; ὥσπερ δὲ οὐ δύνασαι, οὕτω καὶ ὁ Θεὸς οὐκ ἠδύνατο χωρὶς ὕλης ὑποκειμένης ποιῆσαι τὰ ὅλα.' Ἔδει καὶ ἕκαστον αὐτοὺς τῶν ἀνθρώπων ἐρωτᾶν, ' Εἰ δύνασαι εἶναι χωρὶς τόπου; ὥσπερ δὲ οὐ δύνασαι, οὕτω καὶ ὁ Θεὸς ἐν τόπῳ ἐστίν·' ἵν' οὕτως κἂν παρὰ τῶν ἀκουόντων ἐντρέπεσθαι δυνηθῶσιν. Ἦ διὰ τί, ἐὰν μὲν ἀκούωσιν, ὅτι Υἱὸν ἔχει ὁ Θεὸς, εἰς ἑαυτοὺς ἀποβλέποντες ἀρνοῦνται τοῦτον· ἐὰν δὲ ἀκούωσιν, ὅτι κτίζει καὶ ποιεῖ, οὐκέτι τὰ ἀνθρώπινα ἀντιτιθέασιν; ἔδει δὲ καὶ ἐν τῷ κτίζειν ἀνθρώπινα νοεῖν αὐτοὺς καὶ ὕλην ὑποβάλλειν τῷ Θεῷ, ἵνα καὶ τὸ εἶναι κτίστην τὸν Θεὸν ἀρνήσωνται, καὶ λοιπὸν μετὰ Μανιχαίων

I. 24.] *God could never be without His Word.* 25

κυλίωνται. Εἰ δὲ ταῦθ' ὑπερβαίνει ἡ περὶ Θεοῦ ἔννοια, καὶ μόνον τις ἀκούσας πιστεύει καὶ οἶδεν ὅτι ἐστὶν οὐχ ὡς ἡμεῖς ἐσμεν, ἔστι μέντοι ὡς Θεὸς, καὶ κτίζει οὐχ ὡς ἄνθρωποι κτίζουσι, κτίζει μέντοι ὡς Θεός· δῆλον, ὅτι καὶ γεννᾷ οὐχ ὡς ἄνθρωποι γεννῶσι, γεννᾷ μέντοι ὡς Θεός· οὐ γὰρ ὁ Θεὸς ἄνθρωπον μιμεῖται· ἀλλὰ μᾶλλον οἱ ἄνθρωποι διὰ τὸν Θεὸν κυρίως καὶ μόνον ἀληθῶς ὄντα Πατέρα τοῦ ἑαυτοῦ Υἱοῦ, καὶ αὐτοὶ πατέρες ὠνομάσθησαν τῶν ἰδίων τέκνων. Ἐξ αὐτοῦ γὰρ 'πᾶσα Ephes. iii. 15. πατριὰ ἐν οὐρανοῖς καὶ ἐπὶ γῆς ὀνομάζεται.' Καὶ ἃ λέγουσι δὲ, ἐὰν ἀνεξέταστα μείνῃ, ὡς εἰρηκότες τι φρόνιμον νομίζονται· ἐὰν δέ τις αὐτὰ λογικῶς ἐξετάσῃ, πολὺν εὑρεθήσονται γέλωτα καὶ χλευασμὸν ὀφλισκάνοντες.

24. Πρῶτον μὲν γὰρ ἡ πρώτη καὶ τοιαύτη αὐτῶν ἐρώτησίς ἐστι μωρὰ καὶ ἄδηλος. Οὐ γὰρ σημαίνουσι περὶ τίνος πυνθάνονται, ἵνα καὶ ὁ ἐρωτώμενος ἀποκρίνηται· ἀλλ' ἁπλῶς λέγουσιν, 'Ὁ ὢν τὸν μὴ ὄντα.' Τίς οὖν ὁ ὢν, καὶ τίνα τὰ μὴ ὄντα, ὦ Ἀρειανοί; Ἢ τίς ὁ ὢν, καὶ τίς ὁ μὴ ὢν, καὶ τίνα λέγεται ὄντα, ἢ μὴ ὄντα; Δυνατὸν γὰρ καὶ τὸν ὄντα ποιεῖν καὶ τὰ μὴ ὄντα καὶ τὰ ὄντα καὶ τὰ προόντα. Τέκτων γοῦν καὶ χρυσοχόος καὶ κεραμεὺς τὴν οὖσαν καὶ πρὸ αὐτῶν τυγχάνουσαν ὕλην ἕκαστος κατὰ τὴν ἰδίαν τέχνην ἐργάζεται, ποιῶν ἃ βούλεται σκεύη· αὐτὸς δὲ ὁ τῶν ὅλων Θεὸς, τὸν ὄντα καὶ γενόμενον ἤδη παρ' αὐτοῦ χοῦν ἐκ γῆς λαβὼν, πλάττει τὸν ἄνθρωπον· καὶ αὐτὴν μέντοι τὴν γῆν, οὐκ οὖσαν πρότερον, ὕστερον εἰς τὸ εἶναι πεποίηκε διὰ τοῦ ἰδίου Λόγου. Εἰ μὲν οὖν οὕτω πυνθάνονται, δῆλόν ἐστιν, ὡς ἡ μὲν κτίσις οὐκ ἦν, πρὶν γένηται, οἱ δὲ ἄνθρωποι τὴν οὖσαν ὕλην ἐπεργάζονται, καὶ ἀσύστατος αὐτῶν ὁ λόγος φανήσεται, γινομένων καὶ ὄντων, γινομένων καὶ μὴ ὄντων, ὥσπερ εἴπαμεν. Εἰ δὲ περὶ Θεοῦ καὶ τοῦ Λόγου αὐτοῦ λαλοῦσι, προστιθέτωσαν τὰ λειπόμενα τῇ ἐρωτήσει, καὶ οὕτως ἐρωτάτωσαν· 'Ὁ ὢν Θεὸς ἦν ποτε ἄλογος; καὶ, Φῶς ὢν, ἀφεγγὴς ἦν; ἢ ἀεὶ ἦν τοῦ Λόγου Πατήρ; ἢ καὶ πάλιν οὕτως· Ὁ ὢν Πατὴρ τὸν Λόγον μὴ ὄντα πεποίηκεν, ἢ τὸν Λόγον ἴδιον ὄντα τῆς οὐσίας αὐτοῦ γέννημα ἔχει ἀεὶ σὺν αὐτῷ;' ἵνα γνωσθῶσιν, ὅτι ὅλως περὶ Θεοῦ καὶ τοῦ ἐξ αὐτοῦ περιεργάζονται καὶ σοφίζεσθαι τολμῶσι. Τίς γὰρ ἀνέξεται λεγόντων αὐτῶν ἄλογόν ποτε

26 An eternal Father, an eternal Son. [I. 25.

τὸν Θεόν; Πάλιν γὰρ εἰς ταὐτὸν τοῖς προτέροις περιπεπτώκασι, καίτοι φεύγειν αὐτὸ καὶ σκέπειν σπουδάσαντες τοῖς ἑαυτῶν σοφίσμασιν· ἀλλ' οὐ δεδύνηνται. Οὐδεὶς γὰρ ὅλως κἂν ἀκοῦσαι θελήσειεν ἀμφιβαλλόντων αὐτῶν, ὅτι ὁ Θεὸς οὐκ ἦν ἀεὶ Πατὴρ, ἀλλ' ὕστερον γέγονεν ἵνα καὶ φαντασθῶσιν ὅτι καὶ ὁ Λόγος αὐτοῦ ποτε οὐκ ἦν, πολλῶν ὄντων τῶν προειρημένων κατ' αὐτῶν ἐλέγχων, καὶ τοῦ μὲν Ἰωάννου λέγοντος, ''Ἦν ὁ Λόγος,' τοῦ δὲ Παύλου γράφοντος πάλιν, ''Ὅς ὢν ἀπαύγασμα τῆς δόξης,' καὶ, ''Ὁ ὢν ἐπὶ πάντων Θεὸς εὐλογητὸς εἰς τοὺς αἰῶνας. Ἀμήν.'

John i. 1.
Heb. i. 3.
Rom. ix. 5.

25. Καὶ βέλτιον ἦν μὲν αὐτοὺς ἠρεμεῖν· ἐπειδὴ δὲ οὐ παύονται, λοιπὸν πρὸς τὴν τοιαύτην ἀναίσχυντον ἐρώτησιν αὐτῶν τοῦτο ἄν τις ἐπίσης αὐτοῖς τολμήσας ἀντερωτήσειεν· ἴσως ἐκ τῶν ὁμοίων ἀτοπημάτων βλέποντες ἑαυτοὺς συγκλειομένους, ἀναχωρήσουσι τῆς πρὸς τὴν ἀλήθειαν μάχης. Πολλὰ τοίνυν πρότερον ἵλεων τὸν Θεὸν ἐπικαλεσάμενος, οὕτως αὐτοῖς τις ἀπαντήσειεν· ''Ὁ ὢν Θεὸς, οὐκ ὢν γέγονεν, ἢ καὶ πρὶν γένηται, ἔστιν; Ὢν οὖν, ἑαυτὸν ἐποίησεν, ἢ ἐξ οὐδενός ἐστι, καὶ μηδὲν ὢν πρότερον ἐξαίφνης αὐτὸς ἐφάνη;' Ἄτοπος ἡ τοιαύτη ἐρώτησις, ναὶ ἄτοπος καὶ πλέα δυσφημίας· ἀλλ' ὁμοία γε τῆς ἐκείνων· ὁπότερον γὰρ ἂν εἴπωσι, τοῦτο μεστόν ἐστι πάσης ἀσεβείας. Εἰ δὲ τὸ οὕτως ἐρωτᾶν περὶ Θεοῦ βλάσφημον καὶ πλέον ἀσεβείας ἐστὶ, βλάσφημον ἂν εἴη καὶ περὶ τοῦ Λόγου αὐτοῦ τοιαῦτα ἐρωτᾶν. Ἀποκρίνασθαι δὲ ὅμως πρὸς ἀναίρεσιν τῆς τοιαύτης αὐτῶν ἀλόγου καὶ μωρᾶς ἐρωτήσεως ἀναγκαῖον οὕτως· Ὅτι ὢν, ἐστὶν ἀϊδίως ὁ Θεός· ὄντος οὖν ἀεὶ τοῦ Πατρὸς, ἔστι καὶ ἀϊδίως καὶ τὸ τούτου ἀπαύγασμα, ὅπερ ἐστὶν ὁ Λόγος αὐτοῦ· καὶ πάλιν ὁ ὢν Θεὸς, ἐξ αὐτοῦ καὶ ὄντα τὸν Λόγον ἔχει· καὶ οὔτε ὁ Λόγος ἐπιγέγονεν οὐκ ὢν πρότερον, οὔτε ὁ Πατὴρ ἄλογος ἦν ποτε. Ἡ γὰρ κατὰ τοῦ Υἱοῦ τόλμα εἰς τὸν Πατέρα τὴν βλασφημίαν ἀνάγει, εἴγε ἔξωθεν ἐπενόησεν ἑαυτῷ σοφίαν, καὶ Λόγον, καὶ Υἱόν. Ὁ γὰρ ἐὰν τούτων εἴπῃς, τοῦτο τὸ ἐκ τοῦ Πατρὸς γέννημα σημαίνει, ὥσπερ εἴρηται. Ὥστε ἀσύστατος αὐτῶν ἡ τοιαύτη ἐρώτησις, καὶ εἰκότως· ἀρνούμενοι γὰρ τὸν Λόγον, ἄλογον ἔχουσι καὶ τὴν ἐρώτησιν. Ὡς γὰρ εἴ τις τὸν ἥλιον ὁρῶν πυνθάνοιτο περὶ τοῦ ἀπαυγάσματος, καὶ λέγοι, ''Ὁ ὢν τὸ μὴ ὂν πεποίηκεν, ἢ ὂν αὐτὸ πεποίηκεν;' οὐ σώφρονα ἔχειν ὁ

I. 26.] *Arianism dishonours the Father.* 27

τοιοῦτος λογισμὸν νομισθήσεται, ἀλλ' ἐμβρόντητος ἂν εἴη, ὅτι ὅλως ὅ ἐστιν ἐκ τοῦ φωτὸς, τοῦτο ἔξωθεν ἐπινοεῖ καὶ περὶ τοῦτο ἐρωτᾷ, πότε, καὶ ποῦ, καὶ ὅτε, καὶ εἰ πεποίηται· οὕτως καὶ ὁ περὶ τοῦ Υἱοῦ καὶ τοῦ Πατρὸς τοιαῦτα λογιζόμενος, καὶ οὕτω πυνθανόμενος, πολλῷ μᾶλλον τὴν μανίαν μείζονα ἂν ἔχοι, ὅτι τὸν ἐκ τοῦ Πατρὸς Λόγον ἔξωθεν αὐτῷ ἐπεισάγει, καὶ τὸ φύσει γέννημα ὡς ποίημα σκιαλογῶν λέγει, 'Οὐκ ἦν πρὶν γεννηθῇ.' Ἀκουέτωσαν δὲ ὅμως καὶ πρὸς τὴν ἐρώτησιν αὐτῶν, ὅτι ὁ ὢν Πατὴρ τὸν ὄντα Υἱὸν ἐποίησεν. Ὁ γὰρ ' Λόγος σὰρξ ἐγένετο,' καὶ ὄντα John i. 14. αὐτὸν Υἱὸν Θεοῦ ἐποίησεν ἐπὶ συντελείᾳ τῶν αἰώνων καὶ Υἱὸν ἀνθρώπου, εἰ μὴ ἄρα κατὰ τὸν Σαμοσατέα μηδὲ εἶναι αὐτὸν πρὶν ἄνθρωπον γενέσθαι εἴποιεν. Καὶ πρὸς μὲν τὴν πρώτην αὐτῶν ἐρώτησιν ἱκανὰ ταῦτα παρ' ἡμῶν.

26. Ἡμεῖς δὲ, ὦ Ἀρειανοὶ, τῶν ἰδίων ἑαυτῶν ῥημάτων μνημονεύοντες, εἴπατε· Ὁ ὢν τοῦ μὴ ὄντος ἔχρῃζεν εἰς τὴν τῶν πάντων δημιουργίαν, ἢ ὄντος αὐτοῦ ἔχρῃζεν; Εἰρήκατε γὰρ, 'Ὄργανον ἑαυτῷ τὸν Υἱὸν ἐκ τοῦ μὴ ὄντος κατεσκεύασεν, ἵνα δι' αὐτοῦ ποιήσῃ τὰ πάντα.' Τί οὖν ἐστι βέλτιον, τὸ χρῇζον, ἢ τὸ τὴν χρείαν ἀναπληροῦν; ἢ ἀμφότερα τὰ ἐνδέοντα ἀλλήλων ἀναπληροῦσι; Τοιαῦτα γὰρ λέγοντες, τοῦ κατασκευάσαντος μᾶλλον ἀσθένειαν δεικνύετε, εἰ μὴ καὶ μόνος ἴσχυσε δημιουργῆσαι τὰ πάντα, ἀλλ' ἔξωθεν ἑαυτῷ ὄργανον ἐπινοεῖ, ὥσπερ τέκτων ἢ ναυπηγός τις, μὴ δυνάμενος ὁτιοῦν ἐργάσασθαι χωρὶς σκεπάρνου καὶ πρίονος. Τί οὖν τούτου ἀσεβέστερον; Ἢ τί δεῖ διατρίβειν ὅλως ἐν τούτοις ὡς δεινοῖς, αὐταρκῶν ὄντων τῶν προειρημένων δεῖξαι, φαντασίαν μόνον εἶναι τὰ παρ' αὐτῶν; Πρὸς δὲ τὴν ἑτέραν αὐτῶν εὐήθη πάνυ καὶ μωρὰν ἐξέτασιν, ἣν πρὸς τὰ γυναικάρια ποιοῦνται, οὐδὲν μὲν πάλιν οὐδὲ περὶ ταύτης ἐχρῆν ἀποκρίνασθαι, ἢ τοῦτο μόνον ὃ καὶ ἐν τοῖς ἔμπροσθεν εἰρήκαμεν, ὅτι μὴ δέον τὴν ἐκ τοῦ Θεοῦ γέννησιν συμμετρεῖν τῇ τῶν ἀνθρώπων φύσει. Ἵνα δὲ ὅμως καὶ ἐν τούτῳ καταγνῶσιν ἑαυτῶν, καλὸν ἐκ τῶν αὐτῶν πάλιν οὕτως αὐτοῖς ἀπαντῆσαι. Ὅλως εἰ περὶ Υἱοῦ πυνθάνονται γονέων, ἐνθυμείσθωσαν πόθεν ἐστὶ τὸ γεννώμενον τέκνον. Εἰ γὰρ καὶ οὐκ εἶχεν ὁ γονεὺς υἱὸν πρὶν γεννήσῃ, ἀλλ' ἐσχηκὼς, οὐκ ἔξωθεν οὐδὲ ἀλλότριον, ἀλλ' ἐξ ἑαυτοῦ καὶ ἴδιον τῆς οὐσίας καὶ ἀπαράλλακτον ἔσχεν εἰκόνα, ὥστε τοῦτον

ἐν ἐκείνῳ βλέπεσθαι, κἀκεῖνον ἐν τούτῳ θεωρεῖσθαι. Εἰ τοίνυν ἐκ τῶν ἀνθρωπίνων παραδειγμάτων τὸν χρόνον τῶν γεννώντων λαμβάνουσι, διὰ τί μὴ ἐκ τῶν αὐτῶν καὶ τὸ κατὰ φύσιν καὶ τὸ ἴδιον ἐνθυμοῦνται τῶν τέκνων πρὸς τοὺς γονέας, ἀλλὰ κατὰ τοὺς ὄφεις μόνον τὸ πρὸς τὸν ἰὸν ἐπιτήδειον ἐκ τῆς γῆς ἐκλέγονται; Ἔδει δὲ πυνθανομένους αὐτοὺς γονέων καὶ λέγοντας, 'Οὐκ εἶχες υἱὸν πρὶν γεννήσῃς;' προσθεῖναι καὶ εἰπεῖν, 'Ἐὰν δὲ σχῇς υἱὸν, ἆρά γε ἔξωθεν ὥσπερ οἰκίαν, ἤ τι ἕτερον κτῆμα ἀγοράζεις;' ἵνα σοι ἀποκρίνηται· 'Οὐκ ἔξωθεν, ἀλλ' ἐξ ἐμοῦ ἐστι. Τὰ μὲν γὰρ ἔξωθεν κτήματά ἐστι, καὶ ἀφ' ἑτέρου εἰς ἕτερον μετέρχεται· ὁ δὲ υἱὸς ἐξ ἐμοῦ ἐστι, καὶ τῆς ἐμῆς οὐσίας ἴδιος καὶ ὅμοιος, οὐκ ἀφ' ἑτέρου εἰς ἐμὲ γεγονὼς, ἀλλ' ἐξ ἐμοῦ γεγεννημένος· διὸ καὶ ἐν ἐκείνῳ ὅλος εἰμὶ, μένων αὐτὸς ὅ εἰμι.' Οὕτω γὰρ ἔχει· κἂν ὁ γονεὺς τῷ χρόνῳ διαφέρῃ, ὡς ἄνθρωπος ἐν χρόνῳ καὶ αὐτὸς γεγονώς· ἀλλ' ἔσχεν ἂν καὶ αὐτὸς ἀεὶ συνυπάρχον τὸ τέκνον, εἰ μὴ ἡ φύσις ἐνεπόδιζε καὶ ἐκώλυε τὸ δύνασθαι. Καὶ γὰρ καὶ ὁ Λευΐ ἔτι ἦν ἐν τῇ ὀσφύϊ τοῦ προπάππου, πρὶν αὐτὸς γεννηθῇ, καὶ ὁ πάππος γεννήσῃ. Ὅταν οὖν εἰς τοῦθ' ἡλικίας ἔλθοι ὁ ἄνθρωπος, ἐν ᾗ καὶ τὸ δυνατὸν ἡ φύσις παρέχει, εὐθὺς ἀνεμποδίστῳ τῇ φύσει πατὴρ ὁ ἄνθρωπος γίνεται τοῦ ἐξ ἑαυτοῦ υἱοῦ.

27. Οὐκοῦν εἰ γονέων περὶ τέκνων ἐπύθοντο, καὶ ἔγνωσαν ὅτι τὰ φύσει τέκνα οὐκ ἔξωθεν ἀλλ' ἐκ τῶν γονέων εἰσὶν, ὁμολογείτωσαν καὶ περὶ τοῦ Λόγου τοῦ Θεοῦ, ὅτι ὅλως ἐκ τοῦ Πατρός ἐστι. Καὶ περὶ τοῦ χρόνου ζητοῦντες, τὸ ἐμποδίζον τὸν Θεὸν λεγέτωσαν· (χρὴ γὰρ ἐξ ὧν ὡς χλευάζοντες ἐπυνθάνοντο, ἐκ τούτων αὐτοὺς ἀσεβοῦντας διελέγχειν,) εἰπάτωσαν τοίνυν τί τὸ ἐμποδίζον τὸν Θεὸν, ἀεὶ τοῦ Υἱοῦ Πατέρα αὐτὸν εἶναι; Τὸ γὰρ ἐκ πατρὸς εἶναι τὸ γεννώμενον ὡμολόγηται. Ἵνα δὲ καὶ ὅλως τι τοιοῦτον λογισάμενοι περὶ τὸν Θεὸν καταγνῶσιν ἑαυτῶν, ὥσπερ ἠρώτησαν γυναῖκας περὶ τῶν χρόνων, οὕτω πυνθανέσθωσαν καὶ τοῦ ἡλίου περὶ τοῦ ἀπαυγάσματος αὐτοῦ, καὶ τῆς πηγῆς περὶ τοῦ ἐξ αὐτῆς, ἵνα μάθωσιν, ὅτι καίπερ ὄντα γεννήματα ταῦτα, ἐστὶ καὶ ἀεὶ σὺν ἐκείνοις, ἐξ ὧν καί εἰσιν. Εἰ δὲ καὶ τὸ 'φύσει' καὶ τὸ 'ἀεὶ' οἱ τοιοῦτοι γονεῖς ἔχουσι πρὸς τὰ τέκνα, διὰ τί τὸν Θεὸν ἐλάττονα τῶν γενητῶν ὑπονοοῦντες, οὐ φανερώτερον ἑαυτῶν τὴν ἀσέβειαν ἐξάγουσιν; Εἰ δὲ τοῦτο μὲν οὐ

I. 28.] 'The Son' and 'The Word.' 29

τολμῶσιν ἐκ φανεροῦ λέγειν, ὁμολογεῖται δὲ ὁ Υἱὸς μὴ ἔξωθεν, ἀλλ' ἐκ τοῦ Πατρὸς εἶναι φύσει γέννημα, οὐδὲν δὲ οὐδὲ τὸ ἐμποδίζον ἐστὶ τὸν Θεόν· (οὐ γὰρ ὡς ἄνθρωπος ὁ Θεὸς, ἀλλὰ καὶ πλέον ἐστὶ τοῦ ἡλίου, μᾶλλον δὲ Θεός ἐστι τοῦ ἡλίου·) δῆλον ὅτι καὶ ἐξ αὐτοῦ καὶ ἀεί ἐστι συνυπάρχων ὁ Λόγος τῷ Πατρὶ, δι' οὗ τὰ πάντα οὐκ ὄντα εἰς τὸ εἶναι πεποίηκεν ὁ Πατήρ. Ὅτι μὲν οὖν ὁ Υἱὸς οὐκ ἐξ οὐκ ὄντων, ἀλλ' ἀΐδιός τε καὶ ἐκ τοῦ Πατρός ἐστι, καὶ αὐτὸ τὸ πρᾶγμα δείκνυσι· καὶ ἡ ἐρώτησις δὲ τῶν αἱρετικῶν πρὸς τοὺς γονέας διελέγχει τὴν κακόνοιαν αὐτῶν. Ἔγνωσαν γὰρ τὸ κατὰ φύσιν, καὶ λοιπὸν καὶ περὶ τῶν χρόνων ᾐσχύνθησαν.

28. Ὅτι δὲ οὐ δεῖ τὴν τοῦ Θεοῦ γέννησιν παραβάλλειν τῇ τῶν ἀνθρώπων φύσει, καὶ νομίζειν μέρος εἶναι τοῦ Θεοῦ τὸν Υἱὸν αὐτοῦ, ἢ ὅλως τι πάθος σημαίνειν τὴν γέννησιν, φθάσαντες μὲν εἴπομεν ἐν τοῖς ἔμπροσθεν, καὶ νῦν δὲ τὰ αὐτά φαμεν· Οὐκ ἔστιν ὡς ἄνθρωπος ὁ Θεός. Ἄνθρωποι μὲν γὰρ παθητικῶς γεννῶσι, ῥευστὴν ἔχοντες τὴν φύσιν, καὶ χρόνους ἀναμένοντες διὰ τὴν ἀσθένειαν τῆς ἰδίας φύσεως· ἐπὶ δὲ Θεοῦ τοῦτο λέγειν οὐκ ἔστιν. Οὐ γὰρ ἐκ μερῶν συγκείμενός ἐστιν, ἀλλὰ καὶ ἀπαθὴς ὢν καὶ ἁπλοῦς, ἀπαθῶς καὶ ἀμερίστως τοῦ Υἱοῦ Πατήρ ἐστι· καὶ τούτου πάλιν μέγα τεκμήριον καὶ ἀπόδειξις ἐκ τῶν θείων Γραφῶν. Ὁ Λόγος γὰρ ὁ τοῦ Θεοῦ Υἱός ἐστιν αὐτοῦ, καὶ ὁ Υἱὸς Λόγος ἐστὶ τοῦ Πατρὸς καὶ Σοφία· Λόγος δὲ καὶ Σοφία οὔτε κτίσμα οὔτε μέρος ἐστὶ τούτου, οὗ καὶ ἔστι Λόγος, οὔτε κατὰ πάθος ἐστὶ γέννημα. Ἀμφότερα γοῦν ἡ Γραφὴ συνάπτουσα, 'Υἱὸν' μὲν ἔφησεν, ἵνα τὸ φύσει καὶ ἀληθινὸν τῆς οὐσίας γέννημα εὐαγγελίσηται· ἵνα δὲ μή τις ἀνθρώπινον ὑπολάβοι τὸ γέννημα, πάλιν τὴν οὐσίαν αὐτοῦ σημαίνων, 'Λόγον' αὐτὸν εἶναι καὶ Σοφίαν καὶ ἀπαύγασμά φησιν. Ἐκ γὰρ τούτου καὶ τὸ ἀπαθὲς τῆς γεννήσεως, καὶ τὸ ἀΐδιον, καὶ τῷ Θεῷ πρέπον λογιζόμεθα. Ποῖον οὖν πάθος, ἢ ποῖον μέρος ἐστὶ τοῦ Πατρὸς ὁ Λόγος, καὶ ἡ Σοφία, καὶ τὸ ἀπαύγασμα; Καὶ τοῦτο δυνατὸν καὶ αὐτοὺς τοὺς ἄφρονας μαθεῖν. Ὡς γὰρ γυναικῶν ἐπύθοντο περὶ υἱοῦ, οὕτως καὶ ἄνδρας ἐπερωτάτωσαν περὶ τοῦ λόγου, ἵνα μάθωσιν ὅτι οὔτε πάθος αὐτῶν, οὔτε μέρος ἐστὶ τοῦ νοῦ τούτων ὁ λόγος ὃν προφέρονται. Εἰ δὲ τῶν ἀνθρώπων,

30   Difference between 'Son.' and 'work.'   [I. 29.

καίτοι παθητῶν ὄντων καὶ μεριστῶν ὄντων, τοιοῦτος ὁ λόγος, διὰ τί περὶ τοῦ ἀσωμάτου καὶ ἀμερίστου Θεοῦ πάθη καὶ μέρη λογίζονται, ἵνα, τοῦτο προσποιούμενοι δῆθεν εὐλαβεῖσθαι, ἀρνήσωνται τὴν ἀληθῆ καὶ φύσει γέννησιν τοῦ Υἱοῦ; Καὶ ὅτι μὲν τὸ ἐκ τοῦ Θεοῦ γέννημα οὐκ ἔστι πάθος, ἱκανῶς διὰ τῶν ἔμπροσθεν ἀποδέδεικται· δέδεικται δὲ καὶ ἰδίᾳ νῦν ὁ Λόγος οὐ κατὰ πάθος γεννώμενος. Ἀκουέτωσαν δὲ καὶ περὶ τῆς Σοφίας τὰ αὐτά· οὐκ ἔστιν ὡς ἄνθρωπος ὁ Θεός· μὴ ἀνθρώπινον φανταζέσθωσαν καὶ ἐν τούτῳ περὶ αὐτοῦ. Καὶ γὰρ τῶν ἀνθρώπων πάλιν δεκτικῶν σοφίας γεγονότων, ὁ Θεὸς οὐδενὸς μετέχων, αὐτὸς τῆς ἑαυτοῦ Σοφίας Πατήρ ἐστιν, ἧς οἱ μετέχοντες εἰώθασι σοφοὶ καλεῖσθαι· καὶ ἔστι καὶ αὐτὴ ἡ Σοφία οὐ πάθος, οὐδὲ μέρος, ἀλλὰ γέννημα ἴδιον τοῦ πατρός. Διὰ τοῦτο ἀεὶ Πατήρ, καὶ οὐκ ἐπιγέγονε τῷ Θεῷ τὸ 'πατὴρ,' ἵνα μὴ καὶ τρεπτὸς εἶναι νομισθῇ. Εἰ γὰρ καλὸν τὸ εἶναι αὐτὸν Πατέρα, οὐκ ἀεὶ δὲ ἦν Πατήρ, οὐκ ἀεὶ ἄρα τὸ καλὸν ἦν ἐν αὐτῷ.

29. 'Ἀλλ' ἰδοὺ,' φασὶ, 'καὶ ἀεὶ ποιητής ἐστιν ὁ Θεὸς, καὶ οὐκ ἐπιγέγονεν αὐτῷ τοῦ δημιουργεῖν ἡ δύναμις· ἆρ' οὖν, ἐπειδὴ δημιουργός ἐστιν, ἀΐδιά ἐστι καὶ τὰ ποιήματα, καὶ οὐ θέμις εἰπεῖν οὐδὲ ἐπὶ τούτων, Οὐκ ἦν πρὶν γεννηθῇ;' Ἄφρονες οἱ Ἀρειανοί· τί γὰρ ὅμοιον υἱὸς καὶ ποίημα, ἵνα τὰ ἐπὶ τοῦ πατρὸς ταῦτα καὶ ἐπὶ τῶν δημιουργῶν εἴπωσι; Πῶς δὲ, τοσαύτης διαφορᾶς ἐν τοῖς ἔμπροσθεν δειχθείσης γεννήματος καὶ ποιήματος, ἐμμένουσι τῇ ἀμαθίᾳ; Πάλιν οὖν τὸ αὐτὸ λεκτέον, Τὸ ποίημα ἔξωθεν τοῦ ποιοῦντός ἐστιν, ὥσπερ εἴρηται, ὁ δὲ υἱὸς ἴδιον τῆς οὐσίας γέννημά ἐστι· διὸ καὶ τὸ μὲν ποίημα οὐκ ἀνάγκη ἀεὶ εἶναι· ὅτε γὰρ βούλεται ὁ δημιουργὸς, ἐργάζεται· τὸ δὲ γέννημα οὐ βουλήσει ὑπόκειται, ἀλλὰ τῆς οὐσίας ἐστὶν ἰδιότης. Καὶ ποιητὴς μὲν ἂν εἴη καὶ λέγοιτο, κἂν μήπω ᾖ τὰ ἔργα· πατὴρ δὲ οὐκ ἂν λεχθείη οὐδ' ἂν εἴη, μὴ ὑπάρχοντος υἱοῦ. Ἐὰν δὲ περιεργάζωνται διὰ τί ὁ Θεὸς, ἀεὶ δυνάμενος ποιεῖν, οὐκ ἀεὶ ποιεῖ, μαινομένων μὲν καὶ αὕτη ἡ τόλμα. 'Τίς γὰρ ἔγνω νοῦν Κυρίου, ἢ τίς σύμβουλος αὐτοῦ ἐγένετο;' Ἢ πῶς 'ἐρεῖ τὸ πλάσμα' τῷ κεραμεῖ, 'Τί με οὕτως ἐποίησας;' Ἵνα δὲ, κἂν ἀμυδρόν τινα λογισμὸν εὑρόντες, μὴ σιωπήσωμεν, ἀκουέτωσαν· Ὅτι, εἰ καὶ τῷ Θεῷ δυνατὸν ἀεὶ ποιεῖν, ἀλλ' οὐκ ἠδύνατο τὰ

I. 30.] *The 'Ingenerate.'* 31

γενητὰ ἀΐδια εἶναι· ἐξ οὐκ ὄντων γάρ ἐστι, καὶ οὐκ ἦν πρὶν γένηται. Τὰ δὲ οὐκ ὄντα πρὶν γένηται πῶς ἠδύνατο συνυπάρχειν τῷ ἀεὶ ὄντι Θεῷ; Διὸ καὶ πρὸς τὸ λυσιτελὲς αὐτῶν ἀφορῶν ὁ Θεός, ὅτε εἶδεν ὅτι δύναται γενόμενα διαμένειν, τότε καὶ πεποίηκε πάντα. Καὶ ὥσπερ δυνάμενος καὶ ἐξ ἀρχῆς ἐπὶ τοῦ Ἀδὰμ, ἢ ἐπὶ Νῶε, ἢ ἐπὶ Μωϋσέως ἀποστεῖλαι τὸν ἑαυτοῦ Λόγον, οὐκ ἀπέστειλεν εἰ μὴ ἐπὶ συντελείᾳ τῶν αἰώνων· τοῦτο γὰρ εἶδε λυσιτελεῖν πάσῃ τῇ κτίσει· οὕτω καὶ τὰ γενητὰ, ὅτε ἠθέλησε καὶ λυσιτελὲς ἦν αὐτοῖς, ἐποίησεν. Ὁ δέ γε Υἱὸς, οὐκ ὢν ποίημα, ἀλλ᾽ ἴδιος τῆς οὐσίας τοῦ Πατρὸς, ἀεὶ ἔστιν· ἀεὶ γὰρ ὄντος τοῦ Πατρὸς, ἀεὶ εἶναι δεῖ καὶ τὸ ἴδιον τῆς οὐσίας αὐτοῦ, ὅπερ ἐστὶν ὁ Λόγος αὐτοῦ καὶ ἡ Σοφία. Καὶ τὰ μὲν κτίσματα κἂν μηδέπω ὑπάρχῃ, οὐκ ἐλαττοῖ τὸν ποιητήν· ἔχει γὰρ τὸ δύνασθαι δημιουργεῖν, ὅτε βούλεται· τὸ δὲ γέννημα, ἐὰν μὴ ἀεὶ συνῇ τῷ Πατρὶ, ἐλάττωμα τῆς τελειότητος τῆς οὐσίας αὐτοῦ ἐστιν. Ὅθεν τὰ μὲν ποιήματα, ὅτε ἠθέλησεν, ἐδημιουργήθη διὰ τοῦ Λόγου αὐτοῦ· ὁ δὲ Υἱὸς ἀεί ἐστιν ἴδιον γέννημα τῆς τοῦ Πατρὸς οὐσίας.

30. Ταῦτα τοὺς μὲν πιστοὺς εὐφραίνει, τοὺς δὲ αἱρετικοὺς λυπεῖ βλέποντας ἀναιρουμένην αὐτῶν τὴν αἵρεσιν· καὶ γὰρ κἀκείνη πάλιν αὐτῶν ἡ ἐρώτησις ἐν τῷ λέγειν, "Ἐν τὸ ἀγέννητον, ἢ δύο;" οὐκ ὀρθὴν αὐτῶν δείκνυσι τὴν διάνοιαν, ἀλλ᾽ ὕποπτον καὶ δόλου μεστήν. Οὐ γὰρ ἐπὶ τιμῇ τοῦ Πατρὸς οὕτως ἐρωτῶσιν, ἀλλ᾽ ἐπὶ ἀτιμίᾳ τοῦ Λόγου. Ἂν γοῦν τις, ἀγνοῶν τὴν πανουργίαν αὐτῶν, ἀποκρίνηται, "Ἐν τὸ ἀγένητον," εὐθὺς τὸν ἑαυτῶν ἰὸν ἐξεμοῦσι λέγοντες· 'Οὐκοῦν ὁ Υἱὸς τῶν γενητῶν ἐστι, καὶ καλῶς εἰρήκαμεν, Οὐκ ἦν πρὶν γεννηθῇ.' Πάντα γὰρ φυρῶσι καὶ κυκῶσιν, ἵνα μόνον διαστήσωσι τὸν Λόγον ἀπὸ τοῦ Πατρὸς, καὶ τὸν δημιουργὸν τῶν ὅλων τοῖς ποιήμασι συναριθμήσωσι. Πρῶτον μὲν οὖν καὶ κατὰ τοῦτο καταγνώσεώς εἰσιν ἄξιοι, ὅτι μεμφόμενοι τοῖς ἐν Νικαίᾳ συνελθοῦσιν ἐπισκόποις ὡς ἀγράφοις χρησαμένοις λέξεσι, καίτοι μὴ δυσφήμοις, ἀλλ᾽ ἐπ᾽ ἀναιρέσει τῆς ἀσεβείας αὐτῶν κειμέναις, ηὐτομόλησαν εἰς τὴν αὐτὴν αἰτίαν αὐτοὶ ἐξ ἀγράφων φθεγγόμενοι, καὶ ἐπινοοῦντες λοιδορίας κατὰ τοῦ Κυρίου, 'μὴ γινώσκοντες μήτε ἃ λέγουσι, ¹ Tim. i. 7. μήτε περὶ τίνων διαβεβαιοῦνται.' Ἐρωτησάτωσαν γοῦν Ἑλ-

ληνας, παρ' ὧν ἤκουσαν· (οὐ γὰρ τῶν Γραφῶν, ἀλλ' ἐκείνων ἐστὶν εὕρεμα·) ἵνα ἀκούσαντες πόσα σημαινόμενα ἡ λέξις ἔχει, μάθωσιν ὅτι οὐδὲ, περὶ ὧν λέγουσιν, ἐπίστανται καλῶς ἐρωτᾷν. Κἀγὼ γὰρ δι' αὐτοὺς ἐπυθόμην λέγεσθαι 'ἀγένητον' τὸ μηδέπω μὲν γενόμενον, δυνάμενον δὲ γενέσθαι, ὡς τὸ ξύλον τὸ μήπω μὲν γενόμενον, δυνάμενον δὲ γενέσθαι σκάφος. Καὶ αὖθις ἀγένητον λέγεσθαι τὸ μήτε γενόμενον, μήτε δυνάμενον γενέσθαι ποτὲ, ὡς τὸ τρίγωνον τετράγωνον, καὶ ὁ ἄρτιος ἀριθμὸς περιττός. Οὔτε γὰρ τὸ τρίγωνον γέγονέ ποτε τετράγωνον, οὔτε γένοιτ' ἄν ποτε· ἀλλ' οὔτε ὁ ἄρτιος γέγονέ ποτε περιττὸς, οὔτε γένοιτ' ἄν ποτε περιττός. Λέγεται δὲ πάλιν ἀγένητον τὸ ὑπάρχον μὲν, μὴ γενηθὲν δὲ ἔκ τινος, μηδὲ ὅλως ἔχον ἑαυτοῦ τινα πατέρα. Προσέθηκε δὲ καὶ ὁ πανοῦργος σοφιστὴς Ἀστέριος, ὁ καὶ τῆς αἱρέσεως συνήγορος, ἐν τῷ ἰδίῳ συνταγματίῳ λέγων, ἀγένητον εἶναι τὸ μὴ ποιηθὲν, ἀλλ' ἀεὶ ὄν. Κατὰ ποῖον οὖν σημαινόμενον νοοῦσι τὸ ἀγένητον, ἔδει προστιθέντας αὐτοὺς ἐρωτᾷν, ἵνα καὶ ὁ ἐρωτώμενος ὀρθῶς ἀποκρίνηται.

31. Εἰ δὲ νομίζουσι καλῶς ἐρωτᾷν, ἐν τῷ λέγειν, ''Ἕν τὸ ἀγένητον, ἢ δύο;' ἀκούσονται πρῶτον μὲν, ὡς ἀμαθεῖς, πολλά τε εἶναι καὶ οὐδὲν, πλεῖστα μὲν τὰ δυνάμενα γενέσθαι, οὐδὲν δὲ τὸ μὴ δυνάμενον, ὥσπερ εἴρηται. Εἰ δὲ, ὡς Ἀστερίῳ ἤρεσε τὸ μὴ ποίημα, ἀλλ' ἀεὶ ὂν, ἀγένητον εἶναι, οὕτως ἐρωτῶσιν· ἀκονέτωσαν οὐχ ἅπαξ, ἀλλὰ πολλάκις, ὅτι καὶ ὁ Υἱὸς οὕτω κατὰ ταύτην τὴν ἐκδοχὴν ἀγένητος ἂν λεχθείη. Οὔτε γὰρ τῶν γενητῶν, οὔτε ποίημά ἐστιν, ἀλλὰ καὶ ἀϊδίως σύνεστι τῷ Πατρὶ, ὥσπερ καὶ ἤδη δέδεικται, κἂν πολλάκις μεταβάλλωνται, ἵνα μόνον κατὰ τοῦ Κυρίου λέγωσιν, ' Ἐξ οὐκ ὄντων ἐστὶ,' καὶ, 'Οὐκ ἦν πρὶν γεννηθῇ.' Πάντων δὴ οὖν ἐκπίπτοντες, ἐὰν καὶ ἐκεῖνο θελήσωσι λοιπὸν ἐρωτᾷν κατὰ τὸ 'ὑπάρχον μὲν, μήτε δὲ γεννηθὲν ἔκ τινος, μήτε ἔχον ἑαυτοῦ πατέρα·' ἀκούσονται μὲν καὶ παρ' ἡμῶν τὸν οὕτω σημαινόμενον ἕνα καὶ μόνον ἀγένητον εἶναι τὸν Πατέρα, οὐδὲν δὲ πλέον ἕξουσιν ἐκ τοῦ τοιαῦτα ἀκούειν αὐτούς. Οὐδὲ γὰρ τὸ οὕτως ἀγένητον λέγεσθαι τὸν Θεὸν δείκνυσι γενητὸν εἶναι τὸν Υἱὸν, δήλου ὄντος κατὰ τὰς προειρημένας ἀποδείξεις τοιοῦτον εἶναι τὸν Λόγον, οἷός ἐστιν ὁ γεννήσας αὐτόν. Οὐκοῦν εἰ ἀγένητος ὁ Θεὸς, οὐ γενητὴ, ἀλλὰ γέννημά ἐστιν ἡ τούτου εἰκὼν,

The 'Ingenerate.'

ἥτις ἐστὶν ὁ Λόγος αὐτοῦ καὶ ἡ Σοφία. Ποία γὰρ ἐμφέρεια τῷ γενητῷ πρὸς τὸ ἀγένητον; (πάλιν γὰρ τὰ αὐτὰ λέγειν οὐκ ὀκνητέον·) ἐπεὶ εἰ ὅμοιον τὸ γενητὸν τῷ ἀγενήτῳ θέλουσιν, ὡς τὸν ὁρῶντα τοῦτο βλέπειν ἐκεῖνο, οὐ μακράν εἰσιν εἰπεῖν, ὅτι καὶ τὸ ἀγένητον καὶ κτισμάτων ἐστὶν εἰκών, καὶ λοιπὸν πέφυρται πάντα παρ' αὐτοῖς, γενητῶν μὲν ἐξίσωσις πρὸς τὸ ἀγενήτον, ἀγενήτου δὲ καθαίρεσις μετρουμένου πρὸς τὰ ποιήματα, ἵνα μόνον τὸν Υἱὸν ἐν τοῖς ποιήμασι καταγάγωσιν.

32. Ἀλλ' οὐδὲ αὐτοὺς οἶμαι θελῆσαι λέγειν ἔτι τὰ τοιαῦτα, ἐὰν Ἀστερίῳ γε τῷ σοφιστῇ πείθωνται. Ἐκεῖνος γὰρ, καίπερ σπουδάζων συνηγορεῖν τῇ Ἀρειανῇ αἱρέσει, καὶ λέγων ἓν εἶναι τὸ ἀγένητον, τὰ ἐναντία τούτοις ἀντιφθέγγεται, λέγων καὶ τὴν σοφίαν τοῦ Θεοῦ ἀγένητον καὶ ἄναρχον εἶναι· καὶ ἔστι μέρος, ὧν ἔγραψε, ταῦτα· 'Οὐκ εἶπεν ὁ μακάριος Παῦλος, Χριστὸν κηρύσσειν τὴν τοῦ Θεοῦ δύναμιν, ἢ τὴν τοῦ Θεοῦ σοφίαν, ἀλλὰ δίχα τῆς προσθήκης, "δύναμιν Θεοῦ καὶ Θεοῦ σοφίαν," ἄλλην μὲν 1 Cor. i. 24. εἶναι τὴν ἰδίαν αὐτοῦ τοῦ Θεοῦ δύναμιν, τὴν ἔμφυτον αὐτοῦ καὶ συνυπάρχουσαν αὐτῷ ἀγενήτως κηρύσσων.' Καὶ πάλιν μετ' ὀλίγα· 'Καίτοι γε ἡ μὲν ἀΐδιος αὐτοῦ δύναμις καὶ σοφία, ἣν ἄναρχόν τε καὶ ἀγένητον οἱ τῆς ἀληθείας ἀποφαίνονται λογισμοὶ, μία ἂν εἴη δήπουθεν καὶ αὐτή.' Εἰ γὰρ καὶ μὴ καλῶς νοήσας τὸ τοῦ ἀποστόλου ῥητὸν, ἐνόμισεν εἶναι δύο σοφίας, ἀλλ' ὅμως συνυπάρχουσαν αὐτῷ ἀγένητον σοφίαν εἰρηκὼς, οὐκέτι ἓν τὸ ἀγένητον, ἀλλὰ καὶ ἕτερον ἔφησεν ἀγένητον εἶναι σὺν αὐτῷ. Τὸ γὰρ συνυπάρχον οὐκ ἑαυτῷ ἀλλ' ἑτέρῳ συνυπάρχει. Ἡ τοίνυν Ἀστερίῳ πειθόμενοι, μηκέτι ἐρωτάτωσαν, "Ἓν τὸ ἀγένητον, ἢ δύο;" ἵνα μὴ ὡς ἀμφιβάλλοντες μάχωνται πρὸς ἐκεῖνον· ἢ εἰ ἐναντιοῦνται κἀκείνῳ, μὴ ἐπερειδέσθωσαν αὐτοῦ τῷ συνταγματίῳ, ἵνα μὴ 'ἀλλήλους δάκνοντες ὑπὸ ἀλλήλων ἀναλωθῶσι.' Gal. v. 15. Καὶ ταῦτα μὲν δι' ὀλίγων πρὸς τὴν ἀμαθίαν αὐτῶν εἰρήσθω. Πρὸς δέ γε τὴν πανοῦργον αὐτῶν προαίρεσιν τί τοσοῦτον ἄν τις εἴποι; Τίς αὐτοὺς οὐκ ἂν οὕτως μαινομένους μισήσειε δικαίως; Ἐπειδὴ γὰρ οὐκέτι παρρησίαν ἔχουσιν ἐν τῷ λέγειν, 'ἐξ οὐκ ὄντων,' καὶ, 'οὐκ ἦν πρὶν γεννηθῇ,' ἐπενόησαν ἑαυτοῖς τὴν τοῦ 'ἀγενήτου' λέξιν, ἵνα τὸν Υἱὸν γενητὸν παρὰ τοῖς ἀκεραίοις λέγοντες, αὐτὰ πάλιν ἐκεῖνα τὰ ῥήματα, τὸ 'ἐξ οὐκ ὄντων,' καὶ

D

34 The 'Ingenerate.' [I. 33.

τὸ ' οὐκ ἦν ποτε,' σημαίνωσιν· ἐν γὰρ τούτοις τὰ γενητὰ καὶ τὰ κτίσματα σημαίνονται.

33. Ἔδει οὖν, εἴπερ θαρροῦσιν οἷς λέγουσι, τούτοις καὶ ἐπιμένειν, καὶ μὴ ποικίλως μεταποιεῖν ἑαυτούς. 'Αλλ' οὐ θέλουσι, νομίζοντες εὐχερῶς ἅπαντα δύνασθαι, ἐὰν τῷ ὀνόματι τούτῳ σκέποντες τὴν αἵρεσιν προβάλωνται τὸ ' ἀγένητον·' καὶ γὰρ καὶ αὐτὸ τὸ τοῦ ἀγενήτου λεξείδιον οὐ πρὸς τὸν Υἱὸν ἔχει τὴν σημασίαν, κἂν οὗτοι γογγύζωσιν, ἀλλὰ πρὸς τὰ γενητά· καὶ ὅμοιον ἄν τις ἴδοι τούτου τὸ ' Παντοκράτωρ,' καὶ τὸ ' Κύριος τῶν δυνάμεων.' Εἰ γὰρ τῶν πάντων ὁ Πατὴρ διὰ τοῦ Λόγου κρατεῖ καὶ κυριεύει, καὶ τὴν βασιλείαν τοῦ Πατρὸς βασιλεύει ὁ Υἱὸς, καὶ τὸ κράτος πάντων ἔχει, ὡς Λόγος καὶ ὡς εἰκὼν τοῦ Πατρὸς, εὔδηλον ὡς οὐδὲ ὧδε τοῖς πᾶσι συναριθμεῖται ὁ Υἱὸς, οὐδὲ δι' αὐτὸν λέγεται Παντοκράτωρ καὶ Κύριος, ἀλλὰ διὰ τὰ δι' Υἱοῦ γενόμενα, ὧν καὶ κρατεῖ καὶ κυριεύει διὰ τοῦ Λόγου. Καὶ τὸ ἀγένητον ἄρα οὐ διὰ τὸν Υἱὸν, ἀλλὰ διὰ τὰ δι' Υἱοῦ γενόμενα σημαίνεται· καὶ καλῶς, ὅτι οὐκ ἔστιν ὡς τὰ γενητὰ ὁ Θεὸς, ἀλλὰ καὶ τούτων κτίστης διὰ τοῦ Υἱοῦ καὶ δημιουργός ἐστιν. Ὥσπερ δὲ τὸ ' ἀγένητον ' πρὸς τὰ γενητὰ σημαίνεται, οὕτως καὶ τὸ ' Πατὴρ ' δηλωτικόν ἐστι τοῦ Υἱοῦ· καὶ ὁ μὲν ποιητὴν καὶ δημιουργὸν καὶ ἀγένητον ὀνομάζων τὸν Θεὸν, τὰ κτίσματα καὶ τὰ γενητὰ βλέπει καὶ καταλαμβάνει· ὁ δὲ τὸν Θεὸν Πατέρα καλῶν, εὐθὺς τὸν Υἱὸν νοεῖ καὶ θεωρεῖ. Διὸ καὶ θαυμάσειεν ἄν τις αὐτῶν τὴν ἐπ' ἀσεβείᾳ φιλονεικίαν, ὅτι, καίτοι καὶ τοῦ ὀνόματος τοῦ ' ἀγενήτου ' καλὴν ἔχοντος τὴν προειρημένην διάνοιαν, καὶ δυναμένου μετ' εὐσεβείας ὀνομάζεσθαι, αὐτοὶ κατὰ τὴν ἰδίαν αἵρεσιν προφέρουσιν ἐπ' ἀτιμίᾳ τοῦ Υἱοῦ, οὐκ ἀναγνόντες ὅτι ὁ τιμῶν τὸν Υἱὸν τιμᾷ τὸν Πατέρα, καὶ ' ὁ τὸν Υἱὸν ἀτιμάζων ἀτιμάζει τὸν Πατέρα.' Εἰ γὰρ ὅλως αὐτοῖς εὐφημίας καὶ τῆς εἰς τὸν Πατέρα τιμῆς ἔμελεν, ἔδει μᾶλλον, καὶ τοῦτο βέλτιον καὶ μεῖζον ἦν, ' Πατέρα ' τὸν Θεὸν εἰδέναι τε καὶ λέγειν αὐτοὺς, ἢ ἐκείνως ὀνομάζειν αὐτόν. Λέγοντες μὲν γὰρ ἐκεῖνοι τὸν Θεὸν ' ἀγένητον,' ἐκ τῶν γενομένων ἔργων αὐτὸν, καθάπερ εἴρηται, ποιητὴν μόνον καὶ δημιουργὸν λέγουσι, νομίζοντες ὅτι καὶ τὸν Λόγον ποίημα ἐκ τούτου σημαίνειν δύνανται κατὰ τὴν ἰδίαν ἡδονήν· ὁ δὲ τὸν Θεὸν ' Πατέρα ' λέγων, ἐκ τοῦ Υἱοῦ τούτου

I. 34, 35.] *The 'Ingenerate.'* 35

σημαίνει, οὐκ ἀγνοῶν ὅτι, Υἱοῦ ὄντος, ἐξ ἀνάγκης διὰ τοῦ Υἱοῦ τὰ γενητὰ πάντα ἐκτίσθη. Καὶ οὗτοι μὲν ' ἀγένητον ' λέγοντες, μόνον ἐκ τῶν ἔργων σημαίνουσιν αὐτὸν, καὶ οὐκ ἴσασι καὶ αὐτοὶ τὸν Υἱὸν, ὥσπερ ῞Ελληνες· ὁ δὲ 'Πατέρα' λέγων τὸν Θεὸν ἐκ τοῦ Λόγου σημαίνει τοῦτον. Εἰδὼς δὲ τὸν Λόγον, οἶδεν αὐτὸν δημιουργὸν ὄντα, καὶ καταλαμβάνει ὅτι ' δι' αὐτοῦ τὰ πάντα γέγονεν.' John i. 3.

34. Οὐκοῦν εὐσεβέστερον καὶ ἀληθὲς ἂν εἴη μᾶλλον τὸν Θεὸν ἐκ τοῦ Υἱοῦ σημαίνειν καὶ Πατέρα λέγειν, ἢ ἐκ μόνων τῶν ἔργων ὀνομάζειν καὶ λέγειν αὐτὸν ἀγένητον. Τοῦτο μὲν γὰρ μόνον ἕκαστον, καθάπερ εἶπον, καὶ κοινῇ πάντα τὰ ἐκ τοῦ βουλήματος τοῦ Θεοῦ διὰ τοῦ Λόγου γενόμενα ἔργα σημαίνει· τὸ δὲ 'Πατὴρ' ἐφ' Υἱοῦ μόνον σημαίνεται καὶ ἵσταται. Ὅσῳ δὲ ὁ Λόγος τῶν γενητῶν διαφέρει, τοσούτῳ καὶ πλεῖον τὸ λέγειν τὸν Θεὸν ' Πατέρα ' τοῦ λέγειν ' ἀγένητον ' διαφέροι ἄν. Καὶ γὰρ τοῦτο μὲν ἄγραπτον καὶ ὕποπτον ἅτε ποικίλην ἔχον ἐστὶ τὴν σημασίαν, ὥστε τοῦ ἐρωτωμένου περὶ αὐτοῦ εἰς πολλὰ τὴν διάνοιαν περιφέρεσθαι· τὸ δὲ 'Πατὴρ' ἁπλοῦν καὶ ἔγγραφον, καὶ ἀληθέστερον, καὶ σημαῖνον μόνον τὸν Υἱόν ἐστι. Καὶ τὸ μὲν ' ἀγένητον ' παρ' Ἑλλήνων εὕρηται τῶν μὴ γινωσκόντων τὸν Υἱόν· τὸ δὲ 'Πατὴρ' παρὰ τοῦ Κυρίου ἡμῶν ἐγνώσθη καὶ κεχάρισται. Καὶ γὰρ εἰδὼς αὐτὸς τίνος ἐστὶν Υἱὸς, ἔλεγεν· ' Ἐγὼ ἐν τῷ Πατρὶ καὶ ὁ Πατὴρ Ib. xiv. 10. ἐν ἐμοί ἐστι·' καὶ, ' Ὁ ἑωρακὼς ἐμὲ ἑώρακε τὸν Πατέρα·' καὶ, Ib. 9. ' Ἐγὼ καὶ ὁ Πατὴρ ἕν ἐσμεν·' καὶ οὐδαμοῦ φαίνεται τὸν Πατέρα Ib. x. 30. καλῶν ' ἀγένητον ' αὐτός· ἀλλὰ καὶ ἡμᾶς εὔχεσθαι διδάσκων οὐκ εἶπεν· ῞Οταν δὲ προσεύχεσθε λέγετε, Θεέ ἀγένητε· ἀλλὰ μᾶλλον· '῞Οταν δὲ προσεύχεσθε, λέγετε, Πάτερ ἡμῶν, ὁ ἐν τοῖς Luke xi. 2. οὐρανοῖς.' Καὶ τὸ κεφάλαιον δὲ τῆς πίστεως ἡμῶν εἰς τοῦτο συντείνειν ἠθέλησε, κελεύσας ἡμᾶς βαπτίζεσθαι οὐκ εἰς ὄνομα ἀγενήτου καὶ γενητοῦ, οὐδὲ εἰς ὄνομα κτίστου καὶ κτίσματος, ἀλλ' ' εἰς ὄνομα Πατρὸς καὶ Υἱοῦ, καὶ ἁγίου Πνεύματος.' Οὕτω Matt. xxviii. γὰρ τελειούμενοι καὶ ἡμεῖς, ἐκ ποιημάτων ὄντες, υἱοποιούμεθα 19. λοιπὸν, καὶ τὸ τοῦ Πατρὸς δὲ ὄνομα λέγοντες, ἐπιγινώσκομέν ἐκ τοῦ ὀνόματος τούτου καὶ τὸν ἐν αὐτῷ τῷ Πατρὶ Λόγον. Μάταιος ἄρα καὶ ἡ περὶ τῆς τοῦ ἀγενήτου λέξεως ἐπιχείρησις αὐτῶν δέδεικται, καὶ μηδὲν πλεῖον ἔχουσα ἢ μόνην φαντασίαν.

35. Περὶ δὲ τοῦ λέγειν αὐτοὺς εἰ 'τρεπτός' ἐστιν ὁ Λόγος,

D 2

περιττόν ἐστι περὶ τούτου ζητεῖν· ἀρκεῖ γὰρ καὶ μόνον ἐγγράψαντά με τὰ παρ' αὐτῶν λεγόμενα, δεῖξαι τὸ τολμηρὸν τῆς ἀσεβείας αὐτῶν. Ἔστι γὰρ ταῦτα ἃ ὡς ἐρωτῶντες φλυαροῦσιν· ' Αὐτεξούσιός ἐστιν, ἢ οὐκ ἔστι; Προαιρέσει κατὰ τὸ αὐτεξούσιον καλός ἐστι, καὶ δύναται, ἐὰν θελήσῃ, τραπῆναι, τρεπτῆς ὢν φύσεως· ἢ ὡς λίθος καὶ ξύλον, οὐκ ἔχει τὴν προαίρεσιν ἐλευθέραν εἰς τὸ κινεῖσθαι καὶ ῥέπειν εἰς ἑκάτερα;' Τῆς μὲν οὖν αἱρέσεως αὐτῶν οὐκ ἀλλότριόν ἐστι τοιαῦτα λέγειν τε καὶ φρονεῖν· ἅπαξ γὰρ πλάσαντες ἑαυτοῖς ἐξ οὐκ ὄντων Θεὸν, καὶ κτιστὸν Υἱὸν, ἀκολούθως ὡς ἁρμόζοντα κτίσματι τὰ τοιαῦτα καὶ συνέλεξαν ἑαυτοῖς ῥήματα· ἐπειδὴ δὲ πρὸς τοὺς ἀπὸ τῆς Ἐκκλησίας διαμαχόμενοι, καὶ ἀκούοντες παρ' αὐτῶν περὶ τοῦ ἀληθινοῦ καὶ μόνου Λόγου τοῦ Πατρὸς, τοιαῦτα περὶ αὐτοῦ φθέγγεσθαι τολμῶσι, τίς τούτου τοῦ δόγματος μιαρώτερον ἂν ἴδοι; Τίς τούτων καὶ μόνον ἀκούων, κἂν μὴ ἀντιλέγειν δύνηται, οὐ ταράττεται, καὶ τὴν ἀκοὴν ἀποκλείσει, ξενιζόμενος ἐφ' οἷς ἐκεῖνοί τε λαλοῦσι, καὶ αὐτὸς καινῶν ἀκούει ῥημάτων, ἐχόντων αὐτόθεν καὶ ἀπ' αὐτῆς τῆς προφορᾶς τὴν βλασφημίαν; Εἰ γὰρ τρεπτὸς καὶ ἀλλοιούμενός ἐστιν ὁ Λόγος, ποῖ ἄρα στήσεται, καὶ ποῖον αὐτοῦ τὸ τέλος ἔσται τῆς ἐπιδόσεως; ἢ πῶς ὅμοιος τῷ ἀτρέπτῳ ὁ τρεπτὸς εἶναι δυνήσεται; πῶς δὲ ὁ τὸν τρεπτὸν 'ἑωρακὼς,' ἑωρακέναι τὸν ἄτρεπτον νομίσειεν; ἐν ποίᾳ δὲ ἄρα ἐὰν γένηται καταστάσει, δυνήσεταί τις τὸν Πατέρα ἐν αὐτῷ βλέπειν; δῆλον γὰρ ὡς οὐκ ἀεί τις ὄψεται ἐν αὐτῷ τὸν Πατέρα, διὰ τὸ ἀεὶ τρέπεσθαι τὸν Υἱὸν, καὶ ἀλλοιουμένης αὐτὸν εἶναι φύσεως. Ὁ μὲν γὰρ Πατὴρ ἄτρεπτος καὶ ἀναλλοίωτος, καὶ ἀεὶ καὶ ὡσαύτως ἔχει, καὶ ὁ αὐτός ἐστιν· ὁ δὲ Υἱὸς εἰ κατ' ἐκείνους τρεπτὸς, καὶ οὐκ ἀεὶ ὁ αὐτὸς, ἀλλ' ἀεὶ ἀλλοιουμένης φύσεώς ἐστι, πῶς ὁ τοιοῦτος εἰκὼν τοῦ Πατρὸς εἶναι δύναται, οὐκ ἔχων τὸ ὅμοιον τῆς ἀτρεψίας; πῶς δὲ καὶ ὅλως 'ἐν τῷ Πατρί' ἐστιν, ἀμφίβολον ἔχων τὴν προαίρεσιν; τάχα δὲ καὶ τρεπτὸς ὢν, καὶ καθ' ἡμέραν προκόπτων, οὔπω τέλειός ἐστιν. Ἀλλ' ἡ μὲν τοιαύτη τῶν Ἀρειανῶν οἰχέσθω μανία, ἡ δὲ ἀλήθεια λαμπέτω, καὶ δεικνύτω τούτους παραφρονοῦντας. Πῶς γὰρ οὐ τέλειος ὁ ἴσος Θεῷ; ἢ πῶς οὐκ ἄτρεπτος, ὁ μετὰ τοῦ Πατρὸς ἓν ὢν, καὶ τῆς οὐσίας ἴδιος ὢν Υἱὸς αὐτοῦ; τῆς δὲ οὐσίας τοῦ Πατρὸς

I. 36.] *The Son not 'alterable'.* 37

οὔσης ἀτρέπτου, ἄτρεπτον ἂν εἴη καὶ τὸ ἐξ αὐτῆς ἴδιον γέννημα.
Εἰ δὲ τούτου οὕτως ὄντος, τοῦ Λόγου τροπὴν καταψεύδονται,
μανθανέτωσαν ποῦ τούτων ὁ λόγος κινδυνεύει· 'ἐκ γὰρ τοῦ Matt. xii. 33.
καρποῦ καὶ τὸ δένδρον ἐπιγινώσκεται·' διὰ τοῦτο καὶ 'ὁ ἑωρακὼς John xiv. 9.
τὸν Υἱὸν ἑώρακε τὸν Πατέρα,' καὶ ἡ τοῦ Υἱοῦ γνῶσις γνῶσίς
ἐστι τοῦ Πατρός.
36. Οὐκοῦν ἀναλλοίωτος ἡ εἰκὼν τοῦ ἀτρέπτου Θεοῦ ἂν εἴη.
'Ἰησοῦς γὰρ Χριστός, χθὲς καὶ σήμερον ὁ αὐτὸς καὶ εἰς τοὺς Heb. xiii. 8.
αἰῶνας.' Καὶ ὁ μὲν Δαυῒδ ψάλλων περὶ αὐτοῦ φησι· 'Καὶ σὺ Ps. ci. (cii.)
κατ' ἀρχὰς, Κύριε, τὴν γῆν ἐθεμελίωσας, καὶ ἔργα τῶν χειρῶν 26-28.
σού εἰσιν οἱ οὐρανοί. Αὐτοὶ ἀπολοῦνται, σὺ δὲ διαμένεις· καὶ
πάντες ὡς ἱμάτιον παλαιωθήσονται, καὶ ὡσεὶ περιβόλαιον ἑλίξεις
αὐτοὺς, καὶ ἀλλαγήσονται. Σὺ δὲ ὁ αὐτὸς εἶ, καὶ τὰ ἔτη σου
οὐκ ἐκλείψουσιν.' Ὁ δὲ Κύριος αὐτὸς περὶ ἑαυτοῦ διὰ τοῦ
προφήτου λέγει· '"Ιδετέ με, ἴδετε ὅτι ἐγώ εἰμι,' καὶ, 'Οὐκ Deut. xxxii.
ἠλλοίωμαι.' Εἰ γὰρ καὶ περὶ τοῦ Πατρὸς δύναται λέγειν τις 39; Mal. iii. 6.
εἶναι τοῦτο τὸ σημαινόμενον, ἀλλὰ καὶ τὸν Υἱὸν ἁρμόζει τοῦτο
λέγειν, ὅτι μάλιστα γενόμενος ἄνθρωπος δείκνυσι τὴν ταυτότητα
καὶ τὸ ἄτρεπτον ἑαυτοῦ τοῖς νομίζουσι διὰ τὴν σάρκα ἠλλοιῶσθαι
αὐτὸν, καὶ ἕτερόν τι γεγενῆσθαι. Ἀξιοπιστότεροι δὲ οἱ ἅγιοι
καὶ μᾶλλον ὁ Κύριος τῆς τῶν ἀσεβῶν κακονοίας. Καὶ γὰρ κατὰ
τὸ εἰρημένον ἀνάγνωσμα τῆς ὑμνῳδίας, πάντων τῶν γενητῶν καὶ
πάσης τῆς κτίσεως, διὰ τῆς 'οὐρανοῦ καὶ γῆς' σημασίας, τρεπτὴν
καὶ ἀλλοιωτὴν ἡ Γραφὴ τὴν φύσιν λέγουσα, καὶ τὸν Υἱὸν
ὑπεξαίρουσα τούτων, δείκνυσι μηδόλως γενητὸν αὐτὸν εἶναι,
ἀλλὰ καὶ μᾶλλον αὐτὸν ἀλλοιοῦντα τὰ ἄλλα, καὶ μὴ ἀλλοιούμενον
αὐτὸν διδάσκει, δι' ὧν φησι· 'Σὺ δὲ ὁ αὐτὸς εἶ, καὶ τὰ ἔτη σου
οὐκ ἐκλείψουσι.' Καὶ εἰκότως γε· τὰ μὲν γὰρ γενητὰ ἐξ οὐκ
ὄντων ὄντα, καὶ οὐκ ὄντα πρὶν γένηται, ὅλως ὅτι οὐκ ὄντα
γίνεται, ἀλλοιουμένην ἔχει τὴν φύσιν· ὁ δὲ Υἱὸς, ἐκ τοῦ Πατρὸς
ὤν, καὶ τῆς οὐσίας αὐτοῦ ἴδιος, ἀναλλοίωτος καὶ ἄτρεπτός ἐστιν,
ὡς αὐτὸς ὁ Πατήρ. Οὐ γὰρ θέμις εἰπεῖν ἐκ τῆς οὐσίας τῆς
ἀτρέπτου τρεπτὸν γεννᾶσθαι Λόγον καὶ ἀλλοιουμένην Σοφίαν.
Πῶς γὰρ ἔτι Λόγος, εἰ τρεπτός ἐστιν; ἢ πῶς ἔτι Σοφία τὸ
ἀλλοιούμενον; εἰ μὴ ἄρα ὡς ἐν οὐσίᾳ συμβεβηκὸς, οὕτως εἶναι
θέλουσιν, ὡς ἐν ἰδιαζούσῃ τινὶ οὐσίᾳ συμβεβηκέναι τινὰ χάριν

καὶ ἕξιν ἀρετῆς, καὶ κεκλῆσθαι ταύτην οὕτως Λόγον, καὶ Υἱὸν, καὶ Σοφίαν, ὥστε καὶ ἀφαιρεῖσθαι καὶ προστίθεσθαι αὐτῇ δύνασθαι. Τοιαῦτα γὰρ φρονοῦντες πολλάκις εἰρήκασιν. Ἀλλ' οὐκ ἔστι Χριστιανῶν ἡ πίστις αὕτη. Οὐδὲ γὰρ τοῦτο δείκνυσιν εἶναι Λόγον καὶ Υἱὸν ἀληθῶς Θεοῦ, οὔτε τὴν σοφίαν ἀληθῆ σοφίαν. Τὸ γὰρ τρεπόμενον καὶ ἀλλοιούμενον, οὐχ ἱστάμενον δὲ ἐν ἑνὶ καὶ τῷ αὐτῷ, πῶς δύναται εἶναι ἀληθές; Ὁ δέ γε Κύριος λέγει· ' Ἐγώ εἰμι ἡ ἀλήθεια·' εἰ τοίνυν ὁ Κύριος αὐτὸς περὶ ἑαυτοῦ τοῦτο λέγει, καὶ τὸ ἄτρεπτον ἑαυτοῦ δείκνυσιν, οἵ τε ἅγιοι μαθόντες τοῦτο μαρτυροῦσιν, ἀλλὰ γὰρ καὶ αἱ περὶ Θεοῦ ἔννοιαι τοῦτο ἴσασιν εὐσεβὲς, πόθεν ταῦτ' ἐπενόησαν οἱ δυσσεβεῖς; Ἀπὸ μὲν οὖν τῆς καρδίας ὡς ἀπὸ φθορᾶς αὐτὰ ἐξήμεσαν.

37. Ἐπειδὴ δὲ προφασίζονται τὰ θεῖα λόγια, καὶ βιάζονται παρεξηγεῖσθαι ταῦτα κατὰ τὸν ἴδιον νοῦν, ἀναγκαῖον τοσοῦτον ἀποκρίνασθαι τούτοις, ὅσον ἐκδικῆσαι τὰ ῥητὰ, καὶ δεῖξαι ταῦτα μὲν ὀρθὴν ἔχοντα τὴν διάνοιαν, ἐκείνους δὲ κακῶς φρονοῦντας. Φασὶ τοίνυν, ὅτι γέγραπται παρὰ μὲν τῷ Ἀποστόλῳ· ' Διὸ καὶ ὁ Θεὸς αὐτὸν ὑπερύψωσε, καὶ ἐχαρίσατο αὐτῷ ὄνομα τὸ ὑπὲρ πᾶν ὄνομα, ἵνα ἐν τῷ ὀνόματι Ἰησοῦ πᾶν γόνυ κάμψῃ ἐπουρανίων, καὶ ἐπιγείων, καὶ καταχθονίων·' παρὰ δὲ τῷ Δαυΐδ· ' Διὰ τοῦτο ἔχρισέ σε ὁ Θεὸς, ὁ Θεός σου ἔλαιον ἀγαλλιάσεως παρὰ τοὺς μετόχους σου.' Εἶτα ἐπιφέρουσιν ὡς σοφόν τι λέγοντες· ' Εἰ διὰ τοῦτο ὑψώθη, καὶ χάριν ἔλαβε, καὶ διὰ τοῦτο κέχρισται, μισθὸν τῆς προαιρέσεως ἔλαβε. Προαιρέσει δὲ πράξας, τρεπτῆς ἐστι πάντως φύσεως.' Ταῦτα οὐ μόνον εἰπεῖν, ἀλλὰ καὶ γράψαι τετολμήκασιν Εὐσέβιός τε καὶ Ἄρειος, καὶ οἱ ἀπ' αὐτῶν δὲ λαλεῖν οὐκ ὀκνοῦσι κατὰ μέσην τὴν ἀγορὰν, οὐκ ὁρῶντες ὅσην μανίαν ὁ λόγος αὐτῶν ἔχει. Εἰ γὰρ μισθὸν προαιρέσεως ἔλαβεν ἃ ἔσχεν, οὐκ ἂν ἐσχηκὼς αὐτὰ εἰ μὴ τοῦ δεομένου τὸ ἔργον ἐνεδείξατο, ἐξ ἀρετῆς ἄρα καὶ βελτιώσεως ταῦτα ἐσχηκὼς, εἰκότως ἐλέχθη διὰ ταῦτα καὶ Υἱὸς καὶ Θεὸς, καὶ οὐκ ἔστιν ἀληθινὸς Υἱός. Τὸ μὲν γὰρ ἔκ τινος κατὰ φύσιν ἀληθινόν ἐστι γέννημα, οἷος ἦν Ἰσαὰκ τῷ Ἀβραὰμ, καὶ Ἰωσὴφ τῷ Ἰακὼβ, καὶ τὸ ἀπαύγασμα τῷ ἡλίῳ· οἱ δὲ ἐξ ἀρετῆς καὶ χάριτος λεγόμενοι μόνον εἰσὶν ἔχοντες ἀντὶ τῆς φύσεως τὴν ἐκ τοῦ λαβεῖν

The Sonship preexistent.

χάριν, καὶ ἄλλοι παρὰ τὸ δοθὲν αὐτοῖς ὄντες, οἷοί εἰσιν οἱ ἄνθρωποι οἱ κατὰ μετοχὴν Πνεῦμα λαβόντες, περὶ ὧν καὶ ἔλεγεν· 'Υἱοὺς ἐγέννησα καὶ ὕψωσα, αὐτοὶ δέ με ἠθέτησαν.' Isa. i. 2. Ἀμέλει ἐπεὶ μὴ κατὰ φύσιν ἦσαν υἱοὶ, διὰ τοῦτο καὶ τραπέντων αὐτῶν ἀφῃρέθη τὸ Πνεῦμα, καὶ ἀπεκηρύχθησαν· καὶ πάλιν δὲ μετανοοῦντας αὐτοὺς δέξεται, καὶ διδοὺς τὸ φῶς, πάλιν υἱοὺς καλέσει ὁ καὶ κατὰ τὴν ἀρχὴν Θεὸς οὕτω τὴν χάριν αὐτοῖς δεδωκώς.

38. Εἰ τοίνυν οὕτω καὶ τὸν Σωτῆρα λέγουσι, δειχθήσεται μήτε ἀληθινὸς, μήτε Θεὸς, μήτε Υἱὸς, μήτε ὅμοιος τῷ Πατρὶ, μήτε ὅλως τοῦ εἶναι κατ' οὐσίαν Πατέρα ἔχων τὸν Θεὸν, ἀλλὰ τῆς δοθείσης αὐτῷ μόνης χάριτος, τοῦ δὲ εἶναι κατ' οὐσίαν κτίστην τὸν Θεὸν, καθ' ὁμοιότητα τῶν πάντων, ἔχων. Τοιοῦτος δὲ ὢν, οἷον οὗτοι λέγουσι, φανήσεται μᾶλλον μηδὲ ἐξ ἀρχῆς ἐσχηκὼς τὸ ὄνομα 'Υἱὸς,' εἴ γε τοῦτο τῶν ἔργων ἔπαθλον ἔσχε καὶ προκοπῆς, οὐκ ἄλλης ἢ 'τῆς ὅτε γέγονεν ἄνθρωπος, καὶ τὴν τοῦ δούλου μορφὴν ἀνέλαβε. Τότε γάρ ἐστιν, ὅτε 'γενόμενος Phil. ii. 8-:o. ὑπήκοος μέχρι θανάτου,' ὑπερυψῶσθαι λέγεται, καὶ χάριν εἰληφέναι τὸ ὄνομα, 'ἵνα ἐν τῷ ὀνόματι Ἰησοῦ κάμψῃ πᾶν γόνυ.' Τί οὖν ἦν πρὸ τούτου, εἰ νῦν ὑψώθη, καὶ νῦν ἤρξατο προσκυνεῖσθαι, καὶ νῦν Υἱὸς ἐλέχθη, ὅτε γέγονεν ἄνθρωπος; Φαίνεται γὰρ μηδὲν βελτιώσας αὐτὸς τὴν σάρκα, ἀλλὰ μᾶλλον αὐτὸς δι' αὐτῆς βελτιωθεὶς, εἴ γε κατὰ τὴν κακόνοιαν αὐτῶν τότε ὑψώθη καὶ Υἱὸς ἐλέχθη, ὅτε γέγονεν ἄνθρωπος. Τί οὖν ἦν πρὸ τούτου; Πάλιν γὰρ αὐτοὺς ἐρωτᾶν ἀνάγκη, ἵνα καὶ τὸ τέλος τῆς ἀσεβείας αὐτῶν θεωρηθῇ. Εἰ γάρ ἐστιν ὁ Κύριος Θεὸς, Υἱὸς, Λόγος, οὐκ ἦν δὲ ταῦτα πρὸ τοῦ γένηται ἄνθρωπος· ἢ ἄλλο τι ἦν παρὰ ταῦτα, καὶ ὕστερον τούτων ἐξ ἀρετῆς μετέσχεν, ὥσπερ εἴπαμεν· ἢ τὸ ἕτερον, (ὅπερ εἰς τὰς ἐκείνων κεφαλὰς τραπείη,) ἀνάγκη λέγειν αὐτοὺς, μηδὲ εἶναι πρὸ τούτου αὐτὸν, ἀλλὰ τὸ ὅλον ἄνθρωπον εἶναι φύσει, καὶ μηδὲν πλέον. Ἀλλ' οὐκ ἔστι τοῦτο τῆς Ἐκκλησίας, τοῦ δὲ Σαμοσατέως ἐστὶ καὶ τῶν νῦν Ἰουδαίων τὸ φρόνημα. Διὰ τί οὖν τὰ ἐκείνων φρονοῦντες, οὐχὶ καὶ ὡς Ἰουδαῖοι περιτέμνονται, ἀλλ' ὑποκρίνονται τὸν Χριστιανισμὸν, καὶ πρὸς αὐτὸν ἔχουσι τὴν μάχην; Εἰ γὰρ οὐκ ἦν, ἢ ἦν μὲν, ἐβελτιώθη δὲ ὕστερον, πῶς δι' αὐτοῦ γέγονε τὰ πάντα, ἢ πῶς ἐν

40   *The Son not Man deified*,   [I. 39.

τούτῳ, εἴ γε μὴ τέλειος ἦν, προσέχαιρεν ὁ Πατήρ; καὶ αὐτὸς δὲ, εἰ νῦν ἐβελτιώθη, πῶς πρὸ τούτου ηὐφραίνετο ἐν προσώπῳ τοῦ Πατρός; πῶς δὲ, εἰ μετὰ τὸν θάνατον ἔλαβε τὸ προσκυ- νεῖσθαι, φαίνεται ὁ Ἀβραὰμ αὐτὸν ἐν τῇ σκηνῇ προσκυνῶν καὶ Μωσῆς ἐν τῇ βάτῳ; καὶ, ὡς εἶδε Δανιὴλ, 'μύριαι μυριάδες καὶ χίλιαι χιλιάδες ἐλειτούργουν αὐτῷ;' πῶς δὲ, εἰ νῦν κατ' αὐτοὺς ἔσχε τὴν βελτίωσιν, τῆς πρὸ κόσμου καὶ τῆς ὑπερκοσμίου δόξης ἑαυτοῦ μνημονεύων, ἔλεγεν αὐτὸς ὁ Υἱός· 'Δόξασόν με σὺ, Πάτερ, τῇ δόξῃ, ᾗ εἶχον πρὸ τοῦ τὸν κόσμον εἶναι παρὰ σοί.' Εἰ δὲ νῦν ὑψώθη κατ' αὐτοὺς, πῶς πρὸ τούτου 'ἔκλινεν οὐρανοὺς καὶ κατέβη,' καὶ πάλιν· '"Εδωκεν ὁ Ὕψιστος φωνὴν αὐτοῦ;' Οὐκοῦν εἰ καὶ πρὸ τοῦ τὸν κόσμον γενέσθαι τὴν δόξαν εἶχεν ὁ Υἱός, καὶ 'Κύριος τῆς δόξης' ὕψιστός τε ἦν, καὶ ἐξ οὐρανοῦ κατέβη, καὶ ἀεὶ προσκυνητός ἐστιν, οὐκ ἄρα καταβὰς ἐβελτιώθη, ἀλλὰ μᾶλλον ἐβελτίωσεν αὐτὸς τὰ δεόμενα βελτιώσεως· καὶ εἰ τοῦ βελτιῶσαι χάριν καταβέβηκεν, οὐκ ἄρα μισθὸν ἔσχε τὸ λέγεσθαι Υἱὸς καὶ Θεὸς, ἀλλὰ μᾶλλον αὐτὸς υἱοποίησεν ἡμᾶς τῷ Πατρὶ, καὶ ἐθεοποίησε τοὺς ἀνθρώπους, γενόμενος αὐτὸς ἄνθρωπος.

39. Οὐκ ἄρα ἄνθρωπος ὢν, ὕστερον γέγονε Θεός· ἀλλὰ Θεὸς ὢν, ὕστερον γέγονεν ἄνθρωπος, ἵνα μᾶλλον ἡμᾶς θεοποιήσῃ. Ἐπεὶ εἰ, ὅτε γέγονεν ἄνθρωπος, τότε Υἱὸς καὶ Θεὸς ἐλέχθη, πρὸ δὲ τοῦ γένηται ἄνθρωπος, 'υἱοὺς' ἔλεγε τοὺς πάλαι λαοὺς ὁ Θεὸς, καὶ Μωσῆν ἐτίθει 'θεὸν' τοῦ Φαραὼ, καὶ ἐπὶ πολλῶν ἡ Γραφή φησιν, ''Ο Θεὸς ἔστη ἐν συναγωγῇ θεῶν'' δηλόν ἐστιν, ὡς μετ' αὐτοὺς καὶ Υἱὸς καὶ Θεὸς οὗτος ἐλέχθη. Πῶς οὖν 'πάντα δι' αὐτοῦ,' καὶ 'αὐτός ἐστι πρὸ πάντων;' ἢ πῶς 'πρωτότοκος πάσης τῆς κτίσεως,' ἔχων τοὺς πρὸ ἑαυτοῦ κληθέντας υἱοὺς καὶ θεούς; πῶς δὲ οἱ μέτοχοι πρῶτοι οὐ μετέχουσι Λόγου; Οὐκ ἔστιν ἀληθὴς αὕτη δόξα· παρεύρεσίς ἐστι τῶν νῦν Ἰουδαϊζόντων. Πῶς γὰρ ὅλως δύνανται τινες ἐπιγνῶναι Πατέρα τὸν Θεόν; οὔτε γὰρ υἱοθεσία γένοιτ' ἂν χωρὶς τοῦ ἀληθινοῦ Υἱοῦ, λέγοντος αὐτοῦ· 'Οὐδεὶς ἐπιγινώσκει τὸν Πατέρα, εἰ μὴ ὁ Υἱὸς, καὶ ᾧ ἂν ὁ Υἱὸς ἀποκαλύψῃ.' Πῶς δὲ καὶ θεοποίησις γένοιτ' ἂν χωρὶς τοῦ Λόγου, καὶ πρὸ αὐτοῦ, καίτοι λέγοντος αὐτοῦ πρὸς τοὺς ἀδελφοὺς τούτων Ἰουδαίους, 'Εἰ ἐκείνους θεοὺς εἶπε, πρὸς οὓς

but God made Man. 41

ὁ Λόγος τοῦ Θεοῦ ἐγένετο·' Εἰ δὲ πάντες ὅσοι υἱοί τε καὶ θεοὶ ἐκλήθησαν, εἴτε ἐπὶ γῆς, εἴτε ἐν οὐρανοῖς, διὰ τοῦ Λόγου υἱοποιήθησαν καὶ ἐθεοποιήθησαν, αὐτὸς δὲ ὁ Υἱός ἐστιν ὁ Λόγος δῆλον ὅτι δι' αὐτοῦ μὲν οἱ πάντες, αὐτὸς δὲ πρὸ πάντων, μᾶλλον δὲ μόνον αὐτὸς ἀληθινὸς Υἱὸς, καὶ μόνος ἐκ τοῦ ἀληθινοῦ Θεοῦ Θεὸς ἀληθινός ἐστιν, οὐ μισθὸν ἀρετῆς ταῦτα λαβὼν, οὐδὲ ἄλλος ὢν παρὰ ταῦτα, ἀλλὰ φύσει κατ' οὐσίαν ὢν ταῦτα. Γέννημα γὰρ τῆς τοῦ Πατρὸς οὐσίας ὑπάρχει, ὥστε μηδένα ἀμφιβάλλειν ὅτι, καθ' ὁμοιότητα τοῦ ἀτρέπτου Πατρὸς, ἄτρεπτός ἐστι καὶ ὁ Λόγος.

40. Τέως μὲν οὖν, ταῖς περὶ τοῦ Υἱοῦ ἐννοίαις χρώμενοι, οὕτως πρὸς τὰς ἀλόγους αὐτῶν ἐπινοίας, ὡς δέδωκεν αὐτὸς ὁ Κύριος, ἀπηντήσαμεν· καλὸν δὲ καὶ τὰ θεῖα λόγια παραθέσθαι λοιπὸν, ἵν' ἔτι καὶ πλεῖον τοῦ μὲν Υἱοῦ τὸ ἄτρεπτον ἀποδειχθῇ, καὶ ἡ ἀναλλοίωτος αὐτοῦ πατρικὴ φύσις, τούτων δὲ ἡ κακοφροσύνη. Γράφων τοίνυν Φιλιππησίοις ὁ Ἀπόστολός φησι· 'Τοῦτο Phil. ii. 5–11. φρονείσθω ἐν ὑμῖν, ὃ καὶ ἐν Χριστῷ Ἰησοῦ, ὃς ἐν μορφῇ Θεοῦ ὑπάρχων, οὐχ ἁρπαγμὸν ἡγήσατο τὸ εἶναι ἴσα Θεῷ, ἀλλ' ἑαυτὸν ἐκένωσε, μορφὴν δούλου λαβὼν, ἐν ὁμοιώματι ἀνθρώπων γενόμενος, καὶ σχήματι εὑρεθεὶς ὡς ἄνθρωπος, ἐταπείνωσεν ἑαυτὸν, γενόμενος ὑπήκοος μέχρι θανάτου, θανάτου δὲ σταυροῦ. Διὸ καὶ ὁ Θεὸς αὐτὸν ὑπερύψωσε, καὶ ἐχαρίσατο αὐτῷ ὄνομα τὸ ὑπὲρ πᾶν ὄνομα, ἵνα ἐν τῷ ὀνόματι Ἰησοῦ πᾶν γόνυ κάμψῃ ἐπουρανίων, καὶ ἐπιγείων, καὶ καταχθονίων, καὶ πᾶσα γλῶσσα ἐξομολογήσηται ὅτι Κύριος Ἰησοῦς Χριστὸς, εἰς δόξαν Θεοῦ Πατρός.' Τί τούτου λευκότερον καὶ ἀποδεικτικώτερον γένοιτο ἄν; οὐ γὰρ ἐξ ἐλαττόνων βελτίων γέγονεν· ἀλλὰ μᾶλλον Θεὸς ὑπάρχων, τὴν δούλου μορφὴν ἔλαβε, καὶ ἐν τῷ λαβεῖν οὐκ ἐβελτιώθη, ἀλλ' ἐταπείνωσεν ἑαυτόν. Ποῦ τοίνυν ἐν τούτοις 'μισθὸς τῆς ἀρετῆς,' ἢ ποία προκοπὴ καὶ βελτίωσις ἐν ταπεινώσει; Εἰ γὰρ Θεὸς ὢν, γέγονεν ἄνθρωπος, καὶ, ἐξ ὕψους καταβὰς, λέγεται 'ὑψοῦσθαι,' ποῦ ὑψοῦται, Θεὸς ὤν; δῆλου ὄντος πάλιν τούτου, ὅτι, τοῦ Θεοῦ ὑψίστου ὄντος, ἐξ ἀνάγκης εἶναι δεῖ καὶ τὸν τούτου Λόγον ὕψιστον. Ποῦ οὖν πλεῖον εἶχεν ὑψωθῆναι ὁ ἐν τῷ Πατρὶ ὢν, καὶ 'ὅμοιος κατὰ πάντα' τοῦ Πατρός; Οὐκοῦν πάσης προσθήκης ἀπροσδεής ἐστι, καὶ οὐκ ἔστιν ὡς ὑπονοοῦσιν

οἱ Ἀρειανοί. Εἰ γὰρ διὰ τὸ ὑψωθῆναι καταβέβηκεν ὁ Λόγος, καὶ ταῦτα γέγραπται, τίς χρεία ἦν ὅλως καὶ ταπεινῶσαι ἑαυτὸν, ἵνα τοῦτο ζητήσῃ λαβεῖν ὅπερ εἶχε; ποίαν δὲ καὶ χάριν ἔλαβεν ὁ τῆς χάριτος δοτήρ; ἢ πῶς ἔλαβε τὸ ὄνομα εἰς τὸ προσκυνεῖσθαι, ὁ ἀεὶ ἐν τῷ ὀνόματι αὐτοῦ προσκυνούμενος; Καὶ πρὶν γένηται γοῦν ἄνθρωπος, παρακαλοῦσιν οἱ ἅγιοι· 'Ὁ Θεὸς, ἐν τῷ ὀνόματί σου σῶσόν με.' Καὶ πάλιν· 'Οὗτοι ἐν ἅρμασι, καὶ οὗτοι ἐν ἵπποις, ἡμεῖς δὲ ἐν ὀνόματι Κυρίου Θεοῦ ἡμῶν μεγαλυνθησόμεθα·' καὶ ὑπὸ μὲν τῶν πατριαρχῶν προσεκυνεῖτο· περὶ δὲ τῶν ἀγγέλων γέγραπται· ' Καὶ προσκυνησάτωσαν αὐτῷ πάντες ἄγγελοι Θεοῦ.'

41. Εἰ δὲ καὶ, ὡς ψάλλει Δαυῒδ ἐν τῷ ἑβδομηκοστῷ πρώτῳ ψαλμῷ· 'Πρὸ τοῦ ἡλίου διαμένει τὸ ὄνομα αὐτοῦ, καὶ πρὸ τῆς σελήνης εἰς γενεὰς γενεῶν·' πῶς ἐλάμβανεν ὃ εἶχεν ἀεὶ, καὶ πρὶν λαβεῖν νῦν αὐτό; Ἢ πῶς ὑψοῦται, ὁ καὶ πρὶν ὑψωθῆναι ὕψιστος ὤν; Ἢ πῶς ἔλαβε τὸ προσκυνεῖσθαι, ὁ καὶ, πρὶν τοῦτο νῦν λαβεῖν, ἀεὶ προσκυνούμενος; Οὐκ ἔστιν αἴνιγμα, ἀλλὰ μυστήριον θεῖον· ' Ἐν ἀρχῇ ἦν ὁ Λόγος, καὶ ὁ Λόγος ἦν πρὸς τὸν Θεὸν, καὶ Θεὸς ἦν ὁ Λόγος·' δι' ἡμᾶς δὲ ὕστερον οὗτος ' ὁ Λόγος σὰρξ ἐγένετο·' καὶ τὸ λεγόμενον νῦν, 'ὑπερύψωσεν,' οὐ τὴν οὐσίαν τοῦ Λόγου ὑψουμένην σημαίνει· ἦν γὰρ ἀεὶ καὶ ἔστιν 'ἴσα Θεῷ·' ἀλλὰ τῆς ἀνθρωπότητός ἐστιν ἡ ὕψωσις. Οὐ πρὶν γοῦν εἴρηται ταῦτα, εἰ μὴ ὅτε γέγονε σὰρξ ὁ Λόγος, ἵνα γένηται φανερὸν ὅτι τὸ ' ἐταπείνωσε,' καὶ τὸ 'ὑπερύψωσεν' ἐπὶ τοῦ ἀνθρωπίνου λέγεται· οὗ γάρ ἐστι τὸ ταπεινὸν, τούτου καὶ τὸ ὑψωθῆναι ἂν εἴη· καὶ εἰ διὰ τὴν πρόσληψιν τῆς σαρκὸς τὸ ' ἐταπείνωσε' γέγραπται, δῆλόν ἐστιν ὅτι καὶ τὸ 'ὑπερύψωσε' δι' αὐτήν ἐστι. Τούτου γὰρ ἦν ἐνδεὴς ὁ ἄνθρωπος διὰ τὸ ταπεινὸν τῆς σαρκὸς καὶ τοῦ θανάτου. Ἐπεὶ οὖν εἰκὼν ὢν τοῦ Πατρὸς, καὶ ἀθάνατος ὢν ὁ Λόγος, ' ἔλαβε τὴν τοῦ δούλου μορφὴν,' καὶ ὑπέμεινε δι' ἡμᾶς ὡς ἄνθρωπος ἐν τῇ ἑαυτοῦ σαρκὶ τὸν θάνατον, ἵν' οὕτως ἑαυτὸν ὑπὲρ ἡμῶν διὰ τοῦ θανάτου προσενέγκῃ τῷ Πατρί· διὰ τοῦτο καὶ ὡς ἄνθρωπος δι' ἡμᾶς καὶ ὑπὲρ ἡμῶν λέγεται ὑπερυψοῦσθαι, ἵν' ὥσπερ τῷ θανάτῳ αὐτοῦ πάντες ἡμεῖς ἀπεθάνομεν ἐν Χριστῷ, οὕτως ἐν αὐτῷ τῷ Χριστῷ πάλιν ἡμεῖς ὑπερυψωθῶμεν, ἔκ τε τῶν νεκρῶν ἐγειρόμενοι, καὶ εἰς οὐρανοὺς ἀνερχόμενοι, ' ἔνθα πρόδρομος ὑπὲρ

I. 42.] *Manhood 'exalted' in Christ.* 43

ἡμῶν εἰσῆλθεν Ἰησοῦς, οὐκ εἰς ἀντίτυπα τῶν ἀληθινῶν, ἀλλ' εἰς αὐτὸν τὸν οὐρανὸν νῦν ἐμφανισθῆναι τῷ προσώπῳ τοῦ Θεοῦ ὑπὲρ ἡμῶν.' Εἰ δὲ νῦν ὑπὲρ ἡμῶν εἰς αὐτὸν τὸν οὐρανὸν εἰσῆλθεν ὁ Χριστὸς, καίτοι καὶ πρὸ τούτου καὶ ἀεὶ Κύριος ὢν καὶ δημιουργὸς τῶν οὐρανῶν ὑπὲρ ἡμῶν ἄρα καὶ τὸ ὑψωθῆναι νῦν γέγραπται. Καὶ ὥσπερ αὐτὸς πάντας ἁγιάζων, λέγει πάλιν τῷ Πατρὶ 'ἑαυτὸν ὑπὲρ ἡμῶν ἁγιάζειν,' οὐχ ἵνα ἅγιος ὁ Λόγος John xvii. 19. γένηται, ἀλλ' ἵνα αὐτὸς ἐν ἑαυτῷ ἁγιάσῃ πάντας ἡμᾶς· οὕτως ἄρα καὶ τὸ νῦν λεγόμενον, 'ὑπερύψωσεν αὐτὸν,' οὐχ ἵνα αὐτὸς ὑψωθῇ· ὕψιστος γάρ ἐστιν· ἀλλ' ἵνα αὐτὸς μὲν ὑπὲρ ἡμῶν 'δικαιοσύνη γένηται,' ἡμεῖς δὲ ὑψωθῶμεν ἐν αὐτῷ, καὶ εἰς τὰς 1 Cor. i. 30. πύλας εἰσέλθωμεν τῶν οὐρανῶν, ἃς αὐτὸς πάλιν ὑπὲρ ἡμῶν ἀνέῳξε, λεγόντων τῶν προτρεχόντων· '"Αρατε πύλας, οἱ ἄρχον- Ps. xxiii. τες, ὑμῶν, καὶ ἐπάρθητε, πύλαι αἰώνιοι, καὶ εἰσελεύσεται ὁ (xxiv.) 7. Βασιλεὺς τῆς δόξης.' Καὶ ὧδε γὰρ οὐκ αὐτῷ ἦσαν αἱ πύλαι κεκλεισμέναι Κυρίῳ καὶ ποιητῇ τῶν πάντων ὄντι, ἀλλὰ δι' ἡμᾶς καὶ τοῦτο γέγραπται, οἷς ἦν ἡ θύρα κεκλεισμένη τοῦ παραδείσου. Διὸ καὶ ἀνθρωπίνως μὲν, δι' ἣν ἐφόρει σάρκα, λέγεται περὶ αὐτοῦ τὸ '"Αρατε πύλας·' καὶ τὸ 'εἰσελεύσεται,' ὡς ἀνθρώπου εἰσερχομένου· θεϊκῶς δὲ πάλιν περὶ αὐτοῦ λέγεται, ἐπειδὴ καὶ 'Θεός ἐστιν ὁ Λόγος,' ὅτι οὗτός ἐστιν ὁ Κύριος καὶ ὁ βασιλεὺς John i. 1. τῆς δόξης. Τὴν δὲ τοιαύτην εἰς ἡμᾶς γενομένην ὕψωσιν προανεφώνει τὸ Πνεῦμα ἐν ὀγδοηκοστῷ ὀγδόῳ ψαλμῷ λέγον· 'Καὶ Ib. lxxxviii. ἐν τῇ δικαιοσύνῃ σου ὑψωθήσονται, ὅτι τὸ καύχημα τῆς δυνά- 18. μεως αὐτῶν εἶ σύ.' Εἰ δὲ δικαιοσύνη ἐστὶν ὁ Υἱὸς, οὐκ ἄρα αὐτός ἐστιν, ὡς ἐνδεὴς, ὑψούμενος, ἀλλ' ἡμεῖς ἐσμεν οἱ ἐν τῇ δικαιοσύνῃ ὑψούμενοι, ἥτις ἐστὶν αὐτός.

42. Καὶ γὰρ καὶ τὸ 'ἐχαρίσατο αὐτῷ,' οὐ δι' αὐτὸν τὸν Λόγον γέγραπται· ἦν γὰρ πάλιν, καὶ πρὶν ἄνθρωπος γένηται, προσκυνούμενος, ὥσπερ εἴπομεν, ὑπό τε τῶν ἀγγέλων καὶ πάσης τῆς κτίσεως, κατὰ τὴν πατρικὴν ἰδιότητα· ἀλλὰ δι' ἡμᾶς καὶ ὑπὲρ ἡμῶν τοῦτο πάλιν περὶ αὐτοῦ γέγραπται. Ὥσπερ γὰρ, ὡς ἄνθρωπος, ὁ Χριστὸς ἀπέθανε καὶ ὑψώθη· οὕτως, ὡς ἄνθρωπος, λέγεται 'λαμβάνειν' ὅπερ εἶχεν ἀεὶ ὡς Θεὸς, ἵνα εἰς ἡμᾶς φθάσῃ καὶ ἡ τοιαύτη δοθεῖσα χάρις. Οὐ γὰρ ἠλαττώθη ὁ Λόγος σῶμα λαβὼν, ἵνα καὶ χάριν ζητήσῃ 'λαβεῖν,' ἀλλὰ μᾶλλον καὶ

ἐθεοποίησεν ὅπερ ἐνεδύσατο, καὶ πλέον ἐχαρίσατο τῷ γένει τῶν ἀνθρώπων τοῦτο. Ὥσπερ γὰρ ἀεὶ προσεκυνεῖτο, Λόγος ὢν καὶ 'ἐν μορφῇ Θεοῦ ὑπάρχων,' οὕτως ὁ αὐτὸς ὢν καὶ ἄνθρωπος γενόμενος, κληθείς τε Ἰησοῦς, οὐδὲν ἧττον ἔχει πᾶσαν ὑπὸ πόδα τὴν κτίσιν, καὶ 'ἐν τῷ ὀνόματι τούτῳ τὰ γόνατα κάμπτουσαν αὐτῷ,' καὶ 'ἐξομολογουμένην' ὅτι καὶ τὸ γενέσθαι σάρκα τὸν Λόγον, καὶ θάνατον ὑπομεῖναι σαρκὶ, οὐκ ἐπ' ἀδοξίᾳ τῆς θεότητος αὐτοῦ γέγονεν, ἀλλ' 'εἰς δόξαν Θεοῦ Πατρός.' Δόξα δὲ Πατρός ἐστι τὸν γενόμενον ἄνθρωπον καὶ ἀπολόμενον εὑρεθῆναι, καὶ νεκρωθέντα ζωοποιηθῆναι, καὶ ναὸν γενέσθαι Θεοῦ. Καὶ γὰρ καὶ τῶν ἐν οὐρανοῖς δυνάμεων, ἀγγέλων τε καὶ ἀρχαγγέλων ἀεὶ μὲν προσκυνούντων αὐτὸν, προσκυνούντων δὲ καὶ νῦν 'ἐν τῷ ὀνόματι Ἰησοῦ' τὸν Κύριον, ἡμῶν ἐστιν αὕτη ἡ χάρις καὶ ὑπερύψωσις, ὅτι τε καὶ ἄνθρωπος γενόμενος, προσκυνεῖται ὁ τοῦ Θεοῦ Υἱὸς, καὶ οὐ ξενισθήσονται αἱ οὐράνιοι δυνάμεις βλέπουσαι τοὺς συσσώμους ἐκείνου πάντας ἡμᾶς εἰσαγομένους εἰς τὰς χώρας αὐτῶν. Ἄλλως δὲ οὐκ ἂν ἐγεγόνει τοῦτο, εἰ μὴ ὁ 'ἐν μορφῇ Θεοῦ ὑπάρχων εἰλήφει δούλου μορφὴν, καὶ ταπεινώσας ἦν ἑαυτὸν, μέχρι θανάτου' συγχωρήσας φθάσαι τὸ σῶμα.

43. Ἰδοὺ γοῦν τὸ νομιζόμενον παρὰ ἀνθρώποις μωρὸν τοῦ Θεοῦ διὰ τὸν σταυρὸν γέγονε πάντων ἐντιμότερον. Ἡ μὲν γὰρ ἀνάστασις ἡμῶν ἐν αὐτῷ ἀπόκειται· οὐκέτι δὲ μόνος ὁ Ἰσραὴλ, ἀλλὰ καὶ πάντα τὰ ἔθνη λοιπὸν, ὡς προείρηκεν ὁ προφήτης, τὰ μὲν εἴδωλα ἑαυτῶν καταλιμπάνουσι, τὸν δὲ ἀληθινὸν Θεὸν τὸν τοῦ Χριστοῦ Πατέρα ἐπιγινώσκουσι· καὶ ἡ μὲν τῶν δαιμόνων φαντασία κατήργηται, μόνος δὲ ὁ ὄντως Θεὸς ἐν τῷ ὀνόματι τοῦ Κυρίου ἡμῶν Ἰησοῦ Χριστοῦ προσκυνεῖται. Τὸ δὲ καὶ ἐν σώματι γενόμενον τὸν Κύριον καὶ κληθέντα Ἰησοῦν προσκυνεῖσθαι, πιστεύεσθαί τε αὐτὸν Υἱὸν Θεοῦ, καὶ δι' αὐτοῦ ἐπιγινώσκεσθαι τὸν Πατέρα, δῆλον ἂν εἴη, καθάπερ εἴρηται, ὅτι οὐχ ὁ Λόγος, ᾗ Λόγος ἐστὶν, ἔλαβε τὴν τοιαύτην χάριν, ἀλλ' ἡμεῖς. Διὰ γὰρ τὴν πρὸς τὸ σῶμα αὐτοῦ συγγένειαν ναὸς Θεοῦ γεγόναμεν καὶ ἡμεῖς, καὶ υἱοὶ Θεοῦ λοιπὸν πεποιήμεθα, ὥστε καὶ ἐν ἡμῖν ἤδη προσκυνεῖσθαι τὸν Κύριον, καὶ τοὺς ὁρῶντας 'ἀπαγγέλλειν,' ὡς ὁ Ἀπόστολος εἴρηκεν, 'ὅτι ὄντως ὁ Θεὸς ἐν τούτοις ἐστί·' καθάπερ καὶ ὁ Ἰωάννης ἐν μὲν τῷ Εὐαγγελίῳ φησίν·

I. 44.] *because we are exalted in Him.* 45

'Ὅσοι δὲ ἔλαβον αὐτὸν, ἔδωκεν αὐτοῖς ἐξουσίαν τέκνα Θεοῦ John i. 12. γενέσθαι·' ἐν δὲ τῇ Ἐπιστολῇ γράφει· ' Ἐν τούτῳ γινώσκομεν 1 John iii. 24. ὅτι μένει ἐν ὑμῖν, ἐκ τοῦ Πνεύματος αὐτοῦ, οὗ ἔδωκεν ἡμῖν.' Γνώρισμα δέ ἐστι καὶ τοῦτο τῆς εἰς ἡμᾶς παρ' αὐτοῦ γενομένης ἀγαθότητος, ὅτι ἡμεῖς μὲν ὑψώθημεν, διὰ τὸ ἐν ἡμῖν εἶναι τὸν ὕψιστον Κύριον, καὶ δι' ἡμᾶς ἡ χάρις δίδοται, διὰ τὸ γενέσθαι ὡς ἡμᾶς ἄνθρωπον τὸν χορηγοῦντα τὴν χάριν Κύριον· αὐτὸς δὲ ὁ Σωτὴρ ἐταπείνωσεν ἑαυτὸν ἐν τῷ λαβεῖν τὸ ταπεινὸν ἡμῶν σῶμα, δούλου τε μορφὴν ἔλαβεν, ἐνδυσάμενος τὴν δουλωθεῖσαν σάρκα τῇ ἁμαρτίᾳ. Καὶ αὐτὸς μὲν οὐδὲν παρ' ἡμῶν εἰς βελτίωσιν ἔσχηκεν· ἀνενδεὴς γάρ ἐστι καὶ πλήρης ὁ τοῦ Θεοῦ Λόγος· ἡμεῖς δὲ παρ' αὐτοῦ μᾶλλον ἐβελτιώθημεν. Αὐτὸς γάρ ἐστι ' τὸ φῶς, ὃ φωτίζει πάντα ἄνθρωπον ἐρχόμενον εἰς τὸν κόσμον.' John i. 9. Καὶ μάτην ἐπερείδονται οἱ Ἀρειανοὶ τῷ ' διὸ' συνδέσμῳ, διὰ τὸ λέγειν τὸν Παῦλον· ' Διὸ καὶ ὁ Θεὸς αὐτὸν ὑπερύψωσεν.' Οὐ γὰρ ἆθλον ἀρετῆς, οὐδὲ βελτίωσιν προκοπῆς αὐτοῦ σημαίνων ἔλεγεν, ἀλλὰ τὸ αἴτιον τῆς εἰς ἡμᾶς γενομένης ὑψώσεως. Τί δὲ τοῦτό ἐστιν ἢ τὸν ἐν μορφῇ Θεοῦ ὑπάρχοντα, καὶ εὐγενοῦς Πατρὸς Υἱόν, ταπεινῶσαι ἑαυτὸν καὶ δοῦλον ἀνθ' ἡμῶν καὶ ὑπὲρ ἡμῶν γενέσθαι; Εἰ γὰρ μὴ ἄνθρωπος ὁ Κύριος ἐγεγόνει, οὐκ ἂν ἡμεῖς ἀπὸ ἁμαρτιῶν λυτρωθέντες ἐκ νεκρῶν ἀνέστημεν, ἀλλ' ἐμένομεν ὑπὸ γῆν νεκροί· οὐδ' ἂν ὑψώθημεν εἰς οὐρανοὺς, ἀλλ' ἐκείμεθα ἐν τῷ ᾅδῃ. Δι' ἡμᾶς ἄρα καὶ ὑπὲρ ἡμῶν ἐστι τὸ λεγόμενον ' ὑπερύψωσε ' καὶ ' ἐχαρίσατο.'

44. Τοιαύτην μὲν οὖν ἡγοῦμαι τὴν διάνοιαν τοῦ ῥητοῦ καὶ μάλα ἐκκλησιαστικὴν οὖσαν. Καὶ δεύτερον δὲ ὅμως τις ἐπιχειρήσειεν εἰς τὸ ῥητὸν, ἐκ παραλλήλου λέγων τὰ αὐτά· ὅτι οὐ τὸν Λόγον αὐτὸν, ᾗ Λόγος ἐστὶν, ὑψοῦσθαι σημαίνει· (ἔστι γὰρ, ὡς προείρηται μικρῷ πρόσθεν, ὕψιστος καὶ ὅμοιος ὢν τῷ Πατρί·) ἀλλὰ διὰ τὴν ἐνανθρώπησιν αὐτοῦ τῆς ἐκ νεκρῶν ἀναστάσεώς ἐστι δηλωτικὸν τὸ ῥητόν. Λέγων γοῦν, ' ἐταπείνωσεν ἑαυτὸν Phil. ii. 8, 9. μέχρι θανάτου,' εὐθὺς ἐπήγαγε τὸ ' διὰ τοῦτο ὑπερύψωσε ' δεῖξαι θέλων, ὅτι εἰ καὶ ὡς ἄνθρωπος λέγεται τεθνηκέναι, ἀλλ' ὡς ζωὴ ὢν ὑψώθη τῇ ἀναστάσει· ' ὁ γὰρ καταβὰς, αὐτός ἐστι καὶ Eph. iv. . ὁ ἀναστάς.' Κατέβη γὰρ σωματικῶς· ἀνέστη δὲ, ὅτι Θεὸς ἦν αὐτὸς ἐν σώματι. Καὶ τοῦτο πάλιν ἐστὶν οὗ χάριν ἐπήγαγε τῇ

46   *Or His exaltation may refer*   [I. 45.

διανοία ταύτη τὸν ' διὸ ' σύνδεσμον, οὐ 'μισθὸν ἀρετῆς ' οὐδὲ προκοπῆς, ἀλλ' αἰτίας δηλωτικὸν, δι' ἣν ἡ ἀνάστασις γέγονε· καὶ δι' ἣν αἰτίαν οἱ μὲν ἄλλοι ἄνθρωποι ἀπὸ 'Αδὰμ καὶ μέχρι νῦν ἀπέθανον καὶ ἔμειναν νεκροὶ, οὗτος δὲ μόνος ὁλόκληρος ἐκ νεκρῶν ἀνέστη. Ἡ δὲ αἰτία αὕτη ἐστιν, ἣν αὐτὸς προείρηκεν, ὅτι, Θεὸς ὢν, ἄνθρωπος γέγονεν. Οἱ μὲν γὰρ ἄλλοι πάντες ἄνθρωποι, μόνον ἐξ

Rom. v. 14.   'Αδὰμ ὄντες, ἀπέθανον, καὶ τὸν θάνατον εἶχον ' βασιλεύοντα ' κατ'
1 Cor. xv.47. αὐτῶν· οὗτος δὲ ' ὁ δεύτερος ἄνθρωπος ἐξ οὐρανοῦ ἐστιν·' ὁ γὰρ ' Λόγος σὰρξ ἐγένετο.' Καὶ λέγεται ὁ τοιοῦτος ἄνθρωπος ἐξ
John vi. 38.   οὐρανοῦ καὶ ἐπουράνιος, διὰ τὸ ' ἐξ οὐρανοῦ καταβεβηκέναι ' τὸν Λόγον· διὸ ' οὐδὲ κεκράτηται ὑπὸ τοῦ θανάτου.' Εἰ γὰρ καὶ ἐταπείνωσεν ἑαυτὸν, συγχωρήσας μέχρι θανάτου φθάσαι τὸ ἴδιον ἑαυτοῦ σῶμα, διὰ τὸ εἶναι αὐτὸ δεκτικὸν θανάτου· ἀλλ' ἐκ γῆς ὑπερυψώθη, διὰ τὸ εἶναι αὐτὸν ἐν σώματι Ὑιὸν τοῦ Θεοῦ. Ἴσον γοῦν ἐστι τὸ ἐνταῦθα λεγόμενον, ' διὸ καὶ ὁ Θεὸς αὐτὸν ὑπερ-
Acts ii. 24.   ύψωσε,' τῷ λεγομένῳ ἐν ταῖς Πράξεσι παρὰ τοῦ Πέτρου· ' ὃν ὁ Θεὸς ἀνέστησε, λύσας τὰς ὠδῖνας τοῦ θανάτου, καθότι οὐκ ἦν δυνατὸν κρατεῖσθαι αὐτὸν ὑπ' αὐτοῦ.' Ὡς γὰρ παρὰ τῷ Παύλῳ
Phil. ii. 6.   γέγραπται· 'Ἐπειδὴ, 'ἐν μορφῇ Θεοῦ' ὢν, γέγονεν ἄνθρωπος, καὶ ' ἐταπείνωσεν ἑαυτὸν μέχρι θανάτου, διὸ καὶ ὁ Θεὸς ὑπερύψωσεν
Acts ii. 24.   αὐτόν·' οὕτως καὶ παρὰ τοῦ Πέτρου λέγεται, "Ὅτι ἐπειδὴ Θεὸς ὢν γέγονεν ἄνθρωπος, τὰ δὲ σημεῖα καὶ τὰ τέρατα ἀπέδειξεν αὐτὸν καὶ τοῖς ὁρῶσι Θεόν· διὰ τοῦτο 'δυνατὸν οὐκ ἦν κρατεῖσθαι αὐτὸν ὑπὸ τοῦ θανάτου.' Ἀνθρώπῳ δὲ δυνατὸν οὐκ ἦν τοῦτο κατορθῶσαι· ἴδιον γὰρ τῶν ἀνθρώπων ὁ θάνατος· διὰ
1 Pet. iii. 18.   τοῦτο Θεὸς ὢν ὁ Λόγος γέγονε σὰρξ, ἵνα, 'θανατωθεὶς σαρκὶ,' ζωοποιήσῃ πάντας τῇ ἑαυτοῦ δυνάμει.

45. Ἐπειδὴ δὲ αὐτὸς λέγεται 'ὑψῶσθαι,' καὶ ὅτι ὁ Θεὸς αὐτῷ ' ἐχαρίσατο,' καὶ νομίζουσιν οἱ αἱρετικοὶ ἐλάττωμα εἶναι ἢ πάθος τῆς τοῦ Λόγου οὐσίας, ἀναγκαῖον εἰπεῖν πῶς καὶ ταῦτα λέγεται.
Eph. iv. 9.   Ὑψῶσθαι γὰρ λέγεται αὐτὸς ἀπὸ τῶν 'κατωτέρων μερῶν τῆς γῆς,' ἐπεὶ καὶ αὐτοῦ λέγεται ὁ θάνατος εἶναι. Αὐτοῦ δὲ λέγεται ἀμφότερα, ἐπειδὴ αὐτοῦ ἦν, καὶ οὐχ ἑτέρου, σῶμα τὸ ὑψωθὲν ἀπό τε τῶν νεκρῶν καὶ εἰς οὐρανοὺς ἀναληφθέν. Αὐτοῦ δὲ πάλιν ὄντος τοῦ σώματος, καὶ οὐκ ὄντος ἐκτὸς αὐτοῦ τοῦ Λόγου, εἰκότως ὑψουμένου τοῦ σώματος, αὐτὸς, ὡς ἄνθρωπος, διὰ τὸ

to His Resurrection.

σῶμα 'ὑψοῦσθαι' λέγεται. Εἰ μὲν οὖν οὐ γέγονεν ἄνθρωπος, μὴ λεγέσθω περὶ αὐτοῦ ταῦτα· εἰ δὲ ' ὁ Λόγος γέγονε σὰρξ,' ἀνάγκη ὡς περὶ ἀνθρώπου λέγεσθαι αὐτοῦ τήν τε ἀνάστασιν καὶ τὴν ὕψωσιν, ἵν' ὁ μὲν θάνατος λεγόμενος αὐτοῦ λύτρον ᾖ τῆς τῶν ἀνθρώπων ἁμαρτίας, καὶ κατάργησις τοῦ θανάτου, ἡ δὲ ἀνάστασις καὶ ἡ ὕψωσις βεβαία δι' αὐτὸν εἰς ἡμᾶς διαμένῃ. Ἐπ' ἀμφοτέρων δὲ εἴρηκεν, ' ὁ Θεὸς αὐτὸν ὑπερύψωσε,' καὶ, ' ὁ Θεὸς αὐτῷ ἐχαρίσατο·' ἵνα καὶ ἐκ τούτου δείξῃ πάλιν, ὅτι μὴ ὁ Πατήρ ἐστιν ὁ γενόμενος σὰρξ, ἀλλ' ὁ τούτου Λόγος ἐστὶν ὁ γενόμενος ἄνθρωπος, ὁ ' λαμβάνων' ἀνθρωπίνως παρὰ τοῦ Πατρὸς, καὶ ' ὑψούμενος' παρ' αὐτοῦ, ὥσπερ εἴρηται. Δῆλον δὲ, καὶ οὐκ ἂν ἀμφιβάλοι τις, ὅτι ἃ δίδωσιν ὁ Πατὴρ, διὰ τοῦ Υἱοῦ δίδωσι. Καὶ ἔστι παράδοξον καὶ ἐκπλῆξαι δυνάμενον ἀληθῶς· ἣν γὰρ δίδωσιν ὁ Υἱὸς παρὰ τοῦ Πατρὸς χάριν, ταύτην αὐτὸς ὁ Υἱὸς λέγεται ' δέχεσθαι·' καὶ τὴν ὕψωσιν, ἣν ὁ Υἱὸς παρὰ τοῦ Πατρὸς ποιεῖ, ταύτην ὡς αὐτὸς ' ὑψούμενός' ἐστιν ὁ Υἱός. Αὐτὸς γὰρ ὁ ὢν τοῦ Θεοῦ Υἱὸς, αὐτὸς γέγονε καὶ Υἱὸς ἀνθρώπου· καὶ ὡς μὲν Λόγος, τὰ παρὰ τοῦ Πατρὸς δίδωσι· πάντα γὰρ, ἃ ποιεῖ καὶ δίδωσιν ὁ Πατὴρ, δι' αὐτοῦ ποιεῖ τε καὶ παρέχει· ὡς δὲ Υἱὸς ἀνθρώπου, αὐτὸς ἀνθρωπίνως λέγεται τὰ παρ' ἑαυτοῦ δέχεσθαι, διὰ τὸ μὴ ἑτέρου, ἀλλ' αὐτοῦ εἶναι τὸ σῶμα, τὸ φύσιν ἔχον τοῦ δέχεσθαι τὴν χάριν, καθάπερ εἴρηται. Ἐλάμβανε γὰρ κατὰ τὸ ὑψοῦσθαι τὸν ἄνθρωπον· ὕψωσις δὲ ἦν τὸ θεοποιεῖσθαι αὐτόν. Αὐτὸς δὲ ὁ Λόγος εἶχεν ἀεὶ τοῦτο κατὰ τὴν πατρικὴν ἑαυτοῦ θεότητα καὶ τελειότητα.

46. Τὸ μὲν οὖν παρὰ τῷ Ἀποστόλῳ γεγραμμένον, τοιοῦτον ἔχον τὸν νοῦν, ἐλέγχει τοὺς ἀσεβεῖς· τὸ δὲ παρὰ τῷ ὑμνῳδῷ λεγόμενον τὴν αὐτὴν πάλιν ἔχει διάνοιαν ὀρθὴν, ἣν παρεξηγοῦνται μὲν οὗτοι, ὁ δὲ ψαλμῳδὸς δείκνυσιν εὐσεβῆ. Φησὶ γὰρ καὶ αὐτός· 'Ὁ θρόνος σου, ὁ Θεὸς, εἰς τὸν αἰῶνα τοῦ αἰῶνος. Ps. xliv. (xlv.) 7, 8. Ῥάβδος εὐθύτητος ἡ ῥάβδος τῆς βασιλείας σου. Ἠγάπησας δικαιοσύνην, καὶ ἐμίσησας ἀδικίαν· διὰ τοῦτο ἔχρισέ σε ὁ Θεὸς, ὁ Θεός σου, ἔλαιον ἀγαλλιάσεως παρὰ τοὺς μετόχους σου.' Ἴδετε, ὦ Ἀρειανοὶ, καὶ ἐπίγνωτε κἂν ἐντεῦθεν τὴν ἀλήθειαν. ' Μετόχους' τοῦ Κυρίου πάντας ἡμᾶς εἴρηκεν ὁ ψάλλων. Εἰ δὲ ' ἐξ οὐκ ὄντων' ἦν καὶ τῶν γενητῶν εἷς, εἷς ἦν ἂν τῶν

μετεχόντων καὶ αὐτός· ἐπειδὴ δὲ αὐτὸν μὲν Θεὸν αἰώνιον ὕμνησε λέγων, ''Ο θρόνος σου, ὁ Θεὸς, εἰς τὸν αἰῶνα τοῦ αἰῶνος,' τὰ δὲ ἄλλα πάντα μετέχειν αὐτοῦ δεδήλωκε, τί δεῖ νοεῖν ἢ ὅτι τῶν μὲν γενητῶν ἄλλος ἐστὶ, τοῦ δὲ Πατρὸς μόνος αὐτός ἐστι Λόγος ἀληθινὸς, ἀπαύγασμα, καὶ σοφία, ἧς τὰ γενητὰ πάντα μετέχει, καὶ ἁγιάζεται παρ' αὐτοῦ τῷ Πνεύματι. Καὶ ἐνταῦθα γοῦν 'χρίεται,' οὐχ ἵνα Θεὸς γένηται· ἦν γὰρ καὶ πρὸ τούτου· οὐδ' ἵνα βασιλεὺς γένηται· ἦν γὰρ ἀϊδίως βασιλεύων, ' εἰκὼν ' ὑπάρχων τοῦ Θεοῦ, ὡς τὸ λόγιον δείκνυσιν· ἀλλ' ὑπὲρ ἡμῶν πάλιν καὶ τοῦτο γέγραπται. Οἱ μὲν γὰρ κατὰ τὸν Ἰσραὴλ βασιλεῖς, ὅτε ἐχρίοντο, τότε βασιλεῖς ἐγίνοντο, οὐκ ὄντες πρότερον βασιλεῖς, ὡς Δαβὶδ, ὡς Ἐζεκίας, ὡς Ἰωσίας καὶ οἱ ἄλλοι· ὁ δὲ Σωτὴρ τὸ ἔμπαλιν, Θεὸς ὢν, καὶ τὴν βασιλείαν τοῦ Πατρὸς ἀεὶ βασιλεύων, τοῦ τε Πνεύματος τοῦ ἁγίου χορηγὸς ὢν αὐτὸς, ὅμως δὲ λέγεται νῦν ' χρίεσθαι,' ἵνα πάλιν, ὡς ἄνθρωπος λεγόμενος τῷ Πνεύματι χρίεσθαι, ἡμῖν τοῖς ἀνθρώποις, καθάπερ τὸ ὑψωθῆναι καὶ τὸ ἀναστῆναι, οὕτως καὶ τὴν τοῦ Πνεύματος ἐνοίκησιν καὶ οἰκειότητα κατασκευάσῃ. Τοῦτο δὲ σημαίνων καὶ αὐτὸς δι' ἑαυτοῦ ὁ Κύριος ἔλεγεν ἐν τῷ κατὰ Ἰωάννην Εὐαγγελίῳ· ' Ἐγὼ ἀπέστειλα αὐτοὺς εἰς τὸν κόσμον, καὶ ὑπὲρ αὐτῶν ἐγὼ ἁγιάζω ἐμαυτὸν, ἵνα ὦσι καὶ αὐτοὶ ἡγιασμένοι ἐν ἀληθείᾳ.' Τοῦτο δὲ λέγων ἔδειξεν, ὅτι μὴ αὐτός ἐστιν ὁ ἁγιαζόμενος, ἀλλ' ὁ ἁγιάζων· οὐ γὰρ παρ' ἑτέρου ἁγιάζεται, ἀλλ' αὐτὸς ἑαυτὸν ἁγιάζει, ἵνα ἡμεῖς ἐν τῇ ἀληθείᾳ ἁγιασθῶμεν. Ὁ δὲ ἑαυτὸν ἁγιάζων Κύριός ἐστι τοῦ ἁγιάζειν. Πῶς οὖν τοῦτο γίνεται; πῶς δὲ τοῦτο λέγει ἢ ὅτι, ' Ἐγὼ Λόγος ὢν τοῦ Πατρὸς, αὐτὸς ἐμαυτῷ ἀνθρώπῳ γενομένῳ δίδωμι τὸ Πνεῦμα· καὶ ἐμαυτὸν ἄνθρωπον γενόμενον ἐν τούτῳ ἁγιάζω, ἵνα λοιπὸν ἐν ἐμοὶ ἀληθείᾳ ὄντι ('ὁ δὲ Λόγος ὁ σὸς, ἀλήθειά ἐστιν') οἱ πάντες ἁγιασθῶσιν;'

47. Εἰ δὲ ἡμῶν χάριν ἑαυτὸν ἁγιάζει, καὶ τοῦτο ποιεῖ ὅτε γέγονεν ἄνθρωπος, εὔδηλον, ὅτι καὶ ἡ εἰς αὐτὸν ἐν τῷ Ἰορδάνῃ τοῦ Πνεύματος γενομένη κάθοδος, εἰς ἡμᾶς ἦν γινομένη, διὰ τὸ φορεῖν αὐτὸν τὸ ἡμέτερον σῶμα. Καὶ οὐκ ἐπὶ βελτιώσει τοῦ Λόγου γέγονεν, ἀλλ' εἰς ἡμῶν πάλιν ἁγιασμὸν, ἵνα τοῦ χρίσματος αὐτοῦ μεταλάβωμεν, καὶ περὶ ἡμῶν λεχθείη. ' Οὐκ

I. 47.]   *How the Son was 'anointed.'*   49

οἴδατε, ὅτι ναὸς Θεοῦ ἐστε, καὶ τὸ Πνεῦμα τοῦ Θεοῦ οἰκεῖ ἐν ὑμῖν;' Τοῦ γὰρ Κυρίου, ὡς ἀνθρώπου, λουομένου εἰς τὸν Ἰορδάνην, ἡμεῖς ἦμεν οἱ ἐν αὐτῷ καὶ παρ' αὐτοῦ λουόμενοι. Καὶ δεχομένου δὲ αὐτοῦ τὸ Πνεῦμα, ἡμεῖς ἦμεν οἱ παρ' αὐτοῦ γινόμενοι τούτου δεκτικοί. Διὰ τοῦτο οὐδ' ὥσπερ Ἀαρὼν, ἢ Δαβὶδ, ἢ οἱ ἄλλοι πάντες, οὕτως καὶ αὐτὸς ἐλαίῳ κέχρισται, ἀλλὰ ἄλλως παρὰ πάντας τοὺς μετόχους αὐτοῦ, ἐλαίῳ ἀγαλλιάσεως· ὅπερ ἑρμηνεύων αὐτὸς εἶναι τὸ Πνεῦμα, διὰ τοῦ προφήτου φησί· 'Πνεῦμα Κυρίου ἐπ' ἐμὲ, οὗ εἵνεκεν ἔχρισέ με·' καθὼς καὶ ὁ Isa. lxi. 1. Ἀπόστολος εἴρηκεν· 'Ὡς ἔχρισεν αὐτὸν ὁ Θεὸς Πνεύματι Acts x. 38. ἁγίῳ.' Πότε οὖν καὶ ταῦτα περὶ αὐτοῦ εἴρηται, ἢ ὅτε καὶ ἐν σαρκὶ γενόμενος ἐβαπτίζετο ἐν τῷ Ἰορδάνῃ, καὶ 'καταβέβηκεν Matt. iii. 17. ἐπ' αὐτὸν τὸ Πνεῦμα;' Καὶ μὴν αὐτὸς ὁ Κύριός φησι. Τὸ Πνεῦμα 'ἐκ τοῦ ἐμοῦ λήψεται·' καὶ, 'Ἐγὼ αὐτὸ ἀποστέλλω·' John xvi. 14. καὶ, 'Λάβετε Πνεῦμα ἅγιον,' τοῖς μαθηταῖς. Καὶ ὅμως ὁ Ib. 7. Ib. xx. 22. ἄλλοις παρέχων 'ὡς Λόγος καὶ ἀπαύγασμα τοῦ Πατρὸς' λέγεται νῦν 'ἁγιάζεσθαι,' ἐπειδὴ πάλιν γέγονεν ἄνθρωπος, καὶ τὸ ἁγιαζόμενον σῶμα αὐτοῦ ἐστιν. Ἐξ ἐκείνου γοῦν καὶ ἡμεῖς ἠρξάμεθα τοῦ τὸ χρίσμα καὶ τὴν σφραγίδα λαμβάνειν, λέγοντος τοῦ μὲν Ἰωάννου, 'Καὶ ὑμεῖς χρίσμα ἔχετε ἀπὸ τοῦ ἁγίου·' τοῦ δὲ 1 John ii. 20. Ἀποστόλου, 'Καὶ ὑμεῖς ἐσφραγίσθητε τῷ Πνεύματι τῆς ἐπαγ- Eph. i. 13. γελίας τῷ ἁγίῳ.' Οὐκοῦν δι' ἡμᾶς, καὶ ὑπὲρ ἡμῶν ἐστι τὸ λεγόμενον. Ποία τοίνυν καὶ ἐκ τούτου προκοπὴ βελτιώσεως καὶ 'μισθὸς ἀρετῆς' ἢ ἁπλῶς πράξεως τοῦ Κυρίου δείκνυται; Εἰ μὲν γὰρ, ἐκ τοῦ μὴ εἶναι Θεὸς, Θεὸς ἐγεγόνει· εἰ, μὴ βασιλεὺς ὢν, εἰς βασιλείαν προήγετο, εἶχεν ἂν ὑμῶν ὁ λόγος σκιᾶς τινος πιθανότητα. Εἰ δὲ Θεός ἐστι, καὶ '.ὁ θρόνος αὐτοῦ τῆς βασιλείας αἰώνιός' ἐστι, πῶς εἶχε προκόψαι Θεός; ἢ τί ἔλειπε τῷ ἐπὶ τὸν θρόνον καθημένῳ τοῦ Πατρός; εἰ δὲ, καὶ ὡς αὐτὸς ὁ Κύριος εἴρηκεν, αὐτοῦ ἐστι τὸ Πνεῦμα, ἐκ τοῦ αὐτοῦ λαμβάνει, John xvi. 14, 7. αὐτός τε αὐτὸ ἀποστέλλει· οὐκ ἄρα ὁ Λόγος ἐστὶν, ᾗ Λόγος ἐστὶ καὶ Σοφία, ὁ τῷ παρ' αὐτοῦ διδομένῳ Πνεύματι χριόμενος, ἀλλ' ἡ προσληφθεῖσα παρ' αὐτοῦ σάρξ ἐστιν, ἡ ἐν αὐτῷ καὶ παρ' αὐτοῦ χριομένη· ἵνα καὶ ὁ ἁγιασμὸς, ὡς εἰς ἄνθρωπον τὸν Κύριον γινόμενος, εἰς πάντας ἀνθρώπους γένηται παρ' αὐτοῦ. 'Οὐ γὰρ ἀφ' ἑαυτοῦ,' φησὶ, 'τὸ Πνεῦμα λαλεῖ,' ἀλλ' ὁ Λόγος Ib. 13.

E

ἐστὶν, ὁ τοῦτο διδοὺς τοῖς ἀξίοις. Ὅμοιον γάρ ἐστι καὶ τοῦτο τῷ προειρημένῳ ῥητῷ· ὡς γὰρ ὁ Ἀπόστολος ἔγραψεν· 'Ὃς ἐν μορφῇ Θεοῦ ὑπάρχων, οὐχ ἁρπαγμὸν ἡγήσατο τὸ εἶναι ἴσα Θεῷ, ἀλλ' ἑαυτὸν ἐκένωσε, μορφὴν δούλου λαβών·' οὕτως ὁ Δαβὶδ ὑμνεῖ τὸν Κύριον, αἰώνιον μὲν ὄντα Θεὸν καὶ βασιλέα, ἀποσταλέντα δὲ πρὸς ἡμᾶς, καὶ προσλαβόντα τὸ ἡμέτερον σῶμα θνητὸν ὄν· τοῦτο γὰρ παρ' αὐτοῦ σημαίνεται ἐν τῷ ψάλλειν· 'Σμύρνα, καὶ στακτὴ, καὶ κασία ἀπὸ τῶν ἱματίων σου.' Παρὰ δὲ Νικοδήμου καὶ τῶν περὶ Μαριὰμ δείκνυται, ὅτε ὁ μὲν 'ἦλθε φέρων μίγμα σμύρνης καὶ ἀλόης λίτρας ἑκατὸν,' αἱ δὲ ἅπερ ἦσαν ἑτοιμάσασαι εἰς τὸν ἐνταφιασμὸν τοῦ σώματος τοῦ Κυρίου.

48. Ποία οὖν πάλιν προκοπὴ τῷ ἀθανάτῳ προσλαβόντι τὸ θνητόν; ἢ ποία βελτίωσις τῷ αἰωνίῳ ἐνδυσαμένῳ τὸ πρόσκαιρον; ποῖος δὲ καὶ μισθὸς μείζων γένοιτ' ἂν Θεῷ αἰωνίῳ καὶ βασιλεῖ, καὶ ὄντι ἐν τοῖς κόλποις τοῦ Πατρός; Ἆρ' οὐ θεωρεῖτε, ὅτι καὶ τοῦτο δι' ἡμᾶς καὶ ὑπὲρ ἡμῶν γέγονε καὶ γέγραπται, ἵνα ἄνθρωπος γενόμενος ὁ Κύριος, θνητοὺς ὄντας καὶ προσκαίρους ἡμᾶς ἀθανάτους κατασκευάσῃ, καὶ εἰς τὴν αἰώνιον βασιλείαν τῶν οὐρανῶν εἰσαγάγῃ; Ἆρ' οὐκ ἐρυθριᾶτε, καταψευδόμενοι τῶν θείων λογίων; Καὶ γὰρ τοῦ Κυρίου ἡμῶν Ἰησοῦ Χριστοῦ ἐπιδημήσαντος, ἡμεῖς μὲν ἐβελτιώθημεν, ἐλευθερωθέντες ἀπὸ τῆς ἁμαρτίας· αὐτὸς δὲ ὁ αὐτός ἐστι· καὶ οὐκ ἐπειδὴ γέγονεν ἄνθρωπος, (πάλιν γὰρ τὸ αὐτὸ λεκτέον·) ἐτράπη· ἀλλὰ, καθὼς γέγραπται, 'Ὁ Λόγος τοῦ Θεοῦ μένει εἰς τὸν αἰῶνα.' Ἀμέλει ὥσπερ πρὸ τῆς ἐνανθρωπήσεως Λόγος ὢν ἐχορήγει τοῖς ἁγίοις ὡς ἴδιον τὸ Πνεῦμα, οὕτως καὶ ἄνθρωπος γενόμενος, ἁγιάζει τοὺς πάντας τῷ Πνεύματι, καὶ λέγει τοῖς μαθηταῖς· 'Λάβετε Πνεῦμα ἅγιον·' καὶ Μωσεῖ μὲν ἐδίδου καὶ τοῖς ἄλλοις τοῖς ἑβδομήκοντα· δι' αὐτοῦ τε ηὔχετο Δαβὶδ τῷ Πατρὶ, λέγων· 'Τὸ Πνεῦμα τὸ ἅγιόν σου μὴ ἀντανέλῃς ἀπ' ἐμοῦ.' Καὶ ἄνθρωπος δὲ γενόμενος ἔλεγεν· 'Ἀποστελῶ ὑμῖν τὸν Παράκλητον, τὸ Πνεῦμα τῆς ἀληθείας·' καὶ ἔπεμψεν, ἀψευδὴς ὤν, ὁ τοῦ Θεοῦ Λόγος. Οὐκοῦν 'Ἰησοῦς Χριστὸς χθὲς καὶ σήμερον ὁ αὐτὸς, καὶ εἰς τοὺς αἰῶνας' μένων ἄτρεπτος, καὶ ὁ αὐτός ἐστι διδοὺς καὶ λαμβάνων, διδοὺς μὲν ὡς Θεοῦ Λόγος, λαμβάνων δὲ ὡς ἄνθρωπος. Οὐκ ἄρα ὁ

I. 49.] *not as God, but as Man.* 51

Λόγος ἐστὶν, ᾗ Λόγος ἐστὶν, ὁ βελτιούμενος· εἶχε γὰρ πάντα καὶ ἀεὶ ἔχει· ἀλλ' οἱ ἄνθρωποί εἰσιν, οἱ ἀρχὴν ἔχοντες τοῦ λαμβάνειν ἐν αὐτῷ καὶ δι' αὐτοῦ. Αὐτοῦ γὰρ νῦν λεγομένου ἀνθρωπίνως χρίεσθαι, ἡμεῖς ἐσμεν οἱ ἐν αὐτῷ χριόμενοι· ἐπειδὴ καὶ βαπτιζομένου αὐτοῦ, ἡμεῖς ἐσμεν οἱ ἐν αὐτῷ βαπτιζόμενοι. Περὶ δὲ τούτων πάντων μᾶλλον ὁ Σωτὴρ φανερὸν ποιεῖ λέγων τῷ Πατρί· 'Κἀγὼ τὴν δόξαν, ἣν δέδωκάς μοι, δέδωκα αὐτοῖς, John xvii. 22. ἵνα ὦσιν ἓν, καθὼς ἡμεῖς ἕν ἐσμεν.' Δι' ἡμᾶς ἄρα καὶ δόξαν ᾔτει, καὶ τὸ 'ἔλαβε,' καὶ τὸ 'ἐχαρίσατο,' καὶ τὸ 'ὑπερύψωσε,' λέλεκται· ἵν' ἡμεῖς λάβωμεν, καὶ ἡμῖν χαρίσηται, καὶ ἡμεῖς ὑψωθῶμεν ἐν αὐτῷ, ὥσπερ καὶ 'ὑπὲρ ἡμῶν ἑαυτὸν ἁγιάζει, ἵν' Ib. 19. ἡμεῖς ἁγιασθῶμεν ἐν αὐτῷ.'

49. Εἰ δὲ διὰ τὸ προσκεῖσθαι ἐν τῷ ψαλμῷ, 'Διὰ τοῦτο Ps.xliv. (xlv.) ἔχρισέ σε ὁ Θεὸς, ὁ Θεός σου,' ἐκ τῆς 'διὰ τοῦτο' λέξεως πρόφασιν πάλιν ἑαυτοῖς, εἰς ἃ βούλονται, πορίζονται· γνώτωσαν οἱ τῶν Γραφῶν ἀμαθεῖς, καὶ τῆς ἀσεβείας ἐφευρεταὶ, ὅτι καὶ ἐνταῦθα πάλιν τὸ 'διὰ τοῦτο' οὐ μισθὸν ἀρετῆς ἢ πράξεως σημαίνει τοῦ Λόγου, ἀλλὰ τὸ αἴτιον πάλιν τῆς εἰς ἡμᾶς αὐτοῦ καθόδου, καὶ τῆς ὑπὲρ ἡμῶν εἰς αὐτὸν γινομένης τοῦ Πνεύματος χρίσεως· οὐ γὰρ εἶπε, 'Διὰ τοῦτο ἔχρισέ σε,' ἵνα γένῃ Θεὸς, ἢ βασιλεὺς, ἢ Υἱὸς, ἢ Λόγος·' ἦν γὰρ καὶ πρὸ τούτου καὶ ἔστιν ἀεὶ, καθάπερ δέδεικται· ἀλλὰ μᾶλλον, ''Ἐπειδὴ Θεὸς εἶ καὶ βασιλεὺς, διὰ τοῦτο καὶ ἐχρίσθης· ἐπεὶ οὐδὲ ἄλλου ἦν συνάψαι τὸν ἄνθρωπον τῷ Πνεύματι τῷ ἁγίῳ, ἢ σοῦ τῆς εἰκόνος τοῦ Πατρὸς, καθ' ἣν καὶ ἐξ ἀρχῆς γεγόναμεν· σοῦ γάρ ἐστι καὶ τὸ Πνεῦμα.' Τῶν μὲν γὰρ γενητῶν ἡ φύσις οὐκ ἦν ἀξιόπιστος εἰς τοῦτο, ἀγγέλων μὲν παραβάντων, ἀνθρώπων δὲ παρακουσάντων. Διὰ τοῦτο Θεοῦ χρεία ἦν, ('Θεὸς δέ ἐστιν ὁ Λόγος·') John i.1. ἵνα τοὺς ὑπὸ κατάραν γενομένους αὐτὸς ἐλευθερώσῃ. Εἰ μὲν οὖν 'ἐξ οὐκ ὄντων' ἦν, οὐδ' ἂν αὐτὸς ἦν ὁ Χριστὸς, εἷς ὢν πάντων καὶ μέτοχος τυγχάνων καὶ αὐτός· ἐπειδὴ δὲ Θεός ἐστι, Θεοῦ Υἱὸς ὢν, βασιλεύς τε ἀΐδιός ἐστιν, ἀπαύγασμα καὶ χαρακτὴρ τοῦ Πατρὸς ὑπάρχων διὰ τοῦτο εἰκότως αὐτός ἐστιν ὁ προσδοκώμενος Χριστὸς, ὃν ὁ Πατὴρ ἀπαγγέλλει τοῖς ἀνθρώποις, ἀποκαλύπτων τοῖς ἁγίοις αὐτοῦ προφήταις· ἵνα, ὥσπερ δι' αὐτοῦ γεγόναμεν, οὕτω καὶ ἐν αὐτῷ τῶν πάντων λύτρωσις ἀπὸ

E 2

52 *We receive the Spirit through Christ.* [I. 50.

τῶν ἁμαρτιῶν γένηται, καὶ τὰ πάντα παρ' αὐτοῦ βασιλεύηται. Καὶ αὕτη ἐστὶν ἡ αἰτία τῆς εἰς αὐτὸν γενομένης χρίσεως, καὶ τῆς ἐνσάρκου παρουσίας τοῦ Λόγου, ἣν προορῶν καὶ ὁ ψαλμῳδὸς, τὴν μὲν θεότητα καὶ τὴν πατρικὴν βασιλείαν αὐτοῦ ὑμνῶν ἀναφωνεῖ· '*Ὁ θρόνος σου, ὁ Θεὸς, εἰς τὸν αἰῶνα τοῦ αἰῶνος· ῥάβδος εὐθύτητος ἡ ῥάβδος τῆς βασιλείας σου·*' τὴν δὲ εἰς ἡμᾶς αὐτοῦ κάθοδον ἀπαγγέλλων, λέγει· '*.Διὰ τοῦτο ἔχρισέ σε ὁ Θεὸς, ὁ Θεός σου, ἔλαιον ἀγαλλιάσεως παρὰ τοὺς μετόχους σου.*'

50. Τί δὲ θαυμαστὸν ἢ τί ἄπιστον, εἰ ὁ τὸ Πνεῦμα διδοὺς Κύριος λέγεται νῦν αὐτὸς τῷ Πνεύματι χρίεσθαι, ὅπου γε, χρείας πάλιν ἀπαιτούσης, οὐ παρῃτήσατο διὰ τὸ ἀνθρώπινον ἑαυτοῦ εἰπεῖν ἑαυτὸν καὶ ἐλάττονα τοῦ Πνεύματος; Τῶν γὰρ

Matt. xii. 24. Ἰουδαίων λεγόντων, '*ἐν Βεελζεβοὺλ ἐκβάλλειν αὐτὸν τὰ δαιμόνια,*' ἀπεκρίθη καὶ εἶπεν αὐτοῖς εἰς τὸ ἐλέγξαι βλασφημοῦντας

Ib. 28. αὐτούς· '*Εἰ δὲ ἐγὼ ἐν Πνεύματι Θεοῦ ἐκβάλλω τὰ δαιμόνια.*' Ἰδοὺ γὰρ, ὁ τοῦ Πνεύματος δοτὴρ ἐν Πνεύματι λέγει νῦν ἐκβάλλειν αὐτὸν τὰ δαιμόνια· τοῦτο δὲ οὐκ ἔστιν ἄλλως εἰρημένον ἢ διὰ τὴν σάρκα. Ὡς γὰρ τῆς ἀνθρώπων φύσεως οὐκ οὔσης ἱκανῆς ἀφ' ἑαυτῆς ἐκβάλλειν τοὺς δαίμονας εἰ μὴ δυνάμει τοῦ Πνεύματος, διὰ τοῦτο ὡς ἄνθρωπος ἔλεγεν· '*Εἰ δὲ ἐγὼ ἐν Πνεύματι Θεοῦ ἐκβάλλω τὰ δαιμόνια.*' Ἀμέλει καὶ τὴν εἰς τὸ Πνεῦμα τὸ ἅγιον βλασφημίαν γινομένην μείζονα τῆς ἀνθρωπότητος ση-

Ib. 32. μαίνων ἔλεγεν, '*Ὃς ἂν εἴπῃ λόγον εἰς τὸν Υἱὸν τοῦ ἀνθρώπου,*

Ib. xiii. 55. *ἕξει ἄφεσιν·*' οἷοι ἦσαν οἱ λέγοντες· '*Οὐχ οὗτός ἐστιν ὁ τοῦ τέκτονος υἱός;*' Οἱ δὲ εἰς τὸ Πνεῦμα τὸ ἅγιον βλασφημοῦντες, καὶ τὰ τοῦ Λόγου ἔργα τῷ διαβόλῳ ἐπιγράφοντες, ἄφυκτον τιμωρίαν ἕξουσι. Τοιαῦτα μὲν οὖν τοῖς Ἰουδαίοις, ὡς ἄνθρωπος ἔλεγεν ὁ Κύριος· τοῖς δὲ μαθηταῖς τὴν θεότητα καὶ τὴν μεγαλειότητα δεικνὺς ἑαυτοῦ, οὐκέτι δὲ ἐλάττονα τοῦ Πνεύματος ἑαυτὸν, ἀλλὰ ἴσον σημαίνων, ἐδίδου μὲν τὸ Πνεῦμα καὶ ἔλεγεν·

John xx. 22. '*Λάβετε τὸ Πνεῦμα ἅγιον,*' καὶ, '*Ἐγὼ αὐτὸ ἀποστέλλω·*

Ib. xvi. 7, *κἀκεῖνος ἐμὲ δοξάσει,*' καὶ, '*ὅσα ἀκούει λαλήσει.*' Ὥσπερ οὖν
14, 13. ἐνταῦθα αὐτὸς ὁ τοῦ Πνεύματος δοτὴρ ὁ Κύριος οὐ παραιτεῖται εἰπεῖν, '*ἐν Πνεύματι ἐκβάλλειν τὰ δαιμόνια,*' ὡς ἄνθρωπος· τὸν αὐτὸν τρόπον ὁ αὐτὸς ὢν τοῦ Πνεύματος δοτὴρ οὐ παρῃτήσατο

I. 51.] *The Word not 'alterable.'* 53

λέγειν· 'Πνεῦμα Κυρίου ἐπ' ἐμὲ, οὗ εἵνεκεν ἔχρισέ με,' διὰ τὸ Isa. lxi. 1.
'γεγενῆσθαι αὐτὸν σάρκα,' ὡς εἶπεν ὁ 'Ιωάννης, 'ἵνα δειχθῇ, ὅτι John i. 14.
κατὰ τὰ ἀμφότερα ἡμεῖς ἐσμεν, οἱ καὶ ἐν τῷ ἁγιάζεσθαι δεό-
μενοι τῆς τοῦ Πνεύματος χάριτος, καὶ μὴ δυνάμενοι δαίμονας
ἐκβάλλειν ἄνευ τῆς τοῦ Πνεύματος δυνάμεως. Διὰ τίνος δὲ καὶ
παρὰ τίνος ἔδει τὸ Πνεῦμα δίδοσθαι ἢ διὰ τοῦ Υἱοῦ, οὗ καὶ τὸ
Πνεῦμά ἐστι; πότε δὲ λαμβάνειν ἡμεῖς ἐδυνάμεθα, εἰ μὴ ὅτε ὁ Phil. ii. 6, 7.
Λόγος γέγονεν ἄνθρωπος; Καὶ ὥσπερ τὸ παρὰ τοῦ 'Αποστόλου
λεγόμενον δείκνυσιν, ὅτι οὐκ ἂν ἐλυτρώθημεν καὶ ὑπερυψώθημεν,
εἰ μὴ ὁ 'ἐν μορφῇ Θεοῦ ὑπάρχων ἔλαβε δούλου μορφήν·' οὕτως
καὶ ὁ Δαβὶδ δείκνυσιν, ὅτι οὐκ ἂν ἄλλως μετέσχομεν τοῦ Πνεύ-
ματος καὶ ἡγιάσθημεν, εἰ μὴ ὁ τοῦ Πνεύματος δοτὴρ αὐτὸς ὁ
Λόγος ἔλεγεν ἑαυτὸν ὑπὲρ ἡμῶν τῷ Πνεύματι χρίεσθαι. Διὸ
καὶ βεβαίως ἐλάβομεν, αὐτοῦ λεγομένου κεχρίσθαι σαρκί. Τῆς
γὰρ ἐν αὐτῷ σαρκὸς πρώτης ἁγιασθείσης, καὶ αὐτοῦ λεγομένου δι'
αὐτὴν εἰληφέναι, ὡς ἀνθρώπου, ἡμεῖς ἐπακολουθοῦσαν ἔχομεν
τὴν τοῦ Πνεύματος χάριν, ἐκ τοῦ πληρώματος αὐτοῦ λαμβά- John i. 16.
νοντες.

51. Τὸ δὲ, ''Ηγάπησας δικαιοσύνην, καὶ ἐμίσησας ἀδικίαν,' Ps. xliv. (xlv.)
πρόσκειται ἐν τῷ ψαλμῷ, οὐχ, ὡς ὑμεῖς πάλιν νοεῖτε, 'τρεπτὴν' 7.
δεικνύον τοῦ Λόγου τὴν φύσιν, ἀλλὰ μᾶλλον καὶ ἐκ τούτου τὸ
ἄτρεπτον αὐτοῦ σημαῖνον. 'Επειδὴ γὰρ τῶν γενητῶν ἡ φύσις
ἐστὶ τρεπτὴ, καὶ οἱ μὲν παρέβησαν, οἱ δὲ παρήκουσαν, ὥσπερ
εἴρηται· ἥ τε πρᾶξις αὐτῶν οὐκ ἔστι βεβαία, ἀλλὰ πολλάκις
ἐνδέχεται τὸν νῦν ἀγαθὸν μετὰ ταῦτα τρέπεσθαι, καὶ ἕτερον
γίνεσθαι, ὡς τὸν ἄρτι δίκαιον ἄδικον μετ' ὀλίγον εὑρεθῆναι· διὰ
τοῦτο πάλιν ἀτρέπτου χρεία ἦν, ἵνα τὸ ἀμετάβλητον τῆς τοῦ
Λόγου δικαιοσύνης ἔχωσιν εἰκόνα καὶ τύπον πρὸς ἀρετὴν οἱ
ἄνθρωποι. Ἡ δὲ τοιαύτη διάνοια ἔχει καὶ τὴν αἰτίαν τοῖς
εὐφρονοῦσιν εὔλογον. 'Επειδὴ γὰρ 'ὁ πρῶτος ἄνθρωπος Ἀδὰμ' 1 Cor. xv. 45.
ἐτράπη, καὶ 'διὰ τῆς ἁμαρτίας ὁ θάνατος εἰσῆλθεν εἰς τὸν κόσμον,' Rom. v. 12.
διὰ τοῦτο τὸν δεύτερον Ἀδὰμ ἔπρεπεν ἄτρεπτον εἶναι· ἵνα, κἂν
πάλιν ὁ ὄφις ἐπιχειρήσῃ, αὐτοῦ μὲν τοῦ ὄφεως ἡ ἀπάτη ἐξασθε-
νήσῃ, τοῦ δὲ Κυρίου ἀτρέπτου καὶ ἀναλλοιώτου ὄντος, πρὸς
πάντας ὁ ὄφις ἀσθενὴς τοῖς ἐπιχειρήμασι γένηται. Ὥσπερ Ib.
γὰρ, τοῦ Ἀδὰμ παραβάντος, 'εἰς πάντας ἀνθρώπους' ἔφθασεν ἡ

ἁμαρτία, οὕτως, τοῦ Κυρίου γενομένου ἀνθρώπου, καὶ τὸν ὄφιν ἀνατρέψαντος, εἰς πάντας ἀνθρώπους ἡ τοιαύτη ἰσχὺς διαβήσεται, ὥστε λέγειν ἕκαστον ἡμῶν· 'Οὐ γὰρ αὐτοῦ τὰ νοήματα ἀγνοοῦμεν.' Οὐκοῦν εἰκότως ὁ Κύριος ὁ ἀεὶ καὶ φύσει ἄτρεπτος, 'ἀγαπῶν δικαιοσύνην, καὶ μισῶν ἀδικίαν,' χρίεται, καὶ αὐτὸς ἀποστέλλεται, ἵνα ὁ αὐτός τε ὢν καὶ αὐτὸς διαμένων, τὴν τρεπτὴν σάρκα λαβὼν, 'τὴν μὲν ἁμαρτίαν ἐν αὐτῇ κατακρίνῃ,' ἐλευθέραν δὲ αὐτὴν κατασκευάσῃ εἰς τὸ δύνασθαι λοιπὸν 'τὸ δικαίωμα τοῦ νόμου πληροῦν' ἐν αὐτῇ, ὥστε καὶ λέγειν δύνασθαι· 'Ἡμεῖς δὲ οὐκ ἐσμὲν ἐν σαρκὶ, ἀλλ' ἐν Πνεύματι, εἴπερ Πνεῦμα Θεοῦ οἰκεῖ ἐν ἡμῖν.'

52. Μάτην ὑμῖν ἄρα καὶ νῦν, ὦ Ἀρειανοὶ, ἡ τοιαύτη ὑπόνοια γεγένηται, καὶ μάτην ἐπροφασίσασθε τὰ ῥήματα τῶν Γραφῶν· ὁ Λόγος γὰρ ὁ τοῦ Θεοῦ ἄτρεπτός ἐστι, καὶ ἀεὶ καὶ ὡσαύτως ἔχει, οὐχ ἁπλῶς, ἀλλ' ὡς ὁ Πατήρ. Ἐπεὶ πῶς ὅμοιος, εἰ μὴ οὕτως ἐστίν; ἢ πῶς πάντα τὰ τοῦ Πατρὸς τοῦ Υἱοῦ ἐστιν, εἰ μὴ καὶ τὸ ἄτρεπτον καὶ τὸ ἀναλλοίωτον τοῦ Πατρὸς ἔχει; Οὐχ ὡς ὑποκείμενος δὲ νόμοις, καὶ τὴν ἐπὶ θάτερα ῥοπὴν ἔχων, τὸ μὲν ἀγαπᾷ, τὸ δὲ μισεῖ, ἵνα μὴ, φόβῳ τοῦ ἐκπεσεῖν, τὸ ἕτερον προσλαμβάνῃ, καὶ ἄλλως πάλιν τρεπτὸς εἰσάγηται· ἀλλ' ὡς Θεὸς ὢν καὶ Λόγος τοῦ Πατρὸς, κριτής ἐστι δίκαιος καὶ φιλάρετος, μᾶλλον δὲ καὶ χορηγὸς ἀρετῆς. Δίκαιος οὖν φύσει καὶ ὅσιος ὢν, διὰ τοῦτο 'ἀγαπᾷν λέγεται δικαιοσύνην καὶ μισεῖν ἀδικίαν·' ἴσον τῷ εἰπεῖν, ὅτι τοὺς μὲν ἐναρέτους ἀγαπᾷ καὶ προσλαμβάνεται, τοὺς δὲ ἀδίκους ἀποστρέφεται καὶ μισεῖ. Καὶ γὰρ καὶ περὶ τοῦ Πατρὸς τὸ αὐτὸ λέγουσιν αἱ θεῖαι Γραφαί· 'Δίκαιος Κύριος καὶ δικαιοσύνας ἠγάπησε·' καὶ, 'Ἐμίσησας πάντας τοὺς ἐργαζομένους τὴν ἀνομίαν·' καὶ, 'Τὰς μὲν πύλας Σιὼν ἀγαπᾷ, τὰ δὲ σκηνώματα Ἰακὼβ' οὐ περὶ πολλοῦ ποιεῖται· καὶ, 'Τὸν μὲν Ἰακὼβ ἠγάπησε, τὸν δὲ Ἡσαῦ ἐμίσησε·' κατὰ δὲ τὸν Ἡσαΐαν, φωνὴ Θεοῦ ἐστι πάλιν λέγοντος· 'Ἐγώ εἰμι Κύριος, ὁ ἀγαπῶν δικαιοσύνην, καὶ μισῶν ἁρπάγματα ἐξ ἀδικίας.' Ἡ τοίνυν κἀκεῖνα τὰ ῥήματα ὡς ταῦτα ἐκλαμβανέτωσαν· καὶ γὰρ κἀκεῖνα περὶ τῆς εἰκόνος τοῦ Θεοῦ γέγραπται· ἢ καὶ ταῦτα ὡς ἐκεῖνα κακῶς διανοούμενοι, τρεπτὸν καὶ τὸν Πατέρα ἐπινοείτωσαν. Εἰ δὲ καὶ μόνον ἀκούειν τοῦτο λεγόντων ἑτέρων οὐκ ἔστιν ἀκίνδυνον,

I. 53.] *is said to 'love righteousness.'* 55

διὰ τοῦτο καλῶς διανοούμεθα τὸ λέγεσθαι τὸν Θεὸν 'δικαιοσύνας ἀγαπᾶν, καὶ μισεῖν ἁρπάγματα ἐξ ἀδικίας,' οὐχ ὡς ἐπὶ θάτερα ῥοπὴν ἔχοντος αὐτοῦ καὶ δεκτικοῦ τοῦ ἐναντίου, ὥστε τοῦτο μὲν ἐκλέγεσθαι, ἐκεῖνο δὲ μὴ αἱρεῖσθαι· τοῦτο γὰρ τῶν γενητῶν ἴδιόν ἐστιν· ἀλλ' ὅτι, ὡς κριτὴς, τοὺς μὲν δικαίους ἀγαπᾷ καὶ προσλαμβάνεται, τῶν δὲ φαύλων μακρὰν γίνεται· ἀκόλουθον ἂν εἴη καὶ περὶ τῆς εἰκόνος τοῦ Θεοῦ τοιαῦτα νοεῖν, ὅτι οὕτως ἀγαπᾷ καὶ μισεῖ. Τοιαύτην γὰρ εἶναι τὴν φύσιν τῆς εἰκόνος δεῖ, οἷός ἐστιν ὁ ταύτης Πατὴρ, κἂν οἱ Ἀρειανοὶ, ὡς τυφλοὶ, μήτε ταύτην, μήτε ἄλλο τι τῶν θείων λογίων βλέπωσιν. Ἐκπεσόντες γὰρ τῶν ἀπὸ καρδίας αὐτῶν ἐννοιῶν, μᾶλλον δὲ παρανοιῶν, ἐπὶ ῥητὰ πάλιν τῶν θείων Γραφῶν καταφεύγουσιν, εἰς ἃ καὶ αὐτὰ συνήθως ἀναισθητοῦντες, οὐχ ὁρῶσι τὸν ἐν τούτοις νοῦν· ἀλλ' ὡς κανόνα τινὰ τὴν ἰδίαν ἀσέβειαν θέμενοι, πρὸς τοῦτον πάντα τὰ θεῖα λόγια διαστρέφουσιν· οἵτινες καὶ μόνον αὐτὰ φθεγγόμενοι, οὐδὲν ἕτερον ἀκούειν εἰσὶν ἄξιοι ἢ, 'Πλανᾶ- Matt.xxii.29. σθε, μὴ εἰδότες τὰς Γραφὰς, μηδὲ τὴν δύναμιν τοῦ Θεοῦ.' *Ἂν δὲ καὶ ἐπιμένωσι, πάλιν ἐντρέπεσθαι καὶ ἀκούειν, 'Ἀπόδοτε τὰ Ib. 21. τοῦ ἀνθρώπου τῷ ἀνθρώπῳ, καὶ τὰ τοῦ Θεοῦ τῷ Θεῷ.'

53. Γεγράφθαι τοίνυν, φασὶν, ἐν μὲν ταῖς Παροιμίαις· 'Κύριος ἔκτισέ με ἀρχὴν ὁδῶν αὐτοῦ εἰς ἔργα αὐτοῦ·' ἐν δὲ τῇ Prov. viii. 22. πρὸς Ἑβραίους Ἐπιστολῇ, τοῦ Ἀποστόλου λέγοντος· 'Τοσούτῳ Heb. i. 4. κρείττων γενόμενος τῶν ἀγγέλων, ὅσῳ διαφορώτερον παρ' αὐτοὺς κεκληρονόμηκεν ὄνομα·' καὶ μετ' ὀλίγα· 'Ὅθεν, ἀδελφοὶ ἅγιοι, Ib. iii. 1. κλήσεως ἐπουρανίου μέτοχοι, κατανοήσατε τὸν ἀπόστολον καὶ ἀρχιερέα τῆς ὁμολογίας ἡμῶν, Ἰησοῦν, πιστὸν ὄντα τῷ ποιήσαντι αὐτόν·' καὶ ἐν ταῖς Πράξεσι δὲ, 'Γνωστὸν οὖν ἔστω πᾶσιν ὑμῖν, Acts ii. 36. πᾶς οἶκος Ἰσραὴλ, ὅτι καὶ Κύριον αὐτὸν καὶ Χριστὸν ἐποίησεν ὁ Θεὸς τοῦτον τὸν Ἰησοῦν, ὃν ὑμεῖς ἐσταυρώσατε.' Ταῦτα ἄνω καὶ κάτω προφέροντες, καὶ πλανώμενοι περὶ τὴν διάνοιαν, ἐνόμισαν ἐκ τούτων 'κτίσμα καὶ ποίημα εἶναι καὶ ἕνα τῶν γενητῶν' τὸν τοῦ Θεοῦ Λόγον· οὕτω τε ἀπατῶσι τοὺς ἀνοήτους, πρόφασιν μὲν προβαλλόμενοι τὰ ῥητὰ, ἀντὶ δὲ τῆς ἀληθινῆς διανοίας τὸν ἴδιον τῆς αἱρέσεως ἰὸν ἐπισπείροντες· 'εἰ γὰρ ἐγίνωσκον,' οὐκ ἂν 1 Cor. ii. 8. ἠσέβουν εἰς 'τὸν Κύριον τῆς δόξης,' οὐδὲ τὰ καλῶς γραφέντα παρηρμήνευον. Εἰ μὲν οὖν ἐκ φανεροῦ λοιπὸν ἀναδεξάμενοι

τὸν τοῦ Καϊάφα τρόπον, 'Ιουδαΐζειν ἔκριναν, ὥστε ἀγνοεῖν τὸ γεγραμμένον, ὅτι ' ὄντως ὁ Θεὸς ἐπὶ τῆς γῆς κατοικήσει·' μὴ ἐξεταζέτωσαν τὰς ἀποστολικὰς λέξεις· οὐ γὰρ Ἰουδαίων τοῦτο· εἰ δὲ καὶ, τοῖς ἀθέοις Μανιχαίοις ἑαυτοὺς ἐγκαταμίξαντες, ἀρνοῦνται τὸ, '' Ὁ Λόγος σὰρξ ἐγένετο,' καὶ τὴν ἔνσαρκον αὐτοῦ παρουσίαν, μὴ προφερέτωσαν τὰς Παροιμίας· ἀλλότριον γὰρ καὶ τῶν Μανιχαίων τοῦτο· εἰ δὲ διὰ τὸ πρόβλημα, καὶ ὅπερ ἐκ τούτου κέρδος τῆς φιλοχρηματίας ἐσχήκασι, διά τε τὴν ἐν τῷ δοκεῖν φιλοδοξίαν οὐ τολμῶσιν ἀρνεῖσθαι τὸ, '' Ὁ Λόγος σὰρξ ἐγένετο,' ἐπειδὴ καὶ γέγραπται· ἢ καὶ τὰ ῥήματα τὰ περὶ τούτου γεγραμμένα διανοείσθωσαν ὀρθῶς εἰς τὴν ἐνσώματον παρουσίαν τοῦ Σωτῆρος· ἢ εἰ τὴν διάνοιαν ἀρνοῦνται, ἀρνείσθωσαν ὅτι καὶ ἄνθρωπος γέγονεν ὁ Κύριος. Ἀπρεπὲς γὰρ ὁμολογεῖν μὲν, ὅτι ' ὁ Λόγος σὰρξ ἐγένετο,' ἐρυθριᾶν δὲ ἐπὶ τοῖς γεγραμμένοις περὶ αὐτοῦ, καὶ διὰ τοῦτο τὴν τούτων διάνοιαν διαφθείρειν.

54. Γέγραπται μὲν γὰρ, ' τοσούτῳ κρείττων γενόμενος τῶν ἀγγέλων·' τοῦτο γὰρ ἐξετάσαι πρῶτον ἀναγκαῖον· δεῖ δὲ, ὡς ἐπὶ πάσης τῆς θείας Γραφῆς προσήκει ποιεῖν, καὶ ἀναγκαῖόν ἐστιν, οὕτω καὶ ἐνταῦθα, καθ' ὃν εἶπεν ὁ Ἀπόστολος καιρὸν, καὶ τὸ πρόσωπον, κ̀αὶ τὸ πρᾶγμα, διόπερ ἔγραψε, πιστῶς ἐκλαμβάνειν, ἵνα μὴ παρὰ ταῦτα ἢ καὶ παρ' ἕτερόν τι τούτων ἀγνοῶν ὁ ἀναγινώσκων ἔξω τῆς ἀληθινῆς διανοίας γένηται. Τοῦτο γὰρ καὶ ὁ φιλομαθὴς εὐνοῦχος ἐκεῖνος εἰδὼς, παρεκάλει τὸν Φίλιππον λέγων· ' Δέομαί σου, περὶ τίνος ὁ προφήτης λέγει τοῦτο; περὶ ἑαυτοῦ, ἢ περὶ ἑτέρου τινός;' Ἐφοβεῖτο γὰρ μὴ, παρὰ πρόσωπον ἐκλαβὼν τὴν ἀνάγνωσιν, πλανηθῇ τῆς ὀρθῆς διανοίας. Καὶ οἱ μαθηταὶ δὲ θέλοντες τὸν καιρὸν τῶν λεγομένων μαθεῖν, παρεκάλουν τὸν Κύριον λέγοντες· ' Εἰπὲ ἡμῖν, πότε ταῦτα ἔσται; καὶ τί τὸ σημεῖον τῆς σῆς παρουσίας;' Καὶ αὐτοὶ, ἀκούοντες παρὰ τοῦ Σωτῆρος τὰ περὶ τοῦ τέλους, ἤθελον μαθεῖν καὶ τὸν καιρὸν, ἵνα μήτε αὐτοὶ πλανῶνται, ἀλλὰ καὶ τοὺς ἄλλους διδάσκειν δυνηθῶσι. Μαθόντες γοῦν, διωρθώσαντο μέλλοντας πλανᾶσθαι τοὺς ἀπὸ τῆς Θεσσαλονίκης. Ὅταν μὲν οὖν τῶν τοιούτων τις ἔχῃ καλῶς τὴν γνῶσιν, ὀρθὴν ἔχει καὶ ὑγιαίνουσαν τὴν τῆς πίστεως διάνοιαν· ἐὰν δὲ παρ' ἕτερόν τις ἐκλαμβάνῃ τι τούτων, εὐθὺς εἰς αἵρεσιν ἐκπίπτει. Παρὰ καιρὸν μὲν οὖν ἐπλανή-

I. 55.] *but neglect its point of view.* 57

θησαν οἱ μὲν περὶ Ὑμέναιον καὶ Ἀλέξανδρον ' λέγοντες τὴν ἀνά- 1 Tim. i. 20.
στασιν ἤδη γεγονέναι·' οἱ δὲ Γαλάται μετὰ τὸν καιρὸν, ἀγαπή- 2 Tim. ii. 17.
σαντες νῦν τὴν περιτομήν. Παρὰ πρόσωπον δὲ πεπόνθασι καὶ
πάσχουσι μέχρι νῦν Ἰουδαῖοι, νομίζοντες περὶ ἑνὸς ἐξ αὐτῶν
λέγεσθαι τὸ, ' Ἰδοὺ ἡ Παρθένος ἐν γαστρὶ ἕξει, καὶ τέξεται υἱὸν, Isa. vii. 14;
καὶ καλέσουσι τὸ ὄνομα αὐτοῦ Ἐμμανουὴλ, ὅ ἐστι μεθερμηνευ- Matt. i. 23.
όμενον, Μεθ' ἡμῶν ὁ Θεός·' καὶ ὅταν τὸ μὲν, ' Προφήτην ἡμῖν Deut. xviii.
ἀναστήσει ὁ Θεὸς,' νομίζωσι περὶ ἑνὸς τῶν προφητῶν λέγεσθαι· 15.
τὸ δὲ, ' Ὡς πρόβατον ἐπὶ σφαγὴν ἤχθη,' μὴ μανθάνωσι παρὰ τοῦ Isa. liii. 7.
Φιλίππου, ἀλλ' ὑπολαμβάνωσι περὶ τοῦ Ἡσαΐου λέγεσθαι, ἢ
περὶ ἄλλου τινὸς τῶν γενομένων προφητῶν.

55. Τοιαῦτα δὴ οὖν καὶ οἱ Χριστομάχοι παθόντες, εἰς μυσαρὰν
αἵρεσιν ἐκπεπτώκασιν. Εἰ γὰρ ἐγνώκεισαν τό τε πρόσωπον καὶ
τὸ πρᾶγμα καὶ τὸν καιρὸν τοῦ ἀποστολικοῦ ῥητοῦ, οὐκ ἂν, τὰ
ἀνθρώπινα εἰς τὴν θεότητα ἐκλαμβάνοντες, τοσοῦτον ἠσέβουν οἱ
ἄφρονες. Τοῦτο δὲ δυνατὸν ἰδεῖν, εἰ τὴν ἀρχὴν τοῦ ἀναγνώ-
σματός τις καλῶς ἐκλάβοι. Φησὶ γὰρ ὁ Ἀπόστολος· ' Πολυ- Heb. i. 1.
μερῶς καὶ πολυτρόπως πάλαι ὁ Θεὸς λαλήσας τοῖς πατράσιν ἐν
τοῖς προφήταις ἐπ' ἐσχάτων τῶν ἡμερῶν τούτων ἐλάλησεν ἡμῖν
ἐν Υἱῷ·' εἶτα μετ' ὀλίγα φησί· ' Δι' ἑαυτοῦ καθαρισμὸν τῶν Ib. 3, 4.
ἁμαρτιῶν ἡμῶν ποιησάμενος, ἐκάθισεν ἐν δεξιᾷ τῆς μεγαλωσύνης
ἐν ὑψηλοῖς, τοσούτῳ κρείττων γενόμενος τῶν ἀγγέλων, ὅσῳ
διαφορώτερον παρ' αὐτοὺς κεκληρονόμηκεν ὄνομα.' Περὶ τοῦ
καιροῦ ἄρα καθ' ὃν ' ἐλάλησεν ἡμῖν ἐν Υἱῷ,' ὅτε καὶ τῶν ἁμαρτιῶν
καθαρισμὸς γέγονε, μνημονεύει τὸ ἀποστολικὸν ῥητόν. Πότε δὲ
ἐλάλησεν ἡμῖν ἐν Υἱῷ; καὶ πότε γέγονε ' καθαρισμὸς τῶν ἁμαρ-
τιῶν;' πότε δὲ γέγονεν ἄνθρωπος, ἢ μετὰ τοὺς προφήτας ἐπ'
ἐσχάτων τῶν ἡμερῶν; Εἶτα τοῦ διηγήματος ὄντος περὶ τῆς καθ'
ἡμᾶς οἰκονομίας, λέγων περὶ τῶν ἐσχάτων καιρῶν, ἀκολούθως
ἐμνημόνευσεν, ὅτι μήτε τοὺς προτέρους χρόνους ἐσιώπησε τοῖς
ἀνθρώποις ὁ Θεός· ἐλάλησε γὰρ αὐτοῖς ' διὰ τῶν προφητῶν.' Καὶ
ἐπειδὴ καὶ προφῆται διηκόνησαν, καὶ ' δι' ἀγγέλων ὁ νόμος ἐλα- Ib. ii. 2.
λήθη,' καὶ ὁ Υἱὸς δὲ ἐπεδήμησε, καὶ ' ἦλθε διακονῆσαι,' ἀναγκαίως Matt. xx. 28.
ἐπήγαγε τὸ ' τοσούτῳ κρείττων γενόμενος τῶν ἀγγέλων,' δεῖξαι
θέλων, ὅτι ὅσον ὁ Υἱὸς διαφέρει δούλου, τοσοῦτον καὶ τῆς δια-
κονίας τῶν δούλων ἡ τοῦ Υἱοῦ διακονία κρείττων γέγονε. Τὴν

διακονίαν ἄρα διακρίνων ὁ Ἀπόστολος τήν τε παλαιὰν καὶ τὴν καινήν, παρρησιάζεται πρὸς Ἰουδαίους γράφων καὶ λέγων· 'τοσούτῳ κρείττων γενόμενος τῶν ἀγγέλων.' Διὰ τοῦτο γοῦν οὐδὲ τὸ ὅλον συγκριτικῶς εἴρηκε 'μείζων,' ἢ 'τιμιώτερος' γενόμενος, ἵνα μὴ ὡς περὶ ὁμογενῶν τούτου κἀκείνων τις λογίσηται· ἀλλὰ 'κρείττων' εἴρηκεν, ἵνα τὸ διαλλάττον τῆς φύσεως τοῦ Υἱοῦ πρὸς τὰ γεννητὰ γνωρίσῃ. Καὶ τούτων ἔχομεν τὴν ἀπόδειξιν ἐκ τῶν θείων Γραφῶν, τοῦ μὲν Δαβὶδ ψάλλοντος, 'Κρείσσων ἡμέρα μία ἐν ταῖς αὐλαῖς σου ὑπὲρ χιλιάδας·' τοῦ δὲ Σολομῶνος ἀναφωνοῦντος· 'Λάβετε παιδείαν, καὶ μὴ ἀργύριον, καὶ γνῶσιν ὑπὲρ χρυσίον δεδοκιμασμένον· κρείσσων γὰρ σοφία λίθων πολυτελῶν· πᾶν δὲ τίμιον οὐκ ἄξιον αὐτῆς ἐστι.' Πῶς γὰρ οὐκ εἰσὶν ἑτερούσια καὶ ἄλλα τὴν φύσιν ἡ σοφία καὶ οἱ ἀπὸ γῆς λίθοι; ποία δὲ συγγένεια ταῖς οὐρανίοις αὐλαῖς καὶ τοῖς ἐπὶ γῆς οἴκοις; ἢ τί ὅμοιον τῶν αἰωνίων καὶ πνευματικῶν τὰ πρόσκαιρα καὶ τὰ θνητά; Καὶ τοῦτο γὰρ ἦν ὃ Ἡσαΐας φησί· 'Τάδε λέγει Κύριος τοῖς εὐνούχοις· Ὅσοι ἂν φυλάξωνται τὰ σάββατά μου, καὶ ἐκλέξωνται ἃ ἐγὼ θέλω, καὶ ἀντέχωνται τῆς διαθήκης μου, δώσω αὐτοῖς ἐν τῷ οἴκῳ μου καὶ ἐν τῷ τείχει μου τόπον ὀνομαστόν· κρεῖσσον υἱῶν καὶ θυγατέρων ὄνομα αἰώνιον δώσω αὐτοῖς, καὶ οὐκ ἐκλείψει.' Οὕτως ἄρα οὐδεμία συγγένεια τῷ Υἱῷ πρὸς τοὺς ἀγγέλους ἐστί· μηδεμιᾶς δὲ οὔσης τῆς συγγενείας, οὐκ ἄρα συγκριτικῶς ἐλέχθη τὸ 'κρείττων,' ἀλλὰ διακριτικῶς διὰ τὸ ἀλλάττον τῆς τούτου φύσεως ἀπ' ἐκείνων. Καὶ αὐτὸς οὖν ὁ Ἀπόστολος τὸ 'κρείττων' ἑρμηνεύων, οὐκ ἐν ἄλλῳ τινὶ ἢ ἐν τῇ διαφορᾷ τοῦ Υἱοῦ πρὸς τὰ γενητὰ τίθησι λέγων, ὅτι ὁ μὲν Υἱός, τὰ δὲ δοῦλα· καὶ ὁ μὲν ὡς Υἱὸς μετὰ τοῦ Πατρὸς 'ἐν δεξιᾷ κάθηται,' τὰ δὲ ὡς δοῦλα παρέστηκε, καὶ 'ἀποστέλλεται, καὶ λειτουργεῖ.'

56. Τούτων δὲ οὕτως γεγραμμένων, οὐ γενητὸς ἐκ τούτων ὁ Υἱὸς σημαίνεται, ὦ Ἀρειανοί, ἀλλὰ μᾶλλον ἄλλος μὲν τῶν γενητῶν, ἴδιος δὲ τοῦ Πατρός, ἐν τοῖς κόλποις ὢν αὐτοῦ. Καὶ γὰρ καὶ τὸ γεγραμμένον ἐνταῦθα, 'γενόμενος,' οὔτε γενητὸν σημαίνει τὸν Υἱόν, ὥσπερ ὑμεῖς νομίζετε. Εἰ μὲν γὰρ ἁπλῶς εἰρήκει τὸ 'γενόμενος,' καὶ ἐσιώπησεν, ἡ πρόφασις ἦν τοῖς Ἀρειανοῖς· ἐπειδὴ δὲ τὸν 'Υἱὸν' προείρηκε, δι' ὅλης τῆς περικοπῆς

I. 57.] *'Became' may refer to Sonship.* 59

ἀποδείξας αὐτὸν ἄλλον εἶναι τῶν γενητῶν, οὐδὲ τὸ γενόμενος ἀπολελυμένως ἔθηκεν ἀλλὰ τὸ 'κρείττων' συνῆψε τῷ 'γενόμενος.' Ἀδιάφορον γὰρ ἡγήσατο τὴν λέξιν, εἰδὼς, ὡς ἐπὶ ὁμολογουμένου γνησίου Υἱοῦ ὁ λέγων τὸ 'γενόμενος' ἴσον τῷ 'γεγενῆσθαι,' καὶ ὅτι ἐστὶ 'κρείττων,' λέγει. Τὸ μὲν γὰρ γεννητὸν οὐ διαφέρει, κἂν λέγῃ τις 'γέγονεν,' ἢ, 'πεποίηται·' τὰ δὲ γενητὰ ἀδύνατον, δημιουργήματα ὄντα, λέγεσθαι 'γεννητὰ,' εἰ μὴ ἄρα, μετὰ ταῦτα μετασχόντα τοῦ γεννητοῦ Υἱοῦ, γεγεννῆσθαι καὶ αὐτὰ λέγονται, οὔτι γε διὰ τὴν ἰδίαν φύσιν, ἀλλὰ διὰ τὴν μετουσίαν τοῦ Υἱοῦ ἐν τῷ Πνεύματι. Καὶ τοῦτο πάλιν οἶδεν ἡ θεία Γραφή· ἐπὶ μὲν τῶν γενητῶν λέγουσα, 'Πάντα δι' αὐτοῦ John i. 3. ἐγένετο, καὶ χωρὶς αὐτοῦ ἐγένετο οὐδὲ ἕν·' καὶ, 'Πάντα ἐν Ps. ciii. (civ.) σοφίᾳ ἐποίησας·' ἐπὶ δὲ τῶν υἱῶν τῶν γεννητῶν, 'Ἐγένοντο τῷ $_{Job\,i.\,2.}^{24.}$ Ἰὼβ υἱοὶ ἑπτὰ καὶ θυγατέρες τρεῖς·' καὶ, 'Ἀβραὰμ δὲ ἦν ἑκατὸν Gen. xxi. 5. ἐτῶν, ὅτε ἐγένετο αὐτῷ Ἰσαὰκ ὁ υἱὸς αὐτοῦ·' ὁ δὲ Μωσῆς ἔλεγεν· ''Ἐὰν γένωνταί τινι υἱοί.' Οὐκοῦν εἰ μὲν τῶν γενητῶν ἄλλος ἐστὶ, τῆς δὲ τοῦ Πατρὸς οὐσίας μόνον ἴδιον γέννημα ὁ Υἱὸς, μεματαίωται τοῖς Ἀρειανοῖς ἡ περὶ τοῦ ' γενόμενος ' πρόφασις. Κἂν γὰρ ἐν τούτοις αἰσχυνθέντες βιάζωνται πάλιν λέγειν συγκριτικῶς εἰρῆσθαι τὰ ῥητὰ, καὶ διὰ τοῦτο εἶναι τὰ συγκρινόμενα ὁμογενῆ, ὥστε τὸν Υἱὸν τῆς τῶν ἀγγέλων εἶναι φύσεως· αἰσχυνθήσονται μὲν προηγουμένως ὡς τὰ Οὐαλεντίνου καὶ Καρποκράτους καὶ τῶν ἄλλων αἱρετικῶν ζηλοῦντες καὶ φθεγγόμενοι, ὧν ὁ μὲν τοὺς ἀγγέλους ὁμογενεῖς εἴρηκε τῷ Χριστῷ, ὁ δὲ Καρποκράτης ἀγγέλους τοῦ κόσμου δημιουργοὺς εἶναί φησι. Παρ' αὐτῶν γὰρ ἴσως μαθόντες καὶ οὗτοι, συγκρίνουσι τὸν τοῦ Θεοῦ Λόγον τοῖς ἀγγέλοις.

57. Ἀλλ' ἐντραπήσονται τοιαῦτα φανταζόμενοι παρὰ μὲν τοῦ ὑμνῳδοῦ λέγοντος, 'Τίς ὁμοιωθήσεται τῷ Κυρίῳ ἐν υἱοῖς Θεοῦ;' Ps. lxxxviii. καὶ, 'Τίς ὅμοιός σοι ἐν θεοῖς, Κύριε;' Ἀκούσονται δὲ ὅμως, ἐὰν $_{Exod.\,xv.\,11.}^{(lxxxix.)\,7.}$ ἄρα κἂν οὕτω μάθωσιν, ὡς ἐν μὲν τοῖς ὁμογενέσιν ὁμολογουμένως φιλεῖ τὰ τῆς συγκρίσεως γίνεσθαι, καὶ οὐκ ἐν τοῖς ἑτερογενέσιν. Οὐδεὶς γοῦν Θεὸν συγκρίνοι πρὸς ἄνθρωπον, οὐδὲ πάλιν ἄνθρωπον πρὸς τὰ ἄλογα, οὐδὲ ξύλα πρὸς λίθους, διὰ τὸ ἀνόμοιον τῆς φύσεως· ἀλλὰ Θεὸς μὲν ἀσύγκριτόν ἐστι πρᾶγμα· ἄνθρωπος δὲ πρὸς ἄνθρωπον συγκρίνεται, καὶ ξύλον πρὸς ξύλον,

καὶ λίθος πρὸς λίθον· καὶ οὐκ ἄν τις ἐπὶ τούτων εἴποι τὸ 'κρεῖττον,' ἀλλὰ τὸ 'μᾶλλον,' καὶ τὸ 'πλέον·' οὕτως Ἰωσὴφ ὡραῖος ἦν μᾶλλον παρὰ τοὺς ἀδελφοὺς αὐτοῦ, καὶ 'Ραχὴλ τῆς Λείας· ἀστὴρ δὲ ἀστέρος οὐχὶ 'κρείσσων,' ἀλλὰ μᾶλλον 'διαφέρει ἐν δόξῃ.' Ἐπὶ δὲ τῶν ἑτερογενῶν, ὅταν ταῦτά τις παραβάλλῃ πρὸς ἄλληλα, τότε τὸ 'κρεῖττον' πρὸς τὸ διαλλάττον λέγεται, καθάπερ ἐπὶ τῆς σοφίας καὶ τῶν λίθων εἴρηται. Εἰ μὲν οὖν εἰρηκὼς ἦν ὁ Ἀπόστολος, 'τοσούτῳ μᾶλλον ὁ Υἱὸς τῶν ἀγγέλων προάγει, ἢ, τοσούτῳ μείζων ἐστίν·' ἦν ἂν ὑμῖν πρόφασις, ὡς συγκρινομένου τοῦ Υἱοῦ πρὸς τοὺς ἀγγέλους· νῦν δὲ λέγων 'κρείττονα' αὐτὸν εἶναι, καὶ 'τοσούτῳ διαφέρειν,' ὅσῳ διέστηκεν υἱὸς δούλων, δείκνυσιν αὐτὸν ἄλλον εἶναι τῆς τῶν ἀγγέλων φύσεως. Λέγων δὲ πάλιν αὐτὸν εἶναι τὸν 'θεμελιώσαντα' τὰ πάντα, δείκνυσιν ἄλλον αὐτὸν εἶναι πάντων τῶν γενητῶν. Ἄλλου δὲ καὶ ἑτερουσίου αὐτοῦ ὄντος παρὰ τὴν τῶν γενητῶν φύσιν, ποία τῆς οὐσίας αὐτοῦ σύγκρισις ἢ ὁμοιότης πρὸς τὰ γενητά; Κἂν γὰρ πάλιν ἐνθυμηθῶσί τι τοιοῦτον, διελέγξει τούτους τὰ αὐτὰ λέγων ὁ Παῦλος· 'Τίνι γὰρ εἶπέ ποτε τῶν ἀγγέλων· Υἱός μου εἶ σὺ, ἐγὼ σήμερον γεγέννηκά σε; Καὶ πρὸς μὲν τοὺς ἀγγέλους λέγει· Ὁ ποιῶν τοὺς ἀγγέλους αὐτοῦ πνεύματα, καὶ τοὺς λειτουργοὺς αὐτοῦ πυρὸς φλόγα.'

58. Ἰδοὺ τῶν μὲν γενητῶν τὸ 'ποιεῖσθαι,' καὶ ταῦτα ποιήματα εἶναι λέγει· πρὸς δὲ τὸν Υἱὸν οὐ ποίησιν, οὐδὲ τὸ γενέσθαι, ἀλλὰ τὸ ἀΐδιον, καὶ τὸ βασιλέα, καὶ τὸ εἶναι δημιουργὸν, προσφωνεῖ λέγων· 'Ὁ θρόνος σου, ὁ Θεὸς, εἰς τὸν αἰῶνα τοῦ αἰῶνος· καὶ, Σὺ κατ' ἀρχὰς, Κύριε, τὴν γῆν ἐθεμελίωσας, καὶ ἔργα τῶν χειρῶν σου εἰσὶν οἱ οὐρανοί. Αὐτοὶ ἀπολοῦνται, σὺ δὲ διαμένεις.' Ἐξ ὧν καὶ αὐτοὶ συνιδεῖν ἠδύναντο, εἴπερ ἤθελον, ὅτι ἄλλος μέν ἐστιν ὁ δημιουργῶν, ἄλλα δὲ τὰ δημιουργήματα· καὶ ὁ μὲν Θεός ἐστι, τὰ δὲ γενητά ἐστιν, ἐξ οὐκ ὄντων πεποιημένα. Τὸ γὰρ λεγόμενον νῦν, 'αὐτοὶ ἀπολοῦνται,' οὐχ ὡς εἰς ἀπώλειαν ἐσομένης τῆς κτίσεώς φησιν, ἀλλ' ἵνα ἀπὸ τοῦ τέλους τὴν τῶν γενητῶν δείξῃ φύσιν. Τὰ γὰρ δυνάμενα ἀπολέσθαι, κἂν μὴ ἀπόληται διὰ τὴν χάριν τοῦ πεποιηκότος ταῦτα, ὅμως 'ἐξ οὐκ ὄντων' γέγονε, καὶ τὸ 'μὴ εἶναί ποτε' αὐτὰ μαρτυρεῖται. Διὰ τοῦτο γοῦν ὡς τούτων τοιαύτην ἐχόντων τὴν φύσιν, λέγεται ἐπὶ

I. 59.] *but compared with the Father.* 61

τοῦ Υἱοῦ τὸ 'σὺ δὲ διαμένεις,' ἵνα τὸ ἀΐδιον αὐτοῦ δειχθῇ· οὐ γὰρ ἔχων τὸ δύνασθαι ἀπολέσθαι, ὥσπερ ἔχει τὰ γενητά, ἔχων δὲ τὸ διαμένειν ἀεὶ, ἀλλότριον μέν ἐστιν αὐτοῦ τὸ λέγεσθαι, 'οὐκ ἦν πρὶν γεννηθῇ,' ἴδιον δὲ τὸ ἀεὶ εἶναι, καὶ συνδιαμένειν σὺν τῷ Πατρί. Εἰ μὲν οὖν μὴ ταῦτα γράψας ἦν ὁ Ἀπόστολος ἐν τῇ πρὸς Ἑβραίους ἐπιστολῇ, κἂν ἐκ τῶν ἄλλων ἐπιστολῶν αὐτοῦ, καὶ πάσης τῆς Γραφῆς ἀληθῶς ἐκωλύοντό τι τοιοῦτον φαντάζεσθαι περὶ τοῦ Λόγου· ἐπειδὴ δὲ αὐτός τε ἔγραψε, καὶ ἐν τοῖς ἔμπροσθεν δέδεικται γέννημα τῆς τοῦ Πατρὸς οὐσίας ὢν ὁ Υἱός· καὶ αὐτὸς μὲν δημιουργός, τὰ δὲ δημιουργεῖται παρ' αὐτοῦ· καὶ αὐτὸς μὲν ἀπαύγασμα καὶ Λόγος, καὶ εἰκὼν, καὶ Σοφία τοῦ Πατρός ἐστι, τὰ δὲ γενητὰ κάτω που τῆς Τριάδος ἐστὶ παραστήκοντα καὶ δουλεύοντα· ἑτερογενὴς ἄρα καὶ ἑτερούσιός ἐστιν ὁ Υἱὸς τῶν γενητῶν, καὶ μᾶλλον τῆς τοῦ Πατρὸς οὐσίας ἴδιος καὶ ὁμοφυὴς τυγχάνει. Διὰ τοῦτο γὰρ καὶ αὐτὸς ὁ Υἱὸς οὐκ εἴρηκεν, 'Ὁ Πατήρ μου κρείττων μού ἐστιν,' ἵνα μὴ John xiv. 28. ξένον τις τῆς ἐκείνου φύσεως αὐτὸν ὑπολάβοι· ἀλλὰ 'μείζων' εἶπεν, οὐ μεγέθει τινὶ, οὐδὲ χρόνῳ, ἀλλὰ διὰ τὴν ἐξ αὐτοῦ τοῦ Πατρὸς γέννησιν· πλὴν ὅτι καὶ ἐν τῷ εἰπεῖν 'μείζων ἐστὶν,' ἔδειξε πάλιν τὴν τῆς οὐσίας ἰδιότητα.

59. Καὶ ὁ Ἀπόστολος δὲ αὐτὸς οὐ τὴν οὐσίαν τοῦ Λόγου προηγουμένως συγκρῖναι θέλων πρὸς τὰ γενητὰ ἔλεγε, 'τοσούτῳ κρείττων γενόμενος τῶν ἀγγέλων·' ἀσύγκριτος γὰρ, μᾶλλον δὲ ἄλλο καὶ ἄλλο ἐστίν· ἀλλὰ πρὸς τὴν ἔνσαρκον ἐπιδημίαν τοῦ Λόγου βλέπων καὶ τὴν τότε παρ' αὐτοῦ γενομένην οἰκονομίαν, ἠθέλησε δεῖξαι οὐχ ὅμοιον εἶναι τοῦτον τοῖς πρότερον· ἵνα, ὅσῳ τῇ φύσει διαφέρει τῶν προαποσταλέντων παρ' αὐτοῦ, τοσούτῳ καὶ πλέον ἡ παρ' αὐτοῦ καὶ δι' αὐτοῦ γενομένη χάρις κρείττων τῆς δι' ἀγγέλων διακονίας γένηται. δούλων μὲν γὰρ ἦν ἀπαι- Matt. xxi. 34. τεῖν μόνον τοὺς καρποὺς, Υἱοῦ δὲ καὶ δεσπότου χαρίσασθαι τὰς ὀφειλὰς, καὶ μεταθεῖναι τὸν ἀμπελῶνα. Καὶ τὰ ἐπιφερόμενα γοῦν παρὰ τοῦ Ἀποστόλου δείκνυσι τὴν διαφορὰν τοῦ Υἱοῦ πρὸς τὰ γενητὰ λέγοντος· 'Διὰ τοῦτο δεῖ περισσοτέρως προσέχειν Heb. ii. 1-3, ἡμᾶς τοῖς ἀκουσθεῖσι, μήποτε παραρρυῶμεν. Εἰ γὰρ ὁ δι' ἀγγέλων λαληθεὶς λόγος ἐγένετο βέβαιος, καὶ πᾶσα παράβασις καὶ παρακοὴ ἔλαβεν ἔνδικον μισθαποδοσίαν· πῶς ἡμεῖς ἐκφευξόμεθα,

τηλικαύτης ἀμελήσαντες σωτηρίας; ἥτις ἀρχὴν λαβοῦσα λαλεῖσθαι διὰ τοῦ Κυρίου, ὑπὸ τῶν ἀκουσάντων εἰς ἡμᾶς ἐβεβαιώθη.' Εἰ δὲ τῶν γενητῶν εἷς ἦν ὁ Υἱός, οὐ ' κρείττων' αὐτῶν ἦν, οὔτε ἐν τῇ ' παρακοῇ' τὸ μεῖζον τῆς τιμωρίας δι' αὐτὸν ἀπέκειτο. Οὐδὲ γὰρ ἐν τῇ διακονίᾳ τῶν ἀγγέλων ἐνῆν καθ' ἕκαστον αὐτῶν τὸ μεῖζον καὶ ἔλαττον ἐν τοῖς παραβαίνουσιν· ἀλλ' εἷς ἦν ὁ νόμος, καὶ μία ἡ κατὰ τῶν παραβαινόντων ἐκδικία. Ἐπειδὴ δὲ οὐκ ἔστι τῶν γενητῶν ὁ Λόγος, ἀλλ' Υἱὸς τοῦ Πατρὸς, διὰ τοῦτο ὅσῳ κρείττων αὐτός, καὶ τὰ δι' αὐτοῦ κρείττονα καὶ παρηλλαγμένα ἐστὶ, τοσούτῳ καὶ ἡ τιμωρία χείρων γένοιτο. Θεασάσθωσαν γοῦν τὴν διὰ τοῦ Υἱοῦ χάριν, καὶ ἐπιγνώτωσαν καὶ ἐκ τῶν ἔργων μαρτυρούμενον αὐτὸν, ὅτι τῶν μὲν γενητῶν ἄλλος ἐστὶ, μόνος δὲ αὐτὸς Υἱὸς ἀληθινὸς ἐν τῷ Πατρὶ, καὶ ὁ Πατὴρ ἐν αὐτῷ. Ὁ νόμος δὲ ' δι' ἀγγέλων ἐλαλήθη,' καὶ ' οὐδένα τετελείωκε ' δεόμενος τῆς τοῦ Λόγου ἐπιδημίας, ὡς εἴρηκεν ὁ Παῦλος· ἡ δὲ τοῦ Λόγου ἐπιδημία ' τετελείωκε τὸ ἔργον' τοῦ Πατρός. Καὶ τότε μὲν ' ἀπὸ Ἀδὰμ μέχρι Μωσέως ὁ θάνατος ἐβασίλευσεν·' ἡ δὲ τοῦ Λόγου παρουσία ' κατήργησε τὸν θάνατον·' καὶ οὐκέτι μὲν ' ἐν τῷ Ἀδὰμ πάντες ἀποθνήσκομεν·' ἐν δὲ τῷ Χριστῷ πάντες ζωοποιούμεθα.' Καὶ τότε μὲν ἀπὸ Δὰν μέχρι Βηρσαβεὲ ὁ νόμος κατηγγέλλετο, καὶ ἐν μόνῃ ' τῇ Ἰουδαίᾳ γνωστὸς ἦν ὁ Θεός·' νῦν δὲ ' εἰς πᾶσαν τὴν γῆν ἐξῆλθεν ὁ φθόγγος αὐτῶν,' καὶ ' πᾶσα ἡ γῆ πεπλήρωται τῆς περὶ Θεοῦ γνώσεως,' οἵ τε μαθηταὶ ' ἐμαθήτευσαν πάντα τὰ ἔθνη,' καὶ πεπλήρωται νῦν τὸ γεγραμμένον ' Ἔσονται πάντες διδακτοὶ Θεοῦ.' Καὶ τότε μὲν τύπος ἦν τὰ δεικνύμενα, ἄρτι δὲ ἡ ἀλήθεια πεφανέρωται· καὶ τοῦτο πάλιν αὐτὸς ὁ Ἀπόστολος μετὰ ταῦτα φανερώτερον ἐξηγεῖται λέγων· ' Κατὰ τοσοῦτον κρείττονος διαθήκης γέγονεν ἔγγυος Ἰησοῦς·' καὶ πάλιν· ' Νῦν δὲ διαφορωτέρας τετύχηκε λειτουργίας, ὅσῳ καὶ κρείττονός ἐστι διαθήκης μεσίτης, ἥτις ἐπὶ κρείττοσιν ἐπαγγελίαις νενομοθέτηται·' καὶ, ' Οὐδὲν γὰρ ἐτελείωσεν ὁ νόμος, ἐπεισαγωγὴ δὲ κρείττονος ἐλπίδος.' Καὶ αὖθίς φησιν· ' Ἀνάγκη οὖν τὰ μὲν ὑποδείγματα τῶν ἐν τοῖς οὐρανοῖς τούτοις καθαρίζεσθαι· αὐτὰ δὲ τὰ ἐπουράνια κρείττοσι θυσίαις παρὰ ταύτας.' Τὸ ἄρα ' κρεῖττον' καὶ νῦν καὶ δι' ὅλων τῷ Κυρίῳ ἀνατίθησι, τῷ κρείττονι καὶ ἄλλῳ παρὰ τὰ γενητὰ τυγχάνοντι. Κρείττων γὰρ ἡ δι' αὐτοῦ

I. 60.] *'Became' may refer to Incarnation.* 63

θυσία· κρείττων ἡ ἐν αὐτῷ ἐλπίς· καὶ αἱ δι' αὐτοῦ ἐπαγγελίαι, οὐχ ὡς πρὸς μικρὰ μεγάλαι συγκρινόμεναι, ἀλλ' ὡς ἄλλαι πρὸς ἄλλα τὴν φύσιν τυγχάνουσαι· ἐπεὶ καὶ ὁ ταῦτα οἰκονομήσας κρείττων τῶν γενητῶν ἐστι.

60. Καὶ τὸ λεγόμενον πάλιν, 'γέγονεν ἔγγυος,' τὴν ὑπὲρ ἡμῶν ἐγγύην, τὴν παρ' αὐτοῦ γενομένην, σημαίνει. Ὡς γὰρ Λόγος ὤν, 'σὰρξ ἐγένετο,' καὶ τὸ 'γενέσθαι' τῇ σαρκὶ λογιζόμεθα· (γενητὴ γάρ ἐστιν αὕτη καὶ κτιστὴ τυγχάνει οὖσα·) οὕτω καὶ ἐνταῦθα τὸ 'γέγονεν,' ἵνα τοῦτο κατὰ δεύτερον σημαινόμενον ἐκλάβωμεν, διὰ τὸ γενέσθαι αὐτὸν ἄνθρωπον, καὶ γνῶσιν οἱ φιλονεικοῦντες ὅτι καὶ ἀπὸ ταύτης τῆς κακονοίας ἑαυτῶν ἐκπίπτουσιν· ἀκουέτωσαν ὅτι οὐ τὴν οὐσίαν αὐτοῦ γεγενῆσθαι σημαίνει ὁ Παῦλος, ὁ εἰδὼς αὐτὸν Υἱὸν καὶ Σοφίαν, καὶ ἀπαύγασμα, καὶ εἰκόνα τοῦ Πατρός, ἀλλ' εἰς τὴν τῆς διαθήκης διακονίαν τὸ 'γενέσθαι' καὶ νῦν λογίζεται, καθ' ἣν ὁ ποτὲ 'βασιλεύων θάνατος κατηργήθη.' Καὶ γὰρ καὶ κατὰ τοῦτο κρείττων ἢ δι' αὐτοῦ διακονία γέγονεν, ὅτι καὶ 'τὸ ἀδύνατον τοῦ νόμου, ἐν ᾧ ἠσθένει διὰ Rom. viii. 3. τῆς σαρκὸς, ὁ Θεὸς τὸν ἑαυτοῦ Υἱὸν πέμψας ἐν ὁμοιώματι σαρκὸς ἁμαρτίας, καὶ περὶ ἁμαρτίας κατέκρινε τὴν ἁμαρτίαν ἐν τῇ σαρκὶ,' ἐκστήσας ἀπ' αὐτῆς τὸ παράπτωμα, ἐν ᾧ διαπαντὸς ᾐχμαλωτίζετο, ὥστε μὴ δέχεσθαι τὸν θεῖον νοῦν. Τὴν δὲ σάρκα δεκτικὴν Ib. 4. τοῦ Λόγου κατασκευάσας, ἐποίησεν ἡμᾶς 'μηκέτι κατὰ σάρκα Ib. 9. περιπατεῖν, ἀλλὰ κατὰ πνεῦμα,' καὶ πολλάκις λέγειν· 'Ἡμεῖς δὲ οὐκ ἐσμὲν ἐν σαρκὶ, ἀλλ' ἐν πνεύματι·' καὶ, 'Ὅτι ἦλθεν ὁ τοῦ Θεοῦ Υἱὸς 'εἰς τὸν κόσμον, οὐχ ἵνα κρίνῃ τὸν κόσμον, ἀλλ' ἵνα' John iii. 17. πάντας λυτρώσηται, καὶ 'σωθῇ ὁ κόσμος δι' αὐτοῦ.' Τότε μὲν γὰρ, ὡς ὑπεύθυνος, ὁ κόσμος ἐκρίνετο ὑπὸ τοῦ νόμου· ἄρτι δὲ ὁ Λόγος εἰς ἑαυτὸν ἐδέξατο τὸ κρίμα, καὶ τῷ σώματι παθὼν ὑπὲρ πάντων, σωτηρίαν τοῖς πᾶσιν ἐχαρίσατο. Τοῦτο δὲ βλέπων κέκραγεν Ἰωάννης· 'Ὁ νόμος διὰ Μωσέως ἐδόθη, ἡ χάρις καὶ ἡ Ib. i. 17. ἀλήθεια διὰ Ἰησοῦ Χριστοῦ ἐγένετο.' Κρείττων δὲ ἡ χάρις ἢ ὁ νόμος, καὶ ἡ ἀλήθεια παρὰ τὴν σκιάν.

61. Τὸ οὖν 'κρείττων,' ὥσπερ εἴρηται, οὐχ οἷόν τε ἦν δι' ἑτέρου τινὸς γενέσθαι ἢ διὰ τοῦ Υἱοῦ, τοῦ 'καθημένου ἐν δεξιᾷ τοῦ Πατρός.' Τί δὲ τοῦτο σημαίνει, ἢ τὸ γνήσιον τοῦ Υἱοῦ, καὶ τὴν θεότητα τοῦ Πατρὸς ταύτην εἶναι τοῦ Υἱοῦ; Τήν τε γὰρ τοῦ

64   *The Coequality.*   [I. 62.

Πατρὸς βασιλείαν βασιλεύων ὁ Υἱὸς, ἐπὶ τὸν αὐτὸν θρόνον τῷ Πατρὶ κάθηται, καὶ τῇ τοῦ Πατρὸς θεότητι θεωρούμενος, ʼ Θεός ἐστιν ὁ Λόγος,ʼ καὶ ʻ ὁ βλέπων τὸν Υἱὸν βλέπει τὸν Πατέρα·ʼ καὶ οὕτως εἷς Θεός ἐστιν. ʼΕκ δεξιῶν γοῦν καθήμενος, ἀριστερὸν οὐ ποιεῖ τὸν Πατέρα· ἀλλʼ ὅπερ ἐστὶ δεξιὸν καὶ τίμιον ἐν τῷ Πατρὶ, τοῦτο καὶ ὁ Υἱὸς ἔχει, καὶ λέγει· ʻ Πάντα ὅσα ἔχει ὁ Πατὴρ, ἐμά ἐστι.ʼ Διὰ τοῦτο γὰρ καὶ καθήμενος ἐκ δεξιῶν ὁ Υἱὸς ὁρᾷ τὸν Πατέρα καὶ αὐτὸς ἐκ δεξιῶν, κἂν ὡς ἄνθρωπος γενόμενος λέγῃ· ʻ Προωρώμην τὸν Κύριόν μου ἐνώπιόν μου διὰ παντὸς, ὅτι ἐκ δεξιῶν μου ἐστὶν, ἵνα μὴ σαλευθῶ.ʼ Δείκνυται γὰρ πάλιν καὶ ἐν τούτῳ, ὡς ὁ Υἱὸς ἐν τῷ Πατρὶ καὶ ὁ Πατὴρ ἐν τῷ Υἱῷ. Δεξιοῦ γὰρ ὄντος τοῦ Πατρὸς, ἐν τῷ δεξιῷ ἐστιν ὁ Υἱός· καὶ καθημένου τοῦ Υἱοῦ ἐκ δεξιῶν, ὁ Πατήρ ἐστιν ἐν τῷ Υἱῷ. Καὶ οἱ μὲν ἄγγελοι διακονοῦσιν ἀνερχόμενοι καὶ κατερχόμενοι· περὶ δὲ τοῦ Υἱοῦ φησι, ʻ Καὶ προσκυνησάτωσαν αὐτῷ πάντες ἄγγελοι Θεοῦ·ʼ καὶ ὅτε μὲν ἄγγελοι διακονοῦσι, λέγουσιν ὅτι, ʻ ʼΑπεστάλην πρὸς σέ·ʼ καὶ, ʻ Κύριος ἐνετείλατοʼ ὁ δὲ Υἱὸς, κἂν λέγῃ ἀνθρωπίνως, ὅτι, ʻ ἀπεστάλην,ʼ καὶ ἔρχεται ʻ τὸ ἔργον τελειῶσαι ʼ καὶ ʻ διακονῆσαι,ʼ λέγει ὅμως, ὡς Λόγος καὶ εἰκὼν ὑπάρχων· ʻ ʼΕγὼ ἐν τῷ Πατρὶ, καὶ ὁ Πατὴρ ἐν ἐμοί ἐστι·ʼ καὶ, ʻ Ὁ ἑωρακὼς ἐμὲ ἑώρακε τὸν Πατέρα·ʼ καὶ, ʻ Ὁ Πατὴρ ἐν ἐμοὶ μένων, αὐτὸς τὰ ἔργα ποιεῖ·ʼ ἃ γὰρ ἐν τῇ εἰκόνι τις ταύτῃ θεωρεῖ, ταῦτα τοῦ Πατρός ἐστιν ἔργα. Ἔστι μὲν οὖν ἱκανὰ ταῦτα δυσωπῆσαι τοὺς μαχομένους πρὸς αὐτὴν τὴν ἀλήθειαν· εἰ δʼ ὅτι γέγραπται, ʻ γενόμενος κρείττων,ʼ τὸ ʻ γενόμενος ʼ οὐ θέλουσιν, ὡς περὶ Υἱοῦ λεγόμενον, ἴσον ἀκοῦσαι ʻ γεγενῆσθαι,ʼ καὶ ʻ ἔστιν,ʼ ἢ διὰ τὸ γεγενῆσθαι τὴν κρείττονα διακονίαν τὸ ʻ γενόμενος ʼ λαβεῖν καὶ νοεῖν, ὥσπερ εἴπομεν, ἀλλὰ νομίζουσιν ἐκ ταύτης τῆς λέξεως γενητὸν εἰρῆσθαι τὸν Λόγον· ἀκουέτωσαν συντόμῳ λόγῳ ταῦτα πάλιν, ἐπειδὴ τῶν εἰρημένων ἐπελάθοντο.

62. Εἰ μὲν ἐκ τῶν ἀγγέλων ἐστὶν ὁ Υἱὸς, ἔστω καὶ ἐπʼ αὐτοῦ ὡς ἐπʼ ἐκείνων τὸ ʻ γενόμενος,ʼ καὶ μηδὲν αὐτῶν κατὰ τὴν φύσιν διαφερέτω· ἀλλʼ ἔστωσαν ἢ καὶ οὗτοι ʻ υἱοὶ,ʼ ἢ κἀκεῖνος ʻ ἄγγελος,ʼ καὶ κοινῇ πάντες καθεζέσθωσαν ἐκ δεξιῶν τοῦ Πατρός· ἢ μετὰ πάντων καὶ ὁ Υἱὸς παρεστηκέτω ὡς ʻ λειτουργικὸν πνεῦμα εἰς διακονίαν ἀποστελλόμενος·ʼ καὶ αὐτὸς, ὁμοίως ἐκείνων. Εἰ δὲ

I. 63.] *'Become' refers to Incarnation.* 65

διίστησιν ὁ Παῦλος τὸν Υἱὸν ἀπὸ τῶν γενητῶν, λέγων· 'Τίνι Heb. i. 5. γὰρ εἶπέ ποτε τῶν ἀγγέλων· Υἱός μου εἶ σύ;' καὶ οὗτος μὲν δημιουργεῖ τὸν οὐρανὸν καὶ τὴν γῆν, αὐτοὶ δὲ παρ' αὐτοῦ γίνονται· καὶ αὐτὸς μὲν μετὰ τοῦ Πατρὸς καθέζεται, οἱ δὲ παρεστήκασι λειτουργοῦντες· τίνι πάλιν οὐκ ἔστι φανερὸν ὅτι οὐκ ἐπὶ τῆς οὐσίας τοῦ Λόγου ἔλεγε τὸ 'γενόμενος,' ἀλλ' ἐπὶ τῆς δι' αὐτοῦ γενομένης διακονίας; Ὡς γὰρ Λόγος ὤν, γέγονε σάρξ, οὕτω, γενόμενος ἄνθρωπος, 'γέγονε τοσούτῳ κρείττων' ἐν τῇ διακονίᾳ τῆς διὰ τῶν ἀγγέλων γενομένης διακονίας, ὅσῳ διαφέρει δούλων υἱός, καὶ δὲ δημιουργὸς τῶν δημιουργουμένων· ὥστε παυσάσθωσαν ἐπὶ τῆς οὐσίας τοῦ Υἱοῦ λαμβάνειν τὸ, 'γενόμενος·' οὐκ ἔστι γὰρ τῶν γενητῶν· καὶ γνώτωσαν, ὅτι τῆς διακονίας καὶ τῆς γενομένης οἰκονομίας σημαντικόν ἐστι τὸ, 'γενόμενος.' Πῶς δὲ γέγονε κρείττων ἐν τῇ διακονίᾳ, κρείττων ὢν τῇ φύσει παρὰ τὰ γενητὰ, δείκνυσι τὰ προειρημένα, καὶ ἡγοῦμαι μὲν κἂν οὕτως αὐτοὺς αἰσχύνεσθαι. *Ἂν δ' ἄρα φιλονεικῶσιν, ἀκόλουθον ἂν εἴη πρὸς τὴν ἀλόγιστον αὐτῶν τόλμαν ὁμόσε χωρῆσαι τούτοις, καὶ τὰ ὅμοια ῥητὰ περὶ αὐτοῦ τοῦ Πατρὸς εἰρημένα ἀντιθεῖναι τούτοις, ἵνα ἢ δυσωπηθέντες παύσωσιν ἑαυτῶν τὴν γλῶτταν ἀπὸ κακῶν, ἢ γνῶσιν εἰς ὅσον βάθος εἰσὶν ἀνοίας. Γέγραπται τοίνυν· 'Γενοῦ μοι εἰς Θεὸν ὑπερασπιστὴν, καὶ εἰς Ps. xxx. οἶκον καταφυγῆς, τοῦ σῶσαί με·' καὶ πάλιν· 'Ἐγένετο Κύριος Ib. ix. 19. καταφυγὴ τῷ πένητι·' καὶ ὅσα τοιαῦτα ἐν ταῖς θείαις Γραφαῖς εὑρίσκεται. Εἰ μὲν οὖν εἰς τὸν Υἱὸν εἰρῆσθαι ταῦτα λέγουσιν, ὃ δὴ τάχα καὶ μᾶλλον ἀληθές ἐστιν· ἐπιγνώτωσαν, ὅτι μὴ ὄντα γενητὸν αὐτὸν ἀξιοῦσι γενέσθαι βοηθὸν ἑαυτοῖς καὶ οἶκον καταφυγῆς οἱ ἅγιοι· καὶ λοιπὸν τὸ 'γενόμενος,' καὶ τὸ 'ἐποίησε,' καὶ τὸ 'ἔκτισεν,' εἰς τὴν ἔνσαρκον αὐτοῦ παρουσίαν λαμβανέτωσαν. Τότε γὰρ γέγονε βοηθὸς καὶ οἶκος καταφυγῆς, ὅτε 'τῷ 1 Pet. ii. 24. σώματι ἑαυτοῦ τὰς ἁμαρτίας ἡμῶν ἀνήνεγκεν ἐπὶ τὸ ξύλον,' καὶ ἔλεγε· 'Δεῦτε πρὸς μὲ, πάντες οἱ κοπιῶντες καὶ πεφορτισμένοι, Matt. xi. 28. κἀγὼ ἀναπαύσω ὑμᾶς.'

63. *Ἂν δὲ εἰς τὸν Πατέρα λέγωσιν εἰρῆσθαι τὰ ῥητὰ, ἆρ' ἐπειδὴ καὶ ἐνταῦθα γέγραπται τὸ 'γενοῦ,' καὶ τὸ 'ἐγένετο,' τοσούτῳ ἐπιχειρήσουσιν, ὥστε εἰπεῖν γενητὸν εἶναι τὸν Θεόν; Ναὶ τολμήσουσιν, ὥσπερ καὶ περὶ τοῦ Λόγου αὐτοῦ τοιαῦτα

F

διαλογίζονται· φέρει γὰρ αὐτοὺς ἡ ἀκολουθία τοιαῦτα καὶ περὶ τοῦ Πατρὸς ὑπονοεῖν, οἷα καὶ περὶ τοῦ Λόγου αὐτοῦ φαντάζονται. Ἀλλὰ μὴ γένοιτο μηδὲ εἰς νοῦν ποτέ τινος τῶν πιστῶν ἐλθεῖν τὸ τοιοῦτον! Οὔτε γὰρ ὁ Υἱὸς τῶν γενητῶν ἐστιν, οὔτε τὸ γεγραμμένον καὶ τὸ λεγόμενον ὧδε, 'γενοῦ,' καὶ, 'ἐγένετο,' ἀρχὴν τοῦ εἶναι σημαίνει, ἀλλὰ τὴν γενομένην βοήθειαν τοῖς δεομένοις. Ὁ μὲν γὰρ Θεὸς ἀεὶ καὶ ὁ αὐτός ἐστιν· οἱ δὲ ἄνθρωποι μετὰ ταῦτα γεγόνασι διὰ τοῦ Λόγου, ὅτε αὐτὸς ὁ Πατὴρ ἠθέλησε· καὶ ἔστιν ὁ Θεὸς ἀόρατος καὶ ἀπρόσιτος τοῖς γενητοῖς, καὶ μάλιστα τοῖς ἐπὶ γῆς ἀνθρώποις. Ὅταν τοίνυν ἀσθενοῦντες οἱ ἄνθρωποι παρακαλῶσιν, ὅταν διωκόμενοι δέωνται βοηθείας, ὅταν ἀδικούμενοι προσεύχωνται, τότε φιλάνθρωπος ὢν ὁ ἀόρατος ἐπιφαίνεται διὰ τῆς ἑαυτοῦ εὐεργεσίας, ἣν διὰ τοῦ ἰδίου αὐτοῦ Λόγου καὶ ἐν αὐτῷ ποιεῖται· καὶ λοιπὸν πρὸς τὴν χρείαν ἑκάστῳ γίνεται τὰ τῆς θεοφανείας· καὶ γίνεται τοῖς μὲν ἀσθενοῦσιν ἰσχὺς, τοῖς δὲ διωκομένοις καταφυγὴ καὶ οἶκος σωτηρίας· τοῖς δὲ ἀδικουμένοις λέγει· 'Ἔτι λαλοῦντός σου ἐρῶ, Ἰδοὺ πάρειμι.' Ὅπερ οὖν εἰς ἀντίληψιν ἑκάστῳ διὰ τοῦ Υἱοῦ γίνεται, τοῦτο τὸν Θεὸν ἕκαστος ἑαυτῷ 'γεγενῆσθαι' λέγει· ἐπειδὴ καὶ βοήθεια παρ' αὐτοῦ τοῦ Θεοῦ διὰ τοῦ Λόγου γίνεται. Τοῦτο οἶδε καὶ ἡ συνήθεια τῶν ἀνθρώπων, καὶ τοῦτο καὶ πᾶς ὁστισοῦν ὁμολογήσει καλῶς εἰρῆσθαι. Πολλάκις καὶ παρὰ ἀνθρώπων γέγονεν ἀνθρώποις βοήθεια· καὶ ὁ μὲν ἀδικουμένῳ συνέκαμεν, ὡς ὁ Ἀβραὰμ τῷ Λώτ· ὁ δὲ διωκομένῳ τὸν οἶκον ἠνέῳξεν, ὡς ὁ Ἀβδίας τοῖς υἱοῖς τῶν προφητῶν· καὶ ὁ μὲν τὸν ξένον ἀνέπαυσεν, ὡς ὁ Λὼτ τοὺς ἀγγέλους· ὁ δὲ τοῖς δεομένοις κεχορήγηκεν, ὡς ὁ Ἰὼβ τοῖς αἰτοῦσιν αὐτόν. Ὥσπερ οὖν ἕκαστος τῶν εὖ παθόντων εἰ λέγοι, 'Ὁ δεῖνά μοι γέγονε βοηθός·' καὶ ἄλλος εἰ λέγοι, 'Κἀμοὶ καταφυγὴ,' καὶ 'τούτῳ χορηγός·' λέγοντες δὲ ταῦτα, οὐ τὴν ἀρχὴν τῆς γενέσεως, οὐδὲ τὴν οὐσίαν τῶν εὖ ποιησάντων σημαίνουσιν, ἀλλὰ τὴν εἰς αὐτοὺς γινομένην παρ' ἐκείνων εὐεργεσίαν· οὕτως ὅταν λέγωσι περὶ τοῦ Θεοῦ οἱ ἅγιοι τὸ 'ἐγένετο,' καὶ τὸ 'γενοῦ,' οὐκ ἀρχήν τινα γενέσεως σημαίνουσιν (ἄναρχος γὰρ καὶ οὐ γενητὸς ὁ Θεός·) ἀλλὰ τὴν εἰς ἀνθρώπους παρ' αὐτοῦ γενομένην σωτηρίαν.

64. Τούτου δὲ οὕτως νοουμένου, ἀκόλουθον ἂν εἴη καὶ ἐπὶ

Apply this to Christ.

τοῦ Υἱοῦ, ὅσα δ' ἂν καὶ ὁσάκις ἂν λέγηται, 'ἐγένετο,' καὶ, 'γενοῦ,' τὴν αὐτὴν διάνοιαν σώζειν· ὥστε καὶ τὸ λεγόμενον, 'γενόμενος κρείττων τῶν ἀγγέλων,' καὶ, 'ἐγένετο,' ἀκούοντας, μὴ ἀρχήν τινα τοῦ γίνεσθαι ἐπινοεῖν τοῦ Λόγου, μηδὲ ὅλως ἐκ τούτων γενητὸν αὐτὸν φαντάζεσθαι· ἀλλ' ἐπὶ τῆς διακονίας καὶ οἰκονομίας, ὅτε γέγονεν ἄνθρωπος, νοεῖν τὸ λεγόμενον παρὰ τοῦ Παύλου. "Οτε γὰρ 'ὁ Λόγος σὰρξ ἐγένετο, καὶ ἐσκήνωσεν ἐν ἡμῖν,' ἦλθέ τε 'ἵνα διακονήσῃ' καὶ πᾶσι σωτηρίαν χαρίσηται, τότε ἡμῖν ἐγένετο σωτηρία, καὶ ἐγένετο ζωὴ, καὶ ἐγένετο ἱλασμός· τότε ἡ ὑπὲρ ἡμῶν αὐτοῦ οἰκονομία 'κρείττων γέγονε τῶν ἀγγέλων,' καὶ ἐγένετο ὁδὸς, καὶ ἐγένετο ἀνάστασις. Καὶ ὥσπερ τὸ, 'Γενοῦ μοι εἰς Θεὸν ὑπερασπιστὴν,' οὐκ οὐσίας γένεσιν σημαίνει αὐτοῦ τοῦ Θεοῦ, ἀλλὰ τὴν φιλανθρωπίαν, ὥσπερ εἴρηται· οὕτως καὶ νῦν τὸ 'γενόμενος κρείττων τῶν ἀγγέλων,' καὶ, 'ἐγένετο,' καὶ, 'τοσούτῳ κρείττων γέγονεν ἔγγυος ὁ Ἰησοῦς,' οὐ τὴν οὐσίαν τοῦ Λόγου γενητὴν σημαίνει, μὴ γένοιτο! ἀλλὰ τὴν γενομένην ἐκ τῆς ἐνανθρωπήσεως αὐτοῦ εἰς ἡμᾶς εὐεργεσίαν· κἂν ἀχάριστοι τυγχάνωσιν οἱ αἱρετικοὶ, καὶ φιλόνεικοι πρὸς ἀσέβειαν.

John i. 14.
Matt. xx. 28.

ΤΟΥ ΑΥΤΟΥ ΚΑΤΑ ΑΡΕΙΑΝΩΝ

ΛΟΓΟΣ ΔΕΥΤΕΡΟΣ.

1. ἘΓΩ μὲν ᾤμην τοὺς τῆς Ἀρείου μανίας ὑποκριτὰς ἐπὶ τοῖς προειρημένοις πρὸ τούτου κατ' αὐτῶν ἐλέγχοις, καὶ ταῖς περὶ τῆς ἀληθείας ἀποδείξεσιν ἀρκεῖσθαι, καὶ πανομένους λοιπὸν, μεταγινώσκειν ἐφ' οἷς ἐφρόνησάν τε καὶ ἐλάλησαν κακῶς περὶ τοῦ Σωτῆρος· αὐτοὶ δὲ, οὐκ οἶδ' ὅπως, οὐδὲ οὕτως καταδύονται· ἀλλ' ὡς χοῖροι καὶ κύνες περὶ τὰ ἴδια ἐξεράματα καὶ τὸν ἑαυτῶν βόρβορον κυλιόμενοι, μᾶλλον ἐφευρίσκουσιν ἑαυτοῖς ἐπινοίας εἰς ἀσέβειαν. Μὴ νοοῦντες γοῦν μήτε τὸ ἐν ταῖς Παροιμίαις γεγραμμένον, 'Κύριος ἔκτισέ με ἀρχὴν ὁδῶν αὐτοῦ εἰς ἔργα αὐτοῦ,' μήτε τὸ παρὰ τοῦ Ἀποστόλου εἰρημένον, 'Πιστὸν ὄντα τῷ ποιήσαντι αὐτὸν,' φιλονεικοῦσιν ἁπλῶς, λέγοντες 'ποίημα καὶ κτίσμα' εἶναι τὸν τοῦ Θεοῦ Υἱόν. Καὶ ἤρκει μὲν ἀπὸ τῶν προειρημένων αὐτοὺς συνιδεῖν, εἰ μὴ τέλεον καὶ τὰς αἰσθήσεις ἀπώλεσαν, ὡς τῆς ἀληθείας μαρτυρησάσης, μὴ εἶναι ἐξ οὐκ ὄντων μηδὲ ὅλως τῶν γενητῶν τὸν Υἱόν· Θεὸς γὰρ ὢν, οὐδ' ἂν εἴη ποίημα, οὐδὲ θέμις λέγειν αὐτὸν κτίσμα. Κτισμάτων γὰρ καὶ ποιημάτων ἴδιον τὸ λέγεσθαι 'ἐξ οὐκ ὄντων,' καὶ, 'Οὐκ ἦν πρὶν γεννηθῇ.' ἀλλ' ἐπειδὴ, ὥσπερ δεδιότες ἀποστῆναι τῆς ἰδίας μυθοπλαστίας, προφασίζονται συνήθως τὰ προειρημένα ῥητὰ τῶν θείων Γραφῶν, τὰ καλῶς μὲν γεγραμμένα, ῥᾳδιουργηθέντα δὲ παρ' αὐτῶν· φέρε, πάλιν ἐπαναλαβόντες τὸν νοῦν τῶν προειρημένων, τοὺς μὲν πιστοὺς ὑπομνήσωμεν, τούτους δὲ δείξωμεν καὶ ἐξ ἑκάστου τούτων, μηδ' ὅλως εἰδέναι τὸν Χριστιανισμόν. Εἰ γὰρ ἐγίνωσκον, οὐκ ἂν ἑαυτοὺς 'συνέκλειον εἰς τὴν τῶν νῦν

II. 2.] *Arians call the Son a creature.* 69

Ἰουδαίων ἀπιστίαν,' ἀλλ' ἐρωτῶντες ἐμάνθανον, ὅτι ''Ἐν ἀρχῇ ἦν ὁ Λόγος, καὶ ὁ Λόγος ἦν πρὸς τὸν Θεόν, καὶ Θεὸς ἦν ὁ John i. 1. Λόγος·' ὅτε δὲ εὐδοκήσαντος τοῦ Πατρὸς ὁ Λόγος αὐτὸς γέγονεν ἄνθρωπος, τότε εἰκότως εἴρηται περὶ αὐτοῦ παρὰ μὲν τοῦ Ἰωάννου τὸ, ''Ὁ Λόγος σὰρξ ἐγένετο·' παρὰ δὲ τοῦ Πέτρου, ' Κύριον Ib. 14. καὶ Χριστὸν αὐτὸν ἐποίησε·' καὶ διὰ μὲν Σολομῶνος, ὡς παρ' Acts ii. 36. αὐτοῦ τοῦ Κυρίου, ' Κύριος ἔκτισέ με ἀρχὴν ὁδῶν αὐτοῦ εἰς ἔργα Prov. viii. 22. αὐτοῦ·' παρὰ δὲ τοῦ Παύλου· ' Τοσούτῳ κρείττων γενόμενος Heb. i. 4. τῶν ἀγγέλων·' καὶ πάλιν, ''Ἑαυτὸν ἐκένωσε, μορφὴν δούλου Phil. ii. 7. λαβών·' καὶ αὖθις, ''Ὅθεν, ἀδελφοὶ ἅγιοι, κλήσεως ἐπουρανίου Heb. iii. 1, 2. μέτοχοι, κατανοήσατε τὸν ἀπόστολον καὶ ἀρχιερέα τῆς ὁμολογίας ἡμῶν Ἰησοῦν πιστὸν ὄντα τῷ ποιήσαντι αὐτόν·' τὰ τοιαῦτα γὰρ πάντα ῥητὰ τὴν αὐτὴν ἔχει δύναμιν καὶ διάνοιαν βλέπουσαν εἰς εὐσέβειαν, καὶ δεικνύουσαν τὴν θεότητα τοῦ Λόγου, καὶ τὰ ἀνθρωπίνως λεγόμενα περὶ αὐτοῦ, διὰ τὸ γεγενῆσθαι αὐτὸν καὶ υἱὸν ἀνθρώπου. Καὶ εἰ καὶ αὐτάρκη ταῦτα πρὸς ἀπόδειξιν κατ' αὐτῶν, ὅμως ἐπειδὴ μὴ νοοῦντες τὸ παρὰ τοῦ Ἀποστόλου λεγόμενον, (ἵνα τούτου πρῶτον μνησθῶ,) νομίζουσιν ἓν τῶν ποιημάτων εἶναι τὸν τοῦ Θεοῦ Λόγον, διὰ τὸ γεγράφθαι, ' Πιστὸν ὄντα τῷ ποιήσαντι αὐτόν,' ἀναγκαῖον ἡγησάμην τοῦτο πάλιν λέγοντας αὐτοὺς ἐντρέπειν, ὥσπερ καὶ ἐν τοῖς πρὸ τούτων ἐλέγομεν, λαμβάνοντες παρ' αὐτῶν τὸ λῆμμα.

2. Εἰ μὲν οὖν οὐκ ἔστιν Υἱὸς, λεγέσθω καὶ ποίημα· πάντα τε τὰ ἐπὶ τῶν ποιημάτων κατηγορείσθω καὶ ἐπ' αὐτοῦ· καὶ μόνος μὴ λεγέσθω Υἱὸς, μὴ Λόγος, μὴ Σοφία· καὶ αὐτὸς δὲ ὁ Θεὸς μὴ λεγέσθω Πατὴρ, ἀλλὰ μόνον δημιουργὸς καὶ κτίστης τῶν γινομένων ὑπ' αὐτοῦ. Καὶ ἔστω ἡ μὲν κτίσις, εἰκὼν καὶ χαρακτὴρ τῆς δημιουργικῆς βουλήσεως αὐτοῦ· αὐτὸς δὲ κατ' ἐκείνους μὴ ἔστω γεννητικῆς φύσεως· ὥστε τῆς ἰδίας οὐσίας αὐτοῦ μὴ εἶναι Λόγον, μὴ Σοφίαν, μηδ' ὅλως εἰκόνα. Εἰ γὰρ μή ἐστιν Υἱὸς, οὐδὲ εἰκών. Μὴ ὄντος δὲ Υἱοῦ, πῶς ἄρα τὸν Θεὸν κτίστην εἶναι λέγετε, εἴ γε διὰ Λόγου καὶ ἐν Σοφίᾳ πάντα τὰ γινόμενα γίνεται, χωρίς τε τούτου οὐκ ἄν τι γένοιτο, οὐκ ἔχει δὲ καθ' ὑμᾶς ἐν ᾧ καὶ δι' οὗ τὰ πάντα ποιεῖ; Εἰ δὲ μὴ καρπογόνος ἐστὶν αὕτη ἡ θεία οὐσία, ἀλλ' ἔρημος, κατ' αὐτοὺς, ὡς φῶς μὴ φωτίζον, καὶ πηγὴ ξηρὰ, πῶς δημιουργικὴν ἐνέργειαν ἔχειν αὐτὸν

λέγοντες οὐκ αἰσχύνονται; Καὶ ἀναιροῦντες δὲ τὸ κατὰ φύσιν, πῶς τὸ κατὰ βούλησιν προηγεῖσθαι θέλοντες οὐκ ἐρυθριῶσιν; Εἰ δὲ τὰ ἐκτὸς καὶ οὐκ ὄντα πρότερον, βουλόμενος δὲ αὐτὰ εἶναι, δημιουργεῖ, καὶ γίνεται τούτων ποιητὴς, πολλῷ πρότερον εἴη ἂν πατὴρ γεννήματος ἐκ τῆς ἰδίας οὐσίας. Εἰ γὰρ τὸ βούλεσθαι περὶ τῶν μὴ ὄντων διδόασι τῷ Θεῷ, διὰ τί μὴ τὸ ὑπερκείμενον τῆς βουλήσεως οὐκ ἐπιγινώσκουσι τοῦ Θεοῦ; Ὑπεραναβέβηκε δὲ τῆς βουλήσεως τὸ πεφυκέναι καὶ εἶναι αὐτὸν πατέρα τοῦ ἰδίου Λόγου. Εἰ τοίνυν τὸ πρότερον, ὅπερ ἐστὶ κατὰ φύσιν, οὐχ ὑπῆρξε κατὰ τὴν ἐκείνων ἄνοιαν, πῶς τὸ δεύτερον, ὅπερ ἐστὶ κατὰ βούλησιν, γένοιτ' ἄν; Πρότερον δέ ἐστιν ὁ Λόγος, καὶ δεύτερον ἡ κτίσις. Ἀλλ' ἔστιν ὁ Λόγος, κἂν πλείονα τολμῶσιν οἱ ἀσεβεῖς· δι' αὐτοῦ γὰρ γέγονεν ἡ κτίσις· καὶ δῆλον ἂν εἴη ὅτι, ποιητὴς ὢν, ὁ Θεὸς ἔχει καὶ τὸν δημιουργικὸν Λόγον οὐκ ἔξωθεν, ἀλλ' ἴδιον ἑαυτοῦ· πάλιν γὰρ τὸ αὐτὸ ῥητέον. Εἰ τὸ βούλεσθαι ἔχει, καὶ τὸ βούλημα αὐτοῦ ποιητικόν ἐστι, καὶ ἀρκεῖ τὸ βούλημα αὐτοῦ πρὸς σύστασιν τῶν γινομένων· ὁ δὲ Λόγος ἐστὶν αὐτοῦ ποιητικὸς, καὶ δημιουργός· οὐκ ἀμφίβολον ὅτι αὐτός ἐστιν ἡ τοῦ Πατρὸς ζῶσα βουλὴ, καὶ ἐνούσιος ἐνέργεια, καὶ Λόγος ἀληθινὸς, ἐν ᾧ καὶ συνέστηκε καὶ διοικεῖται τὰ πάντα καλῶς. Οὐδεὶς δὲ οὐδὲ διστάξειεν, ὡς ὁ ἁρμόζων τῆς ἁρμονίας καὶ τῶν ἁρμοζομένων πρόεστι. Καὶ δεύτερόν ἐστι, καθὰ προεῖπον, τὸ δημιουργεῖν τοῦ γεννᾶν τὸν Θεόν. Τὸ μὲν γὰρ Υἱὸς ἴδιον καὶ ἀληθῶς ἐκ τῆς μακαρίας ἐκείνης καὶ ἀεὶ οὔσης οὐσίας ἐστί· τὰ δὲ ἐκ βουλήσεως αὐτῆς ἔξωθεν συνιστάμενα γίνεται, καὶ δημιουργεῖται διὰ τοῦ ἰδίου καὶ ἐξ αὐτῆς γεννήματος.

3. Οὐκοῦν τοῦ λόγου δεικνύντος πολλὴν ἀτοπίαν κατὰ τῶν λεγόντων μὴ εἶναι Υἱὸν Θεοῦ, ἀλλὰ ποίημα ἀνάγκη λοιπὸν ἡμᾶς συνομολογεῖν Υἱὸν εἶναι τὸν Κύριον. Εἰ δὲ Υἱός ἐστιν, ὥσπερ οὖν καὶ ἔστιν, ὡμολόγηται δὲ ὁ υἱὸς οὐκ ἔξωθεν, ἀλλ' ἐκ τοῦ γεννῶντος εἶναι, μὴ διαφερέσθωσαν ταῖς λέξεσι, καθὰ προεῖπον, ἐὰν καὶ ἐπ' αὐτοῦ τοῦ Λόγου ἀντὶ τοῦ, 'τῷ γεννήσαντι,' 'τῷ ποιήσαντι' ὀνομάζουσιν οἱ ἅγιοι, ὡς ἀδιαφόρου τοῦ ῥήματος ὄντος ἐπὶ τῶν τοιούτων, ἕως τὸ κατὰ φύσιν ὁμολογεῖται. Οὐ γὰρ αἱ λέξεις τὴν φύσιν παραιροῦνται· ἀλλὰ μᾶλλον ἡ φύσις

II. 4.] *'Made Him'* not used strictly. 71

τὰς λέξεις εἰς ἑαυτὴν ἕλκουσα μεταβάλλει. Καὶ γὰρ οὐ πρότεραι τῶν οὐσιῶν αἱ λέξεις, ἀλλ' αἱ οὐσίαι πρῶται, καὶ δεύτεραι τούτων αἱ λέξεις. Διὸ καὶ ὅταν ἡ οὐσία ποίημα ἢ κτίσμα ᾖ, τότε τὸ 'ἐποίησε,' καὶ τὸ 'ἐγένετο,' καὶ τὸ 'ἔκτισε,' κυρίως ἐπ' αὐτῶν λέγεταί τε καὶ σημαίνει τὸ ποίημα. Ὅταν δὲ ἡ οὐσία γέννημα ᾖ καὶ υἱὸς, τότε τὸ 'ἐποίησε,' καὶ τὸ 'ἐγένετο,' καὶ τὸ 'ἔκτισεν,' οὐκ ἔτι κυρίως ἐπ' αὐτοῦ κεῖται, οὐδὲ ποίημα σημαίνει· ἀλλ' ἀντὶ τοῦ 'ἐγέννησε,' τῷ 'ἐποίησεν,' ἀδιαφόρως τις κέχρηται ῥήματι. Πολλάκις γοῦν πατέρες τοὺς ἐξ αὐτῶν φύντας υἱοὺς 'δούλους' ἑαυτῶν ὀνομάζουσι, καὶ οὐκ ἀρνοῦνται τὸ γνήσιον τῆς φύσεως· καὶ πολλάκις τοὺς ἰδίους δούλους φιλοφρονούμενοι 'τέκνα' καλοῦσι, καὶ οὐ κρύπτουσι τὴν ἐξ ἀρχῆς αὐτῶν κτῆσιν· τὸ μὲν γὰρ ἐπ' ἐξουσίας, ὡς πατέρες λέγουσι· τὸ δὲ φιλανθρώπως ὀνομάζουσι. Σάρρα γοῦν 'τὸν Ἀβραὰμ 1 Pet. iii. 6. κύριον ἐκάλει,' καίτοι μὴ δούλη, ἀλλὰ σύζυγος οὖσα· καὶ ὁ μὲν Ἀπόστολος Φιλήμονι τῷ κτησαμένῳ συνῆπτεν ὡς 'ἀδελφὸν' Philem. 10. Ὀνήσιμον τὸν δοῦλον· ἡ δὲ Βηρσαβεὲ, καίτοι μήτηρ οὖσα, τὸν υἱὸν ἐκάλει 'δοῦλον,' λέγουσα τῷ πατρὶ, 'τὸν δοῦλόν σου 3 Kings (1 K.) Σολομῶνα·' εἶτα καὶ Νάθαν ὁ προφήτης, εἰσελθὼν, τὰ αὐτὰ i. 19. ἐκείνῃ ἔλεγε τῷ Δαβὶδ, ὅτι 'Σολομῶνα τὸν δοῦλόν σου·' καὶ Ib. 26. οὐκ ἔμελεν αὐτοῖς τὸν υἱὸν εἰπεῖν 'δοῦλον,' ἀκούων γὰρ κἀκεῖνος ἐπεγίνωσκε τὴν φύσιν, καὶ οὗτοι δὲ λέγοντες οὕτως οὐκ ἠγνόουν τὸ γνήσιον. Κληρονόμον γοῦν ἠξίουν αὐτὸν τοῦ πατρὸς γενέσθαι, ὃν ὡς δοῦλον ἐκάλουν· ἦν γὰρ υἱὸς τῇ φύσει τοῦ Δαβίδ.

4. Ὥσπερ τοίνυν ἀναγινώσκοντες ταῦτα διανοούμεθα καλῶς, καὶ ἀκούοντες 'δοῦλον' τὸν Σολομῶνα, οὐ νομίζομεν αὐτὸν εἶναι δοῦλον, ἀλλὰ φύσει καὶ γνήσιον υἱὸν, οὕτως ἐὰν καὶ περὶ τοῦ Σωτῆρος τοῦ ἀληθῶς ὁμολογουμένου Υἱοῦ, καὶ φύσει Λόγου ὄντος, λέγωσιν οἱ ἅγιοι, 'πιστὸν ὄντα τῷ ποιήσαντι αὐτόν·' ἢ Heb. iii. 2. αὐτὸς περὶ ἑαυτοῦ ἐὰν λέγῃ, 'Κύριος ἔκτισέ με·' καὶ, 'Ἐγὼ Ps. cxv. δοῦλος σὸς, καὶ υἱὸς τῆς παιδίσκης σου·' καὶ ὅσα τοιαῦτα· μὴ (cxvi.) 16. διὰ τοῦτο ἀρνείσθωσάν τινες τὴν ἐκ τοῦ Πατρὸς αὐτοῦ ἰδιότητα· ἀλλ', ὡς ἐπὶ Σολομῶνος καὶ τοῦ Δαβὶδ, διανοείσθωσαν ὀρθῶς περὶ τοῦ Πατρὸς καὶ τοῦ Υἱοῦ. Ἐπεὶ, εἰ ἀκούοντες Σολομῶνα 'δοῦλον,' ὁμολογοῦσιν υἱὸν, πῶς οὐ πολλάκις ἀπολωλέναι δίκαιοί

72 Lax phrases explain themselves. [II. 4.

εἰσιν, ὅτι τὴν αὐτὴν ἐπὶ τοῦ Κυρίου διάνοιαν οὐ σώζουσιν, ἀλλ' ὅταν μὲν ἀκούωσι 'γέννημα, καὶ Λόγον, καὶ Σοφίαν,' βιάζονται παρερμηνεύειν, καὶ ἀρνεῖσθαι τὴν φύσει καὶ γνησίαν γέννησιν τὴν ἐκ τοῦ Πατρὸς τοῦ Υἱοῦ· ἀκούοντες δὲ 'ποιήματος' φωνὰς καὶ λέξεις, εὐθὺς εἰς τὸ νομίζειν φύσει ποίημα τὸν Υἱὸν καταφέρονται, καὶ ἀρνοῦνται τὸν Λόγον· καίτοι δυνάμενοι, διὰ τὸ γεγενῆσθαι αὐτὸν ἄνθρωπον, πάσας τὰς τοιαύτας λέξεις ἐπιρρίπτειν ἐπὶ τὸ ἀνθρώπινον αὐτοῦ; Πῶς οὖν καὶ οὗτοι οὐ

Prov. xx. 23. 'βδελυκτοὶ' παρὰ τῷ Κυρίῳ δείκνυνται, 'δισσὰ στάθμια' παρ' ἑαυτοῖς ἔχοντες, καὶ τῷ μὲν ἐκεῖνα λογιζόμενοι, τῷ δὲ τὸν Κύριον βλασφημοῦντες; Ἀλλ' ἴσως τὸ μὲν 'δοῦλος' ὡς κατὰ διάθεσιν λεγόμενον συντίθενται, τὸ δὲ "τῷ ποιήσαντι" κατέχουσιν, ὡς μέγα τι βοήθημα τῆς αἱρέσεως αὐτῶν. Ἔστι δὲ αὐτοῖς καὶ τοῦτο κάλαμος τεθλασμένος τὸ ἔρεισμα· καταγνώσονται γὰρ εὐθὺς ἑαυτῶν, εἰ μάθοιεν τὸ τῆς Γραφῆς ἰδίωμα. Καὶ γὰρ ὥσπερ 'δοῦλος' λέγεται ὁ Σολομών, καίπερ ὢν υἱός; οὕτως, ἵνα τὰ ἐν τοῖς προτέροις εἰρημένα πάλιν εἴπωμεν, εἰ καὶ 'ποιουμένους καὶ κτιζομένους καὶ γινομένους' τοὺς ἐξ ἑαυτῶν φυομένους υἱοὺς λέγοιεν οἱ γονεῖς, οὐδὲν ἧττον οὐκ ἀρνοῦνται τὴν φύσιν. Ὁ γοῦν Ἐζεκίας, ὡς ἐν τῷ Ἡσαΐᾳ γέγραπται, εὐχόμενος ἔλεγεν·

Isa. xxxviii. 19. ''Ἀπὸ γὰρ τῆς σήμερον παιδία ποιήσω, ἃ ἀναγγελοῦσι τὴν δικαιοσύνην σου, Κύριε τῆς σωτηρίας μου.' Καὶ αὐτὸς μὲν ἔλεγε, 'ποιήσω·' ὁ δὲ προφήτης ἔν τε αὐτῷ τῷ βιβλίῳ, καὶ τῇ

Ib. xxxix. 7;
4 Kings (2 K.)
xx. 18. τετάρτῃ τῶν Βασιλειῶν οὕτω φησί· 'Καὶ οἱ υἱοί σου, οἳ ἐξελεύσονται ἐκ σοῦ.' Ἀντὶ τοῦ 'γεννᾷν,' ἄρα τὸ 'ποιήσω' εἴρηκε· καὶ τοὺς ἐξ αὐτοῦ φυομένους, ὡς 'ποιουμένους' φησί. Καὶ οὐ διαφέρεταί τις, ὡς περὶ τοῦ φύσει γεννήματός ἐστιν ἡ λέξις.

Gen. iv. 1. Καὶ Εὔα δὲ τεκοῦσα τὸν Κάϊν, εἶπεν· 'Ἐκτησάμην ἄνθρωπον διὰ τοῦ Θεοῦ.' Ἀντὶ τοῦ 'τεκεῖν,' ἄρα καὶ αὐτὴ τὸ 'ἐκτησάμην' εἴρηκε. Καὶ γὰρ πρότερον ἰδοῦσα τὸν τόκον, ὕστερον εἶπε τὸ 'ἐκτησάμην.' Καὶ οὐ διὰ τὸ 'ἐκτησάμην,' νομίσειεν ἄν τις ἔξωθεν ἠγοράσθαι τὸν Κάϊν, καὶ μὴ ἐξ αὐτῆς τετέχθαι.

Ib. xlviii. 5. Καὶ ὁ πατριάρχης δὲ Ἰακὼβ ἔλεγε τῷ Ἰωσήφ· 'Νῦν οὖν οἱ δύο υἱοί σου, οἱ γενόμενοί σοι ἐν Αἰγύπτῳ, πρὸ τοῦ με ἐλθεῖν πρὸς σὲ εἰς Αἴγυπτον, ἐμοὶ εἰσιν, Ἐφραῒμ καὶ Μανασσῆς.' Καὶ ἡ

Job i. 2. Γραφὴ δὲ περὶ τοῦ Ἰὼβ φησιν· 'Ἐγένοντο αὐτῷ υἱοὶ ἑπτά, καὶ

II. 6.] *'The Son'* cannot be a creature. 73

θυγατέρες τρεῖς·' ὥσπερ καὶ Μωϋσῆς εἴρηκεν ἐν τῷ νόμῳ· ''Ἐὰν δὲ γένωνταί τινι υἱοί·' καὶ, 'ἐὰν ποιήσῃ υἱόν.'

5. Ἰδοὺ πάλιν τοὺς γεννηθέντας, ὡς 'γενομένους' καὶ 'ποιηθέντας' εἰρήκασιν, εἰδότες ὅτι ἕως ὁμολογοῦνται 'υἱοὶ,' κἂν λέγῃ τις, 'ἐγένοντο,' ἢ 'ἐκτησάμην,' ἢ 'ἐποίησα,' οὐδὲν διαφέρει. Ἡ γὰρ φύσις καὶ ἡ ἀλήθεια ἕλκει τὴν διάνοιαν εἰς ἑαυτήν. Διὸ καὶ πρὸς τοὺς ζητοῦντας, εἰ κτίσμα καὶ ποίημά ἐστιν ὁ Κύριος, χρὴ πρότερον ζητεῖν εἰ Υἱός ἐστι, καὶ Λόγος, καὶ Σοφία. Τούτων γὰρ ἀποδεικνυμένων, ἐκβάλλεται εὐθὺς καὶ παύεται ἡ περὶ τοῦ ποιήματος καὶ κτίσματος ὑπόνοια· οὔτε γὰρ τὸ ποίημα Υἱὸς καὶ Λόγος ἂν εἴη, οὔτε ὁ Υἱὸς ποίημα ἂν εἴη. Τούτων δὲ πάλιν οὕτως ὄντων, φανερὰ πᾶσιν ἀπόδειξις, ὡς ἡ λέξις ἡ λέγουσα, 'τῷ ποιήσαντι αὐτὸν,' οὐκ εἰς ὄνησίν ἐστι τῇ αἱρέσει αὐτῶν, ἀλλὰ μᾶλλον εἰς κατάγνωσιν. Δέδεικται γὰρ ὅτι ἡ τοῦ, '' ἐποίησε,' λέξις, καὶ ἐπὶ τῶν γνησίων καὶ φύσει τέκνων ἐν τῇ θείᾳ κεῖται Γραφῇ· ὅθεν τοῦ Κυρίου ἀποδεικνυμένου φύσει καὶ γνησίου Υἱοῦ, Λόγου, καὶ Σοφίας τοῦ Πατρὸς, κἂν λέγηται ἐπ' αὐτοῦ τὸ, 'ἐποίησεν,' ἢ τὸ, 'ἐγένετο,' οὐχ ὡς ποιήματος ὄντος αὐτοῦ λέγεται, ἀλλ' ἀδιαφόρως τῇ λέξει χρῶνται οἱ ἅγιοι, ὡς ἐπὶ τοῦ Σολομῶνος, καὶ τῶν Ἐζεχίου τέκνων. Καὶ γὰρ καὶ αὐτῶν γεννησάντων ἐξ ἑαυτῶν, γέγραπται· 'ἐποίησα,' καὶ, 'ἐκτησάμην,' καὶ, 'ἐγένετο.' Οὐκοῦν τὰ τοιαῦτα λεξείδια πολλάκις προφασισάμενοι οἱ θεομάχοι, ὀφείλουσι κἂν ὀψέ ποτε ἐκ τῶν εἰρημένων ἀποθέσθαι τὴν ἀσεβῆ φρόνησιν, καὶ φρονῆσαι περὶ τοῦ Κυρίου ὅτι Υἱός ἐστιν ἀληθινὸς, Λόγος καὶ Σοφία τοῦ Πατρὸς, οὐ ποίημα, οὐ κτίσμα. Εἰ γὰρ ποίημά ἐστιν ὁ Υἱὸς, ἐν ποίῳ ἄρα λόγῳ καὶ ἐν ποίᾳ σοφίᾳ γέγονεν αὐτός; Πάντα γὰρ τὰ ποιήματα διὰ τοῦ Λόγου καὶ τῆς Σοφίας γέγονε, καθὼς γέγραπται· 'Πάντα ἐν Σοφίᾳ ἐποίησας·' καὶ, 'Πάντα δι' αὐτοῦ ἐγένετο, καὶ χωρὶς αὐτοῦ ἐγένετο οὐδὲ ἕν.' Εἰ δὲ αὐτός ἐστιν ὁ Λόγος καὶ ἡ Σοφία, ἐν ᾗ πάντα γίνεται, οὐκ ἄρα τῶν ποιουμένων ἐστὶν, οὐδὲ ὅλως τῶν γενητῶν, ἀλλὰ τοῦ Πατρὸς γέννημα. Ps. ciii. (civ.) 24. John i. 3.

6. Σκοπεῖτε γὰρ ὁπόσον ἔχει πτῶμα τὸ λέγειν ποίημα τὸν τοῦ Θεοῦ Λόγον. Λέγει που Σολομὼν ἐν τῷ Ἐκκλησιαστῇ, ὅτι 'σύμπαν τὸ ποίημα ἄξει ὁ Θεὸς εἰς κρίσιν, ἐν παντὶ παρεωρωμένῳ, Eccl. xii. 14.

74 How God is called 'faithful.' [II. 7.

ἐὰν ἀγαθὸν, καὶ ἐὰν πονηρόν.' Οὐκοῦν εἰ ποίημά ἐστιν ὁ Λόγος, ἀχθήσεται καθ' ὑμᾶς καὶ αὐτὸς εἰς κρίσιν ; Καὶ ποῦ λοιπὸν ἡ κρίσις, κρινομένου τοῦ κριτοῦ; τίς δὲ τοῖς μὲν δικαίοις τὰς εὐλογίας δώσει, τοῖς δὲ ἀναξίοις τὰς ἐπιτιμίας, ἑστηκότος τοῦ Κυρίου καθ' ὑμᾶς μετὰ πάντων ἐν κρίσει; ποίῳ δὲ καὶ νόμῳ κριθήσεται αὐτὸς ὁ νομοθέτης ; Ταῦτα τῶν ποιημάτων ἴδιά ἐστι, τὸ κρίνεσθαι, τὸ παρὰ τοῦ Υἱοῦ εὐλογεῖσθαι καὶ ἐπιτιμᾶσθαι. Φοβήθητε λοιπὸν τὸν κριτὴν, καὶ πείσθητε τῷ Σολομῶνι λέγοντι. Εἰ γὰρ σύμπαν τὸ ποίημα ἄξει ὁ Θεὸς εἰς κρίσιν, ὁ δὲ Υἱὸς οὐκ ἔστι τῶν κρινομένων, ἀλλὰ καὶ μᾶλλον συμπάντων τῶν ποιημάτων αὐτός ἐστιν ὁ κριτής· πῶς οὐ λαμπρότερον ἡλίου δείκνυται μὴ ποίημα ὢν ὁ Υἱὸς, ἀλλὰ τοῦ Πατρὸς Λόγος, ἐν ᾧ τὰ

Heb. iii. 2. ποιήματα γίνεταί τε καὶ κρίνεται; Εἰ δ', ὅτι γέγραπται, 'πιστὸν ὄντα,' πάλιν ταράττει αὐτοὺς νομίζοντας ὡς ἐπὶ πάντων λέγεσθαι καὶ ἐπ' αὐτοῦ τὸ 'πιστὸν,' ὅτι πιστεύων ἐκδέχεται τῆς πίστεως τὸν μισθόν· ὥρα καὶ διὰ τοῦτο πάλιν αὐτοὺς ἐγκαλεῖν

Deut. xxxii.4. Μωσεῖ μὲν λέγοντι· ''Ο Θεὸς πιστὸς καὶ ἀληθινός·' τῷ δὲ
1 Cor. x. 13. Παύλῳ γράφοντι· 'Πιστὸς ὁ Θεὸς, ὃς οὐκ ἐάσει ὑμᾶς πειρασθῆναι ὑπὲρ ὃ δύνασθε.' Ἀλλὰ ταῦτα λέγοντες οἱ ἅγιοι, οὐκ ἀνθρώπινα περὶ τοῦ Θεοῦ διενοοῦντο· ἀλλ' ἐγίνωσκον διπλοῦν εἶναι τὸν νοῦν ἐν τῇ Γραφῇ περὶ 'τοῦ πιστοῦ·' τὸ μὲν ὡς πιστεύον, τὸ δὲ, ὡς ἀξιόπιστον· καὶ τὸ μὲν ἐπ' ἀνθρώπων, τὸ δὲ ἐπὶ Θεοῦ ἁρμόζειν. Πιστὸς γοῦν ὁ 'Αβραὰμ, ὅτι τῷ λαλοῦντι πεπίστευκε Θεῷ· πιστὸς δὲ ὁ Θεὸς, ὅτι, καθὼς ψάλλει

Ps. cxliv. Δαβὶδ, 'πιστός ἐστιν ἐν πᾶσι τοῖς λόγοις αὐτοῦ ὁ Κύριος,' καὶ
(cxlv.) 13.
Heb. vi. 18. ἀξιόπιστός ἐστι, καὶ 'ἀδύνατόν ἐστιν αὐτὸν ψεύσασθαι.' Καὶ,
1 Tim. v. 16. 'εἴ τίς ἐστι πιστὴ χήρας ἔχουσα,' διὰ τὸ καλῶς πιστεύειν,
Ib. iii. 1. πιστὴ καλεῖται. 'Πιστὸς δὲ ὁ λόγος,' ὅτι ὃ εἴρηκεν, ὀφείλει πιστεύεσθαι· ἀληθὲς γάρ ἐστι, καὶ οὐκ ἔστιν ἄλλως. Καὶ τὸ γεγράφθαι τοίνυν, 'πιστὸν ὄντα τῷ ποιήσαντι αὐτὸν,' οὐ πρὸς ἄλλους ἔχει τὴν ὁμοιότητα, οὐδ' ὅτι πιστεύων, εὐάρεστος γέγονεν, ἀλλ' ὅτι Υἱὸς ὢν τοῦ ἀληθινοῦ Θεοῦ, πιστός ἐστι καὶ αὐτὸς ὀφείλων πιστεύεσθαι, ἐν οἷς ἂν λέγῃ καὶ ποιῇ, αὐτὸς ἄτρεπτος μένων, καὶ μὴ ἀλλοιούμενος ἐν τῇ ἀνθρωπίνῃ οἰκονομίᾳ καὶ τῇ ἐνσάρκῳ παρουσίᾳ.

7. Οὕτως μὲν οὖν ἄν τις, πρὸς τὴν ἀναίδειαν αὐτῶν χωρῶν,

II. 7.] *The Son was 'made' a High Priest.* 75

δύναται καὶ ἐκ μόνης τῆς, ' ἐποίησε,' λέξεως, διελέγχειν αὐτοὺς πλανωμένους, καὶ νομίζοντας εἶναι ποίημα τὸν τοῦ Θεοῦ Λόγον. Ἐπειδὴ δὲ καὶ ἡ διάνοια τῶν γεγραμμένων ἐστὶν ὀρθὴ, δεικνύουσα τὴν ' ἐποίησε ' λέξιν, πότε καὶ πρὸς τί λεγομένη σημαίνεται, ἀναγκαῖον καὶ ἐξ αὐτῆς δεῖξαι τῶν αἱρετικῶν τὴν ἀλογίαν, ἐὰν μάλιστα, ὡς ἐν τοῖς ἔμπροσθεν εἰρήκαμεν, καὶ τούτου τὸν καιρὸν καὶ τὴν χρείαν λάβοιμεν. Οὐ τοίνυν τὰ πρὸ τῆς κτίσεως διηγούμενος ὁ Ἀπόστολος ταῦτα εἴρηκεν, ἀλλ' ὅτε ' ὁ Λόγος σὰρξ ἐγένετο·' οὕτω γὰρ γέγραπται· '"Οθεν, ἀδελφοὶ ἅγιοι, κλή- Heb. iii. 1, 2. σεως ἐπουρανίου μέτοχοι, κατανοήσατε τὸν ἀπόστολον καὶ ἀρχιερέα τῆς ὁμολογίας ἡμῶν Ἰησοῦν, πιστὸν ὄντα τῷ ποιήσαντι αὐτόν.' Πότε οὖν ἀπεστάλη, ἢ ὁπηνίκα τὴν ἡμετέραν ἐνεδύσατο σάρκα; πότε δὲ ἀρχιερεὺς τῆς ὁμολογίας ἡμῶν γέγονεν, ἢ ὅτε, προσενέγκας ἑαυτὸν ὑπὲρ ἡμῶν, ἤγειρεν ἐκ νεκρῶν τὸ σῶμα, καὶ νῦν αὐτὸς τοὺς προσερχομένους αὐτοῦ τῇ πίστει προσάγει καὶ προσφέρει τῷ Πατρὶ, λυτρούμενος πάντας, καὶ ὑπὲρ πάντων ἱλασκόμενος τὰ πρὸς τὸν Θεόν; Οὐ τὴν οὐσίαν ἄρα τοῦ Λόγου, οὐδὲ τὴν ἐκ τοῦ Πατρὸς φυσικὴν γέννησιν σημᾶναι θέλων ὁ Ἀπόστολος εἴρηκε, ' πιστὸν ὄντα τῷ ποιήσαντι αὐτόν·' (μὴ γένοιτο! ποιῶν γάρ ἐστιν ὁ Λόγος, οὐ ποιούμενος αὐτός·) ἀλλὰ τὴν εἰς ἀνθρώπους αὐτοῦ κάθοδον καὶ ἀρχιερωσύνην γενομένην, ἣν καλῶς ἄν τις ἴδοι ἐκ τῆς κατὰ τὸν νόμον καὶ τὸν Ἀαρὼν ἱστορίας. Οὕτως Ἀαρὼν οὐ γεγέννηται ἀρχιερεὺς, ἀλλὰ ἄνθρωπος, καὶ μετὰ χρόνον, ὅτε ὁ Θεὸς ἠθέλησε, γέγονεν ἀρχιερεύς· καὶ γέγονεν οὐχ ἁπλῶς, οὐδὲ ἐκ τῶν συνήθων ἱματίων γνωριζόμενος, ἀλλ' ἐπενδιδυσκόμενος τὴν ἐπωμίδα, τὸ λογεῖον, τὸν ποδήρη, ἃ αἱ γυναῖκες μὲν εἰργάσαντο προστάξει τοῦ Θεοῦ, ἐν τούτοις δὲ εἰσερχόμενος εἰς τὰ ἅγια, τὴν ὑπὲρ τοῦ λαοῦ θυσίαν προσέφερε· καὶ ἐν τούτοις ὥσπερ ἐμεσίτευε τῇ ὀπτασίᾳ Exod. xxviii. τοῦ Θεοῦ, καὶ ταῖς τῶν ἀνθρώπων θυσίαις. Οὕτω τοίνυν καὶ ὁ and xxxix. Κύριος ' ἐν ἀρχῇ μὲν ἦν ὁ Λόγος· καὶ ὁ Λόγος ἦν πρὸς τὸν Θεὸν, John i. 1. καὶ Θεὸς ἦν ὁ Λόγος·' ὅτε δὲ ἠθέλησεν ὁ Πατὴρ ὑπὲρ πάντων λύτρα δοθῆναι, καὶ πᾶσι χαρίσασθαι, τότε δὴ ὁ Λόγος, ὡς Ἀαρὼν τὸν ποδήρη, οὕτως αὐτὸς ἔλαβε τὴν ἀπὸ γῆς σάρκα, Μαρίαν ἀντὶ τῆς ἀνεργάστου γῆς ἐσχηκὼς μητέρα τοῦ σώματος, ἵνα ἔχων τὸ προσφερόμενον αὐτὸς, ὡς ἀρχιερεὺς ἑαυτὸν προσενέγκῃ

76 The Son was 'made' Man, [II. 8.

τῷ Πατρὶ, καὶ τῷ ἰδίῳ αἵματι πάντας ἡμᾶς ἀπὸ τῶν ἁμαρτιῶν καθαρίσῃ, καὶ ἀπὸ τῶν νεκρῶν ἀναστήσῃ.

8. Τούτου γὰρ ἦν τὰ παλαιὰ σκιά· καὶ ὅπερ πεποίηκεν ἐλθὼν ὁ Σωτὴρ, τοῦτο κατὰ τὸν νόμον ἐσκιογράφει ὁ Ἀαρών. Ὥσπερ οὖν ὁ Ἀαρὼν, ὁ αὐτὸς ὢν, οὐκ ἠλλάσσετο περιτιθέμενος τὴν ἀρχιερατικὴν ἐρθῆτα, ἀλλὰ μένων ὁ αὐτὸς, ἐκαλύπτετο μόνον· καὶ εἰ ἔλεγέ τις ἑωρακὼς αὐτὸν προσφέροντα, ' Ἰδοὺ γέγονε σήμερον ὁ Ἀαρὼν ἀρχιερεὺς,' οὐκ ἐσήμαινεν αὐτὸν ἄνθρωπον τότε γεγενῆσθαι· ἦν γὰρ, καὶ πρὸ τοῦ αὐτὸν ἀρχιερέα γενέσθαι, ἄνθρωπος· ἀλλ' ὅτι τῇ λειτουργείᾳ πεποίηται ἀρχιερεὺς, περιθέμενος τὰ πεποιημένα καὶ κατασκευασθέντα ἱμάτια τῇ ἀρχιερατείᾳ· τὸν αὐτὸν τρόπον καὶ ἐπὶ τοῦ Κυρίου δυνατόν ἐστι καλῶς νοεῖν, ὡς οὐκ ἄλλος γέγονε τὴν σάρκα λαβὼν, ἀλλ' ὁ αὐτὸς ὢν, ἐκαλύπτετο ταύτῃ· καὶ τὸ 'γέγονε,' καὶ τὸ 'πεποίηται,' οὐχ ὅτι ὁ Λόγος, ᾗ Λόγος ἐστὶ, πεποίηται νοεῖν θέμις, ἀλλ' ὅτι Λόγος, ὢν δημιουργὸς, ὕστερον πεποίηται ἀρχιερεὺς, ἐνδυσάμενος σῶμα τὸ γενητὸν καὶ ποιητὸν, ὅπερ καὶ προσενεγκεῖν ὑπὲρ ἡμῶν δύναται· διὸ καὶ λέγεται πεποιῆσθαι. Εἰ μὲν οὖν οὐ γέγονεν ἄνθρωπος ὁ Κύριος, μαχέσθωσαν οἱ Ἀρειανοί· εἰ δὲ ' ὁ Λόγος σὰρξ ἐγένετο,' τί ἔδει περὶ γεγονότος ἀνθρώπου λέγειν ἢ, ' πιστὸν ὄντα τῷ ποιήσαντι αὐτόν;' Ὡς γὰρ ἴδιον περὶ τοῦ Λόγου εἰπεῖν, ' Ἐν ἀρχῇ ἦν ὁ Λόγος,' οὕτως ἀνθρώπων ἴδιόν ἐστι τὸ γίνεσθαι καὶ ποιεῖσθαι. Τίς γοῦν ἰδὼν τὸν Κύριον, ὡς ἄνθρωπον περιπατοῦντα, καὶ Θεὸν ἐκ τῶν ἔργων δεικνύμενον, οὐκ ἂν ἠρώτησε, ' Τίς τοῦτον ἐποίησεν ἄνθρωπον;' τίς δὲ πάλιν οὕτως ἐρωτηθεὶς οὐκ ἂν ἀπεκρίνατο, ὅτι 'ὁ Πατὴρ τοῦτον ἐποίησεν ἄνθρωπον, καὶ ἀπέστειλεν αὐτὸν ἡμῖν ἀρχιερέα;' τὴν δὲ τοιαύτην διάνοιαν καὶ τὸν καιρὸν, καὶ τὸ πρόσωπον, αὐτὸς ὁ Ἀπόστολος ὁ καὶ γράψας, ' πιστὸν ὄντα τῷ ποιήσαντι αὐτὸν,' δηλῶσαι μᾶλλον ἱκανός ἐστιν, ἐὰν τὰ ἔμπροσθεν λάβωμεν· μία γὰρ ἀκολουθία ἐστὶ, καὶ περὶ τοῦ αὐτοῦ τὸ ἀνάγνωσμα τυγχάνει. Γράφει τοίνυν ἐν τῇ ἐπιστολῇ τῇ πρὸς Ἑβραίους ταῦτα· ' Ἐπεὶ οὖν τὰ παιδία κεκοινώνηκεν αἵματος καὶ σαρκὸς, καὶ αὐτὸς παραπλησίως μετέσχε τῶν αὐτῶν, ἵνα διὰ τοῦ θανάτου καταργήσῃ τὸν τὸ κράτος ἔχοντα τοῦ θανάτου, τουτέστι τὸν διάβολον, καὶ ἀπαλλάξῃ τούτους ὅσοι φόβῳ θανάτου διαπαντὸς τοῦ ζῆν ἔνοχοι ἦσαν δουλείας. Οὐ γὰρ

II. 9.] *and, as 'Man,' a High Priest.* 77

δήπου ἀγγέλων ἐπιλαμβάνεται, ἀλλὰ σπέρματος Ἀβραὰμ ἐπιλαμβάνεται. Ὅθεν ὤφειλε κατὰ πάντα τοῖς ἀδελφοῖς ὁμοιωθῆναι, ἵνα ἐλεήμων γένεται καὶ πιστὸς ἀρχιερεὺς τὰ πρὸς τὸν Θεόν, εἰς τὸ ἱλάσκεσθαι τὰς ἁμαρτίας τοῦ λαοῦ· ἐν ᾧ γὰρ πέπονθεν αὐτὸς πειρασθείς, δύναται τοῖς πειραζομένοις βοηθῆσαι. Ὅθεν, ἀδελφοὶ ἅγιοι, κλήσεως ἐπουρανίου μέτοχοι, κατανοήσατε τὸν ἀπόστολον καὶ ἀρχιερέα τῆς ὁμολογίας ἡμῶν Ἰησοῦν, πιστὸν ὄντα τῷ ποιήσαντι αὐτόν.'

9. Τίς τὴν περικοπὴν ταύτην ὅλην ἀναγινώσκων, οὐ τῶν μὲν Ἀρειανῶν καταγινώσκει, τὸν δὲ μακάριον Ἀπόστολον θαυμάζει, καλῶς εἰρηκότα; Πότε γὰρ πεποίηται, καὶ πότε ἀπόστολος γέγονεν, εἰ μὴ ὅτε παραπλησίως ἡμῖν μετέσχε καὶ αὐτὸς αἵματος καὶ σαρκός; Καὶ πότε γέγονεν ἐλεήμων καὶ πιστὸς ἀρχιερεύς, ἢ ὅτε κατὰ πάντα τοῖς ἀδελφοῖς ὡμοιώθη; ὡμοιώθη δὲ τότε, ὅτε γέγονεν ἄνθρωπος, ἐνδυσάμενος τὴν ἡμετέραν σάρκα. Οὐκοῦν περὶ τῆς κατὰ τὸν ἄνθρωπον οἰκονομίας τοῦ Λόγου γράφων ὁ Παῦλος ἔλεγε, 'πιστὸν ὄντα τῷ ποιήσαντι αὐτόν,' καὶ οὐ περὶ τῆς οὐσίας τοῦ Λόγου. Μηκέτι τοίνυν μαίνεσθε λέγοντες ποίημα εἶναι τὸν τοῦ Θεοῦ Λόγον. Ἔστι γὰρ αὐτὸς Υἱὸς φύσει μονογενής. Τότε δὲ ἔσχεν ἀδελφούς, ὅτε τὴν ὁμοίαν ἡμῖν ἐνεδύσατο σάρκα, ἣν καὶ προσφέρων αὐτὸς δι' αὐτοῦ, ἀρχιερεὺς ὠνομάσθη, καὶ γέγονεν ἐλεήμων καὶ πιστός· ἐλεήμων μὲν, ὅτι ὑπὲρ ἡμῶν προσενέγκας ἑαυτὸν ἠλέησεν ἡμᾶς· πιστὸς δὲ, οὐ πίστεως μετέχων, οὐδὲ εἴς τινα πιστεύων ὥσπερ ἡμεῖς, ἀλλὰ πιστεύεσθαι ὀφείλων περὶ ὧν ἐὰν λέγῃ καὶ ποιῇ, καὶ ὅτι πιστὴν θυσίαν προσφέρει τὴν μένουσαν καὶ μὴ διαπίπτουσαν. Αἱ μὲν γὰρ κατὰ νόμον προσφερόμεναι οὐκ εἶχον τὸ πιστόν, καθ' ἡμέραν παρερχόμεναι, καὶ δεόμεναι πάλιν καθαρσίου· ἡ δὲ τοῦ Σωτῆρος θυσία ἅπαξ γενομένη 'τετελείωκε' τὸ πᾶν, καὶ πιστὴ γέγονε μένουσα διὰ παντός. Καὶ Ἀαρὼν μὲν ἔσχε τοὺς διαδεχομένους, καὶ ὅλως ἡ κατὰ νόμον ἱερατεία χρόνῳ καὶ θανάτῳ παρήμειβε τοὺς προτέρους· ὁ δὲ Κύριος 'ἀπαράβατον' καὶ 'ἀδιάδεκτον ἔχων τὴν ἀρχιερωσύνην' πιστὸς γέγονεν ἀρχιερεύς, παραμένων ἀεί, καὶ τῇ ἐπαγγελίᾳ πιστὸς γενόμενος, εἰς τὸ ἐπακούειν καὶ μὴ πλανᾷν τοὺς προσερχομένους. Τοῦτο δὲ πάλιν καὶ ἀπὸ τῆς Ἐπιστολῆς τοῦ μεγάλου Πέτρου μαθεῖν ἔξεστι, λέγοντος· 'Ὥστε καὶ οἱ

Heb. x. 14.

Ib. vii. 24.

1 Pet. iv. 19.

πάσχοντες κατὰ τὸ θέλημα τοῦ Θεοῦ, πιστῷ κτίστῃ παρατιθέσθωσαν τὰς ἑαυτῶν ψυχάς·' πιστὸς γάρ ἐστιν, οὐκ ἀλλασσόμενος, ἀλλ' ἀεὶ διαμένων, καὶ ἀποδιδοὺς ἃ ἐπηγγείλατο. 10. Ἑλλήνων μὲν οὖν οἱ λεγόμενοι παρ' αὐτοῖς ψευδώνυμοι θεοὶ οὔτε τῷ εἶναι, οὔτε τῷ ἐπαγγέλλεσθαί εἰσι πιστοί· οὔτε γὰρ οἱ αὐτοί εἰσι πανταχοῦ, ἀλλὰ καὶ οἱ κατὰ τόπους, τῷ χρόνῳ διαφθείρονται, καὶ περὶ ἑαυτοὺς καταρρέουσι· διὸ καὶ κατ' αὐτῶν ὁ λόγος βοᾷ, ὅτι πίστις οὐκ ἴσχυσεν ἐν αὐτοῖς, καὶ ὕδωρ ψευδές εἰσι, καὶ οὐκ ἔστι πίστις ἐν αὐτοῖς. Ὁ δὲ τῶν ὅλων καὶ μόνος τῷ ὄντι ὄντως καὶ ἀληθινὸς ὢν Θεὸς πιστός ἐστιν, ὁ αὐτὸς ὤν, καὶ λέγων· ''Ἴδετέ με, ἴδετε, ὅτι ἐγώ εἰμι,' καὶ, ' οὐκ ἠλλοίωμαι·' διὸ καὶ ὁ τούτου Υἱὸς πιστός ἐστιν, ἀεὶ ὤν, καὶ οὐκ ἀλλοιούμενος, οὐδὲ διαψευδόμενος οὔτε ἐν τῷ εἶναι, οὔτε ἐν τῷ ἐπαγγέλλεσθαι, καθάπερ πάλιν ὁ Ἀπόστολος γράφων Θεσσαλονικεῦσι μέν φησι· 'Πιστὸς ὁ καλῶν ὑμᾶς, ὃς καὶ ποιήσει·' ἐν γὰρ τῷ ποιεῖν ἃ ἐπαγγέλλεται, πιστός ἐστι λαλῶν· Ἑβραίοις δὲ περὶ τοῦ σημαίνειν τὴν λέξιν ταύτην καὶ τὸ ἀναλλοίωτον οὕτως γράφει· 'Εἰ ἀπιστήσομεν, ἐκεῖνος πιστὸς μένει· ἀρνήσασθαι ἑαυτὸν οὐ δύναται.' Οὐκοῦν εἰκότως ὁ Ἀπόστολος τὴν σωματικὴν τοῦ Λόγου παρουσίαν διηγούμενός φησιν, ''Ἀπόστολον καὶ πιστὸν ὄντα τῷ ποιήσαντι αὐτόν,' δεικνὺς, ὅτι καὶ ἄνθρωπος γενόμενος ''Ἰησοῦς Χριστὸς, χθὲς καὶ σήμερον ὁ αὐτὸς, καὶ εἰς τοὺς αἰῶνας' ἀναλλοίωτός ἐστι. Καὶ ὥσπερ τῆς ἐνανθρωπήσεως αὐτοῦ διὰ τῆς ἀρχιερωσύνης μνημονεύει γράφων ὁ Ἀπόστολος, οὕτω καὶ πάλιν οὐκ ἐσιώπησε μακρὰν, ἀλλ' εὐθὺς περὶ τῆς θεότητος αὐτοῦ μνημονεύει, πανταχοῦ τῆς ἀσφαλείας γινόμενος, ἔνθα μάλιστα τὸ ταπεινὸν ὀνομάζει, ἵν' εὐθὺς αὐτοῦ τὴν ὑψηλότητα καὶ τὴν πατρικὴν μεγαλειότητα γινώσκωμεν. Φησὶ γοῦν· 'Ὁ μὲν Μωσῆς θεράπων, ὁ δὲ Χριστὸς Υἱὸς, κἀκεῖνος μὲν πιστὸς εἰς τὸν οἶκον, οὗτος δὲ ἐπὶ τὸν οἶκον,' ὡς αὐτὸς αὐτὸν κατασκευάσας, καὶ Κύριος αὐτοῦ καὶ δημιουργὸς τυγχάνων, καὶ ὡς Θεὸς ἁγιάζων αὐτόν. Ὁ μὲν γὰρ Μωσῆς, ἄνθρωπος φύσει ὤν, πιστὸς ἐγένετο, πιστεύων τῷ διὰ τοῦ Λόγου λαλοῦντι αὐτῷ Θεῷ· ὁ δὲ Λόγος οὐχ ὥσπερ τις τῶν γενητῶν ἦν ἐν σώματι, οὐδὲ ὡς κτίσμα ἐν κτίσμαστι, ἀλλὰ Θεὸς ἐν σαρκὶ καὶ δημιουργὸς, καὶ κατασκευαστὴς ἐν τῷ κατασκευασθέντι ὑπ' αὐτοῦ. Καὶ οἱ μὲν ἄνθρωποι

II. II.] *'Made' refers to His Manhood.* 79

ἕνεκα τοῦ εἶναι καὶ ὑφεστάναι σάρκα περιβέβληνται· ὁ δὲ τοῦ Θεοῦ Λόγος ἕνεκα τοῦ ἁγιάζειν τὴν σάρκα γέγονεν ἄνθρωπος· καὶ Κύριος ὤν, ἐν τῇ μορφῇ τοῦ δούλου ἦν· δούλη γὰρ τοῦ Λόγου ἡ πᾶσα κτίσις, ἡ παρ' αὐτοῦ γενομένη καὶ ποιηθεῖσα. Ἐκ δὲ τούτου συνέστηκεν, ὅτι καὶ τὸ λεγόμενον παρὰ τῷ Ἀποστόλῳ, 'ἐποίησεν,' οὐ ποιούμενον δείκνυσι τὸν Λόγον, ἀλλ' ὅπερ ἔλαβεν ὅμοιον ἡμῖν σῶμα· διὸ καὶ ἀδελφὸς ἡμῶν ἐχρημάτισε, γενόμενος ἄνθρωπος.

11. Εἰ δὲ δέδεικται, ὅτι, κἂν ἐπ' αὐτοῦ τοῦ Λόγου τις λέγῃ τὸ 'ἐποίησεν,' ἀντὶ τοῦ 'ἐγέννησε' λέγει· ποίαν ἄρα παρεξευρεῖν ἐπίνοιαν ἔτι μᾶλλον κακονοίας εἰς τοῦτο δυνήσονται, ὅπου γε πανταχόθεν ὁ λόγος τὸ ῥητὸν διακαθάρας, ἔδειξε μὴ εἶναι ποίημα τὸν Υἱόν, ἀλλὰ τῇ μὲν οὐσίᾳ γέννημα τοῦ Πατρός· τῇ δὲ οἰκονομίᾳ κατ' εὐδοκίαν τοῦ Πατρὸς, ἐποιήθη δι' ἡμᾶς ἄνθρωπος καὶ συνίσταται; καὶ διὰ τοῦτο ἄρα λέγεται παρὰ μὲν τῷ Ἀποστόλῳ, 'πιστὸν ὄντα τῷ ποιήσαντι αὐτὸν,' ἐν δὲ ταῖς Παροιμίαις καὶ τὸ 'κτίζεσθαι.' Ἕως γὰρ ὁμολογεῖται 'γενόμενος ἄνθρωπος,' οὐδὲν διαφέρει λέγειν, καθάπερ προείρηται, εἴτε 'ἐγένετο,' εἴτε 'πεποίηται,' εἴτε 'ἔκτισται,' εἴτε 'πέπλασται,' εἴτε 'δοῦλος,' εἴτε 'υἱὸς παιδίσκης,' εἴτε 'υἱὸς ἀνθρώπου,' εἴτε 'κατεστάθη,' εἴτε 'ἀπεδήμηιεν,' εἴτε 'νυμφίος,' εἴτε 'ἀδελφιδοῦς,' εἴτε 'ἀδελφός.' Πάντα γὰρ ταῦτα τὰ λεξείδια τῆς ἀνθρώπων συστάσεως ἴδια τυγχάνει ὄντα· καὶ τὰ τοιαῦτα οὐ τὴν οὐσίαν τοῦ Λόγου, ἀλλὰ τὸ ἄνθρωπον αὐτὸν γεγενῆσθαι σημαίνει. Τοιαύτην ἔχει διάνοιαν καὶ τὸ ἐν ταῖς Πράξεσι παρ' αὐτῶν πάλιν προφερόμενον ῥητὸν τοῦ Πέτρου λέγοντος· '"Ὅτι Κύριον καὶ Χριστὸν ἐποίησε Acts ii. 36. τοῦτον τὸν Ἰησοῦν, ὃν ὑμεῖς ἐσταυρώσατε.' Οὐδὲ γὰρ οὐδὲ ἐνταῦθα γέγραπται, 'ἐποίησεν ἑαυτῷ Υἱὸν,' ἢ, 'ἐποίησεν ἑαυτῷ Λόγον,' ἵνα καὶ τοιαῦτα φαντασθῶσιν. Εἰ μὲν οὖν μὴ ἐπελάθοντο ὅτι περὶ τοῦ Υἱοῦ τοῦ Θεοῦ λαλοῦσιν, ἐρευνάτωσαν εἴ που γέγραπται, 'ἐποίησεν ἑαυτῷ Υἱὸν ὁ Θεὸς,' ἢ 'ἔκτισεν ἑαυτῷ Λόγον·' ἢ πάλιν, εἴ που γέγραπται φανερῶς, 'ποίημά ἐστιν ἢ κτίσμα ὁ Λόγος·' καὶ τότε προφασιζέσθωσαν, ἵνα καὶ οὕτως ἐλεγχθῶσιν οἱ ἀνόητοι. Εἰ δὲ μηδέν τι τοιοῦτον εὑρίσκουσι, μόνον δὲ εἴ που γέγραπται, 'ἐποίησε,' καὶ 'πεποίηται,' θηρεύουσι· φοβοῦμαι μὴ κατ' ὀλίγον ἀκούοντες, '"Ἐν ἀρχῇ ἐποίησεν Gen. i. 7, 16.

80   '*Made*' *refers to His Manifestation*.   [II. 12.

ὁ Θεὸς τὸν οὐρανὸν καὶ τὴν γῆν,' καὶ 'ἐποίησε τὸν ἥλιον καὶ τὴν σελήνην,' καὶ, 'ἐποίησε τὴν θάλασσαν,' εἴπωσιν αὐτὸν εἶναι τὸν οὐρανὸν, καὶ αὐτὸν εἶναι τὸ τῇ πρώτῃ ἡμέρᾳ γενόμενον φῶς, καὶ αὐτὸν εἶναι τὴν γῆν, καὶ ἕκαστον τῶν ποιηθέντων, ἵνα λοιπὸν ὁμοιωθῶσι καὶ τοῖς λεγομένοις Στωϊκοῖς. "Ὅτι ἐκεῖνοι μὲν αὐτὸν τὸν Θεὸν ἐξαπλοῦσιν εἰς τὰ πάντα· οὗτοι δὲ τὸν τοῦ Θεοῦ Λόγον εἰς ἕκαστον τῶν ποιημάτων συντάττουσιν, εἰ καὶ φθάσαντες εἰρήκασι τὰ ὅμοια, λέγοντες ἕνα τῶν ποιημάτων αὐτὸν εἶναι.

12. Ἀλλὰ πάλιν ἀκουέτωσαν τὰ αὐτὰ, καὶ μανθανέτωσαν πρῶτον, ὅτι Υἱός ἐστιν, ὡς καὶ ἐν τοῖς ἔμπροσθεν εἴρηται, καὶ οὐ ποίημα ὁ Λόγος, καὶ οὐ δεῖ τὰς τοιαύτας λέξεις εἰς τὴν θεότητα αὐτοῦ λαμβάνειν, ἀλλ' ἐρευνᾷν διὰ τί καὶ πῶς ταῦτα γέγραπται· καὶ πάντως ἀπαντήσει τοῖς ζητοῦσιν ἡ ἀνθρωπίνη οἰκονομία, ἣν δι' ἡμᾶς ἀνεδέξατο. Καὶ γὰρ καὶ ὁ Πέτρος εἰρηκὼς, 'Κύριον καὶ Χριστὸν αὐτὸν ἐποίησεν,' εὐθὺς ἐπήγαγε, 'τοῦτον τὸν Ἰησοῦν, ὃν ὑμεῖς ἐσταυρώσατε.' καὶ πᾶσι γέγονε φανερὸν, (γένοιτο δ' ἂν καὶ τούτοις, ἐὰν τὴν ἀκολουθίαν τηρήσωσιν,) ὅτι οὐ τὴν οὐσίαν τοῦ Λόγου, ἀλλὰ κατὰ τὸ ἀνθρώπινον αὐτὸν πεποιῆσθαι ἔλεγε. Τί γάρ ἐστι τὸ σταυρούμενον ἢ τὸ σῶμα; τὸ δὲ σωματικὸν τοῦ Λόγου πῶς εἶχε σημᾶναι ἢ διὰ τοῦ εἰπεῖν, 'ἐποίησεν;' ἄλλως τε καὶ τὸ λεγόμενον ἐνταῦθα, 'ἐποίησεν,' ὀρθὴν ἔχει τὴν διάνοιαν. Οὐ γὰρ εἴρηκε, καθὰ προεῖπον, 'ἐποίησεν αὐτὸν Λόγον,' ἀλλὰ, 'Κύριον αὐτόν·' καὶ οὐχ ἁπλῶς, ἀλλ' 'εἰς ὑμᾶς,' καὶ, 'ἐν μέσῳ ὑμῶν ἐποίησεν,' ἴσον τῷ εἰπεῖν, 'ἀπέδειξε.' Καὶ τοῦτο αὐτὸ ὁ Πέτρος, ἀρχόμενος τῆς τοιαύτης ἀρχιδιδασκαλίας, μετὰ παρατηρήσεως ἐσήμανεν, ἡνίκα πρὸς αὐτοὺς ἔλεγεν· '"Ἄνδρες Ἰσραηλῖται, ἀκούσατε τοὺς λόγους τούτους· Ἰησοῦν τὸν Ναζωραῖον ἄνδρα ἀπὸ τοῦ Θεοῦ ἀποδεδειγμένον εἰς ὑμᾶς δυνάμεσι, καὶ τέρασι, καὶ σημείοις, οἷς ἐποίησε δι' αὐτοῦ ὁ Θεὸς ἐν μέσῳ ὑμῶν, καθὼς αὐτοὶ οἴδατε.' Τὸ ἄρα πρὸς τῷ τέλει λεγόμενον, 'ἐποίησε,' τοῦτο ἐν τῇ ἀρχῇ εἴρηκεν, 'ἀπέδειξεν·' ἀπὸ γὰρ τῶν σημείων ὧν ἐποίει θαυμασίων ὁ Κύριος, ἀπεδείχθη οὐχ ἁπλῶς ἄνθρωπος, ἀλλὰ Θεὸς ὢν ἐν σώματι, καὶ Κύριος αὐτὸς ὢν ὁ Χριστός. Τοιοῦτόν ἐστι καὶ τὸ ἐν τοῖς Εὐαγγελίοις λεγόμενον παρὰ τοῦ Ἰωάννου· 'Διὰ

II. 13.] *He was Lord while unincarnate.* 81

τοῦτο οὖν μᾶλλον ἐδίωκον αὐτὸν οἱ Ἰουδαῖοι, ὅτι οὐ μόνον ἔλυε τὸ σάββατον, ἀλλὰ καὶ Πατέρα ἴδιον ἔλεγε τὸν Θεὸν, ἴσον ἑαυτὸν ποιῶν τῷ Θεῷ.' Οὐ γὰρ ἔπλαττεν ἑαυτὸν ὁ Κύριος τότε Θεόν· οὐδὲ γὰρ ὅλως ἔνι ποιούμενος Θεός· ἀλλὰ ἀπεδείκνυε διὰ τῶν ἔργων, λέγων· ' Κἂν ἐμοὶ μὴ πιστεύητε, τοῖς ἔργοις John x. 38. μου πιστεύετε, ἵνα γνῶτε, ὅτι ἐγὼ ἐν τῷ Πατρὶ, καὶ ὁ Πατὴρ ἐν ἐμοί.' Οὕτως τοίνυν Κύριον καὶ Βασιλέα αὐτὸν πεποίηκεν ὁ Πατὴρ ἐν μέσῳ ἡρῶν, καὶ εἰς ἡμᾶς τοὺς πρότερον ἀπειθοῦντας. Καὶ δῆλόν ἐστιν, ὡς ὁ νῦν Κύριος καὶ Βασιλεὺς ἀναδεικνύμενος, οὐκ ἀρχὴν ἔχει τοῦ γενέσθαι τότε Βασιλεὺς καὶ Κύριος, ἀλλ' ἀρχὴν ἔχει τοῦ τὴν κυριότητα ἑαυτοῦ δεικνύειν, καὶ ἐκτείνειν καὶ πρὸς τοὺς ἀπειθήσαντας.

13. Εἰ μὲν οὖν νομίζουσιν ὅτι, καὶ πρὶν γένηται ἄνθρωπος καὶ σταυρὸν ὑπομείνῃ, οὐκ ἦν Κύριος καὶ Βασιλεὺς ὁ Σωτὴρ, ἀλλὰ τότε ἀρχὴν ἔσχε τοῦ εἶναι Κύριος· γνώτωσαν, ὅτι τὰ τοῦ Σαμοσατέως ἐκ φανεροῦ πάλιν φθέγγονται ῥήματα· εἰ δὲ, ὥσπερ ἀνέγνωμεν καὶ προείπομεν ἐν τοῖς προτέροις, Κύριος καὶ Βασιλεύς ἐστιν ἀΐδιος, τοῦ μὲν Ἀβραὰμ Κύριον αὐτὸν προσκυνοῦντος, τοῦ δὲ Μωσέως λέγοντος· ' Καὶ Κύριος ἔβρεξεν ἐπὶ Gen. xix. 24 Σόδομα καὶ Γόμορρα θεῖον καὶ πῦρ παρὰ Κυρίου ἐκ τοῦ οὐρανοῦ·' καὶ τοῦ Δαβὶδ ψάλλοντος· ' Εἶπεν ὁ Κύριος τῷ Κυρίῳ μου, Κάθου Ps.cix.(cx.)1. ἐκ δεξιῶν μου·' καὶ, ' Ὁ θρόνος σου ὁ Θεὸς, εἰς τὸν αἰῶνα τοῦ Ib. xliv. (xlv.) αἰῶνος· ῥάβδος εὐθύτητος ἡ ῥάβδος τῆς βασιλείας σου·' καί, 6. ' Ἡ βασιλεία σου βασιλεία πάντων τῶν αἰώνων·' δῆλόν ἐστιν Ib. cxliv. ὡς, καὶ πρὸ τοῦ γενέσθαι ἄνθρωπος, Βασιλεὺς καὶ Κύριος ἦν (cxlv.) 13. ἀΐδιος, εἰκὼν καὶ Λόγος τοῦ Πατρὸς ὑπάρχων. Ἀϊδίου δὲ ὄντος τοῦ Λόγου Κυρίου καὶ Βασιλέως, πρόδηλον πάλιν, ὅτι οὐ τὴν οὐσίαν τοῦ Υἱοῦ πεποιῆσθαι ἔλεγεν ὁ Πέτρος, ἀλλὰ τὴν εἰς ἡμᾶς αὐτοῦ κυριότητα γενομένην, ὅτε γέγονεν ἄνθρωπος, καὶ τῷ σταυρῷ πάντας λυτρωσάμενος, πάντων γέγονε Κύριος καὶ Βασιλεύς. Ἐὰν δὲ διὰ τὸ γεγράφθαι, ' ἐποίησε,' φιλονεικῶσι, μὴ θέλοντες ἴσον εἰρῆσθαι τὸ, ' ἐποίησε,' τῷ ' ἀπέδειξεν,' ἢ μὴ νοοῦντες, ἢ διὰ τὴν Χριστομάχον αὐτῶν προαίρεσιν· ἀκουέτωσαν, ὅτι καὶ οὕτως ὀρθὴν ἔχει διάνοιαν τὰ τοῦ Πέτρου ῥήματα. Ὁ γὰρ γινόμενός τινων κύριος τοὺς ἤδη ὄντας κτᾶται ὑφ' ἑαυτόν· εἰ δὲ ὁ Κύριος δημιουργός ἐστι πάντων καὶ βασιλεὺς ἀΐδιος, ὅτε

G

δὲ γέγονεν ἄνθρωπος, τότε καὶ ἡμᾶς ἐκτήσατο· δῆλον ἂν εἴη καὶ κατὰ τοῦτο, ὡς τὸ παρὰ τοῦ Πέτρου λεγόμενον οὐδ' οὕτω ποίημα σημαίνει τὴν οὐσίαν τοῦ Λόγου, ἀλλὰ τὴν μετὰ ταῦτα τῶν πάντων ὑποταγὴν, καὶ τὴν εἰς πάντας γενομένην τοῦ Σωτῆρος κυριότητα· καὶ ἔστιν ὅμοιον τοῦτο τοῖς ἔμπροσθεν. Ὥσπερ γὰρ ἐκεῖ παρετιθέμεθα τὰ ῥητὰ τὸ, 'Γενοῦ μοι εἰς Θεὸν ὑπερασπιστὴν,' καὶ τὸ, ''Εγένετο Κύριος καταφυγὴ τῷ πένητι·' καὶ ἐδείκνυεν ὁ λόγος, ὅτι μὴ ταῦτα γενητὸν δείκνυσι τὸν Θεὸν, ἀλλὰ τὴν εἰς ἕκαστον γινομένην εὐεργεσίαν παρ' αὐτοῦ· οὕτω καὶ τὸ τοῦ Πέτρου ῥητὸν τὴν αὐτὴν ἔχει διάνοιαν.

14. Λόγος μὲν γὰρ ὢν αὐτὸς ὁ τοῦ Θεοῦ Υἱὸς, Κύριός ἐστι τοῦ παντός· ἡμεῖς δὲ τὸ πρὶν ἦμεν ὑπεύθυνοι ἐξ ἀρχῆς μὲν ' τῇ δουλείᾳ τῆς φθορᾶς' καὶ 'τῇ κατάρᾳ τοῦ νόμου,' ἔπειτα δὲ καὶ κατ' ὀλίγον ἑαυτοῖς ἀναπλάσαντες τὰ μὴ ὄντα, 'ἐδουλεύομεν,' ὡς εἶπεν ὁ μακάριος Ἀπόστολος, 'τοῖς φύσει μὴ οὖσι θεοῖς·' καὶ τὸν μὲν ἀληθινὸν Θεὸν ἠγνοοῦμεν, τὰ δὲ μὴ ὄντα προετιμῶμεν τῆς ἀληθείας. Ἀλλ' ὕστερον ὥσπερ ὁ πάλαι λαὸς ἐν Αἰγύπτῳ βαρούμενος ἐστέναξεν, οὕτω καὶ ἡμῶν ἐχόντων τὸν ἔμφυτον νόμον καὶ κατὰ τοὺς 'ἀλαλήτους στεναγμοὺς τοῦ Πνεύματος' ἐντυγχανόντων καὶ λεγόντων· 'Κύριε, ὁ Θεὸς ἡμῶν, κτῆσαι ἡμᾶς·' γέγονεν ὥσπερ εἰς οἶκον καταφυγῆς καὶ εἰς Θεὸν ὑπερασπιστὴν, οὕτω καὶ Κύριος ἡμῶν γέγονε. Καὶ οὐκ ἀρχὴν τοῦ εἶναι αὐτὸς ἔσχε τότε· ἀλλ' ἡμεῖς ἀρχὴν ἔσχομεν τοῦ εἶναι αὐτὸν Κύριον ἡμῶν. Λοιπὸν γὰρ ἀγαθὸς ὢν ὁ Θεὸς, καὶ Πατὴρ ὢν τοῦ Κυρίου, ἐλεήσας καὶ θέλων πᾶσι γνωσθῆναι, ποιεῖ τὸν ἑαυτοῦ Υἱὸν ἐνδύσασθαι σῶμα ἀνθρώπινον, καὶ γενέσθαι ἄνθρωπον, κληθῆναί τε αὐτὸν Ἰησοῦν, ἵν', ἐν τούτῳ ἑαυτὸν προσενέγκας ὑπὲρ πάντων, τοὺς πάντας ἐλευθερώσῃ ἀπὸ τῆς θεοπλανησίας καὶ τῆς φθορᾶς, καὶ πάντων γένηται Κύριος καὶ Βασιλεὺς αὐτός. Τὸ δὴ οὖν γενέσθαι αὐτὸν οὕτω Κύριον καὶ Βασιλέα, τοῦτ' ἐστιν ὃ ἔλεγεν ὁ Πέτρος· 'Ἐποίησεν αὐτὸν Κύριον, καὶ Χριστὸν ἀπέστειλεν·' ἴσον τῷ εἰπεῖν, ὅτι καὶ ἄνθρωπον αὐτὸν ποιήσας ὁ Πατὴρ· ἴδιον γὰρ ἀνθρώπων τὸ ποιεῖσθαι. Οὐχ ἁπλῶς δὲ ἐποίησεν ἄνθρωπον, ἀλλ' εἰς τὸ κυριεῦσαι πάντων αὐτὸν, καὶ ἁγιάζειν πάντας διὰ τοῦ χρίσματος πεποίηκεν. Εἰ γὰρ καὶ δούλου μορφὴν ἔλαβεν ὁ ἐν μορφῇ Θεοῦ ὑπάρχων Λόγος, ἀλλ' ἡ πρόσληψις

II. 15.] *when He became our Saviour.* 83

τῆς σαρκὸς οὐκ ἐδούλου τὸν Λόγον φύσει Κύριον ὄντα· ἀλλὰ μᾶλλον ἐλευθέρωσις μὲν ἦν ἡ γινομένη παρὰ τοῦ Λόγου πάσης τῆς ἀνθρωπότητος· αὐτὸς δὲ ὁ φύσει Κύριος Λόγος, καὶ ἄνθρωπος ποιηθεὶς, διὰ τῆς τοῦ δούλου μορφῆς Κύριος πάντων καὶ Χριστὸς, τουτέστιν, εἰς τὸ ἁγιάζειν τῷ Πνεύματι πάντας, πεποίηται. Καὶ ὥσπερ ὁ Θεὸς γινόμενος εἰς Θεὸν ὑπερασπιστὴν, καὶ λέγων· '"Εσομαι αὐτοῖς Θεός·' οὐ μᾶλλον τότε γίνεται 2 Cor. vi. 16. Θεὸς, οὐδὲ τότε ἀρχὴν ἔχει τοῦ γίνεσθαι Θεός· ἀλλ' ὅπερ ἐστὶν ἀεὶ, τοῦτο καὶ τοῖς δεομένοις γίνεται, ὅταν αὐτῷ, δοκῇ· οὕτω καὶ ὁ Χριστὸς φύσει Κύριος καὶ Βασιλεὺς ἀΐδιος ὢν, οὐχ ὅτε ἀποστέλλεται, μᾶλλον γίνεται Κύριος, οὐδὲ τότε ἀρχὴν λαμβάνει τοῦ εἶναι Κύριος καὶ Βασιλεύς· ἀλλ' ὅπερ ἐστὶν ἀεὶ, τοῦτο καὶ τότε κατὰ σάρκα πεποίηται, καὶ λυτρωσάμενος πάντας γίνεται καὶ οὕτω ζώντων καὶ νεκρῶν Κύριος· αὐτῷ γὰρ λοιπὸν τὰ πάντα δουλεύει· καὶ τοῦτό ἐστιν, ὅπερ ψάλλει καὶ ὁ Δαβίδ· 'Εἶπεν ὁ Κύριος τῷ Κυρίῳ μου· Κάθου ἐκ δεξιῶν μου, ἕως ἂν Ps.cix.(cx.)1. θῶ τοὺς ἐχθρούς σου ὑποπόδιον τῶν ποδῶν σου.' Οὐ γὰρ ἔπρεπε δι' ἑτέρου τὴν λύτρωσιν γενέσθαι, ἀλλὰ διὰ τοῦ φύσει Κυρίου, ἵνα μὴ διὰ Υἱοῦ μὲν κτιζώμεθα, ἄλλον δὲ Κύριον ὀνομάζωμεν, καὶ πέσωμεν εἰς τὴν Ἀρειανὴν καὶ τὴν Ἑλληνικὴν ἀφροσύνην, κτίσει δουλεύοντες παρὰ τὸν κτίσαντα τὰ πάντα Θεόν.

15. Αὕτη τοῦ ῥητοῦ κατά γε τὴν ἐμὴν οὐθένειαν ἡ διάνοια. Καὶ γὰρ ἀληθῆ καὶ χρηστὴν ἔχει τὴν αἰτίαν τὰ πρὸς τοὺς Ἰουδαίους τοιαῦτα ῥήματα τοῦ Πέτρου. Ἰουδαῖοι γὰρ πλανηθέντες ἀπὸ τῆς ἀληθείας, προσδοκῶσι μὲν ἐρχόμενον τὸν Χριστόν· οὐχ ἡγοῦνται δὲ αὐτὸν καὶ πάθος ἀναδέχεσθαι, λέγοντες ὅπερ οὐ νοοῦσιν· ''Ἡμεῖς οἴδαμεν ὅτι, ὅταν ἔλθῃ ὁ Χριστὸς, μένει εἰς John xii. 34. τὸν αἰῶνα· καὶ πῶς σὺ λέγεις, ὅτι δεῖ αὐτὸν ὑψωθῆναι;' ἔπειτα οὐ Λόγον γινόμενον ἐν σαρκὶ, ἀλλὰ ψιλὸν αὐτὸν ἄνθρωπον γίνεσθαι, ὡς πάντες γεγόνασιν οἱ βασιλεῖς ὑπολαμβάνουσιν. Ὁ μὲν οὖν Κύριος, τοὺς περὶ Κλεόπαν ἐντρέπων, ἐδίδασκεν, ὅτι τὸν Χριστὸν δεῖ πρῶτον παθεῖν· καὶ τοὺς ἄλλους δὲ Ἰουδαίους, Lukexxiv.26. ὅτι Θεὸν ἐπιδημῆσαι, λέγων· 'Εἰ ἐκείνους εἶπε θεοὺς, πρὸς John x. 35. οὓς ὁ Λόγος τοῦ Θεοῦ ἐγένετο, καὶ οὐ δύναται λυθῆναι ἡ Γραφή· ὃν ὁ Πατὴρ ἡγίασε, καὶ ἀπέστειλεν εἰς τὸν κόσμον, ὑμεῖς λέγετε ὅτι, Βλασφημεῖς· ὅτι εἶπον, Υἱὸς τοῦ Θεοῦ εἰμι;'

G 2

84 *Prophecy points to a Divine Christ,* [II. 16.

16. Ὁ τοίνυν Πέτρος, μαθὼν ταῦτα παρὰ τοῦ Σωτῆρος, κατ' ἀμφότερα διορθούμενος τοὺς Ἰουδαίους, φησίν· 'Ὦ Ἰουδαῖοι, τὸν Χριστὸν καταγγέλλουσιν ἔρχεσθαι αἱ θεῖαι Γραφαί, καὶ ὑμεῖς μὲν ψιλὸν ἄνθρωπον αὐτὸν, ὡς ἕνα τῶν ἐκ τοῦ Δαβὶδ, νομίζετε· τὰ δὲ γεγραμμένα περὶ αὐτοῦ οὐ τοιοῦτον αὐτὸν, οἷον ὑμεῖς λέγετε, σημαίνουσιν· ἀλλὰ μᾶλλον Κύριον καὶ Θεὸν, καὶ ἀθάνατον, καὶ χορηγὸν ζωῆς καταγγέλλουσιν. Ὁ μὲν γὰρ Μωσῆς εἴρηκεν·

Deut. xxviii. 6.

Is. cix. (cx.) 1.

b. xv. (xvi.) ο.

'Ὄψεσθε τὴν ζωὴν ὑμῶν κρεμαμένην ἀπέναντι τῶν ὀφθαλμῶν ὑμῶν·' ὁ δὲ Δαβὶδ ἐν μὲν τῷ ἑκατοστῷ ἐννάτῳ ψαλμῷ· 'Εἶπεν ὁ Κύριος τῷ Κυρίῳ μου· Κάθου ἐκ δεξιῶν μου, ἕως ἂν θῶ τοὺς ἐχθρούς σου ὑποπόδιον τῶν ποδῶν σου·' ἐν δὲ τῷ πεντεκαιδεκάτῳ· 'Οὐκ ἐγκαταλείψεις τὴν ψυχήν μου εἰς ᾅδην, οὐδὲ δώσεις τὸν ὅσιόν σου ἰδεῖν διαφθοράν.' Ὅτι μὲν οὖν οὐκ εἰς τὸν Δαβὶδ φθάνει τὰ τοιαῦτα ῥητὰ, αὐτὸς μὲν μαρτυρεῖ, 'Κύριον ἑαυτοῦ' φάσκων εἶναι τὸν ἐρχόμενον· συνορᾶτε δὲ καὶ ὑμεῖς, ὅτι ἀπέθανε, καὶ τὰ λείψανα αὐτοῦ παρ' ὑμῖν ἐστιν. Ὅτι δὲ τὸν Χριστὸν τοιοῦτόν εἶναι δεῖ, οἷον αὐτὸν λέγουσιν εἶναι αἱ Γραφαί, πάντως καὶ ὑμεῖς συνομολογήσετε· παρὰ Θεοῦ γὰρ εἴρηνται οἱ λόγοι, καὶ οὐ δύναται ψεῦδος ἐν αὐτοῖς εἶναι. Εἰ μὲν οὖν δύνασθε εἰπεῖν, ὡς ἐλθόντος πρότερον τοιούτου, καὶ δύνασθε δεῖξαι Θεὸν αὐτὸν εἶναι, ἀφ' ὧν ἐποίησε σημείων καὶ τεράτων, εἰκότως ἡμῖν διαμάχεσθε· εἰ δὲ δεῖξαι μὲν οὐ δύνασθε ὡς ἐλθόντα, προσδοκᾶτε δὲ ἀκμὴν τοιοῦτον, ἐπίγνωτε τὸν καιρὸν ἀπὸ

Dan. ix. 14-27.

τοῦ Δανιήλ· εἰς τὸν παρόντα γὰρ χρόνον τὰ λεχθέντα παρ' αὐτοῦ φθάνει. Εἰ δὲ ὁ παρὼν καιρὸς οὗτός ἐστιν ἐκεῖνος ὁ πάλαι προκαταγγελλόμενος, καὶ τὰ γενόμενα δὲ νῦν ἐφ' ἡμῖν ἑωράκατε, γνῶτε ὅτι οὗτος ὁ Ἰησοῦς, ὃν ὑμεῖς ἐσταυρώσατε, οὗτός ἐστιν ὁ Χριστὸς ὁ προσδοκώμενος· ὁ μὲν γὰρ Δαβὶδ καὶ πάντες οἱ προφῆται ἀπέθανον, καὶ τὰ μνήματα πάντων παρ' ὑμῖν ἐστιν· ἡ δὲ γενομένη νῦν ἀνάστασις ἔδειξεν εἰς τοῦτον φθάνειν

Deut. xxviii. 66.

τὰ γεγραμμένα. Τὸ μὲν γὰρ σταυρωθῆναι, δείκνυσι τὸ '"Οψεσθε τὴν ζωὴν ὑμῶν κρεμαμένην·' καὶ τὸ τῇ λόγχῃ δὲ τρωθῆναι τὴν

Isa. liii. 7.

πλευρὰν, πληροῖ τὸ 'Ὡς πρόβατον ἐπὶ σφαγὴν ἤχθη·' τὸ δὲ μὴ μόνον ἐξαναστῆναι, ἀλλὰ καὶ παλαιοὺς νεκροὺς ἐκ τῶν μνημείων ἐγεῖραι (τούτους γὰρ ἑωράκασιν ὑμῶν οἱ πλεῖστοι), τουτέστι τὸ 'Οὐκ ἐγκαταλείψεις τὴν ψυχήν μου εἰς ᾅδην·' καὶ τὸ and such was Jesus.

'Κατέπιεν ὁ θάνατος ἰσχύσας·' καὶ πάλιν· ''Αφεῖλεν ὁ Θεός.' Isa. xxv. 8.
Τὸ δὲ καὶ τοιαῦτα σημεῖα ποιῆσαι αὐτὸν, οἷα γέγονε, δείκνυσι Ibid.
Θεὸν εἶναι τὸν ἐν σώματι, καὶ αὐτὸν εἶναι τὴν ζωὴν καὶ Κύριον
τοῦ θανάτου. Ἔπρεπε γὰρ τὸν Χριστὸν, τὸν ἄλλοις ζωὴν δι-
δόντα, αὐτὸν μὴ κρατεῖσθαι ὑπὸ τοῦ θανάτου· τοῦτο δὲ οὐκ ἂν
ἐγεγόνει εἰ, ὡς ὑμεῖς νομίζετε, ψιλὸς ἄνθρωπος ἦν ὁ Χριστός.
Ἀλλὰ μὴν αὐτός ἐστιν ὁ Υἱὸς τοῦ Θεοῦ· ἄνθρωποι γὰρ πάντες
ὑπεύθυνοι θανάτου εἰσί. Μηκέτι τοιγαροῦν ἀμφιβαλλέτω τις,
ἀλλ' ἀσφαλῶς γινωσκέτω πᾶς οἶκος Ἰσραὴλ, ὅτι οὗτος ὁ Ἰησοῦς,
ὃν ἐθεωρήσατε σχήματι ἄνθρωπον, ποιοῦντα σημεῖα καὶ τοιαῦτα
ἔργα, ἃ μηδεὶς πώποτε πεποίηκεν, αὐτός ἐστιν ὁ Χριστὸς καὶ
Κύριος πάντων. Καὶ γὰρ καὶ ἄνθρωπος γενόμενος, καὶ κληθεὶς
Ἰησοῦς, ὥσπερ ἐν τοῖς προτέροις εἴπομεν, οὐκ ἠλαττώθη τῷ
ἀνθρωπίνῳ πάθει, ἀλλὰ μᾶλλον καὶ ἐν τῷ ποιηθῆναι ἄνθρωπος,
ζώντων καὶ νεκρῶν ἀποδείκνυται Κύριος. 'Ἐπειδὴ γὰρ,' ὥς 1 Cor. i. 21.
εἶπεν ὁ Ἀπόστολος, ' ἐν τῇ Σοφίᾳ τοῦ Θεοῦ οὐκ ἔγνω ὁ κόσμος
διὰ τῆς σοφίας τὸν Θεὸν, ηὐδόκησεν ὁ Θεὸς διὰ τῆς μωρίας τοῦ
κηρύγματος σῶσαι τοὺς πιστεύοντας·' οὕτω καὶ ἡμεῖς οἱ ἄνθρω-
ποι, ἐπειδὴ οὐκ ἠθελήσαμεν διὰ τοῦ Λόγου αὐτοῦ ἐπιγνῶναι τὸν
Θεὸν, καὶ δουλεῦσαι τῷ φύσει δεσπότῃ ἡμῶν τῷ Λόγῳ τοῦ
Θεοῦ· ηὐδόκησεν ὁ Θεὸς ἐν ἀνθρώπῳ δεῖξαι τὴν ἑαυτοῦ κυριό-
τητα, καὶ πάντας ἑλκῦσαι πρὸς ἑαυτόν. Δι' ἀνθρώπου δὲ ψιλοῦ
τοῦτο ποιῆσαι ἀπρεπὲς ἦν· ἵνα μὴ, ἄνθρωπον Κύριον ἔχοντες,
ἀνθρωπολάτραι γενώμεθα· διὰ τοῦτο αὐτὸς ὁ Λόγος σὰρξ ἐγέ-
νετο, καὶ ἐκάλεσε τὸ ὄνομα αὐτοῦ Ἰησοῦν, καὶ οὕτως ἐποίησεν
αὐτὸν Κύριον καὶ Χριστὸν ὁ Πατήρ· ἴσον τῷ εἰπεῖν, 'Εἰς τὸ
κυριεύειν αὐτὸν καὶ βασιλεύειν ἐποίησεν· ἵν' ἐν τῷ ὀνόματι
Ἰησοῦ, ὃν ὑμεῖς ἐσταυρώσατε, ὥσπερ πᾶν γόνυ κάμπτει, οὕτω
καὶ Κύριον καὶ Βασιλέα αὐτόν τε τὸν Υἱὸν ἐπιγινώσκωμεν, καὶ
δι' αὐτοῦ τὸν Πατέρα.'

17. Ἰουδαίων μὲν οὖν οἱ πλεῖστοι, ταῦτα ἀκούοντες, ἐνετρά-
πησαν, καὶ λοιπὸν ἐπέγνωσαν τὸν Χριστὸν, ὡς ἐν ταῖς Πράξεσι Acts ii. 37.
γέγραπται· ἐπειδὴ δὲ οἱ Ἀρειομανῖται αἱροῦνται ἀπομένειν
Ἰουδαῖοι καὶ μάχεσθαι τῷ Πέτρῳ, φέρε, τὰς ὁμοίας λέξεις αὐτοῖς
παραθώμεθα· ἴσως κἂν οὕτως ἐντραπῶσι, μαθόντες τὴν συνή-
θειαν τῆς θείας Γραφῆς. Ὅτι μὲν οὖν ἀΐδιος Κύριός ἐστι καὶ

Βασιλεὺς ὁ Χριστός, δῆλον γέγονεν ἐκ τῶν προειρημένων, καὶ οὐδείς ἐστιν, ὃς ἀμφιβάλλει περὶ τούτου. Υἱὸς γὰρ ὢν τοῦ Θεοῦ, ὅμοιος αὐτοῦ ἂν εἴη· ὅμοιος δὲ ὤν, πάντως ἐστὶ καὶ Κύριος καὶ Βασιλεύς· αὐτὸς γάρ φησιν· 'Ὁ ἐμὲ ἑωρακὼς ἑώρακε τὸν Πατέρα.' Ὅτι δὲ καὶ αὐτὸ μόνον τὸ λεγόμενον παρὰ τοῦ Πέτρου, 'Κύριον αὐτὸν ἐποίησε καὶ Χριστόν,' οὐ ποίημα εἶναι τὸν Υἱὸν σημαίνει, ἔξεστιν ἰδεῖν ἀπὸ τῆς εὐλογίας τοῦ Ἰσαάκ· κἂν ἀμυδρά πως ἡ εἰκὼν αὕτη πρὸς τὸ προκείμενον ᾖ. Ἔφη τοίνυν τῷ μὲν Ἰακώβ, 'Γίνου κύριος τοῦ ἀδελφοῦ σοῦ·' τῷ δὲ Ἠσαῦ, 'Ἰδοὺ κύριον αὐτὸν ἐποίησά σου.' Εἰ μὲν οὖν τὸ 'ἐποίησε' τὴν οὐσίαν καὶ τὴν ἀρχὴν τῆς γενέσεως τοῦ Ἰακὼβ ἐσήμαινεν, οὐδ᾽ οὕτω μὲν ἐχρῆν αὐτοὺς τοιαῦτα περὶ τοῦ Λόγου τοῦ Θεοῦ κἂν ἐνθυμεῖσθαι· οὐ γάρ ἐστιν ὁ Υἱὸς τοῦ Θεοῦ ποίημα, ὡς ὁ Ἰακώβ· πλὴν ἐδύναντό πως πυθόμενοι, μηκέτι παραφρονεῖν· εἰ δὲ ταῦτα οὐκ ἐπὶ τῆς οὐσίας, οὐδὲ ἐπὶ τῆς ἀρχῆς τῆς γενέσεως λαμβάνουσι, καίτοι κατὰ φύσιν ὄντος τοῦ Ἰακὼβ κτίσματος καὶ ποιήματος, πῶς οὐ πλέον τοῦ διαβόλου μαίνονται, εἰ ἄρα ἃ μηδὲ τοῖς φύσει γεννητοῖς τολμῶσιν ἐκ τῶν ὁμοίων λέξεων συνάπτειν, ταῦτα τῷ Υἱῷ τοῦ Θεοῦ προσπλέκουσι, λέγοντες αὐτὸν ποίημα εἶναι; Ἔλεγε γὰρ ὁ Ἰσαάκ, 'γίνου,' καί, 'ἐποίησα,' οὔτε τὴν ἀρχὴν τῆς γενέσεως τοῦ Ἰακώβ, οὔτε τὴν οὐσίαν αὐτοῦ σημαίνων· μετὰ γὰρ τριάκοντα καὶ πλεῖον ἔτη τῆς γενέσεως αὐτοῦ ταῦτα ἔλεγεν· ἀλλὰ τὴν εἰς τὸν ἀδελφὸν ἐξουσίαν αὐτοῦ, τὴν μετὰ ταῦτα γενομένην.

18. Οὐκοῦν πολλῷ μᾶλλον ὁ Πέτρος οὐ ποίημα τὴν οὐσίαν τοῦ Λόγου σημαίνων ταῦτ᾽ ἔλεγεν· ᾔδει γὰρ αὐτὸν Υἱὸν τοῦ Θεοῦ ὁμολογήσας· 'Σὺ εἶ ὁ Χριστός, ὁ Υἱὸς τοῦ Θεοῦ ζῶντος·' ἀλλὰ τὴν κατὰ χάριν ποιηθεῖσαν καὶ γενομένην καὶ εἰς ἡμᾶς αὐτοῦ βασιλείαν καὶ κυριότητα. Καὶ γὰρ ταῦτα λέγων, οὐκ ἐσιώπησε περὶ τῆς ἀϊδίου καὶ πατρικῆς θεότητος τοῦ Υἱοῦ τοῦ Θεοῦ· ἀλλὰ καὶ προειρηκὼς ἦν ὅτι καὶ τὸ Πνεῦμα ἐξέχεεν ἐφ᾽ ἡμᾶς. Τὸ δὲ μετ᾽ ἐξουσίας διδόναι τὸ Πνεῦμα οὐ κτίσματος οὐδὲ ποιήματός ἐστιν, ἀλλὰ Θεοῦ δῶρον. Τὰ μὲν γὰρ κτίσματα ἁγιάζεται παρὰ τοῦ ἁγίου Πνεύματος· ὁ δὲ Υἱὸς οὐχ ἁγιαζόμενος παρὰ τοῦ Πνεύματος, ἀλλὰ μᾶλλον αὐτὸς διδοὺς αὐτὸ τοῖς πᾶσι, δείκνυται μὴ κτίσμα, ἀλλὰ Υἱὸς ἀληθινὸς τοῦ Πατρὸς

ὧν. Πλὴν ὅτι ὁ διδοὺς τὸ Πνεῦμα, ὁ αὐτὸς λέγεται καὶ πεποιῆσθαι· πεποιῆσθαι μὲν ἐν ἡμῖν Κύριος διὰ τὸ ἀνθρώπινον, διδοὺς δὲ, ὅτι τοῦ Θεοῦ Λόγος ἐστίν. ⁹Ην γὰρ ἀεὶ καὶ ἔστιν, ὥσπερ Υἱὸς, οὕτω καὶ Κύριος καὶ παμβασιλεὺς τῶν πάντων, ὅμοιος ὢν κατὰ πάντα τοῦ Πατρὸς, καὶ πάντα τὰ τοῦ Πατρὸς ἔχων, ὡς εἴρηκεν αὐτός. Φέρε λοιπὸν καὶ αὐτὸ τὸ ἐν ταῖς Παροιμίαις λεγόμενον· ' Κύριος ἔκτισέ με ἀρχὴν ὁδῶν αὐτοῦ, εἰς ἔργα αὐτοῦ, θεωρήσωμεν·' εἰ καὶ μάλιστα, δειχθέντος τοῦ Λόγου, ὅτι μὴ ποίημά ἐστι, δέδεικται ὅτι μηδὲ κτίσμα ἐστί. Ταὐτὸν γάρ ἐστιν εἰπεῖν ποίημα καὶ κτίσμα· ὥστε καὶ τὴν ἀπόδειξιν τὴν περὶ τοῦ μὴ εἶναι ποίημα τὴν αὐτὴν εἶναι καὶ περὶ τοῦ μὴ εἶναι κτίσμα. Διὸ καὶ θαυμάσειεν ἄν τις αὐτοὺς ἐπινοοῦντας ἑαυτοῖς προφάσεις εἰς ἀσέβειαν, καὶ μὴ αἰσχυνομένους ἐπὶ τοῖς γενομένοις καθ' ἕκαστον ἐλέγχοις. Πρότερον μὲν γὰρ ἐπενόουν ἀπατᾷν πυνθανόμενοι τῶν ἀκεραίων· ''Ο ὢν τὸν μὴ ὄντα ἐκ τοῦ μὴ ὄντος ἐποίησεν, ἢ τὸν ὄντα;' καὶ, ' Εἰ εἶχες υἱὸν, πρὶν γεννήσῃς;' ὡς δὲ δέδεικται τοῦτο σαθρὸν, ἐφεῦρον λέγειν· '^Εν τὸ ἀγένητον, ἢ δύο;' εἶτ' ἐν τούτῳ διελεγχθέντες συνῆψαν εὐθύς· 'Αὐτεξούσιός ἐστι, καὶ τρεπτῆς ἐστι φύσεως;' Ἀλλὰ ἐκβληθέντος καὶ τούτου, πάλιν ἐφεῦρον λέγειν· ' Τοσούτῳ κρείττων γενόμενος τῶν ἀγγέλων.' Ὡς δὲ καὶ τοῦτο ἡ ἀλήθεια διήλεγξε, νῦν λοιπὸν ἐκεῖνα πάντα συνάγοντες, διὰ τοῦ ' ποιήματος ' καὶ ' κτίσματος,' τὴν αἵρεσιν αὐτῶν συνιστᾷν νομίζουσι. Πάλιν γὰρ ἐκεῖνα σημαίνουσι, καὶ οὐκ ἀφίστανται τῶν ἰδίων κακονοιῶν, τὰ αὐτὰ ποικίλως ἀντιμεταβάλλοντες καὶ μεταστρέφοντες, ὅπως ἴσως τῇ ποικιλίᾳ τινὰς ἀπατῆσαι δυνηθῶσιν. Εἰ καὶ τὰ μάλιστα τοίνυν καὶ τὰ προειρημένα δείκνυσιν αὐτῶν καὶ ταύτην τὴν ἐπίνοιαν ματαίαν· ὅμως, ἐπειδὴ τῷ ἐκ τῶν Παροιμιῶν ῥητῷ τεθρυλήκασι τὰ πανταχοῦ, καὶ παρὰ πολλοῖς τοῖς ἀγνοοῦσι τὴν Χριστιανῶν πίστιν δοκοῦσί τι λέγειν, ἀναγκαῖον καὶ αὐτὸ τὸ ῥητὸν, ὥσπερ τὸ ' πιστὸν ὄντα τῷ ποιήσαντι αὐτὸν,' οὕτω καὶ τὸ ' ἔκτισε,' καθ' ἑαυτὸ ἐξετάσαι· ἵν', ὡς ἐν πᾶσι, καὶ ἐν τούτῳ δειχθῶσι μηδὲν πλέον ἔχοντες ἢ φαντασίαν.

19. Καὶ πρῶτά γε ἴδωμεν ἅπερ ἐπιδεδώκασι κατὰ τὴν ἀρχὴν, ἡνίκα ἡ αἵρεσις ἐπλάττετο παρ' αὐτῶν, τῷ μακαρίτῃ Ἀλεξάνδρῳ. Ἔγραψαν τοίνυν λέγοντες· ' Κτίσμα ἐστὶν, ἀλλ' οὐχ ὡς ἓν τῶν

κτισμάτων· ποίημά ἐστιν, ἀλλ' οὐχ ὡς ἓν τῶν ποιημάτων· γέννημά ἐστιν, ἀλλ' οὐχ ὡς ἓν τῶν γεννημάτων.' Θεασάσθω δὴ ἕκαστος τὸ πανοῦργον καὶ δόλιον τῆς αἱρέσεως ταύτης· εἰδυῖα γὰρ τὸ πικρὸν τῆς ἰδίας κακοφροσύνης, καλλωπίζειν ἑαυτὴν βιάζεται πιθανότητι ῥημάτων· καὶ λέγει μὲν, ὅπερ φρονεῖ, ὅτι 'κτίσμα' ἐστὶ, νομίζει δὲ δύνασθαι κρύπτειν ἑαυτὴν ἐν τῷ λέγειν· 'ἀλλ' οὐχ ὡς ἓν τῶν κτισμάτων.' Μᾶλλον δὲ οὕτω γράψαντες, διὰ τούτων πλέον ἤλεγξαν ἑαυτῶν τὴν ἀσέβειαν. Εἰ γὰρ ὅλως καθ' ὑμᾶς κτίσμα ἐστὶ, πῶς ὑποκρίνεσθε λέγοντες, 'ἀλλ' οὐχ ὡς ἓν τῶν κτισμάτων;' καὶ εἰ ὅλως ποίημά ἐστι, πῶς 'οὐχ ὡς ἓν τῶν ποιημάτων;' ἐν οἷς καὶ τὸν ἰὸν τῆς αἱρέσεως θεωρεῖν ἔξεστι. Λέγοντες γὰρ 'γέννημα, ἀλλ' οὐχ ὡς ἓν τῶν γεννημάτων,' πολλοὺς υἱοὺς συντάττουσι, καὶ τούτων ἕνα εἶναι τὸν Κύριον δογματίζουσιν· ὡς μηκέτι κατ' αὐτοὺς Μονογενῆ εἶναι, ἀλλ' ἐκ πολλῶν ἀδελφῶν ἕνα καὶ αὐτὸν γέννημα καὶ Υἱὸν χρηματίζειν. Τίς οὖν χρεία τῆς ὑποκρίσεως, ὥστε λέγειν μὲν αὐτὸν κτίσμα, λέγειν δὲ αὐτὸν μὴ κτίσμα; Καὶ γὰρ καὶ ἐὰν λέγητε, 'οὐχ ὡς ἓν τῶν κτισμάτων,' ἀνόητον ὑμῶν τὸ τοιοῦτον σόφισμα δειχθήσεται· ἐν γὰρ πάλιν τῶν κτισμάτων αὐτὸν εἶναι λέγετε· καὶ οἷα ἄν τις εἴποι καὶ περὶ τῶν ἄλλων κτισμάτων, τοιαῦτα καὶ περὶ τοῦ Υἱοῦ φρονεῖτε, ὡς ἀληθῶς 'μωροὶ καὶ τυφλοί.' Ποῖον γὰρ καὶ ἕτερον τῶν κτισμάτων τοιοῦτόν ἐστιν, οἷον γέγονε καὶ τὸ ἕτερον, ἵνα τοῦτο περὶ Υἱοῦ ὡς ἐξαίρετόν τι λέγητε; Καὶ πᾶσα ἡ φαινομένη κτίσις ἐν ἓξ ἡμέραις γέγονε· καὶ τῇ μὲν πρώτῃ τὸ φῶς, ὅπερ ἐκάλεσεν ἡμέραν· τῇ δὲ δευτέρᾳ τὸ στερέωμα· καὶ τῇ τρίτῃ, συναγαγὼν τὰ ὕδατα, ἔδειξε τὴν ξηρὰν, καὶ τοὺς ἐν αὐτῇ ποικίλους προήγαγε καρπούς· καὶ τῇ μὲν τετάρτῃ πεποίηκε τὸν ἥλιον καὶ τὴν σελήνην, καὶ πάντα τὸν τῶν ἀστέρων χορόν· τῇ δὲ πέμπτῃ τῶν ἐν τῇ θαλάσσῃ ζώων, καὶ τῶν ἐν τῷ ἀέρι πετεινῶν τὴν γένεσιν ἔκτισε· τῇ δὲ ἕκτῃ τὰ τετράποδα τὰ ἐπὶ τῆς γῆς πεποίηκε, καὶ λοιπὸν τὸν ἄνθρωπον. 'Τά τε ἀόρατα αὐτοῦ ἀπὸ κτίσεως κόσμον, τοῖς ποιήμασι νοούμενα, καθορᾶται·' καὶ οὔτε τὸ φῶς ὡς ἡ νὺξ, οὔτε ὁ ἥλιος ὡς ἡ σελήνη, οὔτε τὰ ἄλογα ὡς ὁ λογικὸς ἄνθρωπός ἐστιν· οὔτε οἱ ἄγγελοι ὡς οἱ θρόνοι, οὔτε οἱ θρόνοι ὡς αἱ ἐξουσίαι· ἀλλὰ πάντα μέν ἐστι κτίσματα, ἕκαστον δὲ τῶν γενομένων κατὰ γένος τῇ ἰδίᾳ οὐσίᾳ, ὡς γέγονεν, ἐστί τε καὶ μένει.

II. 21.] *It makes Him a creature after all.* 89

20. Ἡ τοίνυν ὁ Λόγος ἐξαιρείσθω τῶν ποιημάτων, καὶ ὡς κτίστης ἀποδιδόσθω τῷ Πατρί, καὶ ὁμολογείσθω φύσει Υἱός· ἢ εἰ ὅλως κτίσμα ἐστί, τὴν αὐτὴν ὁμολογείσθω τάξιν ἔχειν, οἵαν ἔχει καὶ τὰ ἕτερα πρὸς ἄλληλα· λεγέσθω δὲ κἀκείνων ἕκαστον 'κτίσμα, ἀλλ' οὐχ ὡς ἐν τῶν κτισμάτων, γέννημα ἢ ποίημα, οὐδ' ὡς ἐν τῶν ποιημάτων ἢ γεννημάτων.' Ταὐτὸν γὰρ εἰρήκατε τὸ γέννημα καὶ τὸ ποίημα, γράψαντες, 'γεννηθέντα ἢ ποιηθέντα·' κἂν γὰρ ὑπερέχῃ τῶν ἄλλων τῇ συγκρίσει ὁ Υἱός, ἀλλ' οὐδὲν ἧττόν ἐστι κτίσμα, ὥσπερ κἀκεῖνα· καὶ γὰρ καὶ ἐν αὐτοῖς τοῖς φύσει κτίσμασιν εὑρεῖν ἔστιν ἕτερα ἑτέρων ὑπερέχοντα. 'Ἀστὴρ 1 Cor. xv. 41. γοῦν ἀστέρος διαφέρει ἐν δόξῃ·' τά τε ἄλλα ἕκαστα πρὸς ἄλληλα κατὰ σύγκρισιν ἔχει τὴν διαφοράν· καὶ οὐ διὰ τοῦτο τὰ μὲν κύρια, τὰ δὲ τοῖς βελτίοσι δουλεύει· οὐδὲ τὰ μὲν ποιητικὰ αἴτιά ἐστι, τὰ δὲ παρ' αὐτῶν γίνεται· ἀλλὰ πάντα τοῦ γίνεσθαι καὶ κτίζεσθαι τὴν φύσιν ἔχει, ὁμολογοῦντα δι' ἑαυτῶν τὸν δημιουργὸν ἑαυτῶν, ὡς ψάλλει Δαβίδ· 'Οἱ οὐρανοὶ διηγοῦνται δόξαν Ps.xviii.(xix.) Θεοῦ, ποίησιν δὲ χειρῶν αὐτοῦ ἀναγγέλλει τὸ στερέωμα.' καθά- 1. περ καὶ Ζοροβάβελ ὁ σοφὸς λέγει· 'Πᾶσα ἡ γῆ τὴν ἀλήθειαν 3 Esd. iv. 36. καλεῖ, καὶ ὁ οὐρανὸς αὐτὴν εὐλογεῖ, καὶ πάντα τὰ ἔργα σείεται καὶ τρέμει.' Εἰ δὲ πᾶσα ἡ γῆ τὸν δημιουργὸν καὶ τὴν ἀλήθειαν ὑμνεῖ, καὶ εὐλογεῖ, καὶ τρέμει· δημιουργὸς δὲ ταύτης ὁ Λόγος ἐστί, καὶ αὐτὸς λέγει· 'Ἐγώ εἰμι ἡ ἀλήθεια·' οὐκ ἄρα κτίσμα ἐστὶν ὁ John xiv. 6. Λόγος, ἀλλὰ μόνος ἴδιος τοῦ Πατρός, ἐν ᾧ τὰ πάντα ἥρμοσται, καὶ αὐτὸς ὑμνεῖται παρὰ πάντων, ὡς δημιουργός· 'Ἤμην γάρ,' Prov. viii. 30. ὡς αὐτός φησι, 'παρ' αὐτῷ ἁρμόζουσα·' καί, 'Ὁ Πατήρ μου ἕως John v. 17. ἄρτι ἐργάζεται, κἀγὼ ἐργάζομαι.' Τὸ δέ, 'ἕως ἄρτι,' δείκνυσι τὸ ἀϊδίως, ὡς Λόγον, ὑπάρχειν αὐτὸν ἐν τῷ Πατρί· Λόγου γὰρ ἴδιον ἐργάζεσθαι τὰ τοῦ Πατρὸς ἔργα, καὶ μὴ εἶναι ἐκτὸς αὐτοῦ.

21. Εἰ δὲ ἃ ὁ Πατὴρ ἐργάζεται, ταῦτα καὶ ὁ Υἱὸς ἐργάζεται· καὶ ἃ κτίζει ὁ Υἱός, ταῦτα τοῦ Πατρός ἐστι κτίσματα· ἔργον δὲ καὶ κτίσμα ἐστὶ τοῦ Πατρὸς ὁ Υἱός· ἢ καὶ αὐτὸς ἑαυτὸν ἐργάσεται, καὶ αὐτὸς ἑαυτὸν ἔσται κτίζων· (ἐπειδὴ ἃ ἐργάζεται ὁ Πατήρ, ταῦτα καὶ τοῦ Υἱοῦ ἐστιν ἔργα·) ὅπερ ἄτοπον ἂν εἴη καὶ ἀδύνατον· ἢ τὰ τοῦ Πατρὸς κτίζων καὶ ἐργαζόμενος, αὐτὸς οὐκ ἂν εἴη ἔργον οὐδὲ κτίσμα, ἵνα μή, ὁ αὐτὸς ποιητικὸν αἴτιον ὤν, ἐν τοῖς ποιουμένοις εὑρίσκηται ποιῶν, ὅπερ γέγονεν αὐτός·

90 *What follows from saying* [II. 22.

μᾶλλον δὲ μηδὲ ποιεῖν δυνάμενος. Πῶς γὰρ, εἰ καθ' ὑμᾶς ' ἐξ οὐκ ὄντων γέγονεν,' οἷός τέ ἐστι τὰ οὐκ ὄντα εἰς τὸ εἶναι δημιουργεῖν; Εἰ δὲ, κτίσμα ὢν, δημιουργεῖ καὶ αὐτὸς κτίσμα, ἔσται καὶ ἐφ' ἑκάστου κτίσματος τὸ αὐτὸ νοούμενον, ὥστε δύνασθαι καὶ αὐτὰ δημιουργεῖν. Καὶ εἰ τοῦτο οὕτω βούλεσθε, τίς ἡ χρεία τοῦ Λόγου, δυναμένων τῶν ὑποβεβηκότων παρὰ τῶν ὑπερεχόντων γίνεσθαι; ἢ ὅλως δυναμένου καὶ κατὰ τὴν ἀρχὴν ἑκάστου τῶν γενομένων ἀκοῦσαι παρὰ τοῦ Θεοῦ, 'Γενοῦ,' καὶ, 'Ποιήθητι·' καὶ οὕτως ἂν ἕκαστον ἐδημιουργεῖτο. Ἀλλ' οὐδὲ γέγραπται τοῦτο, οὔτε δυνατὸν ἦν. Τῶν γὰρ γινομένων οὐδέν ἐστι ποιητικὸν αἴτιον· 'πάντα γὰρ διὰ τοῦ Λόγου γέγονεν·' οὐκ ἂν ἐργασαμένου καὶ αὐτοῦ τὰ πάντα, εἰ καὶ αὐτὸς ὁ Λόγος τῶν κτισμάτων ἦν· οὐδὲ γὰρ οὐδὲ ἄγγελοι δημιουργεῖν δυνήσονται, κτίσματα ὄντες καὶ αὐτοὶ, (κἂν Οὐαλεντῖνος καὶ Μαρκίων καὶ Βασιλείδης τοιαῦτα φρονῶσι, καὶ ὑμεῖς ἐκείνων ζηλωταὶ τυγχάνητε·) οὐδὲ ὁ ἥλιος, κτίσμα ὢν, ποιήσει ποτὲ τὸ μὴ ὂν εἰς τὸ εἶναι· οὐδὲ ἄνθρωπος ἄνθρωπον πλάσει, οὐδὲ λίθος λίθον ἐπινοήσει, οὐδὲ ξύλον ξύλον αὐξήσει· ἀλλ' ὁ Θεὸς μέν ἐστιν ὁ 'πλάσσων ἐν κοιλίᾳ' ἄνθρωπον, καὶ ὄρη τιθεὶς, καὶ ξύλον μηκύνων· ὁ δὲ ἄνθρωπος, ἐπιστήμης ὢν δεκτικὸς, ταύτην τὴν ὕλην συντίθησι καὶ μεταρρυθμίζει, καὶ τὰ ὄντα ἐργάζεται, ὡς ἔμαθε· καὶ ἀγαπᾷ, ὅτι μόνον γέγονε· τήν τε φύσιν ἐπιγινώσκων τὴν ἑαυτοῦ, ἐάν τινος δέηται, τὸν Θεὸν οἶδεν αἰτεῖν.

22. Εἰ μὲν οὖν καὶ ὁ Θεὸς ἐξ ὕλης ἐστὶν ἐργαζόμενος καὶ συντιθεὶς, Ἑλληνικὸν μὲν τὸ φρόνημα, καὶ τεχνίτης, οὐ ποιητὴς ἂν κληθείη ὁ Θεός. Ἐργαζέσθω δὲ ὅμως οὕτω τὴν ὕλην ὁ Λόγος προστατόμενος καὶ ὑπουργῶν τῷ Θεῷ. Εἰ δὲ τὰ οὐκ ὄντα καλεῖ διὰ τοῦ ἰδίου Λόγου εἰς τὸ εἶναι, οὐκ ἔστι τῶν μὴ ὄντων καὶ καλουμένων ὁ Λόγος, ἵνα μὴ καὶ ἕτερον Λόγον ζητῶμεν, δι' οὗ καὶ οὗτος ἐκλήθη· Λόγῳ γὰρ τὰ οὐκ ὄντα γέγονε. Καὶ εἰ δι' αὐτοῦ κτίζει καὶ ποιεῖ, οὐκ ἔστι τῶν κτιζομένων καὶ ποιουμένων αὐτός· ἀλλὰ μᾶλλον τοῦ κτίζοντος Θεοῦ Λόγος ἐστὶν, ὅστις καὶ ἐκ τῶν ἔργων τοῦ Πατρὸς, ὧν αὐτὸς ὁ Λόγος ἐργάζεται, γινώσκεται ὅτι αὐτὸς ἐν τῷ Πατρί ἐστι, καὶ ὁ Πατὴρ ἐν αὐτῷ, καὶ ὁ ἑωρακὼς αὐτὸν ἑώρακε τὸν Πατέρα, διὰ τὸ ἴδιον τῆς οὐσίας καὶ τὴν κατὰ πάντα ὁμοιότητα τοῦ Υἱοῦ πρὸς τὸν Πατέρα. Πῶς

that the Word is a creature.

οὖν δι' αὐτοῦ κτίζει, εἰ μὴ ὁ Λόγος ἐστὶν αὐτοῦ καὶ ἡ Σοφία; πῶς δὲ Λόγος ἂν εἴη καὶ Σοφία, εἰ μὴ ἴδιον γέννημα τῆς οὐσίας αὐτοῦ, ἀλλ' ἐξ οὐκ ὄντων καὶ αὐτὸς ἐγένετο; πῶς δὲ πάντων ἐξ οὐκ ὄντων καὶ κτισμάτων ὄντων, καὶ τοῦ Υἱοῦ κατ' ἐκείνους ἑνὸς ὄντος τῶν κτισμάτων, καὶ τῶν οὐκ ὄντων ποτὲ, μόνος οὗτος ἀποκαλύπτει τὸν Πατέρα, καὶ οὐδεὶς ἄλλος εἰ μὴ μόνος αὐτὸς γινώσκει τὸν Πατέρα; Εἰ γὰρ δυνατὸν, ποίημα ὄντα, τοῦτον γινώσκειν τὸν Πατέρα, γινωσκέσθω καὶ παρὰ πάντων κατ' ἀναλογίαν τῶν ἑκάστου μέτρων· ποιήματα γὰρ πάντα, ὥσπερ καὶ αὐτός. Εἰ δὲ οὐ δυνατὸν τοῖς γενητοῖς οὔτε βλέπειν οὔτε γινώσκειν, ἀλλ' ὑπερβαίνει πάντας ἥ τε ὄψις καὶ ἡ περὶ τούτου γνῶσις· καὶ γὰρ καὶ αὐτὸς μὲν ὁ Θεὸς εἶπεν· 'Οὐδεὶς ὄψεται Exod. xxxiii. τὸ πρόσωπόν μου, καὶ ζήσεται·' ὁ δὲ Υἱὸς εἴρηκεν· 'Οὐδεὶς 20. Matt. xi. 27. γινώσκει τὸν Πατέρα εἰ μὴ ὁ Υἱός·' ἄλλος ἂν εἴη τῶν γεννητῶν ὁ Λόγος, μόνος γινώσκων καὶ μόνος βλέπων τὸν Πατέρα, ὡς εἶπεν, 'Οὐχ ὅτι τὸν Πατέρα τις ἑώρακεν εἰ μὴ ὁ ὢν παρὰ τοῦ John vi. 46. Πατρός·' καὶ, 'Οὐδεὶς γινώσκει τὸν Πατέρα εἰ μὴ ὁ Υἱὸς·' κἂν Matt. xi. 27. Ἀρείῳ μὴ δοκῇ. Πῶς οὖν ἔγνω μόνος, εἰ μὴ μόνος ἦν ἴδιος αὐτοῦ; πῶς δ' ἂν ἦν ἴδιος, εἰ κτίσμα ἦν, καὶ μὴ Υἱὸς ἦν ἀληθινὸς ἐξ αὐτοῦ; Τὰ αὐτὰ γὰρ λέγειν καὶ πολλάκις περὶ εὐσεβείας οὐκ ὀκνητέον. Ἀσεβὲς ἄρα τὸ φρονεῖν ἕνα τῶν πάντων εἶναι τὸν Υἱόν· βλάσφημον δὲ καὶ ἀνόητον τὸ λέγειν 'κτίσμα, ἀλλ' οὐχ ὡς ἓν τῶν κτισμάτων· καὶ ποίημα, ἀλλ' οὐχ ὡς ἓν τῶν ποιημάτων· γέννημα, ἀλλ' οὐχ ὡς ἓν τῶν γεννημάτων.' Πῶς γὰρ οὐχ ὡς ἓν τούτων, εἴ γε κατ' αὐτοὺς 'οὐκ ἦν πρὶν γεννηθῇ;' Ἴδιον γὰρ τῶν κτισμάτων καὶ ποιημάτων τὸ μὴ εἶναι πρὶν γενέσθαι, καὶ ἐξ οὐκ ὄντων ὑφίστασθαι, κἂν τῇ δόξῃ τῶν ἄλλων ὑπερέχῃ· τοῦτο γὰρ καὶ ἐν πᾶσι τοῖς ἄλλοις κτίσμασι πρὸς ἑαυτὰ διαφέροντα εὑρεθήσεται, ὥσπερ καὶ βλεπόμενα δείκνυται.

23. Ἀλλ' εἴπερ κατὰ τοὺς αἱρετικοὺς 'κτίσμα μὲν ἢ ποίημα ἦν, οὐχ ὡς ἓν δὲ τῶν κτισμάτων·' διὰ τὸ ἐν δόξῃ διαφέρειν αὐτῶν, ἔδει πρὸς τὰ ἄλλα ποιήματα τῇ κατὰ τὸ βέλτιον συγκρίσει σημαίνεσθαί τε παρὰ τῆς Γραφῆς καὶ δείκνυσθαι αὐτὸν, οἷον ἔδει λέγεσθαι αὐτὸν μείζονα ἀρχαγγέλων· ἔδει ἐντιμότερον τῶν θρόνων, καὶ λαμπρότερον μὲν ἡλίου καὶ σελήνης, μείζονα

δὲ τῶν οὐρανῶν. Νῦν δὲ οὕτω μὲν αὐτὸς οὐ σημαίνεται· Υἱὸν δὲ αὐτὸν ἴδιον καὶ μόνον δείκνυσιν ἑαυτοῦ ὁ Πατὴρ, λέγων· 'Υἱός μου εἶ σύ·' καὶ 'Οὗτός ἐστιν ὁ Υἱός μου ὁ ἀγαπητὸς, ἐν ᾧ ηὐδόκησα·' διὸ καὶ 'διηκόνουν αὐτῷ οἱ ἄγγελοι,' ὡς ἄλλῳ παρ' αὐτοὺς ὄντι· καὶ προσκυνεῖται παρ' αὐτῶν, οὐχ ὡς τῇ δόξῃ μείζων, ἀλλ' ὡς ἄλλος παρὰ πάντα τὰ κτίσματα καὶ παρ' ἐκείνους ὤν, μόνος δὲ τοῦ Πατρὸς ἴδιος ὢν κατ' οὐσίαν Υἱός. Εἰ γὰρ ὡς ὑπερέχων τῇ δόξῃ προσεκυνεῖτο, ἔδει καὶ ἕκαστον τῶν ὑποβεβηκότων τὸν ὑπερέχοντα προσκυνεῖν. Ἀλλ' οὐκ ἔστιν οὕτω· κτίσμα γὰρ κτίσματι οὐ προσκυνεῖ, ἀλλὰ δοῦλος δεσπότην, καὶ κτίσμα Θεόν. Πέτρος μὲν οὖν ὁ ἀπόστολος προσκυνῆσαι θέλοντα τὸν Κορνήλιον κωλύει, λέγων ὅτι 'Κἀγὼ ἄνθρωπός εἰμι·' ἄγγελος δὲ θέλοντα προσκυνῆσαι τὸν Ἰωάννην ἐν τῇ Ἀποκαλύψει κωλύει, λέγων· '"Ορα μή· σύνδουλός σου εἰμὶ, καὶ τῶν ἀδελφῶν σου τῶν προφητῶν, καὶ τῶν τηρούντων τοὺς λόγους τοῦ βιβλίου τούτου· τῷ Θεῷ προσκύνησον.' Οὐκοῦν Θεοῦ ἐστι μόνου τὸ προσκυνεῖσθαι· καὶ τοῦτο ἴσασι καὶ αὐτοὶ οἱ ἄγγελοι, ὅτι κἂν ἄλλων ταῖς δόξαις ὑπερέχωσιν, ἀλλὰ κτίσματα πάντες εἰσὶ, καὶ οὐκ εἰσὶ τῶν προσκυνουμένων, ἀλλὰ τῶν προσκυνούντων τὸν Δεσπότην. Τὸν γοῦν πατέρα τοῦ Σαμψὼν τὸν Μανωὲ, θέλοντα θυσίαν προσενεγκεῖν τῷ ἀγγέλῳ, ἐκώλυσεν ὁ ἄγγελος λέγων ὅτι 'Μὴ ἐμοὶ, ἀλλὰ τῷ Θεῷ προσένεγκε.' Ὁ δὲ Κύριος καὶ παρ' ἀγγέλων προσκυνεῖται· γέγραπται γάρ· 'Καὶ προσκυνησάτωσαν αὐτῷ πάντες ἄγγελοι Θεοῦ·' καὶ παρὰ πάντων δὲ τῶν ἐθνῶν, ὡς ὁ Ἡσαΐας φησίν· 'Ἐκοπίασεν Αἴγυπτος καὶ ἐμπορία Αἰθιόπων, καὶ οἱ Σαβαεὶμ ἄνδρες ὑψηλοὶ ἐπὶ σὲ διαβήσονται, καί σοι ἔσονται δοῦλοι·' εἶτα ἑξῆς· 'Καὶ προσκυνήσουσί σοι, καὶ ἐν σοὶ προσεύξονται· ὅτι ἐν σοὶ ὁ Θεός ἐστι, καὶ οὐκ ἔστι Θεὸς πλὴν σοῦ·' τούς τε μαθητὰς προσκυνοῦντας δέχεται, καὶ πληροφορεῖ τούτους, ὅστις ἐστὶ λέγων· 'Οὐχ ὑμεῖς λέγετέ με, ὁ Κύριος καὶ ὁ διδάσκαλος; καὶ καλῶς λέγετε· εἰμὶ γάρ.' Καὶ τὸν Θωμᾶν δὲ λέγοντα αὐτῷ, ''Ο Κύριός μου καὶ ὁ Θεός μου,' συγχωρεῖ λέγειν, καὶ μᾶλλον ἀποδέχεται, μὴ κωλύων αὐτόν. Ἔστι γὰρ αὐτὸς, ὡς οἵ τε ἄλλοι προφῆται λέγουσι, καὶ Δαβὶδ ψάλλει, 'Κύριος τῶν δυνάμεων, Κύριος Σαβαὼθ,' ὃ ἑρμηνεύεται, 'Κύριος τῶν στρατιῶν,' καὶ

II. 24.] *'The Word' not ranked with 'all things.'* 93

Θεὸς ἀληθινὸς καὶ παντοκράτωρ, κἂν οἱ Ἀρειανοὶ ἐν τούτῳ διαρρηγνύωσιν ἑαυτούς. 24. Οὐκ ἂν δὲ οὐδὲ αὐτὸς προσεκυνήθη, οὐδὲ ταῦτ' ἐλέγετο περὶ αὐτοῦ, εἰ ὅλως τῶν κτισμάτων ἦν. Νῦν δὲ ἐπειδὴ οὐκ ἔστι κτίσμα, ἀλλ' ἴδιον τῆς οὐσίας τοῦ προσκυνουμένου Θεοῦ γέννημα, καὶ φύσει Υἱός ἐστι, διὰ τοῦτο προσκυνεῖται, καὶ Θεὸς πιστεύεται, καὶ Κύριος στρατιῶν καὶ ἐξουσιαστὴς καὶ παντοκράτωρ ἐστίν, ὡς ὁ Πατήρ· αὐτὸς γὰρ εἴρηκε· ʽΠάντα ὅσα ἔχει John xvi. 15. ὁ Πατὴρ ἐμά ἐστιν·' Υἱοῦ γὰρ ἴδιον τὰ τοῦ Πατρὸς ἔχειν, καὶ τοιοῦτον αὐτὸν εἶναι, ὡς ἐν αὐτῷ θεωρεῖσθαι τὸν Πατέρα· καὶ δι' αὐτοῦ τὰ πάντα πεποιῆσθαι, καὶ ἐν αὐτῷ τὴν σωτηρίαν τῶν πάντων γίνεσθαί τε καὶ συνίστασθαι· ἐπεὶ καλὸν αὐτοὺς ἔρεσθαι καὶ τοῦτο, ἵν' ἔτι μᾶλλον ὁ ἔλεγχος τῆς αἱρέσεως αὐτῶν φαίνηται· Διὰ τί, πάντων ὄντων κτισμάτων, καὶ πάντων ἐκ τοῦ μὴ ὄντος ἐχόντων τὴν σύστασιν, τοῦ τε Υἱοῦ καὶ αὐτοῦ ὄντος καθ' ὑμᾶς κτίσματος καὶ ποιήματος, καὶ ἑνὸς τῶν οὐκ ὄντων ποτέ, δι' αὐτοῦ μόνου τὰ πάντα πεποίηκε, καὶ ʽχωρὶς αὐτοῦ ἐγένετο οὐδὲ Ib. i. 3. ἕν;' Ἢ διὰ τί, ὅταν μὲν ʽτὰ πάντα' λέγηται, οὐ τὸν Υἱόν τις ἐν τοῖς πᾶσι σημαίνεσθαι νοεῖ, ἀλλὰ τὰ γενητά; ὅταν δὲ περὶ τοῦ Λόγου λέγωσιν αἱ Γραφαί, οὐκ ἐκ τῶν πάντων πάλιν αὐτὸν ὄντα νοοῦσιν, ἀλλὰ τῷ Πατρὶ συντάττουσιν αὐτόν, ἐν ᾧ τὴν πάντων πρόνοιαν καὶ σωτηρίαν ἐργάζεται καὶ ποιεῖ ὁ Πατήρ, καὶ μάλιστα δυναμένων τῶν πάντων τῷ αὐτῷ προστάγματι, ᾧ κἀκεῖνος παρὰ μόνου τοῦ Θεοῦ γέγονε, γενέσθαι; Οὐ γὰρ κάμνει ὁ Θεὸς προστάττων, οὐδὲ ἀσθενεῖ πρὸς τὴν τῶν πάντων ἐργασίαν, ἵνα τὸν μὲν Υἱὸν μόνος μόνον κτίσῃ, εἰς δὲ τὴν τῶν ἄλλων δημιουργίαν ὑπουργοῦ καὶ βοηθοῦ χρείαν ἔχῃ τοῦ Υἱοῦ. Οὐδὲ γὰρ οὐδὲ ὑπέρθεσιν ἔχει, ὅπερ ἂν ἐθελήσῃ γενέσθαι· ἀλλὰ μόνον ἠθέληκε, καὶ ὑπέστη τὰ πάντα, καὶ ʽτῷ βουλήματι αὐτοῦ Rom. ix. 11. οὐδεὶς ἀνθέστηκε.' Τίνος οὖν ἕνεκα οὐ γέγονε τὰ πάντα παρὰ μόνου τοῦ Θεοῦ τῷ προστάγματι, ᾧ γέγονε καὶ ὁ Υἱός, ἢ διὰ τί διὰ τούτου πάντα γέγονε, καίτοι καὶ αὐτοῦ γεννητοῦ τυγχάνοντος, λεγέτωσαν. Ἀλογία μὲν οὖν πᾶσα παρ' αὐτοῖς· φασὶ δὲ ὅμως περὶ τούτου, ὡς ἄρα ʽΘέλων ὁ Θεὸς τὴν γενητὴν κτίσαι φύσιν, ἐπειδὴ ἑώρα μὴ δυναμένην αὐτὴν μετασχεῖν τῆς τοῦ Πατρὸς ἀκράτου χειρός, καὶ τῆς παρ' αὐτοῦ δημιουργίας, ποιεῖ καὶ κτίζει πρώτως μόνος μόνον ἕνα, καὶ καλεῖ τοῦτον Υἱὸν καὶ Λόγον, ἵνα, τούτου μέσου γενομένου, οὕτω λοιπὸν καὶ τὰ πάντα δι' αὐτοῦ γενέσθαι δυνηθῇ.' Ταῦτα οὐ μόνον εἰρήκασιν, ἀλλὰ καὶ γράψαι τετολμήκασιν Εὐσέβιός τε καὶ Ἄρειος, καὶ ὁ θύσας Ἀστέριος. •

25. Πῶς οὖν οὐκ ἄν τις αὐτῶν ἐκ τούτων τέλεον καταγνοίη τῆς ἀσεβείας, ἥν, μετὰ πολλῆς τῆς ἀφροσύνης ἑαυτοῖς κεράσαντες, οὐκ ἐρυθριῶσιν οὕτω καταμεθύοντες τῆς ἀληθείας; Εἰ μὲν γὰρ, διὰ τὸ κάμνειν τὸν Θεὸν πρὸς τὴν τῶν ἄλλων ἐργασίαν, φήσουσι μόνον αὐτὸν πεποιηκέναι τὸν Υἱὸν, καταβοήσει μὲν τούτων πᾶσα ἡ κτίσις, οὐκ ἄξια φθεγγομένων περὶ τοῦ Θεοῦ· ἐγγράφως δὲ ὁ Ἡσαΐας λέγων· ' Θεὸς αἰώνιος, ὁ κατασκευάσας τὰ ἄκρα τῆς γῆς, οὐ πεινάσει, οὐδὲ κοπιάσει, οὐδέ ἐστιν ἐξεύρεσις τῆς φρονήσεως αὐτοῦ.' Εἰ δὲ, ὡς ἀπαξιῶν ὁ Θεὸς τὰ ἄλλα ἐργάσασθαι, τὸν μὲν Υἱὸν μόνον εἰργάσατο, τὰ δὲ ἄλλα τῷ Υἱῷ ἐνεχείρισεν ὡς βοηθῷ, καὶ τοῦτο μὲν ἀνάξιον Θεοῦ, οὐκ ἔστι γὰρ ἐν Θεῷ τῦφος· ἐντρέψει δὲ αὐτοὺς ὅμως ὁ Κύριος λέγων· ' Οὐχὶ δύο στρουθία ἀσσαρίου πωλεῖται; καὶ ἓν ἐξ αὐτῶν οὐ πεσεῖται ἐπὶ τὴν γῆν ἄνευ τοῦ Πατρὸς ὑμῶν, τοῦ ἐν τοῖς οὐρανοῖς;' καὶ πάλιν· ' Μὴ μεριμνᾶτε τῇ ψυχῇ ὑμῶν, τί φάγητε, μηδὲ τῷ σώματι ὑμῶν, τί ἐνδύσησθε. Οὐχὶ ἡ ψυχὴ πλεῖόν ἐστι τῆς τροφῆς, καὶ τὸ σῶμα τοῦ ἐνδύματος; Ἐμβλέψατε εἰς τὰ πετεινὰ τοῦ οὐρανοῦ, ὅτι οὐ σπείρουσιν, οὐδὲ θερίζουσιν, οὐδὲ συνάγουσιν εἰς τὰς ἀποθήκας· καὶ ὁ Πατὴρ ὑμῶν ὁ οὐράνιος τρέφει αὐτά. Οὐχ ὑμεῖς μᾶλλον διαφέρετε αὐτῶν; Τίς δὲ ἐξ ὑμῶν, μεριμνῶν, δύναται προσθεῖναι ἐπὶ τὴν ἡλικίαν αὐτοῦ πῆχυν ἕνα; Καὶ περὶ ἐνδύματος τί μεριμνᾶτε; Καταμάθετε τὰ κρίνα τοῦ ἀγροῦ, πῶς αὐξάνουσιν· οὐ κοπιῶσιν, οὐδὲ νήθουσι. Λέγω δὲ ὑμῖν, ὅτι οὐδὲ Σολομὼν ἐν πάσῃ τῇ δόξῃ αὐτοῦ περιεβάλετο, ὡς ἓν τούτων. Εἰ δὲ τὸν χόρτον τοῦ ἀγροῦ σήμερον ὄντα, καὶ αὔριον εἰς κλίβανον βαλλόμενον, ὁ Θεὸς οὕτως ἀμφιέννυσιν· οὐ πολλῷ μᾶλλον ὑμᾶς, ὀλιγόπιστοι;' Εἰ γὰρ οὐκ ἀνάξιον Θεοῦ προνοεῖσθαι καὶ μέχρι τῶν οὕτω μικρῶν, τριχὸς κεφαλῆς, καὶ στρουθίου, καὶ τοῦ χόρτου τοῦ ἀγροῦ, οὐκ ἀνάξιον ἦν αὐτοῦ καὶ ταῦτα ἐργάσασθαι. Ὧν γὰρ τὴν πρόνοιαν ποιεῖται, τούτων καὶ ποιητής ἐστι διὰ τοῦ ἰδίου Λόγου

II. 27.] *unworthy and absurd.* 95

Ἄλλως τε καὶ μεῖζον ἄτοπον τοῖς τοῦτο λέγουσιν ἀπαντᾷ· διαιροῦσι γὰρ τὰ κτίσματα καὶ τὴν δημιουργίαν· καὶ τὸ μὲν τοῦ Πατρὸς ἔργον, τὰ δὲ τοῦ Υἱοῦ διδόασιν ἔργα· δέον ἢ καὶ τὰ πάντα μετὰ τοῦ Υἱοῦ παρὰ τοῦ Πατρὸς γίνεσθαι, ἢ εἰ διὰ τοῦ Υἱοῦ πάντα τὰ γενητὰ γίνεται, μὴ λέγειν αὐτὸν ἕνα τῶν γενητῶν εἶναι.

26. Ἔπειτα δὲ κἀκείνως ἐλέγξειεν ἄν τις αὐτῶν τὴν ἄνοιαν. Εἰ καὶ ὁ Λόγος τῆς γενητῆς φύσεώς ἐστι, πῶς, ταύτης ἀδυνάτου τυγχανούσης χωρεῖν τὴν τοῦ Θεοῦ αὐτουργίαν, μόνος αὐτὸς ἐκ πάντων ἠδυνήθη παρὰ τῆς ἀγενήτου καὶ ἀκραιφνεστάτης οὐσίας τοῦ Θεοῦ γενέσθαι, ὡς ὑμεῖς λέγετε; Ἀνάγκη γὰρ ἢ, τούτου δυναμένου, καὶ πᾶσαν δύνασθαι· ἢ, πάσης ἀδυνάτου τυγχανούσης, μὴ δύνασθαι μηδὲ τὸν Λόγον, εἷς γάρ ἐστι τῶν γενητῶν καὶ οὗτος καθ' ὑμᾶς. Πάλιν δὲ, εἰ, διὰ τὸ ἀδύνατον εἶναι τὴν γενητὴν φύσιν μετασχεῖν τῆς τοῦ Θεοῦ αὐτουργίας, μεσίτου χρεία γέγονεν, ἀνάγκη πᾶσα, γενητοῦ καὶ κτίσματος ὄντος τοῦ Λόγου, μέσου χρείαν εἶναι καὶ ἐπὶ τῆς τούτου δημιουργίας, διὰ τὸ εἶναι ἕνα καὶ αὐτὸν τῆς γενητῆς φύσεως, τῆς μὴ δυναμένης μετασχεῖν τῆς παρὰ τοῦ Θεοῦ ἐργασίας, ἀλλὰ μέσου δεομένης· κἂν ἐκείνου δέ τις εὑρεθῇ μέσος, πάλιν ἑτέρου χρεία μεσίτου δι' ἐκεῖνον, καὶ οὕτω τις ἐπαναβαίνων καὶ διερευνῶν τῷ λογισμῷ, εὑρήσει πολὺν ὄχλον ἐπιρρεόντων μεσιτῶν, καὶ οὕτως ἀδύνατον ὑποστῆναι τὴν κτίσιν ἀεὶ τοῦ μεσίτου δεομένην, καὶ τοῦ μέσου μὴ δυναμένου γενέσθαι χωρὶς ἑτέρου μεσίτου, διὰ τὸ πάντας εἶναι τῆς γενητῆς φύσεως, τῆς μὴ δυναμένης μετασχεῖν τῆς παρὰ μόνου τοῦ Θεοῦ ἐργασίας, ὡς ὑμεῖς λέγετε. Πόσης τοίνυν ἀφροσύνης εἰσὶ πλήρεις, δι' ἣν καὶ τὰ ἤδη γενόμενα νομίζουσιν ἀδύνατον εἶναι γενέσθαι; Ἢ τάχα οὐδὲ γεγενῆσθαι αὐτὰ φαντάζονται, ζητοῦντες ἔτι τὸν μεσίτην. Κατὰ γὰρ τὴν οὕτως ἀσεβῆ καὶ μωρὰν διάνοιαν αὐτῶν, οὐδ' ἂν ὑπέστη τὰ ὄντα, μὴ εὑρισκομένου τοῦ μέσου.

27. Ἀλλ' ἐκεῖνο φάσκουσιν· ' Ἰδοὺ δὴ καὶ διὰ Μωσέως ἐξήγαγε τὸν λαὸν ἐξ Αἰγύπτου, καὶ δι' αὐτοῦ τὸν νόμον δέδωκε, καίτοι καὶ αὐτοῦ τυγχάνοντος ἀνθρώπου· ὥστε δυνατὸν διὰ τοῦ ὁμοίου τὰ ὅμοια γίνεσθαι.' Τοῦτο δὲ λέγειν αὐτοὺς ἐγκαλυπτομένους ἔπρεπεν, ἵνα μὴ πολλὴν αἰσχύνην ἀπενέγκωνται.

Μωσῆς γὰρ οὐ δημιουργεῖν ἐπέμπετο, οὐδὲ τὰ μὴ ὄντα εἰς τὸ εἶναι καλέσαι, καὶ πλάσαι τοὺς ὁμοίους ἀνθρώπους, ἀλλὰ διακονῆσαι μόνον ῥήματα πρὸς τὸν λαὸν καὶ πρὸς τὸν βασιλέα Φαράω. Ἔχει δὲ τοῦτο πολλὴν τὴν διαφορὰν, ὅτι τὸ μὲν διακονεῖν τῶν γενητῶν ὡς δούλων ἐστί· τὸ δημιουργεῖν δὲ καὶ κτίζειν μόνου τοῦ Θεοῦ ἐστι, καὶ τοῦ ἰδίου αὐτοῦ Λόγου καὶ τῆς σοφίας. Διὰ τοῦτο γοῦν ἐπὶ μὲν τοῦ δημιουργεῖν οὐκ ἄν τις ἄλλον εὕροι, ἢ μόνον τὸν τοῦ Θεοῦ Λόγον· πάντα γὰρ 'ἐν σοφίᾳ' γέγονε, καὶ 'χωρὶς τοῦ Λόγου ἐγένετο οὐδὲ ἕν.' Πρὸς δὲ τὰς διακονίας οὐχ εἷς, ἀλλ' ἐκ πάντων πολλοί εἰσιν, οὓς ἐὰν θέλῃ πέμπειν ὁ Κύριος. Πολλοὶ μὲν γὰρ ἀρχάγγελοι, πολλοὶ δὲ θρόνοι καὶ ἐξουσίαι, καὶ κυριότητες, 'χίλιαί τε χιλιάδες, καὶ μύριαι μυριάδες' παρεστήκασι λειτουργούντων καὶ ἑτοίμων εἰς τὸ ἀποστέλλεσθαι. Καὶ προφῆται μὲν πολλοὶ, καὶ ἀπόστολοι δὲ δέκα καὶ δύο, καὶ ὁ Παῦλος· καὶ Μωσῆς δὲ αὐτὸς οὐ μόνος, ἀλλὰ καὶ Ἀαρὼν σὺν αὐτῷ, καὶ μετὰ ταῦτα ἄλλοι ἑβδομήκοντα Πνεύματος ἐπληρώθησαν ἁγίου· καὶ Μωσῆν διεδέξατο Ἰησοῦς ὁ τοῦ Ναυῆ, κἀκεῖνον οἱ κριταὶ, κἀκείνους οὐχ εἷς, ἀλλὰ πλεῖστοι βασιλεῖς. Εἴπερ οὖν καὶ κτίσμα ἦν καὶ τῶν γενητῶν ὁ Υἱὸς, ἔδει καὶ πολλοὺς εἶναι τοιούτους υἱοὺς, ἵνα καὶ πολλοὺς τοιούτους διακόνους ἔχῃ ὁ Θεὸς, καθάπερ καὶ ἐπὶ τῶν ἄλλων πλῆθός ἐστιν. Εἰ δὲ τοῦτο οὐκ ἔστιν ἰδεῖν, ἀλλὰ τὰ μὲν κτίσματα πολλὰ, ὁ δὲ Λόγος εἷς ἐστι· τίς οὐ συνορᾷ καὶ ἐκ τούτων, ὅτι ὁ Υἱὸς διέστηκε τῶν πάντων, καὶ οὐ πρὸς τὰ κτίσματα τὴν ἐξίσωσιν ἔχει, ἀλλὰ πρὸς τὸν Πατέρα τὴν ἰδιότητα; Ὅθεν οὐδὲ πολλοὶ Λόγοι, ἀλλὰ μόνος εἷς τοῦ ἑνὸς Πατρὸς Λόγος, καὶ μία τοῦ ἑνὸς Θεοῦ εἰκών ἐστιν. 'Ἀλλ' ἰδοὺ,' φασὶ, 'καὶ ἥλιος μόνος εἷς καὶ ἡ γῆ μία.' Ἄφρονες εἰπάτωσαν ὅτι καὶ ὕδωρ ἓν, καὶ πῦρ ἓν, ἵνα ἀκούσωσιν, ὅτι τῶν γενομένων ἕκαστον ἓν μὲν ἔστι κατὰ τὴν ἰδίαν οὐσίαν, πρὸς δὲ τὴν ἐγχειριζομένην διακονίαν καὶ λειτουργίαν οὐκ ἔστιν ἕκαστον ἱκανὸν καὶ μόνον αὔταρκες. Εἶπε γὰρ ὁ Θεός· 'Γενηθήτωσαν φωστῆρες ἐν τῷ στερεώματι τοῦ οὐρανοῦ εἰς φαῦσιν τῆς γῆς, καὶ διαχωρίζειν ἀνὰ μέσον τῆς ἡμέρας, καὶ ἀνὰ μέσον τῆς νυκτός· καὶ ἔστωσαν εἰς σημεῖα καὶ εἰς καιροὺς, καὶ εἰς ἡμέρας, καὶ εἰς ἐνιαυτούς.' Εἶτά φησι· 'Καὶ ἐποίησεν ὁ Θεὸς τοὺς δύο φωστῆρας, τοὺς μεγάλους, τὸν φωστῆρα τὸν μέγαν εἰς ἀρχὰς τῆς ἡμέρας, καὶ τὸν φωστῆρα τὸν ἐλάσσω εἰς ἀρχὰς τῆς νυκτὸς, καὶ τοὺς ἀστέρας· καὶ ἔθετο αὐτοὺς ἐν τῷ στερεώματι τοῦ οὐρανοῦ, ὥστε φαίνειν ἐπὶ τῆς γῆς, καὶ ἄρχειν τῆς ἡμέρας καὶ τῆς νυκτός. 28. Ἰδοὺ πολλοὶ φωστῆρες, καὶ οὐ μόνος ὁ ἥλιος, οὐδὲ σελήνη μόνη, ἀλλ' ἕκαστον μὲν ἕν ἐστι κατ' οὐσίαν, μία δὲ καὶ κοινὴ πάντων ἐστὶν ἡ λειτουργία· καὶ τὸ ἑκάστου λεῖπον παρὰ τοῦ ἑτέρου πληροῦται· καὶ τοῦ φωτίζειν ἡ χρεία παρὰ πάντων γίνεται. Ἥλιος γοῦν τοῦ μεθ' ἡμέραν μόνου διαστήματος φαίνειν ἔχει τὴν ἐξουσίαν, καὶ ἡ σελήνη τὴν νύκτα· οἱ δὲ ἀστέρες μετὰ τούτων τοὺς καιροὺς καὶ ἐνιαυτοὺς ἐκτελοῦσι, καὶ ἕκαστος εἰς σημεῖα γίνεται πρὸς τὴν ἀπαιτοῦσαν χρείαν. Οὕτω καὶ ἡ γῆ οὐκ εἰς πάντα, ἀλλ' εἰς μόνους τοὺς καρποὺς, καὶ βάσιν εἶναι τῶν ἐν αὐτῇ ζώων· τό τε στερέωμα διαχωρίζειν ἀνὰ μέσον ὕδατος, καὶ ὕδατος, καὶ ἡ θέσις τῶν φωστήρων ἐν αὐτῷ ἐστιν· οὕτω καὶ τὸ πῦρ καὶ τὸ ὕδωρ, μετὰ τῶν ἄλλων πάντων γέγονε, εἰς τὴν τῶν σωμάτων σύστασιν· καὶ ὅλως οὐδὲ ἓν μόνον, ἀλλ' ἕκαστον τῶν γενομένων, ὥσπερ ἀλλήλων ὄντα μέλη, ἓν καθάπερ σῶμα, τὸν κόσμον ἀποτελοῦσιν. Εἰ τοίνυν οὕτω καὶ τὸν Υἱὸν ὑπολαμβάνουσιν εἶναι, βαλλέσθωσαν παρὰ πάντων, μέρος νομίζοντες εἶναι τῶν πάντων τὸν Λόγον, καὶ μέρος οὐχ ἱκανὸν ἄνευ τῶν ἄλλων πρὸς τὴν ἐγχειρισθεῖσαν αὐτῷ λειτουργίαν. Εἰ δὲ τοῦτο ἐκ φανεροῦ δυσσεβές ἐστιν, ἐπιγνώτωσαν ὅτι μὴ τῶν γενητῶν ἐστιν ὁ Λόγος, ἀλλὰ τοῦ μὲν Πατρὸς μόνος ἴδιος Λόγος, τῶν δὲ γενητῶν δημιουργός. Ἀλλ' εἰρήκασι· 'Κτίσμα μὲν ἔστι, καὶ τῶν γενητῶν· ὡς δὲ παρὰ διδασκάλου καὶ τεχνίτου μεμάθηκε τὸ δημιουργεῖν, καὶ οὕτως ὑπηρέτησε τῷ διδάξαντι Θεῷ.' Ταῦτα γὰρ καὶ Ἀστέριος ὁ σοφιστὴς, ὡς μαθὼν ἀρνεῖσθαι τὸν Κύριον, γράψαι τετόλμηκεν, οὐ συνορῶν τὴν ἐκ τούτων ἀλογίαν. Εἰ γὰρ διδακτόν ἐστι τὸ δημιουργεῖν, σκοπείτωσαν μὴ καὶ αὐτὸν τὸν Θεὸν εἴπωσι μὴ φύσει, ἀλλ' ἐπιστήμῃ δημιουργὸν εἶναι, ὥστε καὶ δυνατὸν μεταπίπτειν ἀπ' αὐτοῦ. Ἔπειτα εἰ ἡ Σοφία τοῦ Θεοῦ ἐκ διδασκαλίας ἐκτήσατο τὸ δημιουργεῖν, πῶς ἔτι σοφία ἐστὶ, δεομένη μαθημάτων; Τί δὲ ἦν καὶ πρὸ τοῦ μαθεῖν; Σοφία γὰρ οὐκ ἦν λειπομένη διδασκαλίας. Κενὸν ἄρα τι πρᾶγμα ἦν, καὶ οὐκ ἔστιν οὐσιώδης

98   *If He was made to make us,*   [II. 30.

σοφία· ἀλλ' ἐκ προκοπῆς ἔσχε τὸ ὄνομα τῆς σοφίας, καὶ ἐπὶ τοσοῦτον ἔσται σοφία, ἕως ἂν ὃ μεμάθηκε φυλάττῃ. ῾Ο γὰρ μὴ φύσει τινί, ἀλλ' ἐκ μαθήσεως προσγέγονε, δυνατόν ἐστι καὶ ἀπομαθεῖν ποτε. Τοιαῦτα δὲ λέγειν περὶ τοῦ Λόγου τοῦ Θεοῦ, οὐ Χριστιανῶν, ἀλλὰ ῾Ελλήνων ἐστί.

29. Καὶ γὰρ εἰ ἐκ διδασκαλίας τὸ δημιουργεῖν τινι προσγίνεται, φθόνον καὶ ἀσθένειαν περὶ τὸν Θεὸν εἰσάγουσιν οἱ ἄφρονες· φθόνον μὲν, ὅτι μὴ πολλοὺς δημιουργεῖν ἐδίδαξεν, ἵν' ὥσπερ πολλοὶ ἀρχάγγελοι καὶ ἄγγελοι, οὕτω καὶ πολλοὶ δημιουργοὶ περὶ αὐτὸν ὦσιν· ἀσθένειαν δὲ, ὅτι μὴ μόνος ἠδυνήθη ποιῆσαι, συνεργοῦ δὲ ἢ ὑπουργοῦ χρείαν ἔσχε· καίτοι δειχθείσης καὶ τῆς γενητῆς φύσεως δυνατῆς οὔσης γίνεσθαι παρὰ μόνου τοῦ Θεοῦ, εἴ γε κατ' αὐτοὺς ὁ Υἱὸς γενητὸς ὢν ἠδυνήθη παρὰ μόνου τοῦ Θεοῦ γενέσθαι. 'Αλλ' οὐδενός ἐστιν ἐνδεὴς ὁ Θεός· μὴ γένοιτο! αὐτὸς γὰρ εἶπε· 'Πλήρης εἰμί·' οὐδὲ ἐκ διδασκαλίας γέγονε δημιουργὸς ὁ Λόγος· ἀλλ' εἰκὼν καὶ σοφία ὢν τοῦ Πατρὸς, τὰ τοῦ Πατρὸς ἐργάζεται. Οὐδὲ τῆς τῶν γενητῶν ἕνεκεν ἐργασίας τὸν Υἱὸν πεποίηκεν· ἰδοὺ γὰρ καὶ τοῦ Υἱοῦ ὄντος, φαίνεται πάλιν ἐργαζόμενος ὁ Πατὴρ, ὡς αὐτὸς ὁ Κύριός φησιν· ῾Ο Πατήρ μου ἕως ἄρτι ἐργάζεται, κἀγὼ ἐργάζομαι.' Εἰ δὲ καθ' ὑμᾶς διὰ τοῦτο γέγονεν ὁ Υἱὸς, ἵνα τὰ μετ' αὐτὸν ἐργάσηται· φαίνεται δὲ ὁ Πατὴρ καὶ μετὰ τὸν Υἱὸν ἐργαζόμενος· περιττὴ καθ' ὑμᾶς καὶ κατὰ τοῦτο ἡ τοῦ τοιούτου Υἱοῦ ποίησις. ῎Αλλως τε διὰ τί ὅλως, θέλων ἡμᾶς κτίσαι, ζητεῖ τὸν μεσίτην, ὡς οὐκ ἀρκουμένου τοῦ βουλήματος αὐτοῦ συστῆσαι περὶ ὧν ἂν αὐτῷ δοκῇ; Καὶ μὴν αἱ Γραφαὶ λέγουσι· 'Πάντα ὅσα ἠθέλησεν ἐποίησε·' καί· 'Τῷ γὰρ βουλήματι αὐτοῦ τίς ἀνθέστηκεν;' Εἰ δὲ καὶ τὸ βούλημα μόνον ἱκανόν ἐστιν αὐτοῦ πρὸς τὴν τῶν πάντων δημιουργίαν, περιττὴ πάλιν καθ' ὑμᾶς ἡ τοῦ μεσίτου χρεία. Καὶ γὰρ καὶ τὸ παράδειγμα τὸ περὶ τοῦ Μωσέως καὶ τοῦ ἡλίου καὶ σελήνης ὑμῶν δέδεικται σαθρόν. Κἀκεῖνο δὲ πάλιν ὑμᾶς ἐντρέψει. Εἰ θέλων ὁ Θεὸς τὴν γενητὴν κτίσαι φύσιν, περὶ δὲ ταύτης βουλευσάμενος, ἐπινοεῖ καὶ κτίζει τὸν Υἱὸν καθ' ὑμᾶς, ἵνα δι' αὐτοῦ ἡμᾶς δημιουργήσῃ, σκοπεῖτε πόσην ἀσέβειαν φθέγγεσθαι τετολμήκατε.

30. Πρῶτον μὲν, ὅτι φαίνεται μᾶλλον αὐτὸς ὁ Υἱὸς δι' ἡμᾶς

γεγονὼς, καὶ οὐχ ἡμεῖς δι' αὐτόν· οὐ γὰρ δι' αὐτὸν ἐκτίσθημεν, ἀλλ' αὐτὸς δι' ἡμᾶς πεποίηται· ὥστε χάριν αὐτὸν ἡμῖν μᾶλλον ἔχειν, καὶ μὴ ἡμᾶς αὐτῷ, καθάπερ καὶ ἡ γυνὴ τῷ ἀνδρί, 'Οὐ γὰρ ἐκτίσθη,' φησὶν ἡ Γραφὴ, 'ἀνὴρ διὰ τὴν γυναῖκα, ἀλλὰ γυνὴ διὰ τὸν ἄνδρα.' Ἆρ' οὖν ὥσπερ 'ὁ μὲν ἀνὴρ εἰκὼν καὶ δόξα Θεοῦ ὑπάρχει, ἡ δὲ γυνὴ δόξα ἀνδρός ἐστιν,' οὕτως ἡμεῖς μὲν τοῦ Θεοῦ εἰκὼν, καὶ εἰς δόξαν αὐτοῦ γεγόναμεν, ὁ δὲ Υἱὸς ἡμῶν ἐστιν εἰκὼν καὶ εἰς ἡμῶν δόξαν ὑπέστη. Καὶ ἡμεῖς μὲν εἰς τὸ εἶναι γεγόναμεν· ὁ δὲ τοῦ Θεοῦ Λόγος καθ' ὑμᾶς, οὐκ εἰς τὸ εἶναι, ἀλλ' εἰς τὴν ἡμῶν χρείαν, ὡς ὄργανον πεποίηται· ὥστε μὴ ἡμᾶς ἐξ αὐτοῦ, ἀλλ' αὐτὸν ἐκ τῆς ἡμῶν χρείας συνίστασθαι. Καὶ πῶς οὐ πᾶσαν ἄνοιαν ὑπερβάλλουσιν οἱ ταῦτα καὶ μόνον ἐνθυμούμενοι; Καὶ γὰρ εἰ δι' ἡμᾶς γέγονεν ὁ Λόγος, οὐκ ἔστιν οὐδὲ πρῶτος ἡμῶν παρὰ τῷ Θεῷ. Οὐδὲ γὰρ ἐκεῖνον ἔχων ἐν ἑαυτῷ περὶ ἡμῶν βουλεύεται· ἀλλ' ἡμᾶς ἔχων ἐν ἑαυτῷ, βουλεύεται, ὡς ἐκεῖνοί φασι, περὶ τοῦ ἑαυτοῦ Λόγου. Εἰ δὲ τοῦτό ἐστι, τάχα οὐδὲ ὅλως ἤθελε τὸν Υἱὸν ὁ Πατήρ· οὐ γὰρ θέλων αὐτὸν ἔκτισεν· ἀλλ' ἡμᾶς θέλων, δι' ἡμᾶς αὐτὸν ἐδημιούργησε· μεθ' ἡμᾶς γὰρ αὐτὸν ἐπενόησεν· ὥστε κατὰ τοὺς ἀσεβοῦντας περιττὸν εἶναι λοιπὸν τὸν Υἱὸν τὸν γενόμενον, ὡς ὄργανον, γενομένων ὧν ἕνεκα καὶ ἐκτίσθη. Εἰ δὲ ὡς δυνατὸς ὁ Υἱὸς μόνος παρὰ μόνου τοῦ Θεοῦ γέγονεν, ἡμεῖς δὲ ὡς ἀδύνατοι παρὰ τοῦ Λόγου γεγόναμεν, διὰ τί μὴ καὶ πρῶτον, ὡς δυνατοῦ ὄντος αὐτοῦ, περὶ αὐτοῦ βουλεύεται, ἀλλὰ περὶ ἡμῶν; ἢ διὰ τί τὸν δυνατὸν οὐ προκρίνει τῶν ἀσθενῶν; ἢ διὰ τί πρῶτον αὐτὸν ποιῶν, οὐχὶ καὶ περὶ τοῦ πρώτου αὐτοῦ βουλεύεται; ἢ διὰ τί περὶ ἡμῶν πρῶτον βουλευόμενος, οὐ πρώτους ἡμᾶς ἐργάζεται, ἱκανοῦ ὄντος τοῦ βουλήματος αὐτοῦ πρὸς τὴν τῶν πάντων σύστασιν; Ἀλλ' ἐκεῖνον μὲν πρῶτον κτίζει, περὶ δὲ ἡμῶν πρῶτον βουλεύεται, καὶ πρώτους ἡμᾶς θέλει τοῦ μεσίτου· καὶ ἡμᾶς μὲν θέλων κτίσαι, καὶ περὶ ἡμῶν βουλευόμενος, κτίσματα καλεῖ· ἐκεῖνον δὲ, ὃν δι' ἡμᾶς δημιουργεῖ, Υἱὸν καλεῖ καὶ ἴδιον κληρονόμον. Ἔδει δὲ ἡμᾶς, ὧν ἕνεκα καὶ τοῦτον ποιεῖ, υἱοὺς μᾶλλον καλεῖσθαι· ἢ δηλονότι τοῦτον Υἱὸν ὄντα, τοῦτον καὶ προενθυμεῖσθαι καὶ θέλειν, δι' ὃν καὶ πάντας ἡμᾶς ποιεῖ. Ταῦτα μὲν οὖν τῶν αἱρετικῶν ἔμετοι καὶ ναυτίαι.

31. Οὐ μὲν τό γε τῆς ἀληθείας φρόνημα δεῖ σιωπᾶν, ἀλλὰ μάλιστα τοῦτο καὶ μεγαληγορεῖν πρέπει. Ὁ τοῦ Θεοῦ γὰρ Λόγος οὐ δι' ἡμᾶς γέγονεν, ἀλλὰ μᾶλλον ἡμεῖς δι' αὐτὸν γεγόναμεν, καὶ ' ἐν αὐτῷ ἐκτίσθη τὰ πάντα·' οὐδὲ διὰ τὴν ἡμῶν ἀσθένειαν οὗτος, ὧν δυνατὸς, ὑπὸ μόνου τοῦ Πατρὸς γέγονεν, ἵν' ἡμᾶς δι' αὐτοῦ ὡς δι' ὀργάνου δημιουργήσῃ· μὴ γένοιτο ! οὐκ ἔστιν οὕτως. Καὶ γὰρ καὶ εἰ δόξαν ἦν τῷ Θεῷ μὴ ποιῆσαι τὰ γενητὰ, ἀλλ' ἦν οὐδὲν ἧττον ὁ Λόγος ' πρὸς τὸν Θεὸν,' καὶ ἐν αὐτῷ ἦν ὁ Πατήρ. Τὰ μέντοι γενητὰ ἀδύνατον ἦν χωρὶς τοῦ Λόγου γενέσθαι· οὕτω γὰρ καὶ γέγονε δι' αὐτοῦ, καὶ εἰκότως. Ἐπειδὴ γὰρ Λόγος ἐστὶν ἴδιος φύσει τῆς οὐσίας τοῦ Θεοῦ ὁ Υἱὸς, ἐξ αὐτοῦ τέ ἐστι, καὶ ' ἐν αὐτῷ ' ἐστιν, ὡς εἶπεν αὐτός· οὐκ ἠδύνατο μὴ δι' αὐτοῦ γενέσθαι τὰ δημιουργήματα. Καθάπερ γὰρ τὸ φῶς τῷ ἀπαυγάσματι τὰ πάντα φωτίζει, καὶ ἄνευ τοῦ ἀπαυγάσματος οὐκ ἄν τι φωτισθείη, οὕτω καὶ ὁ Πατὴρ, ὡς διὰ χειρὸς, ἐν τῷ Λόγῳ εἰργάσατο τὰ πάντα, καὶ χωρὶς αὐτοῦ οὐδὲν ποιεῖ. Εἶπε γοῦν ὁ Θεὸς, ὡς καὶ Μωσῆς ἐμνημόνευσε· ' Γενηθήτω φῶς,' καὶ, ' Συναχθήτω τὸ ὕδωρ,' καὶ, ' Ἐξαγαγέτω ἡ γῆ,' καί· ' Ποιήσωμεν ἄνθρωπον' ὡς καὶ ὁ ἅγιος ψάλλει Δαυΐδ· ' Αὐτὸς εἶπε, καὶ ἐγενήθησαν· αὐτὸς ἐνετείλατο, καὶ ἐκτίσθησαν.' Εἶπε δὲ οὐχ ἵνα ὡς ἐπὶ τῶν ἀνθρώπων ὑπουργός τις ἀκούσῃ, καὶ μαθὼν τὸ βούλημα τοῦ λέγοντος ἀπελθὼν ἐργάσηται. Τοῦτο γὰρ τῶν μὲν κτισμάτων ἴδιον, ἐπὶ δὲ τοῦ Λόγου τοῦτο νοεῖν ἢ λέγειν ἀπρεπές. Ἔστι γὰρ ὁ Λόγος τοῦ Θεοῦ δημιουργὸς, καὶ ποιητικὸς, καὶ αὐτός ἐστιν ἡ τοῦ Πατρὸς βουλή. Διὰ τοῦτο γοῦν οὐκ εἶπεν ἡ θεία Γραφὴ, ὅτι ἤκουσε καὶ ἀπεκρίνατο ὁ ἀκούων, πῶς ἢ ποῖα βούλεται τὰ γινόμενα γενέσθαι· ἀλλὰ μόνον εἶπεν ὁ Θεὸς, ' Γενηθήτω·' καὶ ἐπήγαγε, ' Καὶ ἐγένετο οὕτω.' Τὸ γὰρ δόξαν καὶ βουληθὲν εὐθὺς ἐγίνετο τῷ Λόγῳ καὶ ἀπηρτίζετο. Ὅταν μὲν γὰρ ὁ Θεὸς ἄλλοις ἢ ἀγγέλοις ἐντέλληται, ἢ τῷ Μωσεῖ ὁμιλῇ, ἢ τῷ Ἀβραὰμ ἐπαγγέλληται· τότε ὁ ἀκούων ἀποκρίνεται· καὶ ὁ μὲν λέγει· ' Κατὰ τί γνώσομαι ;' ὁ δέ· ' Προχείρισαι ἄλλον·' καὶ πάλιν· ' Ἐὰν ἐρωτήσωσί με, Τί ὄνομα αὐτῷ ; τί ἐρῶ πρὸς αὐτούς ;' Καὶ ὁ ἄγγελος τῷ μὲν Ζαχαρίᾳ ἔλεγε· ' Τάδε λέγει Κύριος·' τὸν δὲ Κύριον ἠρώτα· ' Κύριε παντοκράτωρ, ἕως τίνος οὐ μὴ ἐλεήσῃς τὴν

II. 32.] *Arians contradict Scripture.* 101

Ἱερουσαλήμ ;' καὶ ἐκδέχεται ἀκοῦσαι λόγους 'καλοὺς καὶ παρακλητικούς.' Ἔχει γὰρ τούτων ἕκαστος τὸν μεσίτην Λόγον, καὶ τὴν Σοφίαν τοῦ Θεοῦ τὴν γνωρίζουσαν τὸ βούλημα τοῦ Πατρός. Ὅταν δὲ ἐργάζηται αὐτός, καὶ κτίζῃ ὁ Λόγος, οὐκ ἔστιν ἐκεῖ ἐρώτησις καὶ ἀπόκρισις· ἐν αὐτῷ γάρ ἐστιν ὁ Πατὴρ, καὶ ὁ Λόγος ἐν τῷ Πατρί· ἀλλ' ἀρκεῖ τὸ βούλεσθαι, καὶ τὸ ἔργον γίνεται· ἵνα τοῦ μὲν βουλήματος ᾖ γνώρισμα δι' ἡμᾶς τὸ, 'εἶπε,' τὸ δὲ, 'καὶ ἐγένετο οὕτω,' τό τε ἔργον σημαίνηται τὸ διὰ τοῦ Λόγου καὶ τῆς Σοφίας, ἐν ᾗ καὶ ἡ βούλησίς ἐστι τοῦ Πατρός. Καὶ αὐτὸ δὲ τὸ, 'Εἶπεν ὁ Θεὸς,' ἐν τῷ Λόγῳ γνωρίζεται· 'Πάντα γὰρ,' φησὶν, 'ἐν Σοφίᾳ ἐποίησας·' καὶ, 'Τῷ Ps. ciii. (civ.) 24. Λόγῳ Κυρίου οἱ οὐρανοὶ ἐστερεώθησαν,' καὶ, 'Εἷς Κύριος Ἰησοῦς Ib. xxxii. (xxxiii.) 6. Χριστὸς, δι' οὗ τὰ πάντα, καὶ ἡμεῖς δι' αὐτοῦ. 1 Cor. viii. 6.

32. Ἀπὸ δὴ τούτων ἔστι συνορᾶν, ὡς οὐ πρὸς ἡμᾶς ἔχουσιν τὴν μάχην οἱ Ἀρειανοὶ περὶ τῆς αἱρέσεως, ἀλλὰ σχηματίζονται μὲν πρὸς ἡμᾶς, πρὸς αὐτὴν δὲ τὴν Θεότητα μάχονται. Εἰ μὲν γὰρ ἡμῶν ἦν ἡ φωνὴ ἡ λέγουσα· 'Οὗτός ἐστιν ὁ Υἱός μου,' Matt. xvii. 5. μικρὰ ἦν αὐτοῖς ἡ παρ' ἡμῶν μέμψις· εἰ δὲ τοῦ Πατρός ἐστιν ἡ φωνὴ, καὶ οἱ μὲν μαθηταὶ ἤκουσαν, αὐτὸς δὲ ὁ Υἱὸς περὶ ἑαυτοῦ λέγει· 'Πρὸ δὲ πάντων βουνῶν γεννᾷ με·' πῶς οὐ κατὰ τοὺς Prov. viii. 25. μυθευομένους γίγαντας καὶ αὐτοὶ νῦν θεομαχοῦσι, 'τὴν γλῶτταν' ἔχοντες, ὡς εἶπεν ὁ ψάλλων, 'μάχαιραν ὀξεῖαν' εἰς ἀσέβειαν; Ps.lvi.(lvii.)4. Οὔτε γὰρ τὴν φωνὴν τοῦ Πατρὸς ἐφοβήθησαν, οὔτε τοῦ Σωτῆρος ᾐδέσθησαν τὰ ῥήματα· ἀλλ' οὐδὲ τοῖς ἁγίοις ἐπείσθησαν, τοῦ μὲν γράφοντος· 'Ὃς ὢν ἀπαύγασμα τῆς δόξης καὶ χαρακτὴρ Heb. i. 3. τῆς ὑποστάσεως αὐτοῦ·' καί· 'Χριστὸς Θεοῦ δύναμις, καὶ Θεοῦ 1 Cor. i. 24. Σοφία·' τοῦ δὲ ψάλλοντος· 'Ὅτι παρὰ σοὶ πηγὴ ζωῆς, ἐν τῷ Ps. xxxv. (xxxvi.) 9. φωτί σου ὀψόμεθα φῶς,' καί· 'Πάντα ἐν Σοφίᾳ ἐποίησας·' καὶ Ib. ciii. (civ.) 24. τῶν μὲν προφητῶν λεγόντων· 'Καὶ ἐγένετο Λόγος Κυρίου πρός Jer. ii. 1. μέ·' τοῦ δὲ Ἰωάννου, 'Ἐν ἀρχῇ ἦν ὁ Λόγος·' καὶ τοῦ Λουκᾶ, John i. 1. 'Καθὼς παρέδωκαν ἡμῖν οἱ ἀπ' ἀρχῆς αὐτόπται καὶ ὑπηρέται Luke i. 2. γενόμενοι τοῦ Λόγου·' ὡς καὶ πάλιν Δαυὶδ λέγει· 'Ἀπέστειλε Ps. cvi. (cvii.) 20. τὸν Λόγον αὐτοῦ, καὶ ἰάσατο αὐτούς.' Ταῦτα γὰρ πάντα τὴν μὲν Ἀρειανὴν αἵρεσιν στηλιτεύει πανταχοῦ, τὴν δὲ τοῦ Λόγου ἀϊδιότητα σημαίνει, καὶ ὅτι οὐ ξένος, ἀλλ' ἴδιος τῆς τοῦ Πατρὸς οὐσίας ἐστί. Πότε γὰρ εἶδέ τις φῶς χωρὶς τοῦ ἀπαυγάσματος;

102   *Illustrations drawn from Scripture*   [II. 33.

Ἡ τίς τολμᾷ λέγειν ἀλλότριον εἶναι τὸν χαρακτῆρα τῆς ὑποστάσεως; ἢ πῶς οὐ μαίνεται πλέον ὁ κἂν ἐνθυμούμενος ἄλογον καὶ ἄσοφόν ποτε τὸν Θεόν; Τοιαῦτα γὰρ τὰ παραδείγματα καὶ τοιαύτας τὰς εἰκόνας ἔθηκεν ἡ Γραφή, ἵν' ἐπειδὴ ἀδύνατός ἐστιν ἡ ἀνθρωπίνη φύσις περὶ Θεοῦ καταλαβεῖν, κἂν ἐκ τούτων ὀλιγοστῶς πως καὶ ἀμυδρῶς, ὡς ἐφικτόν ἐστι, διανοεῖσθαι δυνηθῶμεν. Καὶ ὥσπερ περὶ τοῦ εἶναι Θεὸν καὶ πρόνοιαν αὐτάρκης

Wisdom xiii. ἡ κτίσις πρὸς τὴν γνῶσιν· 'Ἐκ γὰρ μεγέθους καὶ καλλονῆς κτισμάτων ἀναλόγως ὁ γενεσιουργὸς αὐτῶν θεωρεῖται·' καὶ οὐ φωνὰς ἀπαιτοῦντες παρ' αὐτῶν μανθάνομεν, ἀλλ' ἀκούοντες μὲν τῶν Γραφῶν πιστεύομεν, καὶ αὐτὴν δὲ τὴν τάξιν τῶν πάντων θεωροῦντες καὶ τὴν ἁρμονίαν, ἐπιγινώσκομεν τοῦτον εἶναι πάντων ποιητὴν καὶ Δεσπότην καὶ Θεόν, τούτου τε τὴν εἰς πάντα πρόνοιάν τε θαυμαστὴν καὶ ἡγεμονίαν καταλαμβάνομεν· τὸν αὐτὸν τρόπον περὶ τῆς τοῦ Υἱοῦ θεότητος ἱκανῶν ὄντων τῶν προειρημένων ῥητῶν, περιττὸν, μᾶλλον δὲ καὶ μανίας πλέον ἐστὶν ἀμφιβάλλειν, καὶ αἱρετικῶς πυνθάνεσθαι, 'Πῶς οὖν δύναται ἀϊδίως εἶναι ὁ Υἱός; ἢ πῶς δύναται ἐκ τῆς οὐσίας εἶναι τοῦ Πατρὸς, καὶ μὴ μέρος εἶναι; τὸ γὰρ ἔκ τινος εἶναι λεγόμενον μέρος ἐστὶν αὐτοῦ· τὸ δὲ μεριζόμενον οὐκ ἔστιν ὁλόκληρον.'

33. Ταῦτα γὰρ τῶν ἑτεροδόξων ἐστὶ τὰ σοφὰ κακουργήματα. Καὶ εἰ καὶ φθάσαντες ἐν τοῖς ἔμπροσθεν διηλέγξαμεν τὴν ἐν τούτοις αὐτῶν κενολογίαν, ὅμως καὶ τούτων τῶν ῥητῶν ἡ ἀκρίβεια, καὶ τῶν παραδειγμάτων ἡ διάνοια διελέγχει τὴν σκιαγραφίαν τοῦ μιαροῦ δόγματος αὐτῶν. Ὁρῶμεν γὰρ τὸν λόγον ἀεὶ ὄντα, καὶ ἐξ αὐτοῦ ὄντα, καὶ τῆς οὐσίας ἴδιον, οὗ καὶ ἔστιν ὁ λόγος, καὶ μὴ ἔχοντα τὸ πρότερον καὶ τὸ ὕστερον. Ὁρῶμεν καὶ τὸ ἀπαύγασμα ἐκ τοῦ ἡλίου ἴδιόν τε αὐτοῦ ὂν, καὶ μὴ διαιρουμένην μηδὲ μειουμένην τὴν οὐσίαν τοῦ ἡλίου· ἀλλ' αὐτήν τε ὁλόκληρον οὖσαν, καὶ τὸ ἀπαύγασμα τέλειον καὶ ὁλόκληρον, καὶ μὴ μειοῦν τὴν οὐσίαν τοῦ φωτὸς, ἀλλ' ὡς γέννημα ἀληθινὸν ἐξ αὐτοῦ. Συνορῶμεν καὶ τὸν Υἱὸν οὐκ ἔξωθεν, ἀλλ' ἐκ τοῦ Πατρὸς γεννώμενον, καὶ ὁλόκληρον μένοντα τὸν Πατέρα, τὸν δὲ χαρα-

Heb. i. 3.   κτῆρα τῆς ὑποστάσεως ἀεὶ ὄντα, ἐμφέρειάν τε καὶ εἰκόνα ἀπαράλλακτον σώζοντα πρὸς τὸν Πατέρα· ὡς τὸν ἰδόντα τοῦτον, ὁρᾶν ἐν αὐτῷ καὶ τὴν ὑπόστασιν, ἧς καὶ χαρακτήρ ἐστιν. Ἐκ

II. 34.] *point to a true Divine Sonship.* 103

τε τῆς ἐνεργείας τοῦ χαρακτῆρος διανοούμεθα τὴν τῆς ὑποστάσεως ἀληθῶς θεότητα· τοῦτο γὰρ καὶ αὐτὸς ὁ Σωτὴρ διδάσκων ἔλεγεν· ''Ὁ μένων ἐν ἐμοὶ, αὐτὸς ποιεῖ τὰ ἔργα, ἃ ἐγὼ ποιῶ·' καί· ''Ἐγὼ καὶ ὁ Πατὴρ ἕν ἐσμεν·' καί· ''Ἐγὼ ἐν τῷ Πατρὶ καὶ ὁ Πατὴρ ἐν ἐμοί.' Οὐκοῦν ἡ Χριστομάχος αἵρεσις πειρασάτω πρῶτον τὰ ἐν τοῖς γενητοῖς παραδείγματα διελεῖν καὶ εἰπεῖν, ' ἦν ποτε ὁ ἥλιος χωρὶς τοῦ ἀπαυγάσματος·' ἢ, ὅτι ' τοῦτο οὐκ ἔστι τῆς τοῦ φωτὸς οὐσίας ἴδιον·' ἢ, ' ἴδιον μὲν ἔστι, κατὰ διαίρεσιν δὲ μέρος ἐστὶ τοῦτο τοῦ φωτός·' καὶ πάλιν διελέτω τὸν λόγον, καὶ εἰπάτω τοῦτον ἀλλότριον εἶναι τοῦ νοῦ· ἢ, ὅτι ' ποτὲ οὐκ ἦν,' ἢ, ' οὐκ ἔστιν ἴδιος τῆς οὐσίας αὐτοῦ·' ἢ, ' ὅτι μέρος κατὰ διαίρεσίν ἐστιν οὗτος ἐκείνου.' Περὶ δὲ τοῦ χαρακτῆρος καὶ τοῦ φωτὸς καὶ τῆς δυνάμεως, οὕτω διελέτω ὡς ἐπὶ τοῦ λόγου καὶ τοῦ ἀπαυγάσματος· καὶ τότε περὶ ὧν ἐὰν θελήσῃ φανταζέσθω. Εἰ δὲ ἀδύνατος αὐτοῖς ἐκείνοις ἡ τόλμα, πῶς οὐ μαίνονται μεγάλως, εἰς τὰ ὑπερκείμενα τῶν γενητῶν καὶ τῆς ἑαυτῶν φύσεως μάτην ἐπεκτείνοντες ἑαυτοὺς, καὶ ἀδυνάτοις ἐπιχειροῦντες ;

John xiv. 10.
Ib. x. 30.
Ib. xiv. 10

34. Εἰ γὰρ καὶ ἐπὶ τούτων τῶν γενητῶν καὶ σωματικῶν εὑρίσκεται τὰ γεννήματα μὴ ' μέρη ὄντα τῶν οὐσιῶν ἐξ ὧν εἰσι,' μηδὲ ' παθητικῶς ' ὑφιστάμενα, μηδὲ ' μειοῦντα τὰς οὐσίας τῶν γονέων,' πῶς πάλιν οὐ μαίνονται, ἐπὶ τοῦ ἀσωμάτου καὶ ἀληθινοῦ Θεοῦ ζητοῦντες καὶ ὑπονοοῦντες μέρη καὶ πάθη, διαιρέσεις δὲ προσάπτοντες τῷ ἀπαθεῖ καὶ ἀναλλοιώτῳ Θεῷ, ἵνα τὰς ἀκοὰς ἐν τούτοις ταράσσωσι τῶν ἀκεραιοτέρων, καὶ διαστρέψωσιν ἀπὸ τῆς ἀληθείας ; Τίς γὰρ ἀκούων ' υἱὸν,' οὐκ ἐνθυμεῖται τὸ ἴδιον τῆς τοῦ πατρὸς οὐσίας ; τίς δὲ, ἀκούσας, ὅτε κατηχεῖτο κατὰ τὴν ἀρχὴν, ὅτι ' ὁ Θεὸς Υἱὸν ἔχει, καὶ τῷ ἰδίῳ Λόγῳ τὰ πάντα πεποίηκεν,' οὐχ οὕτως ἐδέξατο κατὰ τὴν διάνοιαν ὡς νῦν ἡμεῖς φρονοῦμεν ; τίς, ὅτε γέγονεν ἡ μιαρὰ τῶν Ἀρειανῶν αἵρεσις, οὐκ εὐθὺς, ἀκούσας ἃ λέγουσιν, ἐξενίσθη, ὡς ἀλλότρια λεγόντων αὐτῶν, καὶ παρὰ τὸν ἐξ ἀρχῆς σπαρέντα λόγον ἐπισπειρόντων ; Τὸ μὲν γὰρ σπειρόμενόν ἐστιν ἐξ ἀρχῆς ἑκάστῃ ψυχῇ, ὅτι ὁ Θεὸς Υἱὸν τὸν Λόγον, τὴν Σοφίαν, τὴν δύναμιν ἔχει, καὶ ταῦτά ἐστιν αὐτοῦ εἰκὼν καὶ ἀπαύγασμα· φύεται δὲ εὐθὺς ἐκ τῶν ῥηθέντων τὸ ' ἀεὶ,' τὸ ' ἐκ τοῦ Πατρὸς,' τὸ ' ὅμοιον,' τὸ ' ἀΐδιον τοῦ γεννήματος τῆς οὐσίας·' καὶ οὐδεμία περὶ ' κτίσματος '

ἢ 'ποιήματος' ἐν τούτοις ἔννοια. Ὅτε δὲ 'ἐχθρὸς ἄνθρωπος' κοιμωμένων τῶν ἀνθρώπων ἐπέσπειρε τὸ, 'κτίσμα,' καὶ τὸ, 'ἦν ποτε ὅτε οὐκ ἦν,' καὶ τὸ, 'πῶς οὖν δύναται;' τότε λοιπὸν ὡς ζιζάνιον γέγονεν ἡ κακοῦργος αἵρεσις τῶν Χριστομάχων· καὶ εὐθὺς, ὡς ἐρημωθέντες πάσης ὀρθῆς φρονήσεως, δίκην λῃστῶν περιεργάζονται καὶ λέγειν τολμῶσι· 'Πῶς οὖν δύναται ὁ Υἱὸς ἀϊδίως συνυπάρχειν τῷ Πατρί; καὶ γὰρ οἱ ἄνθρωποι μετὰ χρόνον ἐξ ἀνθρώπων υἱοὶ γίνονται· καὶ ὁ μὲν πατὴρ τριάκοντα ἐτῶν ἐστιν, ὁ δὲ υἱὸς ἀρχὴν ἔχει τότε γεννηθείς· καὶ ὅλως πᾶς υἱὸς ἀνθρώπου οὐκ ἦν, πρὶν γεννηθῇ.' Πάλιν τε ψιθυρίζουσι· 'Πῶς δύναται ὁ Υἱὸς Λόγος εἶναι, ἢ ὁ Λόγος εἰκὼν τοῦ Θεοῦ; Ὁ γὰρ ἀνθρώπων λόγος ἐκ συλλαβῶν συγκείμενος, μόνον ἐσήμανε τὸ βούλημα τοῦ λαλήσαντος, καὶ εὐθὺς πέπαυται καὶ ἠφάνισται.'

35. Ἐκεῖνοι μὲν οὖν, ὥσπερ ἐπιλαθόμενοι τῶν προλεχθέντων κατ' αὐτῶν ἐλέγχων, τοιούτοις πάλιν ' ἑαυτοὺς ' δεσμοῖς ἀσεβείας ' περιπείροντες ' διαλογίζονται τοιαῦτα· ὁ δὲ τῆς ἀληθείας λόγος ἐλέγχει τούτους οὕτως. Εἰ μὲν περὶ ἀνθρώπου τινὸς διαλογίζονται, ἀνθρωπίνως καὶ περὶ τοῦ λόγου αὐτοῦ καὶ τοῦ υἱοῦ αὐτοῦ λογιζέσθωσαν· εἰ δὲ περὶ τοῦ Θεοῦ τοῦ κτίσαντος τοὺς ἀνθρώπους, μηκέτι ἀνθρωπίνως, ἀλλὰ ἄλλως ὑπὲρ τὴν τῶν ἀνθρώπων φύσιν διανοείσθωσαν. Ὁποῖος γὰρ ἂν ᾖ ὁ γεννῶν, τοιοῦτον ἀνάγκη καὶ τὸ γέννημα εἶναι· καὶ ὁποῖος ἂν ᾖ ὁ τοῦ Λόγου Πατὴρ, τοιοῦτος ἂν εἴη καὶ ὁ Λόγος αὐτοῦ. Ὁ μὲν οὖν ἄνθρωπος ἐν χρόνῳ γεννώμενος, ἐν χρόνῳ καὶ αὐτὸς γεννᾷ τὸ τέκνον· καὶ ἐπειδὴ ἐκ τοῦ μὴ ὄντος γέγονε, διὰ τοῦτο καὶ ὁ λόγος αὐτοῦ παύεται, καὶ οὐ μένει· ' ὁ δὲ Θεὸς οὐχ ὡς ἄνθρωπός ἐστι·' τοῦτο γὰρ εἶπεν ἡ Γραφή· ἀλλ' ' ὤν ἐστι' καὶ ἀεί ἐστι· διὰ τοῦτο καὶ ὁ Λόγος αὐτοῦ ὤν ἐστι, καὶ ἀϊδίως ἐστὶ μετὰ τοῦ Πατρὸς, ὡς ἀπαύγασμα φωτός. Καὶ ὁ μὲν τῶν ἀνθρώπων λόγος ἐκ συλλαβῶν ἐστι συγκείμενος, καὶ οὔτε ζῇ, οὔτε τι ἐνεργεῖ, ἀλλὰ μόνον ἐστὶ σημαντικὸς τῆς τοῦ λαλοῦντος διανοίας, καὶ μόνον ἐξῆλθε, καὶ παρῆλθε μηκέτι φαινόμενος, ἐπειδὴ οὐδὲ ἦν ὅλως, πρὶν λαληθῇ· διὸ οὔτε ζῇ, οὔτε τι ἐνεργεῖ, οὔτε ὅλως ἄνθρωπός ἐστιν ὁ τῶν ἀνθρώπων λόγος· πάσχει δὲ τοῦτο, καθὰ προεῖπον, ἐπεὶ καὶ ὁ τοῦτον γεννῶν ἄνθρωπος ἐκ τοῦ μὴ ὄντος ἔχει τὴν φύσιν· ὁ δὲ τοῦ Θεοῦ Λόγος οὐχ, ὡς ἄν τις εἴποι, 'προφορικός'

II. 36.] *Do not ask 'How?' as to God.* 105

ἐστιν, οὐδὲ ψόφος ῥημάτων, οὐδὲ τὸ προστάξαι Θεὸν, τοῦτό ἐστιν ' ὁ Ὑιός·' ἀλλ' ὡς φωτὸς ἀπαύγασμα, οὕτως ἐστὶ γέννημα τέλειον ἐκ τελείου. Διὸ καὶ Θεός ἐστιν εἰκὼν τοῦ Θεοῦ· καὶ ' Θεὸς ' γὰρ ' ἦν,' φησὶν, ' ὁ Λόγος.' Καὶ οἱ μὲν λόγοι τῶν John i. τ. ἀνθρώπων οὐδέν εἰσιν εἰς ἐνέργειαν· διὸ οὐδὲ διὰ λόγων, ἀλλὰ διὰ χειρῶν ἄνθρωπος ἐργάζεται, ὅτι αὗται μὲν ὑπάρχουσιν, ὁ δὲ λόγος αὐτῶν οὐχ ὑφίσταται. Ὁ δὲ τοῦ Θεοῦ Λόγος, ὡς εἶπεν ὁ Ἀπόστολος, ' ζῶν ἐστιν ὁ Λόγος τοῦ Θεοῦ καὶ ἐνεργὴς, καὶ Heb.iv.12,13. τομώτερος ὑπὲρ πᾶσαν μάχαιραν δίστομον, καὶ διικνούμενος ἄχρι μερισμοῦ ψυχῆς καὶ πνεύματος, ἁρμῶν τε καὶ μυελῶν, καὶ κριτικὸς ἐνθυμήσεων καὶ ἐννοιῶν καρδίας· καὶ οὐκ ἔστι κτίσις ἀφανὴς ἐνώπιον αὐτοῦ· πάντα δὲ γυμνὰ καὶ τετραχηλισμένα τοῖς ὀφθαλμοῖς αὐτοῦ, πρὸς ὃν ἡμῖν ὁ λόγος.' Δημιουργὸς οὖν ἐστι, καὶ ' χωρὶς αὐτοῦ ἐγένετο οὐδὲ ἕν,' οὐδὲ δυνατόν τι γίνεσθαι χωρὶς αὐτοῦ.

36. Οὐ δεῖ δὲ ζητεῖν, ' διὰ τί μὴ τοιοῦτος ὁ τοῦ Θεοῦ Λόγος οἷος καὶ ὁ ἡμέτερος·' ἐπεὶ μὴ τοιοῦτος ὁ Θεὸς οἷοι καὶ ἡμεῖς, ὡς προείρηται· ἀλλ' οὐδὲ πρέπει ζητεῖν ' πῶς ἐκ τοῦ Θεοῦ ἐστιν ὁ Λόγος, ἢ πῶς ἀπαύγασμά ἐστι τοῦ Θεοῦ, ἢ πῶς γεννᾷ ὁ Θεὸς, καὶ τίς ὁ τρόπος τῆς τοῦ Θεοῦ γεννήσεως·' μαίνοιτο γὰρ ἄν τις τοιαῦτα τολμῶν, ὅτι πρᾶγμα ἄρρητον καὶ φύσεως ἴδιον Θεοῦ, μόνῳ τε αὐτῷ καὶ τῷ Ὑιῷ γινωσκόμενον, ἀξιοῖ λόγοις αὐτὸ ἑρμηνευθῆναι· ἴσον γάρ ἐστι τοὺς τοιούτους ζητεῖν, ' ποῦ ὁ Θεὸς, καὶ πῶς ἐστιν ὁ Θεὸς, καὶ ποταπός ἐστιν ὁ Πατήρ.' Ἀλλ' ὥσπερ τὸ τοιοῦτο ἐρωτᾶν ἀσεβές ἐστι, καὶ ἀγνοούντων τὸν Θεὸν, οὕτω καὶ οὐ θέμις οὐδὲ περὶ τῆς τοῦ Ὑιοῦ τοῦ Θεοῦ γεννήσεως τοιαῦτα τολμᾶν, οὐδὲ τῇ ἑαυτῶν φύσει καὶ ἀσθενείᾳ συμμετρεῖν τὸν Θεὸν καὶ τὴν τούτου Σοφίαν· ἀλλ' οὐδὲ διὰ τοῦτο καὶ παρὰ τὴν ἀλήθειαν νοεῖν προσήκει· οὐδὲ εἰ ἀπορεῖ τις ζητῶν περὶ τούτων, ὀφείλει καὶ ἀπιστεῖν τοῖς γεγραμμένοις. Βέλτιον γὰρ ἀποροῦντας σιωπᾶν καὶ πιστεύειν, ἢ ἀπιστεῖν διὰ τὸ ἀπορεῖν· διότι ὁ μὲν ἀπορῶν δύναταί πως καὶ συγγνώμην ἔχειν, ὅτι ὅλως κἂν ζητήσας ἠρέμησεν· ὁ δὲ διὰ τὸ ἀπορεῖν ἐπινοῶν ἑαυτῷ τὰ μὴ δέοντα, καὶ τὰ μὴ ἄξια περὶ Θεοῦ φθεγγόμενος, ἀσύγγνωστον ἔχει τῆς τόλμης τὴν δίκην. Δύναται γὰρ καὶ τῶν τοιούτων ἀποριῶν ἔχειν τινὰ παραμυθίαν ἐκ τῶν θείων

Γραφῶν, ὥστε λαμβάνειν μὲν καλῶς τὰ γεγραμμένα, νοεῖν δὲ ὡς ἐν παραδείγματι τὸν ἡμέτερον λόγον· ὅτι ὥσπερ οὗτος ἴδιος ἐξ ἡμῶν ἐστι, καὶ οὐκ ἔξωθεν ἡμῶν ἔργον, οὕτω καὶ ὁ τοῦ Θεοῦ Λόγος ἴδιός ἐστιν ἐξ αὐτοῦ, καὶ οὐκ ἔστι ποίημα, οὐδὲ ὡς ὁ τῶν ἀνθρώπων λόγος· ἐπεὶ καὶ τὸν Θεὸν ἀνάγκη νοεῖν ἄνθρωπον. Ἰδοὺ γὰρ πάλιν τῶν μὲν ἀνθρώπων πολλοὶ καὶ διάφοροι λόγοι καθ' ἡμέραν παρέρχονται, διὰ τὸ τοὺς πρώτους μὴ μένειν, ἀλλ' ἀφανίζεσθαι. Γίνεται δὲ πάλιν τοῦτο, ἐπεὶ καὶ οἱ τούτων πατέρες, ἄνθρωποι ὄντες, παρερχομένας μὲν ἔχουσι τὰς ἡλικίας, τὰ δὲ νοήματα ἐπερχόμενα· καὶ πρὸς ἃ λογίζονται καὶ ἐπιλογίζονται, τοιαῦτα καὶ φθέγγονται· ὥστε καὶ πολλοὺς λόγους ἔχειν, καὶ μετὰ τοὺς πολλοὺς μηδένα τούτων ὅλως· πέπαυται γὰρ ὁ λαλῶν, καὶ ὁ λόγος εὐθὺς ἀνήλωται. Ὁ δὲ τοῦ Θεοῦ Λόγος εἷς ἐστι καὶ ὁ αὐτός, καί, ὡς γέγραπται, 'ὁ Λόγος τοῦ Θεοῦ εἰς τὸν αἰῶνα διαμένει,' μὴ ἀλλοιούμενος, μηδὲ πρῶτος ἢ δεύτερος ἑτέρου, ἀλλ' ὁ αὐτὸς ὑπάρχων ἀεί. Ἔπρεπε γὰρ, ἑνὸς ὄντος τοῦ Θεοῦ, μίαν εἶναι καὶ τὴν εἰκόνα, καὶ ἕνα τὸν τούτου Λόγον, καὶ μίαν τὴν τούτου Σοφίαν.

37. Διὸ καὶ θαυμάζω, πῶς, ἑνὸς ὄντος τοῦ Θεοῦ, οὗτοι κατὰ τὰς ἰδίας ἐπινοίας πολλὰς εἰκόνας καὶ σοφίας καὶ λόγους εἰσάγουσι, καὶ ἄλλον μὲν εἶναι τὸν ἴδιον καὶ φύσει Λόγον τοῦ Πατρὸς λέγουσιν, ἐν ᾧ καὶ τὸν Υἱὸν πεποίηκε, τὸν δὲ ἀληθῶς Υἱὸν κατ' ἐπίνοιαν μόνον λέγεσθαι ' Λόγον,' ὡς ' ἄμπελον,' καὶ ' ὁδὸν,' καὶ ' θύραν,' καὶ ' ξύλον ζωῆς.' ' Σοφίαν' τε ὀνόματι λέγεσθαι αὐτόν φασιν, ἄλλην μέντοι εἶναι τὴν ἰδίαν καὶ ἀληθινὴν Σοφίαν τοῦ Πατρός, τὴν ἀγεννήτως συνυπάρχουσαν αὐτῷ, ἐν ᾗ καὶ τὸν Υἱὸν ποιήσας, ὠνόμασε κατὰ μετουσίαν ἐκείνης ' σοφίαν ' αὐτόν. Ταῦτα δὲ οὐχ ἕως λόγων μόνον αὐτοῖς ἔφθασεν, ἀλλ' Ἄρειος μὲν ἐν τῇ ἑαυτοῦ ' Θαλείᾳ ' συνέθηκεν, ὁ δὲ σοφιστὴς Ἀστέριος ἔγραψεν, ἅπερ καὶ ἐν τοῖς προτέροις εἴπομεν, οὕτως· ' Οὐκ εἶπεν ὁ μακάριος Παῦλος Χριστὸν κηρύσσειν τὴν τοῦ Θεοῦ δύναμιν ἢ τὴν τοῦ Θεοῦ σοφίαν, ἀλλὰ δίχα τῆς τοῦ ἄρθρου προσθήκης, δύναμιν Θεοῦ καὶ Θεοῦ σοφίαν· ἄλλην μὲν εἶναι τὴν ἰδίαν αὐτοῦ τοῦ Θεοῦ δύναμιν τὴν ἔμφυτον αὐτῷ καὶ συνυπάρχουσαν αὐτῷ ἀγεννήτως κηρύσσων, γεννητικὴν μὲν οὖσαν δηλονότι τοῦ Χριστοῦ, δημιουργικὴν δὲ τοῦ παντὸς κόσμου, περὶ ἧς ἐν τῇ

II. 38.] *the Son being called 'Wisdom' after it.* 107

πρὸς ʽΡωμαίους Ἐπιστολῇ διδάσκων λέγει· ʽ Τὰ γὰρ ἀόρατα Rom. i. 20.
αὐτοῦ ἀπὸ κτίσεως κόσμου τοῖς ποιήμασι νοούμενα καθορᾶται, ἥ
τε ἀΐδιος αὐτοῦ δύναμις καὶ θειότης.' "Ωσπερ γὰρ τὴν εἰρημένην
ἐνταῦθα θειότητα οὐκ ἄν τις φαίη Χριστὸν εἶναι, ἀλλ' αὐτὸν
ὑπάρχειν τὸν Πατέρα· οὕτως οἶμαι καὶ ἡ ἀΐδιος αὐτοῦ δύναμις
καὶ θειότης, οὐχ ὁ μονογενὴς Υἱὸς, ἀλλ' ὁ γεννήσας ὑπάρχει
Πατήρ. Ἄλλην δὲ δύναμιν καὶ σοφίαν διδάσκει Θεοῦ εἶναι
διὰ Χριστοῦ δεικνυμένην.' Καὶ μετ' ὀλίγα ὁ αὐτὸς Ἀστέριός
φησι· ʽ Καίτοι γε ἡ μὲν ἀΐδιος αὐτοῦ δύναμις καὶ σοφία, ἣν
ἄναρχόν τε καὶ ἀγέννητον οἱ τῆς ἀληθείας ἀποφαίνονται λογι-
σμοὶ, μία ἂν εἴη δήπουθεν καὶ ἡ αὐτή·' πολλαὶ δὲ αἱ καθ' ἕκαστον
ὑπ' αὐτοῦ κτισθεῖσαι, ὧν πρωτότοκος καὶ μονογενὴς ὁ Χριστός·
πᾶσαί γε μὴν ὁμοίως εἰς τὸν κεκτημένον ἀνήρτηνται· καὶ πᾶσαι
δυνάμεις αὐτοῦ τοῦ κτίσαντος καὶ χρωμένου καλοῦνται δικαίως·
οἷον ὁ μὲν προφήτης τὴν ἀκρίδα, δίκην τῶν ἀνθρωπίνων ἁμαρτη- Joel ii. 25.
μάτων θεήλατον γινομένην, οὐ δύναμιν μόνον, ἀλλὰ καὶ μεγάλην
φησὶν ὑπ' αὐτοῦ προσαγορεύεσθαι τοῦ Θεοῦ· ὁ δέ γε μακάριος Ps. cii. (ciii.)
Δαυϊδ ἐν πλείοσι τῶν ψαλμῶν οὐκ ἀγγέλοις μόνον, ἀλλὰ καὶ 21.
δυνάμεσιν αἰνεῖν παρακελεύεται τὸν Θεόν.'

38. Τοῦτο δὲ καὶ μόνον φθεγξάμενοι, πῶς οὐκ ἄξιοι παντὸς
μίσους εἰσίν; Εἰ γὰρ, ὡς αὐτοὶ νομίζουσιν, οὐ διὰ τὴν ἐκ
Πατρὸς γέννησιν καὶ τὸ ἴδιον τῆς οὐσίας Υἱός ἐστιν, ἀλλὰ διὰ
τὰ λογικὰ Λόγος, καὶ διὰ τὰ σοφιζόμενα Σοφία, καὶ διὰ τὰ
δυναμούμενα δύναμις λέγεται· πάντως που καὶ διὰ τοὺς υἱοποιου-
μένους Υἱὸς ἐκλήθη· καὶ τάχα διὰ τὰ ὄντα ἔχει καὶ τὸ εἶναι κατ'
ἐπίνοιαν. Τί οὖν ἄρα λοιπόν ἐστιν αὐτός; Οὐδὲν γὰρ ἂν εἴη
τούτων αὐτὸς, εἰ ὀνόματα μόνον ἐστὶν αὐτοῦ ταῦτα, καὶ μόνην
τοῦ εἶναι φαντασίαν ἔχει, δι' ἡμᾶς καὶ τοῖς ὀνόμασι τούτοις
καλλωπιζόμενος. Ἀλλὰ καὶ τοῦτο διαβολικὴ μᾶλλόν ἐστιν
ἀπόνοια, τάχα δὲ καὶ πλεῖον, ὅτι ἑαυτοὺς μὲν ἀληθῶς ὑφεστάναι
θέλουσι, τὸν δὲ τοῦ Θεοῦ Λόγον ὀνόματι μόνον εἶναι νομίζουσιν.
Πῶς δὲ οὐ τερατολογία αὐτῶν καὶ ταῦτα, λέγειν μὲν Σοφίαν
συνυπάρχουσαν τῷ Πατρὶ, μὴ λέγειν δὲ ταύτην εἶναι τὸν Χρι-
στὸν, ἀλλὰ πολλὰς κτιστὰς δυνάμεις καὶ σοφίας εἶναι, τούτων
δὲ μίαν εἶναι τὸν Κύριον, τὸν καὶ τῇ κάμπῃ καὶ τῇ ἀκρίδι παρα-
βαλλόμενον παρ' αὐτῶν; Πῶς δὲ καὶ οὐ πανοῦργοι, ὅτι, παρ'

108   God's 'Word' and His 'words.'   [II. 39.

ἡμῶν μὲν ἀκούοντες συνυπάρχειν τὸν Λόγον τῷ Πατρὶ, γογγύζουσιν εὐθὺς φάσκοντες· ' Οὐκοῦν δύο ἀγένητα λέγετε ;' αὐτοὶ δὲ λέγοντες τὸ, ''Η ἀγένητος αὐτοῦ σοφία,' οὐχ ὁρῶσι κατ' αὐτῶν φθάνουσαν, ἣν αἰτιῶνται, ματαίαν μέμψιν ; Καὶ γὰρ κἀκείνη πάλιν αὐτῶν ἡ διάνοια πῶς οὐ πάνυ μωρὰ, λέγειν τὴν ἀγένητον συνυπάρχουσαν τῷ Θεῷ Σοφίαν αὐτὸν εἶναι τὸν Θεόν ; Τὸ γὰρ συνυπάρχον οὐχ ἑαυτῷ, τινὶ δὲ συνυπάρχει, ὡς περὶ τοῦ Κυρίου λέγουσιν οἱ εὐαγγελισταὶ, ὅτι συνῆν τοῖς μαθηταῖς· οὐ γὰρ ἑαυτῷ, ἀλλὰ τοῖς μαθηταῖς συνῆν· εἰ μὴ ἄρα σύνθετον εἴποιεν τὸν Θεὸν, ἔχοντα συμπεπλεγμένην ἢ συμπληρωτικὴν τῆς οὐσίας ἑαυτοῦ Σοφίαν, ἀγένητον οὖσαν καὶ αὐτὴν, ἥντινα καὶ δημιουργὸν αὐτοὶ ἀντεισάγουσι τοῦ κόσμου, ἵνα καὶ τοῦ δημιουργεῖν τὸν Υἱὸν ἀφέλωνται. Πάντα γὰρ βιάζονται λέγειν, ἵνα μὴ περὶ τοῦ Κυρίου φρονήσωσιν ἐν ἀληθείᾳ.

39. Ποῦ γὰρ ὅλως εὗρον παρὰ τῇ θείᾳ Γραφῇ λεγόμενον, ἢ παρὰ τίνος ἤκουσαν, ὡς ὄντος ἄλλου Λόγου καὶ ἄλλης Σοφίας παρὰ τοῦτον τὸν Υἱὸν, ἵνα καὶ τοιαῦτα ἑαυτοῖς ἀναπλάσσωνται ;

Jer. xxiii. 29. Γέγραπται μὲν γάρ· ' Οὐχ οἱ λόγοι μου ὥσπερ πῦρ, ἢ πέλυξ
Prov. i. 23. κόπτων πέτραν ;' καὶ ἐν ταῖς Παροιμίαις· ' Διδάξω δὲ ὑμᾶς ἐμοὺς λόγους.' Ἀλλὰ ταῦτα ἐντολαὶ καὶ προστάγματά εἰσιν, ἃ διὰ τοῦ ἰδίου καὶ μόνου ἀληθινοῦ Λόγου τοῖς ἁγίοις λελάληκεν ὁ
Ps. cxviii. Θεὸς, περὶ ὧν ἔλεγεν ὁ ψάλλων· ''Εκ πάσης ὁδοῦ πονηρᾶς
(cxix.) 101. ἐκώλυσα τοὺς πόδας μου, ὅπως ἂν φυλάξω τοὺς λόγους σου.' Τὰ γοῦν τοιαῦτα σημαίνων ἄλλα παρ' ἑαυτὸν εἶναι ὁ Σωτὴρ, καὶ
John vi. 63. δι' ἑαυτοῦ εἴρηκε· ' Τὰ ῥήματα, ἃ ἐγὼ λελάληκα ὑμῖν.' Οὐ γὰρ δὴ οἱ τοιοῦτοι λόγοι γεννήματα ἢ υἱοί εἰσιν, οὐδὲ τοσοῦτοι δημιουργοὶ λόγοι, οὐδὲ τοσαῦται εἰκόνες τοῦ ἑνὸς Θεοῦ, οὐδὲ τοσοῦτοί εἰσιν οἱ γενόμενοι ἄνθρωποι ὑπὲρ ἡμῶν, οὐδὲ ὡς ἐκ πολλῶν τοιούτων εἷς ἐστιν ὁ γενόμενος κατὰ τὸν Ἰωάννην σάρξ· ἀλλ' ὡς μόνος ὢν τοῦ Θεοῦ Λόγος, εὐηγγελίσθη παρὰ τοῦ
Ib. i. 14. Ἰωάννου· ''Ο Λόγος σὰρξ ἐγένετο,' καὶ, 'Πάντα δι' αὐτοῦ
Ib. 3. ἐγένετο.' Διὸ καὶ περὶ αὐτοῦ μόνου τοῦ Κυρίου ἡμῶν Ἰησοῦ Χριστοῦ, καὶ περὶ τῆς πρὸς τὸν Πατέρα ἑνότητος αὐτοῦ γέγραπται καὶ δείκνυται τὰ μαρτύρια, τοῦ μὲν Πατρὸς σημαίνοντος ἕνα εἶναι τὸν Υἱὸν, τῶν δὲ ἁγίων μαθόντων τοῦτο, καὶ λεγόντων ἕνα τὸν Λόγον εἶναι καὶ τοῦτον εἶναι Μονογενῆ· τά τε ἔργα τὰ δι'

αὐτοῦ δείκνυται· 'πάντα γὰρ' τά τε ὁρατὰ καὶ τὰ 'ἀόρατα δι' αὐτοῦ γέγονε, καὶ χωρὶς αὐτοῦ ἐγένετο οὐδὲ ἕν.' Περὶ δὲ ἑτέρου ἢ ἄλλου τινὸς οὐ φαντάζονται, καὶ ἀναπλάσσονται ἑαυτοῖς λόγους ἢ σοφίας, ὧν οὔτε ὄνομα, οὔτε ἔργον σημαίνεται ἀπὸ τῆς Γραφῆς, ἢ παρὰ μόνων τούτων ὀνομάζεται. Τούτων γάρ ἐστιν ἐξεύρεμα καὶ Χριστομάχος ὑπόνοια, καὶ τῷ μὲν ὀνόματι τοῦ Λόγου καὶ τῆς Σοφίας καταχρῶνται, ἕτερα δὲ ἑαυτοῖς ἀναπλάττοντες, ἀρνοῦνται τὸν ἀληθινὸν τοῦ Θεοῦ Λόγον, καὶ τὴν ὄντως καὶ μόνην Σοφίαν τοῦ Πατρὸς, καὶ Μανιχαίους λοιπὸν ζηλοῦσιν οἱ ἄθλιοι. Κἀκεῖνοι γὰρ, τὰ μὲν ἔργα τοῦ Θεοῦ βλέποντες, ἀρνοῦνται αὐτὸν τὸν μόνον ὄντα καὶ ἀληθινὸν Θεὸν, ἕτερον δὲ ἑαυτοῖς ἀναπλάσσουσιν, οὗ μήτε ἔργον, μήτε τινὰ μαρτυρίαν ἀπὸ τῶν θείων λογίων δεικνύειν δύνανται.

40. Οὐκοῦν εἰ μήτε ἐν τοῖς θείοις λογίοις εὑρίσκεται ἄλλη σοφία παρὰ τοῦτον τὸν Υἱὸν, μήτε παρὰ τῶν πατέρων ἠκούσαμέν τι τοιοῦτον, ὡμολόγηται δὲ καὶ γέγραπται παρὰ τούτων ἀγενήτως ἡ Σοφία συνυπάρχουσα τῷ Πατρὶ, ἰδία αὐτοῦ οὖσα, καὶ κόσμου δημιουργός· αὐτὸς ἂν εἴη ὁ Υἱὸς, ὁ καὶ κατ' αὐτοὺς ἀϊδίως συνυπάρχων τῷ Πατρί. Αὐτὸς γάρ ἐστι καὶ δημιουργὸς, ὡς γέγραπται· 'Πάντα ἐν Σοφίᾳ ἐποίησας.' Καὶ γὰρ καὶ αὐτὸς Ἀστέριος, ὥσπερ ἐπιλαθόμενος ὧν πρότερον ἔγραψεν, ὕστερον κατὰ τὸν Καϊάφαν ἄκων καὶ αὐτὸς πρὸς Ἕλληνας ἐνιστάμενος, οὐκέτι μὲν πολλὰς σοφίας, οὐδὲ τὴν κάμπην ὀνομάζει, μίαν δὲ λοιπὸν ὁμολογεῖ, γράφων οὕτως· 'Εἷς μὲν ὁ Θεὸς Λόγος, πολλὰ δὲ τὰ λογικά· καὶ μία μὲν τῆς Σοφίας οὐσία τε καὶ φύσις, πολλὰ δὲ τὰ σοφὰ καὶ καλά.' Καὶ μετ' ὀλίγα πάλιν λέγει· 'Τίνες ἂν εἶεν οὓς παῖδας Θεοῦ προσαγορεύειν ἀξιοῦσιν; Οὐ γὰρ δὴ λόγους τε καὶ τούτους ὑπάρχειν φήσουσιν, οὐδὲ σοφίας εἶναι πλείονας ἐροῦσιν. Οὐ γὰρ δυνατὸν, ἑνὸς ὄντος τοῦ Λόγου, καὶ μιᾶς ἀποδειχθείσης τῆς Σοφίας, τῷ πλήθει τῶν παίδων τοῦ Λόγου τὴν οὐσίαν ἐπινέμειν, καὶ τῆς Σοφίας χαρίζεσθαι τὴν ἐπωνυμίαν.' Θαυμαστὸν τοίνυν οὐδὲν, εἰ πρὸς τὴν ἀλήθειαν οἱ Ἀρειανοὶ μάχονται, ὅπου γε καὶ τοῖς ἑαυτῶν προσκόπτοντες ἀλλήλοις συμπίπτουσι, ποτὲ μὲν λέγοντες πολλὰς εἶναι σοφίας, ποτὲ δὲ μίαν ἀποφαινόμενοι· καί ποτε μὲν τῇ κάμπῃ συνόπτουσι τὴν Σοφίαν, ποτὲ δὲ συνυπάρχειν τῷ Πατρὶ

καὶ ἰδίαν αὐτοῦ λέγουσι· καὶ ἄλλοτε μὲν ἀγένητον μόνον τὸν Πατέρα, ἄλλοτε δὲ καὶ τὴν σοφίαν αὐτοῦ καὶ τὴν δύναμιν ἀγένητον. Καὶ μάχονται μὲν ἡμῖν λέγουσιν ' ἀεὶ εἶναι τὸν τοῦ Θεοῦ Λόγον,' αὐτοὶ δὲ λέγοντες ' ἀγενήτως συνυπάρχειν τῷ Θεῷ τὴν Σοφίαν,' ἐπιλανθάνονται τῶν ἰδίων. Οὕτω πρὸς πάντα σκοτοδινιῶσι, τὴν μὲν ἀληθινὴν Σοφίαν ἀρνούμενοι, καὶ τὴν μὴ οὖσαν ἐξευρίσκοντες, ὡς οἱ Μανιχαῖοι πλάττοντες ἑαυτοῖς ἕτερον, καὶ τὸν ὄντα Θεὸν ἀρνούμενοι.

41. Ἀλλ' ἀκουέτωσαν μὲν αἱ ἄλλαι αἱρέσεις καὶ Μανιχαῖοι, ὅτι εἷς ἐστιν ὁ τοῦ μὲν Χριστοῦ Πατὴρ, τῆς δὲ κτίσεως δεσπότης καὶ ποιητὴς διὰ τοῦ ἰδίου Λόγου· ἀκουέτωσαν δὲ ἰδίᾳ καὶ Ἀρειομανῖται, ὅτι εἷς ἐστιν ὁ τοῦ Θεοῦ Λόγος, ὁ μόνος ἴδιος καὶ γνήσιος ἐκ τῆς οὐσίας αὐτοῦ ὢν Υἱὸς, καὶ ἀχώριστον ἔχων πρὸς τὸν Πατέρα ἑαυτοῦ τὴν ἑνότητα τῆς θεότητος, ὡς πολλάκις εἴπομεν, μαθόντες παρ' αὐτοῦ τοῦ Σωτῆρος. Ἐπεὶ εἰ μὴ οὕτως ἔχει, διὰ τί δι' αὐτοῦ κτίζει ὁ Πατὴρ, καὶ ἐν αὐτῷ ἀποκαλύπτεται οἷς ἐὰν θέλῃ, καὶ φωτίζει τούτους; ἢ διὰ τί καὶ ἐν τῇ τελειώσει τοῦ βαπτίσματος συγκατονομάζεται τῷ Πατρὶ ὁ Υἱός; Εἰ μὲν γὰρ αὐτάρκης οὐκ ἔστιν ὁ Πατὴρ, ἀσεβὴς ἡ φωνή· εἰ δὲ αὐτάρκης (τοῦτο γὰρ θέμις εἰπεῖν) τίς ἡ χρεία τοῦ Υἱοῦ ἢ εἰς τὴν δημιουργίαν ἢ εἰς τὸ ἅγιον λουτρόν; Ποία γὰρ κοινωνία τῷ κτίσματι πρὸς τὸν κτίστην; ἢ διὰ τί τὸ πεποιημένον συναριθμεῖται τῷ ποιήσαντι εἰς τὴν τῶν πάντων τελείωσιν; ἢ διὰ τί καθ' ἡμᾶς ἡ πίστις εἰς ἕνα κτίστην καὶ εἰς ἓν κτίσμα παραδίδοται; Εἰ μὲν γὰρ ἵνα συναφθῶμεν τῇ θεότητι, τίς χρεία τοῦ κτίσματος; εἰ δὲ ἵνα ἑνωθῶμεν τῷ Υἱῷ κτίσματι ὄντι, περιττὴ καθ' ὑμᾶς ἡ ἐν τῷ βαπτίσματι τοῦ Υἱοῦ ὀνομασία· ὁ γὰρ αὐτὸν υἱοποιήσας Θεὸς ἱκανός ἐστι καὶ ἡμᾶς υἱοποιῆσαι. Ἄλλως τε εἰ κτίσμα ἐστὶν ὁ Υἱὸς, μιᾶς οὔσης τῆς φύσεως τῶν λογικῶν κτισμάτων, οὐδεμία παρὰ κτίσματος κτίσμασι βοήθεια γενήσεται, διὰ τὸ πάντας δεῖσθαι τῆς παρὰ τοῦ Θεοῦ χάριτος. Ὀλίγα μὲν οὖν προλαβόντες εἴπομεν ὡς ἀκολούθως ' δι' αὐτοῦ γέγονε τὰ πάντα·' ἐπειδὴ δὲ καὶ τοῦ ἁγίου βαπτίσματος ἡ ἀκολουθία πεποίηκεν ἡμᾶς μνημονεῦσαι, ἀναγκαῖον, ὥς γε νοῶ καὶ πεπίστευκα, λέγειν, οὐχ ὡς μὴ αὐτάρκους ὄντος τοῦ Πατρὸς, συνονομάζεται καὶ ὁ Υἱὸς, οὐδὲ ἁπλῶς καὶ ὡς

II. 42.] *The Father and Son inseparable.* 111

ἔτυχεν· ἀλλ' ἐπειδὴ Λόγος ἐστὶ τοῦ Θεοῦ καὶ ἰδία Σοφία, ἀπαύγασμά τε ὢν αὐτοῦ, ἀεί ἐστι μετὰ τοῦ Πατρός, διὰ τοῦτο ἀδύνατον, παρέχοντος τοῦ Πατρός, μὴ ἐν τῷ Υἱῷ δίδοσθαι τὴν χάριν· ἐν τῷ Πατρὶ γάρ ἐστιν ὁ Υἱός, ὡς τὸ ἀπαύγασμα ἐν τῷ φωτί. Οὐ γὰρ ὡς ἐνδεὴς ὁ Θεός, ἀλλ' ὡς Πατήρ, 'τῇ ἑαυτοῦ Σοφίᾳ τεθεμελίωκε τὴν γῆν,' καὶ τῷ ἐξ αὐτοῦ Λόγῳ τὰ πάντα Prov. iii. 19. πεποίηκε, τό τε ἅγιον λουτρὸν ἐν τῷ Υἱῷ βεβαιοῖ. Ἔνθα γὰρ ὁ Πατήρ, ἐκεῖ καὶ ὁ Υἱός ἐστιν· ὡς ἔνθα τὸ φῶς, ἐκεῖ καὶ τὸ ἀπαύγασμα. Καὶ ὥσπερ ἃ ὁ Πατὴρ ἐργάζεται, διὰ τοῦ Υἱοῦ ἐργάζεται, καὶ λέγει αὐτὸς ὁ Κύριος· "Ἃ βλέπω τὸν Πατέρα John v. 19. ποιοῦντα, ταῦτα κἀγὼ ποιῶ·' οὕτω καὶ τοῦ βαπτίσματος διδομένου, ὃν βαπτίζει ὁ Πατήρ, τοῦτον ὁ Υἱὸς βαπτίζει· καὶ ὃν ὁ Υἱὸς βαπτίζει, οὗτος ἐν Πνεύματι ἁγίῳ τελειοῦται. Πάλιν τε ὥσπερ τοῦ ἡλίου φαίνοντος, λέγοι ἄν τις καὶ τὸ ἀπαύγασμα φωτίζειν· ἓν γάρ ἐστι τὸ φῶς, καὶ οὐκ ἔστι διελεῖν, οὐδὲ ἀποσχίσαι· οὕτως ἔνθα πάλιν ὁ Πατήρ ἐστιν ἢ ὀνομάζεται, ἐκεῖ πάντως καὶ ὁ Υἱὸς ὑπάρχει· ὀνομάζεται δὲ ἐν τῷ βαπτίσματι ὁ Πατήρ· ἀνάγκη καὶ τὸν Υἱὸν συγκατονομάζεσθαι.

42. Διὰ τοῦτο καὶ τοῖς ἁγίοις ἐπαγγελλόμενος, οὕτως ἔλεγεν· 'Ἐλευσόμεθα ἐγὼ καὶ ὁ Πατήρ, καὶ μονὴν παρ' αὐτῷ ποιή- Ib. xiv. 23. σομεν·' καὶ πάλιν· '"Ἵν' ὡς ἐγὼ καὶ σὺ ἕν ἐσμεν, κἀκεῖνοι ἐν Ib. xvii. 21. ὦσιν ἐν ἡμῖν.' Καὶ ἡ διδομένη δὲ χάρις μία ἐστὶ παρὰ τοῦ Πατρὸς ἐν Υἱῷ διδομένη, ὡς ὁ Παῦλος διὰ πάσης ἐπιστολῆς γράφει· 'Χάρις ὑμῖν καὶ εἰρήνη ἀπὸ Θεοῦ Πατρὸς ἡμῶν καὶ Rom. i. 7; Κυρίου Ἰησοῦ Χριστοῦ.' Δεῖ γὰρ τὸ φῶς εἶναι μετὰ τῆς αὐγῆς, Eph. i. 2. καὶ τὸ ἀπαύγασμα συνορᾶσθαι μετὰ τοῦ ἰδίου φωτός. Ὅθεν Ἰουδαῖοι μετὰ τούτων 'ἀρνούμενοι τὸν Υἱόν, οὐκ ἔχουσιν οὐδὲ 1 John ii. 23. τὸν Πατέρα·' 'καταλείψαντες γὰρ τὴν πηγὴν τῆς σοφίας,' ὡς ὀνειδίζων αὐτοὺς εἶπεν ὁ Βαρούχ, ἀπέβαλον ἀφ' ἑαυτῶν καὶ τὴν Bar. iii. 12. ἐκ ταύτης Σοφίαν τὸν Κύριον ἡμῶν Ἰησοῦν Χριστόν· 'Χριστὸς John xix. 16. γάρ,' φησὶν ὁ Ἀπόστολος, 'Θεοῦ δύναμις καὶ Θεοῦ Σοφία·' 1 Cor. i. 24. λέγοντες· 'Οὐκ ἔχομεν βασιλέα εἰ μὴ Καίσαρα.' Ἰουδαῖοι John xix. 16. μὲν οὖν ἔχουσι τῆς ἀρνήσεως τὰ ἐπίχειρα τῆς ἐπιτιμίας· ἀπώλεσαν γὰρ σὺν τῇ πόλει καὶ τὸν λογισμόν. Οὗτοι δὲ κινδυνεύουσι λοιπὸν καὶ περὶ αὐτὸ τὸ πλήρωμα τοῦ μυστηρίου· φημὶ δὴ τὸ βάπτισμα. Εἰ γὰρ εἰς ὄνομα Πατρὸς καὶ Υἱοῦ δίδοται ἡ

τελείωσις, οὐ λέγουσι δὲ Πατέρα ἀληθινὸν, διὰ τὸ ἀρνεῖσθαι τὸ ἐξ αὐτοῦ καὶ ὅμοιον τῆς οὐσίας, ἀρνοῦνται δὲ καὶ τὸν ἀληθινὸν Υἱὸν, καὶ ἄλλον ἑαυτοῖς ἐξ οὐκ ὄντων κτιστὸν ἀναπλάττοντες ὀνομάζουσι, πῶς οὐ παντελῶς κενὸν καὶ ἀλυσιτελὲς τὸ παρ' αὐτῶν διδόμενόν ἐστι, προσποίησιν μὲν ἔχον, τῇ δὲ ἀληθείᾳ μηδὲν ἔχον πρὸς εὐσέβειαν βοήθημα; Οὐ γὰρ εἰς Πατέρα καὶ Υἱὸν διδόασιν οἱ Ἀρειανοὶ, ἀλλ' εἰς κτίστην καὶ κτίσμα, καὶ εἰς ποιητὴν καὶ ποίημα. Ὥσπερ δὲ ἄλλο ἐστὶ κτίσμα παρὰ τὸν Υἱὸν, οὕτως ἄλλο ἂν εἴη τῆς ἀληθείας τὸ παρ' αὐτῶν νομιζόμενον δίδοσθαι, κἂν τὸ ὄνομα τοῦ Πατρὸς καὶ τοῦ Υἱοῦ, διὰ τὸ γεγραμμένον, ὀνομάζειν προσποιῶνται. Οὐ γὰρ ὁ λέγων ἁπλῶς, 'Κύριε,' οὗτος καὶ δίδωσιν, ἀλλ' ὁ μετὰ τοῦ ὀνόματος καὶ τὴν πίστιν ἔχων ὀρθήν. Διὰ τοῦτο γοῦν καὶ ὁ Σωτὴρ οὐχ ἁπλῶς ἐνετείλατο βαπτίζειν, ἀλλὰ πρῶτόν φησι, 'Μαθητεύσατε·' εἶθ' οὕτω· 'Βαπτίζετε εἰς ὄνομα Πατρὸς, καὶ Υἱοῦ, καὶ ἁγίου Πνεύματος·' ἵν' ἐκ τῆς μαθήσεως ἡ πίστις ὀρθὴ γένηται, καὶ μετὰ πίστεως ἡ τοῦ βαπτίσματος τελείωσις προστεθῇ.

43. Πολλαὶ γοῦν καὶ ἄλλαι αἱρέσεις, λέγουσαι τὰ ὀνόματα μόνον, μὴ φρονοῦσαι δὲ ὀρθῶς, ὡς εἴρηται, μηδὲ τὴν πίστιν ὑγιαίνουσαν ἔχουσαι, ἀλυσιτελὲς ἔχουσι καὶ τὸ παρ' αὐτῶν διδόμενον ὕδωρ, λειπόμενον εὐσεβείᾳ· ὥστε καὶ τὸν ῥαντιζόμενον παρ' αὐτῶν ῥυπαίνεσθαι μᾶλλον ἐν ἀσεβείᾳ ἢ λυτροῦσθαι. Οὕτω καὶ Ἕλληνες, καίτοι Θεὸν διὰ χειλέων λέγοντες, ἀθεότητος ἔχουσιν ἔγκλημα, ὅτι τὸν ὄντως ὄντα καὶ ἀληθινὸν Θεὸν οὐ γινώσκουσι, τὸν Πατέρα τοῦ Κυρίου ἡμῶν Ἰησοῦ Χριστοῦ· οὕτω Μανιχαῖοι καὶ Φρύγες, καὶ οἱ τοῦ Σαμοσατέως μαθηταὶ, τὰ ὀνόματα λέγοντες, οὐδὲν ἧττόν εἰσιν αἱρετικοί· οὕτω καθεξῆς λοιπὸν καὶ οἱ τὰ Ἀρείου φρονοῦντες, κἂν ἀναγινώσκωσι τὰ γεγραμμένα, καὶ λέγωσι τὰ ὀνόματα, καὶ αὐτοὶ παίζουσι τοὺς λαμβάνοντας παρ' αὐτῶν, πλέον τῶν ἄλλων αἱρέσεων ἀσεβέστεροι τυγχάνοντες, καὶ κατ' ὀλίγον ὑπερκείμενοι ταύτας, καὶ δικαιοῦντες αὐτὰς ἐκ τῆς ἑαυτῶν ἀθυρογλωττίας. Ἐκεῖναι μὲν γὰρ πλέον τι τῆς ἀληθείας καταψεύδονται, καὶ ἢ περὶ τὸ σῶμα σφάλμα ἔχουσι, λέγοντες μὴ ἐκ Μαρίας ἐσχηκέναι σάρκα τὸν Κύριον, ἢ ὅτι ὅλως οὐ γέγονε θάνατος, οὐδὲ ὅλως ἄνθρωπος γέγονεν, ἀλλὰ μόνον ἐφάνη, καὶ οὐκ ἦν ἀληθῶς, καὶ ἐδόκει

Arian faith vain.

σῶμα ἔχειν, μὴ ἔχων, καὶ ἐδόκει ἄνθρωπος φαίνεσθαι ὡς ἐν ὀνείρῳ φαντασίας· οὗτοι δὲ εἰς αὐτὸν τὸν Πατέρα φανερῶς ἀσεβοῦσι. Τὴν γὰρ θεότητα αὐτοῦ εἰς τὸν Υἱὸν ὡς ἐν εἰκόνι μαρτυρουμένην ἀκούοντες ἀπὸ τῶν Γραφῶν, βλασφημοῦσι, λέγοντες αὐτὴν εἶναι κτίσμα καὶ πανταχοῦ περὶ αὐτῆς τὸ ' οὐκ ἦν,' ὡς ἐν πήρᾳ βόρβορον, τὸ λεξείδιον τοῦτο περιφέρουσι, καὶ ὡς ὄφις τὸν ἰὸν, τοῦτο προβάλλονται. Εἶτα, ἐπειδὴ ναυσηρὸν παρὰ πᾶσι τὸ παρ' αὐτοῖς ἐστι δόγμα, εὐθὺς ὥσπερ ἔρεισμα τῷ πτώματι τῆς αἱρέσεως, τὴν ἀνθρωπίνην προστασίαν ὑποτιθέασι, ἵνα ταύτην βλέπων ὁ ἁπλούστερος, ἢ καὶ δεδιὼς, μὴ κατανοῇ τὸ βλαβερὸν τῆς κακοφροσύνης αὐτῶν. Πῶς οὖν οὐκ ἄξιον οἰκτείρειν τοὺς παρ' αὐτῶν ἀπατωμένους ; ἢ πῶς οὐκ ἐπὶ τούτοις δακρῦσαι καλὸν, ὅτι τῇ παραυτίκα διὰ τὰς ἡδονὰς φαντασίᾳ προδιδόασι τὸ ἑαυτοῖς συμφέρον, καὶ ἐκπίπτουσι τῆς μελλούσης ἐλπίδος ; Εἰς γὰρ τὸν οὐκ ὄντα δοκοῦντες λαμβάνειν, οὐδὲν εἰληφότες ἔσονται· κτίσματί τε συντασσόμενοι, οὐδεμίαν παρὰ τῆς κτίσεως ἕξουσι βοήθειαν. Καὶ εἰς ἀνόμοιον δὲ καὶ ἀλλότριον κατ' οὐσίαν τοῦ Πατρὸς πιστεύοντες, οὐ συναφθήσονται τῷ Πατρὶ, μὴ ἔχοντες τὸν ἴδιον καὶ ἐξ αὐτοῦ φύσει Υἱὸν, τὸν ' ὄντα ἐν τῷ Πατρὶ, ἐν ᾧ καὶ ὁ Πατήρ ἐστιν,' ὡς αὐτὸς εἴρηκεν· ἀλλὰ John xiv. 10. πλανηθέντες παρὰ τούτων, ἔρημοι καὶ γυμνοὶ λοιπὸν ἀπομένουσι τῆς θεότητος οἱ ἄθλιοι. Οὐδὲ γὰρ ἀκολουθήσει τούτοις ἀποθνήσκουσιν ἡ τῶν ἐπὶ γῆς φαντασία· οὐδ' ὅταν ἴδωσιν, ὃν ἠρνήσαντο, Κύριον καθήμενον ἐπὶ τὸν θρόνον τοῦ Πατρὸς αὐτοῦ, καὶ κρίνοντα ζῶντας καὶ νεκροὺς, δυνήσεταί τις εἰς βοήθειαν ἐπικαλέσασθαί τινα τῶν νῦν ἀπατησάντων. Κρινομένους γὰρ καὶ αὐτοὺς ὄψονται καὶ μεταμελομένους ἐφ' οἷς ἠδίκησαν καὶ ἠσέβησαν.

44. Ταῦτα πρὸ τοῦ ῥητοῦ τῶν Παροιμιῶν τέως διελάβομεν, ἐνιστάμενοι πρὸς τὰς ἀλόγους ἐκ καρδίας αὐτῶν μυθοπλαστίας· ἵνα γνόντες ὡς οὐχ ἁρμόζει λέγειν ' κτίσμα ' τὸν Υἱὸν τοῦ Θεοῦ, μάθωσι καλῶς ἀναγινώσκειν καὶ αὐτοὶ τὸ ἐν ταῖς Παροιμίαις ῥητὸν, ὀρθὴν ἔχον καὶ αὐτὸ τὴν διάνοιαν. Γέγραπται μὲν γάρ· ' Κύριος ἔκτισέ με ἀρχὴν ὁδῶν αὐτοῦ εἰς ἔργα αὐτοῦ·' ἀλλ' Prov. viii. 22. ἐπειδὴ παροιμίαι εἰσὶ, καὶ παροιμιωδῶς ἐλέχθη, οὐ δεῖ τὴν πρόχειρον λέξιν ἁπλῶς οὕτως ἐκλαμβάνειν, ἀλλὰ τὸ πρόσωπον

ζητεῖν, καὶ οὕτω μετ' εὐσεβείας τὸν νοῦν ἐφαρμόζειν αὐτῷ. Τὰ γὰρ ἐν παροιμίαις λεγόμενα, οὐκ ἐκ φανεροῦ λέγεται, ἀλλὰ κεκρυμμένως ἀπαγγέλλεται, ὡς αὐτὸς ὁ Κύριος ἐδίδαξεν ἐν τῷ κατὰ Ἰωάννην Εὐαγγελίῳ λέγων· 'Ταῦτα ἐν παροιμίαις λελάληκα ὑμῖν, ἀλλ' ἔρχεται ὥρα, ὅτε οὐκέτι ἐν παροιμίαις λαλήσω ὑμῖν, ἀλλὰ παρρησίᾳ.' Οὐκοῦν ἀποκαλύπτειν χρὴ τὸν νοῦν τοῦ ῥητοῦ, ὡς κεκρυμμένον τε τοῦτον ζητεῖν, καὶ μὴ ὡς ἐν παρρησίᾳ εἰρημένον ἁπλῶς ἐκλαμβάνειν, ἵνα μὴ παρεξηγούμενοι πλανηθῶμεν ἀπὸ τῆς ἀληθείας. Εἰ μὲν οὖν περὶ ἀγγέλου ἢ ἑτέρου τινὸς τῶν γενητῶν ἐστι τὸ γεγραμμένον, ὡς περὶ ἑνὸς ἡμῶν τῶν ποιημάτων ἔστω λεγόμενον τὸ 'ἔκτισέ με·' εἰ δὲ ἡ Σοφία τοῦ Θεοῦ ἐστιν, ἐν ᾗ πάντα τὰ γενητὰ δεδημιούργηται, ἡ περὶ ἑαυτῆς λέγουσα· τί δεῖ νοεῖν ἢ ὅτι τὸ 'ἔκτισε' φάσκουσα, οὐκ ἐναντίον τῷ 'ἐγέννησε' λέγει; οὐδὲ ὡς ἐπιλαθομένη ὅτι κτίζουσά ἐστι καὶ δημιουργός, ἢ ἀγνοοῦσα τὴν διαφορὰν τοῦ κτίζοντος καὶ τῶν κτισμάτων, ἐν τοῖς κτίσμασιν ἑαυτὴν συναριθμεῖ· ἀλλά τινα νοῦν, ὡς ἐν παροιμίαις, οὐ παρρησίᾳ, κεκρυμμένον δὲ σημαίνει· ὃν τοῖς μὲν ἁγίοις ἐνέπνεε προφητεύειν, αὐτὴ δὲ μετ' ὀλίγα ἐκ παραλλήλου τὸ 'ἔκτισεν' ἐν ἑτέραις λέξεσι σημαίνουσά φησιν· 'Ἡ Σοφία ᾠκοδόμησεν ἑαυτῇ οἶκον.' Δῆλον δέ ἐστιν οἶκον εἶναι τῆς Σοφίας τὸ ἡμέτερον σῶμα, ὅπερ ἀναλαβὼν γέγονεν ἄνθρωπος· καὶ εἰκότως παρὰ μὲν Ἰωάννου λέγεται· 'Ὁ Λόγος σὰρξ ἐγένετο·' διὰ δὲ Σολομῶνος περὶ ἑαυτῆς ἡ Σοφία μετὰ παρατηρήσεώς φησιν, οὐχ ὅτι 'κτίσμα εἰμὶ,' ἀλλὰ μόνον ὅτι 'Κύριος ἔκτισέ με ἀρχὴν ὁδῶν αὐτοῦ εἰς ἔργα αὐτοῦ,' ἀλλ' οὐκ 'εἰς τὸ εἶναί με ἔκτισεν,' οὐδὲ 'ὅτι κτίσματος ἀρχὴν καὶ γένεσιν ἔχω.'

45. Καὶ ἐνταῦθα γὰρ οὐ τὴν οὐσίαν τῆς θεότητος αὐτοῦ, οὐδὲ τὴν ἐκ Πατρὸς ἀΐδιον ἑαυτοῦ καὶ γνησίαν γέννησιν ὁ Λόγος σημαίνων, διὰ Σολομῶνος εἴρηκεν, ἀλλὰ πάλιν τὸ ἀνθρώπινον καὶ τὴν εἰς ἡμᾶς οἰκονομίαν αὐτοῦ. Διὸ καὶ, καθὼς προεῖπον, οὐκ εἶπε, 'κτίσμα εἰμὶ,' ἢ, 'κτίσμα ἐγενόμην,' ἀλλὰ μόνον, 'ἔκτισε.' Τὰ μὲν γὰρ 'κτίσματα,' κτιστὴν ἔχοντα τὴν οὐσίαν, τῶν γενητῶν ἐστι, καὶ λέγεται κτίζεσθαι, καὶ πάντως τὸ κτίσμα κτίζεται· ἡ δὲ τοῦ 'ἔκτισε' μόνη λέξις λεγομένη οὐ πάντως τὴν οὐσίαν ἢ τὴν γέννησιν σημαίνει, ἀλλά τι ἕτερον δῆλοι γίνεσθαι

His Being not created.

περὶ ἐκεῖνον περὶ οὗ λέγει· καὶ οὐ πάντως τὸ λεγόμενον κτίζεσθαι ἤδη καὶ τῇ φύσει καὶ τῇ οὐσίᾳ κτίσμα ἐστί. Καὶ ταύτην τὴν διαφορὰν οἶδεν ἡ θεία Γραφὴ, περὶ μὲν τῶν κτισμάτων λέγουσα· ''Ε- Ps. ciii. (civ.) 24. πληρώθη ἡ γῆ τῆς κτίσεώς σου·' καί· 'Αὐτὴ ἡ κτίσις συστενάζει Rom. viii. 22. καὶ συνωδίνει·' ἐν δὲ τῇ ᾿Αποκαλύψει φησί· 'Καὶ ἀπέθανε τὸ Rev. viii. 9. τρίτον μέρος τῶν κτισμάτων τῶν ἐν τῇ θαλάσσῃ, τὰ ἔχοντα ψυχάς·' καθὼς καὶ ὁ Παῦλος λέγει· 'Πᾶν κτίσμα Θεοῦ καλὸν, 1 Tim. iv. 4. καὶ οὐδὲν ἀπόβλητον μετὰ εὐχαριστίας λαμβανόμενον·' ἐν δὲ τῇ Σοφίᾳ γέγραπται· 'Καὶ τῇ Σοφίᾳ σου κατεσκεύασας τὸν ἄνθρω- Wisdom ix. 2. πον, ἵνα δεσπόζῃ τῶν ὑπὸ σοῦ γενομένων κτισμάτων.' Καὶ ὅτι ταῦτα, κτίσματα ὄντα, λέγει κτίζεσθαι, οὕτω πάλιν ἔστιν ἀκοῦσαι τοῦ μὲν Κυρίου λέγοντος· ''Απ' ἀρχῆς δὲ ὁ κτίσας, ἄρσεν καὶ Mark x. 6. θῆλυ ἐποίησεν αὐτούς·' Μωσέως δὲ ἐν τῇ ᾿Ωδῇ γράφοντος· ''Επερωτήσατε ἡμέρας τὰς γενομένας προτέρας σου ἀπὸ τῆς Deut. iv. 32. ἡμέρας, ἧς ἔκτισεν ὁ Θεὸς ἄνθρωπον ἐπὶ τῆς γῆς, καὶ ἐπὶ τὸ ἄκρον τοῦ οὐρανοῦ·' ὁ δὲ Παῦλος ἐν τῇ πρὸς Κολασσαεῖς φησιν· ''Ος ἐστιν εἰκὼν τοῦ Θεοῦ τοῦ ἀοράτου, πρωτότοκος πάσης Col. i. 15, 16. κτίσεως· ὅτι ἐν αὐτῷ ἐκτίσθη τὰ πάντα τὰ ἐν τοῖς οὐρανοῖς καὶ τὰ ἐπὶ τῆς γῆς, τὰ ὁρατὰ καὶ τὰ ἀόρατα, εἴτε θρόνοι, εἴτε κυριότητες, εἴτε ἀρχαὶ, εἴτε ἐξουσίαι· τὰ πάντα δι' αὐτοῦ καὶ εἰς αὐτὸν ἔκτισται, καὶ αὐτός ἐστι πρὸ πάντων.'

46. Ὅτι μὲν οὖν τὰ φύσει τὴν οὐσίαν ἔχοντα κτιστὴν κτίσματα λέγεται καὶ κτίζεται, ἀρκεῖ ταῦτα πρὸς ὑπόμνησιν εἰρῆσθαι, πλήρους οὔσης τῆς Γραφῆς· ὅτι δὲ ἡ τοῦ 'ἔκτισε' μόνη λέξις λεγομένη οὐ πάντως τὴν οὐσίαν καὶ τὴν γένεσιν σημαίνει, ὁ μὲν Δαυῒδ ψάλλει· 'Γραφήτω αὕτη εἰς γενεὰν ἑτέραν, καὶ Ps. ci.(cii.) 18. λαὸς ὁ κτιζόμενος αἰνέσει τὸν Κύριον·' καὶ πάλιν· 'Καρδίαν Ib. l. (li.) 10. καθαρὰν κτίσον ἐν ἐμοὶ, ὁ Θεός·' ὁ δὲ Παῦλος ἐν τῇ πρὸς ᾿Εφεσίους φησί· 'Τὸν νόμον τῶν ἐντολῶν ἐν δόγμασι καταρ- Eph. ii. 15. γήσας, ἵνα τοὺς δύο κτίσῃ ἐν ἑαυτῷ εἰς ἕνα καινὸν ἄνθρωπον·' καὶ πάλιν· ''Ενδύσασθε τὸν καινὸν ἄνθρωπον, τὸν κατὰ Θεὸν Ib. iv. 24. κτισθέντα ἐν δικαιοσύνῃ καὶ ὁσιότητι τῆς ἀληθείας.' Οὔτε γὰρ ὁ Δαυῒδ λαόν τινα κατ' οὐσίαν κτιζόμενον ἔλεγεν, οὔτε καρδίαν ἑτέραν ηὔχετο λαβεῖν, παρ' ἣν εἶχεν· ἀλλὰ τὴν κατὰ Θεὸν ἀνανέωσιν καὶ ἀνακαίνισιν ἐσήμαινεν. Οὔτε δὲ ὁ Παῦλος κατ' οὐσίαν κτιζομένους ἐν τῷ Κυρίῳ δύο τινὰς ἐδήλου, ἀλλ' οὐδὲ

116 The words mean that the Son [II. 47.

ἄλλον τινὰ ἐνδύσασθαι ἡμᾶς ἄνθρωπον συνεβούλευεν· ἀλλὰ τὸν μὲν κατὰ Θεὸν ἄνθρωπον, τὸν κατ' ἀρετὴν βίον ἔλεγε, τοὺς δὲ κτιζομένους ἐν Χριστῷ τοὺς ἀνακαινιζομένους ἐν αὐτῷ δύο λαοὺς ἐσήμαινε. Τοιοῦτόν ἐστι καὶ τὸ λεγόμενον παρὰ τῷ Ἱερεμίᾳ·

Jer. xxxi. 22. '"Ἔκτισε Κύριος σωτηρίαν καινὴν εἰς καταφύτευσιν, ἐν ᾗ σωτηρίᾳ περιελεύσονται ἄνθρωποι·' τοῦτο δὲ λέγων οὐκ οὐσίαν τινὰ κτίσματος σημαίνει, ἀλλὰ τὴν ἐν ἀνθρώποις ἀνακαινιζομένην σωτηρίαν προφητεύει, τὴν γενομένην ἐν Χριστῷ πρὸς ἡμᾶς. Τοιαύτης δὴ οὔσης καὶ τῆς διαφορᾶς, περί τε τῶν κτισμάτων καὶ τοῦ λεγομένου μόνον 'ἔκτισεν,' εἰ μὲν εὑρητέ που τὸν Κύριον λεγόμενον ἐν τῇ θείᾳ Γραφῇ 'κτίσμα,' δείξατε καὶ μάχεσθε· εἰ δὲ μὴ γέγραπταί που κτίσμα εἶναι αὐτὸν, λέγει δὲ αὐτὸς περὶ ἑαυτοῦ ἐν Παροιμίαις· 'Κύριος ἔκτισέ με,' ἐντράπητε ὑπὸ τῆς προειρημένης διαφορᾶς, καὶ τῶν παροιμιωδῶς εἰρημένων· καὶ λοιπὸν τὸ 'ἔκτισε' μὴ κτίσμα ἀκούετε, ἀλλὰ τὸ περὶ αὐτὸν γενόμενον ἀνθρώπινον· τούτου γὰρ ἴδιόν ἐστι καὶ τὸ κτίζεσθαι. Ἐπεὶ πῶς οὐκ ἀδικεῖτε, ὅτι παρὰ μὲν τοῦ Δαυὶδ καὶ τοῦ Παύλου ἀκούοντες τὸ 'ἔκτισεν' οὐ τὴν οὐσίαν καὶ τὴν γένεσιν νοεῖτε, ἀλλὰ τὴν ἀνανέωσιν· παρὰ δὲ τοῦ Κυρίου ἀκούοντες τὸ 'ἔκτισε,' τὴν οὐσίαν αὐτοῦ τοῖς κτίσμασι συναριθμεῖτε; πάλιν τε ἀκού-

Prov. ix. 1. οντες, ''Η Σοφία ᾠκοδόμησεν ἑαυτῇ οἶκον, καὶ ὑπήρεισε στύλους ἑπτὰ,' τὸν μὲν 'οἶκον' ἀλληγορεῖτε, τὸ δὲ 'ἔκτισεν' οὕτω λαμβάνοντες μεταποιεῖτε αὐτὸ εἰς κτίσμα· καὶ οὔτε τὸ εἶναι αὐτὸν δημιουργὸν ἐδυσώπησεν ὑμᾶς, οὔτε τὸ εἶναι αὐτὸν μόνον ἴδιον γέννημα τοῦ Πατρὸς ἐφοβήθητε· ἀλλὰ ἁπλῶς, ὡς πρὸς αὐτὸν ἀπογραψάμενοι, μάχεσθε, ἐλάττονά τε περὶ αὐτοῦ μᾶλλον ἢ περὶ ἀνθρώπων νοεῖτε.

47. Καὶ γὰρ καὶ αὐτὸ τὸ ῥητὸν δείκνυσιν ὑμῶν μόνον εὕρημα εἶναι τὸ λέγειν κτίσμα τὸν Κύριον. Τὴν γὰρ οὐσίαν ἑαυτοῦ γινώσκων ὁ Κύριος μονογενῆ Σοφίαν καὶ γέννημα τοῦ Πατρὸς, καὶ ἄλλην οὖσαν παρὰ τὰ γενητὰ καὶ τὰ φύσει κτίσματα, φιλανθρώπως νῦν λέγει· 'Κύριος ἔκτισέ με ἀρχὴν ὁδῶν αὐτοῦ·' ἴσον

Cf. Ps. xxxix. τῷ εἰπεῖν, ''Ο Πατὴρ σῶμά μοι κατηρτίσατο. καὶ εἰς ἀνθρώπους
(xl.) 6.
Heb. x. 5. με ἔκτισεν, ὑπὲρ τῆς τῶν ἀνθρώπων σωτηρίας.' Καὶ γὰρ ὥσπερ Ἰωάννου ἀκούοντες, ''Ο Λόγος σὰρξ ἐγένετο,' οὐκ αὐτὸν ὅλον σάρκα νοοῦμεν τὸν Λόγον, ἀλλὰ σάρκα ἐνδυσάμενον, καὶ γενόμενον

II. 48.] *assumed a created Manhood.* 117

ἄνθρωπον· ἀκούοντές τε, 'Χριστὸς γέγονεν ὑπὲρ ἡμῶν κατάρα,' καὶ, Gal. v. 18.
'Τὸν μὴ γνόντα ἁμαρτίαν ὑπὲρ ἡμῶν ἁμαρτίαν ἐποίησεν,' οὐκ αὐτὸ 2 Cor. v. 21.
τοῦτο ὅλον κατάραν καὶ ἁμαρτίαν αὐτὸν νοοῦμεν γεγενῆσθαι, ἀλλ'
ὅτι τὴν μὲν καθ' ἡμῶν κατάραν ἀνεδέξατο, ὡς εἶπεν ὁ 'Απόστολος,
' Εξηγόρασεν ἡμᾶς ἐκ τῆς κατάρας·' 'τὰς δὲ ἁμαρτίας ἡμῶν,' Gal. iii. 13.
ὡς μὲν ὁ 'Ησαΐας εἶπεν, ' ἐβάστασεν,' ὡς δὲ ὁ Πέτρος ἔγραψεν, Isa. liii. 4.
' ἀνήνεγκεν αὐτὰς τῷ σώματι ἐπὶ τὸ ξύλον.' Οὕτως ἐὰν ἀκούω- 1 Pet. ii. 24.
μεν ἐν ταῖς Παροιμίαις τὸ ' ἔκτισεν,' οὐ δεῖ κτίσμα τῇ φύσει
ὅλον νοεῖν τὸν Λόγον, ἀλλ' ὅτι τὸ κτιστὸν ἐνεδύσατο σῶμα, καὶ
ὑπὲρ ἡμῶν ἔκτισεν αὐτὸν ὁ Θεὸς, εἰς ἡμᾶς τὸ κτιστὸν αὐτῷ
' καταρτίσας,' ὡς γέγραπται, ' σῶμα,' ἵν' ἐν αὐτῷ ἀνακαινισθῆναι
καὶ θεοποιηθῆναι δυνηθῶμεν. Τί τοίνυν ὑμᾶς ἠπάτησεν, ὦ ἀνό-
ητοι, εἰπεῖν τὸν κτίστην ' κτίσμα;' ἢ πόθεν ἠγοράσατε ἑαυτοῖς τὸ
καινὸν φρόνημα τοῦτο, καὶ ἐν αὐτῷ πομπεύετε; Αἱ γὰρ Παροι-
μίαι λέγουσι τὸ ' ἔκτισεν·' ἀλλ' οὐ λέγουσι ' κτίσμα' τὸν Υἱὸν,
ἀλλὰ γέννημα, καὶ κατὰ τὴν προειρημένην δὲ ἐκ τῶν Γραφῶν
διαστολὴν, λέγω τοῦ ' ἔκτισε ' καὶ τοῦ ' κτίσματος,' τὸ μὲν ἴδιον
φύσει τοῦ Υἱοῦ μονογενῆ Σοφίαν αὐτὸν καὶ δημιουργὸν τῶν
κτισμάτων γινώσκουσι· τὸ δὲ ' ἔκτισε ' λέγουσαι, οὐκ ἐπὶ τῆς
οὐσίας αὐτοῦ λέγουσιν, ἀλλὰ πολλῶν ' ὁδῶν ἀρχὴν ' αὐτὸν γίνε-
σθαι σημαίνουσιν, ὡς εἶναι ἐναντίον τὸ μὲν ' ἔκτισε ' τῷ γεννή-
ματι, τὸ λεγόμενον 'ἀρχὴν ὁδῶν' τῇ εἶναι αὐτὸν μονογενῆ Λόγον.

48. Εἰ γὰρ γέννημά ἐστι, πῶς κτίσμα λέγετε αὐτόν; Οὐδεὶς
γὰρ, ἅπερ κτίζει, λέγει γεννᾶν, οὐδὲ τὰ ἴδια γεννήματα καλεῖ
κτίσματα. Πάλιν τε εἰ μονογενής ἐστι, πῶς ' ἀρχὴ τῶν ὁδῶν '
αὐτὸς γίνεται; Ἀνάγκη γὰρ, αὐτὸν ἀρχὴν τῶν πάντων κτισθέντα,
μηκέτι μόνον εἶναι, ἔχοντα τοὺς μετ' αὐτὸν γενομένους. Καὶ
γὰρ καὶ 'Ρουβὴμ, ' ἀρχὴ τῶν τέκνων ' γενόμενος, οὐκ ἦν μονο- Gen. xlix. 3.
γενὴς, ἀλλὰ τῷ μὲν χρόνῳ πρῶτος, τῇ δὲ φύσει καὶ τῇ συγγε-
νείᾳ εἷς ὢν τῶν μετ' αὐτὸν ἐτύγχανεν. Οὐκοῦν εἰ καὶ ὁ Λόγος
' ἀρχὴ τῶν ὁδῶν ' ἐστι, καὶ αὐτὸς ἂν εἴη οἷαι καὶ αἱ ὁδοὶ, αἵ τε
ὁδοὶ τοιαῦται ἂν εἶεν οἷός ἐστι καὶ ὁ Λόγος, κἂν πρώτον αὐτῶν
τῷ χρόνῳ κτίζηται. Καὶ γὰρ καὶ πόλεως ἡ ἀρχὴ τοιαύτη ἐστὶν,
οἷα καὶ τὰ ἄλλα μέρη τῆς πόλεώς ἐστι, αὐτά τε τὰ μέρη, συναπ-
τόμενα τῇ ἀρχῇ, ὁλόκληρον καὶ μίαν τὴν πόλιν ἀποτελεῖ, ὡς
ἑνὸς σώματος πολλὰ μέλη· καὶ οὐ τὸ μὲν αὐτῆς τῶν ποιούντων

ἐστί, τὸ δὲ τῶν γινομένων, καὶ ὑπόκειται τῷ ἑτέρῳ μέρει, ἀλλὰ πᾶσα παρὰ τοῦ πεποιηκότος ἐπίσης ἔχει τὴν ἐπιμέλειαν καὶ συνέστηκεν. Εἰ τοίνυν καὶ ὁ Κύριος οὕτως ἀρχὴ τῶν πάντων κτίζεται, ἀνάγκη μετὰ πάντων αὐτὸν μίαν τὴν κτίσιν ἀποτελεῖν, καὶ μήτε διαφέρειν τῶν ἄλλων, κἂν ἀρχὴ τῶν πάντων γένηται, μήτε Κύριον εἶναι τῶν ἄλλων μερῶν τῆς κτίσεως, κἂν τῷ χρόνῳ πρεσβύτερος ὢν τυγχάνῃ· μετὰ πάντων γὰρ καὶ αὐτὸς ἕνα τὸν τῆς δημιουργίας ἔχει λόγον καὶ δεσπότην. Πῶς δὲ ὅλως, εἰ κτίσμα καθ' ὑμᾶς ἐστι, δύναται μόνος καὶ πρῶτος κτίζεσθαι, ὥστε καὶ ἀρχὴν εἶναι πάντων, δῆλον ὄντος ἐκ τῶν προειρημένων, ὅτι ἐν τοῖς κτίσμασιν οὐδέν ἐστιν ἔμμονον καθ' ἑαυτὸ καὶ πρῶτον γενόμενον, ἀλλὰ μετὰ πάντων ἅμα τὴν γένεσιν ἔχει, κἂν 'τῇ δόξῃ διαφέρῃ' τῶν ἄλλων; Οὐ γὰρ ἕκαστος τῶν ἀστέρων, οὐδὲ τῶν μεγάλων φωστήρων ὁ μὲν πρῶτος, ὁ δὲ δεύτερος ἐφάνη, ἀλλὰ μιᾷ ἡμέρᾳ καὶ τῷ αὐτῷ προστάγματι οἱ πάντες ἐκλήθησαν εἰς τὸ εἶναι. Οὕτω καὶ τῶν τετραπόδων καὶ πετεινῶν, καὶ νηκτῶν, καὶ κτηνῶν, καὶ τῶν φυτῶν ἡ γένεσις ἐπλάσθη· οὕτω καὶ τὸ κατ' εἰκόνα γένος γέγονε τῶν ἀνθρώπων· εἰ γὰρ καὶ ὁ Ἀδὰμ ἐκ γῆς μόνος ἐπλάσθη, ἀλλ' ἐν αὐτῷ ἦσαν οἱ λόγοι τῆς διαδοχῆς παντὸς τοῦ γένους.

49. Ἀπὸ δὲ τῆς φαινομένης κτίσεως τοῦ κόσμου 'τὰ ἀόρατα αὐτοῦ τοῖς ποιήμασι νοούμενα καθορῶμεν,' ὅτι κἀκεῖ οὐ καθ' ἕνα ἕκαστον ὁρῶμεν· οὐδὲ τὸ μὲν πρῶτον, τὸ δὲ δεύτερον, ἀλλὰ ὁμοῦ πάντα κατὰ γένος συνέστη. Οὐ γὰρ ἕκαστον ἠρίθμησεν ὁ Ἀπόστολος, ὥστε εἰπεῖν, 'εἴτε ἄγγελος, εἴτε θρόνος, εἴτε κυριότης, καὶ ἐξουσία·' ἀλλ' ὁμοῦ πάντα κατὰ τὴν τάξιν λέγει, 'Εἴτε ἄγγελοι, εἴτε ἀρχάγγελοι, εἴτε ἀρχαί·' τῶν γὰρ κτισμάτων τοιαύτη ἡ γένεσις. Εἴπερ οὖν, καθὰ προεῖπον, κτίσμα ἦν ὁ Λόγος, ἔδει μὴ πρῶτον, ἀλλὰ μετὰ τῶν ἄλλων δυνάμεων ἅμα γίνεσθαι, κἂν τῇ δόξῃ πλέον τῶν ἄλλων ὑπερέχῃ· οὕτω γὰρ καὶ ἐπὶ τῶν ἄλλων εὑρεῖν ἔστιν, ὅτι ἅμα μὲν γεγόνασι, καὶ οὐκ ἔστι πρῶτος ἢ δεύτερος, διαφέρουσι δὲ ἀλλήλων ἐν δόξῃ, καὶ οἱ μὲν ἐκ δεξιῶν, οἱ δὲ κύκλῳ, καὶ ἄλλοι ἐξ ἀριστερῶν, καὶ πάντες ὑμνοῦσιν ἅμα, καὶ παρεστήκασι λειτουργοῦντες τῷ Κυρίῳ. Οὐκοῦν εἰ κτίσμα ἐστὶν ὁ Λόγος, οὐ πρῶτος ἂν εἴη, οὐδὲ ἀρχὴ τῶν ἄλλων· εἰ δὲ 'πρὸ πάντων' ἐστὶν, ὥσπερ οὖν καὶ ἔστι, καὶ

II. 50.] *not as if ranked with creatures.* 119

μόνος αὐτὸς πρῶτος καὶ Ὑιός ἐστιν, οὐκ ἄρα οὐδὲ 'ἀρχὴ τῶν πάντων' τῇ οὐσίᾳ ἐστίν· ἐν γὰρ τοῖς πᾶσι καὶ ἡ ἀρχὴ τῶν πάντων συναριθμεῖται Εἰ δὲ μὴ ἀρχή ἐστιν, οὐδὲ κτίσμα ἐστίν· ἀλλ' εὔδηλον ἂν εἴη ὡς τῇ οὐσίᾳ καὶ τῇ φύσει τῶν μὲν κτισμάτων διέστηκε, καὶ ἄλλος ἐστὶν αὐτῶν· τοῦ δὲ μόνου καὶ ἀληθινοῦ Θεοῦ ὁμοίωσις καὶ εἰκών ἐστι, μόνος καὶ αὐτὸς ὑπάρχων. Διὰ τοῦτο γοῦν οὐδὲ τοῖς κτίσμασιν αὐτὸν συντάττουσιν αἱ Γραφαί· ἀλλ' ὁ μὲν Δαυῒδ ἐπιπλήττει τοῖς τοιοῦτον αὐτὸν κἂν ἐνθυμεῖσθαι τολμῶσι, λέγων· 'Τίς ὅμοιός σοι ἐν θεοῖς, Κύριε;' καί, Ps. lxxxv. 'Τίς ὁμοιωθήσεται τῷ Κυρίῳ ἐν υἱοῖς Θεοῦ;' Ὁ δὲ Βαρούχ· (lxxxvi.) 8. Ib. lxxxviii. 'Οὗτος ὁ Θεὸς ἡμῶν, οὐ λογισθήσεται ἕτερος πρὸς αὐτόν.' Ὁ (lxxxix.) 6. μὲν γὰρ κτίζει, τὰ δὲ κτίζεται· καὶ ὁ μὲν τῆς τοῦ Πατρὸς οὐσίας Bar. iii. 36. ἴδιός ἐστι Λόγος καὶ Σοφία· τὰ δὲ γενόμενα, οὐκ ὄντα πρότερον, δι' αὐτοῦ τοῦ Λόγου πεποίηται.

50. Τὸ ἄρα πολυθρύλλητον παρ' ὑμῶν εἰρημένον, 'Κτίσμα ἐστὶν ὁ Ὑιὸς,' οὐκ ἔστιν ἀληθὲς, ἀλλ' ὑμῶν φαντασία μόνη· καὶ κατηγορεῖσθε παρὰ τοῦ Σολομῶνος, ὅτι πολλάκις αὐτοῦ κατεψεύσασθε. Οὐ γὰρ εἴρηκεν αὐτὸν κτίσμα, ἀλλὰ γέννημα καὶ Σοφίαν Θεοῦ, λέγων· ''Ο Θεὸς τῇ Σοφίᾳ ἐθεμελίωσε τὴν γῆν·' καὶ, Prov. iii. 19. ''Η Σοφία ᾠκοδόμησεν ἑαυτῇ οἶκον.' Καὶ αὐτὸ δὲ τὸ ῥητὸν Ib. ix. 1. ἐξεταζόμενον ἐλέγχει τὴν δυσσέβειαν ὑμῶν· γέγραπται γάρ· 'Κύριος ἔκτισέ με ἀρχὴν ὁδῶν αὐτοῦ εἰς ἔργα αὐτοῦ.' Οὐκοῦν εἰ πρὸ πάντων ἐστὶν αὐτὸς, λέγει δὲ, 'ἔκτισέ με,' οὐχ 'ἵνα ποιήσω τὰ ἔργα,' ἀλλ' 'εἰς τὰ ἔργα,' ἢ δεύτερόν ἐστιν αὐτοῦ τὸ 'ἔκτισεν,' ἢ φανήσεται δεύτερος αὐτὸς τῶν ἔργων, εὑρίσκων αὐτὰ κτιζόμενος ἤδη πρὸ αὐτοῦ ὑφεστῶτα, ἐφ' ἃ καὶ γίνεται. Εἰ δὲ τοῦτο, πῶς ἔτι 'πρὸ πάντων' ἐστὶν αὐτός; Πῶς δὲ καὶ 'πάντα δι' αὐτοῦ ἐγένετο,' καὶ 'ἐν αὐτῷ συνέστηκεν;' 'Ἰδοὺ John i. 3. γὰρ καθ' ὑμᾶς καὶ πρὸ αὐτοῦ συνεισήκει τὰ ἔργα, εἰς ἃ κτίζεται Col. i. 17. καὶ ἀποστέλλεται. 'Αλλ' οὐκ ἔστιν οὕτω· μὴ γένοιτο! Ψευδής ἐστι τῶν αἱρετικῶν ἡ διάνοια. Οὐ γὰρ κτίσμα ἐστὶν, ἀλλὰ κτίστης μέν ἐστιν ὁ τοῦ Θεοῦ Λόγος· τότε δὲ λέγει παροιμιωδῶς, 'ἔκτισέ με,' ὅτε τὴν κτιστὴν ἐνεδύσατο σάρκα. Καὶ τοῦτο πάλιν δυνατόν ἐστι καὶ ἐξ αὐτοῦ τοῦ ῥητοῦ διανοεῖσθαι. Ὑιὸς γὰρ ὢν καὶ Πατέρα τὸν Θεὸν ἔχων, (αὐτοῦ γὰρ ἴδιόν ἐστι γέννημα,) ὅμως 'Κύριον' νῦν ὀνομάζει τὸν Πατέρα· οὐχ ὅτι

120   *Why He calls His Father 'Lord.'*   [II. 51.

δοῦλος ἦν, ἀλλ' ὅτι 'τὴν τοῦ δούλου μορφὴν ἀνέλαβεν.' Ἔπρεπε γὰρ αὐτόν, ὥσπερ ὄντα Λόγον ἐκ τοῦ Πατρὸς, 'Πατέρα' τὸν Θεὸν καλεῖν· τοῦτο γὰρ ἴδιον υἱοῦ πρὸς πατέρα· οὕτως ἐλθόντα 'τελειῶσαι τὸ ἔργον,' καὶ δούλου λαβόντα μορφὴν, 'Κύριον' ὀνομάζειν τὸν Πατέρα. Καὶ ταύτην τὴν διαφορὰν αὐτὸς ἐδίδαξε μετὰ καλῆς τῆς διαστολῆς, λέγων ἐν τοῖς Εὐαγγελίοις· ''Ἐξομολογοῦμαί σοι, Πάτερ·' εἶτα, ' Κύριε τοῦ οὐρανοῦ καὶ τῆς γῆς.' Ἑαυτοῦ μὲν γὰρ εἶναι Πατέρα τὸν Θεὸν λέγει, τῶν δὲ κτισμάτων αὐτὸν Κύριον ὀνομάζει· ὡς ἐκ τούτου δείκνυσθαι λευκῶς, ὅτι, ἡνίκα τὸ κτιστὸν ἐνεδύσατο, τότε τὸν Πατέρα καλεῖ Κύριον. Καὶ γὰρ καὶ ἐν τῇ προσευχῇ τοῦ Δαυὶδ τὴν αὐτὴν διαφορὰν σημαίνει τὸ Πνεῦμα τὸ ἅγιον, διὰ τῶν Ψαλμῶν λέγον· 'Δὸς τὸ κράτος σου τῷ παιδί σου, καὶ σῶσον τὸν υἱὸν τῆς παιδίσκης σου.' Ἄλλος γάρ ἐστιν ὁ φύσει καὶ ἀληθινὸς παῖς τοῦ Θεοῦ, καὶ ἄλλα τὰ τῆς παιδίσκης τέκνα, ἥτις ἐστὶ τῶν γενητῶν ἡ φύσις. Διὸ καὶ ὁ μὲν, ὡς Υἱὸς, ἔχει τὸ πατρικὸν κράτος, τὰ δὲ σωτηρίας ἐστὶ δεόμενα.

51. Εἰ δ' ὅτι 'παῖς' ἐκλήθη, φλυαροῦσι, γινωσκέτωσαν ὅτι καὶ Ἰσαὰκ παῖς ὠνομάσθη τοῦ Ἀβραὰμ, καὶ ὁ υἱὸς τῆς Σουμανίτιδος παιδάριον ἐκλήθη. Εἰκότως ἄρα, δούλων ἡμῶν ὄντων, ὅτε γέγονεν ὡς ἡμεῖς, Κύριον τὸν Πατέρα καλεῖ καὶ αὐτὸς, ὡς ἡμεῖς· καὶ τοῦτο δὲ φιλανθρωπευόμενος οὕτω πεποίηκεν, ἵνα καὶ ἡμεῖς, δοῦλοι κατὰ φύσιν ὄντες, καὶ δεξάμενοι τὸ Πνεῦμα τοῦ Υἱοῦ, θαρρήσωμεν τὸν φύσει Κύριον ἑαυτῶν, τοῦτον τῇ χάριτι 'Πατέρα' καλεῖν. Ἀλλ' ὥσπερ ἡμεῖς τὸν Κύριον 'Πατέρα' καλοῦντες, οὐκ ἀρνούμεθα τὴν κατὰ φύσιν δουλείαν· (αὐτοῦ γάρ ἐσμεν ἔργα, καὶ 'αὐτὸς ἐποίησεν ἡμᾶς καὶ οὐχ ἡμεῖς·') οὕτως ὅταν ὁ Υἱὸς τὴν τοῦ δούλου μορφὴν λαμβάνων λέγῃ, 'Κύριος ἔκτισέ με ἀρχὴν ὁδῶν αὐτοῦ,' μὴ ἀρνείσθωσαν τὴν ἀϊδιότητα τῆς τούτου θεότητος, καὶ ὅτι 'ἐν ἀρχῇ μὲν ἦν ὁ Λόγος,' καὶ 'πάντα δι' αὐτοῦ γέγονε,' καὶ 'ἐν αὐτῷ τὰ πάντα ἐκτίσθη.' Τὸ δὲ ἐν ταῖς Παροιμίαις ῥητὸν, καθὰ προεῖπον, οὐ τὴν οὐσίαν, ἀλλὰ τὸ ἀνθρώπινον τοῦ Λόγου σημαίνει· εἰ γὰρ 'εἰς ἔργα' φησὶν ἐκτίσθαι, φαίνεται μὴ τὴν οὐσίαν ἑαυτοῦ σημᾶναι θέλων, ἀλλὰ τὴν εἰς τὰ ἔργα αὐτοῦ οἰκονομίαν γενομένην, ὅπερ δεύτερόν ἐστι τοῦ εἶναι. Τὰ γὰρ γινόμενα καὶ κτιζόμενα

II. 52.] *He was 'created,'* i. e. *was made man.* 121

προηγουμένως ἕνεκα τοῦ εἶναι καὶ τοῦ ὑπάρχειν πεποίηται, καὶ δεύτερον ἔχουσι τὸ ποιεῖν, περὶ ὧν ἂν αὐτοῖς ὁ Λόγος προστάττῃ, ὡς ἐπὶ πάντων ἔστιν ἰδεῖν τὸ τοιοῦτον. Ἀδὰμ γὰρ ἐκτίσθη, οὐχ ἵνα ἐργάζηται, ἀλλ' ἵνα πρῶτον ὑπάρχῃ ἄνθρωπος· μετὰ ταῦτα γὰρ ἔλαβε τὴν ἐντολὴν τοῦ ἐργάζεσθαι. Νῶε δὲ ἐκτίσθη οὐ διὰ τὴν κιβωτὸν, ἀλλ' ἵνα πρῶτον ὑπάρχῃ καὶ ἄνθρωπος γένηται· μετὰ ταῦτα γὰρ ἔλαβεν ἐντολὴν κατασκευάσαι τὴν κιβωτόν· καὶ ἐφ' ἑκάστου δὲ ζητῶν ταῦτα εὕροι τις. Καὶ γὰρ καὶ Μωσῆς ὁ μέγας πρῶτον ἄνθρωπος γέγονε, καὶ δεύτερον τὴν ἡγεμονίαν τοῦ λαοῦ πεπίστευται. Οὐκοῦν καὶ ἐνταῦθα τοῦτο νοεῖν ἔξεστιν· ὁρᾷς γὰρ, ὅτι οὐκ εἰς τὸ εἶναι κτίζεται, ἀλλ' ' ἐν ἀρχῇ μὲν ἦν ὁ Λόγος,' μετὰ ταῦτα δὲ εἰς τὰ ἔργα πέμπεται, καὶ τὴν τούτων οἰκονομίαν· καὶ γὰρ πρὶν γενέσθαι τὰ ἔργα, ἦν μὲν ἀεὶ ὁ Υἱὸς, οὔπω δὲ χρεία ἦν αὐτὸν καὶ κτισθῆναι. Ὅτε δὲ ἐκτίσθη τὰ ἔργα, καὶ χρεία μετὰ ταῦτα γέγονε τῆς εἰς διόρθωσιν αὐτῶν οἰκονομίας, τότε δὴ καὶ ὁ Λόγος δέδωκεν ἑαυτὸν εἰς τὸ συγκαταβῆναι καὶ ὁμοιωθῆναι τοῖς ἔργοις· ὅπερ διὰ μὲν τῆς ' ἔκτισε' λέξεως ἡμῖν δεδήλωκε, διὰ δὲ τοῦ προφήτου Ἡσαΐου τὸ ὅμοιον σημᾶναι θέλων, πάλιν λέγει· ' Καὶ νῦν οὕτω λέγει Κύριος, ὁ πλάσας με ἐκ κοιλίας δοῦλον ἑαυτῷ, τοῦ συναγαγεῖν τὸν Ἰακὼβ πρὸς αὐτὸν, καὶ Ἰσραήλ· συναχθήσομαι καὶ δοξασθήσομαι ἐναντίον Κυρίου.' Isa. xlix. 5.

52. Ἰδοὺ καὶ ἐνταῦθα οὐκ εἰς τὸ εἶναι πλάττεται, ἀλλ' ἕνεκα τοῦ ' συναγαγεῖν' τὰς φυλὰς, τὰς καὶ πρὸ τοῦ πλασθῆναι τοῦτον ὑπαρχούσας. Ὥσπερ γὰρ ἐκεῖ τὸ ' ἔκτισεν,' οὕτως ὧδε τὸ ' ἔπλασε·' καὶ ὡς ἐκεῖ, ' εἰς τὰ ἔργα,' οὕτως ὧδε, ' εἰς τὸ συναγαγεῖν·' ὥστε πανταχόθεν φαίνεσθαι τοῦ εἶναι τὸν Λόγον δεύτερον λέγεσθαι τὸ ' ἔκτισε,' καὶ τὸ ' ἔπλασε.' Καὶ γὰρ ὥσπερ πρὸ τῆς πλάσεως ὑπῆρχον αἱ φυλαὶ δι' ἃς καὶ ἐπλάσθη· οὕτως ὑπάρχειν καὶ τὰ ἔργα φαίνεται, εἰς ἃ καὶ ἐκτίσθη. Καὶ ὅτε μὲν ' ἐν ἀρχῇ ἦν ὁ Λόγος,' οὔπω ἦν τὰ ἔργα, καθὰ προεῖπον· ὅτε δὲ τὰ ἔργα γέγονε, καὶ ἡ χρεία ἀπῄτησε, τότε τὸ ' ἔκτισεν' εἴρηται. Καὶ ὥσπερ ἂν εἴ τις υἱὸς, παραπολομένων κτημάτων καὶ παρὰ πολεμίοις ὄντων, ἐξ ἀμελείας αὐτῶν, χρείας τε καταλαβούσης εἰ πέμποιτο παρὰ τοῦ πατρὸς συλλαβέσθαι καὶ συναγαγεῖν αὐτὰ, καὶ οὗτος ἀπερχόμενος, ἐπενδιδύσκοιτο τὴν ὁμοίαν

ἐκείνων ἐσθῆτα, καὶ σχηματίζοι ἑαυτὸν ὡς ἐκεῖνοι, ἵνα μὴ ὡς δεσπότην αὐτὸν ἐπιγνόντες οἱ κατέχοντες φύγωσι, καὶ κωλυθῇ κατελθεῖν καὶ πρὸς τοὺς ὑπὸ γῆν κρυπτομένους παρ' ἐκείνων· εἶτα εἴ τις πυνθάνοιτο τούτον, διὰ τί οὕτως; ὁ τοιοῦτος εἶπεν ἄν· 'Ὁ πατὴρ οὕτω με ἔπλασε καὶ κατήρτισεν εἰς τὰ ἔργα αὐτοῦ·' λέγων τε οὕτως, οὔτε δοῦλον ἑαυτὸν οὔτε ἕνα τῶν ἔργων εἶναι σημαίνει· οὔτε δὲ τὴν ἀρχὴν τῆς γενέσεως αὐτοῦ λέγει, ἀλλὰ τὴν ὕστερον αὐτῷ δοθεῖσαν εἰς τὰ ἔργα φροντίδα· τὸν αὐτὸν τρόπον καὶ ὁ Κύριος, ἐπενδυσάμενος τὴν ἡμετέραν σάρκα, καὶ 'σχήματι εὑρεθεὶς ὡς ἄνθρωπος,' εἰ ἐρωτηθείη παρὰ τῶν οὕτως αὐτὸν ὁρώντων καὶ θαυμαζόντων, εἴποι ἄν· 'Κύριος ἔκτισέ με ἀρχὴν ὁδῶν αὐτοῦ εἰς ἔργα αὐτοῦ·' καὶ, '"Επλασέ με τοῦ συναγαγεῖν τὸν 'Ισραήλ.' Τοῦτο δὲ πάλιν καὶ τὸ Πνεῦμα προσημαῖνον ἐν Ψαλμοῖς ἔλεγε· 'Κατήστησας αὐτὸν ἐπὶ τὰ ἔργα τῶν χειρῶν σου·' ὅπερ καὶ περὶ ἑαυτοῦ σημαίνων αὐτὸς ὁ Κύριός φησιν· ''Εγὼ δὲ κατεστάθην βασιλεὺς ὑπ' αὐτοῦ ἐπὶ Σιὼν ὄρος τὸ ἅγιον αὐτοῦ.' Ὥσπερ δὲ, ὅτε ἐπέλαμψε σωματικῶς τῇ Σιὼν, οὐκ ἀρχὴν εἶχεν εἶναι οὐδὲ τοῦ βασιλεύειν· ἀλλὰ ὢν Λόγος τοῦ Θεοῦ καὶ ἀΐδιος βασιλεὺς, κατηξίωσεν ἀνθρωπίνως ἐπιλάμψαι τὴν βασιλείαν ἑαυτοῦ καὶ ἐν τῇ Σιὼν, ἵνα ἀπὸ τῆς βασιλευούσης ἐν αὐτοῖς ἁμαρτίας λυτρωσάμενος αὐτούς τε καὶ ἡμᾶς, ποιήσῃ ὑπὸ τὴν πατρικὴν βασιλείαν ἑαυτοῦ· οὕτω καθιστάμενος 'εἰς τὰ ἔργα,' οὐκ εἰς τὰ μηδέπω ὄντα, ἀλλ' εἰς τὰ ἤδη ὄντα καὶ δεόμενα διορθώσεως καθίσταται.

53. Τὸ ἄρα 'ἔκτισε' καὶ τὸ 'ἔπλασε' καὶ τὸ 'κατέστησε,' τὴν αὐτὴν ἔχοντα διάνοιαν, οὐ τὴν ἀρχὴν τοῦ εἶναι αὐτὸν, οὐδὲ τὴν οὐσίαν αὐτοῦ κτιστὴν δείκνυσιν, ἀλλὰ τὴν εἰς ἡμᾶς αὐτοῦ κατ' εὐεργεσίαν γενομένην ἀνανέωσιν. Ταῦτα γοῦν λέγων, ἐδίδασκεν ὅμως καὶ πρὸ τούτων ὑπάρχειν ἑαυτὸν, ὅτε ἔλεγε· 'Πρὶν 'Αβραὰμ γενέσθαι, ἐγώ εἰμι·' καί· ''Ηνίκα τὸν οὐρανὸν ἡτοίμαζε, συμπαρήμην αὐτῷ·' καί· '"Ημην παρ' αὐτῷ ἁρμόζουσα.' Ὥσπερ δὲ ἦν αὐτὸς πρὶν 'Αβραὰμ γενέσθαι, ὁ δὲ 'Ισραὴλ μετὰ τὸν 'Αβραὰμ γέγονε, καὶ δῆλόν ἐστιν ὅτι προϋπάρχων ὕστερον 'πλάττεται,' καὶ ἡ πλάσις οὐ τὴν ἀρχὴν τοῦ εἶναι, ἀλλὰ τὴν ἐνανθρώπησιν σημαίνει, ἐν ᾗ καὶ ἐπισυνάγει τὰς φυλὰς τοῦ 'Ισραήλ· οὕτως ἄρα ἀεὶ συνὼν τῷ Πατρὶ, αὐτὸς τῆς

II. 54.] *having preexisted absolutely.* 123

κτίσεως δημιουργός ἐστι, καὶ δηλόν ἐστιν ὅτι δεύτερά ἐστιν αὐτοῦ τὰ ἔργα, καὶ τὸ ' ἔκτισεν' οὐκ ἀρχὴν τοῦ εἶναι αὐτὸν, ἀλλὰ τὴν εἰς τὰ ἔργα γενομένην οἰκονομίαν, ἣν ἐν τῇ σαρκὶ πεποίηκε, γνωρίζει. Ἔπρεπε γὰρ, ἄλλον αὐτὸν ὄντα τῶν ἔργων, καὶ μᾶλλον δημιουργὸν αὐτῶν ὄντα αὐτὸν, καὶ τὴν τούτων ἀνανέωσιν εἰς ἑαυτὸν ἀναδέξασθαι, ἵνα, αὐτοῦ κτιζομένου εἰς ἡμᾶς, τὰ πάντα εἰς ἑαυτὸν ἀνακτίσηται. Καὶ γὰρ λέγων ' ἔκτισεν,' εὐθὺς καὶ τὴν αἰτίαν ἐπήγαγε, λέγων, ' τὰ ἔργα,' ἵνα τὸ ' εἰς τὰ ἔργα κτίζεσθαι' τὸ γίνεσθαι ἄνθρωπον δηλώσῃ εἰς τὴν τούτων ἀνανέωσιν. Καὶ τοῦτο ἔθος ἐστὶ τῇ θείᾳ Γραφῇ· ὅταν μὲν γὰρ σημαίνῃ τὴν κατὰ σάρκα γένεσιν τοῦ Λόγου, τίθησι καὶ τὴν αἰτίαν, δι' ἣν γέγονεν ἄνθρωπος· ὅταν δὲ περὶ τῆς θεότητος αὐτοῦ αὐτός τε λέγῃ, καὶ οἱ τούτου θεράποντες ἐπαγγέλλωσι, πάντα ἁπλῇ τῇ λέξει, ἀπολελυμένῃ τε τῇ διανοίᾳ, καὶ οὐδὲν μετὰ συμπεπλεγμένης αἰτίας λέγεται. Τοῦ γὰρ Πατρός ἐστιν ἀπαύγασμα· ὥσπερ δὲ ὁ Πατὴρ οὐ διά τινα αἰτίαν ἐστὶν, οὕτως οὐδὲ τοῦ ἀπαυγάσματος τούτου χρὴ ζητεῖν τὴν αἰτίαν. ' Ἐν ἀρχῇ οὖν ἦν ὁ Λόγος, καὶ ὁ Λόγος ἦν πρὸς τὸν Θεὸν, καὶ Θεὸς ἦν ὁ Λόγος,' γέγραπται· καὶ οὐκ ἔχει τὸ διὰ τί· ὅτε δὲ, '' Ὁ Λόγος σὰρξ ἐγένετο,' τότε καὶ τὴν αἰτίαν τίθησι, δι' ἣν γέγονε, λέγων ' καὶ ἐσκήνωσεν ἐν ἡμῖν.' Πάλιν τε ὁ Ἀπόστολος Phil. ii. 6. λέγων, "Ὃς ἐν μορφῇ Θεοῦ ὑπάρχων,' οὐκ ἔθηκε τὴν αἰτίαν εἰ μὴ ὅτε ' τὴν μορφὴν ἔλαβε τοῦ δούλου·' τότε γὰρ ἐπιφέρει λέγων· ' Ἐταπείνωσεν ἑαυτὸν μέχρι θανάτου, θανάτου δὲ σταυροῦ·' διὰ ταῦτα γὰρ καὶ σὰρξ γέγονε καὶ μορφὴν ἔλαβε δούλου.

54. Αὐτός τε ὁ Κύριος πολλὰ μὲν ἐν παροιμίαις λελάληκε· περὶ δὲ αὐτοῦ σημαίνων, ἀπολελυμένως εἴρηκεν, ' Ἐγὼ ἐν τῷ John xiv. 10. Πατρὶ, καὶ ὁ Πατὴρ ἐν ἐμοί·' καὶ, ' Ἐγὼ καὶ ὁ Πατὴρ ἕν ἐσμεν·' Ib. x. 30. καὶ, '' Ὁ ἑωρακὼς ἐμὲ, ἑώρακε τὸν Πατέρα·' καὶ, ' Ἐγώ εἰμι τὸ Ib. xiv. 9. φῶς τοῦ κόσμου·' καὶ, '' Ἐγώ εἰμι ἡ ἀλήθεια·' οὐ τιθεὶς ἐφ' Ib. viii. 12. Ib. xiv. 6. ἑκάστου τὴν αἰτίαν, οὐδὲ τὸ διὰ τί, ἵνα μὴ δεύτερος ἐκείνων εἶναι φαίνηται, ὧν χάριν καὶ γέγονεν. Ἀνάγκη γὰρ προηγεῖσθαι τὴν αἰτίαν τούτου, ἧς ἄνευ οὐκ ἂν οὐδ' αὐτὸς ἐγεγόνει. Παῦλος γοῦν ' ἀφωρισμένος ἀπόστολος εἰς Εὐαγγέλιον, ὃ προεπηγγεί- Rom. i. 1. λατο ὁ Κύριος διὰ τῶν προφητῶν,' εἶχε πρὸ ἑαυτοῦ τὸ Εὐαγγέλιον, οὗ καὶ γέγονε διάκονος· καὶ ὁ Ἰωάννης μὲν, προχειρισθεὶς

124 Since His 'creation' is relative, [II. 55.

εἰς τὸ προοδεῦσαι τοῦ Κυρίου, πρὸ ἑαυτοῦ εἶχε τον Κύριον· ὁ δὲ Κύριος οὐκ ἔχων πρὸ ἑαυτοῦ αἰτίαν τοῦ εἶναι Λόγος, ἢ μόνον ὅτι τοῦ Πατρός ἐστι γέννημα καὶ Σοφία μονογενής, ὅταν ἄνθρωπος γίνεται, τότε καὶ τὴν αἰτίαν τίθησι, δι' ἣν μέλλει σάρκα φορεῖν. Προηγεῖται γὰρ τοῦ γενέσθαι αὐτὸν ἄνθρωπον ἡ τῶν ἀνθρώπων χρεία, ἧς ἄνευ οὐκ ἂν ἐνεδύσατο σάρκα. Τίς δὲ ἡ χρεία, δι' ἣν γέγονεν ἄνθρωπος, αὐτὸς μὲν ὁ Κύριος σημαίνων ταύτην ἔλεγε·

John vi. 38-40. 'Καταβέβηκα ἐκ τοῦ οὐρανοῦ, οὐχ ἵνα ποιήσω τὸ θέλημα τὸ ἐμὸν, ἀλλὰ τὸ θέλημα τοῦ πέμψαντός με. Τοῦτο δέ ἐστι τὸ θέλημα τοῦ πέμψαντός με, ἵνα πᾶν, ὃ δέδωκέ μοι, μὴ ἀπολέσω ἐξ αὐτοῦ, ἀλλὰ ἀναστήσω αὐτὸ ἐν τῇ ἐσχάτῃ ἡμέρᾳ· τοῦτο γάρ ἐστι τὸ θέλημα τοῦ Πατρός μου, ἵνα πᾶς ὁ θεωρῶν τὸν Υἱὸν καὶ πιστεύων εἰς αὐτὸν ἔχῃ ζωὴν αἰώνιον, καὶ ἐγὼ ἀναστήσω αὐτὸν

Ib. xii. 46. ἐν τῇ ἐσχάτῃ ἡμέρᾳ.' Καὶ πάλιν· ''Εγὼ φῶς εἰς τὸν κόσμον ἐλήλυθα, ἵνα πᾶς ὁ πιστεύων εἰς ἐμὲ ἐν τῇ σκοτίᾳ μὴ μείνῃ.'

Ib. xviii. 37. Καὶ πάλιν φησίν· ''Εγὼ εἰς τοῦτο γεγέννημαι, καὶ εἰς τοῦτο ἐλήλυθα εἰς τὸν κόσμον, ἵνα μαρτυρήσω τῇ ἀληθείᾳ.' Ὁ δὲ

1 John iii. 8. Ἰωάννης ἔγραψεν· 'Εἰς τοῦτο ἐφανερώθη ὁ Υἱὸς τοῦ Θεοῦ, ἵνα λύσῃ τὰ ἔργα τοῦ διαβόλου.'

55. Διὰ τὸ μαρτυρῆσαι ἄρα, καὶ ὑπὲρ ἡμῶν ἀναδέξασθαι θάνατον, καὶ διὰ τὸ ἀναστῆσαι τοὺς ἀνθρώπους, καὶ 'λῦσαι τὰ ἔργα τοῦ διαβόλου' ἐλήλυθεν ὁ Σωτὴρ, καὶ αὕτη ἐστὶν ἡ αἰτία τῆς ἐνσάρκου παρουσίας αὐτοῦ. Ἄλλως γὰρ ἀνάστασις οὐκ ἂν ἐγένετο, εἰ μὴ θάνατος ἐγεγόνει· θάνατος δὲ πῶς ἂν ἐγεγόνει, εἰ μὴ τὸ ἀποθνήσκον ἐσχήκει σῶμα; Τοῦτο παρ' αὐτοῦ μαθὼν

Heb. ii. 14, 15. καὶ ὁ Ἀπόστολος ἔλεγεν· ''Επεὶ οὖν τὰ παιδία κεκοινώνηκεν αἵματος καὶ σαρκὸς, καὶ αὐτὸς παραπλησίως μετέσχε τῶν αὐτῶν, ἵνα διὰ τοῦ θανάτου καταργήσῃ τὸν τὸ κράτος ἔχοντα τοῦ θανάτου, τὸν διάβολον, καὶ ἀπαλλάξῃ τούτους, ὅσοι φόβῳ θανάτου

1 Cor. xv. 21. διὰ παντὸς τοῦ ζῆν ἔνοχοι ἦσαν δουλείας·' καί· ''Επειδὴ γὰρ δι' ἀνθρώπου ὁ θάνατος, καὶ δι' ἀνθρώπου ἀνάστασις νεκρῶν·' καὶ

Rom. viii. 3, 4. πάλιν· 'Τὸ γὰρ ἀδύνατον τοῦ νόμου, ἐν ᾧ ἠσθένει διὰ τῆς σαρκὸς, ὁ Θεὸς τὸν ἑαυτοῦ Υἱὸν πέμψας ἐν ὁμοιώματι σαρκὸς ἁμαρτίας, καὶ περὶ ἁμαρτίας κατέκρινε τὴν ἁμαρτίαν ἐν τῇ σαρκί· ἵνα τὸ δικαίωμα τοῦ νόμου πληρωθῇ ἐν ἡμῖν, τοῖς μὴ κατὰ σάρκα περιπα-

John iii. 17. τοῦσιν, ἀλλὰ κατὰ πνεῦμα.' Καὶ ὁ δὲ Ἰωάννης φησίν· 'Οὐ γὰρ ἀπέστειλεν ὁ Θεὸς τὸν Υἱὸν αὐτοῦ εἰς τὸν κόσμον, ἵνα κρίνῃ τὸν κόσμον, ἀλλ' ἵνα σωθῇ ὁ κόσμος δι' αὐτοῦ. Πάλιν δὲ καὶ ὁ Σωτὴρ δι' ἑαυτοῦ ἔλεγεν· ' Εἰς κρῖμα ἐγὼ ἐλήλυθα εἰς τὸν John ix. 39. κόσμον τοῦτον, ἵνα οἱ μὴ βλέποντες βλέπωσι, καὶ οἱ βλέποντες τυφλοὶ γένωνται.' Οὐ δι' ἑαυτὸν ἄρα, ἀλλὰ διὰ τὴν ἡμετέραν σωτηρίαν, καὶ διὰ τὸ καταργηθῆναι τὸν θάνατον, καὶ διὰ τὸ κατακριθῆναι τὴν ἁμαρτίαν, καὶ διὰ τὸ ἀναβλέψαι τυφλούς, καὶ διὰ τὸ ἀναστῆναι πάντας ἐκ νεκρῶν ἐλήλυθεν. Εἰ δὲ μὴ δι' ἑαυτὸν ἐλήλυθεν, ἀλλὰ δι' ἡμᾶς, οὐ δι' ἑαυτὸν ἄρα, ἀλλὰ δι' ἡμᾶς κτίζεται. Εἰ δὲ οὐ δι' ἑαυτὸν κτίζεται, ἀλλὰ δι' ἡμᾶς, οὐκ ἔστιν ἄρα αὐτὸς κτίσμα, ἀλλὰ τὴν ἡμῶν ἐνδυσάμενος σάρκα, ταῦτα λέγει. Καὶ ὅτι ταύτην τὴν διάνοιαν ἔχουσιν αἱ Γραφαί, ἐξὸν παρὰ τοῦ Ἀποστόλου μαθεῖν· φησὶ γὰρ ἐν τῇ πρὸς Ἐφεσίους· ' Τὸ μεσότοιχον τοῦ φραγμοῦ λύσας, τὴν ἔχθραν ἐν τῇ Eph. ii. 14, σαρκὶ αὐτοῦ, τὸν νόμον τῶν ἐντολῶν ἐν δόγμασι καταργήσας, ¹⁵· ἵνα τοὺς δύο κτίσῃ ἐν ἑαυτῷ εἰς ἕνα καινὸν ἄνθρωπον, ποιῶν εἰρήνην.' Εἰ δὲ ἐν αὐτῷ κτίζονται οἱ δύο, καὶ οὗτοί εἰσιν ἐν τῷ σώματι αὐτοῦ, εἰκότως ἄρα φορῶν τοὺς δύο ἐν αὐτῷ, ὡς αὐτός ἐστι κτισθείς· τοὺς γὰρ κτισθέντας ἐν ἑαυτῷ ἥνωσε, καὶ ἦν αὐτὸς ἐν αὐτοῖς, ὡς ἐκεῖνοι. Οὕτω δὲ τῶν δύο κτισθέντων ἐν αὐτῷ, ἁρμοζόντως ἂν λέγοι· ' Κύριος ἔκτισέ με.' "Ωσπερ· γὰρ Prov. viii. 22. τὰς ἡμῶν ἀσθενείας δεχόμενος, λέγεται αὐτὸς ἀσθενεῖν, καίτοι μὴ ἀσθενῶν αὐτός, (δύναμις γάρ ἐστι τοῦ Θεοῦ,) ' ἁμαρτία τε ¹ Cor. i. 24. ὑπὲρ ἡμῶν γέγονε καὶ κατάρα,' καίτοι μὴ ἁμαρτήσας αὐτός, ἀλλ' Gal. iii. 13. ὅτι τὰς ἁμαρτίας ἡμῶν καὶ τὴν κατάραν ἐβάστασεν αὐτός, οὕτως ἡμᾶς ἐν αὐτῷ κτίζων, λεγέτω ὅτι καὶ ' ἔκτισέ με εἰς ἔργα,' καίτοι κτίσμα μὴ ὢν αὐτός.

56. Ἐπεὶ εἰ κατ' ἐκείνους, ὡς κτιστῆς οὔσης τῆς οὐσίας τοῦ Λόγου, λέγει, ' Κύριος ἔκτισέ με,' κτίσμα ὤν, οὐ δι' ἡμᾶς ἐκτίσθη. Δι' ἡμᾶς δὲ μὴ κτισθέντος αὐτοῦ, οὐκ ἐκτίσθημεν ' ἐν αὐτῷ·' μὴ κτισθέντες δὲ ἐν αὐτῷ, οὐκ εἴχομεν αὐτὸν ἐν ἑαυτοῖς, ἀλλ' ἔξωθεν εἴχομεν, εἰ ἄρα παρ' αὐτοῦ τὴν μάθησιν ὡς παρὰ διδασκάλου ἐδεξάμεθα. Οὕτω δὲ ἡμῶν ὄντων, οὐδὲν ἧττον πάλιν ἡ ἁμαρτία τῆς σαρκὸς ἐβασίλευσεν ἐμμένουσα, καὶ μὴ ἐκβληθεῖσα ἐξ αὐτῆς. Ἀλλὰ ὁ Ἀπόστολος ἐναντιοῦται τούτοις πρὸ ὀλίγων τούτων φάσκων· ' Αὐτοῦ γάρ ἐσμεν ποίημα, Eph. ii. 10.

κτισθέντες ἐν Χριστῷ Ἰησοῦ.' Εἰ δὲ ἐν Χριστῷ ἡμεῖς ἐκτίσθημεν, οὐκ ἔστιν ἄρα αὐτὸς ὁ κτιζόμενος, ἀλλ' ἡμεῖς ἐσμεν ἐν αὐτῷ κτιζόμενοι· καὶ δι' ἡμᾶς ἐστιν ἡ τοῦ 'ἔκτισε' φωνή. Διὰ γὰρ τὴν ἡμῶν χρείαν, καίτοι κτίστης ὢν ὁ Λόγος, ὑπέμεινε, καὶ τὴν τῶν κτιζομένων φωνήν· καὶ οὐκ ἔστιν αὐτοῦ, ᾗ Λόγος ἐστὶν, ἰδία ἡ φωνὴ, ἀλλ' ἡμῶν τῶν ἐν αὐτῷ κτιζομένων ἐστὶ τὸ 'ἔκτισε.' Καὶ ὥσπερ Πατρὸς ὄντος ἀεὶ, ἀεί ἐστι καὶ ὁ τούτου Λόγος, καὶ ὢν ἀεὶ, λέγει· 'Ἐγὼ ἤμην, ᾗ προσέχαιρε· καθ' ἡμέραν δὲ εὐφραινόμην ἐν προσώπῳ αὐτοῦ·' καὶ, 'Ἐγὼ ἐν τῷ Πατρὶ, καὶ ὁ Πατὴρ ἐν ἐμοί·' οὕτως ὅτε διὰ τὴν ἡμῶν χρείαν γέγονεν ἄνθρωπος, ἀκολούθως τὰ ἡμῶν, ὡς ἡμεῖς, αὐτὸς λέγει· 'Κύριος ἔκτισέ με·' ἵνα, αὐτοῦ ἐνοικήσαντος ἐν τῇ σαρκὶ, τελείως ἡ ἁμαρτία ἐξωσθῇ τῆς σαρκὸς, καὶ ἡμεῖς ἐλεύθερον ἔχωμεν τὸ φρόνημα. Τί δὲ ἔδει γενόμενον αὐτὸν ἄνθρωπον εἰπεῖν; ' Ἐν ἀρχῇ ἤμην ἄνθρωπος;' ἀλλ' οὔτε γε ἡρμοζεν αὐτῷ τοῦτο, οὔτε ἀληθὲς ἦν· "Ωσπερ δὲ τοῦτο οὐκ ἔπρεπεν εἰπεῖν, οὕτως οἰκεῖον καὶ ἴδιον ἐπ' ἀνθρώπου ἐστὶ λέγειν τὸ 'ἔκτισε,' καὶ, 'ἐποίησεν αὐτόν.' Διὰ τοῦτο γοῦν καὶ ἡ αἰτία τοῦ 'ἔκτισε' πρόσκειται, ἥτις ἐστὶ τῶν ἔργων ἡ χρεία. Ἔνθα δὲ ἡ αἰτία πρόσκειται, αὐτὴ ἡ αἰτία πάντως διαλύει τὸ ἀνάγνωσμα καλῶς. Καὶ γὰρ καὶ ἐνταῦθα ἐν μὲν τῷ 'ἔκτισε,' τὴν αἰτίαν τίθησι 'τὰ ἔργα·' τὴν δὲ ἐκ τοῦ Πατρὸς γέννησιν ἀπολελυμένως σημαίνων, εὐθὺς ἐπήγαγε· 'Πρὸ δὲ πάντων βουνῶν γεννᾷ με·' οὐ διὰ τί, ὥσπερ ἐπὶ τοῦ 'ἔκτισέ με,' προσέθηκε λέγων, 'εἰς ἔργα,' ἀλλὰ ἀπολελυμένως, 'γεννᾷ με,' ὥσπερ τὸ, 'Ἐν ἀρχῇ ἦν ὁ Λόγος.' Καὶ γὰρ καὶ εἰ μὴ τὰ ἔργα ἔκτιστο, ἀλλ' ἦν ὁ Λόγος τοῦ Θεοῦ, 'καὶ Θεὸς ἦν ὁ Λόγος.' Τὸ δὲ γενέσθαι αὐτὸν ἄνθρωπον οὐκ ἂν ἐγένετο, εἰ μὴ τῶν ἀνθρώπων ἡ χρεία γέγονεν αἰτία. Οὐκ ἔστιν ἄρα κτίσμα ὁ Υἱός· εἰ γὰρ κτίσμα ἦν, οὐκ ἂν εἶπε, 'γεννᾷ με·' ὅτι τὰ μὲν κτίσματα ἔξωθέν ἐστιν ἔργα τοῦ ποιοῦντος, τὸ δὲ γέννημα οὐκ ἔξωθεν, ὡς ἔργον, ἀλλ' ἐκ τοῦ Πατρός ἐστιν ἴδιον τῆς οὐσίας. Διόπερ τὰ μὲν κτίσματα· ὁ δὲ Λόγος τοῦ Θεοῦ Υἱὸς μονογενής.

57. Ἀμέλει ἐπὶ μὲν τῆς κτίσεως οὐκ εἴρηκε Μωσῆς· 'Ἐν ἀρχῇ ἐγέννησεν,' οὐδὲ, 'Ἐν ἀρχῇ ἦν·' ἀλλ' 'Ἐν ἀρχῇ ἐποίησεν ὁ Θεὸς τὸν οὐρανὸν καὶ τὴν γῆν·' οὐδὲ ὁ Δαβὶδ ἔψαλεν· 'Αἱ χεῖρές σου' ἐγέννησάν με, ἀλλ' 'ἐποίησάν με καὶ

II. 58.] *consistently with His Sonship.* 127

ἔπλασάν με,' πανταχοῦ τὸ 'ἐποίησεν,' ἐπὶ τῶν κτισμάτων
λέγων· ἐπὶ δὲ τοῦ Υἱοῦ τὸ ἔμπαλιν· οὐ γὰρ εἴρηκεν 'ἐποί- Ps. ii 7: cix.
ησα,' ἀλλ', 'ἐγέννησα,' καὶ, 'γεννᾷ με,' καὶ, ''Εξηρεύξατο ἡ $^{(cx.)\ 3.}_{Ib.\ xliv.\ (xlv.)}$
καρδία μου Λόγον ἀγαθόν·' καὶ ἐπὶ μὲν τῆς κτίσεως, ''Εν $^{I.}_{Gen.\ i.\ I.}$
ἀρχῇ ἐποίησεν,' ἐπὶ δὲ τοῦ Υἱοῦ, ''Εν ἀρχῇ ἦν ὁ Λόγος.' John i. I.
Διαφέρει δὲ τοῦτο, ὅτι τὰ μὲν κτίσματα ὑπὸ τὴν ἀρχὴν πεποί-
ηται, καὶ διαστηματικὴν ἀρχὴν τοῦ εἶναι ἔχει· διόπερ καὶ τὸ
λεγόμενον ἐπ' αὐτῶν, ' Ἐν ἀρχῇ ἐποίησεν,' ἴσον ἐστὶ τῷ εἰπεῖν
πάλιν ἐπ' αὐτῶν τὸ, ''Απ' ἀρχῆς ἐποίησεν,' ὥσπερ ὁ Κύριος,
εἰδὼς ὅπερ ἐποίησεν, ἐδίδαξεν, ὅτε τοὺς Φαρισαίους ἐνέτρεπε
λέγων· ''Απ' ἀρχῆς δὲ ὁ κτίσας αὐτοὺς, ἄρσεν καὶ θῆλυ ἐποί- Matt. xix. 4.
ησεν αὐτούς.' 'Από γὰρ ἀρχῆς τινος τοῦ μὴ εἶναί ποτε γέγονε
καὶ ἐκτίσθη τὰ γενητά. Τοῦτο καὶ τὸ Πνεῦμα τὸ ἅγιον ἐσή-
μαινεν ἐν ψαλμοῖς λέγον. ' Καὶ σὺ κατ' ἀρχὰς, Κύριε, τὴν γῆν Ps. ci. (cii.)
ἐθεμελίωσας·' καὶ πάλιν· ' Μνήσθητι τῆς συναγωγῆς σου, ἧς $^{25.}_{Ps.\ lxxiii.}$
ἐκτήσω ἀπ' ἀρχῆς.' Δῆλον δέ ἐστιν ὅτι τὸ ' κατ' ἀρχὰς ' γινό- dxxiv.) 2.
μενον ἀρχὴν ἔχει τοῦ κτίζεσθαι, καὶ ὅτι τὴν συναγωγὴν ἀπό
τινος ἀρχῆς ἐκτήσατο ὁ Θεός. ''Οτι δὲ τὸ, ''Εν ἀρχῇ ἐποίησεν,'
ἐκ τοῦ λέγειν ' ἐποίησεν ' τὸ ' ἤρξατο ποιεῖν' ἐστιν, αὐτὸς Μωσῆς
τοῦτο δηλοῖ μετὰ τὴν τῶν πάντων τελεσιουργίαν λέγων· ' Καὶ Gen. ii. 3.
εὐλόγησεν ὁ Θεὸς τὴν ἡμέραν τὴν ἑβδόμην, καὶ ἡγίασεν αὐτὴν,
ὅτι ἐν αὐτῇ κατέπαυσεν ἀπὸ πάντων τῶν ἔργων αὐτοῦ, ὧν
ἤρξατο ὁ Θεὸς ποιῆσαι.' Οὐκοῦν τὰ μὲν κτίσματα ἤρξατο
γίνεσθαι· ὁ δὲ τοῦ Θεοῦ Λόγος, οὐκ ἔχων ἀρχὴν τοῦ εἶναι,
εἰκότως οὐκ ἤρξατο τοῦ εἶναι, οὐδὲ ἤρξατο γίνεσθαι, ἀλλ' ἦν ἀεί.
Καὶ τὰ μὲν ἔργα ἀρχὴν ἐν τῷ ποιεῖσθαι ἔχει, καὶ προάγει τῶν
γινομένων ἡ ἀρχή· ὁ δὲ Λόγος, οὐκ ὢν τῶν γινομένων, μᾶλλον
τῶν ἀρχὴν ἐχόντων αὐτὸς δημιουργὸς γίνεται. Καὶ τῶν μὲν
γενητῶν τὸ εἶναι ἐν τῷ γίνεσθαι μετρεῖται, καὶ ἀπό τινος ἀρχῆς
ἄρχεται ταῦτα διὰ τοῦ Λόγου ποιεῖν ὁ Θεός, ἵνα καὶ τὸ μὴ εἶναι,
πρὶν γενέσθαι, ταῦτα γινώσκηται· ὁ δὲ Λόγος τὸ εἶναι οὐκ ἐν
ἄλλῃ ἀρχῇ ἔχει, ἀλλ' ἐν τῷ Πατρὶ, τῷ καὶ κατ' ἐκείνους
ἀνάρχῳ, ἵνα καὶ αὐτὸς ἀνάρχως ὑπάρχῃ ἐν τῷ Πατρὶ, γέννημα
καὶ οὐ κτίσμα τυγχάνων αὐτοῦ.

58. Οὕτως ἄρα ἡ θεία Γραφὴ τὴν διαφορὰν τοῦ γεννήματος
οἶδε καὶ τῶν ποιημάτων, καὶ τὸ μὲν γέννημα ' Υἱὸν,' οὐκ ἀπό

128   'Offspring' and 'work' different.   [II. 59.

τινος ἀρχῆς ἀρξάμενον, ἀλλ' ἀΐδιον δείκνυσι· τὸ δὲ ποίημα, ὡς ἔξωθεν ἔργον τοῦ πεποιηκότος τυγχάνον, ἀρξάμενον τοῦ γίνεσθαι σημαίνει. Οὕτω γὰρ καὶ ὁ Ἰωάννης, περὶ τοῦ Υἱοῦ θεολογῶν, καὶ γινώσκων τὴν τῶν λέξεων διαφορὰν, οὐκ εἶπεν· 'Ἐν ἀρχῇ γέγονεν, ἢ πεποίηται,' ἀλλ', 'Ἐν ἀρχῇ ἦν ὁ Λόγος·' ἵνα τὸ γέννημα τῷ 'ἦν' συνεξακούηται, καὶ μὴ ἐν διαστάσει τις λογίσηται, ἀλλ' ἀεὶ καὶ ἀϊδίως ὑπάρχοντα τὸν Υἱὸν πιστεύῃ. Τούτων δὲ οὕτω δεικνυμένων, πῶς, ὦ Ἀρειανοὶ, μὴ νοήσαντες τὰ ἐν τῷ Δευτερονομίῳ ῥητὰ καὶ ἐν τούτῳ πάλιν ἀσεβεῖν εἰς τὸν Κύριον ἐτολμήσατε λέγοντες, 'ποίημα,' ἢ 'κτίσμα,' ἤτοι 'γέννημα' εἶναι αὐτόν; Ταὐτὸν γὰρ τὸ γέννημα καὶ τὸ ποίημα σημαίνειν φάσκετε· καὶ ἐντεῦθεν γὰρ οὐδὲν ἧττον ἀπαίδευτοι καὶ ἀσεβεῖς γνωσθήσεσθε.

Deut. xxxii. 6. Τὸ μὲν γὰρ πρῶτον ῥητόν ἐστι τοῦτο· 'Οὐκ αὐτὸς οὗτός σου Πατὴρ ἐκτήσατό σε, καὶ ἐποίησέ σε, καὶ ἔκτισέ σε;' καὶ μετ'
Ib. 18. ὀλίγα ἐν τῇ αὐτῇ Ὠδῇ φησι· 'Θεὸν τὸν γεννήσαντά σε ἐγκατέλιπες, καὶ ἐπελάθου Θεοῦ τοῦ τρέφοντός σε.' Ἡ δὲ διάνοια πάνυ θαυμαστὴ τυγχάνει οὖσα. Οὐ γὰρ εἴρηκε πρῶτον τὸ 'ἐγέννησεν,' ἵνα μὴ ἀδιάφορος ἡ λέξις ᾖ πρὸς τὸ 'ἐποίησε,' καὶ πρόφασιν εὕρωσιν οὗτοι λέγειν· 'Μωσῆς ἐξ ἀρχῆς μὲν εἶπεν
Gen. i. 26. εἰρηκέναι τὸν Θεόν· Ποιήσωμεν ἄνθρωπον· αὐτὸς δὲ μετὰ
Deut. xxxii. 18. ταῦτα ἔφησε· Θεὸν τὸν γεννήσαντά σε ἐγκατέλιπες· ὡς ἀδιαφόρων, τῶν λέξεων οὐσῶν· ταὐτὸν γὰρ τὸ γέννημα καὶ ποίημά ἐστιν.' Ἀλλὰ μετὰ τὸ 'ἐκτήσατο,' καὶ, 'ἐποίησε,' λοιπὸν ὕστερον τὸ 'ἐγέννησεν' ἐπήγαγε, ἵνα καὶ ἑρμηνείαν ὁ λόγος ἔχων φανῇ. Ἐν μὲν γὰρ τῷ 'ἐποίησεν,' ἀληθῶς σημαίνει τῶν ἀνθρώπων τὸ κατὰ φύσιν, ὅτι ἔργα τέ ἐστι καὶ ποιήματα· ἐν δὲ τῷ 'ἐγέννησε,' δηλοῖ τὴν τοῦ Θεοῦ γενομένην εἰς ἀνθρώπους μετὰ τὸ κτίσαι αὐτοὺς φιλανθρωπίαν· καὶ ἐπειδὴ ἀχάριστοι γεγόνασιν ἐπὶ ταύτῃ, λοιπὸν Μωσῆς ὀνειδίζων αὐτοὺς πρῶτον
Ib. 6. μέν φησι· 'Ταῦτα Κυρίῳ ἀνταποδίδοτε;' εἶτα ἐπάγει· 'Οὐκ αὐτὸς οὗτός σου Πατὴρ ἐκτήσατό σε, καὶ ἐποίησέ σε, καὶ ἔκτισέ
Ib. 17, 18. σε;' Καὶ δεύτερον πάλιν λέγει· 'Ἔθυσαν δαιμονίοις καὶ οὐ Θεῷ, θεοῖς οἷς οὐκ ᾔδεισαν. Καινοὶ πρόσφατοι ἥκασιν, οὓς οὐκ ᾔδεισαν οἱ πατέρες αὐτῶν· Θεὸν τὸν γεννήσαντά σε ἐγκατέλιπες.'

59. Ὁ μὲν γὰρ Θεὸς οὐ μόνον ἀνθρώπους αὐτοὺς ἔκτισεν,

II. 59.] *We are sons by adoption.* 129

ἀλλὰ καὶ 'υἱοὺς' ἐκάλεσεν, ὡς γεννήσας αὐτούς. Τοῦ γὰρ 'υἱὸς' καὶ ὧδε σημαντικόν ἐστι τὸ 'ἐγέννησεν·' ὡς καὶ διὰ τοῦ προφήτου φησίν· 'Υἱοὺς ἐγέννησα καὶ ὕψωσα·' καὶ ὅλως ὅτε ἡ Isa. i. 2. Γραφὴ υἱὸν σημᾶναι βούλεται, οὐ διὰ τῆς 'ἔκτισα,' ἀλλὰ πάντως διὰ τῆς 'ἐγέννησα,' λέξεως σημαίνει. Καὶ τοῦτο πάλιν Ἰωάννης φαίνεται λέγων· ''Ἔδωκεν αὐτοῖς ἐξουσίαν τέκνα Θεοῦ γενέσθαι John i. 12, 13. τοῖς πιστεύουσιν εἰς τὸ ὄνομα αὐτοῦ, οἳ οὐκ ἐξ αἱμάτων, οὐδὲ ἐκ θελήματος σαρκὸς, οὐδὲ ἐκ θελήματος ἀνδρὸς, ἀλλ' ἐκ Θεοῦ ἐγεννήθησαν·' πάνυ καλῶς ἐχούσης καὶ ἐνταῦθα τῆς παρατηρήσεως. Τὸ μὲν γὰρ 'γενέσθαι,' διὰ τὸ μὴ φύσει, ἀλλὰ θέσει αὐτοὺς λέγεσθαι υἱούς φησι· τὸ δὲ 'ἐγεννήθησαν,' διὰ τὸ ὅλως ὄνομα υἱοῦ καὶ αὐτοὺς εἰληφέναι, εἴρηκεν. Ἀλλ' ὁ λαὸς, ὡς ὁ προφήτης φησὶν, 'ἠθέτησαν' τὸν εὐεργέτην. Αὕτη δὲ τοῦ Θεοῦ φιλανθρωπία ἐστὶν, ὅτι ὧν ἐστι ποιητὴς, τούτων καὶ πατὴρ κατὰ χάριν ὕστερον γίνεται· γίνεται δὲ, ὅταν οἱ κτισθέντες ἄνθρωποι, ὡς εἶπεν ὁ Ἀπόστολος, λάβωσαν 'εἰς τὰς καρδίας ἑαυτῶν τὸ Gal. iv. 6. Πνεῦμα τοῦ Υἱοῦ αὐτοῦ κρᾶζον, Ἀββᾶ, ὁ Πατήρ.' Οὗτοι δέ εἰσιν ὅσοι, δεξάμενοι τὸν Λόγον, ἔλαβον ἐξουσίαν παρ' αὐτοῦ τέκνα Θεοῦ γενέσθαι· ἄλλως γὰρ οὐκ ἂν γένοιντο υἱοὶ, ὄντές φύσει κτίσματα, εἰ μὴ τοῦ ὄντος φύσει καὶ ἀληθινοῦ Υἱοῦ τὸ Πνεῦμα ὑποδέξονται. Διὸ, ἵνα τοῦτο γένηται, 'ὁ Λόγος σὰρξ' John i. 14. ἐγένετο, ἵνα τὸν ἄνθρωπον δεκτικὸν θεότητος ποιήσῃ. Ταύτην τὴν διάνοιαν καὶ παρὰ Μαλαχίου τοῦ προφήτου μαθεῖν ἔξεστι λέγοντος· 'Οὐχὶ Θεὸς εἷς ἔκτισεν ὑμᾶς; Οὐχὶ πάντων ὑμῶν εἷς Mal. ii. 10. πατήρ;' Καὶ ἐνταῦθα γὰρ πάλιν πρῶτον τὸ 'ἔκτισε,' καὶ δεύτερον τὸ 'πατὴρ' ἔθηκεν, ἵνα δείξῃ καὶ αὐτὸς, ὅτι ἐξ ἀρχῆς μὲν κατὰ φύσιν ἐσμὲν κτίσματα, καὶ κτίστης ἡμῶν ἐστιν ὁ Θεὸς διὰ τοῦ Λόγου, ὕστερον δὲ υἱοποιούμεθα, καὶ λοιπὸν ὁ κτίστης Θεὸς γίνεται καὶ πατὴρ ἡμῶν. Οὐκοῦν τὸ 'Πατὴρ' τοῦ Υἱοῦ ἐστιν ἴδιον, καὶ οὐ τὸ κτίσμα ἀλλὰ τὸ 'Υἱὸς' τοῦ Πατρός ἐστιν ἴδιον. Ὥστε καὶ ἐκ τούτου δείκνυσθαι μὴ εἶναι ἡμᾶς φύσει υἱοὺς, ἀλλὰ τὸν ἐν ἡμῖν Υἱόν· καὶ μὴ εἶναι πάλιν ἡμῶν φύσει πατέρα τὸν Θεὸν, ἀλλὰ τοῦ ἐν ἡμῖν Λόγου, ἐν ᾧ καὶ δι' ὃν κράζομεν, 'Ἀββᾶ, ὁ Πατήρ.' Ὥσπερ δὲ τοῦτο, οὕτως ὁ Πατὴρ ἐν οἷς ἐὰν βλέπῃ τὸν ἑαυτοῦ Υἱὸν, τούτους καὶ αὐτὸς 'υἱοὺς' καλεῖ, καὶ λέγει, 'ἐγέννησα·' ἐπειδήπερ τὸ μὲν 'γεννᾶν,' σημαντικόν

K

ἐστιν υἱοῦ, τὸ δὲ 'ποιεῖν' δηλωτικόν ἐστι τῶν ἔργων. Διὰ τοῦτο γοῦν ἡμεῖς οὐ πρῶτον γεννώμεθα, ἀλλὰ ποιούμεθα· γέγραπται γάρ· 'Ποιήσωμεν ἄνθρωπον·' ὕστερον δὲ, δεξάμενοι τὴν τοῦ Πνεύματος χάριν, λεγόμεθα τό τε λοιπὸν καὶ γεννᾶσθαι. Ἀμέλει καὶ ἐν τῇ Ὠδῇ Μωσῆς ὁ μέγας μετὰ διανοίας καλῆς πρῶτον τὸ 'ἐκτήσατο,' καὶ ὕστερον τὸ 'ἐγέννησεν' εἴρηκεν, ὑπὲρ τοῦ μὴ, ἀκούσαντας τὸ 'ἐγέννησεν,' ἐπιλαθέσθαι αὐτοὺς τῆς ἐξ ἀρχῆς ἑαυτῶν φύσεως, ἀλλ' ἵνα γινώσκωσιν, ὅτι ἐξ ἀρχῆς μέν εἰσι κτίσματα, ὅταν δὲ κατὰ χάριν λέγωνται 'γεννᾶσθαι,' ὡς υἱοὶ, ἀλλ' οὐδὲν ἧττόν εἰσι πάλιν οἱ ἄνθρωποι ποιήματα κατὰ φύσιν.

60. Ὅτι δὲ οὐ ταὐτόν ἐστι κτίσμα καὶ γέννημα, ἀλλὰ διεστήκασιν ἀλλήλων τῇ τε φύσει καὶ τῇ ἐκ τῶν λέξεων σημασίᾳ, αὐτὸς ὁ Κύριος ἐν αὐταῖς ταῖς Παροιμίαις δείκνυσιν. Εἰρηκὼς γὰρ τὸ, 'Κύριος ἔκτισέ με ἀρχὴν ὁδῶν αὐτοῦ,' ἐπήγαγε· 'Πρὸ δὲ πάντων βουνῶν γεννᾷ με.' Εἰ μὲν οὖν ἦν φύσει καὶ τῇ οὐσίᾳ κτίσμα ὁ Λόγος, καὶ διαφορὰ ἦν τοῦ γεννήματος πρὸς τὸ κτίσμα, οὐκ ἂν ἐπήγαγε τὸ 'γεννᾷ με,' ἀλλ' ἠρκεῖτο τῷ 'ἔκτισεν,' ὡς τῆς λέξεως ταύτης σημαινούσης τὸ 'ἐγέννησε·' νῦν δὲ εἰρηκὼς, 'Ἔκτισέ με ἀρχὴν ὁδῶν αὐτοῦ εἰς ἔργα αὐτοῦ,' ἐπήγαγεν οὐχ ἁπλῶς τὸ 'γεννᾷ με,' ἀλλὰ μετὰ συμπλοκῆς τοῦ 'δὲ' συνδέσμου, ὡς ἀσφαλιζόμενος ἐν τούτῳ τὴν τοῦ 'ἔκτισε' λέξιν, λέγων· 'Πρὸ δὲ πάντων βουνῶν γεννᾷ με.' Τὸ γὰρ 'γεννᾷ με,' τῷ 'ἔκτισε' συμπεπλεγμένως ἐπιφερόμενον, μίαν ποιεῖ τὴν διάνοιαν, καὶ δείκνυσιν ὅτι τὸ μὲν 'ἔκτισε' διά τι εἴρηται· τὸ δὲ 'γεννᾷ με' πρὸ τοῦ 'ἔκτισεν,' ἐστίν. Ὥσπερ γὰρ εἰ ἔμπαλιν εἰρήκει, 'Κύριος γεννᾷ με,' καὶ ἐπέφερε, 'Πρὸ δὲ πάντων βουνῶν ἔκτισέ με,' πάντως προηγεῖτο τοῦ 'ἐγέννησε' τὸ 'ἔκτισεν' οὕτως εἰρηκὼς πρῶτον, 'ἔκτισεν,' εἶτα ἐπαγαγὼν, 'πρὸ δὲ πάντων γεννᾷ με,' ἐξ ἀνάγκης δείκνυσι προηγεῖσθαι τὸ 'ἐγέννησε' τοῦ 'ἔκτισε.' Καὶ γὰρ καὶ λέγων, 'πρὸ πάντων γεννᾷ με,' ἄλλον ἑαυτὸν εἶναι τῶν πάντων σημαίνει, δειξάσης ἐν τοῖς πρὸ τούτων τῆς ἀληθείας, ὅτι περὶ τῶν κτισμάτων οὐδὲν ἕτερον τοῦ ἑτέρου προγέγονεν, ἀλλ' ἀθρόως ἅμα πάντα τὰ γενητὰ ἑνὶ καὶ τῷ αὐτῷ προστάγματι ὑπέστη. Διὰ τοῦτο γοῦν οὐδὲ τὰ ἐπὶ τοῦ 'ἔκτισε,' ταῦτα καὶ ἐπὶ τοῦ 'γεννᾷ με' κεῖται· ἀλλ' ἐπὶ

II. 61.] *then (as Man) 'created.'* 131

μὲν τοῦ 'ἔκτισε,' κεῖται 'ἀρχὴν ὁδῶν·' ἐπὶ δὲ τοῦ 'γεννᾷ με' οὐκ εἶπεν, 'ἀρχὴν γεννᾷ με,' ἀλλὰ, 'πρὸ πάντων γεννᾷ με.' Ὁ δὲ πρὸ πάντων ὢν οὐκ ἔστιν ἀρχὴ τῶν πάντων, ἀλλ' ἄλλος ἐστὶ τῶν πάντων. Εἰ δὲ ἄλλος ἐστὶ τῶν πάντων, ἐν οἷς καὶ ἡ ἀρχὴ τῶν πάντων σημαίνεται, δῆλον ὅτι ἄλλος ἐστὶ τῶν κτισμάτων· καὶ συνίσταται φανερῶς, ὅτι ἄλλος ὢν ὁ Λόγος τῶν πάντων καὶ πρὸ πάντων ὤν, ὕστερον κτίζεται 'ἀρχὴ τῶν ὁδῶν εἰς ἔργα' διὰ τὴν ἐνανθρώπησιν, ἵνα, ὡς εἶπεν ὁ Ἀπόστολος, 'ὅς ἐστιν ἀρχὴ, Col. i. 18. πρωτότοκος ἐκ τῶν νεκρῶν, ἵνα γένηται ἐν πᾶσιν αὐτὸς πρωτεύων.'

61. Τοιαύτης τοίνυν οὔσης τῆς διαφορᾶς τοῦ 'ἔκτισε,' καὶ τοῦ 'γεννᾷ με,' καὶ, 'τῆς ἀρχῆς ὁδῶν,' καὶ τοῦ 'πρὸ πάντων·' τῶν μὲν ἀνθρώπων κτίστης ὢν ὁ Θεὸς, οὕτως, ὥσπερ εἴρηται, γίνεται καὶ ὕστερον πατὴρ, διὰ τὸν ἐν αὐτοῖς οἰκοῦντα Λόγον αὐτοῦ. Ἐπὶ δὲ τοῦ Λόγου τὸ ἔμπαλιν. Πατὴρ γὰρ ὢν αὐτοῦ φύσει ὁ Θεὸς, γίνεται μετὰ ταῦτα καὶ κτίστης αὐτοῦ καὶ ποιητὴς, ὅταν· τὴν κτισθεῖσαν καὶ ποιηθεῖσαν ἐνδύσηται σάρκα ὁ Λόγος, καὶ γένηται ἄνθρωπος. Ὥσπερ γὰρ οἱ ἄνθρωποι, λαμβάνοντες τὸ Πνεῦμα τοῦ Υἱοῦ, γίνονται τέκνα δι' αὐτοῦ· οὕτως ὁ Λόγος τοῦ Θεοῦ, ὅτε καὶ αὐτὸς ἐνεδύσατο τῶν ἀνθρώπων τὴν σάρκα, τότε λέγεται καὶ κτίζεσθαι καὶ πεποιῆσθαι. Εἰ μὲν οὖν ἡμεῖς κατὰ φύσιν υἱοὶ, δῆλον ὅτι κἀκεῖνος κατὰ φύσιν κτίσμα καὶ ποίημα· εἰ δὲ ἡμεῖς θέσει καὶ κατὰ χάριν γινόμεθα υἱοὶ, δῆλον ὅτι καὶ ὁ Λόγος διὰ τὴν εἰς ἡμᾶς χάριν γενόμενος ἄνθρωπος εἴρηκε, 'Κύριος ἔκτισέ με.' Εἶτα ἐπειδὴ τὸ κτιστὸν ἐνδυσάμενος, γέγονεν ἡμῖν ὅμοιος κατὰ τὸ σῶμα, διὰ τοῦτο εἰκότως καὶ 'ἀδελφὸς' ἡμῶν καὶ 'πρωτότοκος' ἐκλήθη. Εἰ γὰρ καὶ μεθ' Rom. viii. 29. ἡμᾶς δι' ἡμᾶς γέγονεν ἄνθρωπος, καὶ ἀδελφὸς ἡμῶν διὰ τὴν τοῦ Heb. ii. 11. σώματος ὁμοίωσιν, ἀλλὰ καὶ ἐν τούτῳ 'πρωτότοκος' λέγεται καὶ ἔστιν ἡμῶν, ἐπειδὴ, πάντων τῶν ἀνθρώπων ἀπολλυμένων κατὰ τὴν παράβασιν τοῦ Ἀδὰμ, πρώτη τῶν ἄλλων ἐσώθη καὶ ἠλευθερώθη ἡ ἐκείνου σὰρξ, ὡς αὐτοῦ τοῦ Λόγου σῶμα γενομένη· καὶ λοιπὸν ἡμεῖς, ὡς σύσσωμοι τυγχάνοντες, κατ' ἐκεῖνο σωζόμεθα. Ἐν ἐκείνῳ γὰρ ἡμῶν καὶ ὁδηγὸς ὁ Κύριος εἰς τὴν βασιλείαν τῶν οὐρανῶν, καὶ πρὸς τὸν ἑαυτοῦ Πατέρα γίνεται, λέγων· 'Ἐγώ εἰμι ἡ ὁδὸς' καὶ 'ἡ θύρα, καὶ δι' ἐμοῦ δεῖ πάντας εἰσελθεῖν.' John xiv. 6; x. 7, 1.

K 2

Ὅθεν καὶ 'πρωτότοκος' λέγεται πάλιν 'ἐκ τῶν νεκρῶν,' οὐχ ὅτι πρῶτος ἡμῶν ἀπέθανε· (προετεθνήκειμεν γὰρ ἡμεῖς·) ἀλλ' ὅτι τὸν ὑπὲρ ἡμῶν ἀναδεξάμενος θάνατον, καὶ τοῦτον 'καταργήσας,' ἀνέστη πρῶτος, ὡς ἄνθρωπος, ὑπὲρ ἡμῶν ἀναστήσας τὸ ἑαυτοῦ σῶμα. Λοιπὸν γὰρ ἀναστάντος ἐκείνου, καθεξῆς καὶ ἡμεῖς ἀπ' ἐκείνου καὶ δι' ἐκεῖνον ἐκ τῶν νεκρῶν ἐγειρόμεθα.

62. Εἰ δὲ καὶ 'πρωτότοκος τῆς κτίσεως' λέγεται, ἀλλ' οὐχ ὡς ἐξισούμενος τοῖς κτίσμασι, καὶ πρῶτος αὐτῶν κατὰ χρόνον, πρωτότοκος λέγεται· (πῶς γὰρ, ὅπου γε 'μονογενής' ἐστιν αὐτός;) ἀλλὰ διὰ τὴν πρὸς τὰ κτίσματα συγκατάβασιν τοῦ Λόγου, καθ' ἣν καὶ 'πολλῶν' γέγονεν 'ἀδελφός.' Ὁ γάρ τοι μονογενὴς, οὐκ ὄντων ἄλλων ἀδελφῶν, μονογενής ἐστιν· ὁ δὲ πρωτότοκος διὰ τοὺς ἄλλους ἀδελφοὺς πρωτότοκος λέγεται. Διὰ τοῦτο γοῦν οὐδαμοῦ τῶν Γραφῶν εἴρηται, 'πρωτότοκος τοῦ Θεοῦ,' οὐδὲ, 'κτίσμα τοῦ Θεοῦ·' ἀλλὰ τὸ 'Μονογενὴς,' καὶ τὸ 'Υἱὸς,' καὶ 'ὁ Λόγος,' καὶ 'ἡ Σοφία,' εἰς τὸν Πατέρα τὴν ἀναφορὰν ἔχει καὶ τὴν ἰδιότητα· 'Ἐθεασάμεθα γὰρ τὴν δόξαν αὐτοῦ, δόξαν ὡς μονογενοῦς παρὰ Πατρός·' καὶ, ''Απέστειλεν ὁ Θεὸς τὸν Υἱὸν αὐτοῦ τὸν μονογενῆ·' καὶ, 'Εἰς τὸν αἰῶνα, Κύριε, ὁ Λόγος σου διαμένει·' καὶ, 'Ἐν ἀρχῇ ἦν ὁ Λόγος, καὶ ὁ Λόγος ἦν πρὸς τὸν Θεόν·' καὶ, 'Χριστὸς Θεοῦ δύναμις καὶ Θεοῦ σοφία·' καὶ, 'Οὗτός ἐστιν ὁ Υἱός μου ὁ ἀγαπητός·' καὶ, 'Σὺ εἶ ὁ Χριστὸς, ὁ Υἱὸς τοῦ Θεοῦ ζῶντος.' Τὸ δὲ 'πρωτότοκος' εἰς τὴν κτίσιν ἔχει τὴν συγκατάβασιν· αὐτῆς γὰρ καὶ 'πρωτότοκος' ἐλέχθη. Καὶ τὸ 'ἔκτισε' δὲ εἰς τὰ ἔργα τὴν χάριν ἔχει· εἰς αὐτὰ γὰρ καὶ κτίζεται. Εἰ μὲν οὖν μονογενής ἐστιν, ὥσπερ οὖν καὶ ἔστιν, ἑρμηνευέσθω τὸ 'πρωτότοκος·' εἰ δὲ πρωτότοκός ἐστι, μὴ ἔστω μονογενής. Οὐ δύναται γὰρ ὁ αὐτὸς μονογενής τε καὶ πρωτότοκος εἶναι, εἰ μὴ ἄρα πρὸς ἄλλο καὶ ἄλλο· ἵνα μονογενὴς μὲν διὰ τὴν ἐκ Πατρὸς γέννησιν, ὥσπερ εἴρηται, πρωτότοκος δὲ διὰ τὴν εἰς τὴν κτίσιν συγκατάβασιν, καὶ τὴν τῶν πολλῶν ἀδελφοποίησιν. Ἀμέλει, τῶν δύο τούτων ῥητῶν ἀντικειμένων ἀλλήλοις, κρατεῖν ἄν τις εἴποι δικαίως ἐπὶ τοῦ Λόγου τὸ τοῦ μονογενοῦς μᾶλλον ἰδίωμα, διὰ τὸ μὴ εἶναι ἕτερον Λόγον, ἢ ἄλλην Σοφίαν, ἀλλὰ τοῦτον μόνον ἀληθινὸν Υἱὸν εἶναι τοῦ

II. 63.] *in His office towards creatures.* 133

Πατρός. Καὶ γὰρ, ὥσπερ ἔμπροσθεν εἴρηται, οὐ μετά τινος συμπεπλεγμένης αἰτίας, ἀλλὰ ἀπολελυμένως μὲν εἴρηται ἐπ' John i. 18. αὐτοῦ τὸ ''Ὁ μονογενὴς Υἱὸς ὁ ὢν εἰς τὸν κόλπον τοῦ Πατρός·' τὸ δὲ 'πρωτότοκος' συμπεπλεγμένην ἔχει πάλιν τὴν τῆς κτίσεως αἰτίαν, ἣν ἐπήγαγεν ὁ Παῦλος λέγων· ''Ὅτι ἐν αὐτῷ ἐκτίσθη Col. i. 16. τὰ πάντα.' Εἰ δὲ πάντα τὰ κτίσματα ἐν αὐτῷ ἐκτίσθη, ἄλλος ἐστὶ τῶν κτισμάτων, καὶ κτίσμα μὲν οὐκ ἔστι, κτίστης δὲ τῶν κτισμάτων.

63. Οὐ διὰ τὸ ἐκ Πατρὸς ἄρα 'πρωτότοκος' ἐκλήθη, ἀλλὰ διὰ τὸ ἐν αὐτῷ γεγενῆσθαι τὴν κτίσιν. Καὶ ὥσπερ πρὸ τῆς κτίσεως ἦν αὐτὸς ὁ Υἱὸς, δι' οὗ γέγονεν ἡ κτίσις· οὕτω καὶ πρὸ τοῦ κληθῆναι 'πρωτότοκος πάσης τῆς κτίσεως,' ἦν οὐδὲν ἧττον αὐτὸς John i. 1. 'ὁ Λόγος πρὸς τὸν Θεὸν, καὶ Θεὸς ἦν ὁ Λόγος.' Ἀλλὰ καὶ τοῦτο μὴ νοήσαντες οἱ δυσσεβεῖς, περιέρχονται λέγοντες· 'Εἰ πρωτότοκός ἐστι πάσης κτίσεως, δῆλον ὅτι καὶ αὐτὸς εἷς ἐστι τῆς κτίσεως.' Ἄφρονες! εἰ ὅλως πάσης τῆς κτίσεως πρωτότοκός ἐστιν, ἄρα πάσης τῆς κτίσεως ἄλλος ἐστίν. Οὐ γὰρ εἴρηκε, 'πρωτότοκός ἐστι τῶν ἄλλων κτισμάτων,' ἵνα μὴ ὡς εἷς τῶν κτισμάτων εἶναι νομισθῇ· ἀλλὰ 'πάσης τῆς κτίσεως' γέγραπται, ἵνα ἄλλος τῆς κτίσεως εἶναι δειχθῇ. Ὁ γοῦν Ῥουβὴν οὐκ εἴρηται 'πρωτότοκος' πάντων τῶν τέκνων τοῦ Ἰακὼβ, ἀλλ' αὐτοῦ τοῦ Ἰακὼβ καὶ τῶν ἀδελφῶν, ἵνα μὴ ἄλλος Gen.xxxv.23. παρὰ τὰ τέκνα τοῦ Ἰακὼβ εἶναι νομισθῇ. Ἀλλὰ καὶ περὶ αὐτοῦ τοῦ Κυρίου ὁ Ἀπόστολος οὐκ εἴρηκεν, ''Ἵνα γένηται πρωτότοκος πάντων,' ἵνα μὴ ἄλλο παρὰ τὸ ἡμῶν σῶμα φορεῖν νομισθῇ, ἀλλ' 'ἐν πολλοῖς ἀδελφοῖς' διὰ τὴν ὁμοιότητα τῆς σαρκός. Εἰ Rom. viii. 29. τοίνυν καὶ ὁ Λόγος εἷς ἦν τῶν κτισμάτων, εἶπεν ἂν ἡ Γραφὴ καὶ περὶ αὐτοῦ, ὅτι 'πρωτότοκος τῶν ἄλλων κτισμάτων ἐστί·' νῦν δὲ, λεγόντων τῶν ἁγίων ὅτι 'πρωτότοκός ἐστι πάσης τῆς κτίσεως,' ἄντικρυς δείκνυται ἄλλος ὢν πάσης τῆς κτίσεως, καὶ μὴ κτίσμα, ὁ τοῦ Θεοῦ Υἱός. Εἰ γὰρ κτίσμα ἐστὶν, ἔσται καὶ αὐτὸς ἑαυτοῦ πρωτότοκος. Πῶς οὖν δύναται, ὦ Ἀρειανοὶ, καὶ πρῶτος ἑαυτοῦ καὶ δεύτερος εἶναι; Ἔπειτα εἰ κτίσμα ἐστὶ, καὶ πᾶσα ἡ κτίσις 'δι' αὐτοῦ γέγονε, καὶ ἐν αὐτῷ συνέστηκε,' πῶς δύναται καὶ κτίζειν τὴν κτίσιν, καὶ εἷς εἶναι τῶν ἐν αὐτῷ συνεστηκότων; Ἀτόπου δὲ τῆς τοιαύτης αὐτῶν ἐπινοίας φαινομένης, ἐλέγχονται

παρὰ τῆς ἀληθείας, ὅτι 'πρωτότοκος μὲν ἐν πολλοῖς ἀδελφοῖς' ἐκλήθη, διὰ τὴν τῆς σαρκὸς συγγένειαν· 'πρωτότοκος δὲ ἐκ τῶν νεκρῶν,' διὰ τὸ ἐξ αὐτοῦ καὶ μετ' αὐτὸν εἶναι τὴν τῶν νεκρῶν ἀνάστασιν· 'πρωτότοκος δὲ πάσης κτίσεως' διὰ τὴν φιλανθρωπίαν τοῦ Πατρὸς, δι' ἣν ἐν τῷ Λόγῳ αὐτοῦ οὐ μόνον τὰ πάντα συνέστηκεν, ἀλλ' ὅτι καὶ αὐτὴ ἡ κτίσις, περὶ ἧς εἶπεν ὁ Ἀπόστολος· 'Ἀπεκδεχομένη τὴν ἀποκάλυψιν τῶν υἱῶν τοῦ Θεοῦ, ἐλευθερωθήσεταί ποτε ἀπὸ τῆς δουλείας τῆς φθορᾶς εἰς τὴν ἐλευθερίαν τῆς δόξης τῶν τέκνων τοῦ Θεοῦ.' Οὕτω δὲ αὐτῆς ἐλευθερωθείσης, ἔσται καὶ αὐτῆς μετὰ καὶ πάντων τῶν τεκνοποιηθέντων πρωτότοκος ὁ Κύριος, ἵν', ἐν τῷ λέγεσθαι πρῶτον αὐτὸν, τὰ μετ' αὐτὸν διαμείνῃ, ὥσπερ ἔκ τινος ἀρχῆς τοῦ Λόγου συνημμένα.

64. Ἡγοῦμαι δὲ καὶ τοὺς ἀσεβεῖς αὐτοὺς ἐντραπήσεσθαι ἐκ τῆς τοιαύτης διανοίας· εἰ γὰρ μὴ οὕτως ἔχοι, ὥσπερ εἴπομεν, ἀλλ' ὡς τῇ οὐσίᾳ κτίσμα ἐν κτίσμασι 'πρωτότοκον αὐτὸν θελήσουσιν εἶναι πάσης τῆς κτίσεως,' σκοπείτωσαν, ὅτι καὶ τῶν ἀλόγων καὶ τῶν ἀψύχων αὐτὸν ἀδελφὸν καὶ ὅμοιον ὑπονοήσουσιν εἶναι. Πάσης γὰρ τῆς κτίσεως καὶ ταῦτα μέρη τυγχάνει ὄντα· ἀνάγκη δὲ τὸν πρωτότοκον μόνῳ μὲν τῷ χρόνῳ πρῶτον εἶναι, τῷ δὲ γένει καὶ τῇ ὁμοιότητι τὸν αὐτὸν εἶναι πρὸς πάντας. Πῶς οὖν, καὶ τοῦτο λέγοντες, οὐ πᾶσαν ἀσέβειαν ὑπερβάλλουσιν; ἢ τίς ἀνέξεται τούτων ταῦτα λεγόντων; ἢ πῶς καὶ μόνον αὐτοὺς ἐνθυμουμένους τοιαῦτα οὐ μισήσειεν ἄν τις; Πᾶσι γάρ ἐστι δῆλον ὅτι οὔτε δι' ἑαυτὸν, ὡς κτίσμα ὢν, οὔτε διὰ τὸ συγγένειάν τινα κατ' οὐσίαν πρὸς πᾶσαν τὴν κτίσιν ἔχειν, 'πρωτότοκος' αὐτῆς ἐκλήθη· ἀλλ' ὅτι καὶ κατ' ἀρχὴν μὲν δημιουργῶν ὁ Λόγος τὰ κτίσματα, συγκαταβέβηκε τοῖς γεννητοῖς, ἵνα γενέσθαι ταῦτα δυνηθῇ. Οὐκ ἂν γὰρ ἤνεγκεν αὐτοῦ τὴν φύσιν ἄκρατον καὶ πατρικὴν οὖσαν λαμπρότητα, εἰ μὴ φιλανθρωπίᾳ πατρικῇ συγκαταβὰς ἀντελάβετο, καὶ κρατήσας αὐτὰ εἰς οὐσίαν ἤνεγκε. Καὶ δεύτερον δὲ πάλιν, ὅτι καὶ συγκαταβάντος τοῦ Λόγου, υἱοποιεῖται καὶ αὐτὴ ἡ κτίσις δι' αὐτοῦ· ἵνα καὶ αὐτῆς, καθάπερ εἴρηται, 'πρωτότοκος' κατὰ πάντα γένηται, ἔν τε τῷ κτίζειν, καὶ ἐν τῷ εἰσάγεσθαι ὑπὲρ πάντων εἰς αὐτὴν τὴν οἰκουμένην. Οὕτω γὰρ γέγραπται· 'Ὅταν δὲ εἰσαγάγῃ τὸν πρωτότοκον εἰς τὴν οἰκουμένην, λέγει· Καὶ προσκυνησάτωσαν αὐτῷ πάντες ἄγγελοι

II. 65.] *'Firstborn' and 'Beginning.'* 135

Θεοῦ.' Ἀκουέτωσαν οἱ Χριστομάχοι, καὶ σπαραττέτωσαν ἑαυτοὺς, ὅτι τὸ εἰσελθεῖν αὐτὸν εἰς τὴν οἰκουμένην ἐποίησε καὶ 'πρωτότοκον' πάντων κληθῆναι· ὥστε τοῦ μὲν Πατρὸς εἶναι μονογενῆ τὸν Υἱὸν, διὰ τὸ ἐξ αὐτοῦ μόνον αὐτὸν εἶναι, τῆς δὲ κτίσεως 'πρωτότοκον' διὰ τὴν τῶν πάντων υἱοποίησιν. Ὡς δὲ ἐν ἀδελφοῖς πρωτότοκος, καὶ ἐκ νεκρῶν 'ἀπαρχὴ τῶν κεκοιμη- 1 Cor. xv. 20. μένων' ἀνέστη· οὕτως, ἐπειδήπερ ἔπρεπεν 'ἐν πᾶσιν αὐτὸν πρω- Col. i. 18. τεύειν,' διὰ τοῦτο καὶ 'ἀρχὴ ὁδῶν κτίζεται·' ἵνα, ταύτης ἐπιβάντες καὶ εἰσελθόντες δι' αὐτοῦ λέγοντος, 'Ἐγώ εἰμι ἡ ὁδὸς καὶ ἡ θύρα,' John xiv. 6 ; μεταλαβόντες τε τῆς περὶ τοῦ Πατρὸς γνώσεως, ἀκούσωμεν καὶ x. 7. ἡμεῖς· 'Μακάριοι οἱ ἄμωμοι ἐν ὁδῷ,' καὶ, 'Μακάριοι οἱ καθαροὶ τῇ Ps. cxviii. καρδίᾳ, ὅτι αὐτοὶ τὸν Θεὸν ὄψονται.' (cxix.) 1.
Matt. v. 8.
65. Τῆς ἀληθείας τοίνυν δειξάσης μὴ εἶναι κατὰ φύσιν κτίσμα τὸν Λόγον, ἀκόλουθον λοιπὸν εἰπεῖν, πῶς καὶ 'ἀρχὴ τῶν ὁδῶν' εἴρηται. Ἐπειδὴ γὰρ πρώτη ἡ διὰ τοῦ Ἀδὰμ ὁδὸς ἀπώλετο, καὶ ἀντὶ τοῦ παραδείσου ἐξεκλίναμεν εἰς τὸν θάνατον, ἠκούσαμέν τε, 'Γῆ εἶ, καὶ εἰς γῆν ἀπελεύσῃ,' διὰ τοῦτο ὁ φιλάνθρωπος τοῦ Gen. iii. 19. Θεοῦ Λόγος βουλήσει τοῦ Πατρὸς ἐνδιδύσκεται τὴν κτισθεῖσαν σάρκα, ἵνα ἣν ἐνέκρωσεν ὁ πρῶτος ἄνθρωπος διὰ τῆς παραβάσεως, ταύτην αὐτὸς ἐν τῷ αἵματι τοῦ ἰδίου σώματος ζωοποιήσῃ, καὶ ἐγκαινίσῃ ἡμῖν ὁδὸν πρόσφατον καὶ ζῶσαν,' ὡς Heb. x. 20. εἴρηκεν ὁ Ἀπόστολος, 'διὰ τοῦ καταπετάσματος, τουτέστι διὰ τῆς σαρκὸς αὐτοῦ.' Ὅπερ καὶ ἐν ἑτέρῳ σημαίνων, φησίν· 'Ὥστε 2 Cor. v. 17. εἴ τις ἐν Χριστῷ, καινὴ κτίσις, τὰ ἀρχαῖα παρῆλθεν, ἰδοὺ γέγονε τὰ πάντα καινά.' Εἰ δὲ καινὴ κτίσις γέγονεν, ἔδει ταύτης τῆς κτίσεως πρῶτόν τινα εἶναι· ἄνθρωπος μὲν οὖν ψιλὸς καὶ μόνον χοϊκὸς, οἷοι γεγόναμεν ἡμεῖς ἐκ τῆς παραβάσεως, οὐκ ἠδύνατο εἶναι. Καὶ γὰρ καὶ ἐν τῇ πρώτῃ κτίσει ἄπιστοι γεγόνασιν οἱ ἄνθρωποι, καὶ δι' αὐτῶν ἀπώλετο ἡ πρώτη· χρεία δὲ ἦν ἄλλου τοῦ ἀνανεοῦντος καὶ τὴν πρώτην, καὶ τὴν καινὴν γενομένην διατηροῦντος. Οὐκοῦν φιλανθρώπως οὐχ ἕτερός τις, ἀλλ' ὁ Κύριος, ἀρχὴ τῆς καινῆς κτίσεως κτίζεται ὁδὸς, καὶ εἰκότως λέγει· 'Κύριος ἔκτισέ με ἀρχὴν ὁδῶν αὐτοῦ εἰς ἔργα αὐτοῦ,' ἵνα μηκέτι Prov. viii. 22. κατὰ τὴν πρώτην ἐκείνην ὁ ἄνθρωπος πολιτεύηται, ἀλλ' ὡς ἀρχῆς οὔσης καινῆς κτίσεως, καὶ τὸν Χριστὸν ἔχοντες ταύτης 'ἀρχὴν ὁδῶν,' τούτῳ λοιπὸν ἀκολουθῶμεν λέγοντι· 'Ἐγώ εἰμι ἡ ὁδός.' John xiv. 6.

Τοῦτο γὰρ διδάσκων καὶ ὁ μακάριος Ἀπόστολος ἐν τῇ πρὸς Κολοσσαεῖς, ἔλεγεν· 'Αὐτός ἐστιν ἡ κεφαλὴ τοῦ σώματος τῆς Ἐκκλησίας, ὅς ἐστιν ἀρχὴ πρωτότοκος ἐκ τῶν νεκρῶν, ἵνα γένηται ἐν πᾶσιν αὐτὸς πρωτεύων.'

Col. i. 18.

66. Εἰ γὰρ, καθάπερ εἴρηται, διὰ τὴν ἐκ κεκρῶν ἀνάστασιν λέγεται καὶ διὰ ταύτην αὐτὸς 'ἀρχή,' τότε δὲ γέγονεν ἀνάστασις, ὅτε τὴν ἡμετέραν σάρκα φερῶν δέδωκεν ἑαυτὸν ὑπὲρ ἡμῶν τῷ θανάτῳ· φανερὸν ἂν εἴη, ὅτι καὶ τὸ λεγόμενον ὑπ' αὐτοῦ, ''Ἔκτισέ με ἀρχὴν ὁδῶν,' οὐ τῆς οὐσίας αὐτοῦ, ἀλλὰ τῆς ἐνσωμάτου παρουσίας αὐτοῦ σημαντικόν ἐστι. Τοῦ γὰρ σώματος ἴδιον ἦν ὁ θάνατος· καὶ ὥσπερ τοῦ σώματος ἴδιός ἐστιν ὁ θάνατος, οὕτω τῆς σωματικῆς παρουσίας ἴδιον ἂν εἴη τὸ λεγόμενον, 'Κύριος ἔκτισέ με ἀρχὴν ὁδῶν αὐτοῦ.' Τοῦ γὰρ Σωτῆρος οὕτω κατὰ σάρκα κτισθέντος, καὶ ἀρχῆς γενομένου τῶν ἀνακτιζομένων, καὶ ἔχοντος ἡμῶν τὴν ἀπαρχὴν, ἣν προσέλαβεν ἀνθρωπίνην σάρκα, ἀκολούθως μετ' αὐτὸν καὶ ὁ μέλλων λαὸς κτίζεται, λέγοντος τοῦ Δαβίδ· 'Γραφήτω αὕτη εἰς γενεὰν ἑτέραν, καὶ λαὸς ὁ κτιζόμενος αἰνέσει τὸν Κύριον·' καὶ πάλιν ἐν τῷ εἰκοστῷ πρώτῳ ψαλμῷ· 'Ἀναγγελήσεται τῷ Κυρίῳ γενεὰ ἡ ἐρχομένη· καὶ ἀναγγελοῦσι τὴν δικαιοσύνην αὐτοῦ λαῷ τῷ τεχθησομένῳ, ὃν ἐποίησεν ὁ Κύριος.' Οὐκέτι γὰρ ἀκουσόμεθα, ''Ἦ δ' ἂν ἡμέρᾳ φάγητε ἀπ' αὐτοῦ, θανάτῳ ἀποθανεῖσθε·' ἀλλὰ, ''Ὅπου εἰμὶ ἐγὼ, καὶ ὑμεῖς ἔσεσθε·' ὥστε λέγειν ἡμᾶς, 'Αὐτοῦ γάρ ἐσμεν ποίημα κτισθέντες ἐπ' ἔργοις ἀγαθοῖς.' Πάλιν τε, ἐπειδὴ τὸ ἔργον τοῦ Θεοῦ, τουτέστιν ὁ ἄνθρωπος, τέλειος κτισθεὶς, ἐλλιπὴς γέγονε διὰ τῆς παραβάσεως, καὶ γέγονε τῇ ἁμαρτίᾳ νεκρὸς, ἀπρεπὲς δὲ ἦν μένειν τὸ ἔργον τοῦ Θεοῦ ἀτελές· διὸ καὶ ἐδέοντο πάντες οἱ ἅγιοι περὶ τούτου λέγοντες ἐν τῷ ἑκατοστῷ τριακοστῷ καὶ ἑβδόμῳ ψαλμῷ, 'Κύριε, ἀνταποδώσεις ὑπὲρ ἐμοῦ· Κύριε, τὰ ἔργα τῶν χειρῶν σου μὴ παρίδῃς·' διὰ τοῦτο ὁ τέλειος τοῦ Θεοῦ Λόγος τὸ ἀτελὲς περιτίθεται σῶμα, καὶ λέγεται ' εἰς τὰ ἔργα κτίζεσθαι,' ἵνα, ἀνθ' ἡμῶν τὴν ὀφειλὴν ἀποδιδοὺς, τὰ λείποντα τῷ ἀνθρώπῳ δι' ἑαυτοῦ τελειώσῃ. Ἔλειπε δὲ αὐτῷ ἡ ἀθανασία, καὶ ἡ εἰς τὸν παράδεισον ὁδός. Καὶ τοῦτό ἐστι τὸ λεγόμενον παρὰ τοῦ Σωτῆρος· ''Ἐγώ σε ἐδόξασα ἐπὶ τῆς γῆς· τὸ ἔργον ἐτελείωσα, ὃ δέδωκάς μοι, ἵνα ποιήσω·' καὶ πάλιν· 'Τὰ

Ps. ci. (cii.) 18.

Ib. xxi. (xxii.) 30, 31.
Gen. ii. 17.
John xiv. 3.
Eph. ii. 10.

Ps. cxxxvii. (cxxxviii.) 8.

John xvii. 4.
Ib. v. 36.

II. 67.] *No creature could do this.* 137

ἔργα, ἃ δέδωκέ μοι ὁ Πατήρ, ἵνα τελειώσω αὐτά, αὐτὰ τὰ ἔργα, ἃ ποιῶ, μαρτυρεῖ περὶ ἐμοῦ.' ᾺA δὲ λέγει ἐνταῦθα ἔργα δεδωκέναι αὐτῷ τὸν Πατέρα εἰς τελείωσιν, ταῦτά ἐστι, εἰς ἃ κτίζεται, λέγων ἐν ταῖς Παροιμίαις· 'Κύριος ἔκτισέ με ἀρχὴν ὁδῶν αὐτοῦ εἰς ἔργα αὐτοῦ·' ἴσον γάρ ἐστι τὸ εἰπεῖν, '"Εδωκέ μοι ὁ Πατὴρ τὰ ἔργα,' καί, '"Εκτισέ με Κύριος εἰς ἔργα.'

67. Πότε οὖν ἔλαβε τὰ ἔργα εἰς τὸ τελειῶσαι, ὦ θεομάχοι; Ἐκ γὰρ τούτου καὶ τὸ 'ἔκτισε' γνωσθήσεται. 'Κατὰ μὲν οὖν τὴν ἀρχήν, ὅτε ἐκ τοῦ μὴ ὄντος εἰς τὸ εἶναι αὐτὰ ἐποίει,' ἐὰν εἴπητε, ψεῦδός ἐστιν· οὔπω γὰρ ἦν γενόμενα· φαίνεται δὲ λέγων, ὡς τὰ ἤδη ὄντα λαμβάνων. 'Αλλ' οὐδὲ τὸν πρὸ τοῦ γένηται ὁ Λόγος σὰρξ χρόνον εἰπεῖν εὐαγές, ἵνα μὴ περιττὴ λοιπὸν αὐτοῦ ἡ ἐπιδημία φανῇ· τούτων γὰρ χάριν καὶ ἡ ἐπιδημία ἐγένετο. Οὐκοῦν λείπει λοιπὸν εἰπεῖν, ὅτι, ὅτε γέγονεν ἄνθρωπος, τότε ἔλαβε τὰ ἔργα· τότε γὰρ αὐτὰ καὶ ἐτελείωσεν, ἰασάμενος τὰ τραύματα ἡμῶν, καὶ χαρισάμενος ἡμῖν τὴν ἐκ νεκρῶν ἀνάστασιν. Εἰ δὲ ὅτε γέγονεν ὁ Λόγος σάρξ, τότε ἐδόθη αὐτῷ τὰ ἔργα, δῆλον, ὅτι, ὅτε γέγονεν ἄνθρωπος, τότε καὶ 'εἰς τὰ ἔργα κτίζεται.' Οὐκ ἄρα τῆς οὐσίας αὐτοῦ σημαντικόν ἐστι τὸ 'ἔκτισεν,' ὥσπερ πολλάκις εἴρηται, ἀλλὰ τῆς σωματικῆς αὐτοῦ γενέσεως. Τότε γὰρ διὰ τὸ γεγενῆσθαι ἀπὸ τῆς παραβάσεως ἀτελῆ καὶ χωλὰ τὰ ἔργα, λέγεται σωματικῶς ὅτι 'κτίζεται,' ἵνα, τελειώσας αὐτὰ καὶ ὁλόκληρα ποιήσας, παραστήσῃ τῷ Πατρὶ τὴν Ἐκκλησίαν, ὡς εἶπεν ὁ Ἀπόστολος, 'μὴ ἔχουσαν σπῖλον ἢ ρυτίδα, ἤ τι τῶν τοιούτων, ἀλλ' ἵνα ᾖ Eph. v. 27. ἁγία καὶ ἄμωμος.' Τετελείωται οὖν ἐν αὐτῷ καὶ ἀποκατεστάθη, ὥσπερ ἦν καὶ κατὰ τὴν ἀρχὴν γεγονός, τὸ ἀνθρώπινον γένος, καὶ μείζονι μᾶλλον χάριτι· ἀναστάντες γὰρ ἐκ νεκρῶν, οὐκέτι φοβούμεθα θάνατον, ἀλλ' ἐν Χριστῷ βασιλεύσομεν ἀεὶ ἐν τοῖς οὐρανοῖς. Τοῦτο δὲ γέγονεν, ἐπειδὴ αὐτὸς ὁ τοῦ Θεοῦ Λόγος ἴδιος καὶ ἐκ τοῦ Πατρὸς ὢν ἐνεδύσατο τὴν σάρκα, καὶ γέγονεν ἄνθρωπος. Εἰ γὰρ, κτίσμα ὤν, ἐγεγόνει ἄνθρωπος, ἔμενεν οὐδὲν ἧττον ὁ ἄνθρωπος, ὥσπερ καὶ ἦν, οὐ συναφθεὶς τῷ Θεῷ. Πῶς γὰρ ἄν, ποίημα ὤν, διὰ ποιήματος συνήπτετο τῷ κτίστῃ; ἢ ποία βοήθεια παρὰ τῶν ὁμοίων τοῖς ὁμοίοις γένοιτ' ἄν, δεομένων καὶ αὐτῶν τῆς αὐτῆς βοηθείας; πῶς δέ, εἴπερ κτίσμα ἦν ὁ Λόγος,

138 Was the Incarnation necessary? [II. 68.

τὴν ἀπόφασιν τοῦ Θεοῦ λῦσαι δυνατὸς ἦν, καὶ ἀφεῖναι τὴν ἁμαρτίαν, γεγραμμένου παρὰ τοῖς προφήταις, ὅτι τοῦτο Θεοῦ ἐστι; 'Τίς γὰρ Θεὸς ὥσπερ σὺ ἐξαίρων ἁμαρτίας, καὶ ὑπερβαίνων ἀνομίας;' Ὁ μὲν γὰρ Θεὸς εἶπε· 'Γῆ εἶ, καὶ εἰς γῆν ἀπελεύσῃ·' οἱ δὲ ἄνθρωποι γεγόνασι θνητοί. Πῶς τοίνυν οἷόν τε ἦν παρὰ τῶν γενητῶν λυθῆναι τὴν ἁμαρτίαν; ἀλλ' ἔλυσέ γε αὐτὸς ὁ Κύριος, ὡς εἶπεν αὐτός, 'ἐὰν μὴ ὁ Υἱὸς ὑμᾶς ἐλευθερώσῃ·' καὶ ἔδειξεν ἀληθῶς ὁ Υἱὸς ὁ ἐλευθερώσας, ὡς οὐκ ἔστι κτίσμα, οὐδὲ τῶν γενητῶν, ἀλλὰ ἴδιος Λόγος, καὶ εἰκὼν τῆς τοῦ Πατρὸς οὐσίας, τοῦ καὶ κατὰ τὴν ἀρχὴν ἀποφηναμένου, καὶ ἀφιέντος μόνου τὰς ἁμαρτίας. Ἐπειδὴ γὰρ εἴρηται ἐν τῷ Λόγῳ, 'Γῆ εἶ, καὶ εἰς γῆν ἀπελεύσῃ,' ἀκολούθως δι' αὐτοῦ τοῦ Λόγου καὶ ἐν αὐτῷ ἡ ἐλευθερία καὶ ἡ λύσις τῆς κατακρίσεως γεγένηται.

68. 'Ἀλλ' ἠδύνατο,' φασὶ, 'καὶ κτίσματος ὄντος τοῦ Σωτῆρος, μόνον εἰπεῖν ὁ Θεὸς καὶ λῦσαι τὴν κατάραν.' Τὸ αὐτὸ δ' ἂν ἀκούσαιεν καὶ αὐτοὶ παρ' ἑτέρου λέγοντος· ' Ἠδύνατο, καὶ μηδ' ὅλως ἐπιδημήσαντος αὐτοῦ, μόνον εἰπεῖν ὁ Θεός, καὶ λῦσαι τὴν κατάραν.' Ἀλλὰ σκοπεῖν δεῖ τὸ τοῖς ἀνθρώποις λυσιτελοῦν, καὶ μὴ ἐν πᾶσι τὸ δυνατὸν τοῦ Θεοῦ λογίζεσθαι· ἐπεὶ ἠδύνατο καὶ πρὸ τῆς Νῶε κιβωτοῦ τοὺς τότε παραβάντας ἀνθρώπους ἀπολέσαι· ἀλλὰ μετὰ τὴν κιβωτὸν πεποίηκεν. Ἠδύνατο καὶ χωρὶς Μωσέως καὶ μόνον εἰπεῖν, καὶ ἐξαγαγεῖν τὸν λαὸν ἐξ Αἰγύπτου· ἀλλὰ συνέφερε διὰ Μωσέως. Ἠδύνατο καὶ χωρὶς τῶν κριτῶν σώζειν τὸν λαὸν ὁ Θεός· ἀλλὰ συνέφερε τοῖς λαοῖς κατὰ καιρὸν ἐγείρεσθαι κριτὴν αὐτοῖς. Ἠδύνατο καὶ ἐξ ἀρχῆς ὁ Σωτὴρ ἐπιδημῆσαι, ἢ ἐλθὼν μὴ παραδοθῆναι Πιλάτῳ· ἀλλὰ καὶ 'ἐπὶ συντελείᾳ τῶν αἰώνων' ἦλθε, καὶ ζητούμενος εἶπεν, ''Ἐγώ εἰμι.' Ὁ γὰρ ποιεῖ, τοῦτο καὶ συμφέρει τοῖς ἀνθρώποις, καὶ ἄλλως οὐκ ἔπρεπε γενέσθαι· καὶ ὅπερ δὲ συμφέρει καὶ πρέπει, τούτου καὶ πρόνοιαν ποιεῖται. Ἦλθε γοῦν, 'οὐχ ἵνα διακονηθῇ, ἀλλ' ἵνα διακονήσῃ,' καὶ τὴν ἡμῶν ἐργάσηται σωτηρίαν. Ἀμέλει δυνάμενος ἀπὸ τοῦ οὐρανοῦ λαλῆσαι τὸν νόμον, εἶδεν ὅτι λυσιτελεῖ τοῖς ἀνθρώποις ἀπὸ τοῦ Σινᾶ λαλῆσαι· καὶ τοῦτο πεποίηκεν, ἵνα καὶ Μωσῆς ἀναβῆναι δυνηθῇ, κἀκεῖνοι τὸν λόγον ἐγγύθεν ἀκούοντες μᾶλλον πιστεῦσαι δυνηθῶσι. Πλὴν καὶ τὸ

II. 69.] *It was the best way of saving us.* 139

εὔλογον τοῦ γενομένου θεωρεῖν ἔξεστιν ἐντεῦθεν· εἰ διὰ τὸ δυνατὸν εἰρήκει, καὶ ἐλέλυτο ἡ κατάρα, τοῦ μὲν κελεύσαντος ἡ δύναμις ἐπεδείκνυτο, ὁ μέντοι ἄνθρωπος τοιοῦτος ἐγίνετο, οἷος ἦν καὶ ὁ Ἀδὰμ πρὸ τῆς παραβάσεως, ἔξωθεν λαβὼν τὴν χάριν, καὶ μὴ συνηρμοσμένην ἔχων αὐτὴν τῷ σώματι· τοιοῦτος γὰρ ὢν καὶ τότε τέθειτο ἐν τῷ παραδείσῳ· τάχα δὲ καὶ χείρων ἐγίνετο, ὅτι καὶ παραβαίνειν μεμάθηκεν. Ὧν τοίνυν τοιοῦτος, εἰ καὶ παραπέπειστο ὑπὸ τοῦ ὄφεως, ἐγίνετο πάλιν χρεία 'προστάξαι τὸν Θεὸν καὶ λῦσαι τὴν κατάραν·' καὶ οὕτως εἰς ἄπειρον ἐγίνετο ἡ χρεία, καὶ οὐδὲν ἧττον οἱ ἄνθρωποι ἔμενον ὑπεύθυνοι, δουλεύοντες τῇ ἁμαρτίᾳ· ἀεὶ δὲ ἁμαρτάνοντες, ἀεὶ ἐδέοντο τοῦ συγχωροῦντος, καὶ οὐδέποτε ἠλευθεροῦντο, σάρκες ὄντες καθ' ἑαυτοὺς, καὶ ἀεὶ ἡττώμενοι τῷ νόμῳ διὰ τὴν ἀσθένειαν τῆς σαρκός.

69. Πάλιν τε εἰ κτίσμα ἦν ὁ Υἱὸς, ἔμενεν ὁ ἄνθρωπος οὐδὲν ἧττον θνητὸς, μὴ συναπτόμενος τῷ Θεῷ· οὐ γὰρ κτίσμα συνῆπτε τὰ κτίσματα τῷ Θεῷ, ζητοῦν καὶ αὐτὸ τὸν συνάπτοντα· οὐδὲ τὸ μέρος τῆς κτίσεως σωτηρία τῆς κτίσεως ἂν εἴη, δεόμενον καὶ αὐτὸ σωτηρίας. Ἵνα οὖν μηδὲ τοῦτο γένηται, πέμπει τὸν ἑαυτοῦ Υἱὸν, καὶ γίνεται υἱὸς ἀνθρώπου, τὴν κτιστὴν σάρκα λαβών· ἵν', ἐπειδὴ πάντες εἰσὶν ὑπεύθυνοι τῷ θανάτῳ, ἄλλος ὢν τῶν πάντων, αὐτὸς ὑπὲρ πάντων τὸ ἴδιον σῶμα τῷ θανάτῳ προσενέγκῃ, καὶ λοιπὸν, ὡς πάντων δι' αὐτοῦ ἀποθανόντων, ὁ μὲν λόγος τῆς ἀποφάσεως πληρωθῇ ('πάντες γὰρ ἀπέθανον ἐν 2 Cor. v. 15. Χριστῷ')· πάντες δὲ δι' αὐτοῦ γένωνται λοιπὸν ἐλεύθεροι μὲν ἀπὸ τῆς ἁμαρτίας καὶ τῆς δι' αὐτὴν κατάρας, ἀληθῶς δὲ διαμείνωσιν εἰσαεὶ ἀναστάντες ἐκ νεκρῶν, καὶ ἀθανασίαν καὶ ἀφθαρσίαν ἐνδυσάμενοι. Τοῦ γὰρ Λόγου ἐνδυσαμένου τὴν σάρκα, καθὼς πολλάκις δέδεικται, πᾶν μὲν δῆγμα τοῦ ὄφεως δι' ὅλου κατεσβέννυτο ἀπ' αὐτῆς· εἴ τι ἐκ τῶν σαρκικῶν κινημάτων ἀνεφύετο κακὸν, ἐξεκόπτετο, καὶ συναιρεῖτο τούτοις ὁ τῆς ἁμαρτίας ἀκόλουθος θάνατος, ὡς αὐτὸς ὁ Κύριός φησιν· '"Ερχε- John xiv. 30. ται ὁ ἄρχων τοῦ κόσμου τούτου, καὶ οὐδὲν εὑρίσκει ἐν ἐμοί·' καὶ,·' εἰς τοῦτο γὰρ ἐφανερώθη,' ὡς ἔγραψεν ὁ Ἰωάννης, 'ἵνα 1 John iii. 8. λύσῃ τὰ ἔργα τοῦ διαβόλου.' Τούτων δὲ λυθέντων ἀπὸ τῆς σαρκὸς, πάντες οὕτω κατὰ τὴν συγγένειαν τῆς σαρκὸς ἠλευθερώθημεν, καὶ λοιπὸν συνήφθημεν καὶ ἡμεῖς τῷ Λόγῳ. Συναφθέντες

δὲ τῷ Θεῷ, οὐκέτι μὲν ἐπὶ γῆς ἀπομένομεν, ἀλλ' ὡς αὐτὸς εἶπεν, 'ὅπου αὐτὸς, καὶ ἡμεῖς ἐσόμεθα·' καὶ λοιπὸν οὔτε τὸν ὄφιν ἔτι φοβηθησόμεθα· κατηργήθη γὰρ ἐν τῇ σαρκὶ διωχθεὶς παρὰ τοῦ Σωτῆρος, καὶ ἀκούσας· '"Υπαγε ὀπίσω μου, Σατανᾶ·' καὶ οὕτως ἔξω τοῦ παραδείσου τυγχάνει βαλλόμενος εἰς τὸ πῦρ τὸ αἰώνιον· οὔτε δὲ γυναῖκα παραπείθουσαν φυλαξόμεθα· 'Ἐν γὰρ τῇ ἀναστάσει οὔτε γαμοῦσιν, οὔτε γαμίζονται, ἀλλ' εἰσὶν ὡς ἄγγελοι·' καὶ ἐν Χριστῷ Ἰησοῦ 'καινὴ κτίσις' ἔσται, καὶ 'οὔτε ἄρσεν, οὔτε θῆλυ,' ἀλλὰ 'πάντα καὶ ἐν πᾶσιν' ἔσται ὁ Χριστός. Ἔνθα δὲ ὁ Χριστὸς, ποῖος φόβος ἢ ποῖος κίνδυνος ἔτι γενήσεται;

70. Τοῦτο δὲ οὐκ ἂν ἐγεγόνει, εἰ κτίσμα ἦν ὁ Λόγος. Πρὸς γὰρ κτίσμα, κτίσμα ὢν καὶ ὁ διάβολος, εἶχεν ἀεὶ τὴν μάχην· καὶ μέσος ὢν ὁ ἄνθρωπος, ὕποπτος ἦν ἀεὶ τῷ θανάτῳ, μὴ ἔχων ἐν ᾧ καὶ δι' οὗ συναφθεὶς τῷ Θεῷ ἐλεύθερος παντὸς φόβου γένηται. Ὅθεν ἡ ἀλήθεια δείκνυσι μὴ εἶναι τῶν γενητῶν τὸν Λόγον, ἀλλὰ μᾶλλον τούτων αὐτὸν δημιουργόν· οὕτω γὰρ καὶ προσελάβετο τὸ γενητὸν καὶ ἀνθρώπινον σῶμα, ἵνα τοῦτο ὡς δημιουργὸς ἀνακαινίσας, ἐν ἑαυτῷ θεοποιήσῃ, καὶ οὕτως εἰς βασιλείαν οὐρανῶν εἰσαγάγῃ πάντας ἡμᾶς καθ' ὁμοιότητα ἐκείνου. Οὐκ ἂν δὲ πάλιν ἐθεοποιήθη κτίσματι συναφθεὶς ὁ ἄνθρωπος, εἰ μὴ Θεὸς ἦν ἀληθινὸς ὁ Υἱός· καὶ οὐκ ἂν παρέστη τῷ Πατρὶ ὁ ἄνθρωπος, εἰ μὴ φύσει καὶ ἀληθινὸς ἦν αὐτοῦ Λόγος ὁ ἐνδυσάμενος τὸ σῶμα. Καὶ ὥσπερ οὐκ ἂν ἠλευθερώθημεν ἀπὸ τῆς ἁμαρτίας καὶ τῆς κατάρας, εἰ μὴ φύσει σὰρξ ἦν ἀνθρωπίνη, ἣν ἐνεδύσατο ὁ Λόγος· (οὐδὲν γὰρ κοινὸν ἦν ἡμῖν πρὸς τὸ ἀλλότριον·) οὕτως οὐκ ἂν ἐθεοπυιήθη ὁ ἄνθρωπος, εἰ μὴ φύσει ἐκ τοῦ Πατρὸς καὶ ἀληθινὸς καὶ ἴδιος αὐτοῦ ἦν ὁ Λόγος, ὁ γενόμενος σάρξ. Διὰ τοῦτο γὰρ τοιαύτη γέγονεν ἡ συναφὴ, ἵνα τῷ κατὰ φύσιν τῆς θεότητος συνάψῃ τὸν φύσει ἄνθρωπον, καὶ βεβαία γένηται ἡ σωτηρία καὶ ἡ θεοποίησις αὐτοῦ. Οὐκοῦν οἱ ἀρνούμενοι ἐκ τοῦ Πατρὸς εἶναι φύσει καὶ ἴδιον αὐτοῦ τῆς οὐσίας τὸν Υἱὸν ἀρνείσθωσαν καὶ ἀληθινὴν σάρκα ἀνθρωπίνην αὐτὸν εἰληφέναι ἐκ Μαρίας τῆς ἀειπαρθένου. Οὐδὲν γὰρ πλέον ἡμῖν κέρδος τοῖς ἀνθρώποις ἦν, εἰ μήτε ἀληθινὸς καὶ φύσει ἦν Υἱὸς τοῦ Θεοῦ ὁ Λόγος, μήτε ἀληθινὴ σὰρξ ἦν, ἣν προσελάβετο.

God's 'Hand' not a 'work.'

Ἀλλ' ἔλαβέ γε ἀληθινὴν σάρκα, κἂν μαίνηται Οὐαλεντῖνος· ἦν γὰρ καὶ φύσει καὶ ἀληθινὸς Θεὸς ὁ Λόγος, κἂν μαίνωνται οἱ Ἀρειομανῖται· καὶ ἐν ἐκείνῃ γέγονεν ἡμῶν ἡ ἀρχὴ τῆς καινῆς κτίσεως, κτισθεὶς ἄνθρωπος ὑπὲρ ἡμῶν, καὶ τὴν ὁδὸν ἡμῖν ἐκείνην ἐγκαινίσας, ὥσπερ εἴρηται.

71. Οὔτε οὖν κτίσμα ἐστὶν ὁ Λόγος, οὔτε ἔργον· ταὐτὸν γάρ ἐστι κτίσμα καὶ ποίημα, καὶ ἔργον· καὶ εἴπερ κτίσμα καὶ ποίημα ἦν, ἦν ἂν καὶ ἔργον. Διὰ τοῦτο γοῦν οὐδὲ εἴρηκεν· ' Ἔκτισέ με ἔργον·' οὐδὲ, ' σὺν τοῖς ἔργοις ἐποίησεν,' ἵνα μὴ τῇ φύσει καὶ τῇ οὐσίᾳ κτίσμα εἶναι δόξῃ· οὔτε ὅτι, ' διὰ τὸ ποιῆσαί με ἔργα, ἔκτισεν,' ἵνα μὴ πάλιν κατὰ τὴν κακόνοιαν τῶν ἀσεβῶν ὡς ὄργανον δι' ἡμᾶς γενόμενος νομισθῇ· ἀλλ' οὐδ' ὅτι ' πρὸ τῶν ἔργων ἔκτισέ με,' ἀνήγγειλεν, ἵνα μὴ, ὥσπερ ἐστὶ γέννημα ὢν πρὸ πάντων, οὕτω καὶ κτιζόμενος πρὸ τῶν ἔργων, ταὐτὸν ποιήσῃ νομίζεσθαι τὸ ' γέννημα,' καὶ τὸ ' ἔκτισεν·' ἀλλὰ μετὰ παρατηρήσεως ἀκριβοῦς, ' εἰς ἔργα' εἴρηκεν· ἴσον τῷ εἰπεῖν, ' εἰς σάρκα με πεποίηκεν ὁ Πατὴρ γενέσθαι ἄνθρωπον·' ὥστε καὶ ἐκ τούτου πάλιν δείκνυσθαι, μὴ εἶναι ἔργον αὐτὸν, ἀλλὰ γέννημα. Ὡς γὰρ ὁ εἰσερχόμενος εἰς οἰκίαν οὐκ ἔστι μέρος τῆς οἰκίας, ἀλλὰ ἄλλος ἐστὶ παρὰ τὴν οἰκίαν· οὕτως ὁ εἰς τὰ ἔργα κτιζόμενος ἄλλος ἂν εἴη τὴν φύσιν παρὰ τὰ ἔργα· ἐπεὶ εἰ καθ' ὑμᾶς ὁ τοῦ Θεοῦ Λόγος ἔργον ἐστὶν, ὦ Ἀρειανοὶ, ἐν ποίᾳ ἄρα χειρὶ καὶ σοφίᾳ γέγονε καὶ αὐτός; Πάντα γὰρ τὰ γενόμενα, ἐν τῇ χειρὶ καὶ ἐν σοφίᾳ τοῦ Θεοῦ γέγονε, λέγοντος μὲν αὐτοῦ τοῦ Θεοῦ· ' Ἡ χείρ μου ἐποίησε ταῦτα πάντα·' τοῦ δὲ Δαβὶδ ψάλλοντος· Isa. lxvi. 2. ' Καὶ σὺ κατ' ἀρχὰς, Κύριε, τὴν γῆν ἐθεμελίωσας, καὶ τὰ ἔργα Ps. ci. (cii.) τῶν χειρῶν σου εἰσὶν οἱ οὐρανοί·' καὶ πάλιν ἐν τῷ ἑκατοστῷ 25. τεσσαρακοστῷ δευτέρῳ ψαλμῷ· ' Ἐμνήσθην ἡμερῶν ἀρχαίων, Ib. cxlii. καὶ ἐμελέτησα ἐν πᾶσι τοῖς ἔργοις σου, ἐν ποιήμασι τῶν χειρῶν (cxliii.) 5. σου ἐμελέτων.' Οὐκοῦν εἰ ἐν χειρὶ τοῦ Θεοῦ τὰ ποιήματα εἰργάσθη, γέγραπται δὲ, ὅτι ' πάντα διὰ τοῦ Λόγου ἐγένετο, καὶ John i. 3. χωρὶς αὐτοῦ ἐγένετο οὐδὲ ἕν·' καὶ πάλιν, ' Εἷς Κύριος Ἰησοῦς, 1 Cor. viii. 6. δι' οὗ τὰ πάντα,' καὶ ὅτι ' ἐν αὐτῷ τὰ πάντα συνέστηκεν·' Col. i. 17. εὔδηλον ὡς οὐκ ἂν εἴη ὁ Υἱὸς ἔργον, ἀλλ' αὐτός ἐστιν ἡ χεὶρ τοῦ Θεοῦ καὶ ἡ σοφία. Τοῦτο γινώσκοντες καὶ οἱ ἐν Βαβυλῶνι γενόμενοι μάρτυρες, Ἀνανίας, Ἀζαρίας, Μισαὴλ, ἐλέγχουσι τὴν

'Αρειανὴν ἀσέβειαν. Εἰπόντες γὰρ, 'Εὐλογεῖτε πάντα τὰ ἔργα Κυρίου, τὸν Κύριον·' τὰ μὲν ἐν οὐρανῷ καὶ τὰ ἐπὶ γῆς, καὶ πᾶσαν τὴν κτίσιν, ὡς ἔργα κατέλεξαν· τὸν δὲ Υἱὸν οὐκ ὠνόμασαν· οὐ γὰρ εἰρήκασιν, 'Εὐλόγει, Λόγε, καὶ ὕμνει, Σοφία·' ἵνα δείξωσιν, ὅτι τὰ μὲν ἄλλα πάντα ὑμνοῦντά ἐστι, καὶ ἔργα ἐστί· ὁ δὲ Λόγος οὐκ ἔστιν ἔργον οὐδὲ τῶν ὑμνούντων, ἀλλὰ σὺν τῷ Πατρὶ ὑμνούμενος, καὶ προσκυνούμενός ἐστι καὶ θεολογούμενος, Λόγος μὲν αὐτοῦ καὶ Σοφία ὤν, τῶν δὲ ἔργων δημιουργός. Τοῦτο καὶ τὸ Πνεῦμα ἐν Ψαλμοῖς μετὰ καλλίστης διαστολῆς εἴρηκεν, ὅτι 'Εὐθὺς ὁ Λόγος τοῦ Κυρίου, καὶ πάντα τὰ ἔργα αὐτοῦ ἐν πίστει·' καθάπερ καὶ ἐν ἑτέρῳ φησίν· ''Ως ἐμεγαλύνθη τὰ ἔργα σου, Κύριε· πάντα ἐν σοφίᾳ ἐποίησας.'

72. Εἰ δὲ ἔργον ἦν ὁ Λόγος, πάντως ἂν καὶ αὐτὸς ' ἐν σοφίᾳ ἐγεγόνει,' καὶ οὔτ' ἂν διέστελλεν αὐτὸν ἀπὸ τῶν ἔργων ἡ Γραφὴ, οὔτε τὰ μὲν 'ἔργα' ὠνόμαζε, τὸν δὲ 'Λόγον καὶ σοφίαν ἰδίαν τοῦ Θεοῦ' εὐηγγελίζετο. Νῦν δὲ, διαστέλλουσα τῶν ἔργων αὐτὸν ἡ Γραφὴ, δείκνυσιν, ὅτι τῶν ἔργων δημιουργός ἐστιν ἡ Σοφία, καὶ οὐκ ἔργον. Ταύτῃ τῇ διαστολῇ καὶ ὁ Παῦλος κέχρηται γράφων 'Εβραίοις· 'Ζῶν γὰρ ὁ Λόγος τοῦ Θεοῦ, καὶ ἐνεργὴς, καὶ τομώτερος ὑπὲρ πᾶσαν μάχαιραν δίστομον, καὶ διϊκνούμενος ἄχρι μερισμοῦ ψυχῆς καὶ πνεύματος, ἁρμῶν τε καὶ μυελῶν, καὶ κριτικὸς ἐνθυμήσεων καὶ ἐννοιῶν καρδίας, καὶ οὐκ ἔστι κτίσις ἀφανὴς ἐνώπιον αὐτοῦ, πάντα δὲ γυμνὰ καὶ τετραχηλισμένα τοῖς ὀφθαλμοῖς αὐτοῦ, πρὸς ὃν ἡμῖν ὁ λόγος.' Ἰδοὺ γὰρ τὰ μὲν γενητὰ 'κτίσιν' ὠνόμασε· τὸν δὲ Υἱὸν 'Λόγον' οἶδεν ὄντα τοῦ Θεοῦ, ὡς ἄλλου ὄντος αὐτοῦ παρὰ τὰ κτίσματα. Πάλιν δὲ λέγων, 'Πάντα δὲ γυμνὰ καὶ τετραχηλισμένα τοῖς ὀφθαλμοῖς αὐτοῦ, πρὸς ὃν ἡμῖν ὁ λόγος·' ἄλλον αὐτὸν εἶναι σημαίνει τῶν πάντων. Διὰ τοῦτο γὰρ καὶ ὁ μὲν κρίνει, τῶν δὲ γενητῶν πάντων ἕκαστος ὑπεύθυνός ἐστιν αὐτῷ διδόναι λόγον. Οὕτως ἄρα καὶ 'τῆς κτίσεως πάσης συστεναζούσης ἡμῖν εἰς τὸ ἐλευθερωθῆναι ἀπὸ τῆς δουλείας τῆς φθορᾶς,' ἄλλος τῶν κτισμάτων δείκνυται εἶναι ὁ Υἱός. Εἰ γὰρ ἦν κτίσμα, εἷς ἦν καὶ αὐτὸς τῶν στεναζόντων, καὶ δεόμενος τοῦ υἱοποιοῦντος καὶ ἐλευθεροῦντος καὶ αὐτὸν μετὰ πάντων. Εἰ δὲ πᾶσα μὲν ἡ κτίσις συστενάζει ἐλευθερίας χάριν τῆς ἀπὸ τῆς φθορᾶς τῆς δουλείας, ὁ δὲ Υἱὸς οὐκ ἔστι τῶν στενα-

but 'founded' when incarnate.

ζώντων, οὐδὲ τῶν δεομένων ἐλευθερίας, ἀλλ᾽ αὐτός ἐστιν ὁ υἱοποιῶν καὶ ἐλευθερῶν τὰ πάντα, λέγων τοῖς τότε Ἰουδαίοις, ''Ο δὲ δοῦλος οὐ μένει ἐν τῇ οἰκίᾳ εἰς τὸν αἰῶνα· ὁ δὲ υἱὸς μένει εἰς τὸν αἰῶνα· ἐὰν οὖν ὁ Υἱὸς ὑμᾶς ἐλευθερώσῃ, ὄντως ἐλεύθεροι ἔσεσθε·' λευκότερον φωτὸς ἀποδείκνυται καὶ ἐκ τούτων, ὅτι οὐκ ἔστι κτίσμα ὁ τοῦ Θεοῦ Λόγος, ἀλλ᾽ Υἱὸς ἀληθινὸς καὶ φύσει γνήσιος τοῦ Πατρός. Περὶ μὲν οὖν τοῦ 'Κύριος ἔκτισέ με ἀρχὴν ὁδῶν,' εἰ καὶ δι᾽ ὀλίγων, ἀλλ᾽ ἱκανά ἐστιν, ὥς γε νομίζω, πρόφασιν παρασχεῖν ταῦτα τοῖς λογιωτέροις πλείονα κατασκευάζειν εἰς ἀναίρεσιν τῆς Ἀρειανῆς αἱρέσεως· ἐπειδὴ δὲ καὶ τὸν ἑξῆς στίχον ἀναγινώσκοντες οἱ αἱρετικοὶ, κακῶς καὶ περὶ τούτου ἐνθυμούμενοι νομίζουσιν, ἐπειδὴ γέγραπται, 'Πρὸ τοῦ αἰῶνος ἐθεμελίωσέ με,' εἰς τὴν θεότητα τοῦ Λόγου καὶ μὴ εἰς τὴν ἔνσαρκον αὐτοῦ παρουσίαν εἰρῆσθαι καὶ ταῦτα, ἀναγκαῖον, καὶ τοῦτον τὸν στίχον διαλύοντας, δεῖξαι τὴν πλάνην ἐκείνων.

73. Γέγραπται· ''Ο Θεὸς τῇ Σοφίᾳ ἐθεμελίωσε τὴν γῆν·' εἰ τοίνυν τῇ Σοφίᾳ ἡ γῆ τεθεμελίωται, πῶς ὁ θεμελιῶν θεμελιοῦται; Ἀλλὰ παροιμιωδῶς ἐστιν εἰρημένον καὶ τοῦτο· καὶ δεῖ καὶ τούτου τὸν νοῦν ζητεῖν, ἵνα γινώσκωμεν, ὅτι τῇ μὲν Σοφίᾳ ὁ Πατὴρ δημιουργεῖ, καὶ θεμελιοῖ τὴν γῆν εἰς τὸ εἶναι ἑδραίαν καὶ διαμένειν αὐτήν· αὐτὴ δὲ ἡ Σοφία ἐθεμελιοῦτο εἰς ἡμᾶς, ἵνα ἀρχὴ καὶ θεμέλιος τῆς καινῆς ἡμῶν κτίσεως καὶ ἀνακαινίσεως γένηται. Οὐκ εἴρηκε γοῦν οὐδὲ ἐν τούτοις, 'Πρὸ τοῦ αἰῶνος Λόγον ἢ Υἱόν με πεποίηκεν,' ἵνα μὴ ὡς ἀρχὴν ἔχῃ τοῦ ποιεῖσθαι· τοῦτο γὰρ πρὸ πάντων δεῖ ζητεῖν, εἰ Υἱός ἐστι, καὶ περὶ τούτου τὰς Γραφὰς προηγουμένως ἐρευνᾶν. Τοῦτο γὰρ καὶ τῶν ἀποστόλων ἐρωτηθέντων ὁ Πέτρος ἀπεκρίνατο, λέγων· 'Σὺ εἶ ὁ Χριστὸς, ὁ Υἱὸς τοῦ Θεοῦ τοῦ ζῶντος·' τοῦτο γὰρ καὶ ὁ πατὴρ τῆς Ἀρειανῆς αἱρέσεως ἐν πρώτοις ἠρώτησεν, 'Εἰ Υἱὸς εἶ τοῦ Θεοῦ·' Ἤδει γὰρ ὅτι τοῦτό ἐστιν ἡ ἀλήθεια, καὶ τὸ κύριον τῆς πίστεως ἡμῶν· καὶ ὅτι, ἐὰν μὲν αὐτὸς ᾖ ὁ Υἱὸς, τέλος ἕξει ἡ διαβολικὴ τυραννίς· ἐὰν δὲ κτίσμα ᾖ, εἷς ἐστι καὶ αὐτὸς τῶν ἐκ τοῦ Ἀδὰμ τοῦ ἀπατηθέντος παρ᾽ αὐτοῦ, καὶ οὐδεμία φροντὶς ἦν αὐτῷ. Διὰ τοῦτο καὶ οἱ τότε Ἰουδαῖοι ἠγανάκτουν, ὅτι ὁ Κύριος Υἱὸν Θεοῦ ἑαυτὸν καὶ 'Πατέρα ἴδιον ἔλεγεν ἑαυτοῦ' εἶναι τὸν Θεόν. Εἰ γὰρ ἦν ἑαυτὸν ἕνα τῶν κτισμάτων εἰρηκὼς, ἢ ὅτι

144 *Christ the Foundation, as Man.* [II. 74.

'ποίημά εἰμι,' οὐκ ἐξενίζοντο ἀκούοντες, οὐδὲ βλασφημίαν ἐνόμιζον τὰ τοιαῦτα ῥήματα, εἰδότες καὶ ἀγγέλων ἐπιδημίαν γενομένην πρὸς τοὺς πατέρας· ἀλλ' ἐπειδὴ Υἱὸν ἑαυτὸν ἔλεγεν, ἐθεώρουν μὴ κτίσματος εἶναι τὸ τοιοῦτον γνώρισμα, ἀλλὰ θεότητος καὶ φύσεως πατρικῆς.

74. Ἔδει τοίνυν τοὺς Ἀρειανούς, κἂν τὸν πατέρα ἑαυτῶν τὸν διάβολον μιμουμένους, περιεργάζεσθαι· καὶ εἰ μὲν εἴρηκε, 'Λόγον ἢ Υἱόν με ἐθεμελίωσε,' φρονεῖν ὡς φρονοῦσιν· εἰ δὲ μὴ οὕτως εἴρηκε, μὴ ἐπινοεῖν ἑαυτοῖς τὴ μὴ ὄντα. Οὐ γὰρ εἴρηκε, 'Πρὸ τοῦ αἰῶνος Λόγον ἢ Υἱόν με ἐθεμελίωσεν·' ἀλλ' ἁπλῶς, 'ἐθεμελίωσέ με,' ἵνα δείξῃ πάλιν, καθάπερ εἶπον, ὅτι οὐ δι' ἑαυτὸν, διὰ δὲ τοὺς ἐποικοδομουμένους ἐπ' αὐτὸν παροιμιωδῶς καὶ τοῦτο λέγει. Τοῦτο γὰρ εἰδὼς καὶ ὁ Ἀπόστολος γράφει·
'Θεμέλιον γὰρ ἄλλον οὐδεὶς δύναται θεῖναι παρὰ τὸν κείμενον, ὅς ἐστιν Ἰησοῦς Χριστός. Ἕκαστος δὲ βλεπέτω, πῶς ἐποικοδομεῖ.' Ἀνάγκη δὲ καὶ τὸν θεμέλιον τοιοῦτον εἶναι, οἷα καὶ τὰ ἐποικοδομούμενά ἐστιν, ἵνα καὶ συναρμολογεῖσθαι δυνηθῇ. Λόγος μὲν οὖν ὤν, ᾗ Λόγος ἐστίν, οὐκ ἔχει τοιούτους, οἷός ἐστι καὶ αὐτός, τοὺς συναρμολογουμένους αὐτῷ· μονογενὴς γάρ ἐστιν· ἄνθρωπος δὲ γενόμενος, ἔχει τοὺς ὁμοίους, ὧν καὶ τὴν ὁμοίαν ἐνεδύσατο σάρκα. Οὐκοῦν κατὰ τὸ ἀνθρώπινον 'θεμελιοῦται,' ἵνα καὶ ἡμεῖς ἐπ' αὐτὸν ὡς λίθοι τίμιοι ἐποικοδομεῖσθαι δυνηθῶμεν, καὶ γενώμεθα 'ναὸς τοῦ ἐν ἡμῖν οἰκοῦντος ἁγίου Πνεύματος.' Ὥσπερ δὲ θεμέλιος αὐτός, ἡμεῖς δὲ λίθοι ἐποικοδομούμενοι ἐπ' αὐτόν· οὕτως αὐτὸς πάλιν 'ἄμπελός' ἐστιν, ἡμεῖς δὲ ὡς 'κλήματα' συνημμένα, οὐ κατὰ τὴν οὐσίαν τῆς θεότητος· (ἀδύνατον γὰρ τοῦτό γε·) ἀλλὰ πάλιν κατὰ τὸ ἀνθρώπινον· ὅμοια γὰρ εἶναι δεῖ τὰ κλήματα τῇ ἀμπέλῳ· ἐπεὶ καὶ ἡμεῖς ὅμοιοι κατὰ τὴν σάρκα τυγχάνομεν ὄντες αὐτοῦ. Ἄλλως τε ἀνθρώπινα φρονοῦντας τοὺς αἱρετικούς, ἀνθρωπίνοις παραδείγμασι διελέγχειν προσήκει διὰ τῶν αὐτῶν λόγων. Οὐκ εἴρηκε γοῦν, ὅτι 'θεμέλιόν με πεποίηκεν,' ἵνα μὴ, ὡς ποιήματος καὶ ἀρχὴν ἔχοντος αὐτοῦ τοῦ γίνεσθαι, κἂν ἐν τούτῳ πρόφασιν εὕρωσιν ἀναίσχυντον πρὸς ἀσέβειαν· ἀλλ' ὅτι 'ἐθεμελίωσέ με.' Τὸ δὲ θεμελιούμενον θεμελιοῦται μὲν διὰ τοὺς ἐπιβαλλομένους ἐπ' αὐτὸ λίθους· γίνεται δὲ οὐχ ἁπλῶς, ἀλλ' ὅταν ἐξ

II. 75.] *The Incarnation pre-ordained.* 145

ὅρους μετενεχθῇ λίθος, καὶ εἰς τὸ βάθος τῆς γῆς κατατεθῇ.
Καὶ ἕως μὲν ἐν τῷ ὄρει λίθος ἐστὶν, οὔπω τεθεμελίωται· ἐπειδὰν δὲ ἡ χρεία ἀπαιτῇ, καὶ μετενεχθῇ, καὶ περιβάληται τὸ βάθος τῆς γῆς, τότε λοιπὸν, εἰ λάβοι φωνὴν ὁ λίθος, εἴποι ἂν, 'Νῦν ἐθεμελίωσέ με, ὁ ἐξ ὄρους ὧδε μεταθείς.' Οὐκοῦν οὐχ ὁ Κύριος καὶ ὅτε τεθεμελίωται, ἀρχὴν ἔχει τοῦ εἶναι (ἦν γὰρ καὶ πρὸ τούτου Λόγος)· ἀλλ' ὅτε τὸ ἡμέτερον ἐνεδύσατο σῶμα, ὅπερ ἐκ Μαρίας τμηθὲν ἔλαβε, τότε φησὶν, ''Εθεμελίωσέ με·' ἴσον τῷ εἰπεῖν, 'Λόγον ὄντα με περιέβαλε γηΐνῳ σώματι.' Οὕτω γὰρ δι' ἡμᾶς θεμελιοῦται, τὰ ἡμῶν ἀναδεχόμενος, ἵνα ἡμεῖς, ὡς σύσσωμοι συναρμολογούμενοι καὶ συνδεθέντες ἐν αὐτῷ διὰ τῆς ὁμοιώσεως τῆς σαρκὸς, 'εἰς ἄνδρα τέλειον' καταντήσαντες, ἀθά- Eph. iv. 13. νατοι καὶ ἄφθαρτοι διαμείνωμεν.

75. Τὸ δὲ, 'Πρὸ τοῦ αἰῶνος,' καὶ, 'πρὸ τοῦ τὴν γῆν ποιῆσαι,' καὶ, 'πρὸ τοῦ ὄρη ἑδρασθῆναι,' μηδένα ταραττέτω· πάνυ Prov. viii. 25. γὰρ καὶ τοῦτο καλῶς συνῆψε τῷ ' ἐθεμελίωσε,' καὶ τῷ ' ἔκτισε·'[25.] τοῦτο γὰρ πάλιν τῆς κατὰ σάρκα οἰκονομίας ἅπτεται. Ἡ γὰρ παρὰ τοῦ Σωτῆρος εἰς ἡμᾶς γενομένη ' χάρις ' ἄρτι μὲν ' ἐπεφάνη,' Tit. ii. ὥς εἶπεν ὁ Ἀπόστολος, καὶ γέγονεν ἐπιδημήσαντος αὐτοῦ· προητοίμαστο δὲ αὕτη καὶ πρὶν γενέσθαι ἡμᾶς, μᾶλλον δὲ καὶ πρὸ τῆς καταβολῆς τοῦ κόσμου· καὶ ἡ αἰτία χρηστὴ καὶ θαυμαστή πως ἐστιν. Οὐκ ἔπρεπε τὸν Θεὸν ὕστερον περὶ ἡμῶν βουλεύεσθαι, ἵνα μὴ ὡς ἀγνοῶν τὰ καθ' ἡμᾶς φαίνηται. Κτίζων τοίνυν ἡμᾶς διὰ τοῦ ἰδίου Λόγου ὁ τῶν ὅλων Θεὸς, καὶ εἰδὼς τὰ ἡμῶν ὑπὲρ ἡμᾶς, προγινώσκων τε ὅτι, ' καλοὶ ' γενόμενοι, ὕστερον Gen. i. 31. παραβάται τῆς ἐντολῆς ἐσόμεθα, καὶ ἐκ τοῦ παραδείσου ἐκβληθησόμεθα διὰ τὴν παρακοήν, φιλάνθρωπος καὶ ἀγαθὸς ὢν, προετοιμάζει ἐν τῷ ἰδίῳ Λόγῳ, δι' οὗ καὶ ἔκτισεν ἡμᾶς, τὴν περὶ τῆς σωτηρίας ἡμῶν οἰκονομίαν, ἵνα, κἂν ἀπατηθέντες παρὰ τοῦ ὄφεως ἐκπέσωμεν, μὴ τέλεον ἀπομείνωμεν νεκροὶ, ἀλλ' ἔχοντες ἐν τῷ Λόγῳ τὴν προητοιμασμένην ἡμῖν λύτρωσίν τε καὶ σωτηρίαν, πάλιν ἀναστάντες, ἀθάνατοι διαμείνωμεν, ὅταν αὐτὸς ὑπὲρ ἡμῶν ' ἀρχὴ τῶν ὁδῶν κτισθῇ,' καὶ ὁ πρωτότοκος τῆς κτίσεως ' γένηται ' πρωτότοκος ἀδελφῶν,' καὶ αὐτὸς ' ἀπαρχὴ τῶν νεκρῶν ' ἀναστῇ. Τοῦτο Παῦλος ὁ μακάριος ἀπόστολος γράφων διδάσκει· τὸ γὰρ ἐν ταῖς Παροιμίαις, ' πρὸ τοῦ αἰῶνος,' καὶ ' πρὸ

L

τοῦ τὴν γῆν γενέσθαι,' διερμηνεύων, οὕτω φησὶ πρὸς μὲν Τιμόθεον· 'Συγκακοπάθησον τῷ Εὐαγγελίῳ, κατὰ δύναμιν Θεοῦ τοῦ σώσαντος ἡμᾶς καὶ καλέσαντος κλήσει ἁγίᾳ· οὐ κατὰ τὰ ἔργα ἡμῶν, ἀλλὰ κατὰ τὴν ἰδίαν πρόθεσιν καὶ χάριν, τὴν δοθεῖσαν ἡμῖν ἐν Χριστῷ Ἰησοῦ πρὸ χρόνων αἰωνίων, φανερωθεῖσαν δὲ νῦν διὰ τῆς ἐπιφανείας τοῦ Σωτῆρος ἡμῶν Ἰησοῦ Χριστοῦ, καταργήσαντος μὲν τὸν θάνατον, φωτίσαντος δὲ τὴν ζωήν.' Πρὸς δὲ τοὺς Ἐφεσίους· 'Εὐλογητὸς ὁ Θεὸς καὶ Πατὴρ τοῦ Κυρίου ἡμῶν Ἰησοῦ Χριστοῦ, ὁ εὐλογήσας ἡμᾶς ἐν πάσῃ εὐλογίᾳ πνευματικῇ ἐν τοῖς ἐπουρανίοις ἐν Χριστῷ Ἰησοῦ· καθὼς ἐξελέξατο ἡμᾶς ἐν αὐτῷ πρὸ καταβολῆς κόσμου εἶναι ἡμᾶς ἁγίους καὶ ἀμώμους κατ' ἐνώπιον αὐτοῦ ἐν ἀγάπῃ, προορίσας ἡμᾶς εἰς υἱοθεσίαν διὰ Ἰησοῦ Χριστοῦ εἰς αὐτόν.'

76. Πῶς οὖν ἐξελέξατο, πρὶν γενέσθαι ἡμᾶς, εἰ μὴ, ὡς αὐτὸς εἴρηκεν, ἐν αὐτῷ ἦμεν προτετυπωμένοι; πῶς δὲ ὅλως, πρὶν ἀνθρώπους κτισθῆναι, 'ἡμᾶς προώρισεν εἰς υἱοθεσίαν,' εἰ μὴ αὐτὸς ὁ Υἱὸς πρὸ τοῦ αἰῶνος τεθεμελίωτο, ἀναδεξάμενος τὴν ὑπὲρ ἡμῶν οἰκονομίαν; ἢ πῶς, ὡς ἐπιφέρει λέγων ὁ Ἀπόστολος, 'ἐκληρώθημεν προορισθέντες,' εἰ μὴ αὐτὸς ὁ Κύριος πρὸ τοῦ αἰῶνος ἦν θεμελιωθεὶς, ὥστε αὐτὸν πρόθεσιν ἔχειν ὑπὲρ ἡμῶν πάντα τὸν καθ' ἡμῶν κλῆρον τοῦ κρίματος ἀναδέξασθαι διὰ τῆς σαρκός, καὶ λοιπὸν ἡμᾶς ἐν αὐτῷ υἱοποιηθῆναι; πῶς δὲ καὶ 'πρὸ χρόνων αἰωνίων' ἐλαμβάνομεν, μήπω γεγονότες, ἀλλ' ἐν χρόνῳ γεγονότες, εἰ μὴ ἐν τῷ Χριστῷ ἦν ἀποκειμένη ἡ εἰς ἡμᾶς φθάνουσα χάρις; διὸ καὶ ἐν τῇ κρίσει, ὅταν ἕκαστος κατὰ τὴν πρᾶξιν ἀπολαμβάνῃ, φησί· 'Δεῦτε, οἱ εὐλογημένοι τοῦ Πατρός μου, κληρονομήσατε τὴν ἡτοιμασμένην ὑμῖν βασιλείαν ἀπὸ καταβολῆς κόσμου.' Πῶς οὖν, ἢ ἐν τίνι, πρὶν γενέσθαι ἡμᾶς, ἡτοιμάσθη, εἰ μὴ ἐν τῷ Κυρίῳ τῷ πρὸ αἰῶνος εἰς τοῦτο θεμελιωθέντι, ἵν' ἡμεῖς, ὡς ἐπ' αὐτὸν ἐποικοδομούμενοι, μεταλάβωμεν, ὡς λίθοι εὐάρμοστοι, τῆς παρ' αὐτοῦ ζωῆς τε καὶ χάριτος; Τοῦτο δὲ γέγονεν, ὥς γε μετρίως ἐπέρχεταί τινι νοεῖν εὐσεβῶς, ἵνα, καθὰ προεῖπον, ἀναστάντες ἀπὸ τοῦ πρὸς ὀλίγον θανάτου, αἰωνίως ζῆσαι δυνηθῶμεν, οὐκ ἂν δυνηθέντες, ἄνθρωποι τυγχάνοντες ἀπὸ γῆς, εἰ μὴ πρὸ τοῦ αἰῶνος ἦν προετοιμασθεῖσα ἡμῖν ἐν Χριστῷ ἡ τῆς ζωῆς καὶ σωτηρίας ἐλπίς. Οὐκοῦν εἰκότως

ΙΙ. 77.] *is laid in Christ.* 147

ἐπιβαίνων ὁ Λόγος εἰς τὴν ἡμετέραν σάρκα, καὶ ἐν αὐτῇ 'κτι- Prov. viii. 23–25.
ζόμενος ἀρχὴ ὁδῶν εἰς ἔργα αὐτοῦ,' θεμελιοῦται οὕτως, ὥσπερ
ἦν ἐν αὐτῷ τὸ βούλημα τοῦ Πατρὸς, καθάπερ εἴρηται, 'πρὸ τοῦ
αἰῶνος, καὶ πρὸ τοῦ τὴν γῆν γενέσθαι, καὶ πρὸ τοῦ ὄρη ἑδρα-
σθῆναι, καὶ πρὸ τοῦ τὰς πηγὰς προελθεῖν·' ἵνα κἂν ἡ γῆ, καὶ τὰ
ὄρη, καὶ τὰ σχήματα τῶν φαινομένων παρέλθῃ ἐν τῇ συντελείᾳ
τοῦ ἐνεστῶτος αἰῶνος, μὴ κατ' αὐτὰ παλαιωθῶμεν καὶ ἡμεῖς,
ἀλλὰ δυνηθῶμεν καὶ μετὰ ταῦτα ζῆν, ἔχοντες τὴν πρὸ τούτων
ἑτοιμασθεῖσαν ἡμῖν ἐν αὐτῷ τῷ Λόγῳ, κατ' ἐκλογὴν, ζωήν τε
καὶ εὐλογίαν πνευματικήν. Οὕτω γὰρ δυνησόμεθα μὴ πρόσ-
καιρον ἔχειν ζωὴν, ἀλλὰ μετὰ ταῦτα διαμεῖναι ζῶντες ἐν
Χριστῷ· ἐπειδὴ καὶ πρὸ τούτων, ἡ ζωὴ ἡμῶν ἐτεθεμελίωτο καὶ
ἡτοίμαστο ἐν Χριστῷ Ἰησοῦ.

77. Οὐδὲ γὰρ οὐδὲ ἐν ἄλλῳ θεμελιωθῆναι τὴν ζωὴν ἡμῶν
ἔπρεπεν ἢ ἐν τῷ Κυρίῳ τῷ πρὸ αἰώνων ὄντι, δι' οὗ καὶ οἱ αἰῶνες Heb. i. 2.
γεγόνασιν, ἵν' ὡς ἐν αὐτῷ αὐτῆς οὔσης, δυνηθῶμεν καὶ ἡμεῖς
αἰώνιον κληρονομῆσαι ζωήν. Ἀγαθὸς γὰρ ὁ Θεός· ἀγαθὸς δὲ
ὢν ἀεὶ, τοῦτο βεβούληται, γινώσκων τὴν ἡμετέραν ἀσθενῆ φύσιν
χρήζουσαν τῆς παρ' αὐτοῦ βοηθείας τε καὶ σωτηρίας. Καὶ
ὥσπερ ἂν εἴ τις ἀρχιτέκτων σοφὸς, προθέμενος οἰκίαν οἰκο-
δομεῖν, βουλεύεται ἅμα, ἵνα, ἐάν ποτε καὶ φθαρῇ μετὰ τὸ γενέ-
σθαι ταύτην, πάλιν ἀνανεώσηται, τοῦτο δὲ βουλευόμενος προε-
τοιμάζει, καὶ δίδωσι τῷ ἐργασαμένῳ τὴν εἰς ἀνανέωσιν παρα-
σκευὴν, καὶ γίνεται πρὸ τῆς οἰκίας ἡ τῆς ἀνανεώσεως προπαρα-
σκευή· τὸν αὐτὸν τρόπον πρὸ ἡμῶν ἡ τῆς ἡμετέρας σωτηρίας
ἀνανέωσις θεμελιοῦται ἐν τῷ Χριστῷ, ἵν' ἐν αὐτῷ καὶ ἀνακτι-
σθῆναι δυνηθῶμεν. Καὶ ἡ μὲν βουλὴ καὶ ἡ πρόθεσις πρὸ τοῦ
αἰῶνος ἡτοιμάσθη· τὸ δὲ ἔργον γέγονεν ὅτε ἡ χρεία ἀπήτησε,
καὶ ἐπεδήμησεν ὁ Σωτήρ· αὐτὸς γὰρ ὁ Κύριος ἀντὶ πάντων ἡμῖν
ἐν τοῖς οὐρανοῖς γενήσεται, προσλαμβάνων ἡμᾶς εἰς τὴν αἰώνιον
ζωήν. Ἥρκει μὲν οὖν ταῦτα πρὸς ἀπόδειξιν τοῦ μὴ εἶναι
κτίσμα τὸν τοῦ Θεοῦ Λόγον, ἀλλὰ καὶ ὀρθὴν εἶναι τὴν τοῦ
ῥητοῦ διάνοιαν. Ἐπειδὴ δὲ διερευνώμενον τὸ ῥητὸν, ὀρθὸν ἔχει
πανταχόθεν τὸν νοῦν, ἀκόλουθον καὶ τοῦτον τὸν νοῦν εἰπεῖν·
ἴσως ἐκ πολλῶν ἐντραπῶσιν οἱ ἀνόητοι. Χρεία δὲ πάλιν τῶν
προειρημένων· περὶ γὰρ τῆς αὐτῆς παροιμίας καὶ τῆς αὐτῆς

L 2

148   *All created wisdom*   [II. 78.

Σοφίας ἐστὶ τὸ προκείμενον. Οὐκ εἴρηκεν ἑαυτὸν εἶναι τῇ φύσει κτίσμα ὁ Λόγος, ἀλλ' ἐν παροιμίαις εἴρηκε τὸ 'Κύριος ἔκτισέ με·' καὶ δῆλόν ἐστιν ὅτι νοῦν τινα οὐ παρρησίᾳ, ἀλλὰ τοῦτον κεκρυμμένον σημαίνει, ὅντινα καὶ ἡμᾶς δυνατὸν εὑρεῖν, εἰ περιέλοιμεν τὸ κάλυμμα τῆς παροιμίας. Τίς γὰρ ἀκούων τῆς δημιουργοῦ Σοφίας, 'Κύριος ἔκτισέ με ἀρχὴν ὁδῶν αὐτοῦ,' φασκούσης, οὐκ εὐθὺς ζητεῖ τὴν διάνοιαν, λογιζόμενος πῶς δύναται ἡ κτίζουσα κτίζεσθαι; τίς, ἀκούσας τοῦ μονογενοῦς Υἱοῦ τοῦ Θεοῦ λέγοντος, 'ἀρχὴν ὁδῶν ἑαυτὸν κτίζεσθαι,' οὐκ ἐρευνᾷ τὸν νοῦν, θαυμάζων πῶς δύναται ὁ μονογενὴς Υἱὸς ἄλλων πολλῶν ἀρχὴ γίνεσθαι; Αἴνιγμα μὲν ἔστιν· ''Ο δὲ νοήμων,' φησί, 'νοήσει παραβολὴν καὶ σκοτεινὸν λόγον, ῥήσεις τε σοφῶν καὶ αἰνίγματα.'

78. Ἡ μὲν οὖν μονογενὴς καὶ αὐτοσοφία τοῦ Θεοῦ κτίζουσα καὶ δημιουργός ἐστι τῶν πάντων· 'Πάντα' γὰρ, φησὶν, 'ἐν σοφίᾳ ἐποίησας,' καὶ, ''Επληρώθη ἡ γῆ τῆς κτίσεώς σου.' Ἵνα δὲ μὴ μόνον ὑπάρχῃ τὰ γενόμενα, ἀλλὰ καὶ καλῶς ὑπάρχῃ, ηὐδόκησεν ὁ Θεὸς συγκαταβῆναι τὴν ἑαυτοῦ Σοφίαν τοῖς κτίσμασιν· ὥστε τύπον τινὰ καὶ φαντασίαν εἰκόνος αὐτῆς ἐν πᾶσί τε κοινῇ καὶ ἑκάστῳ ἐνθεῖναι, ἵνα καὶ σοφὰ τὰ γενόμενα, καὶ ἄξια τοῦ Θεοῦ ἔργα δείκνυται. Ὡς γὰρ Λόγου ὄντος τοῦ Υἱοῦ τοῦ Θεοῦ εἰκών ἐστιν ὁ ἡμέτερος λόγος, οὕτως ὄντος αὐτοῦ Σοφίας εἰκὼν πάλιν ἐστὶν ἡ ἐν ἡμῖν γενομένη σοφία· ἐν ᾗ τὸ εἰδέναι καὶ τὸ φρονεῖν ἔχοντες, δεκτικοὶ γινόμεθα τῆς δημιουργοῦ Σοφίας, καὶ δι' αὐτῆς γινώσκειν δυνάμεθα τὸν αὐτῆς Πατέρα. ''Ο γὰρ ἔχων,' φησὶ, 'τὸν Υἱὸν, ἔχει καὶ τὸν Πατέρα·' καὶ, ''Ο δεχόμενός με, δέχεται τὸν ἀποστείλαντά με.' Τοιούτου τοίνυν τύπου τῆς Σοφίας κτισθέντος ἐν ἡμῖν τε καὶ ἐν πᾶσι τοῖς ἔργοις ὄντος, εἰκότως ἡ ἀληθινὴ καὶ δημιουργὸς Σοφία, τὰ τοῦ τύπου ἑαυτῆς εἰς ἑαυτὴν ἀναλαμβάνουσα, φησὶ τὸ, 'Κύριος ἔκτισέ με εἰς ἔργα αὐτοῦ.' Ἃ γὰρ ἡ ἐν ἡμῖν σοφία εἶπε, ταῦτα αὐτὸς ὁ Κύριος ὡς ἴδια λέγει· καὶ οὐκ ἔστι μὲν αὐτὸς κτιζόμενος κτίστης ὤν, διὰ δὲ τὴν ἐν τοῖς ἔργοις εἰκόνα κτισθεῖσαν αὐτοῦ, ταῦτα αὐτὸς ὡς περὶ ἑαυτοῦ λέγει. Καὶ ὥσπερ αὐτὸς ὁ Κύριος εἴρηκεν· ''Ο δεχόμενος ὑμᾶς ἐμὲ δέχεται,' διὰ τὸ τὸν τύπον αυ.οῦ ἐν ἡμῖν εἶναι· οὕτως, καίτοι μὴ ὢν τῶν κτιζομένων,

ὅμως διὰ τὸ τὴν εἰκόνα αὐτοῦ καὶ τύπον ἐν τοῖς ἔργοις κτίζεσθαι, ὡς αὐτὸς ὤν, λέγει· 'Κύριος ἔκτισέ με ἀρχὴν ὁδῶν αὐτοῦ εἰς ἔργα αὐτοῦ.' Οὕτω δὲ γέγονεν ὁ ἐν τοῖς ἔργοις τῆς Σοφίας τύπος, ἵνα, καθὰ προεῖπον, ὁ κόσμος ἐν αὐτῇ γινώσκῃ τὸν ἑαυτοῦ δημιουργὸν Λόγον, καὶ δι' αὐτοῦ τὸν Πατέρα. Καὶ τοῦτό ἐστιν ὃ ἔλεγεν ὁ Παῦλος· 'Διότι τὸ γνωστὸν τοῦ Θεοῦ Rom.i.19,20. φανερόν ἐστι ἐν αὐτοῖς· ὁ γὰρ Θεὸς αὐτοῖς ἐφανέρωσε. Τὰ γὰρ ἀόρατα αὐτοῦ ἀπὸ κτίσεως κόσμου τοῖς ποιήμασι νοούμενα καθορᾶται.' Ὥστε οὐκ ἔστι κτίσμα τῇ οὐσίᾳ ὁ Λόγος, ἀλλὰ περὶ τῆς ἐν ἡμῖν οὔσης καὶ λεγομένης σοφίας, ἐστὶ τὸ ἐν ταῖς Παροιμίαις ῥητόν.

79. Εἰ δὲ καὶ τούτοις ἀπιστοῦσι, λεγέτωσαν ἡμῖν αὐτοί, εἰ ἔστι τις σοφία ἐν τοῖς κτίσμασι, ἢ οὐκ ἔστιν; Εἰ μὲν οὖν οὐκ ἔστι, πῶς ὁ Ἀπόστολος αἰτιᾶται, λέγων· 'Ἐπειδὴ γὰρ ἐν τῇ 1 Cor. i. 21. σοφίᾳ τοῦ Θεοῦ οὐκ ἔγνω ὁ κόσμος διὰ τῆς σοφίας τὸν Θεόν;' Ἢ πῶς, εἰ μή ἐστι σοφία, 'πλῆθος σοφῶν' ἐν τῇ Γραφῇ εὑρί- Wisd. vi. 24. σκεται; καί, 'Σοφὸς γὰρ φοβηθεὶς ἐξέκλινεν ἀπὸ κακοῦ·' καί, Prov. xiv. 16. 'Μετὰ σοφίας οἰκοδομεῖται οἶκος.' Ὁ δὲ Ἐκκλησιαστὴς λέγει· Ib. xxiv. 3. 'Σοφία ἀνθρώπου φωτιεῖ πρόσωπον αὐτοῦ·' καὶ μέμφεται τοῖς Eccles. viii. 1. προπετευομένοις, λέγων· 'Μὴ εἴπῃς· Τί ἐγένετο, ὅτι αἱ ἡμέραι Ib. vii. 11. αἱ πρότερον ἦσαν ἀγαθαὶ ὑπὲρ ταύτας; Ὅτι οὐκ ἐν σοφίᾳ ἠρώτησας περὶ τούτου.' Εἰ δέ ἐστιν, ὥσπερ οὖν καὶ ὁ τοῦ Σιράχ φησιν· 'Ἐξέχεεν αὐτὴν ἐπὶ πάντα τὰ ἔργα αὐτοῦ μετὰ πάσης Sirac. i. 10. σαρκὸς κατὰ τὴν δόσιν αὐτοῦ, καὶ ἐχορήγησεν αὐτὴν τοῖς ἀγαπῶσιν αὐτόν.' Ἡ δὲ τοιαύτη ἔκχυσις οὐ τῆς οὐσίας τῆς Αὐτοσοφίας καὶ μονογενοῦς ἐστι γνώρισμα, ἀλλὰ τῆς ἐν τῷ κόσμῳ ἐξεικονισθείσης· τί ἄπιστον εἰ αὐτὴ ἡ δημιουργὸς καὶ ἀληθινὴ Σοφία, ἧς τύπος ἐστὶν ἡ ἐν κόσμῳ ἐκχυθεῖσα σοφία καὶ ἐπιστήμη, ὡς περὶ ἑαυτῆς ἐστι, καθὰ προεῖπον, λέγουσα· 'Κύριος ἔκτισέ με εἰς ἔργα αὐτοῦ;' Οὐ γὰρ ἡ ἐν κόσμῳ σοφία κτίζουσά ἐστιν, ἀλλ' ἡ ἐγκτιζομένη τοῖς ἔργοις, καθ' ἣν 'οἱ μὲν οὐρανοὶ Ps. xviii. διηγοῦνται δόξαν Θεοῦ, ποίησιν δὲ χειρῶν αὐτοῦ ἀναγγέλλει τὸ (xix.) 1. στερέωμα.' Οἱ δὲ ἄνθρωποι, εἰ ταύτην ἐν ἑαυτοῖς φέροιεν, ἐπιγνώσονται τὴν ἀληθινὴν τοῦ Θεοῦ Σοφίαν· καὶ γνωσθήσονται, ὅτι ὄντως κατ' εἰκόνα Θεοῦ γεγόνασι. Καὶ ὥσπερ ἂν εἴ τις βασιλέως υἱὸς, θέλοντος πατρὸς οἰκοδομῆσαι πόλιν, καὶ

150   *The Uncreated Wisdom*   [II. 80.

ποιῶν ἐν ἑκάστῳ τῶν γινομένων ἔργων ἐγγραφῆναι τὸ ἑαυτοῦ ὄνομα, ἀσφαλείας τε χάριν τοῦ διαμένειν τὰ ἔργα διὰ τὴν ἐν ἑκάστῳ τοῦ ὀνόματος αὐτοῦ φαντασίαν, καὶ ἵν' ἐκ τοῦ ὀνόματος ἀναμιμνήσκεσθαι αὐτοῦ τε καὶ τοῦ πατρὸς αὐτοῦ δύνωνται, τελειώσας δὲ εἰ ἐρωτηθείη περὶ τῆς πόλεως, πῶς γέγονεν, εἴποι ἄν· ''Ασφαλῶς γέγονε· κατὰ γὰρ τὸ βούλημα τοῦ πατρὸς, ἐν ἑκάστῳ ἔργῳ ἐξεικονίσθην· τὸ γὰρ ἐμὸν ὄνομα ἐν τοῖς ἔργοις ἐνεκτίσθη.' τοῦτο δὲ λέγων, οὐ τὴν ἑαυτοῦ οὐσίαν κτισθεῖσαν σημαίνει, ἀλλὰ τὸν ἑαυτοῦ τύπον διὰ τοῦ ὀνόματος· τὸν αὐτὸν τρόπον κατὰ τὴν ὁμοιότητα τοῦ παραδείγματος τοῖς θαυμάζουσι τὴν ἐν τοῖς κτίσμασι σοφίαν ἀποκρίνεται ἡ ἀληθινὴ Σοφία· ' Κύριος ἔκτισέ με εἰς ἔργα· ἐμοῦ γὰρ τύπος ἐστὶν ὁ ἐν αὐτοῖς· κἀγὼ οὕτω συγκατέβην τῇ δημιουργίᾳ.'

80. Οὐ δεῖ δὲ πάλιν ξενίζεσθαι, εἰ τὸν ἐν ἡμῖν τύπον ὄντα ὡς περὶ ἑαυτοῦ ἐστι λέγων ὁ Υἱὸς, ὅπου γε (τὸ αὐτὸ γὰρ λέγειν οὐκ ὀκνητέον) καὶ Σαύλου τότε διώκοντος τὴν Ἐκκλησίαν, ἐν ᾗ τύπος ἦν αὐτοῦ καὶ εἰκὼν, ὡς αὐτὸς διωκόμενος ἔλεγε· ' Σαῦλε, τί με διώκεις ;' Οὐκοῦν ὥσπερ εἴρηται, εἰ ἔλεγεν αὐτὸς ὁ τύπος τῆς Σοφίας ὁ ὢν ἐν τοῖς ἔργοις τὸ ' Κύριος ἔκτισέ με εἰς ἔργα,' οὐκ ἄν τις ἐξενίσθη· οὕτως ἐὰν καὶ αὐτὴ ἡ ἀληθινὴ καὶ δημιουργὸς Σοφία, ὁ μονογενὴς τοῦ Θεοῦ Λόγος, λέγῃ τὰ τῆς εἰκόνος ἑαυτοῦ ὡς περὶ ἑαυτοῦ, τὸ ' Κύριος ἔκτισέ με εἰς ἔργα,' μηδεὶς, ἀφεὶς τὴν ἐν κόσμῳ καὶ τοῖς ἔργοις ἐγκτισθεῖσαν, νομιζέτω περὶ τῆς οὐσίας τῆς αὐτοσοφίας εἰρῆσθαι τὸ 'ἔκτισεν·' ἵνα μὴ, τὸν οἶνον ὕδατι μίσγων, κλέπτειν δοκῇ τὴν ἀλήθειαν. Αὕτη μὲν γὰρ κτίζουσα καὶ δημιουργός ἐστιν· ὁ δὲ ταύτης, τύπος ἐγκτίζεται τοῖς ἔργοις, ὥσπερ καὶ τῆς εἰκόνος τὸ κατ' εἰκόνα. ' Ἀρχὴν δὲ ὁδῶν' λέγει, ἐπειδὴ ἡ τοιαύτη σοφία, ἀρχή τις καὶ ὥσπερ στοιχείωσις τῆς ἐπὶ Θεὸν γνώσεως γίνεται· ταύτῃ γὰρ πρώτῃ ὥσπερ ἐπιβάς τις τῇ ὁδῷ, καὶ ταύτην φυλάττων τῷ φόβῳ τοῦ Θεοῦ (ὡς εἶπεν ὁ Σολομὼν, ''Αρχὴ σοφίας φόβος Κυρίου') εἶτα ἐπαναβαίνων τῇ διανοίᾳ, καὶ νοήσας τὴν ἐν τῇ κτίσει δημιουργὸν Σοφίαν, νοήσει ἐν αὐτῇ καὶ τὸν αὐτῆς Πατέρα, ὡς αὐτὸς ὁ Κύριος εἴρηκεν· ' Ὁ ἐμὲ ἑωρακὸς, ἑώρακε τὸν Πατέρα·' καὶ ὡς ὁ Ἰωάννης γράφει· ' Ὁ ὁμολογῶν τὸν Υἱὸν, καὶ τὸν Πατέρα ἔχει.' ' Πρὸ τοῦ αἰῶνος δὲ,' φησὶν, ' ἐθεμελίωσέ με,' ἐπειδὴ ἐν τῷ αὐτῆς τύπῳ ἑδραῖα καὶ ἀεὶ

II. 81.] *speaks as if created.* 151

μένει τὰ ἔργα. Εἶτα ἵνα μή τις, ἀκούων περὶ τῆς οὕτως ἐν τοῖς
ἔργοις κτισθείσης σοφίας, νομίσῃ τὴν ἀληθινὴν Σοφίαν τὸν τοῦ
Θεοῦ Υἱὸν εἶναι τῇ φύσει κτίσμα, ἀναγκαίως ἐπήγαγε· 'Πρὸ τοῦ Prov. viii. 25, 26.
ὄρη,' καὶ, 'πρὸ τοῦ τὴν γῆν,' καὶ, 'πρὸ τῶν ὑδάτων,' καὶ, 'πρὸ
πάντων βουνῶν γεννᾷ με·' ἵνα ἐν μὲν τῷ λέγειν 'πρὸ πάσης
κτίσεως' (τὴν γὰρ πᾶσαν κτίσιν ἐν τούτοις ἐδήλωσε·) δείξῃ ὅτι
μὴ κατ' οὐσίαν συνεκτίσθη τοῖς ἔργοις. Εἰ γὰρ 'εἰς τὰ ἔργα'
ἐκτίσθη, πρὸ δὲ τῶν ἔργων ἐστὶ, δῆλον ὅτι καὶ πρὸ τοῦ ἐκτίσθαι
ἐστίν. Οὐκ ἄρα τῇ φύσει καὶ οὐσίᾳ κτίσμα ἐστὶν, ἀλλ', ὡς
αὐτὸς ἐπήγαγε, γέννημά ἐστι. Τί δὲ διαφέρει ἢ πῶς διέστηκε
τὴν φύσιν κτίσμα γεννήματος, δέδεικται ἐν τοῖς ἔμπροσθεν.

81. Ἐπειδὴ δὲ ἐπάγει λέγουσα, 'ἡνίκα ἡτοίμαζε τὸν οὐρανὸν, Ib. 27.
συμπαρήμην αὐτῷ,' εἰδέναι χρὴ ὅτι οὐχ ὡς μὴ δι' αὐτῆς ἑτοιμά-
ζοντος τὸν οὐρανὸν τοῦ Πατρὸς, ἢ τὰ ἄνω νέφη, ταῦτά φησιν·
(οὐ γὰρ ἀμφίβολον ὅτι πάντα ἐν Σοφίᾳ ἐκτίσθη, καὶ 'χωρὶς John i. 3.
αὐτῆς ἐγένετο οὐδὲ ἕν·' ἀλλὰ τοῦτό ἐστιν ὃ λέγει·) 'Πάντα μὲν
ἐν ἐμοὶ καὶ δι' ἐμοῦ γέγονε· χρείας δὲ οὔσης ἐγκτίζεσθαι σοφίαν
τοῖς ἔργοις, τὴν μὲν οὐσίαν ἤμην σὺν τῷ Πατρὶ, τῇ δὲ πρὸς τὰ
γενητὰ συγκαταβάσει ἤμην ἁρμόζουσα τὸν παρ' ἐμοὶ τύπον τοῖς
ἔργοις, ὥστε καὶ ὡς ἑνὶ σώματι πάντα τὸν κόσμον μὴ στασιά-
ζειν, ἀλλ' ὁμονοεῖν πρὸς ἑαυτόν.' Ὅσοι μὲν οὖν ὀρθῇ τῇ διανοίᾳ
κατὰ τὴν ἑαυτοῖς δοθεῖσαν σοφίαν θεωροὶ τῶν κτισμάτων γίνον-
ται, δύνανται λέγειν καὶ αὐτοί· 'Τῇ διατάξει σου διαμένει τὰ Ps. cxviii. (cxix.) 91.
πάντα·' οἱ δὲ τούτου κατολιγωρήσαντες ἀκούσονται· 'Φάσκοντες Rom. i. 22, 19, 20, 21, 25.
εἶναι σοφοὶ, ἐμωράνθησαν· τὸ γὰρ γνωστὸν τοῦ Θεοῦ φανερόν
ἐστιν ἐν αὐτοῖς. Ὁ Θεὸς γὰρ αὐτοῖς ἐφανέρωσε· τὰ γὰρ ἀόρατα
αὐτοῦ ἀπὸ κτίσεως κόσμου, τοῖς ποιήμασι νοούμενα καθορᾶται, ἥ
τε ἀΐδιος αὐτοῦ δύναμις καὶ θεότης, εἰς τὸ εἶναι αὐτοὺς ἀναπο-
λογήτους, διότι, γνόντες τὸν Θεὸν, οὐχ ὡς Θεὸν ἐδόξασαν, ἀλλ'
ἐλάτρευσαν τῇ κτίσει παρὰ τὸν κτίσαντα τὰ πάντα, ὅς ἐστιν
εὐλογητὸς εἰς τοὺς αἰῶνας, ἀμήν.' Καὶ ἐντραπήσονταί γε
ἀκούοντες· 'Ἐπειδὴ γὰρ ἐν τῇ σοφίᾳ τοῦ Θεοῦ,' κατὰ τὸν 1 Cor. i. 21.
προειρημένον τρόπον, 'οὐκ ἔγνω ὁ κόσμος διὰ τῆς σοφίας τὸν
Θεὸν, ηὐδόκησεν ὁ Θεὸς διὰ τῆς μωρίας τοῦ κηρύγματος σῶσαι
τοὺς πιστεύοντας.' Οὐκέτι γὰρ, ὡς ἐν τοῖς προτέροις χρόνοις,
δι' εἰκόνος καὶ σκιᾶς τῆς Σοφίας, τῆς ἐν τοῖς κτίσμασιν οὔσης,

152   *The Uncreated Wisdom Incarnate.*   [II. 82.

ἠθέλησε γινώσκεσθαι ὁ Θεός· ἀλλ' αὐτὴν τὴν ἀληθινὴν Σοφίαν ἐποίησε σάρκα λαβεῖν, καὶ γενέσθαι ἄνθρωπον, θάνατόν τε ὑπομεῖναι σταυροῦ, ἵνα διὰ τῆς ἐν τούτῳ πίστεως πάντες λοιπὸν οἱ πιστεύοντες σώζεσθαι δύνωνται. Ἡ αὐτὴ μέντοι Σοφία τοῦ Θεοῦ ἐστιν, ἥτις πρότερον μὲν διὰ τῆς ἐν τοῖς κτίσμασιν εἰκόνος ἑαυτῆς, δι' ἣν καὶ λέγεται 'κτίζεσθαι,' ἐφανέρου ἑαυτὴν, καὶ δι' ἑαυτῆς τὸν ἑαυτῆς Πατέρα· ὕστερον δὲ αὐτὴ, οὖσα Λόγος,

John i. 14.   'γέγονε σὰρξ,' ὡς εἶπεν ὁ Ἰωάννης, καὶ μετὰ τὸ 'καταργῆσαι
2 Tim. i. 10.   τὸν θάνατον' καὶ σῶσαι τὸ γένος ἡμῶν, ἔτι καὶ πλέον ἀπεκάλυψεν

John xvii. 3.   ἑαυτόν τε καὶ δι' ἑαυτοῦ τὸν ἑαυτοῦ Πατέρα, λέγων· 'Δὸς αὐτοῖς, ἵνα γινώσκωσί σε τὸν μόνον ἀληθινὸν Θεὸν, καὶ ὃν ἀπέστειλας Ἰησοῦν Χριστόν.'

82. Ἐπληρώθη γοῦν πᾶσα ἡ γῆ τῆς γνώσεως αὐτοῦ· μία γὰρ γνῶσις Πατρὸς δι' Υἱοῦ ἐστι, καὶ Υἱοῦ παρὰ Πατρὸς, καὶ χαίρει τούτῳ ὁ Πατήρ· καὶ τῇ χαρᾷ ταύτῃ εὐφραίνεται ἐν τῷ Πατρὶ ὁ

Prov. viii. 30.   Υἱὸς, λέγων· ''Ἐγὼ ἤμην, ᾗ προσέχαιρε· καθ' ἡμέραν δὲ ηὐφραινόμην ἐν προσώπῳ αὐτοῦ.' Ταῦτα δὲ δείκνυσι πάλιν μὴ εἶναι τὸν Υἱὸν ἀλλότριον, ἀλλ' ἴδιον τῆς τοῦ Πατρὸς οὐσίας. Ἰδοὺ γὰρ οὐ δι' ἡμᾶς, ὡς οἱ ἀσεβεῖς λέγουσι, γέγονεν, οὐδὲ ὅλως ἐξ οὐκ ὄντων ἐστὶν, (οὐδὲ γὰρ ἔξωθεν ἑαυτῷ ὁ Θεὸς περιεποιήσατο χαρᾶς ποιητικὸν,) ἀλλ' ἰδίου καὶ ὁμοίου γνώρισμά ἐστι τὸ λεγόμενον. Πότε οὖν ἦν ὅτε οὐκ ἔχαιρεν ὁ Πατήρ; εἰ δὲ ἀεὶ ἔχαιρεν, ἀεὶ ἦν ἐν ᾧ ἔχαιρεν. Ἐν τίνι δὲ ὁ Πατὴρ χαίρει, ἢ βλέπων ἑαυτὸν ἐν τῇ ἰδίᾳ εἰκόνι, ἥτις ἐστὶν ὁ Λόγος αὐτοῦ; Εἰ

Ib. 31.   δὲ καὶ 'ἐν υἱοῖς ἀνθρώπων ηὐφραίνετο' τὴν οἰκουμένην συντελέσας, ὡς ἐν αὐταῖς ταῖς Παροιμίαις γέγραπται, ἀλλὰ καὶ τοῦτο τὴν αὐτὴν ἔχει διάνοιαν. Ηὐφραίνετο γὰρ καὶ οὕτως, οὐκ ἐπιγενομένης αὐτῷ χαρᾶς, ἀλλὰ πάλιν βλέπων κατὰ τὴν ἑαυτοῦ εἰκόνα γενόμενα τὰ ἔργα· ὥστε καὶ τὸ οὕτω χαίρειν τὸν Θεὸν τῆς εἰκόνος αὐτοῦ τὴν πρόφασιν εἶναι. Πῶς δὲ καὶ ὁ Υἱὸς εὐφραίνεται, ἢ βλέπων ἑαυτὸν ἐν τῷ Πατρί; Ἴσον γάρ ἐστι καὶ

John xiv. 9.   τοῦτο τῷ λέγειν· ''Ὁ ἐμὲ ἑωρακὼς, ἑώρακε τὸν Πατέρα,' καὶ,
Ib. 10.   'Ἐγὼ ἐν τῷ Πατρὶ, καὶ ὁ Πατὴρ ἐν ἐμοί.' Κενὸν ὑμῶν ἄρα τὸ καύχημα πανταχόθεν δέδεικται, ὦ Χριστομάχοι, καὶ μάτην ἐνε-

Prov. viii. 22.   πομπεύσατε καὶ τεθρυλήκατε πανταχοῦ τὸ 'Κύριος ἔκτισέ με ἀρχὴν ὁδῶν αὐτοῦ,' παρεξηγούμενοι τὴν διάνοιαν αὐτοῦ, καὶ

The Son is this Wisdom.

μᾶλλον τὴν ἑαυτῶν ἐπίνοιαν ἢ τὸν νοῦν τοῦ Σολομῶνος ἀπαγγέλλοντες. Ἰδοὺ γὰρ τὸ μὲν ὑμῶν φρόνημα δέδεικται μόνον φαντασία· τὸ δὲ ἐν ταῖς Παροιμίαις ῥητὸν, καὶ πάντα τὰ προειρημένα δείκνυσι μὴ εἶναι τῇ φύσει καὶ τῇ οὐσίᾳ κτίσμα τὸν Υἱὸν, ἀλλ' ἴδιον γέννημα τοῦ Πατρὸς, Σοφίαν καὶ Λόγον ἀληθινὸν, 'δι' οὗ τὰ πάντα ἐγένετο, καὶ χωρὶς αὐτοῦ ἐγένετο οὐδὲ ἕν.' John i. 3.

ΤΟΥ ΑΥΤΟΥ ΚΑΤΑ ΑΡΕΙΑΝΩΝ

ΛΟΓΟΣ ΤΡΙΤΟΣ.

1. Οἱ Ἀρειομανῖται, ὡς ἔοικε, κρίναντες ἅπαξ ἀποστάται γενέσθαι καὶ παραβάται τῆς ἀληθείας, φιλονεικοῦσιν εἰς ἑαυτοὺς ἑλκῦσαι τὸ γεγραμμένον· ''Ὅταν ἔλθῃ ἀσεβὴς εἰς βάθος κακῶν, καταφρονεῖ·' οὔτε γὰρ ἐλεγχόμενοι παύονται, οὔτε ἀποροῦντες ἐντρέπονται· ἀλλ᾽ ὡς ' πόρνης ὄψις,' ἀπηναισχύνθησαν πρὸς πάντας' ἐν ταῖς ἀσεβείαις. Καὶ γὰρ ὧν προεφασίζοντο ῥητῶν, τοῦ, ' Κύριος ἔκτισέ με,' καὶ τοῦ ' κρείττων γενόμενος τῶν ἀγγέλων,' καὶ τοῦ ' πρωτότοκος,' καὶ τοῦ ' πιστὸν ὄντα τῷ ποιήσαντι αὐτὸν,' ὀρθὴν ἐχόντων τὴν διάνοιαν, καὶ δεικνύντων τὴν εἰς Χριστὸν εὐσέβειαν, οὐκ οἶδ᾽ ὅπως πάλιν αὐτοὶ ὡς περιχυθέντες τὸν τοῦ ὄφεως ἰὸν, καὶ μὴ βλέποντες ἃ δεῖ βλέπειν, μηδὲ νοοῦντες ἃ ἀναγινώσκουσιν, ὥσπερ ἐκ βάθους τῆς ἀσεβοῦς αὐτῶν καρδίας ἐρευγόμενοι, ἤρξαντο λοιπὸν καὶ διασύρειν τὸ ὑπὸ τοῦ Κυρίου λεγόμενον, ''Ἐγὼ ἐν τῷ Πατρὶ, καὶ ὁ Πατὴρ ἐν ἐμοί·' λέγοντες· 'Πῶς δύναται οὗτος ἐν ἐκείνῳ, κἀκεῖνος ἐν τούτῳ χωρεῖν; ἢ πῶς ὅλως δύναται ὁ Πατὴρ, μείζων ὢν, ἐν τῷ Υἱῷ ἐλάττονι ὄντι χωρεῖν; ἢ τί θαυμαστὸν, εἰ ὁ Υἱὸς ἐν τῷ Πατρὶ, ὅπουγε καὶ περὶ ἡμῶν γέγραπται· "Ἐν αὐτῷ γὰρ ζῶμεν, καὶ κινούμεθα, καί ἐσμεν;"' Πάσχουσι δὲ τοῦτο ἀκολούθως τῇ κακονοίᾳ ἑαυτῶν, σῶμα νομίζοντες εἶναι τὸν Θεὸν, καὶ μὴ νοοῦντες μήτε τί ἐστιν ' ἀληθινὸς Πατὴρ,' καὶ ' ἀληθινὸς Υἱὸς,' μήτε τί ἐστι ' φῶς ἀόρατον,' καὶ ' ἀΐδιον,' καὶ ' ἀπαύγασμα αὐτοῦ ἀόρατον,' μήτε τί ἐστιν ἀόρατος ' ὑπόστασις,' καὶ ' χαρακτὴρ ' ἀσώματος, καὶ ' εἰκὼν ' ἀσώματος. ' Εἰ γὰρ ἐγίνωσκον, οὐκ ἂν τὸν Κύριον τῆς δόξης' μετὰ γέλωτος ἐδυσφήμουν, οὔτε τὰ ἀσώματα σωματικῶς ἐκλαμβάνοντες, τὰ καλῶς λεγόμενα παρεξη-

III. 2.] *The Divine Coinherence.* 155

γοῦντο. ¨Ηρκει μὲν οὖν καὶ μόνον ἀκούοντας ταῦτα, λέγοντος τοῦ Κυρίου, πιστεύειν, ἐπεὶ καὶ ἡ τῆς ἁπλότητος πίστις βελτίων ἐστὶ τῆς ἐκ περιεργίας πιθανολογίας· ἐπειδὴ δὲ καὶ τοῦτο βεβηλοῦν ἐπεχείρησαν πρὸς τὴν ἰδίαν αἵρεσιν, ἀναγκαῖον τὴν μὲν ἐκείνων κακόνοιαν διελέγξαι, τὴν δὲ τῆς ἀληθείας διάνοιαν δεῖξαι, ἕνεκά γε τῆς τῶν πιστῶν ἀσφαλείας. Οὐ γὰρ, ὡς ἐκεῖνοι νομίζουσιν, ἀντεμβιβαζόμενοι εἰς ἀλλήλους εἰσὶν, ἐν τῷ λέγεσθαι, ''Εγὼ ἐν τῷ Πατρὶ, καὶ ὁ Πατὴρ ἐν ἐμοὶ,' ὥσπερ ἐν ἀγγείοις κενοῖς ἐξ ἀλλήλων πληρούμενοι· ὥστε τὸν μὲν Υἱὸν πληροῦν τὸ κενὸν τοῦ Πατρὸς, τὸν δὲ Πατέρα πληροῦν τὸ κενὸν τοῦ Υἱοῦ, καὶ ἑκάτερον αὐτῶν μὴ εἶναι πλήρη καὶ τέλειον· (σωμάτων μὲν ἴδιον τοῦτό γε· διὸ καὶ τὸ μόνον εἰπεῖν τοῦτο πλέον ἐστὶν ἀσεβείας·) πλήρης γὰρ καὶ τέλειός ἐστιν ὁ Πατὴρ, καὶ πλήρωμα θεότητός ἐστιν ὁ Υἱός. Οὐδ' αὖ πάλιν, ὥσπερ ἐν τοῖς ἁγίοις γινόμενος ὁ Θεὸς ἐνδυναμοῖ αὐτοὺς, οὕτως ἐστὶ καὶ ἐν τῷ Υἱῷ· αὐτὸς γάρ ἐστιν ἡ τοῦ Πατρὸς δύναμις καὶ Σοφία· καὶ τὰ μὲν γενητὰ μετοχῇ τούτου ἐν Πνεύματι ἁγιάζεται, αὐτὸς δὲ ὁ Υἱὸς οὐ μετουσίᾳ υἱός ἐστιν, ἀλλὰ γέννημα τοῦ Πατρὸς ἴδιόν ἐστιν. Οὐκ ἔστι δὲ πάλιν οὕτως ὁ Υἱὸς ἐν τῷ Πατρὶ, ὡς τὸ ''Εν αὐτῷ ζῶμεν, καὶ κινούμεθα, καί ἐσμεν·' αὐτὸς γὰρ ὡς ἐκ πηγῆς τοῦ Πατρός ἐστιν ἡ ζωὴ, ἐν ᾗ τὰ πάντα ζωογονεῖταί τε καὶ συνέστηκεν· οὐ γὰρ ἡ ζωὴ ἐν ζωῇ ζῇ· ἐπεὶ οὐκ ἂν εἴη ζωή· ἀλλ' αὐτὸς μᾶλλον ζωογονεῖ τὰ πάντα.

2. Ἴδωμεν δὲ καὶ τὰ τοῦ συνηγόρου τῆς αἱρέσεως Ἀστερίου τοῦ σοφιστοῦ· γέγραφε γὰρ καὶ αὐτὸς, εἰς τοῦτο ζηλώσας τοὺς Ἰουδαίους, ταῦτα· ' Εὔδηλον γὰρ, ὅτι διὰ τοῦτο εἴρηκεν ἑαυτὸν μὲν ἐν τῷ Πατρὶ, ἐν ἑαυτῷ δὲ πάλιν τὸν Πατέρα, ἐπεὶ μήτε τὸν λόγον, ὃν διεξήρχετο, ἑαυτοῦ φησιν εἶναι, ἀλλὰ τοῦ Πατρὸς, μήτε οἰκεῖα τὰ ἔργα, ἀλλὰ τοῦ Πατρὸς, δεδωκότος τὴν δύναμιν.' Τοῦτο δὲ εἰ καὶ παιδάριον ἦν ἁπλῶς εἰρηκὸς, συγγνώμην εἶχεν ἐκ τῆς ἡλικίας· ἐπειδὴ δὲ ὁ καλούμενος 'σοφιστὴς,' καὶ πάντα γινώσκειν ἐπαγγελλόμενος, ἔστιν ὁ γράψας, πόσης ἄξιος καταγνώσεως ὁ τοιοῦτος ; Πῶς δὲ καὶ οὐκ ἀλλότριον ἑαυτὸν τοῦ Ἀποστόλου δείκνυσιν, ἐπαιρόμενος ἐν ' πειθοῖς σοφίας λόγοις,' [1 Cor. ii. 4.] καὶ νομίζων ἐν τούτοις ἐξαπατᾶν δύνασθαι, ' μὴ νοῶν αὐτὸς ἃ [1 Tim. i. 7.] λέγει, μήτε περὶ τίνων διαβεβαιοῦται;' ¨Α γὰρ ὁ Υἱὸς ἴδια καὶ

156   *Arians rank Christ with Saints.*   [III. 3.

ἁρμόζοντα μόνῳ Ὑιῷ, Λόγῳ καὶ Σοφίᾳ ὄντι, καὶ εἰκόνι τῆς τοῦ Πατρὸς οὐσίας εἴρηκε, ταῦτα οὗτος εἰς πάντα τὰ κτίσματα καταφέρει, καὶ κοινὰ τῷ τε Ὑιῷ καὶ τούτοις ταῦτα ποιεῖ· τὴν δὲ Δύναμιν τοῦ Πατρὸς λέγει λαμβάνειν δύναμιν ὁ παράνομος, ἵνα ἀκολουθήσῃ τῇ δυσσεβείᾳ αὐτοῦ εἰπεῖν ὅτι καὶ ὁ Ὑιὸς ἐν Ὑιῷ υἱοποιήθη, καὶ ὁ Λόγος ἔλαβε Λόγου ἐξουσίαν· καὶ οὐκ ἔτι μὲν αὐτὸν, ὡς Ὑιὸν, θέλει εἰρηκέναι ταῦτα, ὡς δὲ μαθόντα καὶ αὐτὸν ὁμοίως συντάσσει πᾶσι τοῖς ποιήμασιν. Εἰ γὰρ διὰ τὸ μὴ εἶναι τὰ ῥήματα τοῦ Ὑιοῦ, ἃ διεξήρχετο, ἀλλ᾽ ὅτι τοῦ Πατρὸς ἦν, καὶ τὰ ἔργα,

Ps. lxxxiv. (lxxxv.) 8.

ἔλεγεν· ʽἘγὼ ἐν τῷ Πατρὶ, καὶ ὁ Πατὴρ ἐν ἐμοί·ʼ καὶ ὁ μὲν Δαβὶδ λέγει· ʽἈκούσομαι τί λαλήσει ἐν ἐμοὶ Κύριος ὁ Θεός·ʼ ὁ

Cf. 3 Kings (1 K.) viii. 59.

δὲ Σολομών· ʽΟἱ ἐμοὶ λόγοι εἴρηνται ὑπὸ Θεοῦ·ʼ καὶ ὁ μὲν Μωσῆς τοὺς παρὰ τοῦ Θεοῦ διηκόνει λόγους, ἕκαστος δὲ τῶν προφητῶν οὐ τὰ ἴδια, ἀλλὰ τὰ παρὰ τοῦ Θεοῦ ἔλεγε, ʽΤάδε λέγει Κύριος·ʼ καὶ τὰ ἔργα ἃ ἐποίουν οἱ ἅγιοι, οὐκ ἴδια, ἀλλὰ τοῦ δεδωκότος τὴν δύναμιν Θεοῦ ἔλεγον εἶναι· ὡς ὁ μὲν Ἠλίας καὶ Ἐλισσαῖος ἐπικαλούμενοι τὸν Θεὸν, ἵνα τοὺς νεκροὺς αὐτὸς ἐγείρῃ· ὅτε καὶ τῷ Ναιεμὰν λέγει ὁ Ἐλισσαῖος, καθαρίσας αὐτὸν

Cf. 4 Kings (2 K.) v. 8, 15.
1 Kings (1 Sam.) xii. 17.
Acts iii. 11.

ἀπὸ τῆς λέπρας· ʽἽνα γνῷς, ὅτι ἐστὶ Θεὸς ἐν Ἰσραήλ·ʼ ὁ δὲ Σαμουὴλ καὶ αὐτὸς ἐν ἡμέραις θερισμοῦ ηὔχετο τὸν Θεὸν δοῦναι ὑετόν· οἵ τε ἀπόστολοι ἔλεγον, οὐκ ʽἰδίᾳ δυνάμει·ʼ ποιεῖν τὰ σημεῖα, ἀλλὰ τῇ τοῦ Κυρίου χάριτι· δῆλον, ὅτι κατ᾽ αὐτὸν κοινὴ ἂν εἴη πάντων καὶ ἡ τοιαύτη φωνὴ, ὥστε καὶ ἕκαστον λέγειν δύνασθαι· ʽἘγὼ ἐν τῷ Πατρὶ, καὶ ὁ Πατὴρ ἐν ἐμοί·ʼ καὶ λοιπὸν μηκέτι ἕνα εἶναι τοῦτον Ὑιὸν Θεοῦ καὶ Λόγον καὶ Σοφίαν, ἀλλ᾽ ἐκ πολλῶν ἕνα καὶ τοῦτον τυγχάνειν.

3. Ἀλλ᾽ εἴπερ ἦν οὕτως, ὁ Κύριος εἰρηκὼς, ἔδει μὴ εἰπεῖν αὐτόν· ʽἘγὼ ἐν τῷ Πατρὶ, καὶ ὁ Πατὴρ ἐν ἐμοί·ʼ ἀλλὰ μᾶλλον, ʽΚἀγὼ ἐν τῷ Πατρὶ, καὶ ὁ Πατὴρ δὲ καὶ ἐν ἐμοί ἐστιν,ʼ ἵνα μηδὲ ἴδιον καὶ ἐξαίρετον ἔχῃ πρὸς τὸν Πατέρα ὡς Ὑιὸς, κοινὴν δὲ μετὰ πάντων ἔχῃ τὴν αὐτὴν χάριν. Ἀλλ᾽ οὐκ ἔστιν, ὡς νομίζουσιν ἐκεῖνοι· μὴ φρονοῦντες γὰρ Ὑιὸν εἶναι γνήσιον ἐκ Πατρὸς, καταψεύδονται τοῦ γνησίου, ᾧ μόνῳ ἁρμόζει λέγειν· ʽἘγὼ ἐν τῷ Πατρὶ καὶ ὁ Πατὴρ ἐν ἐμοί.ʼ Ἔστι γὰρ ὁ Ὑιὸς ʽἐν τῷ Πατρὶ,ʼ ὥς γε νοεῖν ἔξεστιν, ἐπειδὴ σύμπαν τὸ εἶναι τοῦ Ὑιοῦ, τοῦτο τῆς τοῦ Πατρὸς οὐσίας ἴδιόν ἐστιν, ὡς ἐκ φωτὸς

III. 4.] *Coinherence implies One Godhead.* 157

ἀπαύγασμα, καὶ ἐκ πηγῆς ποταμὸς, ὥστε τὸν ὁρῶντα τὸν Υἱὸν ὁρᾶν τὸ τοῦ Πατρὸς ἴδιον, καὶ νοεῖν ὅτι τοῦ Υἱοῦ τὸ εἶναι, ἐκ τοῦ Πατρὸς ὂν, οὕτως ἐν τῷ Πατρί ἐστιν. Ἔστι δὲ καὶ ὁ Πατὴρ 'ἐν τῷ Υἱῷ,' ἐπειδὴ τὸ ἐκ τοῦ Πατρὸς ἴδιον, τοῦτο ὁ Υἱὸς τυγχάνει ὤν, ὡς ἐν τῷ ἀπαυγάσματι ὁ ἥλιος, καὶ ἐν τῷ λόγῳ ὁ νοῦς, καὶ ἐν τῷ ποταμῷ ἡ πηγή· οὕτω γὰρ ὁ θεωρῶν τὸν Υἱὸν, θεωρεῖ τῆς τοῦ Πατρὸς οὐσίας τὸ ἴδιον, καὶ νοεῖ ὅτι ὁ Πατὴρ ἐν τῷ Υἱῷ ἐστι. Τοῦ γὰρ εἴδους καὶ τῆς θεότητος τοῦ Πατρὸς οὔσης τὸ εἶναι τοῦ Υἱοῦ, ἀκολούθως ὁ Υἱὸς ἐν τῷ Πατρί ἐστι, καὶ ὁ Πατὴρ ἐν τῷ Υἱῷ. Διὰ τοῦτο γὰρ καὶ εἰκότως εἰρηκὼς πρότερον, ''Εγὼ καὶ ὁ Πατὴρ ἕν ἐσμεν,' ἐπήγαγε τό, ''Εγὼ ἐν John x. 30 τῷ Πατρὶ, καὶ ὁ Πατὴρ ἐν ἐμοί·' ἵνα τὴν μὲν ταὐτότητα τῆς Ib. xiv. 10. θεότητος, τὴν δὲ ἑνότητα τῆς οὐσίας δείξῃ.

4. '*Ἕν' γάρ εἰσιν, οὐχ ὡς ἑνὸς πάλιν εἰς δύο μέρη διαιρεθέντος, καὶ μηδὲν ὄντων πλὴν ἑνός· οὐδὲ ὡς τοῦ ἑνὸς δὶς ὀνομαζομένου, ὥστε τὸν αὐτὸν ἄλλοτε μὲν Πατέρα, ἄλλοτε δὲ Υἱὸν ἑαυτοῦ γίνεσθαι· τοῦτο γὰρ Σαβέλλιος φρονήσας, αἱρετικὸς ἐκρίθη. Ἀλλὰ δύο μέν εἰσιν, ὅτι ὁ Πατὴρ Πατήρ ἐστι, καὶ οὐχ ὁ αὐτὸς Υἱός ἐστι· καὶ ὁ Υἱὸς Υἱός ἐστι, καὶ οὐχ ὁ αὐτὸς Πατήρ ἐστι. Μία δὲ ἡ φύσις (οὐ γὰρ ἀνόμοιον τὸ γέννημα τοῦ γεννήσαντος· εἰκὼν γάρ ἐστιν αὐτοῦ,) καὶ πάντα τὰ Πατρὸς τοῦ Υἱοῦ ἐστι. Διὸ οὐδὲ ἄλλος Θεὸς ὁ Υἱός· οὐ γὰρ ἔξωθεν ἐπενοήθη· ἐπεὶ πάντως καὶ πολλοὶ, ξένης παρὰ τὴν τοῦ Πατρὸς ἐπινοουμένης θεότητος· εἰ γὰρ καὶ ἕτερόν ἐστιν ὡς γέννημα ὁ Υἱὸς, ἀλλὰ ταὐτόν ἐστιν ὡς Θεός· καὶ 'ἕν' εἰσιν αὐτὸς καὶ ὁ Πατὴρ τῇ ἰδιότητι καὶ οἰκειότητι τῆς φύσεως, καὶ τῇ ταυτότητι τῆς μιᾶς θεότητος, ὥσπερ εἴρηται. Καὶ γὰρ καὶ τὸ ἀπαύγασμα φῶς ἐστιν, οὐ δεύτερον τοῦ ἡλίου, οὐδὲ ἕτερον φῶς, οὐδὲ κατὰ μετουσίαν αὐτοῦ, ἀλλ' ὅλον ἴδιον αὐτοῦ γέννημα. Τὸ δὲ τοιοῦτον γέννημα ἐξ ἀνάγκης ἕν ἐστι φῶς· καὶ οὐκ ἄν τις εἴποι δύο φῶτα εἶναι ταῦτα, ἀλλὰ δύο μὲν ἥλιον καὶ ἀπαύγασμα, ἓν δὲ τὸ ἐξ ἡλίου φῶς ἐν τῷ ἀπαυγάσματι φωτίζον τὰ πανταχοῦ. Οὕτω καὶ ἡ τοῦ Υἱοῦ θεότης τοῦ Πατρός ἐστιν· ὅθεν καὶ ἀδιαίρετός ἐστι· καὶ οὕτως 'εἷς Θεὸς, καὶ οὐκ ἔστιν ἄλλος πλὴν Mark xii. 32. αὐτοῦ.' Οὕτω γοῦν ἓν αὐτῶν ὄντων, καὶ μιᾶς αὐτῆς οὔσης τῆς θεότητος, τὰ αὐτὰ λέγεται περὶ τοῦ Υἱοῦ, ὅσα λέγεται καὶ περὶ

τοῦ Πατρὸς, χωρὶς τοῦ λέγεσθαι 'Πατήρ·' οἷον τὸ 'Θεὸς,' 'Καὶ Θεὸς ἦν ὁ Λόγος·' τὸ 'Παντοκράτωρ,' 'Τάδε λέγει ὁ ἦν, καὶ ὁ ὢν, καὶ ὁ ἐρχόμενος, ὁ Παντοκράτωρ·' τὸ 'Κύριος,' 'Εἷς Κύριος Ἰησοῦς Χριστός·' τὸ εἶναι 'φῶς,' ''Εγώ εἰμι τὸ φῶς.' τὸ ἐξαλείφειν ἁμαρτίας, "Ἵνα δὲ, φησὶν, εἰδῆτε, ὅτι ἔχει ἐξουσίαν ὁ Υἱὸς τοῦ ἀνθρώπου ἐπὶ τῆς γῆς ἀφιέναι ἁμαρτίας·' καὶ ὅσα ἄλλα ἂν εὕροις. 'Πάντα' γὰρ, φησὶν αὐτὸς ὁ Υἱὸς, 'ὅσα ἔχει ὁ Πατὴρ, ἐμά ἐστι·' καὶ πάλιν, 'Τὰ ἐμὰ σά ἐστιν.'

5. Ὁ δὲ ἀκούων τὰ τοῦ Πατρὸς λεγόμενα ἐφ' Υἱοῦ ὄψεται καὶ οὕτω τὸν Πατέρα 'ἐν τῷ Υἱῷ·' θεωρήσει δὲ καὶ τὸν Υἱὸν 'ἐν τῷ Πατρὶ,' ὅταν τὰ λεγόμενα ἐφ' Υἱοῦ ταῦτα λέγηται καὶ ἐπὶ Πατρός. Διὰ τί δὲ τὰ τοῦ Πατρὸς ἐφ' Υἱοῦ λέγεται, ἢ ὅτι ἐξ αὐτοῦ γέννημά ἐστιν ὁ Υἱός; διὰ τί δὲ καὶ τὰ τοῦ Υἱοῦ ἴδιά ἐστι τοῦ Πατρὸς, ἢ ὅτι πάλιν τῆς οὐσίας αὐτοῦ ἴδιόν ἐστι γέννημα ὁ Υἱός; Τῆς δὲ οὐσίας τοῦ Πατρὸς ἴδιον ὢν γέννημα ὁ Υἱὸς, εἰκότως καὶ τὰ τοῦ Πατρὸς λέγει ἑαυτοῦ εἶναι· ὅθεν πρεπόντως καὶ ἀκολούθως τῷ μὲν λέγειν, ''Εγὼ καὶ ὁ Πατὴρ ἕν ἐσμεν,' ἐπήγαγεν, '"Ινα γνῶτε, ὅτι ἐγὼ ἐν τῷ Πατρὶ, καὶ ὁ Πατὴρ ἐν ἐμοί·' τούτῳ δὲ πάλιν προσείρηκεν· 'Ὁ ἑωρακὼς ἐμὲ ἑώρακε τὸν Πατέρα·' καὶ ἔστιν εἷς καὶ ὁ αὐτὸς νοῦς ἐν τοῖς τρισὶ τούτοις ῥητοῖς. Ὁ γὰρ οὕτως ἐγνωκὼς ὅτι ἕν εἰσιν ὁ Υἱὸς καὶ ὁ Πατὴρ, οἶδεν ὅτι αὐτὸς ἐν τῷ Πατρί ἐστι, καὶ ὁ Πατὴρ ἐν τῷ Υἱῷ· ἡ γὰρ τοῦ Υἱοῦ θεότης τοῦ Πατρός ἐστι, καὶ αὐτὴ ἐν τῷ Υἱῷ ἐστι· καὶ ὁ τοῦτο δὲ καταλαβὼν πέπεισται ὅτι ὁ ἑωρακὼς τὸν Υἱὸν ἑώρακε τὸν Πατέρα· ἐν γὰρ τῷ Υἱῷ ἡ τοῦ Πατρὸς θεότης θεωρεῖται. Τοῦτο δὲ καὶ ἀπὸ τοῦ παραδείγματος τῆς εἰκόνος τοῦ βασιλέως προσεχέστερόν τις κατανοεῖν δυνήσεται. Ἐν γὰρ τῇ εἰκόνι τὸ εἶδος καὶ ἡ μορφὴ τοῦ βασιλέως ἐστὶ, καὶ ἐν τῷ βασιλεῖ δὲ τὸ ἐν τῇ εἰκόνι εἶδός ἐστιν. Ἀπαράλλακτος γάρ ἐστιν ἡ ἐν τῇ εἰκόνι τοῦ βασιλέως ὁμοιότης· ὥστε τὸν ἐνορῶντα τῇ εἰκόνι ὁρᾶν ἐν αὐτῇ τὸν βασιλέα, καὶ τὸν πάλιν ὁρῶντα τὸν βασιλέα ἐπιγινώσκειν ὅτι οὗτός ἐστιν ὁ ἐν τῇ εἰκόνι. Ἐκ δὲ τοῦ μὴ διαλλάττειν τὴν ὁμοιότητα, τῷ θέλοντι μετὰ τὴν εἰκόνα θεωρῆσαι τὸν βασιλέα εἴποι ἂν ἡ εἰκών· ''Εγὼ καὶ ὁ βασιλεὺς ἕν ἐσμεν·' ἐγὼ γὰρ ἐν ἐκείνῳ εἰμὶ, κἀκεῖνος ἐν ἐμοί· καὶ ὃ ὁρᾷς ἐν ἐμοὶ, τοῦτο ἐν ἐκείνῳ

III. 6.] *but one God with the Father.* 159

βλέπεις· καὶ ὃ ἑώρακας ἐν ἐκείνῳ, τοῦτο βλέπεις ἐν ἐμοί.' Ὁ γοῦν προσκυνῶν τὴν εἰκόνα, ἐν αὐτῇ προσκυνεῖ καὶ τὸν βασιλέα· ἡ γὰρ ἐκείνου μορφὴ καὶ τὸ εἶδός ἐστιν ἡ εἰκών. Ἐπεὶ τοίνυν καὶ ὁ Υἱὸς εἰκών ἐστι τοῦ Πατρός, ἐξ ἀνάγκης ἐστὶ νοεῖν, ὅτι ἡ θεότης καὶ ἡ ἰδιότης τοῦ Πατρὸς τὸ εἶναι τοῦ Υἱοῦ ἐστι. Καὶ τοῦτό ἐστιν, '"Ος ἐν μορφῇ Θεοῦ ὑπάρχων,' καὶ, 'Ὁ Πατὴρ ἐν Phil. ii. 6. ἐμοί.' John xiv. 10.

6. Οὐκ ἐκ μέρους δὲ ἡ τῆς θεότητος μορφὴ, ἀλλὰ τὸ πλήρωμα τῆς τοῦ Πατρὸς θεότητός ἐστι τὸ εἶναι τοῦ Υἱοῦ, καὶ ὅλος Θεός ἐστιν ὁ Υἱός. Διὰ τοῦτο καὶ ἴσα Θεῷ ὢν, 'οὐχ ἁρπαγμὸν Phil. ii. 6. ἡγήσατο τὸ εἶναι ἴσα Θεῷ·' καὶ πάλιν ἐπειδὴ τοῦ Υἱοῦ ἡ θεότης καὶ τὸ εἶδος οὐδενὸς ἄλλου, ἢ τοῦ Πατρός ἐστι, τοῦτό ἐστιν ὅπερ εἶπε, τὸ 'Ἐγὼ ἐν τῷ Πατρί·' Οὕτω 'Θεὸς ἦν ἐν Χριστῷ John xiv. 10. κόσμον ἑαυτῷ καταλλάσσων·' τὸ γὰρ ἴδιον τῆς τοῦ Πατρὸς 2 Cor. v. 19. οὐσίας ἐστὶν ὁ Υἱὸς, ἐν ᾧ ἡ κτίσις πρὸς τὸν Θεὸν κατηλλάσσετο. Οὕτως ἃ εἰργάζετο ὁ Υἱὸς, τοῦ Πατρός ἐστιν ἔργα· τὸ γὰρ εἶδος τῆς τοῦ Πατρὸς θεότητός ἐστιν ὁ Υἱὸς, ἥτις εἰργάζετο τὰ ἔργα· οὕτω δὲ ὁ βλέπων τὸν Υἱὸν ὁρᾷ τὸν Πατέρα· ἐν γὰρ τῇ πατρῴᾳ θεότητί ἐστι καὶ θεωρεῖται ὁ Υἱός· καὶ τὸ ἐν αὐτῷ πατρικὸν εἶδος δείκνυσιν ἐν αὐτῷ τὸν Πατέρα· καὶ οὕτως ἐστὶν ὁ Πατὴρ 'ἐν τῷ Υἱῷ.' Καὶ ἡ ἐκ τοῦ Πατρὸς δὲ ἐν Υἱῷ ἰδιότης καὶ θεότης δείκνυσι τὸν Υἱὸν ἐν τῷ Πατρὶ, καὶ τὸ ἀεὶ ἀδιαίρετον αὐτοῦ· καὶ ὁ ἀκούων δὲ καὶ βλέπων τὰ λεγόμενα περὶ τοῦ Πατρὸς, ταῦτα λεγόμενα περὶ τοῦ Υἱοῦ, οὐ κατὰ χάριν ἢ μετοχὴν ἐπιγενόμενα τῇ οὐσίᾳ αὐτοῦ, ἀλλ' ὅτι αὐτὸ τὸ εἶναι τοῦ Υἱοῦ ἴδιον τῆς πατρικῆς οὐσίας ἐστὶ γέννημα, νοήσει καλῶς τὸ εἰρημένον, καθὰ προεῖπον, 'Ἐγὼ ἐν τῷ Πατρὶ, καὶ ὁ Πατὴρ ἐν John xiv. 10. ἐμοί·' καὶ, 'Ἐγὼ καὶ ὁ Πατὴρ ἕν ἐσμεν.' Ἔστι γὰρ ὁ Υἱὸς, Ib. x. 30. οἷος ὁ Πατὴρ, τῷ πάντα τὰ τοῦ Πατρὸς ἔχειν· διὸ καὶ μετὰ τοῦ Πατρὸς σημαίνεται. 'Πατέρα' γὰρ οὐκ ἄν τις εἴποι, μὴ ὑπάρχοντος υἱοῦ. Ὁ μέντοι 'ποιητὴν' λέγων τὸν Θεὸν, οὐ πάντως καὶ τὰ γενόμενα δηλοῖ· ἔστι γὰρ καὶ πρὸ τῶν ποιημάτων ποιητής· ὁ δὲ 'Πατέρα' λέγων, εὐθὺς μετὰ τοῦ Πατρὸς σημαίνει καὶ τὴν τοῦ Υἱοῦ ὕπαρξιν. Διὰ τοῦτο καὶ ὁ πιστεύων εἰς τὸν Υἱὸν εἰς τὸν Πατέρα πιστεύει· εἰς γὰρ τὸ ἴδιον τῆς τοῦ Πατρὸς οὐσίας πιστεύει· καὶ οὕτω μία ἐστὶν ἡ πίστις εἰς ἕνα Θεόν· καὶ

ὁ προσκυνῶν δὲ καὶ τιμῶν τὸν Υἱὸν ἐν Υἱῷ προσκυνεῖ καὶ τιμᾷ τὸν Πατέρα. Μία γάρ ἐστιν ἡ θεότης· καὶ διὰ τοῦτο μία τιμὴ καὶ μία ἐστὶ προσκύνησις ἡ ἐν Υἱῷ καὶ δι' αὐτοῦ γινομένη τῷ Πατρί· καὶ ὁ οὕτω προσκυνῶν ἕνα Θεὸν προσκυνεῖ· 'εἷς γὰρ Θεός ἐστι, καὶ οὐκ ἔστιν ἄλλος πλὴν αὐτοῦ.' Ὅτε γοῦν 'μόνος' λέγεται ὁ Πατὴρ 'Θεὸς,' καὶ ὅτι εἷς Θεός ἐστι, καὶ τὸ, ''Εγώ εἰμι,' καὶ, 'Πλὴν ἐμοῦ οὐκ ἔστι Θεὸς,' καὶ τὸ, ''Εγὼ πρῶτος, καὶ ἐγὼ μετὰ ταῦτα,' καλῶς λέγεται· εἷς γὰρ Θεὸς καὶ μόνος καὶ πρῶτός ἐστιν. Οὐκ εἰς ἀναίρεσιν δὲ τοῦ Υἱοῦ λέγεται· μὴ γένοιτο· ἔστι γὰρ καὶ αὐτὸς ἐν τῷ ἑνὶ, καὶ πρώτῳ, καὶ μόνῳ, ὡς τοῦ ἑνὸς καὶ μόνου καὶ πρώτου καὶ μόνος Λόγος, καὶ Σοφία, καὶ ἀπαύγασμα ὤν. Ἔστι δὲ καὶ πρῶτος καὶ αὐτὸς, πλήρωμα τῆς τοῦ πρώτου καὶ μόνου θεότητος, ὅλος καὶ πλήρης ὢν Θεός. Οὐκοῦν οὐ δι' αὐτὸν εἴρηται, ἀλλ' εἰς ἀναίρεσιν τοῦ μὴ εἶναι ἕτερον οἷός ἐστιν ὁ Πατὴρ, καὶ ὁ τούτου Λόγος· καὶ ἔστι μὲν αὐτὸς ὁ νοῦς τοῦ προφήτου φανερὸς καὶ πᾶσι πρόδηλος.

7. Ἐπειδὴ δὲ οἱ ἀσεβεῖς καὶ ταῦτα φέροντες δυσφημοῦσι μὲν τὸν Κύριον, ὀνειδίζουσι δὲ ἡμῖν λέγοντες, 'Ἰδοὺ εἷς, καὶ μόνος, καὶ πρῶτος λέγεται ὁ Θεός· πῶς ὑμεῖς λέγετε τὸν Υἱὸν εἶναι Θεόν; εἰ γὰρ ἦν Θεὸς, οὐκ ἂν ἔλεγεν, Ἐγὼ μόνος, οὐδὲ ὅτι εἷς ἐστιν ὁ Θεός·' ἀναγκαῖον τὸν νοῦν καὶ τούτων τῶν ῥητῶν, ὡς δυνατόν ἐστιν, εἰπεῖν, ἵνα πάντες γνῶσι καὶ ἐκ τούτων, ὅτι ὄντως εἰσὶν οἱ Ἀρειανοὶ θεομάχοι. Εἰ μὲν οὖν ἅμιλλα τῷ Υἱῷ ἐστι πρὸς τὸν Πατέρα, τοιαύτας ἀκουέτω φωνάς· καὶ εἰ ὥσπερ Δαβὶδ ἤκουσε περὶ τοῦ Ἀδωνίου καὶ τοῦ Ἀβεσσαλὼμ, οὕτω καὶ ὁ Πατὴρ βλέπει τὸν Υἱὸν, πρὸς ἑαυτὸν λεγέτω καὶ προφερέτω τοιαῦτα ῥήματα, μήποτε ὁ Υἱὸς, λέγων ἑαυτὸν Θεὸν, ἀποστήσῃ τινὰς ἀπὸ τοῦ Πατρός· εἰ δὲ ὁ γινώσκων τὸν Υἱὸν γινώσκει μᾶλλον τὸν Πατέρα, ἀποκαλύπτοντος τούτου αὐτῷ τοῦ Υἱοῦ, καὶ ἐν τῷ Λόγῳ ὄψεται μᾶλλον τὸν Πατέρα, καθάπερ εἴρηται· ἐλθὼν δὲ ὁ Υἱὸς, οὐχ ἑαυτὸν, ἀλλὰ τὸν Πατέρα ἐδόξασε, λέγων μὲν τῷ προσερχομένῳ· 'Τί με λέγεις ἀγαθόν; Οὐδεὶς ἀγαθὸς, εἰ μὴ εἷς ὁ Θεός·' ἀποκρινόμενος δὲ τῷ ἐρωτῶντι, ποία ἐντολὴ ἐν τῷ νόμῳ μείζων, ὅτι, ''Ἄκουε Ἰσραὴλ, Κύριος ὁ Θεός σου, Κύριος εἷς ἐστι·' καὶ τοῖς μὲν ὄχλοις λέγων· ''Εγὼ ἐκ τοῦ οὐρανοῦ καταβέβηκα οὐχ ἵνα ποιήσω τὸ θέλημα τὸ ἐμὸν, ἀλλὰ

III. 8.] *As excluding idols, not the Son.* 161

τὸ θέλημα τοῦ πέμψαντός με Πατρός·' τοὺς δὲ μαθητὰς διδάσκων, ὅτι ''Ο Πατήρ μου μείζων μού ἐστι·' καὶ, ''Ο ἐμὲ τιμῶν John xiv. 28. τιμᾷ τὸν πέμψαντά με.' καὶ εἰ τοιοῦτός ἐστιν ὁ Υἱὸς πρὸς τὸν Ib. v. 23. ἑαυτοῦ Πατέρα, ποία ἐναντιότης, ἵνα καὶ τοιαύτην τις ὑπόνοιαν λάβῃ περὶ τῶν τοιούτων ῥητῶν; Ἄλλως τε εἰ Λόγος ἐστὶ τοῦ Πατρὸς ὁ Υἱὸς, τίς οὕτως ἐστὶν ἄφρων, πλὴν τῶν Χριστομάχων, ὡς νομίζειν ὅτι, τὸν ἑαυτοῦ Λόγον διαβάλλων καὶ ἀναιρῶν, τὰ τοιαῦτα λελάληκεν ὁ Θεός; Οὐκ ἔστιν οὗτος ὁ νοῦς Χριστιανῶν· μὴ γένοιτο! Οὐ γὰρ διὰ τὸν Υἱὸν ταῦτα γέγραπται, ἀλλ᾽ εἰς ἀναίρεσιν τῶν πλασθέντων παρὰ τῶν ἀνθρώπων ψευδωνύμων θεῶν· καὶ ἡ διάνοια τῶν τοιούτων ῥητῶν ἔχει τὴν αἰτίαν εὔλογον.

8. Ἐπειδὴ γὰρ οἱ προσκείμενοι τοῖς ψευδωνύμοις θεοῖς ἀφίστανται τοῦ ἀληθινοῦ Θεοῦ, διὰ τοῦτο ἀγαθὸς ὢν καὶ κηδόμενος τῶν ἀνθρώπων ὁ Θεὸς, ἀνακαλούμενος τοὺς πλανηθέντας, φησίν· 'Ἐγὼ Θεὸς μόνος·' καὶ, 'Ἐγώ εἰμι·' καὶ, 'Πλὴν ἐμοῦ οὐκ ἔστι Deut. xxxii. Θεός·' καὶ ὅσα τοιαῦτά ἐστι ῥητά· ἵνα τὰ μὲν μὴ ὄντα διαβάλῃ, Exod. iii. 15. ἐπιστρέψῃ δὲ πάντας εἰς ἑαυτόν. Καὶ ὥσπερ ἂν εἴ τις, ἡμέρας οὔσης καὶ ἡλίου φαίνοντος, ζωγραφοίη ξύλον ἁπλῶς, οὐδὲ κἂν φαντασίαν ἔχον φωτὸς, καὶ λέγοι τὴν εἰκόνα ταύτην αἰτίαν εἶναι τοῦ φωτός· ὁ δὲ ἥλιος τοῦτο βλέπων εἰ λέγοι, 'Ἐγὼ μόνος εἰμὶ τὸ φῶς τῆς ἡμέρας, καὶ οὐκ ἔστιν ἄλλο φῶς τῆς ἡμέρας πλὴν ἐμοῦ·' οὐ πρὸς τὸ ἑαυτοῦ ἀπαύγασμα βλέπων ταῦτα λέγει, ἀλλὰ πρὸς τὴν πλάνην διὰ τὴν εἰκόνα τοῦ ξύλου καὶ ἀνομοιότητα τῆς ματαίας φαντασίας· οὕτως ἐστὶ καὶ τὸ, 'Ἐγώ εἰμι,' καὶ, 'Ἐγὼ μόνος Θεὸς,' καὶ, 'Οὐκ ἔστιν ἄλλος πλὴν ἐμοῦ·' ἵνα τῶν ψευδωνύμων ἀποστήσῃ τοὺς ἀνθρώπους, καὶ μάθωσιν αὐτὸν λοιπὸν τὸν ἀληθινὸν Θεόν. Ἀμέλει ταῦτα λέγων ὁ Θεὸς διὰ τοῦ Λόγου ἑαυτοῦ ἔλεγεν· εἰ μὴ ἄρα καὶ τοῦτο προσθῶσιν οἱ νῦν Ἰουδαῖοι, ὅτι μὴ διὰ τοῦ Λόγου ταῦτα λελάληκεν· ἀλλ᾽ οὕτως εἴρηται, κἂν μαίνωνται οἱ διαβολικοί. 'Ἐγένετο γὰρ Λόγος Κυρίου' πρὸς τὸν προφήτην, καὶ ταῦτα ἠκούετο. Εἰ δὲ αὐτοῦ ἦν ὁ Λόγος, καὶ δι᾽ αὐτοῦ ταῦτ᾽ ἐλέγετο· καὶ οὐκ ἔστι τι ὃ λέγει καὶ ποιεῖ ὁ Θεὸς, ὃ μὴ ἐν τῷ Λόγῳ λέγει καὶ ποιεῖ· οὐκ ἄρα δι᾽ αὐτὸν εἴρηται, ὦ θεομάχοι, ἀλλὰ διὰ τὰ ἀλλότρια καὶ μὴ ὄντα παρ᾽ αὐτοῦ. Καὶ γὰρ καὶ κατὰ

M

162 *The Son with and in the Father.* [III. 9.

τὴν εἰρημένην εἰκόνα, καὶ ὁ ἥλιος εἰ τὰς φωνὰς ἔλεγεν ἐκείνας, οὐκ ἐκτὸς ἔχων τὸ ἑαυτοῦ ἀπαύγασμα, ἀλλ' ἐν τῷ ἀπαυγάσματι δεικνὺς ἑαυτοῦ τὸ φῶς ἤλεγχε τὴν πλάνην, καὶ εἶπεν ἂν τοιαῦτα. Οὐκοῦν οὐκ εἰς ἀναίρεσιν τοῦ Υἱοῦ, οὐδὲ δι' αὐτόν ἐστι τὰ τοιαῦτα ῥητά, ἀλλ' εἰς ἀθέτησιν τοῦ ψεύδους. Ἐξ ἀρχῆς γοῦν ὁ Θεὸς οὐκ εἶπε τῷ Ἀδὰμ τὰς τοιαύτας φωνάς, καίτοι ὄντος τοῦ Λόγου σὺν αὐτῷ, ‘δι' οὗ τὰ πάντα ἐγένετο·’ οὐ γὰρ ἦν χρεία, μήπω γενομένων εἰδώλων. Ὅτε δὲ ἀντῆραν ἄνθρωποι κατὰ τῆς ἀληθείας, καὶ ὠνόμασαν ἑαυτοῖς οὓς ἤθελον θεούς, τότε δὴ καὶ τοιούτων χρεία γέγονε ῥημάτων εἰς ἀναίρεσιν τῶν μὴ ὄντων θεῶν. Ἐγὼ δ' ἂν εἴποιμι προσθείς, ὅτι καὶ πρὸς τὴν τῶν Χριστομάχων ἀφροσύνην προείρηται τὰ τοιαῦτα ῥητά, ἵνα γνῶσιν ὅτι ὃν ἂν ἔξωθεν τῆς οὐσίας τοῦ Πατρὸς ἐπινοήσωσι θεόν, οὗτος οὐκ ἔστιν ἀληθινός, οὐδὲ τοῦ μόνου καὶ πρώτου εἰκὼν καὶ υἱός.

9. Ἐὰν τοίνυν καὶ μόνος ἀληθινὸς Θεὸς ὁ Πατὴρ λέγηται,

John xiv. 6. οὐκ εἰς ἀθέτησιν τοῦ λέγοντος, ‘Ἐγώ εἰμι ἡ ἀλήθεια,’ εἴρηται, ἀλλ' εἰς ἀναίρεσιν πάλιν τῶν μὴ πεφυκότων εἶναι ἀληθινῶν, οἷός ἐστιν ὁ Πατὴρ καὶ ὁ τούτου Λόγος. Οὕτω γὰρ καὶ αὐτὸς

Ib. xvii. 3. ὁ Κύριος εὐθὺς συνῆψε, ‘Καὶ ὃν ἀπέστειλας Ἰησοῦν Χριστόν.’ Εἰ δὲ κτίσμα ἦν, οὐκ ἂν συνῆψε, καὶ συνηρίθμησεν ἑαυτὸν τῷ κτίσαντι αὐτόν. Ποία γὰρ κοινωνία τῷ ἀληθινῷ καὶ τῷ μὴ ἀληθινῷ; Νῦν δέ, συνάψας ἑαυτὸν τῷ Πατρί, ἔδειξεν ὅτι τῆς φύσεως τοῦ Πατρός ἐστι, καὶ ἔδωκεν ἡμῖν γινώσκειν ὅτι τοῦ ἀληθινοῦ Πατρὸς ἀληθινόν ἐστι γέννημα. Τοῦτο καὶ Ἰωάννης

1 John v. 20. μαθὼν ἐδίδαξε, γράφων ἐν τῇ Ἐπιστολῇ· ‘Καί ἐσμεν ἐν τῷ ἀληθινῷ, ἐν τῷ Υἱῷ αὐτοῦ Ἰησοῦ Χριστῷ. Οὗτός ἐστιν ὁ ἀληθινὸς Θεός, καὶ ζωὴ αἰώνιος.’ Καὶ τοῦ μὲν προφήτου περὶ

Job ix. 8. τῆς κτίσεως λέγοντος, ‘Ὁ τανύσας τὸν οὐρανὸν μόνος·’ τοῦ δὲ

Isa. xliv. 24. Θεοῦ, ‘Ἐγὼ μόνος τὸν οὐρανὸν ἐξέτεινα·’ παντὶ δῆλον γέγονεν

John i. 3. ὅτι ἐν τῷ μόνῳ καὶ ὁ τοῦ μόνου σημαίνεται Λόγος, ἐν ᾧ ‘τὰ πάντα ἐγένετο, καὶ χωρὶς αὐτοῦ ἐγένετο οὐδὲ ἕν.’ Οὐκοῦν εἰ διὰ τοῦ Λόγου γέγονε, φησὶ δέ, ‘Ἐγὼ μόνος,’ νοεῖται δὲ σὺν τῷ μόνῳ καὶ ὁ Υἱός, δι' οὗ γέγονεν ὁ οὐρανός· οὕτως ἄρα καὶ ἐὰν λέγηται, ‘Εἷς Θεός,’ καί, ‘Ἐγὼ μόνος,’ καί, ‘Ἐγὼ πρῶτος,’ ἐν τῷ ἑνὶ καὶ μόνῳ καὶ πρώτῳ συνὼν νοεῖται ὁ Λόγος, ὥσπερ

III. 10.] *Their Unity not merely moral.* 163

ἐν τῷ φωτὶ τὸ ἀπαύγασμα. Τοῦτο δὲ οὐκ ἂν ἐπὶ ἄλλου νοηθείη, εἰ μὴ ἐπὶ μόνου τοῦ Λόγου. Τὰ μὲν γὰρ ἄλλα πάντα ἐκ τοῦ μὴ ὄντος ὑπέστη διὰ τοῦ Υἱοῦ, καὶ πολλὴν ἔχει τῇ φύσει τὴν διάστασιν· αὐτὸς δὲ ὁ Υἱὸς ἐκ τοῦ Πατρός ἐστι φύσει καὶ ἀληθινὸν γέννημα· διὸ καὶ ὃ προφέρειν ἔδοξαν οἱ ἀνόητοι ῥητὸν, τὸ, ' Ἐγὼ πρῶτος,' εἰς ἀπολογίαν τῆς αἱρέσεως αὐτῶν, τοῦτο μᾶλλον Isa. xliv. 6. ἐλέγχει αὐτῶν τὴν κακόνοιαν. Φησὶν ὁ Θεός· ' Ἐγὼ πρῶτος, καὶ ἐγὼ μετὰ ταῦτα.' Εἰ μὲν οὖν ὡς συναριθμούμενος τοῖς μετ' αὐτὸν λέγεται τούτων ' πρῶτος,' ἵνα κἀκεῖνα δεύτερα τούτου ᾖ, ἔσται καθ' ὑμᾶς τῶν ποιημάτων καὶ αὐτὸς μόνῳ τῷ χρόνῳ προάγων· ἀλλὰ τοῦτο μόνον πᾶσαν ἀσέβειαν ὑπερβάλλει. Εἰ δὲ εἰς ἀπόδειξιν τοῦ μὴ εἶναι αὐτὸν ἔκ τινος, μηδὲ πρὸ αὐτοῦ τινα, ἀλλ' αὐτὸν εἶναι τῶν πάντων ἀρχὴν καὶ αἴτιον, καὶ εἰς ἀναίρεσιν τῶν παρ' Ἕλλησι μύθων εἴρηκεν, ' Ἐγὼ πρῶτος·' δῆλον ὅτι καὶ τὸ λέγεσθαι τὸν Υἱὸν ' πρωτότοκον,' οὐ διὰ τὸ συναριθμεῖσθαι αὐτὸν τῇ κτίσει λέγεται πρωτότοκος, ἀλλ' εἰς ἀπόδειξιν τῆς τῶν πάντων διὰ τοῦ Υἱοῦ δημιουργίας καὶ υἱοποιήσεως. Καὶ γὰρ ὥσπερ ὁ Πατὴρ ' πρῶτός' ἐστιν, οὕτω καὶ αὐτὸς πρῶτος μέν ἐστιν, ὡς εἰκὼν τοῦ πρώτου, καὶ ἐν αὐτῷ ὄντος τοῦ πρώτου, γέννημα δὲ ἐκ τοῦ Πατρός· καὶ ἐν αὐτῷ πᾶσα ἡ κτίσις κτίζεται καὶ υἱοποιεῖται.

10. Ἀλλὰ καὶ πρὸς ταῦτα πάλιν ἐπιχειροῦσι φιλονεικεῖν ταῖς ἰδίαις μυθοπλαστίαις, λέγοντες μὴ οὕτως εἶναι τὸν Υἱὸν καὶ τὸν Πατέρα ' ἕν,' μηδὲ ' ὅμοιον,' ὡς ἡ Ἐκκλησία κηρύσσει, ἀλλ' ὡς αὐτοὶ θέλουσι. Φασὶ γάρ· ' ' Ἐπεὶ ἃ θέλει ὁ Πατὴρ, ταῦτα θέλει καὶ ὁ Υἱὸς, καὶ οὔτε τοῖς νοήμασιν οὔτε τοῖς κρίμασιν ἀντίκειται, ἀλλ' ἐν πᾶσίν ἐστι σύμφωνος αὐτῷ, τὴν ταυτότητα τῶν δογμάτων καὶ τὸν ἀκόλουθον καὶ συνηρτημένον τῇ τοῦ Πατρὸς διδασκαλίᾳ ἀποδιδοὺς λόγον, διὰ τοῦτο αὐτός καὶ ὁ Πατὴρ ἕν εἰσι.' Ταῦτα γὰρ οὐ μόνον εἰπεῖν, ἀλλὰ καὶ γράψαι τινὲς ἐξ αὐτῶν τετολμήκασι. Τούτου δὲ τί ἄν τις ἀτοπώτερον ἢ ἀλογώτερον εἴποι; Εἰ γὰρ διὰ ταῦτα ἕν εἰσιν ὁ Υἱὸς καὶ ὁ Πατὴρ, καὶ εἰ οὕτως ὅμοιός ἐστιν ὁ Λόγος τῷ Πατρί· ὥρα καὶ τοὺς ἀγγέλους, καὶ τὰ ἄλλα ἡμῶν τὰ ὑπερκείμενα, ἀρχάς τε καὶ ἐξουσίας, καὶ θρόνους καὶ κυριότητας, καὶ τὰ φαινόμενα, ἥλιόν τε καὶ σελήνην, καὶ τοὺς ἀστέρας εἶναι καὶ αὐτοὺς, ὡς τὸν Υἱὸν,

164 *The Son's relation to the Father* [III. 11.

υἱούς· λέγεσθαι δὲ καὶ περὶ τούτων, ὅτι αὐτοὶ καὶ ὁ Πατὴρ 'ἕν' εἰσι, καὶ ἕκαστος εἰκὼν καὶ Λόγος ἐστὶ τοῦ Θεοῦ. ᵃἍ γὰρ θέλει ὁ Θεὸς, ταῦτα θέλουσι καὶ αὐτοί· καὶ οὔτε τοῖς κρίμασιν οὔτε τοῖς δόγμασι διαφωνοῦσιν, ἀλλ' ἐν πᾶσίν εἰσιν ὑπήκοοι τῷ πεποιηκότι. Οὐκ ἂν γὰρ ἔμειναν ἐν τῇ ἰδίᾳ δόξῃ, εἰ μὴ, ἅπερ ἤθελεν ὁ Πατὴρ, ταῦτα καὶ αὐτοὶ ἠβούλοντο. Ὁ γοῦν μὴ

Isa. xiv. 12. μείνας, ἀλλὰ παραφρονήσας, ἤκουσε· 'Πῶς ἐξέπεσεν ἐκ τοῦ οὐρανοῦ ὁ ἑωσφόρος, ὁ πρωΐ ἀνατέλλων;' πῶς οὖν, τούτων οὕτως ὄντων, μόνος οὗτος Υἱὸς μονογενὴς καὶ Λόγος καὶ Σοφία ἐστίν; ἢ πῶς, τοσούτων ὄντων ὁμοίων τῷ Πατρὶ, μόνος οὗτος εἰκών ἐστι; Καὶ γὰρ καὶ ἐν ἀνθρώποις εὑρεθήσονται πολλοὶ ὅμοιοι τῷ Πατρὶ, πλεῖστοι μὲν μάρτυρες γενόμενοι, καὶ πρὸ αὐτῶν οἱ ἀπόστολοι καὶ προφῆται, καὶ πάλιν πρὸ τούτων οἱ πατριάρχαι· πολλοί τε καὶ νῦν ἐφύλαξαν τὴν τοῦ Σωτῆρος

Luke vi. 36. ἐντολὴν, γενόμενοι 'οἰκτίρμονες, ὡς ὁ Πατὴρ ὁ ἐν τοῖς οὐρανοῖς,'
Eph. v. 1, 2. καὶ τηρήσαντες τὸ, 'Γίνεσθε οὖν μιμηταὶ τοῦ Θεοῦ, ὡς τέκνα ἀγαπητά· καὶ περιπατεῖτε ἐν ἀγάπῃ, καθὼς καὶ ὁ Χριστὸς
1 Cor. xi. 1. ἠγάπησεν ἡμᾶς.' 'Μιμηταὶ δὲ γεγόνασι' καὶ τοῦ Παύλου πολλοὶ, ὡς κἀκεῖνος 'τοῦ Χριστοῦ·' καὶ ὅμως οὐδεὶς τούτων οὔτε Λόγος, οὔτε Σοφία, οὔτε μονογενὴς Υἱὸς, οὔτε εἰκών ἐστιν, οὔτε τις
John x. 30. τούτων ἀπετόλμησεν εἰπεῖν· ''Ἐγὼ καὶ ὁ Πατὴρ ἕν ἐσμεν,' ἢ,
Ib. xiv. 10. ''Ἐγὼ ἐν τῷ Πατρὶ καὶ ὁ Πατὴρ ἐν ἐμοί.' Ἀλλὰ περὶ μὲν
Exod. xv. 11. πάντων εἴρηται, 'Τίς ὅμοιός σοι ἐν θεοῖς, Κύριε;' καὶ, 'Τίς
Ps. lxxxviii. (lxxxix.) 6. ὁμοιωθήσεται τῷ Κυρίῳ ἐν υἱοῖς Θεοῦ;' περὶ δὲ αὐτοῦ, ὅτι
Gen. i. 27. μόνος εἰκὼν ἀληθινὴ καὶ φύσει τοῦ Πατρός ἐστιν. Εἰ γὰρ καὶ
1 Cor. xi. 7. 'κατ' εἰκόνα' γεγόναμεν, καὶ 'εἰκὼν καὶ δόξα Θεοῦ' ἐχρηματίσαμεν, ἀλλ' οὐ δι' ἑαυτοὺς πάλιν, ἀλλὰ διὰ τὴν ἐνοικήσασαν ἐν ἡμῖν εἰκόνα καὶ ἀληθῆ δόξαν τοῦ Θεοῦ, ἥτις ἐστὶν ὁ Λόγος αὐτοῦ, ὁ δι' ἡμᾶς ὕστερον γενόμενος σὰρξ, ταύτην τῆς κλήσεως ἔχομεν τὴν χάριν.

11. Ἀπρεποῦς δὴ οὖν καὶ ἀλόγου καὶ τῆς τοιαύτης φρονήσεως ἐκείνων φαινομένης, ἀνάγκη τὴν ὁμοίωσιν καὶ τὴν ἑνότητα ἐπ' αὐτὴν τὴν οὐσίαν τοῦ Υἱοῦ φέρειν· εἰ γὰρ μὴ οὕτω τις λάβοι, οὔτε πλέον τι τῶν γενητῶν ἔχων φανήσεται, ὥσπερ εἴρηται, οὔτε τοῦ Πατρὸς ὅμοιος ἔσται, ἀλλὰ τῶν τοῦ Πατρὸς ὅμοιος ἔσται δογμάτων· καὶ τοῦ Πατρὸς διαφέρει ὅτι ὁ μὲν Πατὴρ

III. 12.] *unique and essential.* 165

Πατήρ ἐστι, τὰ δὲ δόγματα καὶ ἡ διδασκαλία τοῦ Πατρός ἐστιν. Εἰ τοίνυν κατὰ τὰ δόγματα καὶ τὴν διδασκαλίαν ὅμοιός ἐστιν ὁ Υἱὸς τῷ Πατρί, ὁ μὲν Πατὴρ κατ' αὐτοὺς ὀνόματι μόνον Πατὴρ ἔσται· ὁ δὲ Υἱὸς οὐκ ἀπαράλλακτος εἰκὼν, μᾶλλον οὐδὲ ὅλως ἰδιότητα ἢ ὁμοίωσίν τινα τοῦ Πατρὸς ἔχων φανήσεται. Ποία γὰρ ὁμοίωσις καὶ ἰδιότης τῷ παρεξηλλαγμένῳ παρὰ τὸν Πατέρα; Καὶ γὰρ καὶ ὁ Παῦλος, ὅμοια τῷ Σωτῆρι διδάσκων, οὐκ ἦν κατ' οὐσίαν ὅμοιος αὐτῷ. Ἐκεῖνοι μὲν οὖν, τοιαῦτα φρονοῦντες, ψεύδονται· ὁ δέ γε Υἱὸς καὶ ὁ Πατὴρ οὕτως εἰσὶν ἕν, καθάπερ εἴρηται· καὶ οὕτως ἐστὶν ὁ Υἱὸς ὅμοιος καὶ ἐξ αὐτοῦ τοῦ Πατρὸς, ὡς ἔστιν ἰδεῖν καὶ νοεῖν υἱὸν πρὸς πατέρα, καὶ ὡς ἔστιν ἰδεῖν τὸ ἀπαύγασμα πρὸς τὸν ἥλιον. Διὰ γὰρ τὸ οὕτως εἶναι τὸν Υἱὸν, ἐργαζομένου τοῦ Υἱοῦ, ὁ Πατήρ ἐστιν ὁ ἐργαζόμενος, καὶ ἐρχομένου τοῦ Υἱοῦ πρὸς τοὺς ἁγίους, ὁ Πατήρ ἐστιν ὁ ἐρχόμενος ἐν τῷ Υἱῷ, ὡς αὐτὸς ἐπηγγείλατο λέγων· 'Ἐλευσόμεθα ἐγὼ καὶ ὁ John xiv. 23. Πατήρ, καὶ μονὴν παρ' αὐτῷ ποιήσομεν.' Ἐν γὰρ τῇ εἰκόνι θεωρεῖται ὁ Πατὴρ, καὶ ἐν τῷ ἀπαυγάσματί ἐστι τὸ φῶς. Διὰ τοῦτο, καθάπερ μικρῷ πρόσθεν εἴπομεν, καὶ διδόντος τοῦ Πατρὸς χάριν καὶ εἰρήνην, αὐτὴν καὶ ὁ Υἱὸς δίδωσιν, ὡς ὁ Παῦλος ἐπισημαίνεται διὰ πάσης ἐπιστολῆς γράφων· 'Χάρις ὑμῖν καὶ Rom.i.7; εἰρήνη ἀπὸ Θεοῦ Πατρὸς ἡμῶν καὶ Κυρίου Ἰησοῦ Χριστοῦ.' Eph. i. 2, etc. Μία γὰρ καὶ ἡ αὐτὴ χάρις ἐστὶ παρὰ Πατρὸς ἐν Υἱῷ, ὡς ἔστιν ἓν τὸ φῶς τοῦ ἡλίου καὶ τοῦ ἀπαυγάσματος, καὶ τὸ φωτίζειν τοῦ ἡλίου διὰ τοῦ ἀπαυγάσματος γίνεται. Οὕτω γοῦν πάλιν ἐπευχόμενος Θεσσαλονικεῦσι καὶ λέγων· 'Αὐτὸς δὲ ὁ Θεὸς 1Thess.iii.11. καὶ Πατὴρ ἡμῶν, καὶ ὁ Κύριος Ἰησοῦς Χριστὸς κατευθύναι τὴν ὁδὸν ἡμῶν πρὸς ὑμᾶς,' τὴν ἑνότητα τοῦ Πατρὸς καὶ τοῦ Υἱοῦ ἐφύλαξεν· οὐ γὰρ εἶπε, 'κατευθύνοιεν,' ὡς παρὰ δύο διδομένης, παρὰ τούτου καὶ τούτου, διπλῆς χάριτος, ἀλλὰ 'κατευθύναι,' ἵνα δείξῃ ὅτι ὁ Πατὴρ δι' Υἱοῦ δίδωσι ταύτην· ἐξ ὧν κἂν ἐρυθριᾷν οἱ ἀσεβεῖς δυνάμενοι, οὐ βούλονται.

12. Εἰ γὰρ μὴ ἦν ἑνότης, καὶ ἴδιον τῆς τοῦ Πατρὸς οὐσίας γέννημα ὁ Λόγος, ὡς τὸ ἀπαύγασμα τοῦ φωτός, ἀλλὰ διειστήκει τῇ φύσει ὁ Υἱὸς τοῦ Πατρός, ἤρκει τὸν Πατέρα δοῦναι μόνον, οὐδενὸς τῶν γενητῶν ἐπικοινωνοῦντος πρὸς τὸν πεποιηκότα ἐν τοῖς διδομένοις· νῦν δὲ ἡ τοιαύτη δόσις δείκνυσι τὴν ἑνότητα

τοῦ Πατρὸς καὶ τοῦ Υἱοῦ. Οὐκ ἂν γοῦν εὔξαιτό τις λαβεῖν παρὰ τοῦ Θεοῦ καὶ τῶν ἀγγέλων, ἢ παρά τινος τῶν ἄλλων κτισμάτων, οὐδ' ἂν εἴποι τις, ' Δῴη σοι ὁ Θεὸς καὶ ὁ ἄγγελος,' ἀλλὰ παρὰ Πατρὸς καὶ τοῦ Υἱοῦ διὰ τὴν ἑνότητα καὶ τὴν ἑνοειδῆ δόσιν. Διὰ γὰρ τοῦ Υἱοῦ δίδοται τὰ διδόμενα· οὐδὲν δέ ἐστιν, ὃ μὴ δι' Υἱοῦ ἐνεργεῖ ὁ Πατήρ· οὕτω γὰρ καὶ ὁ λαβὼν ἀσφαλῆ τὴν χάριν ἔχει. Εἰ δὲ ὁ πατριάρχης Ἰακὼβ, εὐλογῶν τοὺς ἐγγόνους Ἐφραῒμ καὶ Μανασσῆ, ἔλεγεν· '' Ὁ Θεὸς ὁ τρέφων με ἐκ νεότητός μου ἕως τῆς ἡμέρας ταύτης, ὁ Ἄγγελος ὁ ῥυόμενός με ἐκ πάντων τῶν κακῶν, εὐλογήσαι τὰ παιδία ταῦτα·' οὐ τῶν κτισθέντων καὶ τὴν φύσιν ἀγγέλων ὄντων ἕνα συνῆπτε τῷ κτίσαντι αὐτοὺς Θεῷ· οὐδὲ ἀφεὶς τὸν τρέφοντα αὐτὸν Θεὸν, παρ' ἀγγέλου τὴν εὐλογίαν ᾔτει τοῖς ἐγγόνοις· ἀλλ' εἰρηκὼς, '' Ὁ ῥυόμενός με ἐκ πάντων τῶν κακῶν,' ἔδειξε μὴ τῶν κτισθέντων τινὰ ἀγγέλων, ἀλλὰ τὸν Λόγον εἶναι τοῦ Θεοῦ, ὃν τῷ Πατρὶ συνάπτων ηὔχετο· δι' οὗ καὶ οὓς ἐὰν θέλῃ, ῥύεται ὁ Θεός. Τοῦτον γὰρ καὶ 'μεγάλης βουλῆς Ἄγγελον' τοῦ Πατρὸς εἰδὼς καλούμενον, οὐκ ἄλλον ἢ αὐτὸν εἶναι τὸν εὐλογοῦντα, καὶ ῥυόμενον ἐκ τῶν κακῶν ἔλεγεν. Οὐ γὰρ αὐτὸς μὲν παρὰ Θεοῦ ἠξίου εὐλογεῖσθαι, τοὺς δὲ ἐκγόνους ἤθελε παρ' ἀγγέλου· ἀλλ' ὃν αὐτὸς παρεκάλει λέγων, ' Οὐ μή σε ἀποστείλω, ἐὰν μή με εὐλογήσῃς,' (Θεὸς δὲ ἦν οὗτος, ὡς αὐτός φησιν· ' Εἶδον Θεὸν πρόσωπον πρὸς πρόσωπον '), τοῦτον εὐλογῆσαι καὶ τοὺς υἱοὺς τοῦ Ἰωσὴφ ηὔχετο. Ἀγγέλου μὲν οὖν ἴδιον τὸ διακονεῖν τῇ τοῦ Θεοῦ προστάξει· πολλάκις δὲ καὶ προπορεύεται ἐκβάλλειν τὸν Ἀμορραῖον, καὶ πέμπεται φυλάξαι τὸν λαὸν ἐν τῇ ὁδῷ· ἀλλὰ καὶ ταῦτα οὐκ ἔστιν αὐτοῦ, τοῦ δὲ προστάξαντος καὶ ἀποστείλαντος αὐτὸν Θεοῦ, οὗ καὶ τὸ ῥύεσθαί ἐστιν, οὓς ἂν αὐτὸς θελήσῃ ῥύεσθαι· διὰ τοῦτο οὐκ ἄλλος ἢ αὐτὸς Κύριος ὁ Θεὸς ὁ ὀφθεὶς εἶπεν αὐτῷ· ' Καὶ ἰδοὺ ἐγὼ μετὰ σοῦ, διαφυλάσσων σε ἐν τῇ ὁδῷ πάσῃ, οὗ ἂν πορευθῇς·' καὶ οὐκ ἄλλος, ἀλλὰ πάλιν ὁ Θεὸς ὁ ὀφθεὶς ἐπέσχε τοῦ Λάβαν τὴν ἐπιβουλὴν, κελεύσας αὐτῷ 'μὴ λαλῆσαι πονηρὰ τῷ Ἰακώβ·' καὶ αὐτὸς δὲ οὐκ ἄλλον ἢ τὸν Θεὸν παρεκάλει λέγων· '' Ἐξελοῦ με ἐκ χειρὸς τοῦ ἀδελφοῦ μου Ἠσαῦ, ὅτι φοβοῦμαι αὐτόν·' καὶ γὰρ καὶ ταῖς γυναιξὶν ὁμιλῶν ἔλεγεν, ὅτι ' Οὐκ ἔδωκεν ὁ Θεὸς τῷ Λάβαν κακοποιῆσαί με.'

III. 13.] *but the Son only.* 167

13. Διὰ τοῦτο καὶ ὁ Δαβὶδ οὐκ ἄλλον ἢ αὐτὸν τὸν Θεὸν
παρεκάλει περὶ τοῦ ῥυσθῆναι· 'Πρὸς σε, Κύριε, ἐν τῷ θλίβεσθαί Ps. cxix.
με, ἐκέκραξα, καὶ ἐπήκουσάς μου· Κύριε, ῥῦσαι τὴν ψυχήν μου (cxx.) 1, 2.
ἀπὸ χειλέων ἀδίκων, καὶ ἀπὸ γλώσσης δολίας·' τούτῳ καὶ τὴν
χάριν ἀνατιθεὶς 'ἐλάλησε καὶ τοὺς λόγους τῆς ᾠδῆς' ἐν τῷ ἑπτα- Ib. xvii.
καιδεκάτῳ ψαλμῷ, 'ἐν ᾗ ἡμέρᾳ ἐρρύσατο αὐτὸν ὁ Κύριος ἐκ (xviii.) 1, 2, 3.
χειρὸς πάντων τῶν ἐχθρῶν αὐτοῦ, καὶ ἐκ χειρὸς Σαοὺλ, καὶ
εἶπεν· Ἀγαπήσω σε, Κύριε, ἡ ἰσχύς μου, Κύριος στερέωμά
μου καὶ καταφυγή μου, καὶ ῥύστης μου.' Ὁ δὲ Παῦλος, πολ-
λοὺς διωγμοὺς ὑπομείνας, οὐκ ἄλλῳ ἢ τῷ Θεῷ ηὐχαρίστει
λέγων· ''Ἐκ πάντων με ἐρρύσατο ὁ Κύριος, καὶ ῥύσεται, εἰς ὃν 2 Tim. iii. 11;
ἠλπίκαμεν·' καὶ οὐκ ἄλλος δὲ ἢ ὁ Θεὸς ηὐλόγησε τὸν Ἀβραὰμ 2 Cor. i. 10.
καὶ τὸν Ἰσαάκ· καὶ ὁ Ἰσαὰκ δὲ ἐπευχόμενος τῷ Ἰακὼβ, ἔλεγεν·
'Ὁ Θεός μου εὐλογήσαι σε, καὶ αὐξήσαι σε καὶ πληθυνεῖ σε, Gen. xxviii.
καὶ ἔσῃ εἰς συναγωγὰς ἐθνῶν, καὶ δῴη σοι τὴν εὐλογίαν 3, 4.
Ἀβραὰμ τοῦ πατρός μου.' Εἰ δὲ οὐκ ἄλλου τινός ἐστι τὸ
εὐλογεῖν καὶ τὸ ῥύεσθαι, ἢ τοῦ Θεοῦ, καὶ οὐκ ἄλλος τις ἦν ὁ
ῥυόμενος τὸν Ἰακὼβ ἢ αὐτὸς ὁ Κύριος, τὸν δὲ ῥυόμενον αὐτὸν ὁ
πατριάρχης ἐπεκαλεῖτο ἐπὶ τοὺς ἐκγόνους· δῆλόν ἐστιν ὡς οὐκ
ἄλλον ἐν τῇ εὐχῇ συνῆπτε τῷ Θεῷ ἢ τὸν τούτου Λόγον, ὃν διὰ
τοῦτο καὶ Ἄγγελον ἐκάλεσεν, ὅτι μόνος οὗτός ἐστιν ὁ ἀποκα-
λύπτων τὸν Πατέρα. Ὅπερ καὶ ὁ Ἀπόστολος ἐποίει λέγων·
'Χάρις ὑμῖν καὶ εἰρήνη ἀπὸ Θεοῦ Πατρὸς ἡμῶν καὶ Κυρίου Rom. i. 7.
Ἰησοῦ Χριστοῦ·' οὕτω γὰρ καὶ ἀσφαλὴς ἦν ἡ εὐλογία διὰ τὸ
ἀδιαίρετον τοῦ Υἱοῦ πρὸς τὸν Πατέρα, καὶ ὅτι μία καὶ ἡ αὐτή
ἐστιν ἡ διδομένη χάρις. Κἂν γὰρ ὁ Πατὴρ δῴη, διὰ τοῦ Υἱοῦ
ἐστι τὸ διδόμενον· κἂν ὁ Υἱὸς λέγηται χαρίζεσθαι, ὁ Πατὴρ
ἐστιν ὁ διὰ τοῦ Υἱοῦ καὶ ἐν τῷ Υἱῷ παρέχων· 'Εὐχαριστῶ' 1 Cor. i. 4.
γὰρ, φησὶν ὁ Ἀπόστολος γράφων Κορινθίοις, 'τῷ Θεῷ μου
πάντοτε περὶ ὑμῶν ἐπὶ τῇ χάριτι τοῦ Θεοῦ τῇ δοθείσῃ ὑμῖν ἐν
Χριστῷ Ἰησοῦ.' Τοῦτο δὲ καὶ ἐπὶ φωτὸς καὶ ἀπαυγάσματος ἄν
τις ἴδοι· καὶ γὰρ ὅπερ φωτίζει τὸ φῶς, τοῦτο τὸ ἀπαύγασμα
καταυγάζει· ὅπερ δὲ καταυγάζει τὸ ἀπαύγασμα, ἐκ τοῦ φωτός
ἐστιν ὁ φωτισμός. Οὕτω καὶ βλεπομένου τοῦ Υἱοῦ, βλέπεται
ὁ Πατήρ· τοῦ γὰρ Πατρός ἐστι τὸ ἀπαύγασμα· καὶ οὕτως ὁ
Πατὴρ καὶ ὁ Υἱὸς 'ἕν εἰσι.'

168   Angels contrasted with the Son.   [III. 14.

14. Τοῦτο δὲ ἐπὶ τῶν γενητῶν καὶ κτισμάτων οὐκ ἄν τις εἴποι. Οὔτε γὰρ, ἐργαζομένου τοῦ Πατρὸς, ἐργάζεταί τις αὐτὰ τῶν ἀγγέλων, ἢ ἄλλος τις τῶν κτισμάτων· οὐδὲν γὰρ τούτων ποιητικὸν αἴτιόν ἐστιν, ἀλλὰ τῶν γινομένων εἰσίν· ἄλλως τε καὶ κεχωρισμένοι, καὶ διεστηκότες τοῦ μόνου, καὶ ἄλλο τὴν φύσιν ὄντες, καὶ ἔργα τυγχάνοντες, οὔτε ἅπερ ἐργάζεται ὁ Θεὸς, δύνανται ἐργάζεσθαι, οὔτε, καθὰ προεῖπον, χαριζομένου τοῦ Θεοῦ, συγχαρίζεσθαι· οὔτε βλεπομένου ἀγγέλου, εἴποι ἄν τις ἑωρακέναι τὸν Πατέρα. Ἄγγελοι μὲν γὰρ, ὡς γέγραπται,
Heb. i. 14. ' λειτουργικὰ πνεύματά εἰσιν εἰς διακονίαν ἀποστελλόμενοι,' καὶ τὰς παρ' αὐτοῦ διὰ τοῦ Λόγου δωρεὰς διδομένας ἀπαγγέλλοντές εἰσι τοῖς λαμβάνουσι. Καὶ αὐτὸς δὲ ὁ ἄγγελος, ὁρώμενος, ὁμολογεῖ ἀπεστάλθαι παρὰ τοῦ Δεσπότου, ὡς ἐπὶ Ζαχαρίου ὁ
Luke i. 1ς, 30. Γαβριὴλ, καὶ ἐπὶ τῆς Θεοτόκου Μαρίας ὁ αὐτὸς ὡμολόγησε.
Ib. xxiv. 23. Καὶ ὁ βλέπων δὲ 'ἀγγέλων ὀπτασίαν' οἶδεν, ὅτι τὸν ἄγγελον εἶδε, καὶ οὐ τὸν Θεόν. Εἶδε γὰρ Ζαχαρίας ἄγγελον· εἶδε καὶ Ἡσαΐας τὸν Κύριον. Εἶδε Μανωὲ ὁ πατὴρ τοῦ Σαμψὼμ ἄγγελον· ἐθεώρησε δὲ καὶ Μωσῆς τὸν Θεόν. Εἶδε Γεδεὼν ἄγγελον· ὤφθη δὲ καὶ τῷ Ἀβραὰμ ὁ Θεός. Καὶ οὔτε ὁ τὸν Θεὸν ὁρῶν, ἄγγελον ἔβλεπεν, οὔτε ὁ τὸν ἄγγελον ὁρῶν ἐνόμιζε τὸν Θεὸν ὁρᾶν· πολὺ γὰρ, μᾶλλον δὲ. τὸ ὅλον διέστηκε τῇ φύσει τὰ γενητὰ πρὸς τὸν κτίσαντα Θεόν. Εἰ δὲ καί ποτε ὀφθέντος ἀγγέλου, ὁ ὁρῶν φωνῆς ἤκονε Θεοῦ, ὡς ἐπὶ τῆς βάτου γέγονεν·
Exod. iii. :, 6. '"Ὤφθη' γὰρ 'ἄγγελος Κυρίου ἐν φλογὶ πυρὸς ἐκ τῆς βάτου· καὶ ἐκάλεσε Κύριος Μωσῆν ἐκ τῆς βάτου λέγων· Ἐγώ εἰμι ὁ Θεὸς τοῦ πατρός σου, ὁ Θεὸς Ἀβραὰμ, καὶ ὁ Θεὸς Ἰσαὰκ, καὶ ὁ Θεὸς Ἰακώβ·' ἀλλ' οὐκ ἦν ὁ ἄγγελος ὁ Θεὸς Ἀβραὰμ, ἐν δὲ ἀγγέλῳ λαλῶν ἦν ὁ Θεός. Καὶ ὁ μὲν φαινόμενος ἦν ἄγγελος· ὁ δὲ Θεὸς ἐν αὐτῷ ἐλάλει. Ὡς γὰρ ἐν στύλῳ νεφέλης ἐλάλει τῷ Μωσῇ ἐν τῇ σκηνῇ, οὕτω καὶ ἐν ἀγγέλοις φαί-
Jos. i. 2, 9. νεται λαλῶν ὁ Θεός· οὕτω καὶ τῷ τοῦ Ναυῆ δι' ἀγγέλου ἐλάλει. Ἃ δὲ λαλεῖ ὁ Θεὸς, πρόδηλον ὅτι διὰ τοῦ Λόγου λαλεῖ, καὶ οὐ δι' ἄλλου. Ὁ δὲ Λόγος οὐ κεχωρισμένος τοῦ Πατρὸς, οὐδὲ ἀνόμοιος καὶ ξένος τῆς οὐσίας τοῦ Πατρὸς τυγχάνων, ἃ ἐργάζεται, ταῦτα τοῦ Πατρός ἐστιν ἔργα, καὶ μίαν ποιεῖ τὴν δημιουργίαν· καὶ ἃ δίδωσιν ὁ Υἱὸς, ταῦτα τοῦ Πατρός ἐστιν ἡ δόσις.

III. 15.] *God owned as One in Trinity.* 169

Καὶ ὁ ἑωρακὼς τὸν Υἱὸν οἶδεν ὅτι, τοῦτον ἑωρακώς, οὐκ ἄγγελον, οὐδὲ μείζονά τινα τῶν ἀγγέλων, οὐδὲ ὅλως τινὰ τῶν κτισμάτων, ἀλλ' αὐτὸν ἑώρακε τὸν Πατέρα· καὶ ὁ τοῦ Λόγου ἀκούων, οἶδεν ὅτι τοῦ Πατρὸς ἀκούει· ὥσπερ καὶ ὁ τῷ ἀπαυγάσματι καταυγαζόμενος οἶδεν ὅτι καὶ ὑπὸ ἡλίου φωτίζεται.

15. Οὕτω γὰρ ἡμᾶς βουλομένη νοεῖν ἡ θεία Γραφὴ, τοιαῦτα τὰ παραδείγματα δέδωκεν, ὡς καὶ ἐν τοῖς προτέροις εἰρήκαμεν, ἐξ ὧν καὶ τοὺς προδότας Ἰουδαίους δυσωπεῖν δυνάμεθα, καὶ τὴν Ἑλλήνων διαλύειν κατηγορίαν, φασκόντων καὶ νομιζόντων διὰ τὴν Τριάδα λέγειν καὶ ἡμᾶς πολλοὺς θεούς. Οὐδὲ γὰρ, ὥσπερ καὶ τὸ παράδειγμα δείκνυσι, τρεῖς ἀρχὰς ἢ τρεῖς πατέρας εἰσάγομεν, ὡς οἱ περὶ Μαρκίωνα καὶ Μανιχαῖον· ἐπεὶ μηδὲ τριῶν ἡλίων ὑπεθέμεθα τὴν εἰκόνα, ἀλλὰ ἥλιον καὶ ἀπαύγασμα, καὶ ἐν τὸ ἐξ ἡλίου ἐν τῷ ἀπαυγάσματι φῶς· οὕτω μίαν ἀρχὴν οἴδαμεν· τόν τε δημιουργὸν Λόγον φάσκομεν οὐχ ἕτερόν τινα τρόπον ἔχειν θεότητος ἢ τὴν τοῦ μόνου Θεοῦ, διὰ τὸ ἐξ αὐτοῦ πεφυκέναι. Μᾶλλον μὲν οὖν οἱ Ἀρειομανῖται δικαίως ἂν σχοῖεν τὸ ἔγκλημα τῆς πολυθεότητος ἢ καὶ ἀθεότητος, ὅτι ἔξωθεν τὸν Υἱὸν κτίσμα, καὶ πάλιν τὸ Πνεῦμα ἐκ τοῦ μὴ ὄντος βαττολογοῦσιν. Ἢ γὰρ οὐκ εἶναι Θεὸν τὸν Λόγον φήσουσιν· ἢ λέγοντες Θεὸν μὲν διὰ τὸ γεγραμμένον, μὴ ἴδιον δὲ τῆς οὐσίας τοῦ Πατρὸς, πολλοὺς ἂν εἰσάγοιεν διὰ τὸ ἑτεροειδὲς αὐτῶν· εἰ μὴ ἄρα κατὰ μετοχὴν, ὥσπερ καὶ τὰ πάντα, 'Θεὸν' λέγεσθαι καὶ αὐτὸν λέγειν τολμήσουσιν. Ἀλλὰ καὶ τοῦτο νομίζοντες ὁμοίως ἀσεβοῦσιν, ἕνα τῶν πάντων λέγοντες εἶναι τὸν Λόγον. Ἡμῶν δὲ τοῦτο μηδὲ εἰς τὸν νοῦν ποτε εἰσέλθοι! Ἓν γὰρ εἶδος θεότητος, ὅπερ ἐστὶ καὶ ἐν τῷ Λόγῳ· καὶ εἷς Θεὸς ὁ Πατὴρ, ἐφ' ἑαυτῷ ὢν κατὰ τὸ ἐπὶ πάντων εἶναι, καὶ ἐν τῷ Υἱῷ δὲ φαινόμενος κατὰ τὸ διὰ πάντων διήκειν, καὶ ἐν τῷ Πνεύματι δὲ κατὰ τὸ ἐν ἅπασι διὰ τοῦ Λόγου ἐν αὐτῷ ἐνεργεῖν. Οὕτω γὰρ καὶ ἕνα διὰ τῆς Τριάδος ὁμολογοῦμεν εἶναι τὸν Θεὸν, καὶ πολὺ μᾶλλον εὐσεβέστερον λέγομεν τῆς πολυειδοῦς καὶ πολυμεροῦς τῶν αἱρετικῶν θεότητος, ὅτι τὴν μίαν ἐν Τριάδι θεότητα φρονοῦμεν.

16. Εἰ γὰρ μὴ οὕτως ἔχει, ἀλλ' 'ἐξ οὐκ ὄντων ἐστὶ κτίσμα καὶ ποίημα ὁ Λόγος·' ἢ οὐκ ἔστι Θεὸς ἀληθινὸς, διὰ τὸ εἶναι

αὐτὸν ἕνα τῶν κτισμάτων· ἢ εἰ 'Θεὸν' αὐτὸν ὀνομάζουσιν ἐντρεπόμενοι παρὰ τῶν Γραφῶν, ἀνάγκη λέγειν αὐτοὺς δύο θεοὺς, ἕνα μὲν κτίστην, τὸν δὲ ἕτερον κτιστόν· καὶ δύο κυρίοις λατρεύειν, ἑνὶ μὲν ἀγενήτῳ, τῷ δὲ ἑτέρῳ γενητῷ καὶ κτίσματι· δύο τε πίστεις ἔχειν, μίαν μὲν εἰς τὸν ἀληθινὸν Θεὸν, ἑτέραν δὲ εἰς τὸν ποιηθέντα καὶ πλασθέντα παρ' αὐτῶν καὶ λεχθέντα Θεόν. Ἀνάγκη δὲ αὐτοὺς, οὕτω τυφλωθέντας, ὅτε μὲν προσκυνοῦσι τῷ ἀγενήτῳ, κατανωτίζεσθαι τὸν γενητὸν, ὅτε δὲ προσέρχονται τῷ κτίσματι, ἀποστρέφεσθαι τὸν κτίστην. Οὐ γὰρ ἔστιν ἰδεῖν τοῦτον ἐν ἐκείνῳ, διὰ τὸ ξένας καὶ διαφόρους αὐτῶν εἶναι τάς τε φύσεις καὶ τὰς ἐνεργείας. Οὕτω δὲ φρονοῦντες, πάντως καὶ πλείονας συνάψουσι θεούς· τοῦτο γὰρ τῶν ἐκπεσόντων ἀπὸ τοῦ ἑνὸς Θεοῦ τὸ ἐπιχείρημα. Διὰ τί οὖν οἱ Ἀρειανοὶ, τοιαῦτα λογιζόμενοι καὶ νοοῦντες, οὐ συναριθμοῦσιν ἑαυτοὺς μετὰ τῶν Ἑλλήνων; καὶ γὰρ κἀκεῖνοι, ὥσπερ καὶ οὗτοι, 'τῇ κτίσει λατρεύουσι παρὰ τὸν κτίσαντα τὰ πάντα Θεόν.' Ἀλλὰ τὸ μὲν ὄνομα τὸ Ἑλληνικὸν φεύγουσι διὰ τὴν τῶν ἀνοήτων ἀπάτην, τὴν δὲ ὁμοίαν ἐκείνοις διάνοιαν ὑποκρίνονται. Καὶ γὰρ καὶ τὸ σοφὸν αὐτῶν, ὥσπερ εἰώθασι λέγειν, 'Οὐ λέγομεν δύο ἀγένητα,' φαίνονται πρὸς ἀπάτην τῶν ἀκεραίων λέγοντες· φάσκοντες γὰρ, 'Οὐ λέγομεν δύο ἀγένητα,' λέγουσι δύο θεοὺς, καὶ τούτους διαφόρους ἔχοντας τὰς φύσεις, τὸν μὲν γενητὴν, τὸν δὲ ἀγένητον. Εἰ δὲ οἱ μὲν Ἕλληνες ἑνὶ ἀγενήτῳ καὶ πολλοῖς γενητοῖς λατρεύουσιν, οὗτοι δὲ ἑνὶ ἀγενήτῳ καὶ ἑνὶ γενητῷ, οὐδ' οὕτω διαφέρουσιν Ἑλλήνων. Ὅ τε γὰρ παρ' αὐτῶν λεγόμενος 'γενητὸς' εἷς ἐκ πολλῶν ἐστι· καὶ οἱ πολλοὶ δὲ πάλιν τῶν Ἑλλήνων τὴν αὐτὴν τῷ ἑνὶ τούτῳ φύσιν ἔχουσι· καὶ οὗτος γὰρ κἀκεῖνοι κτίσματά εἰσιν. Ἄθλιοι, καὶ πλεῖον ὅσον ἐβλάβησαν κατὰ Χριστοῦ φρονήσαντες. Ἐξέπεσαν γὰρ τῆς ἀληθείας, καὶ τὴν μὲν Ἰουδαίων προδοσίαν ὑπερέβησαν ἀρνούμενοι τὸν Χριστὸν, τοῖς δὲ Ἕλλησι συγκυλίονται, κτίσματι καὶ διαφόροις θεοῖς λατρεύοντες οἱ θεοστυγεῖς. Εἷς γὰρ Θεός ἐστι, καὶ οὐ πολλοὶ, καὶ εἷς ὁ τούτου Λόγος, καὶ οὐ πολλοί· 'Θεὸς γάρ ἐστιν ὁ Λόγος,' καὶ μόνος αὐτὸς ἔχει τὸ πατρικὸν εἶδος· ὥσπερ ἂν αὐτὸς ὁ Σωτὴρ, ἐδυσώπει τοὺς Ἰουδαίους λέγων· 'Ὁ πέμψας με Πατὴρ, ἐκεῖνος μεμαρτύρηκε περὶ ἐμοῦ· οὔτε φωνὴν αὐτοῦ

III. 17.] *or fall into Ditheism.* 171

πώποτε ἀκηκόατε, οὔτε εἶδος αὐτοῦ ἑωράκατε· καὶ τὸν Λόγον αὐτοῦ οὐκ ἔχετε ἐν ὑμῖν μένοντα· ὅτι ὃν ἀπέστειλεν ἐκεῖνος, τούτῳ ὑμεῖς οὐ πιστεύετε.' Τὸν δὲ Λόγον συνῆψε τῷ εἴδει καλῶς, ἵνα δείξῃ ὅτι ὁ τοῦ Θεοῦ Λόγος, αὐτὸς καὶ εἰκὼν καὶ χαρακτὴρ καὶ εἶδός ἐστι τοῦ Πατρὸς ἑαυτοῦ· καὶ ὅτι οἱ τὸν λαλοῦντα μὴ δεξάμενοι Ἰουδαῖοι οὐκ ἐδέξαντο τὸν Λόγον, ὅσπερ ἐστὶ 'τὸ εἶδος τοῦ Θεοῦ.' Τοῦτο καὶ ὁ πατριάρχης Ἰακὼβ ἑωρακὼς ηὐλογήθη, καὶ ἀντὶ Ἰακὼβ Ἰσραὴλ ἐκλήθη παρ' αὐτοῦ, ὡς ἡ θεία Γραφὴ μαρτυρεῖ λέγουσα· 'Ἀνέτειλε δὲ ὁ ἥλιος Gen. xxxii. 31. αὐτῷ, ἡνίκα παρῆλθε τὸ εἶδος τοῦ Θεοῦ.' Τοῦτο δὲ ἦν ὁ λέγων· 'Ὁ ἐμὲ ἑωρακὼς ἑώρακε τὸν Πατέρα·' καὶ, 'Ἐγὼ ἐν John xiv. 9. τῷ Πατρὶ, καὶ ὁ Πατὴρ ἐν ἐμοί ἐστι· κἀγὼ καὶ ὁ Πατὴρ ἕν Ib. 10. ἐσμεν·' οὕτω γὰρ εἷς ἐστιν ὁ Θεὸς, καὶ μία ἡ εἰς τὸν Πατέρα Ib. x. 30. καὶ Υἱὸν πίστις. Καὶ γὰρ τοῦ Λόγου ὄντος Θεοῦ, πάλιν 'Κύριος Deut. vi. 4. ὁ Θεὸς ἡμῶν Κύριος εἷς ἐστι.' Τοῦ γὰρ ἑνὸς ἴδιος καὶ ἀδιαίρετός ἐστιν ὁ Υἱὸς κατὰ τὴν ἰδιότητα καὶ οἰκειότητα τῆς οὐσίας.

17. Ἀλλ' οὐδ' οὕτως ἐντραπέντες, οἱ Ἀρειανοί φασιν· 'Οὐχ ὡς ὑμεῖς λέγετε, ἀλλ' ὡς ἡμεῖς θέλομεν· ἀνατρεπόντων γὰρ ὑμῶν τὰς προτέρας ὑμῶν ἐπινοίας, ἐφεύρομεν καινοτέραν, καὶ λέγομεν· Οὕτως ἐστὶν ὁ Υἱὸς καὶ ὁ Πατὴρ ἕν, καὶ οὕτως ἐστὶν ὁ Πατὴρ ἐν τῷ Υἱῷ, καὶ ὁ Υἱὸς ἐν τῷ Πατρὶ, ὡς ἂν καὶ ἡμεῖς ἐν αὐτῷ γενοίμεθα· τοῦτο γὰρ ἐν τῷ κατὰ Ἰωάννην Εὐαγγελίῳ γέγραπται, ὅπερ περὶ ἡμῶν ὁ Χριστὸς ἠξίου λέγων· 'Πάτερ John xvii. 11. ἅγιε, τήρησον αὐτοὺς ἐν τῷ ὀνόματί σου, ᾧ δέδωκάς μοι, ἵνα ὦσιν ἕν, καθὼς καὶ ἡμεῖς·' καὶ πάλιν μετ' ὀλίγα· 'Οὐ περὶ Ib. 20—23. τούτων δὲ ἐρωτῶ μόνον, ἀλλὰ καὶ περὶ τῶν πιστευόντων διὰ τοῦ λόγου αὐτῶν εἰς ἐμέ· ἵνα πάντες ἓν ὦσι, καθὼς σὺ, Πάτερ, ἐν ἐμοὶ, κἀγὼ ἐν σοὶ, ἵνα καὶ αὐτοὶ ἐν ἡμῖν ἓν ὦσιν· ἵνα ὁ κόσμος πιστεύσῃ, ὅτι σύ με ἀπέστειλας· κἀγὼ τὴν δόξαν, ἣν δέδωκάς μοι, δέδωκα αὐτοῖς, ἵνα ὦσιν ἕν, καθὼς καὶ ἡμεῖς ἕν ἐσμεν, ἐγὼ ἐν αὐτοῖς, καὶ σὺ ἐν ἐμοί· ἵνα ὦσι τετελειωμένοι εἰς ἕν, καὶ ἵνα γινώσκῃ ὁ κόσμος, ὅτι σύ με ἀπέστειλας.' Εἶτα ὥσπερ εὑρόντες πρόφασιν, ἐπιλέγουσιν οἱ δόλιοι ταῦτα· 'Εἰ ὥσπερ ἡμεῖς ἐν τῷ Πατρὶ γινόμεθα ἕν, οὕτω καὶ αὐτὸς καὶ ὁ Πατὴρ ἕν ἐστι, καὶ οὕτως ἐν τῷ Πατρί ἐστι καὶ αὐτός· πῶς ὑμεῖς ἐκ τοῦ λέγειν αὐτὸν, 'Ἐγὼ καὶ ὁ Πατὴρ ἕν ἐσμεν,' καὶ, 'Ἐγὼ ἐν τῷ Ib. iv. 30. Ib. xiv. 10.

Πατρί, καὶ ὁ Πατὴρ ἐν ἐμοί,' ἴδιον καὶ ὅμοιον τῆς τοῦ Πατρὸς οὐσίας αὐτὸν φάσκετε; 'Ανάγκη γὰρ ἢ καὶ ἡμᾶς ἰδίους εἶναι τῆς οὐσίας τοῦ Πατρός, ἢ κἀκεῖνον ἀλλότριον εἶναι, ὥσπερ καὶ ἡμεῖς ἐσμεν ἀλλότριοι.' Ταῦτα μὲν ἐκεῖνοι ληροῦντες φλυαροῦσιν· ἐγὼ δὲ οὐδὲν ἕτερον ἐν τῇ τοιαύτῃ αὐτῶν κακονοίᾳ βλέπω ἢ ἀλόγιστον τόλμαν καὶ διαβολικὴν ἀπόνοιαν, λεγόντων καὶ αὐτῶν κατ' ἐκεῖνον, 'Εἰς τὸν οὐρανὸν ἀναβησόμεθα, ἐσόμεθα ὅμοιοι τῷ Ὑψίστῳ·' τὰ γὰρ κατὰ χάριν διδόμενα τοῖς ἀνθρώποις, ταῦτα θέλουσιν ἴσα τῆς τοῦ διδόντος εἶναι θεότητος. 'Ακούοντες γοῦν 'υἱοὺς' χρηματίζοντας τοὺς ἀνθρώπους, ἐνόμισαν καὶ ἑαυτοὺς ἴσους εἶναι τοῦ ἀληθινοῦ καὶ φύσει Υἱοῦ· καὶ νῦν πάλιν ἀκούοντες τοῦ Σωτῆρος, '"Ινα ὦσιν ἓν, καθὼς καὶ ἡμεῖς,' πλανῶσιν ἑαυτοὺς, καὶ θρασυνόμενοι νομίζουσιν οὕτως ἔσεσθαι ἑαυτοὺς, ὡς ἔστιν ὁ Υἱὸς ἐν τῷ Πατρί, καὶ ὁ Πατὴρ ἐν τῷ Υἱῷ· οὐχ ὁρῶντες τὸ ἐκ τῆς τοιαύτης οἰήσεως γενόμενον τοῦ πατρὸς αὐτῶν τοῦ διαβόλου πτῶμα.

18. Εἰ μὲν οὖν, ὡς πολλάκις εἴπομεν, ὁ αὐτός ἐστιν ἡμῖν ὁ τοῦ Θεοῦ Λόγος, καὶ οὐδὲν ἡμῶν διαφέρει ἡ χρόνῳ· ἔστω ἡμῖν ὅμοιος, καὶ τὴν αὐτὴν ἐχέτω χώραν παρὰ τῷ Πατρί, ἣν καὶ ἡμεῖς ἔχομεν· καὶ μήτε μονογενὴς, μήτε μόνος Λόγος, ἢ Σοφία τοῦ Πατρὸς λεγέσθω· ἀλλὰ κοινὸν ἔστω κατὰ πάντων ἡμῶν τῶν ὁμοίων τὸ αὐτὸ ὄνομα. Δίκαιον γὰρ, ὧν ἐστι φύσις μία, τούτων εἶναι καὶ τὸ ὄνομα κοινὸν, κἂν τοῖς χρόνοις ἀλλήλων διαφέρωσιν. Ἄνθρωπος γὰρ ὁ Ἀδὰμ, ἄνθρωπος δὲ καὶ ὁ Παῦλος, ἄνθρωπος δὲ καὶ ὁ νῦν γενόμενος· καὶ οὐχ ὁ χρόνος ἀλλοιοῖ τὴν φύσιν τοῦ γένους. Εἰ τοίνυν καὶ ὁ Λόγος χρόνῳ μόνον ἡμῶν διαφέρει, ἔδει καὶ ἡμᾶς ὡς ἐκεῖνον εἶναι. 'Αλλ' οὔτε ἡμεῖς Λόγος ἢ Σοφία, οὔτε ἐκεῖνος κτίσμα ἢ ποίημα τυγχάνει ὤν· ἐπεὶ διὰ τί οἱ πάντες ἐκ τοῦ ἑνὸς γεγόναμεν, καὶ μόνος ἐστὶν αὐτὸς Λόγος; Ἀλλὰ γὰρ, εἰ καὶ ἐκείνους λέγειν τοιαῦτα πρέπει, ἀλλ' ἡμῖν ἐνθυμεῖσθαι τὰς ἐκείνων βλασφημίας. Καὶ εἰ δὲ οὐδὲ περιεργάζεσθαί τι τῶν ῥητῶν ἐχρῆν πρὸς τὴν οὕτω φανερὰν καὶ εὐσεβῆ διάνοιαν, καὶ τὴν ἐν ἡμῖν ὀρθὴν πίστιν· ὅμως ἵνα καὶ ἐντεῦθεν δειχθῶσιν ἀσεβεῖς, φέρε συντόμως, ὡς παρὰ τῶν πατέρων μεμαθήκαμεν, ἐκ τοῦ ῥητοῦ τὴν ἑτεροδοξίαν ἐκείνων ἐλέγξωμεν. Ἔθος τῇ θείᾳ Γραφῇ τὰ κατὰ φύσιν ὄντα πράγ-

III. 19.] *no measure of the Son's.* 173

ματα, ταῦτα τοῖς ἀνθρώποις εἰς εἰκόνας καὶ παραδείγματα λαμβάνειν· τοῦτο δὲ ποιεῖ, ἵν' ἐκ τῶν κατὰ φύσιν ἐκείνων τὰ ἐκ προαιρέσεως φαίνηται τῶν ἀνθρώπων κινήματα· καὶ οὕτως ἢ φαῦλος ἢ δίκαιος ὁ τούτων δείκνυται τρόπος. Ἐπὶ μὲν οὖν τῶν φαύλων, ὡς ἐὰν παραγγέλῃ· 'Μὴ γίνεσθε ὡς ἵππος καὶ ἡμίονος, οἷς οὐκ ἔστι σύνεσις·' ἢ καὶ ὅταν, μεμφόμενος τοὺς οὕτω γενομένους, λέγῃ· '"Ανθρωπος ἐν τιμῇ ὢν οὐ συνῆκε· παρασυνεβλήθη τοῖς κτήνεσι τοῖς ἀνοήτοις, καὶ ὡμοιώθη αὐτοῖς·' καὶ πάλιν· '"Ιπποι θηλυμανεῖς ἐγενήθησαν.' Καὶ ὁ Σωτὴρ δέ, τὸν μὲν Ἡρώδην δεικνὺς ὁποῖός ἐστιν, ἔλεγεν· 'Εἴπατε τῇ ἀλώπεκι ταύτῃ·' τοῖς δὲ μαθηταῖς παρήγγελλεν· 'Ἰδοὺ ἀποστέλλω ὑμᾶς ὡς πρόβατα ἐν μέσῳ λύκων· γίνεσθε οὖν φρόνιμοι ὡς οἱ ὄφεις, καὶ ἀκέραιοι ὡς αἱ περιστεραί.' Ἔλεγε δὲ τοῦτο, οὐχ ἵνα τῇ φύσει γενώμεθα κτήνη, ἢ γενώμεθα ὄφεις καὶ περιστεραί· οὐ γὰρ οὕτως ἡμᾶς αὐτὸς πεποίηκε· διὸ οὐδὲ τοῦτο οἶδεν ἡ φύσις· ἀλλ' ἵν' ἡμεῖς τῶν μὲν τὰς ἀλόγους ὁρμὰς φεύγωμεν, τοῦ δὲ τὸ φρόνιμον ἵνα γινώσκοντες, μὴ ἀπατώμεθα παρ' αὐτοῦ, καὶ τῆς περιστερᾶς τὸ πρᾶον ἀναλάβωμεν.

19. Ἐπὶ δὲ τῶν θείων πάλιν εἰκόνας τοῖς ἀνθρώποις λαμβάνων, φησὶν ὁ Σωτήρ. 'Γίνεσθε οἰκτίρμονες, ὡς ὁ Πατὴρ ὑμῶν ὁ ἐν τοῖς οὐρανοῖς οἰκτίρμων ἐστὶ,' καὶ, '"Εσεσθε ὑμεῖς τέλειοι, ὡς ὁ Πατὴρ ὑμῶν ὁ οὐράνιος τέλειός ἐστιν.' Ἔλεγε δὲ καὶ τοῦτο, οὐχ ἵνα γινώμεθα πάλιν ὡς ὁ Πατήρ· γενέσθαι γὰρ ἡμᾶς ὡς ὁ Πατὴρ ἀδύνατον, κτίσμα ὄντας, καὶ ἐκ τοῦ μὴ ὄντος εἰς τὸ εἶναι γενομένους· ἀλλ' ὥσπερ οὐχ ἵνα μὴ γενώμεθα κτήνη, παρήγγειλε, 'Μὴ γίνεσθε ὡς ἵππος,' ἵνα δὲ μὴ τὸ ἄλογον ἐκείνων μιμησώμεθα· οὕτως οὐχ ἵνα γενώμεθα ὡς ὁ Θεὸς, ἔλεγε, 'Γίνεσθε οἰκτίρμονες ὡς ὁ Πατὴρ,' ἀλλ' ἵνα πρὸς τὰς εὐεργεσίας ἐκείνου βλέποντες, ἃ ποιοῦμεν καλὰ, μὴ δι' ἀνθρώπους, ἀλλὰ δι' αὐτὸν ποιῶμεν, ὥστε παρ' αὐτοῦ, καὶ μὴ παρ' ἀνθρώπων τὸν μισθὸν ἔχειν. Ὡς γὰρ ἑνὸς ὄντος Υἱοῦ φύσει, καὶ ἀληθινοῦ, καὶ μονογενοῦς, γινόμεθα καὶ ἡμεῖς 'υἱοὶ,' οὐχ ὡς ἐκεῖνος φύσει καὶ ἀληθείᾳ, ἀλλὰ κατὰ χάριν τοῦ καλέσαντος· καὶ ἄνθρωποι τυγχάνοντες ἀπὸ γῆς, 'θεοὶ' χρηματίζομεν, οὐχ ὡς ὁ ἀληθινὸς Θεὸς, ἢ ὁ τούτου Λόγος, ἀλλ' ὡς ἠθέλησεν ὁ τοῦτο χαρισάμενος Θεός· οὕτω καὶ ὡς ὁ Θεὸς οἰκτίρμονες γινόμεθα, οὐκ ἐξισούμενοι

174 *We are 'one' by imitation,* [III. 20.

τῷ Θεῷ, οὐδὲ φύσει καὶ ἀληθινοὶ εὐεργέται γινόμενοι· (οὐ γὰρ ἡμῶν εὕρεμα τὸ εὐεργετεῖν, ἀλλὰ τοῦ Θεοῦ·) ἵνα δὲ τὰ παρ' αὐτοῦ τοῦ Θεοῦ κατὰ χάριν εἰς ἡμᾶς γενόμενα, ταῦτα καὶ ἡμεῖς μεταδιδῶμεν εἰς ἑτέρους, μὴ διακρινόμενοι, ἁπλῶς δὲ εἰς πάντας ἐκτείνοντες τὴν εὐποιίαν· κατὰ τοῦτο γὰρ μόνον δυνάμεθά πως αὐτοῦ μιμηταὶ γενέσθαι, καὶ οὐκ ἄλλως, ὅτι τὰ παρ' αὐτοῦ διακονοῦμεν ἀλλήλοις. Ὥσπερ δὲ ταῦτα καλῶς καὶ ὀρθῶς διανοούμεθα, οὕτω καὶ τὸ κατὰ Ἰωάννην ἀνάγνωσμα τὴν αὐτὴν ἔχει διάνοιαν. Οὐ γὰρ ὥς ἐστιν ὁ Υἱὸς ἐν τῷ Πατρί, οὕτως ἵνα καὶ ἡμεῖς γενώμεθά φησι· πόθεν, ὅπου γε ὁ μὲν Λόγος καὶ Σοφία τοῦ Θεοῦ ἐστιν, ἡμεῖς δὲ ἐκ γῆς ἐπλάσθημεν· καὶ ὁ μὲν φύσει καὶ τῇ οὐσίᾳ Λόγος καὶ Θεὸς ἀληθινός ἐστιν, (οὕτω γὰρ καὶ ὁ

1 John v. 20. Ἰωάννης φησίν· ' Οἴδαμεν ὅτι ὁ Υἱὸς τοῦ Θεοῦ ἥκει, καὶ ἔδωκεν ἡμῖν διάνοιαν, ἵνα γινώσκωμεν τὸν ἀληθινὸν Θεόν· καί ἐσμεν ἐν τῷ ἀληθινῷ, ἐν τῷ Υἱῷ αὐτοῦ, Ἰησοῦ Χριστῷ· οὗτός ἐστιν ὁ ἀληθινὸς Θεός, καὶ ἡ ζωὴ ἡ αἰώνιος'·) ἡμεῖς δὲ θέσει καὶ χάριτι υἱοποιούμεθα δι' αὐτοῦ, μετέχοντες τοῦ Πνεύματος αὐτοῦ;

John i. 12. ' Ὅσοι' γὰρ, φησὶν, ' ἔλαβον αὐτὸν, ἔδωκεν αὐτοῖς ἐξουσίαν τέκνα Θεοῦ γενέσθαι, τοῖς πιστεύουσιν εἰς τὸ ὄνομα αὐτοῦ.'

Ib. xiv. 6. Διὸ καὶ αὐτὸς μὲν ἔστιν ἡ ἀλήθεια, λέγων· ' Ἐγώ εἰμι ἡ ἀλή-
Ib. xvii. 17. θεια·' ὅτε καὶ τῷ Πατρὶ αὐτοῦ προσομιλῶν ἔλεγεν· ' Ἁγίασον αὐτοὺς ἐν τῇ ἀληθείᾳ σου·' ὁ Λόγος ὁ σὸς ἀλήθειά ἐστιν·' ἡμεῖς δὲ κατὰ μίμησιν γινόμεθα ἐνάρετοι καὶ υἱοί.

Ib. 21. 20. Οὐκοῦν οὐχ ἵνα ὡς αὐτὸς γινώμεθα, ἔλεγεν, ' Ἵνα ὦσιν ἓν, καθὼς καὶ ἡμεῖς,' ἀλλ' ἵνα ὥσπερ ἐκεῖνος, Λόγος ὢν, ἔστιν ἐν τῷ ἰδίῳ Πατρί, οὕτως ἵνα καὶ ἡμεῖς, τύπον τινὰ λαβόντες, καὶ εἰς ἐκεῖνον βλέποντες, γενώμεθα ἓν πρὸς ἀλλήλους τῇ ὁμοψυχίᾳ, καὶ τῇ τοῦ πνεύματος ἑνότητι, μὴ διαφωνῶμέν τε, ὡς οἱ
Acts iv. 32. Κορίνθιοι, τὸ αὐτὸ δὲ φρονῶμεν, ὡς οἱ ἐν ταῖς Πράξεσι πεντακισχίλιοι, οἵτινες ὡς εἷς ἐτύγχανον ὄντες. Ὡς γὰρ ' υἱοὶ,' οὐχ ὡς ὁ Υἱός· καὶ θεοὶ, οὐχ ὡς αὐτός· καὶ ' οἰκτίρμονες ὡς ὁ Πατὴρ,' οὐχ ' ὡς ὁ Πατήρ.' Ἀλλ' ὥσπερ εἴρηται, οὕτω γινόμενοι ἕν, καθὼς ὁ Πατὴρ καὶ ὁ Υἱός, οὐχ οὕτως ἐσόμεθα, ὡς ἔστι φύσει ὁ Πατὴρ ἐν τῷ Υἱῷ, καὶ ὁ Υἱὸς ἐν τῷ Πατρί, ἀλλ' ὡς ἔχομεν φύσεως, καὶ δυνατὸν ἡμῖν ἐστιν ἐκεῖθεν τυπωθῆναι, καὶ μαθεῖν πῶς ὀφείλομεν ἓν γενέσθαι, ὥσπερ καὶ τὸ οἰκτείρειν ἐμά-

θομεν. Τὰ γὰρ ὅμοια πρὸς τὰ ὅμοια πέφυκε τὴν ἕνωσιν ἔχειν· ἐπειδὴ καὶ πᾶσα σὰρξ κατὰ γένος συνάγεται. Ἡμῶν μὲν οὖν ἀνόμοιός ἐστιν ὁ Λόγος, τοῦ δὲ Πατρὸς ὅμοιος· διὰ τοῦτο ἐκεῖνος μὲν ἔστι φύσει καὶ ἀληθείᾳ ἐν μετὰ τοῦ ἑαυτοῦ Πατρός· ἡμεῖς δὲ ἀλλήλων ὄντες ὁμογενεῖς (ἐκ γὰρ ἑνὸς οἱ πάντες γεγόναμεν, καὶ μία πάντων ἀνθρώπων ἡ φύσις), ἓν πρὸς ἀλλήλους τῇ διαθέσει γινόμεθα, ἔχοντες ὑπογραμμὸν τὴν τοῦ Υἱοῦ πρὸς τὸν Πατέρα φυσικὴν ἑνότητα· καθάπερ γὰρ τὴν πραότητα ἐξ ἑαυτοῦ ἐδίδασκε λέγων· 'Μάθετε ἀπ' ἐμοῦ, ὅτι πρᾶός εἰμι καὶ ταπεινὸς τῇ καρδίᾳ·' οὐχ ἵνα ἐξισωθῶμεν αὐτῷ· (ἀδύνατον γάρ·) ἀλλ' ἵνα βλέποντες εἰς ἐκεῖνον διαμείνωμεν πρᾷοι διὰ παντός· οὕτω καὶ ἐνταῦθα, θέλων ἡμᾶς ἀληθῆ καὶ βεβαίαν καὶ ἀδιάλυτον τὴν διάθεσιν ἔχειν πρὸς ἀλλήλους, ἐξ ἑαυτοῦ λαμβάνει τὸ παράδειγμα, καί φησιν· 'ἵνα ὦσιν ἕν, καθὼς καὶ ἡμεῖς· ἀδιαίρετος δέ ἐστιν ἡ ἐν ἡμῖν ἑνότης· οὕτως ἵνα καὶ αὐτοὶ μαθόντες ἐξ ἡμῶν τὴν ἀδιαίρετον φύσιν, οὕτω καὶ τὴν πρὸς ἀλλήλους συμφωνίαν διαφυλάττωσιν. Ἀσφαλεστέρα δὲ ἡ μίμησις ἐκ τῶν κατὰ φύσιν λαμβάνεται τοῖς ἀνθρώποις, ὥσπερ εἴρηται· ἐπειδὴ γὰρ ταῦτα μὲν μένει, καὶ οὔποτε μεταβάλλεται, ὁ δὲ τῶν ἀνθρώπων τρόπος εὐμετάβλητος τυγχάνει· δύναται, πρὸς τὸ ἀμετάβλητον τῇ φύσει βλέπων, τὰ μὲν φαῦλα φεύγειν, ἐν δὲ τοῖς βελτίστοις ἑαυτὸν ἀνατυποῦν. Καὶ γὰρ οὕτω καὶ τὸ λεγόμενον, ''Ἵνα καὶ αὐτοὶ ἐν ἡμῖν ἓν ὦσιν,' ὀρθὴν πάλιν ἔχει τὴν διάνοιαν.

21. Εἰ γοῦν δυνατὸν ἦν γενέσθαι ἡμᾶς ὡς ὁ Υἱὸς ἐν τῷ Πατρί, ἔδει λέγειν, 'ἵνα καὶ αὐτοὶ ἐν σοὶ ἓν ὦσιν,' ὥσπερ ἐστὶν ὁ Υἱὸς ἐν τῷ Πατρί· νῦν δὲ τοῦτο μὲν οὐκ εἴρηκε· λέγων δὲ τό, 'ἐν ἡμῖν,' ἔδειξε τὴν διάστασιν καὶ τὴν διαφοράν· ὅτι αὐτὸς μὲν μόνος ἐν μόνῳ τῷ Πατρί ἐστιν, ὡς μόνος Λόγος καὶ Σοφία, ἡμεῖς δὲ ἐν Υἱῷ, καὶ δι' αὐτοῦ τῷ Πατρί. Τοῦτο δὲ λέγων, οὐδὲν ἕτερον ἐσήμανεν, ἢ ὅτι 'τῇ ἡμῶν ἑνότητι γένοιντο καὶ αὐτοὶ ἓν πρὸς ἀλλήλους οὕτως, ὡς ἡμεῖς ἕν ἐσμεν φύσει καὶ ἀληθείᾳ· ἄλλως δὲ οὐκ ἂν γένοιντο ἕν, εἰ μὴ ἐν ἡμῖν μάθωσι τὴν ἑνότητα.' Καὶ ὅτι τὸ 'ἐν ἡμῖν' ταύτην ἔχει τὴν σημασίαν, ἀκοῦσαι Παύλου λέγοντος ἔστι· 'Ταῦτα δὲ μετεσχημάτισα εἰς ἐμαυτὸν καὶ Ἀπολλώ, ἵνα ἐν ἡμῖν μάθητε τὸ μὴ ὑπὲρ ἃ γέγραπται φυσιοῦσθαι.' Τὸ ἄρα 'ἐν ἡμῖν,' οὐκ ἔστιν ἐν τῷ Πατρὶ, ὡς

176 We are also 'one' in Christ's Body. [III. 22.

ἔστιν ὁ Υἱὸς ἐν αὐτῷ, ἀλλὰ παράδειγμα καὶ εἰκὼν, ἀντὶ τοῦ εἰπεῖν, 'Ἐξ ἡμῶν μαθέτωσαν.' Ὡς γὰρ ὁ Παῦλος τοῖς Κορινθίοις, οὕτως ἡ τοῦ Υἱοῦ καὶ τοῦ Πατρὸς ἑνότης τοῖς πᾶσιν ὑπογραμμὸς καὶ μάθησίς ἐστι, καθ' ἣν δύνανται μανθάνειν, βλέποντες εἰς τὴν κατὰ φύσιν ἑνότητα τοῦ Πατρὸς καὶ τοῦ Υἱοῦ, πῶς καὶ αὐτοὶ ὀφείλουσιν ἐν πρὸς ἀλλήλους γίνεσθαι τῷ φρονήματι. Εἰ δὲ δεῖ καὶ ἑτέρως ἀπολογήσασθαι περὶ τοῦ ῥητοῦ, δύναται πάλιν τὸ 'ἐν ἡμῖν,' ἴσον εἶναι τῷ λέγειν, 'τῇ δυνάμει τοῦ Πατρὸς καὶ τοῦ Υἱοῦ,' ἵνα ἓν γένωνται, τὸ αὐτὸ λέγοντες· ἄνευ γὰρ Θεοῦ τοῦτο γενέσθαι ἀδύνατον· καὶ τοῦτο
Ps. lix. (lx.) πάλιν ἔστιν εὑρεῖν ἐν τοῖς θείοις λόγοις, ὡς τὸ, 'Ἐν τῷ Θεῷ
12.
Ib. xliii. ποιήσομεν δύναμιν,' καὶ, 'Ἐν σοὶ τοὺς ἐχθροὺς ἡμῶν κερατιοῦ-
(xliv.) 5. μεν.' Οὐκοῦν δῆλον, ὅτι ἐν ὀνόματι Πατρὸς καὶ Υἱοῦ δυνάμεθα, τὸ ἐν γενόμενοι, βέβαιον ἔχειν τῆς ἀγάπης τὸν σύνδεσμον. Πάλιν γὰρ, τὴν αὐτὴν διάνοιαν ἐπεκτείνων, φησὶν ὁ Κύριος·
John xvii. 22. 'Κἀγὼ τὴν δόξαν, ἣν δέδωκάς μοι, δέδωκα αὐτοῖς, ἵνα ὦσιν ἓν, καθὼς ἡμεῖς ἕν.' Καλῶς καὶ ἐνταῦθα οὐκ εἶπεν, 'ἵνα ὦσιν ἐν σοὶ, ὡς κἀγώ εἰμι·' ἀλλὰ, 'καθὼς ἡμεῖς,' εἶπεν· ὁ δὲ λέγων, 'καθὼς,' οὐ ταυτότητα δείκνυσιν, ἀλλ' εἰκόνα καὶ παράδειγμα τοῦ λεγομένου.

22. Ὁ μὲν οὖν Λόγος τὴν ὄντως καὶ ἀληθῶς ταυτότητα τῆς φύσεως τῷ Πατρὶ ἔχει· ἡμῖν δὲ ἄρα τὸ μιμεῖσθαι πρόσεστιν,
Ih. 23. ὥσπερ εἴρηται· καὶ γὰρ εὐθὺς ἐπήγαγε, λέγων· ' Ἐγὼ ἐν αὐτοῖς, καὶ σὺ ἐν ἐμοὶ, ἵνα ὦσι τετελειωμένοι εἰς ἕν.' Ἐνταῦθα λοιπὸν μεῖζόν τι καὶ τελειότερον περὶ ἡμῶν ὁ Κύριος αἰτεῖ· δῆλον γὰρ, ὡς ἐν ἡμῖν γέγονεν ὁ Λόγος· τὸ γὰρ ἡμέτερον ἐνεδύσατο σῶμα. 'Καὶ σὺ δὲ ἐν ἐμοὶ, Πάτερ· σοῦ γάρ εἰμι Λόγος, καὶ ἐπειδὴ σὺ μὲν ἐν ἐμοὶ, ὅτι σοῦ Λόγος εἰμὶ, ἐγὼ δὲ ἐν αὐτοῖς διὰ τὸ σῶμα, καὶ διὰ σὲ τετελείωται ἐν ἐμοὶ τῶν ἀνθρώπων ἡ σωτηρία, ἐρωτῶ ἵνα καὶ αὐτοὶ γένωνται ἓν, κατὰ τὸ ἐν ἐμοὶ σῶμα, καὶ κατὰ τὴν αὐτοῦ τελείωσιν· ἵνα καὶ αὐτοὶ γένωνται τέλειοι, ἔχοντες πρὸς τοῦτο τὴν ἑνότητα, καὶ εἰς αὐτὸ ἓν γενόμενοι· ἵνα, ὡς ἂν πάντες φορεσθέντες παρ' ἐμοῦ, πάντες ὦσιν ἓν σῶμα καὶ ἓν πνεῦμα, καὶ εἰς ἄνδρα τέλειον
Eph. iv. 4, 13. καταντήσωσιν.' Οἱ γὰρ πάντες, ἐκ τοῦ αὐτοῦ μεταλαμβάνοντες, ἓν γινόμεθα σῶμα, τὸν ἕνα Κύριον ἔχοντες ἐν ἑαυτοῖς.

III. 23.] Analogy not direct likeness. 177

Ταύτην ἔχοντος τοῦ ῥητοῦ τὴν διάνοιαν, μᾶλλον ἐλέγχεται ἡ ἀλλοδοξία τῶν Χριστομάχων· πάλιν γὰρ ἐπαναλαμβάνων φημί. Εἰ μὲν ἁπλῶς καὶ ἀπολελυμένως εἴρηκεν, ' ἵνα ὦσιν ἐν σοὶ ἕν,' ἤ, ' ἵνα αὐτοὶ κἀγὼ ἐν σοὶ ἓν ὦμεν,' εἶχον κἂν ἀναίσχυντον πρόφασιν οἱ Θεομάχοι· νῦν δὲ οὐχ ἁπλῶς εἶπεν, ἀλλά, ' καθὼς σύ, Πάτερ, ἐν ἐμοὶ, κἀγὼ ἐν σοὶ, ἵνα πάντες ἓν ὦσι.' Λέγων δὲ πάλιν, ' καθὼς,' πόρρωθεν δείκνυσι τοὺς γινομένους, ὡς αὐτός ἐστιν ἐν τῷ Πατρὶ, ' πόρρωθεν' δέ ἐστιν, οὐ τόπῳ, ἀλλὰ τῇ φύσει· οὐδὲν γὰρ τόπῳ μακρὰν τοῦ Θεοῦ, ἀλλὰ μόνῃ τῇ φύσει πάντα μακράν ἐστιν αὐτοῦ· καὶ, καθὰ προεῖπον, οὐ ταυτότητα, οὐδὲ ἰσότητα δείκνυσιν ὁ λέγων τὸ ' καθὼς' ἐπίρρημα, ἀλλὰ παράδειγμα τοῦ λεγομένου κατά τι θεωρούμενον.

23. Καὶ τοῦτο πάλιν παρ' αὐτοῦ τοῦ Σωτῆρός ἐστι μαθεῖν λέγοντος· ' Καθὼς γὰρ ἦν Ἰωνᾶς ἐν τῇ κοιλίᾳ τοῦ κήτους τρεῖς ἡμέ- Matt. xii. 40. ρας καὶ τρεῖς νύκτας, οὕτως ἔσται καὶ ὁ Υἱὸς τοῦ ἀνθρώπου ἐν τῇ καρδίᾳ τῆς γῆς.' Οὔτε δὲ Ἰωνᾶς ἦν ὥσπερ ὁ Σωτήρ, οὔτε Ἰωνᾶς εἰς τὸν ᾅδην κατῆλθεν· οὔτε τὸ κῆτος ἦν ὁ ᾅδης· ἀλλ' οὐδὲ καταποθεὶς ὁ Ἰωνᾶς, ἀνήγαγε τοὺς προκαταποθέντας ὑπὸ τοῦ κήτους, ἀλλὰ μόνος προσταχθέντος τοῦ κήτους ἐξῆλθεν. Οὐκοῦν οὐδεμία ταυτότης οὐδὲ ἰσότης ἐν τῇ ' καθὼς' λέξει σημαίνεται, ἀλλὰ ἄλλο μὲν καὶ ἄλλο· ὁμοιότητα δέ πως δείκνυσι τοῦ Ἰωνᾶ διὰ τὸ τριήμερον. Οὕτως ἄρα καὶ ἡμεῖς, λέγοντος τοῦ Κυρίου, ' καθὼς,' οὔτε ὡς ὁ Υἱὸς γινόμεθα ἐν τῷ Πατρὶ, οὔτε ὡς ὁ Πατήρ ἐστιν ἐν τῷ Υἱῷ, οὕτω γινόμεθα. Ἡμεῖς μὲν γὰρ, καθὼς ὁ Πατὴρ καὶ ὁ Υἱὸς, οὕτω γινόμεθα ' ἓν' τῷ φρονήματι καὶ τῇ τοῦ πνεύματος συμφωνίᾳ· ὁ δὲ Σωτὴρ, καθὼς Ἰωνᾶς, ἔσται ἐν τῇ γῇ· ὥσπερ δὲ οὐκ ἔστιν Ἰωνᾶς ὁ Σωτὴρ, οὐδὲ ὡς ἐκεῖνος κατεπόθη, οὕτω καὶ ὁ Κύριος κατῆλθεν εἰς τὸν ᾅδην· ἀλλὰ ἄλλο καὶ ἄλλο ἐστίν. Οὕτως ἐὰν καὶ ἡμεῖς γενώμεθα ἕν, καθὼς ὁ Υἱὸς ἐν τῷ Πατρὶ, οὐκ ἐσόμεθα ὥσπερ ὁ Υἱὸς, οὐδὲ ἴσοι αὐτῷ· ἄλλο γὰρ καὶ ἄλλο ἐσμέν· διὰ τοῦτο γὰρ ἐφ' ἡμῶν τὸ ' καθὼς' πρόκειται, ἐπεὶ τὰ μὴ κατὰ φύσιν ὄντα πρὸς ἄλλο τι βλέποντα γίνεται ὥσπερ ἐκεῖνα. Ὅθεν αὐτὸς μὲν ὁ Υἱὸς, ἁπλῶς καὶ χωρὶς συμπλοκῆς τινός ἐστιν ἐν τῷ Πατρί· φύσει γὰρ ὑπάρχει τοῦτ' αὐτῷ· ἡμεῖς δὲ, οὐκ ἔχοντες τὸ κατὰ φύσιν, δεόμεθα εἰκόνος καὶ παραδείγματος, ἵνα περὶ ἡμῶν εἴπῃ· ' Καθὼς σὺ ἐν ἐμοὶ, John xvii. 21.

N

178   We are 'in God' by His Spirit,   [III. 24.

κἀγὼ ἐν σοί.' Ὅταν δὲ, ' φησὶν,' οὗτοι τελειωθῶσιν οὕτω, τότε γινώσκει ὁ κόσμος, ὅτι σύ με ἀπέστειλας· εἰ γὰρ μὴ ἤμην ἐλθὼν καὶ φορέσας τὸ τούτων σῶμα, οὐδεὶς ἂν αὐτῶν ἐτελειώθη, ἀλλ' ἔμενον οἱ πάντες φθαρτοί. Ἐνέργησον τοίνυν ἐν αὐτοῖς, Πάτερ· καὶ ὥσπερ δέδωκάς μοι τοῦτο φορέσαι, δὸς αὐτοῖς τὸ Πνεῦμά σου, ἵνα καὶ οὗτοι ἐν τούτῳ ἓν γένωνται, καὶ τελειωθῶσιν ἐν ἐμοί. Ἡ γὰρ τούτων τελείωσις δείκνυσιν ἐπιδημίαν γεγενῆσθαι τοῦ σοῦ Λόγου· καὶ ὁ κόσμος δὲ, βλέπων τούτους τελείους καὶ θεοφορουμένους, πιστεύσει πάντως, ὅτι σύ με ἀπέστειλας, καὶ ἐπεδήμησα. Πόθεν γὰρ τούτοις ἡ τελείωσις, εἰ μὴ ἐγὼ ὁ σὸς Λόγος, τὸ σῶμα τούτων λαβὼν, ἐγενόμην ἄνθρωπος, καὶ ἐτελείωσα τὸ ἔργον ὃ δέδωκάς μοι, Πάτερ; Τετελείωται δὲ τὸ ἔργον, ὅτι, λυτρωθέντες ἀπὸ τῆς ἁμαρτίας οἱ ἄνθρωποι, οὐκέτι μένουσι νεκροί· ἀλλὰ καὶ θεοποιηθέντες ἔχουσιν, ἐν ἡμῖν βλέποντες, ἐν ἀλλήλοις τὸν σύνδεσμον τῆς ἀγάπης.'

24. Ἡμεῖς μὲν οὖν, ὅσον αὐτὰς τὰς λέξεις τοῦ ῥητοῦ δυνατὸν ἦν ἁπλούστερον θεωρῆσαι, ταῦτα διὰ πολλῶν εἰρήκαμεν· ὁ δὲ μακάριος Ἰωάννης ἐκ τῆς Ἐπιστολῆς ἐν ὀλίγοις καὶ τελειώτερον μᾶλλον ἡμῶν δείξει τῶν γεγραμμένων τὸν νοῦν, καὶ διελέγξει μὲν τὴν τῶν ἀσεβῶν διάνοιαν, διδάξει δὲ πῶς τε ἡμεῖς ἐν τῷ Θεῷ γινόμεθα, καὶ ὁ Θεὸς ἐν ἡμῖν· καὶ πῶς πάλιν ἡμεῖς μὲν ἐν αὐτῷ γινόμεθα ἕν, πόσον δὲ διέστηκε τὴν φύσιν ὁ Υἱὸς ἀφ' ἡμῶν· καὶ παύσει λοιπὸν τοὺς Ἀρειανοὺς μηκέτι νομίζειν ἑαυ-

Ezek. xxviii. 2. τοὺς ἔσεσθαι ὡς τὸν Υἱὸν, ἵνα μὴ καὶ αὐτοὶ ἀκούσωσι· ' Σὺ δὲ
Prov. xxiii. 4. εἶ ἄνθρωπος καὶ οὐ Θεός·' καὶ, ' Μὴ συμπαρεκτείνου πένης ὢν
1 John iv. 13. πλουσίῳ.' Γράφει τοίνυν ὁ Ἰωάννης οὕτω λέγων· ' Ἐν τούτῳ γινώσκομεν, ὅτι ἐν αὐτῷ μένομεν, καὶ αὐτὸς ἐν ἡμῖν, ὅτι ἐκ τοῦ Πνεύματος αὐτοῦ δέδωκεν ἡμῖν.' Οὐκοῦν διὰ τὴν δεδομένην ἡμῖν τοῦ Πνεύματος χάριν ἡμεῖς τε ἐν αὐτῷ γινόμεθα, καὶ αὐτὸς ἐν ἡμῖν· καὶ ἐπειδὴ τὸ Πνεῦμα τοῦ Θεοῦ ἐστι, διὰ τούτου γινομένου ἐν ἡμῖν εἰκότως καὶ ἡμεῖς, ἔχοντες τὸ Πνεῦμα, νομιζόμεθα ἐν τῷ Θεῷ γενέσθαι· καὶ οὕτως ἐστὶν ὁ Θεὸς ἐν ἡμῖν. Οὐκ ἄρα ὡς ἔστιν ὁ Υἱὸς ἐν τῷ Πατρὶ, οὕτω καὶ ἡμεῖς γινόμεθα ἐν τῷ Πατρί· οὐ γὰρ καὶ ὁ Υἱὸς μετέχων ἐστὶ τοῦ Πνεύματος, ἵνα διὰ τοῦτο καὶ ἐν τῷ Πατρὶ γένηται· οὐδὲ λαμβάνων ἐστὶ τὸ Πνεῦμα, ἀλλὰ μᾶλλον αὐτὸς τοῖς πᾶσι τοῦτο χορηγεῖ· καὶ οὐ τὸ Πνεῦμα τὸν Λόγον

III. 25.] *but the Son, by nature.* 179

συνάπτει τῷ Πατρὶ, ἀλλὰ μᾶλλον τὸ Πνεῦμα παρὰ τοῦ Λόγου λαμβάνει. Καὶ ὁ μὲν Υἱὸς ἐν τῷ Πατρί ἐστιν, ὡς Λόγος ἴδιος καὶ ἀπαύγασμα αὐτοῦ· ἡμεῖς δὲ χωρὶς μὲν τοῦ Πνεύματος ξένοι καὶ μακράν ἐσμεν τοῦ Θεοῦ, τῇ δὲ τοῦ Πνεύματος μετοχῇ συναπτόμεθα τῇ θεότητι· ὥστε τὸ εἶναι ἡμᾶς ἐν τῷ Πατρὶ μὴ ἡμέτερον εἶναι, ἀλλὰ τοῦ Πνεύματος τοῦ ἐν ἡμῖν ὄντος καὶ ἐν ἡμῖν μένοντος, ἕως αὐτὸ τῇ ὁμολογίᾳ φυλάττομεν ἐν ἡμῖν, λέγοντος πάλιν τοῦ Ἰωάννου· '"Ὃς ἂν ὁμολογήσῃ ὅτι Ἰησοῦς 1 John iv. 13. ἐστιν ὁ Υἱὸς τοῦ Θεοῦ, ὁ Θεὸς ἐν αὐτῷ μένει, καὶ αὐτὸς ἐν τῷ Θεῷ.' Ποία τοίνυν ὁμοιότης καὶ ποία ἰσότης ἡμῶν πρὸς τὸν Υἱόν; Ἦ πῶς οὐκ ἐλέγχονται πανταχόθεν οἱ Ἀρειανοὶ, καὶ μάλιστα παρὰ τοῦ Ἰωάννου, ὅτι ἄλλως μὲν ὁ Υἱός ἐστιν ἐν τῷ Πατρὶ, ἄλλως δὲ ἡμεῖς ἐν αὐτῷ γινόμεθα· καὶ οὔτε ἡμεῖς ὡς ἐκεῖνος ἐσόμεθά ποτε, οὔτε ὁ Λόγος ὡς ἡμεῖς τυγχάνει ὤν, εἰ μὴ ἄρα τολμήσουσιν, ὡς ἐν πᾶσι, καὶ νῦν εἰπεῖν, ὅτι καὶ ὁ Υἱὸς μετοχῇ τοῦ Πνεύματος καὶ βελτιώσει πράξεως γέγονε καὶ αὐτὸς ἐν τῷ Πατρί. Ἀλλὰ καὶ τοῦτο πάλιν ὑπερλίαν ἐστὶν ἀσεβὲς, κἂν ὅλως εἰς ἐνθύμησιν λαβεῖν. Αὐτὸς γὰρ, ὥσπερ εἴρηται, τῷ Πνεύματι δίδωσι, καὶ ὅσα ἔχει τὸ Πνεῦμα, παρὰ τοῦ Λόγου ἔχει.

25. Οὐκοῦν ὁ Σωτὴρ λέγων περὶ ἡμῶν τὸ, 'Καθὼς σὺ, John xvii. 21. Πάτερ, ἐν ἐμοὶ, κἀγὼ ἐν σοὶ, ἵνα καὶ αὐτοὶ ἐν ἡμῖν ἓν ὦσιν,' οὐ τὴν ταυτότητα ἡμᾶς αὐτῷ μέλλοντας ἔχειν σημαίνει· ἐδείχθη γὰρ ἐκ τοῦ κατὰ τὸν Ἰωνᾶν παραδείγματος καὶ τοῦτο· ἀλλὰ ἀξίωσίς ἐστι πρὸς τὸν Πατέρα, ὡς ὁ Ἰωάννης ἔγραψεν, ἵνα τὸ Πνεῦμα χαρίσηται δι' αὐτοῦ τοῖς πιστεύουσι, δι' οὗ καὶ δοκοῦμεν ἐν τῷ Θεῷ γίνεσθαι, καὶ κατὰ τοῦτο συνάπτεσθαι ἐν αὐτῷ. Ἐπειδὴ γὰρ ὁ Λόγος ἐστὶν ἐν τῷ Πατρὶ, τὸ δὲ Πνεῦμα ἐκ τοῦ Λόγου δίδοται, θέλει λαβεῖν ἡμᾶς τὸ Πνεῦμα, ἵνα, ὅταν ἐκεῖνο λάβωμεν, τότε ἔχοντες τὸ Πνεῦμα τοῦ Λόγου τοῦ ὄντος ἐν τῷ Πατρὶ, δόξωμεν καὶ ἡμεῖς διὰ τὸ Πνεῦμα ἐν γίνεσθαι ἐν τῷ Λόγῳ, καὶ δι' αὐτοῦ τῷ Πατρί. Τὸ δὲ, 'ὡς ἡμεῖς,' ἐὰν λέγῃ, οὐδὲν ἕτερον πάλιν ἐστὶν, ἢ ἵνα ἡ γινομένη τοιαύτη τοῦ Πνεύματος χάρις εἰς τοὺς μαθητὰς ἀδιάπτωτος καὶ ἀμεταμέλητος γένηται. Τὸ γὰρ κατὰ φύσιν, ὡς προεῖπον, ὑπάρχον τῷ Λόγῳ ἐν τῷ Πατρὶ, τοῦτο ἡμῖν ἀμεταμελήτως διὰ τοῦ Πνεύματος δοθῆναι βούλεται· ὅπερ ὁ Ἀπόστολος γιγνώσκων, ἔλεγε· 'Τίς Rom. viii. 35.

180 Texts as to Christ's Manhood [III. 26.

Rom. xi. 29. ἡμᾶς χωρίσει ἀπὸ τῆς ἀγάπης τοῦ Χριστοῦ;' ''Αμεταμέλητα γὰρ τὰ χαρίσματα τοῦ Θεοῦ καὶ ἡ χάρις τῆς κλήσεως.' Τὸ ἄρα Πνεῦμά ἐστι τὸ ἐν τῷ Θεῷ τυγχάνον, καὶ οὐχ ἡμεῖς καθ' ἑαυτούς· καὶ ὥσπερ υἱοὶ καὶ θεοὶ διὰ τὸν ἐν ἡμῖν Λόγον, οὕτως ἐν τῷ Υἱῷ καὶ ἐν τῷ Πατρὶ ἐσόμεθα, καὶ νομισθησόμεθα ἐν Υἱῷ καὶ ἐν Πατρὶ ἐν γεγενῆσθαι διὰ τὸ ἐν ἡμῖν εἶναι Πνεῦμα, ὅπερ ἐστὶν ἐν τῷ Λόγῳ τῷ ὄντι ἐν τῷ Πατρί. Ὅτε γοῦν ἐκπίπτει τις ἀπὸ τοῦ Πνεύματος διά τινα κακίαν, ἡ μὲν χάρις ἀμεταμέλητος διαμένει τοῖς βουλομένοις, κἂν τις ἐκπεσὼν μετανοῇ· οὐκέτι δὲ ἐν τῷ Θεῷ ἐστιν ἐκεῖνος ὁ πεσών, διὰ τὸ ἀποστῆναι ἀπ' αὐτοῦ τὸ ἐν τῷ Θεῷ ἅγιον καὶ παράκλητον Πνεῦμα, ἀλλ' ἐν ἐκείνῳ ἔσται ᾧ ἑαυτὸν ὑπέταξεν ὁ ἁμαρτάνων,
1 Kings (1 Sam.) xvi. 14. ὡς ἐπὶ τοῦ Σαοὺλ γέγονεν· 'ἀπέστη γὰρ ἀπ' αὐτοῦ τὸ Πνεῦμα' τοῦ Θεοῦ, καὶ ἔθλιβεν 'αὐτὸν πνεῦμα πονηρόν.' Ταῦτα ἀκούοντας τοὺς θεομάχους ἔδει λοιπὸν ἐντρέπεσθαι, καὶ μηκέτι ἑαυτοὺς ἀναπλάττειν ἴσα Θεῷ. Οὔτε δὲ νοοῦσιν· ''Ο γὰρ ἀσεβής,
Prov. xxix. 7. φησὶν, οὐ νοεῖ γνῶσιν·' οὔτε λόγων εὐσεβῶν ἀνέχονται· βαρεῖς γὰρ αὐτοῖς εἰσι καὶ λεγόμενοι.

26. Ἰδοὺ γὰρ, ὥσπερ οὐκ ἀποκάμνοντες ἐν ταῖς δυσσεβείαις, ἀλλὰ κατὰ τὸν Φαραὼ σκληρυνόμενοι, τὰ ἀνθρώπινα πάλιν τοῦ Σωτῆρος ἀκούοντες καὶ βλέποντες ἐν τοῖς Εὐαγγελίοις, ἐπελάθοντο τέλεον, κατὰ τὸν Σαμωσατέα, τῆς πατρικῆς θεότητος τοῦ Υἱοῦ, καὶ τολμηρᾷ τῇ γλώσσῃ θρασυνόμενοι, λέγουσι· ' Πῶς δύναται ὁ Υἱὸς ἐκ τοῦ Πατρὸς εἶναι φύσει καὶ ὅμοιος αὐτῷ κατ'
Matt. xxviii. 18. οὐσίαν, ὁ λέγων· ''Εδόθη μοι πᾶσα ἐξουσία·' καὶ, ''Ο Πατὴρ
John v. 22. οὐδένα κρίνει, ἀλλὰ τὴν κρίσιν πᾶσαν δέδωκε τῷ Υἱῷ·' καὶ,
Ib. iii. 35. ''Ο Πατὴρ ἀγαπᾷ τὸν Υἱὸν, καὶ πάντα δέδωκεν ἐν τῇ χειρὶ αὐτοῦ· ὁ πιστεύων εἰς τὸν Υἱὸν, ἔχει ζωὴν αἰώνιον·' καὶ
Matt. xi. 27. πάλιν· ' Πάντα μοι παρεδόθη ὑπὸ τοῦ Πατρός μου· καὶ οὐδεὶς ἐπιγινώσκει τὸν Πατέρα εἰ μὴ ὁ Υἱὸς, καὶ ᾧ ἐὰν θέλῃ ὁ Υἱὸς
John vi. 37. ἀποκαλύψαι·' καὶ πάλιν· 'Πᾶν ὃ δέδωκέ μοι ὁ Πατὴρ, πρὸς ἐμὲ ἥξει;' Εἶτα ἐπιλέγουσιν· 'Εἰ ἦν, ὡς λέγετε, Υἱὸς κατὰ φύσιν, οὐ χρείαν εἶχε λαβεῖν, ἀλλ' εἶχε κατὰ φύσιν ὡς υἱός. Ἢ πῶς δύναται δύναμις εἶναι φύσει καὶ ἀληθινὴ τοῦ Πατρὸς, ὁ
Ib. xii. 27, 28. παρὰ τὸν καιρὸν τοῦ πάθους λέγων· 'Νῦν ἡ ψυχή μου τετάρακται· καὶ τί εἴπω; Πάτερ, σῶσόν με ἐκ τῆς ὥρας ταύτης·

ἀλλὰ διὰ τοῦτο ἦλθον εἰς τὴν ὥραν ταύτην. Πάτερ, δόξασόν σου τὸ ὄνομα. Ἦλθεν οὖν φωνὴ ἐκ τοῦ οὐρανοῦ· Καὶ ἐδόξασα, καὶ πάλιν δοξάσω.' Πάλιν τε τὸ ὅμοιον ἔλεγε. 'Πάτερ, εἰ Matt. xxvi. δυνατὸν, παρελθέτω τὸ ποτήριον τοῦτο·' καὶ, 'Ταῦτα εἰπὼν ὁ ³⁰. John xiii. 21. Ἰησοῦς ἐταράχθη τῷ πνεύματι, καὶ ἐμαρτύρησε, καὶ εἶπεν· Ἀμὴν, ἀμὴν λέγω ὑμῖν, εἷς ἐξ ὑμῶν παραδώσει με.' Καὶ ἐπὶ τούτοις δέ φασιν οἱ κακόφρονες· 'Εἰ δύναμις ἦν, οὐκ ἂν ἐδειλίασεν, ἀλλὰ μᾶλλον καὶ ἑτέροις τὸ δύνασθαι παρεῖχεν.' Εἶτά φασιν· 'Εἰ σοφία ἦν φύσει ἡ ἀληθινὴ καὶ ἰδία τοῦ Πατρὸς, πῶς γέγραπται· 'Καὶ Ἰησοῦς προέκοπτε σοφίᾳ, καὶ ἡλικίᾳ, καὶ Luke ii. 52. χάριτι παρὰ Θεῷ καὶ ἀνθρώποις·' καὶ ἐλθὼν εἰς μὲν τὰ μέρη Καισαρείας τῆς Φιλίππου, ἐπυνθάνετο τῶν μαθητῶν, τίνα λέγου- Matt. xvi. 13. σιν οἱ ἄνθρωποι αὐτὸν εἶναι· εἰς δὲ τὴν Βηθανίαν παραγενόμενος ἠρώτα ποῦ Λάζαρος κεῖται· ἔλεγε δὲ μετὰ ταῦτα τοῖς μαθηταῖς· John xi. 18. 'Πόσους ἄρτους ἔχετε;' Πῶς οὖν, 'φασὶν,' 'οὗτος Σοφία, ὁ ἐν Mark vi. 38. σοφίᾳ προκόπτων, καὶ ἀγνοῶν ἃ παρ' ἑτέρων μανθάνειν ἠξίου;' Ἔστι δὲ καὶ τοῦτο παρ' αὐτῶν λεγόμενον· 'Πῶς δύναται ὁ Λόγος ἴδιος εἶναι τοῦ Πατρὸς, οὗ ἄνευ οὐκ ἦν ὁ Πατήρ ποτε, δι' οὗ τὰ πάντα ποιεῖ, ὡς ὑμεῖς φρονεῖτε, ὁ ἐπὶ μὲν τοῦ σταυροῦ λέγων· 'Θεέ μου, Θεέ μου, ἵνα τί με ἐγκατέλιπες;' πρὸ δὲ τούτων Matt. xxvii. εὐχόμενος· 'Δόξασόν σου τὸ ὄνομα·' καὶ, 'Δόξασόν με σὺ, ⁴⁶. John xii. 28. Πάτερ, τῇ δόξῃ, ᾗ εἶχον πρὸ τοῦ τὸν κόσμον εἶναι παρὰ σοί.' Ib. xvii. 5. Ηὔχετο δὲ ἐν ταῖς ἐρήμοις, καὶ παρήγγελλε τοῖς μαθηταῖς προσεύχεσθαι μὴ εἰσελθεῖν εἰς πειρασμόν· καὶ, 'Τὸ πνεῦμα πρό- Matt. xxvi. 41. θυμον,' ἔλεγεν, 'ἡ δὲ σὰρξ ἀσθενής·' καὶ, 'Περὶ τῆς ἡμέρας Mark xiii. 32. ἢ τῆς ὥρας ἐκείνης οὐδεὶς οἶδεν, οὐδὲ οἱ ἄγγελοι, οὐδὲ ὁ Υἱός.' Εἶτα πάλιν φασὶν ἐπὶ τούτοις οἱ δείλαιοι· 'Εἰ ἦν κατὰ τὴν ὑμετέραν διάνοιαν ἀϊδίως ὑπάρχων ὁ Υἱὸς πρὸς τὸν Θεὸν, οὔτ' ἂν ἠγνόησε περὶ τῆς ἡμέρας, ἀλλ' ἐγίνωσκεν ὡς Λόγος· οὔτ' ἂν ἐγκατελείπετο ὁ συνυπάρχων· οὔτε δόξαν ᾔτει λαβεῖν, ἔχων αὐτὴν ἐν τῷ Πατρὶ, οὔτε ὅλως ηὔχετο· οὐδενὸς γὰρ, Λόγος ὢν, ἐδέετο· ἀλλ' ἐπειδὴ κτίσμα ἐστὶ καὶ εἷς τῶν γενητῶν, διὰ τοῦτο τοιαῦτα ἔλεγε, καὶ ἐδέετο ὧν οὐκ εἶχε· κτισμάτων γὰρ ἴδιον τὸ χρῄζειν καὶ δέεσθαι ὧν οὐκ ἔχουσιν.'

27. Τοιαῦτα μὲν οὖν οἱ ἀσεβεῖς ἐξάγονται λαλοῦντες· ἔδει δὲ ταῦτα διαλογιζομένους εἰπεῖν καὶ τολμηρότερον· 'Διὰ τί ὅλως ὁ

Λόγος σὰρξ ἐγένετο;' καὶ πάλιν ἐπειπεῖν· 'Πῶς γὰρ ἠδύνατο Θεὸς ὢν γενέσθαι ἄνθρωπος; ἢ πῶς ἠδύνατο ὁ ἀσώματος σῶμα φορέσαι;' ἢ καὶ Ἰουδαϊκώτερον κατὰ τὸν Καϊάφαν εἰπεῖν. 'Διὰ τί ὅλως, ἄνθρωπος ὢν ὁ Χριστὸς, Θεὸν ἑαυτὸν ἐποίει;' ταῦτα γὰρ καὶ τὰ τούτοις παραπλήσια τότε μὲν Ἰουδαῖοι βλέποντες ἐγόγγυζον, νῦν δὲ ἀναγινώσκοντες οἱ Ἀρειομανῖται ἀπιστοῦσι, καὶ εἰς βλασφημίας ἐκπεπτώκασιν. Εἴ τις οὖν ἐκ παραλλήλου τὰ τούτων κἀκείνων ἐξετάζοι ῥήματα, εὑρήσει πάντως εἰς τὴν αὐτὴν αὐτοὺς συναντῶντας ἀπιστίαν, καὶ ἴσην αὐτῶν τὴν τῆς ἀσεβείας τόλμαν, καὶ κοινὴν αὐτῶν οὖσαν τὴν πρὸς ἡμᾶς μάχην. Ἰουδαῖοι μὲν γὰρ ἔλεγον· 'Πῶς, ἄνθρωπος ὢν, δύναται Θεὸς εἶναι;' Ἀρειανοὶ δὲ, 'Εἰ Θεὸς ἦν ἀληθινὸς ἐκ τοῦ Θεοῦ, πῶς ἠδύνατο ἄνθρωπος γενέσθαι;' Καὶ Ἰουδαῖοι μὲν ἐσκανδαλίζοντο, καὶ ἐχλεύαζον λέγοντες· 'Οὐκ ἂν οὗτος, εἰ ἦν Υἱὸς τοῦ Θεοῦ, ὑπέμεινε σταυρόν·' Ἀρειανοὶ δὲ εἰς τὸ κατ' ἀντικρὺ στήκοντες αὐτῶν, φάσκουσιν ἡμῖν, 'Πῶς τολμᾶτε λέγειν Λόγον ἴδιον εἶναι τῆς τοῦ Πατρὸς οὐσίας τὸν ἔχοντα σῶμα, ὥστε τοῦτο ὑπομεῖναι;' Εἶτα τῶν Ἰουδαίων ζητούντων ἀποκτεῖναι τὸν Κύριον, ὅτι 'Πατέρα ἴδιον ἔλεγε τὸν Θεὸν, καὶ ἴσον ἑαυτὸν ἐποίει,' ἐργαζόμενος ἃ ἐργάζεται ὁ Πατὴρ, ἔμαθον οἱ Ἀρειανοὶ λέγειν καὶ αὐτοὶ, ὅτι οὔτε ἴσος τῷ Θεῷ ἐστιν, οὔτε Πατὴρ ἴδιός ἐστι καὶ φύσει τοῦ Λόγου ὁ Θεός· ἀλλὰ καὶ τοὺς ταῦτα φρονοῦντας ζητοῦσιν ἀποκτεῖναι. Πάλιν τε τῶν Ἰουδαίων λεγόντων· 'Οὐχ οὗτός ἐστιν ὁ υἱὸς τοῦ Ἰωσὴφ, οὗ ἡμεῖς οἴδαμεν τὸν πατέρα καὶ τὴν μητέρα; πῶς οὖν λέγει· Πρὶν Ἀβραὰμ γενέσθαι, ἐγώ εἰμι, καὶ ἐκ τοῦ οὐρανοῦ καταβέβηκα;' οἱ Ἀρειανοὶ καὶ αὐτοὶ ἐπακούουσιν ἐξ ἴσου λέγοντες· 'Πῶς δύναται Λόγος εἶναι ἢ Θεὸς ὁ κοιμώμενος ὡς ἄνθρωπος, καὶ κλαίων, καὶ πυνθανόμενος;' Ἀμφότεροι γὰρ ἐκ τῶν ἀνθρωπίνων, ὧν ὑπέμεινεν ὁ Σωτὴρ δι' ἣν εἶχε σάρκα, ἀρνοῦνται τὴν ἀϊδιότητα καὶ θεότητα τοῦ Λόγου.

28. Ἰουδαϊκῆς τοίνυν οὔσης, καὶ Ἰουδαϊκῆς τῆς ἐκ τοῦ προδότου Ἰούδα τῆς τοιαύτης παρανοίας, ἢ ἐκ φανεροῦ πάλιν ὁμολογείτωσαν ἑαυτοὺς τοῦ Καϊάφα καὶ Ἡρώδου μαθητὰς εἶναι, μὴ σκέποντες τὸν Ἰουδαϊσμὸν τῷ τοῦ Χριστιανισμοῦ ὀνόματι, καὶ ἀρνείσθωσαν τέλεον, καθὰ καὶ ἐν τοῖς ἔμπροσθεν εἰρήκαμεν, τὴν τοῦ Σωτῆρος ἔνσαρκον παρουσίαν· τοῦτο γὰρ τῆς αἱρέσεως αὐτῶν

III. 28.] *akin to Jewish.* 183

οἰκεῖον τὸ φρόνημα· ἢ εἰ δεδοίκασιν 'Ιουδαΐζειν ἐκ φανεροῦ, καὶ περιτέμνεσθαι, διὰ τὴν πρὸς Κωνστάντιον ἀρέσκειαν καὶ τοὺς ἀπατηθέντας παρ' αὐτῶν, μηδὲ λεγέτωσαν τὰ τῶν 'Ιουδαίων· δίκαιον γὰρ ὧν τὰ ὀνόματα παραιτοῦνται, τούτων ἀποστρέφεσθαι καὶ τὸ φρόνημα. Χριστιανοὶ γάρ ἐσμεν, ὦ 'Αρειανοὶ, Χριστιανοί ἐσμεν ἡμεῖς· ἡμῶν τε ἴδιον καλῶς τὰ Εὐαγγέλια νοεῖν περὶ τοῦ Σωτῆρος, καὶ μήτε μετὰ 'Ιουδαίων λιθάζειν αὐτὸν, ἐὰν περὶ τῆς θεότητος καὶ τῆς ἀϊδιότητος ἀκούωμεν αὐτοῦ, μήτε μεθ' ὑμῶν σκανδαλίζεσθαι, ἐφ' οἷς ἂν, ὡς ἄνθρωπος, ὑπὲρ ἡμῶν ταπεινοῖς φθέγγοιτο ῥήμασιν. Εἰ θέλετε γοῦν καὶ ὑμεῖς γενέσθαι Χριστιανοὶ, ἀπόθεσθε τὴν 'Αρείου μανίαν, τήν τε ἀκοὴν ὑμῶν τὴν ῥυπωθεῖσαν ἀπὸ τῶν βλασφήμων ῥημάτων ἀπονίψασθε τοῖς τῆς εὐσεβείας λόγοις· γινώσκοντες ὡς παυόμενοι τοῦ εἶναι 'Αρειανοὶ, παύσεσθε καὶ τῆς τῶν νῦν 'Ιουδαίων κακοφροσύνης, εὐθύς τε ὡς ἀπὸ σκότους ἡ ἀλήθεια ὑμῖν λάμψει· καὶ οὐκέτι μὲν ἡμῖν ὀνειδίσετε, ὡς 'δύο ἀΐδια' λέγουσιν, ἐπιγνώσεσθε δὲ καὶ ὑμεῖς, ὅτι τε ἀληθινὸς καὶ φύσει Υἱός ἐστι τοῦ Θεοῦ ὁ Κύριος, καὶ οὐχ ἁπλῶς ἀΐδιος, ἀλλὰ τῇ τοῦ Πατρὸς ἀϊδιότητι συνὼν γινώσκεται. Ἔστι γὰρ λεγόμενα ἀΐδια, ὧν αὐτὸς δημιουργός ἐστιν· ἐν γὰρ τῷ κγ´ ψαλμῷ γέγραπται· '"Αρατε πύλας, οἱ ἄρχοντες, ὑμῶν, καὶ ἐπάρθητε, πύλαι αἰώνιοι.' Ps. xxiii. (xxiv.) 7. Δῆλον δέ ἐστιν, ὅτι δι' αὐτοῦ καὶ ταῦτα γέγονεν· εἰ δὲ καὶ τῶν αἰωνίων αὐτός ἐστι δημιουργὸς, τίς ἡμῶν ἔτι λοιπὸν ἀμφιβάλλειν δυνήσεται, ὅτι καὶ τούτων τῶν ἀϊδίων ἀνώτερός ἐστι; Καὶ οὐ τοσοῦτον ἐκ τοῦ ἀϊδίου γνωρίζεται Κύριος, ὅσον ὅτι Υἱός ἐστι τοῦ Θεοῦ· Υἱὸς γὰρ ὢν, ἀχώριστός ἐστι τοῦ Πατρὸς, καὶ οὐκ 'ἦν ὅτε οὐκ ἦν,' ἀλλ' ἀεὶ ἦν· καὶ εἰκὼν καὶ ἀπαύγασμα ὢν τοῦ Πατρὸς, ἔχει καὶ τὴν ἀϊδιότητα τοῦ Πατρός. Ὅπως μὲν οὖν ἠλέγχθησαν κακῶς νοοῦντες ἃ προεφασίζοντο ῥητὰ, δυνατόν πως ἐκ τῶν ἔμπροσθεν δι' ὀλίγων εἰρημένων καταμαθεῖν· ὅτι δὲ καὶ ἐν οἷς πάλιν προφασίζονται νῦν ἐκ τῶν Εὐαγγελίων, γνωρίζονται σαθρὰν ἔχοντες τὴν διάνοιαν, ῥᾴδιόν ἐστι συνιδεῖν, ἐὰν μάλιστα καὶ νῦν τὸν σκοπὸν τῆς καθ' ἡμᾶς τοὺς Χριστιανοὺς πίστεως λάβωμεν, καὶ τούτῳ ὥσπερ κανόνι χρησάμενοι, 'προσέχωμεν,' ὡς εἶπεν ὁ Ἀπόστολος, 'τῇ ἀναγνώσει τῆς θεοπνεύστου Γραφῆς.' Οἱ γὰρ Χριστομάχοι, τοῦτον ἀγνοήσαντες, 1 Tim. iv. 13. 2 Tim. iii. 16.

184 Christ is God made Man, [III. 29.

'ἐπλανή θησαν ἀπὸ τῆς ὁδοῦ τῆς ἀληθείας,' καὶ 'προσέκοψαν τῷ λίθῳ τοῦ προσκόμματος,' φρονοῦντες 'παρ' ὃ δεῖ φρονεῖν.'

29. Σκοπὸς τοίνυν οὗτος καὶ χαρακτὴρ τῆς ἁγίας Γραφῆς, ὡς πολλάκις εἴπομεν, διπλῆν εἶναι τὴν περὶ τοῦ Σωτῆρος ἐπαγγελίαν ἐν αὐτῇ· ὅτι τε ἀεὶ Θεὸς ἦν καὶ Ὑιός ἐστι, Λόγος ὢν καὶ ἀπαύγασμα καὶ σοφία τοῦ Πατρός· καὶ ὅτι ὕστερον, δι' ἡμᾶς σάρκα λαβὼν ἐκ Παρθένου τῆς Θεοτόκου Μαρίας, ἄνθρωπος γέγονε. Καὶ ἔστι μὲν τοῦτον εὑρεῖν διὰ πάσης τῆς θεοπνεύστου Γραφῆς σημαινόμενον, ὡς αὐτὸς ὁ Κύριος εἴρηκεν· ' Ἐρευνᾶτε τὰς Γραφὰς, ὅτι αὐταί εἰσιν αἱ μαρτυροῦσαι περὶ ἐμοῦ·' ἵνα δὲ μὴ, πάντα τὰ ῥητὰ συνάγων, πολὺς ἐν τῷ γράφειν γένωμαι, ἀρκεσθῶμεν ὡς πάντων μνημονεῦσαι, τοῦ μὲν Ἰωάννου λέγοντος· ''Ἐν ἀρχῇ ἦν ὁ Λόγος, καὶ ὁ Λόγος ἦν πρὸς τὸν Θεὸν, καὶ Θεὸς ἦν ὁ Λόγος· οὗτος ἦν ἐν ἀρχῇ πρὸς τὸν Θεόν. Πάντα δι' αὐτοῦ ἐγένετο, καὶ χωρὶς αὐτοῦ ἐγένετο οὐδὲ ἕν.' Εἶτα· 'Καὶ ὁ Λόγος σὰρξ ἐγένετο, καὶ ἐσκήνωσεν ἐν ἡμῖν, καὶ ἐθεασάμεθα τὴν δόξαν αὐτοῦ, δόξαν ὡς μονογενοῦς παρὰ Πατρός·' τοῦ δὲ Παύλου γράφοντος· ''Ὃς, ἐν μορφῇ Θεοῦ ὑπάρχων, οὐχ ἁρπαγμὸν ἡγήσατο τὸ εἶναι ἴσα Θεῷ· ἀλλ' ἑαυτὸν ἐκένωσε, μορφὴν δούλου λαβὼν, ἐν ὁμοιώματι ἀνθρώπων γενόμενος, καὶ σχήματι εὑρεθεὶς ὡς ἄνθρωπος· ἐταπείνωσεν ἑαυτὸν, γενόμενος ὑπήκοος μέχρι θανάτου, θανάτου δὲ σταυροῦ.' Ἀπὸ τούτων γὰρ, τῇ αὐτῇ διανοίᾳ διερχόμενός τις πᾶσαν τὴν Γραφὴν, ὄψεται πῶς ἐν ἀρχῇ μὲν εἶπε τούτῳ ὁ Πατήρ· 'Γενηθήτω φῶς,' καὶ, 'Γενηθήτω στερέωμα,' καὶ, 'Ποιήσωμεν ἄνθρωπον·' ἐπὶ δὲ συντελείᾳ τῶν αἰώνων ἀπέστειλεν αὐτὸν εἰς τὸν κόσμον, 'οὐχ ἵνα κρίνῃ τὸν κόσμον, ἀλλ' ἵνα σωθῇ ὁ κόσμος δι' αὐτοῦ·' καὶ γέγραπται· ''Ἰδοὺ ἡ Παρθένος ἐν γαστρὶ ἕξει, καὶ τέξεται Ὑιόν· καὶ καλέσουσι τὸ ὄνομα αὐτοῦ Ἐμμανουὴλ, ὅ ἐστι μεθερμηνευόμενον, Μεθ' ἡμῶν ὁ Θεός.'

30. Ὁ τοίνυν ἐντυγχάνων τῇ θείᾳ Γραφῇ, ἀπὸ μὲν τῶν Παλαιῶν τὰ ῥητὰ καταμανθανέτω, ἀπὸ δὲ τῶν Εὐαγγελίων θεωρείτω τὸν Κύριον γενόμενον ἄνθρωπον· 'Ὁ Λόγος' γὰρ, φησὶ, 'σὰρξ ἐγένετο, καὶ ἐσκήνωσεν ἐν ἡμῖν.' Ἄνθρωπος δὲ γέγονε, καὶ οὐκ εἰς ἄνθρωπον ἦλθε· καὶ τοῦτο γὰρ ἀναγκαῖον εἰδέναι, μήποτε καὶ, εἰς τοῦτο πεσόντες οἱ ἀσεβεῖς, ἀπατήσωσί τινας,

III. 31.] *not a Man sanctified by God.* 185

κἀκεῖνοι νομίσωσιν, ὅτι, ὥσπερ ἐν τοῖς ἔμπροσθεν χρόνοις εἰς ἕκαστον τῶν ἁγίων ἐγίνετο, οὕτω καὶ νῦν εἰς ἄνθρωπον ἐπεδήμησεν ὁ Λόγος, ἁγιάζων καὶ τοῦτον, καὶ φανερούμενος ὥσπερ καὶ ἐν τοῖς ἄλλοις. Εἰ γὰρ οὕτως ἦν, καὶ μόνον ἐν ἀνθρώπῳ φανεὶς ἦν, οὐδὲν ἦν παράδοξον, οὔτε οἱ ὁρῶντες ἐξενίζοντο λέγοντες· 'Ποταπὸς ἄρα ἐστὶν οὗτος;' καὶ, 'Διὰ τί σὺ, ἄνθρωπος ὢν, Mark iv. 41. ποιεῖς σεαυτὸν Θεόν;' Εἶχον γὰρ τὴν συνήθειαν ἀκούοντες· John x. 33. 'Καὶ ἐγένετο Λόγος Κυρίου πρὸς' ἕκαστον τῶν προφητῶν. Νῦν δὲ, ἐπειδὴ ὁ τοῦ Θεοῦ Λόγος, δι' οὗ γέγονε τὰ πάντα, ὑπέμεινε καὶ Υἱὸν ἀνθρώπου γενέσθαι, καὶ 'ἐταπείνωσεν ἑαυτὸν, λαβὼν Phil. ii. 7, 8. δούλου μορφήν·' διὰ τοῦτο 'Ἰουδαίοις μὲν σκάνδαλόν' ἐστιν ὁ 1 Cor. i. 23, τοῦ Χριστοῦ σταυρὸς, 'ἡμῖν δὲ Χριστὸς Θεοῦ δύναμις καὶ Θεοῦ [24.] σοφία·' 'ὁ Λόγος' γὰρ, ὡς εἶπεν ὁ 'Ιωάννης, 'σὰρξ ἐγένετο·' John i. 14. τῆς Γραφῆς ἔθος ἐχούσης λέγειν 'σάρκα' τὸν ἄνθρωπον, ὡς διὰ 'Ιωὴλ τοῦ προφήτου φησίν· "Ἐκχεῶ ἀπὸ τοῦ Πνεύματός μου Joel ii. 28. ἐπὶ πᾶσαν σάρκα·' καὶ ὡς Δανιὴλ εἴρηκε τῷ Ἀστυάγῃ· 'Οὐ Dan. xiv. (Bel σέβομαι εἴδωλα χειροποίητα, ἀλλὰ τὸν ζῶντα Θεὸν, τὸν κτί- and Dr.) 5. σαντα τὸν οὐρανὸν καὶ τὴν γῆν, καὶ ἔχοντα πάσης σαρκὸς κυρείαν·' 'σάρκα' γὰρ καὶ οὗτος καὶ Ἰωὴλ τὸ τῶν ἀνθρώπων γένος λέγουσιν.

31. Πάλαι μὲν οὖν πρὸς ἕκαστον τῶν ἁγίων ἐγίνετο, καὶ ἡγίαζε μὲν τοὺς γνησίως δεχομένους αὐτόν· οὔτε δὲ, γεννωμένων ἐκείνων, εἴρηται ὅτι αὐτὸς γεγένηται ἄνθρωπος, οὔτε, πασχόντων ἐκείνων, εἴρηται, 'πέπονθεν αὐτός.' Ὅτε δὲ ἐκ Μαρίας ἐπεδήμησεν 'ἅπαξ ἐπὶ συντελείᾳ τῶν αἰώνων εἰς ἀθέτησιν ἁμαρτίας' Heb. ix. 26. (οὕτω γὰρ εὐδοκήσας ὁ Πατὴρ 'ἔπεμψε τὸν ἑαυτοῦ Υἱὸν γενό- Gal. iv. 4. μενον ἐκ γυναικὸς, γενόμενον ὑπὸ νόμον'), τότε εἴρηται, ὅτι σάρκα προσλαβὼν γεγένηται ἄνθρωπος, καὶ ἐν ταύτῃ πέπονθεν ὑπὲρ ἡμῶν, ὡς εἶπεν ὁ Πέτρος· 'Χριστοῦ οὖν παθόντος ὑπὲρ 1 Pet. iv. 1. ἡμῶν σαρκί·' ἵνα δειχθῇ, καὶ πάντες πιστεύσωμεν, ὅτι, ἀεὶ ὢν Θεὸς, καὶ ἁγιάζων πρὸς οὓς ἐγένετο, διακοσμῶν τε κατὰ τὸ βούλημα τοῦ Πατρὸς τὰ πάντα, ὕστερον καὶ δι' ἡμᾶς γέγονεν ἄνθρωπος, καὶ 'σωματικῶς,' ὥς φησιν ὁ Ἀπόστολος, 'κατῴ- Col. ii. 9. κησεν ἡ θεότης' ἐν τῇ σαρκί· ἴσον τῷ φάναι, 'Θεὸς ὢν, ἴδιον ἔσχε σῶμα, καὶ τούτῳ χρώμενος ὀργάνῳ, γέγονεν ἄνθρωπος δι' ἡμᾶς.' Καὶ διὰ τοῦτο τὰ μὲν ἴδια ταύτης αὐτοῦ λέγεται, ἐπειδὴ

ἐν αὐτῇ ἦν, οἷά ἐστι τὸ πεινῆν, τὸ διψῆν, τὸ πάσχειν, τὸ κοπιᾶν, καὶ τὰ ὅμοια, ὧν ἐστιν ἡ σὰρξ δεκτική· τὰ δὲ αὐτοῦ τοῦ Λόγου ἴδια ἔργα, οἷά ἐστι, τὸ ἐγείρειν νεκροὺς, καὶ τυφλοὺς ποιεῖν ἀναβλέπειν, καὶ τὴν αἱμορροοῦσαν ἰᾶσθαι αὐτὸν, διὰ τοῦ ἰδίου σώματος αὐτὸς ἐποίει· καὶ ὁ μὲν Λόγος τὰς τῆς σαρκὸς ἐβάσταζεν ἀσθενείας, ὡς ἰδίας· αὐτοῦ γὰρ ἦν ἡ σάρξ· καὶ ἡ σὰρξ δὲ ὑπούργει τοῖς τῆς θεότητος ἔργοις, ὅτι ἐν αὐτῇ ἐγένετο· Θεοῦ

Matt. viii. 17. γὰρ ἦν σῶμα. Εὖ δὲ ὁ προφήτης εἴρηκεν, 'ἐβάσταξε·' καὶ οὐκ εἴρηκε, 'Τὰς ἀσθενείας ἡμῶν αὐτὸς ἐθεράπευσεν,' ἵνα μὴ, ὡς ἐκτὸς ὢν τοῦ σώματος, καὶ μόνον αὐτὸ ἰασάμενος, ὡς ἀεὶ πεποίηκεν, ὑπευθύνους πάλιν τοῦ θανάτου τοὺς ἀνθρώπους καταλείψῃ.

Isa. liii. 4. Τὰς δὲ ἀσθενείας ἡμῶν βαστάζει, καὶ 'τὰς ἁμαρτίας ἡμῶν αὐτὸς φέρει,' ἵνα δειχθῇ ὅτι τε ἄνθρωπος δι' ἡμᾶς γέγονε, καὶ σῶμα τὸ ἐν αὐτῷ φέρον αὐτὰς αὐτοῦ ἴδιόν ἐστι· καὶ αὐτὸς μὲν οὐδὲν

1 Pet. ii. 24. ἐβλάπτετο, 'ἀναφέρων τὰς ἁμαρτίας ἡμῶν ἐπὶ τὸ ξύλον τῷ σώματι αὐτοῦ,' ὡς εἶπεν ὁ Πέτρος· ἡμεῖς δὲ οἱ ἄνθρωποι, ἀπὸ μὲν τῶν ἰδίων παθῶν ἐλυτρούμεθα, τῆς δὲ τοῦ Λόγου δικαιοσύνης ἐπληρούμεθα.

32. Ὅθεν τῆς σαρκὸς πασχούσης, οὐκ ἦν ἐκτὸς ταύτης ὁ Λόγος· διὰ τοῦτο γὰρ αὐτοῦ λέγεται καὶ τὸ πάθος· καὶ θεϊκῶς δὲ ποιοῦντος αὐτοῦ τὰ ἔργα τοῦ Πατρὸς, οὐκ ἦν ἔξωθεν αὐτοῦ ἡ σάρξ· ἀλλ' ἐν αὐτῷ τῷ σώματι ταῦτα πάλιν ὁ Κύριος ἐποίει·

John x. 37, 38. διὰ τοῦτο γὰρ καὶ ἄνθρωπος γενόμενος ἔλεγεν· 'Εἰ οὐ ποιῶ τὰ ἔργα τοῦ Πατρός μου, μὴ πιστεύετέ μοι· εἰ δὲ ποιῶ, κἂν ἐμοὶ μὴ πιστεύητε, τοῖς ἔργοις πιστεύετε, ἵνα γινώσκητε, ὅτι ἐν ἐμοὶ ὁ Πατὴρ, κἀγὼ ἐν αὐτῷ.' Ἀμέλει ὅτε χρεία γέγονε τὴν πεν-

Matt. viii. 14. θερὰν τοῦ Πέτρου πυρέσσουσαν ἐγεῖραι, ἀνθρωπίνως μὲν ἐξέτεινε τὴν χεῖρα, θεϊκῶς δὲ ἦν παύων τὴν νόσον. Καὶ ἐπὶ μὲν τοῦ ἐκ

John ix. 6. γενετῆς τυφλοῦ ἀνθρώπινον ἀπὸ τῆς σαρκὸς ἡφίει τὸ πτύσμα, θεϊκῶς δὲ τοὺς ὀφθαλμοὺς ἤνοιγε διὰ τοῦ πηλοῦ· ἐπὶ δὲ τοῦ

Ib. xi. 43. Λαζάρου φωνὴν μὲν, ὡς ἄνθρωπος, ἀνθρωπίνην ἠφίει· θεϊκῶς δὲ, ὡς Θεὸς, τὸν Λάζαρον ἤγειρεν ἐκ νεκρῶν. Ταῦτα δὲ οὕτως ἐγίνετο, καὶ ἐδείκνυτο, ὅτι μὴ φαντασίᾳ ἀλλὰ ἀληθῶς ἦν ἔχων σῶμα· ἔπρεπε δὲ τὸν Κύριον, ἐνδιδυσκόμενον ἀνθρωπίνην σάρκα, ταύτην μετὰ τῶν ἰδίων παθῶν αὐτῆς ὅλην ἐνδύσασθαι, ἵνα, ὥσπερ ἴδιον αὐτοῦ λέγομεν εἶναι τὸ σῶμα, οὕτω καὶ τὰ τοῦ

III. 33.] *and acted Divinely through it.* 187

σώματος πάθη ἴδια μόνον αὐτοῦ λέγηται, εἰ καὶ μὴ ἥπτετο κατὰ τὴν θεότητα αὐτοῦ. Εἰ μὲν οὖν ἑτέρου ἦν τὸ σῶμα, ἐκείνου ἂν λέγοιτο καὶ τὰ πάθη· εἰ δὲ τοῦ Λόγου ἡ σάρξ ('ὁ γὰρ Λόγος John i. 14. σὰρξ ἐγένετο,') ἀνάγκη καὶ τὰ τῆς σαρκὸς πάθη λέγεσθαι αὐτοῦ, οὗ καὶ ἡ σάρξ ἐστιν. Οὗ δὲ λέγεται τὰ πάθη, οἷά ἐστι μάλιστα τὸ κατακριθῆναι, τὸ μαστιγωθῆναι, τὸ διψᾷν, καὶ ὁ σταυρὸς, καὶ ὁ θάνατος, καὶ αἱ ἄλλαι τοῦ σώματος ἀσθένειαι, τούτου καὶ τὸ κατόρθωμα καὶ ἡ χάρις ἐστί. Διὰ τοῦτο τοίνυν ἀκολούθως καὶ πρεπόντως οὐκ ἄλλου, ἀλλὰ τοῦ Κυρίου λέγεται τὰ τοιαῦτα πάθη· ἵνα καὶ ἡ χάρις παρ' αὐτοῦ ᾖ, καὶ μὴ ἄλλου λάτραι γινώμεθα, ἀλλὰ ἀληθῶς θεοσεβεῖς, ὅτι μηδένα τῶν γενητῶν, μηδὲ κοινόν τινα ἄνθρωπον, ἀλλὰ τὸν ἐκ τοῦ Θεοῦ φύσει καὶ ἀληθινὸν Υἱὸν, τοῦτον καὶ γενόμενον ἄνθρωπον, οὐδὲν ἧττον Κύριον αὐτὸν καὶ Θεὸν καὶ Σωτῆρα ἐπικαλούμεθα.

33. Τοῦτο δὲ τίς οὐκ ἂν θαυμάσειεν; ἢ τίς οὐκ ἂν σύνθοιτο θεῖον ἀληθῶς εἶναι τὸ πρᾶγμα; Εἰ γὰρ τὰ τῆς θεότητος τοῦ Λόγου ἔργα μὴ διὰ τοῦ σώματος ἐγίνετο, οὐκ ἂν ἐθεοποιήθη ἄνθρωπος· καὶ πάλιν, εἰ τὰ ἴδια τῆς σαρκὸς οὐκ ἐλέγετο τοῦ Λόγου, οὐκ ἂν ἠλευθερώθη παντελῶς ἀπὸ τούτων ὁ ἄνθρωπος· ἀλλ' εἰ ἄρα πρὸς ὀλίγον μὲν ἀνεπαύετο, ὡς προεῖπον, πάλιν δὲ ἔμενεν ἡ ἁμαρτία ἐν αὐτῷ καὶ ἡ φθορὰ, ὥσπερ ἐπὶ τῶν ἔμπροσθεν ἀνθρώπων γέγονε, καὶ τοῦτο δείκνυται. Πολλοὶ γοῦν ἅγιοι γεγόνασι καὶ καθαροὶ πάσης ἁμαρτίας· Ἱερεμίας δὲ καὶ ἐκ κοι- Jer. i. 5. λίας ἡγιάσθη· καὶ Ἰωάννης ἔτι κυοφορούμενος ἐσκίρτησεν ἐν ἀγαλλιάσει ἐπὶ τῇ φωνῇ τῆς Θεοτόκου Μαρίας· καὶ ὅμως 'ἐβα- Luke i. 44. σίλευσεν ὁ θάνατος ἀπὸ Ἀδὰμ μέχρι Μωσέως, καὶ ἐπὶ τοὺς μὴ Rom. v. 14. ἁμαρτήσαντας, ἐπὶ τῷ ὁμοιώματι τῆς παραβάσεως Ἀδάμ·' καὶ οὕτως ἔμενον οὐδὲν ἧττον οἱ ἄνθρωποι θνητοὶ καὶ φθαρτοὶ, δεκτικοὶ τῶν ἰδίων τῆς φύσεως παθῶν. Νῦν δὲ τοῦ Λόγου γενομένου ἀνθρώπου, καὶ ἰδιοποιουμένου τὰ τῆς σαρκὸς, οὐκέτι ταῦτα τοῦ σώματος ἅπτεται διὰ τὸν ἐν αὐτῷ γενόμενον Λόγον· ἀλλ' ὑπ' αὐτοῦ μὲν ἀνήλωται, λοιπὸν δὲ οἱ ἄνθρωποι οὐκέτι κατὰ τὰ ἴδια πάθη μένουσιν ἁμαρτωλοὶ καὶ νεκροὶ, ἀλλὰ κατὰ τὴν τοῦ Λόγου δύναμιν ἀναστάντες, ἀθάνατοι καὶ ἄφθαρτοι ἀεὶ διαμένουσιν. Ὅθεν καὶ γεννωμένης τῆς σαρκὸς ἐκ τῆς Θεοτόκου Μαρίας, αὐτὸς λέγεται γεγεννῆσθαι, ὁ τοῖς ἄλλοις γένεσιν

εἰς τὸ εἶναι παρέχων· ἵνα τὴν ἡμῶν εἰς ἑαυτὸν μεταθῇ γένεσιν, καὶ μηκέτι ὡς γῆ μόνη ὄντες εἰς γῆν ἀπέλθωμεν, ἀλλ' ὡς τῷ ἐξ οὐρανοῦ Λόγῳ συναφθέντες, εἰς οὐρανοὺς ἀναχθῶμεν παρ' αὐτοῦ. Οὐκοῦν οὕτω καὶ τὰ ἄλλα πάθη τοῦ σώματος οὐκ ἀπεικότως εἰς ἑαυτὸν μετέθηκεν· ἵνα μηκέτι ὡς ἄνθρωποι, ἀλλ' ὡς ἴδιοι τοῦ Λόγου, τῆς αἰωνίου ζωῆς μετάσχωμεν. Οὐκέτι γὰρ, κατὰ τὴν προτέραν γένεσιν, ἐν τῷ Ἀδὰμ ἀποθνήσκομεν· ἀλλὰ λοιπὸν τῆς γενέσεως ἡμῶν καὶ πάσης τῆς σαρκικῆς ἀσθενείας μετατεθέντων εἰς τὸν Λόγον, ἐγειρόμεθα ἀπὸ γῆς, λυθείσης τῆς δι' ἁμαρτίαν κατάρας διὰ τὸν ἐν ἡμῖν 'ὑπὲρ ἡμῶν γενόμενον κατάραν·' καὶ εἰκότως γε. Ὥσπερ γὰρ, ἐκ γῆς ὄντες πάντες, ἐν τῷ Ἀδὰμ ἀποθνήσκομεν, οὕτως 'ἄνωθεν ἐξ ὕδατος καὶ πνεύματος ἀναγεννηθέντες,' ἐν τῷ Χριστῷ πάντες ζωοποιούμεθα, οὐκέτι ὡς γηΐνης, ἀλλὰ λοιπὸν λογωθείσης τῆς σαρκὸς διὰ τὸν τοῦ Θεοῦ Λόγον, ὃς δι' ἡμᾶς 'ἐγένετο σάρξ.'

34. Ἵνα δὲ καὶ τὸ ἀπαθὲς τῆς τοῦ Λόγου φύσεως, καὶ τὰς διὰ τὴν σάρκα λεγομένας ἀσθενείας αὐτοῦ γινώσκειν τις ἀκριβέστερον ἔχῃ, καλὸν ἀκοῦσαι τοῦ μακαρίου Πέτρου· ἀξιόπιστος γὰρ οὗτος γένοιτ' ἂν μάρτυς περὶ τοῦ Σωτῆρος· γράφει τοίνυν ἐν τῇ Ἐπιστολῇ λέγων· 'Χριστοῦ οὖν παθόντος ὑπὲρ ἡμῶν σαρκί.' Οὐκοῦν καὶ ὅταν λέγηται πεινᾶν, καὶ διψᾶν, καὶ κάμνειν, καὶ μὴ εἰδέναι, καὶ καθεύδειν, καὶ κλαίειν, καὶ αἰτεῖν, καὶ φεύγειν, καὶ γεννᾶσθαι, καὶ παραιτεῖσθαι τὸ ποτήριον, καὶ ἁπλῶς πάντα τὰ τῆς σαρκὸς, λεχθείη ἂν ἀκολούθως ἐφ' ἑκάστου· 'Χριστοῦ οὖν πεινῶντος καὶ διψῶντος ὑπὲρ ἡμῶν σαρκί·' καὶ μὴ εἰδέναι λέγοντος, καὶ ῥαπιζομένου, καὶ κάμνοντος 'ὑπὲρ ἡμῶν σαρκί·' καὶ ὑψουμένου πάλιν, καὶ γεννωμένου, καὶ αὐξάνοντος 'σαρκί·' καὶ φοβουμένου, καὶ κρυπτομένου 'σαρκί·' καὶ λέγοντος, 'Εἰ δυνατὸν, παρελθέτω ἀπ' ἐμοῦ τὸ ποτήριον τοῦτο, καὶ τυπτομένου, καὶ λαμβάνοντος 'ὑπὲρ ἡμῶν σαρκί·' καὶ ὅλως πάντα τὰ τοιαῦτα 'ὑπὲρ ἡμῶν σαρκί.' Καὶ γὰρ καὶ αὐτὸς ὁ Ἀπόστολος διὰ τοῦτ' εἴρηκε, 'Χριστοῦ οὖν παθόντος οὐ θεότητι, ἀλλ' ὑπὲρ ἡμῶν σαρκὶ,' ἵνα μὴ αὐτοῦ τοῦ Λόγου ἴδια κατὰ φύσιν, ἀλλ' αὐτῆς τῆς σαρκὸς ἴδια φύσει τὰ πάθη ἐπιγνωσθῇ. Μὴ τοίνυν ἐκ τῶν ἀνθρωπίνων τις σκανδαλιζέσθω, ἀλλὰ μᾶλλον γινωσκέτω, ὡς τὴν φύσιν αὐτὸς ὁ Λόγος ἀπαθής ἐστι, καὶ ὅμως

III. 35.]   *not in His Godhead.*   189

δι' ἣν ἐνεδύσατο σάρκα, λέγεται περὶ αὐτοῦ ταῦτα, ἐπειδὴ τῆς μὲν σαρκὸς ἴδια ταῦτα, τοῦ δὲ Σωτῆρος ἴδιον αὐτὸ τὸ σῶμα. Καὶ αὐτὸς μὲν ἀπαθὴς τὴν φύσιν, ὡς ἔστι, διαμένει, μὴ βλαπτόμενος ἀπὸ τούτων, ἀλλὰ μᾶλλον ἐξαφανίζων καὶ ἀπολλύων αὐτά· οἱ δὲ ἄνθρωποι, ὡς εἰς τὸν ἀπαθῆ μεταβάντων αὐτῶν τῶν παθῶν καὶ ἀπηλειμμένων, ἀπαθεῖς καὶ ἐλεύθεροι τούτων λοιπὸν καὶ αὐτοὶ εἰς τοὺς αἰῶνας γίγνονται, καθὼς ἐδίδαξεν ὁ Ἰωάννης λέγων· 'Καὶ οἴδατε, ὅτι ἐκεῖνος ἐφανερώθη, ἵνα τὰς ἁμαρτίας ἡμῶν ἄρῃ· καὶ ἁμαρτία ἐν αὐτῷ οὐκ ἔστι.' Τούτου δὲ οὕτως ὄντος, οὐκ ἐγκαλέσει τις αἱρετικός, 'Διὰ τί ἀνίσταται ἡ σὰρξ φύσει θνητὴ τυγχάνουσα; εἰ δὲ καὶ ἀνίσταται, διὰ τί μὴ πάλιν πεινᾷ καὶ διψᾷ, καὶ πάσχει, καὶ μένει θνητή; ἐκ γὰρ τῆς γῆς γέγονε, καὶ τὸ κατὰ φύσιν πῶς ἂν ἀπ' παύσοιτο;' δυναμένης τότε τῆς σαρκὸς ἀποκρίνεσθαι πρὸς τὸν οὕτω φιλόνεικον αἱρετικόν· 'Εἰμὶ μὲν ἐκ γῆς κατὰ φύσιν θνητή, ἀλλ' ὕστερον τοῦ Λόγου γέγονα σάρξ, καὶ αὐτὸς ἐβάσταξέ μου τὰ πάθη, καίτοι ἀπαθὴς ὤν· ἐγὼ δὲ γέγονα τούτων ἐλευθέρα, οὐκ ἀφιεμένη δουλεύειν ἔτι τούτοις διὰ ἐλευθερώσαντά με Κύριον ἀπὸ τούτων. Εἰ γὰρ ἐγκαλεῖς, ὅτι τῆς κατὰ φύσιν ἀπηλλάγην φθορᾶς, ὅρα μὴ ἐγκαλέσῃς, ὅτι ὁ τοῦ Θεοῦ Λόγος τὴν ἐμὴν τῆς δουλείας ἔλαβε μορφήν. Ὡς γὰρ ὁ Κύριος, ἐνδυσάμενος τὸ σῶμα, γέγονεν ἄνθρωπος, οὕτως ἡμεῖς οἱ ἄνθρωποι παρὰ τοῦ Λόγου τε θεοποιούμεθα προσληφθέντες διὰ τῆς σαρκὸς αὐτοῦ, καὶ λοιπὸν ζωὴν αἰώνιον κληρονομοῦμεν.'

35. Ταῦτα ἀναγκαίως προεξητάσαμεν, ἵνα, ἐὰν ἴδωμεν αὐτὸν δι' ὀργάνου τοῦ ἰδίου σώματος θεϊκῶς πράττοντά τι ἢ λέγοντα, γινώσκωμεν ὅτι Θεὸς ὤν, ταῦτα ἐργάζεται· καὶ πάλιν, ἐὰν ἴδωμεν αὐτὸν ἀνθρωπίνως λαλοῦντα, ἢ πάσχοντα, μὴ ἀγνοῶμεν ὅτι σάρκα φορῶν γέγονεν ἄνθρωπος, καὶ οὕτω ταῦτα ποιεῖ καὶ λαλεῖ. Ἑκάστου γὰρ τὸ ἴδιον γινώσκοντες, καὶ ἀμφότερα ἐξ ἑνὸς πραττόμενα βλέποντες καὶ νοοῦντες, ὀρθῶς πιστεύομεν, καὶ οὐκ ἄν ποτε πλανηθησόμεθα. Ἐὰν δέ τις, θεϊκῶς τὰ παρὰ τοῦ Λόγου γινόμενα βλέπων, ἀρνήσηται τὸ σῶμα, ἢ καὶ τὰ τοῦ σώματος ἴδια βλέπων, ἀρνήσηται τὴν τοῦ Λόγου ἔνσαρκον παρουσίαν, ἢ ἐκ τῶν ἀνθρωπίνων ταπεινὰ περὶ τοῦ Λόγου φρονήσῃ, ὁ τοιοῦτος, ὡς μὲν Ἰουδαϊκὸς κάπηλος μίσγων τὸν οἶνον

1 John iii. 5.

ὕδατι, 'σκάνδαλον' νομίσει τὸν σταυρὸν, ὡς δὲ "Ελλην, 'μωρίαν' ἡγήσεται τὸ κήρυγμα, οἷα δὴ καὶ οἱ θεομάχοι 'Αρειανοὶ πεπόνθασι. Τὰ γὰρ ἀνθρώπινα βλέποντες τοῦ Σωτῆρος, ἐνόμισαν αὐτὸν εἶναι κτίσμα. Οὐκοῦν ἔδει καὶ τὰ θεϊκὰ βλέποντας αὐτοὺς ἔργα τοῦ Λόγου, ἀρνήσασθαι τοῦ σώματος αὐτοῦ τὴν γένεσιν, καὶ λοιπὸν καὶ Μανιχαίοις ἑαυτοὺς συγκαταριθμεῖν. 'Αλλ' ἐκεῖνοι μὲν κἂν ὀψέ ποτε μανθανέτωσαν, 'ὅτι ὁ Λόγος σὰρξ ἐγένετο'· ἡμεῖς δὲ, τὸν σκοπὸν τῆς πίστεως ἔχοντες, ἐπιγινώσκωμεν ἃ διανοοῦνται οὗτοι κακῶς, ὀρθὴν ἔχοντα τὴν διάνοιαν. Τὸ γὰρ, 'Ὁ Πατὴρ ἀγαπᾷ τὸν Υἱὸν,' καὶ, 'Πάντα δέδωκεν ἐν τῇ χειρὶ αὐτοῦ·' καὶ τὸ, 'Πάντα μοι παρεδόθη ὑπὸ τοῦ Πατρός μου·' καὶ τὸ, 'Οὐ δύναμαι ἐγὼ ποιεῖν ἀπ' ἐμαυτοῦ οὐδέν· ἀλλὰ καθὼς ἀκούω, κρίνω·' καὶ ὅσα τοιαῦτά ἐστι ῥητὰ, οὐ τὸ μὴ ἐσχηκέναι ποτὲ τὸν Υἱὸν ταῦτα δείκνυσι· (πῶς γὰρ ἃ ἔχει ὁ Πατὴρ, οὐκ εἶχεν ἀϊδίως ὁ μόνος κατ' οὐσίαν τοῦ Πατρὸς Λόγος καὶ Σοφία, ὁ καὶ λέγων· 'Πάντα ὅσα ἔχει ὁ Πατὴρ, ἐμά ἐστι·' καὶ, 'τὰ ἐμὰ τοῦ Πατρός ἐστιν;' εἰ γὰρ τὰ τοῦ Πατρὸς τοῦ Υἱοῦ ἐστιν, ἀεὶ δὲ ταῦτα ἔχει ὁ Πατὴρ, δῆλον ὅτι ἃ ἔχει ὁ Υἱὸς, ταῦτα ὄντα τοῦ Πατρὸς, ἀεί ἐστιν ἐν αὐτῷ·) οὐ διὰ τὸ μὴ ἐσχήκεναι οὖν ποτε ταῦτα ἔλεγεν· ἀλλ' ὃ ἔχων ἀϊδίως ὁ Υἱὸς ἃ ἔχει, παρὰ τοῦ Πατρὸς ἔχει.

36. Ἵνα γὰρ μή τις, βλέπων τὸν Υἱὸν ἔχοντα πάντα ὅσα ἔχει ὁ Πατὴρ, ἐκ τῆς ἀπαραλλάκτου ὁμοιότητος καὶ ταυτότητος ὧν ἔχει, πλανηθεὶς κατὰ Σαβέλλιον ἀσεβήσῃ, νομίσας αὐτὸν εἶναι τὸν Πατέρα· διὰ τοῦτο τὸ 'ἐδόθη μοι,' καὶ τὸ 'ἔλαβον,' καὶ τὸ 'παρεδόθη μοι,' εἴρηκεν, ὑπὲρ τοῦ μόνου δεῖξαι ὅτι οὐκ ἔστιν αὐτὸς ὁ Πατὴρ, ἀλλὰ τοῦ Πατρὸς ὁ Λόγος, καὶ ὁ ἀΐδιος ἅπερ ἔχει παρ' αὐτοῦ· διὰ δὲ τὸ εἶναι αὐτὸν Υἱὸν, ἐκ τοῦ Πατρὸς ἔχει ἅπερ ἀϊδίως ἔχει. Ὅτι γὰρ τὸ 'ἐδόθη,' καὶ τὸ 'παρεδόθη,' καὶ τὰ ὅμοια τούτοις, οὐκ ἐλαττοῖ τὴν θεότητα τοῦ Υἱοῦ, ἀλλὰ καὶ μᾶλλον δείκνυσιν αὐτὸν ἀληθῶς Υἱὸν, ἔξεστι καὶ ἀπ' αὐτῶν τῶν ῥητῶν καταμαθεῖν. Εἰ γὰρ 'πάντα' αὐτῷ παρεδόθη, πρῶτον μὲν ἄλλος ἐστὶ τῶν πάντων, ὧν παρέλαβεν· ἔπειτα, 'πάντων ὢν κληρονόμος,' μόνος ὁ Υἱός ἐστι καὶ ἴδιος κατ' οὐσίαν τοῦ Πατρός. Εἰ γὰρ εἷς ἦν τῶν πάντων, οὐ πάντων ἦν αὐτὸς κληρονόμος· ἀλλὰ καὶ ἕκαστος ἐλάμβανεν, ὡς ἤθελε καὶ ἐδίδου ὁ Πατήρ.

but ever united to the Father.

Νῦν δὲ, πάντα λαμβάνων αὐτὸς, ἄλλος ἐστὶ τῶν πάντων καὶ μόνος ἴδιος τοῦ Πατρός. Ὅτι δὲ πάλιν τὸ 'ἐδόθη,' καὶ, 'παρεδόθη,' οὐ τό ποτε μὴ ἔχειν αὐτὸν δείκνυσι, δυνατὸν ἐκ τοῦ ὁμοίου ῥητοῦ καὶ περὶ πάντων συνιδεῖν τὸ τοιοῦτον. Φησὶ γὰρ αὐτὸς ὁ Σωτήρ· '"Ωσπερ ὁ Πατὴρ ζωὴν ἔχει ἐν ἑαυτῷ, οὕτως καὶ τῷ Υἱῷ δέδωκε ζωὴν ἔχειν ἐν ἑαυτῷ·' Ἐκ μὲν γὰρ τοῦ λέγειν, 'δέδωκε,' σημαίνει ἑαυτὸν μὴ εἶναι τὸν Πατέρα· ἐν δὲ τῷ λέγειν, 'οὕτως,' δείκνυσι τὴν πρὸς τὸν Πατέρα τοῦ Υἱοῦ φυσικὴν ὁμοιότητα καὶ ἰδιότητα. Εἰ μὲν οὖν ἦν ποτε ὅτε οὐκ εἶχεν ὁ Πατὴρ, δῆλον ὅτι καὶ ὁ Υἱὸς ἦν ὅτε οὐκ εἶχεν. Ὡς γὰρ ὁ Πατὴρ, οὕτως καὶ ὁ Υἱὸς ἔχει. Εἰ δὲ ἀσεβὲς μὲν τοῦτο λέγειν, εὐσεβὲς δὲ μᾶλλόν ἐστιν εἰπεῖν, ὅτι ἀεὶ ἔχει ὁ Πατὴρ, πῶς οὐκ ἄτοπον, τοῦ Υἱοῦ λέγοντος ὅτι ὡς ὁ Πατὴρ ἔχει, οὕτως καὶ ὁ Υἱὸς ἔχει, τούτους λέγειν μὴ οὕτως ἔχειν, ἀλλ' ἄλλως ἔχειν; Μᾶλλον οὖν ὁ Λόγος πιστός ἐστι, καὶ πάντα, ἃ λέγει εἰληφέναι, ἀεὶ ἔχων, αὐτὰ ἔχει παρὰ τοῦ Πατρός· καὶ ὁ μὲν Πατὴρ οὐ παρά τινος, ὁ δὲ Υἱὸς παρὰ τοῦ Πατρὸς ἔχει. Ὡς γὰρ καὶ ἐπὶ τοῦ ἀπαυγάσματος, εἰ αὐτὸ τὸ ἀπαύγασμα λέγοι· 'Πάντα τόπον δέδωκέ μοι τὸ φῶς φωτίζειν· καὶ οὐκ ἀπ' ἐμαυτοῦ φωτίζω, ἀλλ' ὡς τὸ φῶς βούλεται·' τοῦτο δὲ λέγον, οὐ τό ποτε μὴ ἔχειν ἑαυτὸ δείκνυσιν, ἀλλ' ὅτι 'τοῦ φωτὸς ἴδιόν εἰμι, καὶ τὰ ἐκείνου πάντα ἐμά ἐστιν.' Οὕτως καὶ πλέον ἐπὶ τοῦ Υἱοῦ νοεῖν ἔξεστι. Καὶ γὰρ πάντα δεδωκὼς ὁ Πατὴρ τῷ Υἱῷ, πάντα πάλιν ὁ Πατὴρ ἐν τῷ Υἱῷ ἔχει· καὶ τοῦ Υἱοῦ δὲ ἔχοντος, πάλιν ὁ Πατὴρ αὐτὰ ἔχει. Ἡ γὰρ τοῦ Υἱοῦ θεότης τοῦ Πατρὸς θεότης ἐστί· καὶ οὕτως ὁ Πατὴρ ἐν τῷ Υἱῷ τῶν πάντων τὴν πρόνοιαν ποιεῖται.

37. Τῶν μὲν οὖν τοιούτων ῥητῶν τοιοῦτος ὁ νοῦς· περὶ δὲ τῶν ἀνθρωπίνως λεγομένων περὶ τοῦ Σωτῆρος, καὶ ταῦτα πάλιν εὐσεβῆ τὴν διάνοιαν ἔχει. Διὰ τοῦτο γὰρ καὶ προεξητάσαμεν τὰ τοιαῦτα, ἵνα, ἐὰν ἀκούσωμεν ἐπερωτῶντος αὐτοῦ, ποῦ Λάζαρος κεῖται, καὶ ὅταν εἰς τὰ μέρη Καισαρείας ἐλθὼν πυνθάνεται, 'Τίνα με λέγουσιν οἱ ἄνθρωποι εἶναι;' καὶ, 'Πόσους ἔχετε ἄρτους;' καὶ, 'Τί θέλετε ἵνα ποιήσω ὑμῖν;' γινώσκωμεν ἐκ τῶν προειρημένων τὴν ὀρθὴν τῶν ῥητῶν διάνοιαν, καὶ μὴ σκανδαλιζώμεθα κατὰ τοὺς Χριστομάχους Ἀρειανούς. Πρῶτον μὲν οὖν

192 As the Word, He was not ignorant. [III. 38.

τοῖς ἀσεβοῦσι τοῦτο ῥητέον, πόθεν νομίζουσιν ἀγνοεῖν αὐτόν; Οὐ γὰρ ὁ ἐπερωτῶν πάντως καὶ ἀγνοῶν ἐπερωτᾷ· ἀλλ' ἔξεστι τὸν εἰδότα καὶ ἐρωτᾶν, περὶ ὧν ἐπίσταται. Ἀμέλει καὶ ὁ Ἰωάννης ἐπερωτῶντα τὸν Χριστὸν, 'Πόσους ἄρτους ἔχετε,' οἶδε

John vi. 6. μὴ ἀγνοοῦντα, ἀλλὰ γινώσκοντα· φησὶ γάρ, 'Τοῦτο δὲ ἔλεγε πειράζων τὸν Φίλιππον· αὐτὸς γὰρ ᾔδει, τί ἔμελλε ποιεῖν.' Εἰ δὲ ᾔδει ὅπερ ἐποίει, οὐκ ἄρα ἀγνοῶν, ἀλλὰ γινώσκων ἐπερωτᾷ. Ἀπὸ δὲ τούτου καὶ τὰ ὅμοια νοεῖν ἔξεστιν, ὅτι ὅταν ἐρωτᾷ ὁ Κύριος, οὐκ ἀγνοῶν, ποῦ Λάζαρος κεῖται, οὐδὲ τίνα λέγουσιν αὐτὸν εἶναι οἱ ἄνθρωποι, ἐπερωτᾷ, ἀλλὰ γινώσκων ὅπερ ἠρώτα αὐτὸς, εἰδὼς τί μέλλει ποιεῖν· καὶ ταχέως μὲν αὐτῶν οὕτω τὸ σοφὸν ἐκβάλλεται. Ἂν δὲ φιλονεικῶσιν ἔτι διὰ τὸ ἐπερωτᾶν, ἀκουέτωσαν, ὅτι ἐν μὲν τῇ θεότητι οὐκ ἔστιν ἄγνοια, τῆς δὲ σαρκὸς ἴδιόν ἐστι τὸ ἀγνοεῖν, καθάπερ εἴρηται. Καὶ ὅτι τοῦτο ἀληθές ἐστιν, ὅρα πῶς ὁ Κύριος ὁ πυνθανόμενος, ποῦ Λάζαρος

Ib. xi. 14. κεῖται, αὐτὸς εἶπε μὴ παρών, ἀλλὰ καὶ μακρὰν ὢν, 'Λάζαρος ἀπέθανε,' καὶ ποῦ ἀπέθανεν. Ὁ δὲ κατ' αὐτοὺς νομιζόμενος ἀγνοεῖν, αὐτός ἐστιν ὁ τοὺς διαλογισμοὺς τῶν μαθητῶν προ-

Ib. ii. 25. γινώσκων, καὶ εἰδὼς τὰ ἐν τῇ ἑκάστου καρδίᾳ, καὶ 'τί ἐστιν ἐν τῷ ἀνθρώπῳ' καὶ τό γε μεῖζον, αὐτὸς μόνος γινώσκει τὸν

Ib. xiv. 10. Πατέρα, καὶ λέγει· ''Εγὼ ἐν τῷ Πατρί, καὶ ὁ Πατὴρ ἐν ἐμοί.'

38. Οὐκοῦν παντὶ τοῦτο δῆλόν ἐστιν, ὅτι τῆς μὲν σαρκός ἐστι τὸ ἀγνοεῖν, αὐτὸς δὲ ὁ Λόγος, ᾗ Λόγος ἐστὶ, τὰ πάντα καὶ πρὶν γενέσεως γινώσκε. Οὐδὲ γάρ, ἐπειδὴ γέγονεν ἄνθρωπος, πέπαυται τοῦ εἶναι Θεός· οὐδὲ, ἐπειδὴ Θεός ἐστι, φεύγει τὸ ἀνθρώπινον· μὴ γένοιτο! ἀλλὰ μᾶλλον Θεὸς ὢν, προσελάμβανε τὴν σάρκα, καὶ ἐν σαρκὶ ὢν ἐθεοποίει τὴν σάρκα. Καὶ γὰρ ὥσπερ ἐν αὐτῇ ἐπυνθάνετο, οὕτω καὶ ἐν αὐτῇ τὸν νεκρὸν ἤγειρε· καὶ πᾶσιν ἔδειξεν, ὅτι ὁ νεκροὺς ζωοποιῶν καὶ τὴν ψυχὴν ἀνακαλούμενος, πολλῷ μᾶλλον τὰ κρυπτὰ πάντων ἐπιγινώσκει, καὶ ἐγίνωσκε ποῦ κεῖται Λάζαρος· ἀλλ' ἐπυνθάνετο· ἐποίει γὰρ καὶ τοῦτο ὁ πανάγιος τοῦ Θεοῦ Λόγος, ὁ πάντα δι' ἡμᾶς ὑπομείνας, ἵνα καὶ οὕτω τὴν ἄγνοιαν ἡμῶν βαστάξας, χαρίσηται γινώσκειν τὸν μόνον ἑαυτοῦ ἀληθινὸν Πατέρα, καὶ ἑαυτὸν τὸν δι' ἡμᾶς ἐπὶ σωτηρίᾳ πάντων ἀποσταλέντα, ἧς μείζων οὐκ ἂν γένοιτο χάρις. Ὅταν τοίνυν καὶ περὶ ὧν προφασίζονται ῥητῶν

III. 39.] *Limitations ascribed to Him as Man.* 193

λέγῃ ὁ Σωτήρ, 'Ἐδόθη μοι ἐξουσία,' καὶ, 'Δόξασόν σου τὸν Matt. xxviii. Ὑἱόν,' λέγῃ τε ὁ Πέτρος, 'Ἐδόθη αὐτῷ ἐξουσία,' τῇ αὐτῇ John xvii. 1. διανοίᾳ ταῦτα πάντα γινώσκομεν, ὅτι ἀνθρωπίνως διὰ τὸ σῶμα Cf. 1 Pet. i. ταῦτα πάντα λέγει. Οὐ γὰρ χρείαν ἔχων, ὅμως αὐτὸς ὡς 17; 2 Pet. i. εἰληφὼς λέγεται ἅπερ ἐλάμβανεν ἀνθρωπίνως· ἵνα πάλιν, ὡς τοῦ Κυρίου λαβόντος, καὶ ὡς εἰς αὐτὸν ἀναπαυομένης τῆς δόσεως, βεβαία ἡ χάρις διαμείνῃ. Ἄνθρωπος μὲν γὰρ μόνος λαμβάνων δυνατὸν ἔχει καὶ τὸ ἀφαιρεθῆναι· καὶ τοῦτο ἐπὶ τοῦ Ἀδὰμ ἐδείχθη· λαβὼν γὰρ ἀπώλεσεν. Ἵνα δὲ ἀναφαίρετος ἡ χάρις γένηται, καὶ βεβαία φυλαχθῇ τοῖς ἀνθρώποις, διὰ τοῦτο αὐτὸς ἰδιοποιεῖται τὴν δόσιν, καὶ λέγει ἐξουσίαν εἰληφέναι, ὡς ἄνθρωπος, ἣν ἀεὶ ἔχει ὡς Θεός· καὶ λέγει, 'Δόξασόν με,' ὁ ἄλλους δοξάζων, ἵνα δείξῃ ὅτι σάρκα χρῄζουσαν ἔχει τούτων. Διὸ κἀκείνης λαβούσης, ἐπειδὴ ἡ λαβοῦσα ἐν αὐτῷ ἐστι, καὶ προσλαβὼν αὐτὴν ἄνθρωπος γέγονεν, ὡς αὐτὸς εἰληφὼς λέγεται.

39. Εἰ μὲν οὖν, ὡς πολλάκις εἴρηται, οὐ γέγονεν ἄνθρωπος ὁ Λόγος, ἔστω τοῦ Λόγου καθ' ὑμᾶς τὸ λαβεῖν, καὶ τὸ χρῄζειν δόξης, καὶ τὸ ἀγνοεῖν· εἰ δὲ γέγονεν ἄνθρωπος (γέγονε γὰρ) ἀνθρώπου δέ ἐστι τὸ λαβεῖν, καὶ τὸ χρῄζειν, καὶ τὸ ἀγνοεῖν, διὰ τί τὸν διδόντα ὡς λαμβάνοντα νομίζομεν, καὶ τὸν ἄλλοις χορηγοῦντα χρείαν ἔχειν ὑπονοοῦμεν, καὶ τὸν μὲν Λόγον διαιροῦμεν ἀπὸ τοῦ Πατρὸς, ὡς ἀτελῆ καὶ χρείαν ἔχοντα, τὴν δὲ ἀνθρωπότητα τῆς χάριτος ἐρημοῦμεν; Εἰ γὰρ αὐτὸς ὁ Λόγος, ᾗ Λόγος ἐστὶ, δι' ἑαυτόν ἐστι λαβὼν καὶ δοξασθεὶς, καὶ εἰ ἐκεῖνος κατὰ τὴν θεότητά ἐστιν ὁ ἁγιασθεὶς καὶ ἀναστὰς, ποία τοῖς ἀνθρώποις ἐστὶν ἐλπίς; Μένουσι γὰρ, ὥσπερ ἦσαν, γυμνοὶ, καὶ δείλαιοι, καὶ νεκροὶ, οὐδὲν κοινὸν ἔχοντες πρὸς τὰ δοθέντα τῷ Υἱῷ. . Τί δὲ καὶ ἐπεδήμει, καὶ ἐγίνετο σὰρξ ὁ Λόγος; Εἰ μὲν ἵνα λάβῃ ταῦτα, ἅπερ λέγει εἰληφέναι, κενὸς ἦν τούτων πρὸ τούτου, ἐξ ἀνάγκης δὲ καὶ χάριν ὁμολογήσει μᾶλλον αὐτὸς τῷ σώματι, ὅτι, ὅτε γέγονεν εἰς αὐτὸ, τότε λαμβάνει ταῦτα παρὰ τοῦ Πατρὸς, ἃ μὴ εἶχε πρὸ τῆς εἰς τὴν σάρκα καθόδου. Καὶ γὰρ ἐκ τούτου βελτιωθεὶς φαίνεται μᾶλλον αὐτὸς διὰ τὸ σῶμα, ἢ τὸ σῶμα βελτιωθὲν δι' αὐτόν. Ἀλλὰ τοῦτο Ἰουδαϊκόν ἐστι τὸ φρόνημα. Εἰ δ' ἵνα λυτρώσηται τὸ γένος τῶν ἀνθρώπων, ἐπεδήμησεν ὁ

O

Λόγος, καὶ ἵνα αὐτοὺς ἁγιάσῃ καὶ θεοποιήσῃ, γέγονεν ὁ Λόγος σὰρξ (τούτου γὰρ χάριν καὶ γέγονε)· τίνι λοιπὸν οὐκ ἔστι φανερὸν ὅτι ταῦθ' ἅπερ εἰληφέναι λέγει, ὅτε γέγονε σάρξ, οὐ δι' ἑαυτὸν, ἀλλὰ διὰ τὴν σάρκα λέγει; ἐν ᾗ γὰρ ἦν λέγων, ταύτης ἦν καὶ τὰ διδόμενα χαρίσματα δι' αὐτοῦ παρὰ τοῦ Πατρός. Τίνα δὲ ἦν ἃ ᾐτεῖτο, ἴδωμεν, καὶ τίνα ἦν ὅλως, ἃ ἔλεγεν εἰληφέναι, ἵνα κἂν οὕτως αἰσθέσθαι δυνηθῶσιν ἐκεῖνοι. Δόξαν τοίνυν ᾐτεῖτο, καὶ ἔλεγε· 'Πάντα μοι παρεδόθη·' καὶ μετὰ τὴν ἀνάστασιν 'ἐξουσίαν πᾶσάν' φησιν εἰληφέναι. Ἀλλὰ καὶ πρὶν εἴπῃ, 'Πάντα μοι παρεδόθη,' πάντων ἦν Κύριος· 'πάντα γὰρ δι' αὐτοῦ ἐγένετο·' καὶ 'εἷς Κύριος ἦν, δι' οὗ τὰ πάντα.' καὶ δόξαν μὲν αἰτῶν, Κύριος τῆς δόξης ἦν καὶ ἔστιν, ὡς Παῦλός φησιν· 'Εἰ γὰρ ἔγνωσαν, οὐκ ἂν τὸν Κύριον τῆς δόξης ἐσταύρωσαν.' Εἶχε γὰρ ἣν ᾐτεῖτο λέγων, 'Τῇ δόξῃ ᾗ εἶχον πρὸ τοῦ τὸν κόσμον εἶναι παρὰ σοί.'

40. Καὶ τὴν ἐξουσίαν δὲ ἣν ἔλεγε μετὰ τὴν ἀνάστασιν εἰληφέναι, ταύτην εἶχε καὶ πρὸ τοῦ λαβεῖν, καὶ πρὸ τῆς ἀναστάσεως. Αὐτὸς μὲν γὰρ ἐπετίμα δι' ἑαυτοῦ τῷ Σατανᾷ λέγων, '"Υπαγε ὀπίσω μου, Σατανᾶ·' τοῖς δὲ μαθηταῖς 'ἐδίδου' κατ' αὐτοῦ 'τὴν ἐξουσίαν,' ὅτε καὶ, ὑποστρεψάντων αὐτῶν, ἔλεγεν· 'Ἐθεώρουν τὸν Σατανᾶν ὡς ἀστραπὴν, πεσόντα ἐκ τοῦ οὐρανοῦ.' Ἀλλὰ καὶ πάλιν, ὅπερ ἔλεγεν εἰληφέναι, τοῦτο καὶ πρὸ τοῦ λαβεῖν ἔχων δείκνυται· τούς τε γὰρ δαίμονας ἀπήλαυνε· καὶ ἅπερ 'ἔδησεν ὁ Σατανᾶς,' ἔλυεν αὐτὸς, ὡς ἐπὶ τῆς ''Αβραμιαίας θυγατρὸς' ἐποίησε· καὶ ἁμαρτίας ἠφίει, λέγων τῷ παραλυτικῷ, καὶ τῇ τοὺς πόδας ἀλειψάσῃ γυναικί· ''Αφέωνταί σου αἱ ἁμαρτίαι.' Καὶ νεκροὺς μὲν ἤγειρε, τοῦ δὲ τυφλοῦ τὴν γένεσιν ἀποκαθίστα, χαριζόμενος αὐτῷ τὸ βλέπειν. Καὶ ταῦτα ἐποίει, οὐ μέλλων ἕως λάβῃ, ἀλλ' ἐξουσιαστὴς ὤν. Ὡς ἐκ τούτων δῆλον εἶναι ὅτι ἃ εἶχε Λόγος ὤν, ταῦτα καὶ γενόμενος ἄνθρωπος, καὶ μετὰ τὴν ἀνάστασιν, ἀνθρωπίνως εἰληφέναι λέγει, ἵνα δι' αὐτὸν οἱ ἄνθρωποι, ἐπὶ μὲν τῆς γῆς ὡς 'κοινωνοὶ γενόμενοι θείας φύσεως,' λοιπὸν ἐξουσίαν ἔχωσι κατὰ δαιμόνων, ἐν δὲ τοῖς οὐρανοῖς, ὡς 'ἐλευθερωθέντες ἀπὸ τῆς φθορᾶς,' αἰωνίως βασιλεύσωσι. Καθόλου γὰρ τοῦτο χρὴ γινώσκειν, ὅτι οὐδὲν ἂν λέγει εἰληφέναι, ὡς μὴ ἔχων ἔλαβεν· εἶχε γὰρ αὐτὰ ἀεὶ Θεὸς

III. 42.] *He 'had' before as God.* 195

ὧν ὁ Λόγος. Λέγεται δὲ νῦν ἀνθρωπίνως, ὅτι ἔλαβεν, ἵνα, τῆς σαρκὸς ἐν αὐτῷ λαμβανούσης, λοιπὸν ἐξ ἐκείνης καὶ εἰς ἡμᾶς διαμείνῃ βεβαίως. Καὶ γὰρ καὶ τὸ παρὰ τοῦ Πέτρου λεγόμενον, ὅτι 'λαβὼν παρὰ Θεοῦ τιμὴν καὶ δόξαν, ὑποταγέντων αὐτῷ ἀγγέλων,' τοιοῦτον ἔχει τὸν νοῦν. Ὡς ἐπυνθάνετο ἀνθρωπίνως, ἤγειρε δὲ θεϊκῶς τὸν Λάζαρον· οὕτω τὸ μὲν 'ἔλαβεν' ἀνθρωπίνως εἴρηται· ἡ δὲ τῶν ἀγγέλων ὑποταγὴ τὴν θεότητα τοῦ Λόγου δείκνυσιν. 2 Pet. i. 17; 1 Pet. iii. 22.

41. Παύσασθε τοιγαροῦν, ὦ θεοστυγεῖς, καὶ μὴ ταπεινοῦτε τὸν Λόγον· μηδὲ παραιρεῖσθε τὴν θεότητα αὐτοῦ, ἥτις ἐστὶ τοῦ Πατρὸς, ὡς δεομένου, ἢ ἀγνοοῦντος· ἵνα μὴ τὰ ἑαυτῶν ἐπιρρίπτητε τῷ Χριστῷ, ὡς οἱ τότε λιθάζοντες αὐτὸν ἐποίουν Ἰουδαῖοι. Οὐ γὰρ τοῦ Λόγου, ᾗ Λόγος ἐστὶ, ταῦτα τυγχάνει ὄντα, ἀλλὰ τῶν ἀνθρώπων ἐστὶν ἴδια ταῦτα. Καὶ ὥσπερ πτύσαντος αὐτοῦ, καὶ ἐκτείναντος τὴν χεῖρα, καὶ φωνήσαντος Λάζαρον, οὐκ ἐλέγομεν ἀνθρώπινα εἶναι τὰ κατορθώματα, εἰ καὶ διὰ τοῦ σώματος ἐγίνετο, ἀλλὰ Θεοῦ· οὕτως ἐὰν τὰ ἀνθρώπινα λέγηται περὶ τοῦ Σωτῆρος ἐν τῷ Εὐαγγελίῳ, πάλιν εἰς τὴν φύσιν τῶν λεγομένων ἐνορῶντες, καὶ ὡς ἀλλότρια ταῦτα Θεοῦ τυγχάνει ὄντα, μὴ τῇ θεότητι τοῦ Λόγου ταῦτα λογιζώμεθα, ἀλλὰ τῇ ἀνθρωπότητι αὐτοῦ. Εἰ γὰρ καὶ 'ὁ Λόγος σὰρξ ἐγένετο,' ἀλλὰ τῆς σαρκὸς ἴδια τὰ πάθη· καὶ εἰ ἡ σὰρξ θεοφορεῖται ἐν τῷ Λόγῳ, ἀλλ' ἡ χάρις καὶ ἡ δύναμίς ἐστι τοῦ Λόγου. Τὰ γοῦν ἔργα τοῦ Πατρὸς διὰ τῆς σαρκὸς ἐποίει· καὶ οὐδὲν ἧττον πάλιν τὰ πάθη τῆς σαρκὸς ἐδείκνυτο ἐν αὐτῷ· οἷον ἐπυνθάνετο καὶ ἤγειρε Λάζαρον· ἐπέπληττε τῇ μητρὶ, λέγων· 'Οὔπω ἥκει ἡ ὥρα μου,' καὶ εὐθὺς τὸ ὕδωρ οἶνον ἐποίει. Ἀληθινὸς γὰρ Θεὸς ἦν ἐν τῇ σαρκὶ, καὶ ἀληθὴς σὰρξ ἦν ἐν τῷ Λόγῳ. Διὰ τοῦτο ἐκ μὲν τῶν ἔργων ἐγνώριζεν ἑαυτὸν Υἱόν τε τοῦ Θεοῦ, καὶ τὸν ἑαυτοῦ Πατέρα· ἐκ δὲ τῶν τῆς σαρκὸς παθῶν ἐδείκνυεν ὅτι ἀληθὲς ἐφόρει σῶμα, καὶ ἴδιον ἦν αὐτοῦ τοῦτο. John ii. 4.

42. Τούτων οὕτως ὄντων, φέρε καὶ τὸ, 'Περὶ δὲ τῆς ἡμέρας καὶ τῆς ὥρας οὐδεὶς οἶδεν, οὐδὲ οἱ ἄγγελοι, οὐδὲ ὁ Υἱὸς,' διερευνήσωμεν. Τοῦτο μὲν γὰρ μεγάλως μάλιστα ἀγνοήσαντες, καὶ ἐν τούτῳ σκοτοδινιῶντες, μεγάλην νομίζουσιν ἔχειν ἐν τούτῳ πρόφασιν τῆς αἱρέσεως αὐτῶν. Ἐγὼ δὲ καὶ τοῦτο προφασιζομένους Mark xiii. 32.

αὐτοὺς, καὶ ἐν τούτῳ παρασκευαζομένους τοὺς αἱρετικοὺς, ὡς τοὺς γίγαντας, πάλιν θεομαχοῦντας αὐτοὺς ὁρῶ. Ὁ γὰρ οὐρανοῦ καὶ γῆς Κύριος, δι' οὗ τὰ πάντα γέγονε, κρίνεται παρ' αὐτοῖς περὶ ἡμέρας καὶ ὥρας· καὶ ὁ τὰ πάντα γινώσκων Λόγος κατηγορεῖται παρ' αὐτῶν, ὡς ἀγνοῶν περὶ ἡμέρας· καὶ ὁ γινώσκων Υἱὸς τὸν Πατέρα λέγεται ἀγνοεῖν ἡμέρας ὥραν· ὧν τί ἂν τίς ἀφρονέστερον εἴποι, ἢ ποίαν τίς τούτοις ἐξισώσοι μανίαν; Διὰ τοῦ Λόγου γέγονε τὰ πάντα, καὶ χρόνοι, καὶ καιροὶ, καὶ νὺξ, καὶ ἡμέρα, καὶ πᾶσα ἡ κτίσις· καὶ ἀγνοεῖν ὁ δημιουργὸς τὸ ποίημα λέγεται; καὶ αὐτὸς μὲν οὖν ὁ εἱρμὸς τοῦ ἀναγνώσματος δείκνυσιν εἰδέναι τὸν Υἱὸν τοῦ Θεοῦ τὴν ὥραν, καὶ τὴν ἡμέραν, κἂν οἱ Ἀρειανοὶ τῇ ἀγνοίᾳ καταπίπτωσιν. Εἰρηκὼς γὰρ, 'οὐδὲ ὁ Υἱὸς,' διηγεῖται τοῖς μαθηταῖς τὰ πρὸ τῆς ἡμέρας, λέγων· 'Τάδε ἔσται καὶ τάδε, εἶται τὸ τέλος.' Ὁ δὲ τὰ πρὸ τῆς ἡμέρας λέγων οἶδε πάντως καὶ τὴν ἡμέραν, ἥτις μετὰ τὰ προειρημένα φανήσεται. Εἰ δὲ μὴ ᾔδει τὴν ὥραν, οὐκ ἂν τὰ πρὸ αὐτῆς ἐσήμανεν, οὐκ εἰδὼς πότε ἔσται ἡ ὥρα. Καὶ ὥσπερ ἄν τις οἰκίαν ἢ πόλιν τοῖς ἀγνοοῦσι σημᾶναι θέλων, τὰ μὲν πρὸ τῆς οἰκίας ἢ τῆς πόλεως διεξίοι· ἐπειδὰν δὲ πάντα σημάνας λέγοι, 'Εἶτ' εὐθὺς ἡ πόλις ἢ ἡ οἰκία·' οἶδε πάντως ὁ σημαίνων, ποῦ τε ἡ οἰκία ἢ ἡ πόλις ἐστίν· (οὐκ ἂν γὰρ εἰ μὴ ἐγίνωσκεν, ἐσήμανε τὰ πρὸ ἐκείνων, μή ποτε δι' ἄγνοιαν ἢ μακρὰν ἀποστήσῃ τοὺς ἀκούοντας, ἢ αὐτὸς λέγων, λάθῃ καὶ ὑπερβῇ τὸ σημαινόμενον)· οὕτω λέγων ὁ Κύριος τὰ πρὸ τῆς ἡμέρας καὶ τῆς ὥρας, οἶδεν ἀκριβῶς, καὶ οὐκ ἀγνοεῖ, πότε ἡ ὥρα καὶ ἡ ἡμέρα ἐνίσταται.

43. Τίνος οὖν ἕνεκεν, γινώσκων, οὐκ εἶπε φανερῶς τότε τοῖς μαθηταῖς, οὐδενός ἐστι περιεργάσασθαι, ἃ σεσιώπηκεν αὐτός. 'Τίς γὰρ ἔγνω νοῦν Κυρίου; ἢ τίς σύμβουλος αὐτοῦ ἐγένετο;' Τίνος δὲ χάριν γινώσκων ἔλεγεν, ὅτι 'οὐδὲ ὁ Υἱὸς οἶδεν,' οὐδένα τῶν πιστῶν ἀγνοεῖν οἶμαι, ὅτι καὶ τοῦτο οὐδὲν ἧττον διὰ τὴν σάρκα ὡς ἄνθρωπος ἔλεγεν. Οὐδὲ γὰρ οὐδὲ τοῦτο ἐλάττωμα τοῦ Λόγου ἐστὶν, ἀλλὰ τῆς ἀνθρωπίνης φύσεως ἧς ἐστιν ἴδιον καὶ τὸ ἀγνοεῖν. Καὶ τοῦτο πάλιν ἄν τις ἴδοι καλῶς, ἐὰν καὶ τὸν καιρὸν ἐξετάζῃ μετὰ συνειδήσεως ἀγαθῆς, πότε καὶ τίσιν ἔλεγε ταῦτα ὁ Σωτήρ. Οὐ τοίνυν ὅτε ὁ οὐρανὸς δι' αὐτοῦ ἐγένετο, οὐδ' ὅτε ἦν παρ' αὐτῷ τῷ Πατρὶ ὁ Λόγος 'ἁρμόζων' τὰ πάντα,

III. 44.] *that He 'knew not of the Day.'* 197

οὐδὲ πρὸ τοῦ γενέσθαι ἄνθρωπος ἔλεγε ταῦτα· ἀλλ' ὅτε ' ὁ Λόγος σὰρξ ἐγένετο.' Διὰ τοῦτο καὶ πάντα, ὅσα μετὰ τὸ γενέσθαι ἄνθρωπος, ἀνθρωπίνως λέγει, ταῦτα τῇ ἀνθρωπότητι δίκαιον ἀνατιθέναι. Τοῦ μὲν γὰρ Λόγου ἴδιόν ἐστιν εἰδέναι τὰ πεποιημένα, καὶ τούτων τὴν ἀρχὴν καὶ τὸ τέλος μὴ ἀγνοεῖν· αὐτοῦ γάρ ἐστιν ἔργα· καὶ οἶδεν ὁπόσα, καὶ ἕως τίνος τὴν σύστασιν αὐτῶν εἰργάσατο. Εἰδὼς δὲ τὴν ἀρχὴν ἑκάστου καὶ τὸ τέλος, οἶδε πάντως καὶ τὸ καθόλου καὶ κοινὸν πάντων τέλος. Ἀμέλει λέγων ἐν τῷ Εὐαγγελίῳ περὶ τοῦ κατὰ τὸ ἀνθρώπινον αὐτοῦ, ' Πάτερ, ἐλήλυθεν ἡ ὥρα, δόξασόν σου τὸν Υἱὸν,' δῆλός ἐστιν, John xvii. 1. ὅτι καὶ τὴν περὶ τοῦ πάντων τέλους ὥραν, ὡς μὲν Λόγος, γινώσκει, ὡς δὲ ἄνθρωπος, ἀγνοεῖ· ἀνθρώπου γὰρ ἴδιον τὸ ἀγνοεῖν, καὶ μάλιστα ταῦτα. Ἀλλὰ καὶ τοῦτο τῆς φιλανθρωπίας ἴδιον τοῦ Σωτῆρος. Ἐπειδὴ γὰρ γέγονεν ἄνθρωπος, οὐκ ἐπαισχύνεται διὰ τὴν σάρκα τὴν ἀγνοοῦσαν εἰπεῖν, ' Οὐκ οἶδα,' ἵνα δείξῃ ὅτι, εἰδὼς ὡς Θεὸς, ἀγνοεῖ σαρκικῶς. Οὐκ εἴρηκε γοῦν, ' Οὐδὲ ὁ Υἱὸς τοῦ Θεοῦ οἶδεν,' ἵνα μὴ ἡ θεότης ἀγνοοῦσα φαίνηται· ἀλλ' ἁπλῶς, ' οὐδὲ ὁ Υἱός,' ἵνα τοῦ ἐξ ἀνθρώπων γενομένου Υἱοῦ ἡ ἄγνοια ᾖ.

44. Διὰ τοῦτο καὶ περὶ ἀγγέλων λέγων, οὐκ εἴρηκεν ἐπαναβαίνων, ὅτι ' οὐδὲ τὸ Πνεῦμα τὸ ἅγιον·' ἀλλ' ἐσιώπησε, δεικνὺς κατὰ δύο ταῦτα, ὅτι, εἰ τὸ Πνεῦμα οἶδεν, πολλῷ μᾶλλον ὁ Λόγος, ᾗ Λόγος ἐστὶν, οἶδε, παρ' οὗ καὶ τὸ Πνεῦμα λαμβάνει· καὶ ὅτι, περὶ τοῦ Πνεύματος σιωπήσας, φανερὸν πεποίηκεν, ὅτι περὶ τῆς ἀνθρωπίνης αὐτοῦ λειτουργίας ἔλεγεν, ' οὐδὲ ὁ Υἱός.' Καὶ τούτου τεκμήριον, ὅτι, ἀνθρωπίνως εἰρηκὼς, ' οὐδὲ ὁ Υἱὸς οἶδε,' δείκνυσιν ὅμως θεϊκῶς ἑαυτὸν τὰ πάντα εἰδότα. Ὃν γὰρ λέγει Υἱὸν τὴν ἡμέραν μὴ εἰδέναι, τοῦτον εἰδέναι λέγει τὸν Πατέρα· ' Οὐδεὶς' γὰρ, φησὶ, ' γινώσκει τὸν Πατέρα εἰ μὴ ὁ Matt. xi. 27. Υἱός.' Πᾶς δὲ πλὴν τῶν Ἀρειανῶν συνομολογήσειεν ὡς ὁ τὸν Πατέρα γινώσκων πολλῷ μᾶλλον οἶδε τῆς κτίσεως τὸ ὅλον· ἐν δὲ τῷ ὅλῳ καὶ τὸ τέλος ἐστὶ ταύτης. Καὶ εἰ ἤδη δὲ ὥρισται ἡ ἡμέρα καὶ ἡ ὥρα παρὰ τοῦ Πατρὸς, δῆλόν ἐστιν, ὅτι διὰ τοῦ Υἱοῦ ὥρισται, καὶ οἶδεν αὐτὸς τὸ δι' αὐτοῦ ὁρισθέν. Οὐδὲν γάρ ἐστιν, ὃ μὴ διὰ Υἱοῦ γέγονέ τε καὶ ὥρισται· οὐκοῦν αὐτὸς, δημιουργὸς ὢν τοῦ παντὸς, οἶδεν ὁποῖον καὶ ὁπόσον, καὶ ἕως τίνος

αὐτὸ γενέσθαι βεβούληται ὁ Πατήρ· ἐν δὲ τῷ πόσῳ καὶ μέχρι τίνος ἐστὶν ἡ τούτων ἀλλαγή. Πάλιν τε εἰ πάντα τὰ τοῦ Πατρὸς τοῦ Υἱοῦ ἐστι, (τοῦτο γὰρ αὐτὸς εἴρηκε·) τοῦ δὲ Πατρός ἐστι τὸ εἰδέναι τὴν ἡμέραν, δῆλον ὅτι καὶ ὁ Υἱὸς οἶδεν, ἴδιον ἔχων καὶ τοῦτο ἐκ τοῦ Πατρός. Καὶ πάλιν, εἰ ὁ Υἱὸς 'ἐν τῷ Πατρὶ, καὶ ὁ Πατὴρ ἐν τῷ Υἱῷ,' οἶδε δὲ ὁ Πατὴρ τὴν ἡμέραν καὶ τὴν ὥραν· φανερὸν, ὅτι καὶ ὁ Υἱὸς, ἐν τῷ Πατρὶ ὢν καὶ εἰδὼς τὰ ἐν τῷ Πατρὶ, οἶδε καὶ αὐτὸς τὴν ἡμέραν καὶ τὴν ὥραν. Εἰ δὲ καὶ εἰκών ἐστιν ἀληθινὴ τοῦ Πατρὸς ὁ Υἱὸς, οἶδε δὲ ὁ Πατὴρ τὴν ἡμέραν καὶ τὴν ὥραν, δῆλον, ὅτι καὶ τοῦ εἰδέναι ταῦτα τὴν ὁμοιότητα τοῦ Πατρὸς ὁ Υἱὸς ἔχει. Καὶ οὐ θαυμαστὸν, εἰ δι' οὗ 'τὰ πάντα γέγονε,' καὶ ἐν ᾧ 'συνέστηκε' τὰ ὅλα, οἶδεν αὐτὸς τὰ γενόμενα, καὶ πότε τούτων ἑκάστου καὶ κοινῇ τὸ τέλος· ἀλλ' ὅτι καὶ αὕτη ἡ προπέτεια, πρέπουσα τῇ μανίᾳ τῶν Ἀρειομανιτῶν οὖσα, εἰς τοσαύτην ἡμᾶς ἀπολογίαν ἠνάγκασεν ἐλθεῖν. Συναριθμοῦντες γὰρ τοῖς γενητοῖς τὸν Υἱὸν τοῦ Θεοῦ τὸν ἀΐδιον Λόγον, κατ' ὀλίγον καὶ αὐτὸν τὸν Πατέρα ἐλάττονα τῆς κτίσεως μελετῶσι λέγειν. Εἰ γὰρ ὁ τὸν Πατέρα γινώσκων οὐκ οἶδε τὴν ἡμέραν οὐδὲ τὴν ὥραν, φοβοῦμαι μὴ μείζων ἔσται, ὡς ἂν ἐκεῖνοι μανέντες εἴποιεν, ἡ περὶ τῆς κτίσεως, μᾶλλον δὲ ἡ περὶ τοῦ ἐλάττονος μέρους τῆς κτίσεως γνῶσις, τῆς περὶ τοῦ Πατρὸς γνώσεως.

45. Ἀλλ' ἐκεῖνοι μὲν, οὕτως εἰς τὸ Πνεῦμα βλασφημοῦντες, προσδοκάτωσαν 'μὴ λαμβάνειν ποτὲ' τῆς ἀσεβείας ταύτης 'ἄφεσιν,' ὡς ὁ Κύριος εἴρηκεν· οἱ δὲ φιλόχριστοι καὶ Χριστοφόροι γινώσκομεν ὡς οὐκ ἀγνοῶν ὁ Λόγος, ᾗ Λόγος ἐστὶν, ἔλεγεν, 'Οὐκ οἶδα·' οἶδε γάρ· ἀλλὰ τὸ ἀνθρώπινον δεικνὺς, ὅτι τῶν ἀνθρώπων ἴδιόν ἐστι τὸ ἀγνοεῖν, καὶ ὅτι σάρκα ἀγνοοῦσαν ἐνεδύσατο, ἐν ᾗ ὢν, σαρκικῶς ἔλεγεν· 'Οὐκ οἶδα.' Τότε γοῦν εἰρηκὼς, ὅτι 'οὐδὲ ὁ Υἱὸς οἶδε,' καὶ τῶν κατὰ Νῶε ἀνθρώπων τὴν ἄγνοιαν παραθεὶς, εὐθὺς ἐπήγαγε· 'Γρηγορεῖτε οὖν, ὅτι οὐκ οἴδατε οὐδὲ ὑμεῖς, ποίᾳ ὥρᾳ ὁ Κύριος ὑμῶν ἔρχεται.' καὶ πάλιν, 'ᾗ οὐ δοκεῖτε ὥρᾳ, ὁ Υἱὸς τοῦ ἀνθρώπου ἔρχεται·' δι' ὑμᾶς γὰρ κἀγὼ γενόμενος ὡς ὑμεῖς, εἶπον· 'Οὐδὲ ὁ Υἱός.' Ἔδει δὲ, εἴπερ ἦν ἀγνοῶν θεϊκῶς, εἰπεῖν· 'Γρηγορεῖτε οὖν, ὅτι οὐκ οἶδα·' καὶ, 'ᾗ οὐ δοκῶ ὥρᾳ·' νῦν δὲ, τοῦτο μὲν οὐκ εἶπεν· εἰρηκὼς δὲ,

not so as Man.

ὅτι 'οὐκ οἴδατε ὑμεῖς,' καὶ, 'ᾗ οὐ δοκεῖτε,' ἔδειξεν ὅτι τῶν ἀνθρώπων ἐστὶ τὸ ἀγνοεῖν· δι' οὓς καὶ αὐτός, τὴν ὁμοίαν αὐτῶν ἔχων σάρκα, καὶ ἄνθρωπος γενόμενος, ἔλεγεν, 'οὐδὲ ὁ Υἱὸς οἶδεν·' 'οὐκ οἶδε' γὰρ σαρκί, καίπερ ὡς Λόγος γινώσκων. Καὶ τὸ κατὰ Νῶε δὲ παράδειγμα πάλιν ἐλέγχει τὴν ἀναίδειαν τῶν χριστομάχων· καὶ γὰρ κἀκεῖ οὐκ εἶπεν· 'Οὐκ ἔγνων,' ἀλλ', Matt. xxiv. 39. 'Οὐκ ἔγνωσαν, ἕως ἦλθεν ὁ κατακλυσμός.' Οἱ μὲν γὰρ ἄνθρωποι οὐκ ἐγίνωσκον· ὁ δὲ τὸν κατακλυσμὸν ἐπαγαγὼν (αὐτὸς δὲ ἦν ὁ Σωτὴρ) ἐγίνωσκε τὴν ἡμέραν καὶ τὴν ὥραν, ἐν ᾗ 'τοὺς Gen. vii. 11. καταρράκτας τοῦ οὐρανοῦ' ἤνοιγε, καὶ τὰς 'ἀβύσσους' ἐρρήγνυε, καὶ τῷ Νῶε εἴρηκεν· 'Εἴσελθε σὺ καὶ οἱ υἱοί σου εἰς τὴν κιβω- Ib. 1. τόν.' Εἰ δὲ ἦν ἀγνοῶν, οὐκ ἂν προέλεγε τῷ Νῶε, '"Ετι γὰρ Ib. 4. ἡμερῶν ἑπτά, ἐγὼ ἐπάγω τὸν κατακλυσμὸν ἐπὶ τὴν γῆν.' Εἰ δὲ ἐκ τῆς εἰκόνος τῆς κατὰ τὸν Νῶε σημαίνει τὴν ἡμέραν, ἔγνω δὲ τὴν ἡμέραν τοῦ κατακλυσμοῦ, οἶδεν ἄρα καὶ τὴν ἡμέραν τῆς ἑαυτοῦ παρουσίας.

46. Καὶ τὴν κατὰ τὰς παρθένους δὲ ὁμοίωσιν εἰρηκὼς, φανερώτερον πάλιν ἔδειξε, τίνες εἰσὶν οἱ ἀγνοοῦντες τὴν ἡμέραν καὶ τὴν ὥραν, λέγων, 'Γρηγορεῖτε οὖν, ὅτι οὐκ οἴδατε τὴν ἡμέραν ἢ Matt. xxv. 13. τὴν ὥραν,' ὁ πρὸ ὀλίγου λέγων, 'Οὐδεὶς οἶδεν, οὐδὲ ὁ Υἱὸς,' νῦν Mark xiii. 32. οὐκ εἶπεν, ὅτι ' Ἐγὼ οὐκ οἶδα,' ἀλλ' ὅτι ' Ὑμεῖς οὐκ οἴδατε.' Οὕτως ἄρα πυνθανομένων τῶν μαθητῶν περὶ τοῦ τέλους, καλῶς εἶπε τότε καὶ τὸ 'οὐδὲ ὁ Υἱὸς,' σαρκικῶς διὰ τὸ σῶμα, ἵνα δείξῃ ὅτι, ὡς ἄνθρωπος, οὐκ οἶδεν· ἀνθρώπων γὰρ ἴδιον τὸ ἀγνοεῖν. Εἰ μέντοι Λόγος ἐστὶ, καὶ αὐτός ἐστιν ὁ ἐρχόμενος, καὶ αὐτὸς κριτὴς, καὶ αὐτὸς ὁ νυμφίος, οἶδε πότε καὶ ποίᾳ ὥρᾳ ἔρχεται, καὶ πότε μέλλει λέγειν· '"Εγειραι, ὁ καθεύδων, καὶ ἀνάστα ἐκ τῶν νεκρῶν, Eph. v. 14. καὶ ἐπιφαύσει σοι ὁ Χριστός.' Ὥσπερ γὰρ, ἄνθρωπος γενόμενος, μετὰ ἀνθρώπων πεινᾷ καὶ διψᾷ καὶ πάσχει, οὕτω μετὰ μὲν τῶν ἀνθρώπων, ὡς ἄνθρωπος, οὐκ οἶδε· θεϊκῶς δὲ, ἐν τῷ Πατρὶ ὢν Λόγος καὶ Σοφία, οἶδε, καὶ οὐδέν ἐστιν, ὃ ἀγνοεῖ. Οὕτως καὶ περὶ Λαζάρου πάλιν ἀνθρωπίνως πυνθάνεται, ὁ ἀπελθὼν ἐγεῖραι John xi. 34. αὐτόν, καὶ εἰδὼς πόθεν ἀνακαλέσηται τὴν Λαζάρου ψυχήν· μεῖζον δὲ τὸ εἰδέναι, ποῦ ἦν ἡ ψυχὴ, τοῦ εἰδέναι, ποῦ ἔκειτο τὸ σῶμα· ἀλλὰ ἀνθρωπίνως ἐπηρώτα, ἵνα θεϊκῶς ἀνεγείρῃ. ·Οὕτω καὶ τῶν μαθητῶν πυνθάνεται ἐλθὼν εἰς τὰ μέρη Καισαρείας, Matt. xvi. 13.

200 *Even mere men could hide knowledge.* [III. 47.

καίπερ εἰδὼς καὶ πρὶν ἀποκρίνασθαι τὸν Πέτρον. Εἰ γὰρ ὁ Πατὴρ ἀπεκάλυψε τῷ Πέτρῳ περὶ ὧν ὁ Κύριος ἐπυνθάνετο, δῆλόν ἐστιν, ὅτι διὰ τοῦ Υἱοῦ γέγονεν ἡ ἀποκάλυψις· 'Οὐδεὶς' γὰρ 'οἶδε τὸν Υἱὸν,' φησὶν, 'εἰ μὴ ὁ Πατὴρ, καὶ τὸν Πατέρα, εἰ μὴ ὁ Υἱὸς, καὶ ᾧ ἐὰν θέλῃ ὁ Υἱὸς ἀποκαλύψαι.' Εἰ δὲ δι' Υἱοῦ ἥ τε τοῦ Πατρὸς καὶ τοῦ Υἱοῦ γνῶσις ἀποκαλύπτεται, οὐκ ἀμφίβολον ὡς αὐτὸς ὁ πυνθανόμενος Κύριος, πρότερον ἀποκαλύψας τῷ Πέτρῳ παρὰ τοῦ Πατρὸς, ὕστερον ἀνθρωπίνως ἐπυνθάνετο, ἵνα καὶ τοῦτο δείξῃ, ὅτι σαρκικῶς πυνθανόμενος, ᾔδει θεϊκῶς ἃ ἔμελλε λέγειν ὁ Πέτρος· οἶδεν ἄρα ὁ Υἱὸς, γινώσκων τὰ πάντα, καὶ γινώσκων τὸν ἑαυτοῦ Πατέρα, ἧς γνώσεως οὔτε μεῖζον οὔτε τελειότερον ἄν τι γένοιτο.

47. Ἱκανὰ μὲν οὖν ταῦτα πρὸς ἔλεγχον αὐτῶν· ἐβουλόμην δὲ ἐρωτῆσαι, ἵνα καὶ οὕτως ἐχθροὶ μᾶλλον τῆς ἀληθείας δεικνύωνται καὶ Χριστομάχοι. Ὁ Ἀπόστολος ἐν τῇ δευτέρᾳ πρὸς Κορινθίους Ἐπιστολῇ γράφων φησίν· 'Οἶδα ἄνθρωπον ἐν Χριστῷ πρὸ ἐτῶν δεκατεσσάρων εἴτε ἐν σώματι, οὐκ οἶδα, εἴτε ἐκτὸς τοῦ σώματος, οὐκ οἶδα· ὁ Θεὸς οἶδε.' Τί τοίνυν φατέ; οἶδεν ὁ Ἀπόστολος ὃ πέπονθεν ἐν τῇ ὀπτασίᾳ, κἂν λέγῃ, 'οὐκ οἶδα,' ἢ οὐκ οἶδεν; Εἰ μὲν οὖν οὐκ οἶδε, σκοπεῖτε, μὴ, μαθόντες πίπτειν, πέσητε καὶ εἰς τὴν τῶν Φρυγῶν παρανομίαν τῶν λεγόντων μὴ εἰδέναι τοὺς προφήτας, μηδὲ τοὺς ἄλλους τοὺς διακονήσαντας τὸν Λόγον, μήτε ἃ ποιοῦσι, μήτε περὶ τίνων ἀπαγγέλλουσιν· εἰ δὲ οἶδε λέγων, 'οὐκ οἶδα·' (εἶχε γὰρ ἐν ἑαυτῷ τὸν Χριστὸν ἀποκαλύπτοντα αὐτῷ τὰ πάντα·) πῶς οὐκ ἀληθῶς ἐξεστραμμένη τῶν θεομάχων καὶ αὐτοκατάκριτός ἐστιν αὐτῶν ἡ καρδία; τὸν μὲν ἀπόστολον λέγοντα, 'οὐκ οἶδα,' λέγουσιν εἰδέναι, τὸν δὲ Κύριον λέγοντα, 'οὐκ οἶδα,' λέγουσι μὴ εἰδέναι; Εἰ γὰρ ἐπειδὴ Χριστὸς ἦν ἐν αὐτῷ, οἶδεν ὁ Παῦλος ἅπερ λέγει, 'οὐκ οἶδα·' πῶς οὐχὶ μᾶλλον αὐτὸς ὁ Χριστὸς οἶδε, κἂν λέγῃ, 'οὐκ οἶδα;' Ὁ μὲν οὖν Ἀπόστολος ἀποκαλύπτοντος αὐτῷ τοῦ Κυρίου οἶδεν ὃ πέπονθε· διὰ τοῦτο γὰρ καί φησιν, 'Οἶδα ἄνθρωπον ἐν Χριστῷ·' εἰδὼς δὲ τὸν ἄνθρωπον, οἶδε καὶ πῶς ὁ ἄνθρωπος ἡρπάγη. Ὁ γοῦν Ἐλισσαῖος, βλέπων τὸν Ἠλίαν, οἶδε καὶ πῶς ἀνελήφθη· ἀλλὰ καίπερ γινώσκων, ὅμως τῶν υἱῶν τῶν προφητῶν νομιζόντων τὸν Ἠλίαν 'εἰς ἓν τῶν ὀρέων ὑπὸ τοῦ

III. 48.] *But Christ had a special purpose.* 201

Πνεύματος ἐρρίφθαι,' αὐτὸς τὴν μὲν ἀρχὴν γινώσκων ὃ ἑώρακεν,
ἔπειθε τοὺς ἄνδρας· βιαζομένων δὲ ἐκείνων, σεσιώπηκε καὶ 4Kings(2 K.)
συνεχώρησεν ἀπελθεῖν. Ἄρ' οὖν, ἐπειδὴ σεσιώπηκεν, οὐκ ἐγί- ii. 12, 15–18.
νωσκεν; Ἐγίνωσκε μὲν οὖν· ἀλλ' ὡς οὐκ εἰδὼς συνεχώρησεν,
ἵν' ἐκεῖνοι, πεισθέντες, μηκέτι διστάζωσι περὶ τῆς ἀναλήψεως
Ἡλίου. Οὐκοῦν πολλῷ μᾶλλον ὁ Παῦλος, αὐτὸς ὢν ὁ ἁρπα-
γεὶς, οἶδε καὶ πῶς ἡρπάγη. Καὶ γὰρ Ἡλίας ἐγίνωσκε· καὶ εἰ
ἐπυνθάνετό τις, εἶπεν ἂν πῶς ἀνελήφθη. Λέγει δὲ ὅμως ὁ
Παῦλος, ' Οὐκ οἶδα,' δύο τούτων χάριν, ὥς γε νομίζω, ἑνὸς μὲν,
ὡς αὐτὸς εἶπεν, ἵνα μὴ 'διὰ τὴν ὑπερβολὴν τῶν ἀποκαλύψεων' 2 Cor. xii.7, 6.
ἕτερόν τις αὐτὸν 'λογίσηται, ὑπὲρ ὃ βλέπει·' ἑτέρου δὲ, ὅτι, τοῦ
Σωτῆρος εἰπόντος, ' Οὐκ οἶδα,' ἔπρεπε καὶ αὐτὸν εἰπεῖν, ' Οὐκ
οἶδα,' ἵνα μὴ φαίνηται δοῦλος ὢν ὑπὲρ τὸν Κύριον αὐτοῦ, καὶ
μαθητὴς ὑπὲρ τὸν διδάσκαλον.

48. Οὐκοῦν ὁ τῷ Παύλῳ δεδωκὼς εἰδέναι πολλῷ μᾶλλον
αὐτὸς οἶδε. Καὶ γὰρ καὶ λέγων τὰ πρὸ τῆς ἡμέρας, οἶδε, καθὰ
προεῖπον, καὶ πότε ἡ ἡμέρα καὶ πότε ἡ ὥρα· καὶ ὅμως εἰδὼς,
λέγει, ' οὐδὲ ὁ Υἱὸς οἶδε.' Τίνος μὲν οὖν χάριν τότε εἶπεν, ' οὐκ
οἶδα,' ἃ αὐτὸς, ὡς Δεσπότης, οἶδεν; Ὡς διερευνῶντα στοχά-
ζεσθαι χρὴ, τῆς ἡμῶν ἕνεκα λυσιτελείας, ὥς γε νομίζω, τοῦτο
πεποίηκε· παράσχοι δὲ αὐτὸς τῇ προθέσει τὸν νοῦν τῆς ἀλη-
θείας! Ἐν ἀμφοτέροις ἡμῖν τὸ χρήσιμον ἐφύλαξεν ὁ Σωτήρ·
εἰ γὰρ τὰ μὲν πρὸ τοῦ τέλους ἀπαντῶντα δεδήλωκεν, ἵνα μὴ, ὡς
εἶπεν αὐτὸς, ξενισθῶμεν, μηδὲ θροηθῶμεν, γινομένων αὐτῶν,
ἀλλὰ καὶ ἐκ τούτων τὸ μετὰ ταῦτα τέλος προσδοκῶμεν· περὶ δὲ
τῆς ἡμέρας καὶ τῆς ὥρας οὐκ ἠθέλησε θεϊκῶς εἰπεῖν, ὅτι ' Οἶδα·'
ἀλλὰ σαρκικῶς διὰ τὴν σάρκα τὴν ἀγνοοῦσαν, καθὰ προεῖπον,
εἶπεν, ὅτι ' Οὐκ οἶδα·' ἵνα μηκέτι ἐπερωτήσωσιν αὐτὸν, καὶ
λοιπὸν ἢ μὴ εἰρηκὼς λυπήσῃ τότε τοὺς μαθητὰς, ἢ εἰρηκὼς, παρὰ
τὸ συμφέρον αὐτοῖς καὶ πᾶσιν ἡμῖν ποιήσῃ. Ὃ γὰρ ἂν ποιῇ,
τοῦτο πάντως ὑπὲρ ἡμῶν ἐστιν, ἐπειδὴ καὶ δι' ἡμᾶς 'ὁ Λόγος
σὰρξ ἐγένετο.' Δι' ἡμᾶς τοίνυν εἶπε καὶ τὸ, ' Οὐδὲ ὁ Υἱὸς οἶδε·'
καὶ οὔτε ἐψεύσατο τοῦτο εἰρηκώς (ἀνθρωπίνως γὰρ εἶπεν, ὡς ἄν-
θρωπος, ' Οὐκ οἶδα'), οὔτε ἀφῆκε τοὺς μαθητὰς αὐτὸν βιάσασθαι
εἰπεῖν· εἰρηκὼς γὰρ, ' Οὐκ οἶδα,' ἔστησε κἀκείνων τὴν ἐρώτησιν.
Ἐν γοῦν ταῖς Πράξεσι τῶν ἀποστόλων ἐστὶ γεγραμμένον, ἡνίκα

ἐπέβη τοῖς ἀγγέλοις, ἀναβαίνων ὡς ἄνθρωπος, καὶ ἀναφέρων εἰς τὸν οὐρανὸν ἣν ἐφόρει σάρκα· ὅτε καὶ οἱ μαθηταὶ τοῦτο βλέποντες, πάλιν ἠρώτων, 'Πότε τὸ τέλος ἔσται, καὶ, πότε σὺ παραγίνῃ,' εἶπεν αὐτοῖς φανερώτερον· 'Οὐχ ὑμῶν ἐστι γνῶναι χρόνους ἢ καιροὺς, οὓς ὁ Πατὴρ ἔθετο ἐν τῇ ἰδίᾳ ἐξουσίᾳ.' Καὶ οὐκ εἶπε τότε, 'Οὐδὲ ὁ Υἱός,' ὥσπερ εἶπεν πρὸ τούτου ἀνθρωπίνως, ἀλλ', 'Ὑμῶν οὐκ ἔστι γνῶναι.' Λοιπὸν γὰρ ἦν ἡ σὰρξ ἀναστᾶσα, καὶ ἀποθεμένη τὴν νέκρωσιν, καὶ θεοποιηθεῖσα· καὶ οὐκέτι ἔπρεπε σαρκικῶς αὐτὸν ἀποκρίνασθαι ἀνερχόμενον εἰς τοὺς οὐρανοὺς, ἀλλὰ λοιπὸν θεϊκῶς διδάξαι, ὅτι 'Οὐχ ὑμῶν ἐστι γνῶναι χρόνους ἢ καιροὺς, οὓς ὁ Πατὴρ ἔθετο ἐν τῇ ἰδίᾳ ἐξουσίᾳ· ἀλλὰ λήψεσθε δύναμιν.' Τίς δὲ ἡ δύναμις τοῦ Πατρὸς ἢ ὁ Υἱός; 'Χριστὸς γὰρ Θεοῦ δύναμις καὶ Θεοῦ Σοφία.'

49. Οἶδεν ἄρα ὁ Υἱός, Λόγος ὤν· τοῦτο γὰρ λέγων ἐσήμαινεν, ὅτι 'Ἐγὼ οἶδα, ἀλλ' οὐκ ἔστιν ὑμῶν γνῶναι· δι' ὑμᾶς γὰρ καὶ ἐν τῷ ὄρει καθήμενος σαρκικῶς εἶπον, 'Οὐδὲ ὁ Υἱὸς οἶδε,' διὰ τὸ ὑμῶν καὶ πάντων συμφέρον· συμφέρει γὰρ ὑμῖν καὶ περὶ τῶν ἀγγέλων καὶ περὶ τοῦ Υἱοῦ οὕτως ἀκοῦσαι, διὰ τοὺς ἐσομένους μετὰ ταῦτα πλάνους, ἵνα, κἂν 'ὡς ἄγγελοι μετασχηματίσωνται' δαίμονες, καὶ περὶ τῆς συντελείας ἐπιχειρήσωσι λέγειν, μὴ πιστεύσητε, ὡς ἀγνοούντων αὐτῶν. Ἂν δὲ καὶ ὁ Ἀντίχριστος μεταποιήσας ἑαυτὸν λέγῃ· 'Ἐγώ εἰμι ὁ Χριστὸς,' καὶ πειράσῃ καὶ αὐτὸς περὶ τῆς ἡμέρας καὶ συντελείας λέγειν, πρὸς τὸ πλανῆσαι τοὺς ἀκούοντας· ἔχοντες ὑμεῖς παρ' ἐμοῦ τὴν φωνὴν, ὅτι 'Οὐδὲ ὁ Υἱός,' μηδὲ ἐκείνῳ πιστεύσητε.' Ἄλλως τε οὐδὲ εἰδέναι πάλιν πότε τὸ τέλος, ἢ πότε τοῦ τέλους ἡ ἡμέρα, συμφέρει τοῖς ἀνθρώποις, ἵνα μὴ, γνόντες, καταφρονηταὶ τοῦ μεταξὺ χρόνου γένωνται, περιμένοντες τὰς ἐγγὺς τοῦ τέλους ἡμέρας· τότε γὰρ μόνον ἑαυτῶν ἐπιμελεῖσθαι προφασίσονται. Διὰ τοῦτο καὶ τὸ ἑκάστου τέλος τοῦ θανάτου σεσιώπηκεν, ἵνα μὴ, προφάσει τῆς γνώσεως φυσιωθέντες, οἱ ἄνθρωποι ἀμελεῖν ἑαυτῶν τὸ πλεῖστον ἄρξωνται τοῦ χρόνου. Ἀμφότερα δὴ οὖν, καὶ τὸ καθόλου τέλος, καὶ τὸ ἑκάστου πέρας ἔκρυψεν ἀφ' ἡμῶν ὁ Λόγος (καὶ γὰρ καὶ ἐν καθόλου τὸ ἑκάστου τέλος ἐστὶ, καὶ ἐν τῷ ἑκάστου τέλει τὸ καθόλου συνάγεται), ἵνα, ἀδήλου αὐτοῦ ὄντος καὶ ἀεὶ προσδοκωμένου, καθ' ἡμέραν ὡς καλούμενοι προκόπτωμεν, 'τοῖς ἔμπρο-

III. 51.] *the time of the end.* 203

σθεν ἐπεκτεινόμενοι, τῶν δὲ ὄπισθεν ἐπιλανθανόμενοι.' Τίς γάρ, Phil. iii. 13.
γινώσκων μὲν τὴν ἡμέραν τοῦ τέλους, οὐχ ὑπερτίθεται τὸν
μεταξὺ χρόνον· ἀγνοῶν δὲ, οὐ καθ' ἡμέραν ἕτοιμος γίνεται;
Διὰ τοῦτο γὰρ ἐπὶ τούτοις ἐπέφερεν ὁ Σωτὴρ, λέγων· 'Γρηγο- Matt.xxiv.42.
ρεῖτε οὖν, ὅτι οὐκ οἴδατε οὐδὲ ὑμεῖς, ποίᾳ ὥρᾳ ὁ Κύριος ὑμῶν
ἔρχεται·' καὶ, '*Ἧ οὐ δοκεῖτε ὥρᾳ, ὁ Υἱὸς τοῦ ἀνθρώπου ἔρχε- Luke xii. 40.
ται·' διὰ τὸ συμφέρον ἄρα τὸ ἐκ τῆς ἀγνοίας τοῦτο εἴρηκε.
Καὶ γὰρ καὶ τοῦτο λέγων, βούλεται διὰ παντὸς ἡμᾶς ἑτοίμους
γενέσθαι· ‛Ὑμεῖς γὰρ,' φησὶν, ‛οὐκ οἴδατε· ἐγὼ δὲ ὁ Κύριος
οἶδα πότε ἔρχομαι, κἂν οἱ Ἀρειανοί με μὴ προσδοκῶσι Λόγον
ὄντα τοῦ Πατρός.'

50. Ὁ μὲν οὖν Κύριος, τὸ ἡμῶν συμφέρον ὑπὲρ ἡμᾶς γινώ-
σκων, οὕτως ἠσφαλίσατο τοὺς μαθητάς· καὶ αὐτοὶ ταῦτα μαθόν-
τες, διωρθώσαντο μέλλοντας ἐν τούτῳ πλανᾶσθαι τοὺς ἀπὸ 2 Thess. ii. 2.
Θεσσαλονίκης. Ἐπειδὴ δὲ οἱ Χριστομάχοι οὐδ' οὕτω κατα-
δύονται, βούλομαι, καίπερ εἰδὼς σκληροτέραν ἔχοντας αὐτοὺς
τοῦ Φαραὼ τὴν καρδίαν, ἐρωτῆσαι πάλιν καὶ περὶ τούτου. Ἐν
τῷ παραδείσῳ πυνθάνεται ὁ Θεὸς λέγων· 'Ἀδὰμ, ποῦ εἶ;' Gen. iii. 9.
Ἐξετάζει δὲ καὶ τὸν Κάϊν· 'Ποῦ Ἄβελ ὁ ἀδελφός σου;' Τί Ib. iv. 9.
τοίνυν καὶ περὶ τούτου φατέ; Εἰ γὰρ ἀγνοεῖν αὐτὸν νομίζετε,
καὶ διὰ τοῦτο πυνθάνεσθαι· Μανιχαίοις μὲν ἤδη προσετέθητε·
αὐτῶν γὰρ τὸ τοιοῦτον τόλμημα· εἰ δὲ, φοβούμενοι φανερῶς
ὀνομασθῆναι Μανιχαῖοι, βιάζεσθε ἑαυτοὺς εἰπεῖν, ὅτι γινώσκων
πυνθάνεται· τί ἄτοπον ἢ τί ξένον ὁρῶντες, οὕτω πεπτώκατε, εἰ
ὁ Υἱὸς, ἐν ᾧ τότε ἐπυνθάνετο ὁ Θεὸς, ὁ αὐτὸς Υἱὸς καὶ νῦν σάρκα
περιβεβλημένος πυνθάνεται τῶν μαθητῶν ὡς ἄνθρωπος; εἰ μὴ
ἄρα Μανιχαῖοι γενόμενοι μέμφεσθαι θελήσητε καὶ τὴν τότε
γενομένην πρὸς τὸν Ἀδὰμ ἐρώτησιν, ἵνα μόνον καὶ ὑμεῖς νεα- Ib. iii. 9.
νιεύησθε ἐν ταῖς κακονοίαις. Καὶ γὰρ ἐν πᾶσιν ἐλεγχόμενοι,
τονθορύζετε πάλιν διὰ τὸ εἰρημένον παρὰ τοῦ Λουκᾶ, ὃ καλῶς
μὲν εἴρηται, κακῶς δὲ ὑμεῖς διανοεῖσθε. Τί δὲ τοῦτό ἐστιν,
ἀναγκαῖον παραθέσθαι, ἵνα καὶ οὕτως αὐτῶν ἡ διεφθαρμένη
διάνοια δειχθῇ.

51. Φησὶ τοίνυν ὁ Λουκᾶς· 'Καὶ Ἰησοῦς προέκοπτε σοφίᾳ, Luke ii. 52.
καὶ ἡλικίᾳ, καὶ χάριτι παρὰ Θεῷ καὶ ἀνθρώποις.' Τὸ μὲν
οὖν ῥητόν ἐστι τοῦτο· ἐπειδὴ δὲ καὶ ἐν τούτῳ προσκόπτουσιν,

ἀναγκαῖον πάλιν αὐτοὺς ὡς τοὺς Φαρισαίους καὶ τοὺς Σαδδουκαίους ἐρωτῆσαι, περὶ οὗ φησιν ὁ Λουκᾶς. Ἔστι δὲ οὕτως· Ἰησοῦς Χριστὸς ἄνθρωπός ἐστιν, ὡς οἱ ἄλλοι πάντες ἄνθρωποι, ἢ Θεός ἐστι σάρκα φορῶν; Εἰ μὲν οὖν κοινὸς ἄνθρωπος κατὰ τοὺς ἄλλους ἀνθρώπους καὶ αὐτός ἐστιν, ἔστω πάλιν ὡς ἄνθρωπος 'προκόπτων.' Τοῦτο μέντοι τοῦ Σαμοσατέως ἐστὶ τὸ φρόνημα, ὃ τῇ μὲν δυνάμει καὶ ὑμεῖς φρονεῖτε, τῷ δὲ ὀνόματι μόνον ἀρνεῖσθε διὰ τοὺς ἀνθρώπους. Εἰ δὲ Θεός ἐστι σάρκα φορῶν, ἐπειδὴ καὶ τοῦτό ἐστιν ἀληθῶς, καὶ ὁ Λόγος σὰρξ ἐγένετο, καὶ Θεὸς ὢν ἐπὶ γῆς κατῆλθε· ποίαν εἶχε προκοπὴν ὁ 'ἴσα Θεῷ' ὑπάρχων; ἢ ποῦ εἶχεν αὐξάνειν ὁ Υἱός, ἀεὶ ὢν ἐν τῷ Πατρί; Εἰ γὰρ ὁ ἀεὶ ὢν ἐν τῷ Πατρὶ προκόπτει, τί ἄρα ἐστὶν ἐπέκεινα τοῦ Πατρός, ἵν' ἀπὸ τούτου καὶ προκόψῃ; Ἔπειτα ὡς ἐπὶ τοῦ λαβεῖν καὶ δοξασθῆναι τὰ αὐτὰ καλὸν εἰπεῖν· Εἰ ἄνθρωπος γενόμενος προέκοπτε, δῆλόν ἐστιν ὡς, πρὸ τοῦ γενέσθαι ἄνθρωπος, ἀτελὴς ἦν· καὶ μᾶλλον ἡ σὰρξ αἰτία τῆς τελειώσεως αὐτοῦ γέγονεν, ἢ αὐτὸς τῆς σαρκός. Πάλιν τε εἰ Λόγος ὢν προκόπτει, τί μεῖζον ἔχει γενέσθαι Λόγου καὶ Σοφίας, καὶ Υἱοῦ, καὶ Θεοῦ δυνάμεως; ταῦτα γάρ ἐστιν ὁ Λόγος, ὧν εἴ τις ὡς ἀκτῖνα μετασχεῖν πως δύναιτο, ὁ τοιοῦτος παντέλειος ἐν ἀνθρώποις, καὶ ἴσος ἀγγέλοις γίνεται. Καὶ γὰρ καὶ ἄγγελοι, καὶ ἀρχάγγελοι, καὶ κυριότητες, καὶ πᾶσαι αἱ δυνάμεις, καὶ θρόνοι, τοῦ Λόγου μετέχοντες, 'βλέπουσι διαπαντὸς τὸ πρόσωπον τοῦ Πατρὸς αὐτοῦ.' Πῶς οὖν ὁ ἄλλοις τὴν τελειότητα παρασχὼν, αὐτὸς μετ' ἐκείνους προκόπτει; Ἄγγελοι γὰρ καὶ τὴν ἀνθρωπίνην αὐτοῦ γένεσιν διηκόνησαν· καὶ τὸ λεγόμενον παρὰ τοῦ Λουκᾶ μετὰ τὴν διακονίαν τῶν ἀγγέλων εἴρηται. Πῶς οὖν ὅλως κἂν εἰς ἐνθύμησιν ἐλθεῖν ἀνθρώπου δύναται; ἢ πῶς ἡ Σοφία ἐν σοφίᾳ προέκοπτεν; ἢ πῶς ὁ ἄλλοις χάριν διδοὺς (καθὼς ὁ Παῦλος, διὰ πάσης ἐπιστολῆς δι' αὐτοῦ δίδοσθαι τὴν χάριν γινώσκων, φησίν, 'Ἡ χάρις τοῦ Κυρίου ἡμῶν Ἰησοῦ Χριστοῦ μετὰ πάντων ὑμῶν'), αὐτὸς ἐν χάριτι προέκοπτεν; Ἢ γὰρ ψεύδεσθαι τὸν Ἀπόστολον λεγέτωσαν, ἢ μηδὲ Σοφίαν εἶναι τὸν Υἱὸν λέγειν τολμάτωσαν. Ἢ εἰ Σοφία ἐστίν, ὡς εἶπεν ὁ Σολομῶν, καὶ ὁ Παῦλος ἔγραψε, 'Χριστὸς Θεοῦ δύναμις καὶ Θεοῦ σοφία·' ποίαν ἡ Σοφία προκοπὴν ἐπεδέχετο;

could not 'advance.'

52. Ἄνθρωποι μὲν γὰρ, κτίσματα τυγχάνοντες, ἐπεκτείνεσθαί πως καὶ προκόπτειν ἐν ἀρετῇ δύνανται. 'Ενὼχ γοῦν οὕτω 'μετε- Heb. xi. 5. τέθη'˙ καὶ Μωσῆς αὐξάνων ἐτελειοῦτο˙ 'Ισαὰκ δὲ προκόπτων Gen. xxvi. 13. 'ἐγίνετο μέγας˙' καὶ ὁ 'Απόστολος 'ἐπεκτείνεσθαι' καθ' ἡμέραν Phil. iii. 13. τοῖς ἔμπροσθεν ἔλεγεν˙ εἶχε γὰρ ἕκαστος ποῦ προκόψει, βλέπων εἰς τὸν ἔμπροσθεν αὐτοῦ βαθμόν˙ ὁ δὲ τοῦ Θεοῦ Ὑιὸς, ὁ μόνος ὤν, ποῦ εἶχεν ἐπεκτείνεσθαι; Πάντα γὰρ εἰς αὐτὸν βλέποντα προκόπτει˙ αὐτὸς δὲ, μόνος ὤν, ἐν τῷ μόνῳ Πατρί ἐστιν, ἀφ' οὗ οὐδὲ ἐπεκτείνεται, ἀλλ' ἐν αὐτῷ μένων ἐστὶν ἀεί. Ἀνθρώπων μὲν οὖν ἐστι τὸ προκόπτειν˙ ὁ δὲ τοῦ Θεοῦ Ὑιὸς, ἐπεὶ προκόπτειν οὐκ εἶχε, τέλειος ὢν ἐν τῷ Πατρὶ, ἐταπείνωσεν ἑαυτὸν ὑπὲρ ἡμῶν, ἵνα ἐν τῷ ἐκείνου ταπεινῷ μᾶλλον ἡμεῖς αὐξῆσαι δυνηθῶμεν. Ἡ δὲ αὔξησις ἡμῶν οὐκ ἄλλη τίς ἐστιν ἢ τὸ ἀφίστασθαι μὲν τῶν αἰσθητῶν, εἰς αὐτὸν δὲ τὸν Λόγον γενέσθαι˙ ἐπεὶ καὶ τὸ ἐκείνου ταπεινὸν οὐδὲν ἕτερόν ἐστιν ἢ τὸ λαβεῖν τὴν ἡμετέραν σάρκα. Οὐκ ἄρα ὁ Λόγος ἦν, ᾗ Λόγος ἐστὶν, ὁ προκόπτων, ὁ τέλειος ἐκ τελείου ὢν τοῦ Πατρὸς, ὁ μηδενὸς δεόμενος, ἀλλὰ καὶ τοὺς ἄλλους εἰς προκοπὴν ἀνάγων. 'Αλλὰ ἀνθρωπίνως εἴρηται καὶ ἐνταῦθα τὸ προκόπτειν˙ ἐπεὶ καὶ τῶν ἀνθρώπων ἐστὶ πάλιν ἡ προκοπή. Καὶ γὰρ καὶ ὁ εὐαγγελιστὴς οὕτω μετὰ ἀκριβοῦς τῆς παρατηρήσεως λέγων, τῇ προκοπῇ συνῆψε τὴν 'ἡλικίαν˙' Λόγος δὲ καὶ Θεὸς ἡλικίᾳ οὐ μετρεῖται, ἀλλὰ τῶν σωμάτων εἰσὶν αἱ ἡλικίαι. Τοῦ σώματος ἄρα ἐστὶν ἡ προκοπή˙ αὐτοῦ γὰρ προκόπτοντος, προέκοπτεν ἐν αὐτῷ καὶ ἡ φανέρωσις τῆς θεότητος τοῖς ὁρῶσιν˙ ὅσῳ δὲ ἡ θεότης ἀπεκαλύπτετο, τοσούτῳ πλεῖον ἡ χάρις ηὔξανεν ὡς ἀνθρώπου παρὰ πᾶσιν ἀνθρώποις. Παιδίον μὲν γὰρ ἐβαστάζετο˙ παῖς δὲ γενόμενος, ἀπέμενεν ἐν τῷ ἱερῷ, καὶ τοὺς ἱερέας ἀνέκρινε περὶ τοῦ νόμου˙ Luke ii. 46. κατ' ὀλίγον δὲ τοῦ σώματος αὐξάνοντος, καὶ τοῦ Λόγου φανεροῦντος ἑαυτὸν ἐν αὐτῷ, ὁμολογεῖται λοιπὸν παρὰ μὲν Πέτρου πρῶτον, εἶτα καὶ παρὰ πάντων, ὅτι 'ἀληθῶς Ὑιὸς Θεοῦ ἐστιν Matt. xvi. 16; xxvii. 54. οὗτος˙' εἰ καὶ 'Ιουδαῖοι, οἵ τε παλαιοὶ καὶ οἱ νέοι οὗτοι, θέλοντες 'καμμύουσι τοὺς ὀφθαλμοὺς, ἵνα μὴ βλέπωσιν,' ὅτι τὸ 'ἐν σοφίᾳ Ib. xiii. 15. προκόπτειν,' οὐκ ἔστι τὴν Σοφίαν αὐτὴν προκόπτειν, ἀλλὰ τὸ ἀνθρώπινον μᾶλλον ἐν αὐτῇ προκόπτειν. 'Καὶ 'Ιησοῦς γὰρ Luke ii. 52. προέκοπτε σοφίᾳ καὶ χάριτι˙' εἰ χρὴ δὲ καὶ πιθανῶς μετὰ τοῦ

206 *Only as Man could He 'advance,'* [III. 53.

Prov. ix. 1. ἀληθοῦς εἰπεῖν, αὐτὸς ἐν ἑαυτῷ προέκοπτε. ''Η Σοφία' γὰρ 'ᾠκοδόμησεν ἑαυτῇ οἶκον,' καὶ ἐν ἑαυτῇ τὸν οἶκον προκόπτειν ἐποίει.

53. Τίς δέ ἐστιν ἡ λεγομένη προκοπὴ ἢ, καθὰ προεῖπον, ἡ παρὰ τῆς Σοφίας μεταδιδομένη τοῖς ἀνθρώποις θεοποίησις καὶ χάρις, ἐξαφανιζομένης ἐν αὐτοῖς τῆς ἁμαρτίας καὶ τῆς ἐν αὐτοῖς φθορᾶς κατὰ τὴν ὁμοιότητα καὶ συγγένειαν τῆς σαρκὸς τοῦ Λόγου; Οὕτω γὰρ αὐξάνοντος ἐν ἡλικίᾳ τοῦ σώματος, συνεπεδίδοτο ἐν αὐτῷ καὶ ἡ τῆς θεότητος φανέρωσις, καὶ ἐδείκνυτο παρὰ πᾶσιν, ὅτι ναὸς Θεοῦ ἐστι, καὶ Θεὸς ἦν ἐν τῷ σώματι.

John i. 14. Ἐὰν δὲ φιλονεικῶσιν, ὅτι ''Ιησοῦς' ἐκλήθη 'ὁ Λόγος γενόμενος σὰρξ,' καὶ εἰς αὐτὸν ἀναφέρουσι τὸ λεγόμενον 'προέκοπτεν'· ἀκουέτωσαν ὅτι οὐδὲ τοῦτο μὲν ἐλαττοῖ τὸ πατρικὸν φῶς (τοῦτο γάρ ἐστιν ὁ Υἱὸς) δείκνυσι δὲ πάλιν, ὅτι γέγονεν ἄνθρωπος ὁ Λόγος, καὶ ἀληθινὴν ἐφόρεσε σάρκα. Καὶ ὥσπερ εἴπομεν, ὅτι 'σαρκὶ' πέπονθε, καὶ 'σαρκὶ' ἐπείνα, καὶ 'σαρκὶ' ἐκοπίασεν, οὕτω καὶ εἰκότως ἂν λέγοιτο, ὅτι 'σαρκὶ' προέκοπτεν. Οὐδὲ γὰρ οὐδὲ ἔξωθεν ὄντος τοῦ Λόγου ἐγίνετο ἡ προκοπή, οἷα ἐστὶν, ἣν εἰρήκαμεν· ἐν αὐτῷ γὰρ ἦν ἡ σὰρξ ἡ προκόπτουσα, καὶ αὐτοῦ λέγεται· καὶ τοῦτο ἵνα πάλιν ἡ τῶν ἀνθρώπων προκοπὴ ἄπτωτος διὰ τὸν συνόντα Λόγον διαμείνῃ. Οὔτ' οὖν τοῦ Λόγου ἡ προκοπὴ, οὔτε ἡ σὰρξ ἦν ἡ Σοφία, ἀλλὰ τῆς Σοφίας σῶμα γέγονεν ἡ σάρξ. Διὰ τοῦτο, ὡς προείπομεν, οὐχ ἡ Σοφία, ᾗ Σοφία ἐστὶν, αὐτὴ καθ' ἑαυτὴν προέκοπτεν·· ἀλλὰ τὸ ἀνθρώπινον ἐν τῇ Σοφίᾳ προέκοπτεν, ὑπεραναβαῖνον κατ' ὀλίγον τὴν ἀνθρωπίνην φύσιν, καὶ θεοποιούμενον, καὶ ὄργανον αὐτῆς πρὸς τὴν ἐνέργειαν τῆς θεότητος καὶ τὴν ἔκλαμψιν αὐτῆς γινόμενον καὶ φαινόμενον πᾶσι. Διὸ οὐδὲ εἶπεν, ''Ο Λόγος προέκοπτεν,' ἀλλ', 'Ὁ Ἰησοῦς,' ὅπερ ὄνομα γενόμενος ἄνθρωπος ὁ Κύριος ἐκλήθη· ὡς εἶναι τῆς ἀνθρωπίνης φύσεως τὴν προκοπὴν οὕτως ὡς ἐν τοῖς ἔμπροσθεν εἴπομεν.

54. Οὐκοῦν ὥσπερ, προκοπτούσης τῆς σαρκὸς, λέγεται αὐτὸς προκόπτειν διὰ τὴν πρὸς τὸ σῶμα ἰδιότητα· οὕτω καὶ τὰ περὶ τὸν καιρὸν τοῦ θανάτου λεγόμενα, τὸ ταραχθῆναι, τὸ κλαῦσαι, χρὴ λαμβάνειν τῇ αὐτῇ διανοίᾳ. Ἄνω γὰρ καὶ κάτω περιιόντες, καὶ ὥσπερ ἐκ τούτων τὴν αἵρεσιν πάλιν συνιστῶντες, φάσκουσιν·

'Ἰδοὺ ἔκλαυσε καὶ εἶπε· 'Νῦν ἡ ψυχή μου τετάρακται·' καὶ
παρεκάλεσε παρελθεῖν τὸ ποτήριον· πῶς οὖν, εἰ ταῦτα εἴρηκε,
Θεός ἐστι καὶ Λόγος τοῦ Πατρός;' Ναὶ γέγραπται, ὅτι ἔκλαυ-
σεν, ὦ Θεομάχοι, καὶ ὅτι εἶπεν, 'Εταράχθην,' καὶ ἐπὶ τοῦ
σταυροῦ εἶπεν,' 'Ἐλωΐ, Ἐλωΐ λιμασαβαχθανί,' ὅ ἐστι, 'Θεέ
μου, Θεέ μου, ἵνα τί με ἐγκατέλιπες;' Καὶ παρεκάλεσε δὲ τοῦ
παρελθεῖν τὸ ποτήριον· γέγραπται γὰρ ταῦτα. Ἀλλ' ἠβουλόμην
πάλιν ὑμᾶς ἀποκρίνασθαι (τὸ αὐτὸ γὰρ ἐφ' ἑκάστου τῶν παρ'
ὑμῶν προτεινομένων ἀντικρούειν ἀνάγκη·) εἰ μὲν ἄνθρωπος
ψιλός ἐστιν ὁ λαλῶν, κλαιέτω καὶ φοβείσθω τὸν θάνατον, ὡς
ἄνθρωπος· εἰ δὲ Λόγος ἐστὶν ἐν σαρκὶ (τὰ αὐτὰ γὰρ λέγειν ἀεὶ
οὐκ ὀκνητέον), τίνα, Θεὸς ὢν, εἶχε φοβεῖσθαι; ἢ διὰ τί τὸν θάνα-
τον ἐφοβεῖτο, ζωὴ ὢν αὐτὸς, καὶ ἄλλους ἐκ τοῦ θανάτου ῥυό-
μενος; ἢ πῶς λέγων, 'Μὴ φοβεῖσθε τὸν ἀποκτείνοντα τὸ
σῶμα,' αὐτὸς ἐφοβεῖτο; Πῶς δὲ ὁ τῷ Ἀβραὰμ λέγων, 'Μὴ
φοβοῦ, ὅτι μετὰ σοῦ εἰμι·' καὶ τὸν Μωσῆν παραθαρσύνων κατὰ
τοῦ Φαραὼ, καὶ τῷ τοῦ Ναυῆ λέγων, 'Ἴσχυε καὶ ἀνδρίζου,'
αὐτὸς ἐδειλία τὸν Ἡρώδην καὶ τὸν Πιλᾶτον; Εἶτα, ἄλλοις
γινόμενος βοηθὸς εἰς τὸ μὴ φοβεῖσθαι ('Κύριος' γὰρ, φησὶν,
'ἐμοὶ βοηθός· οὐ φοβηθήσομαι τί ποιήσει μοι ἄνθρωπος'), αὐτὸς
ἡγεμόνας θνητοὺς ἀνθρώπους ἐφοβεῖτο; αὐτὸς ἐλθὼν κατὰ τοῦ
θανάτου, ἐδειλία τὸν θάνατον; Πῶς δὲ οὐκ ἄτοπον καὶ δυσσεβὲς,
λέγειν τοῦτον δειλιᾶν τὸν θάνατον ἢ τὸν ᾅδην, ὃν 'οἱ πυλωροὶ
τοῦ ᾅδου βλέποντες ἔπτηξαν;' Εἰ δὲ καθ' ὑμᾶς ἐδειλία ὁ Λόγος,
διὰ τί πρὸ πολλοῦ λέγων περὶ τῆς ἐπιβουλῆς τῶν Ἰουδαίων οὐκ
ἔφευγεν, ἀλλὰ καὶ ζητούμενος ἔλεγεν· 'Ἐγώ εἰμι;' Καὶ γὰρ
ἠδύνατο μὴ ἀποθανεῖν, ὡς ἔλεγεν· 'Ἐξουσίαν ἔχω θεῖναι τὴν
ψυχήν μου· καὶ ἐξουσίαν ἔχω πάλιν λαβεῖν αὐτήν·' καὶ 'Οὐδεὶς
αἴρει αὐτὴν ἀπ' ἐμοῦ.'

55. Ἀλλ' οὐκ ἦν ἴδια φύσει τοῦ Λόγου ταῦτα, ᾗ Λόγος ἦν·
ἐν δὲ τῇ τοιαύτῃ πασχούσῃ σαρκὶ ἦν ὁ Λόγος, ὦ Χριστομάχοι
καὶ ἀχάριστοι Ἰουδαῖοι. Καὶ γὰρ οὐκ εἴρηται ταῦτα πρὸ τῆς
σαρκός· ἀλλ' ὅτε ὁ Λόγος σὰρξ ἐγένετο, καὶ γέγονεν ἄνθρωπος,
τὸ τηνικαῦτα καὶ ἀνθρωπίνως εἰρῆσθαι γέγραπται ταῦτα. Ἀμέ-
λει, περὶ οὗ γέγραπται ταῦτα, αὐτὸς ἤγειρε τὸν Λάζαρον ἐκ
νεκρῶν, καὶ τὸ ὕδωρ οἶνον πεποίηκε, καὶ τῷ ἐκ γενετῆς τυφλῷ

ἐχαρίσατο τὸ βλέπειν, καὶ εἶπεν· ''Εγὼ καὶ ὁ Πατὴρ ἕν ἐσμεν·' Εἴπερ οὖν ἐκ τῶν ἀνθρωπίνων προφασίζονται ταπεινὰ νοεῖν περὶ τοῦ Υἱοῦ τοῦ Θεοῦ, μᾶλλον δὲ ἄνθρωπον αὐτὸν ὅλον ἐκ γῆς, καὶ οὐκ ἐξ οὐρανοῦ νομίζουσι, διὰ τί μὴ καὶ ἐκ τῶν θεϊκῶν ἔργων ἐπιγινώσκουσι τὸν ἐν τῷ Πατρὶ Λόγον, καὶ λοιπὸν ἀρνοῦνται τὴν ἰδίαν ἀσέβειαν; Ἔξεστι γὰρ αὐτοὺς ὁρᾶν, πῶς ὁ τὰ ἔργα ποιῶν ὁ αὐτός ἐστιν ὁ καὶ τὸ σῶμα παθητὸν δεικνὺς ἐν τῷ ἀφιέναι κλαίειν καὶ πεινᾶν αὐτόν, καὶ τὰ ἴδια τοῦ σώματος ἐν αὐτῷ φαίνεσθαι. Ἐκ μὲν γὰρ τῶν τοιούτων ἐγνώριζεν ὅτι, Θεὸς ὢν ἀπαθής, σάρκα παθητὴν ἔλαβεν· ἐκ δὲ τῶν ἔργων ἐδείκνυεν ἑαυτὸν Λόγον ὄντα τοῦ Θεοῦ, καὶ ὕστερον γενόμενον ἄνθρωπον, λέγων· 'Κἂν ἐμοὶ μὴ πιστεύητε,' βλέποντες ἀνθρώπινόν με περιβεβλημένον σῶμα, ἀλλὰ κἂν 'τοῖς ἔργοις πιστεύσατε, ἵνα γνῶτε, ὅτι ἐγὼ ἐν τῷ Πατρί, καὶ ὁ Πατὴρ ἐν ἐμοί.' Πάνυ δέ μοι δοκοῦσιν ἀναισχυντίαν ἐσχηκέναι καὶ βλασφημίαν οἱ Χριστομάχοι. Ἀκούοντες μὲν γὰρ, ''Εγὼ καὶ ὁ Πατὴρ ἕν ἐσμεν,' βιάζονται τὴν διάνοιαν παρεξηγεῖσθαι, καὶ διαιρεῖν τὴν ἑνότητα τοῦ Πατρὸς καὶ τοῦ Υἱοῦ· ἀκούοντες δὲ, ὅτι ἔκλαυσεν, ἵδρωσε, πέπονθεν, οὐκ ἐνορῶσι τῷ σώματι, ἀλλ' ἐκ τούτων τῇ κτίσει συναριθμοῦσι τὸν δι' οὗ γέγονεν ἡ κτίσις. Τί οὖν ἔτι λοιπὸν καὶ οὗτοι τῶν Ἰουδαίων διαφέρουσιν; Ὡς γὰρ ἐκεῖνοι τὰ τοῦ Θεοῦ ἔργα τῷ Βεελζεβοὺλ ἐλογίζοντο βλασφημοῦντες, οὕτω καὶ οὗτοι, τὸν ταῦτα ἐργασάμενον Κύριον τοῖς κτίσμασι συναριθμοῦντες, τὴν αὐτὴν ἐκείνοις ἀσύγγνωστον ὑποίσονται καταδίκην.

56. Ἔδει δὲ ἀκούοντας μὲν αὐτοὺς, ''Εγὼ καὶ ὁ Πατὴρ ἕν ἐσμεν,' μίαν ὁρᾶν τὴν θεότητα καὶ τὸ ἴδιον τῆς οὐσίας τοῦ Πατρός· ἀκούοντας δὲ τὸ 'ἔκλαυσε,' καὶ τὰ ὅμοια, ταῦτα τοῦ σώματος ἴδια λέγειν, μάλιστα ὅτι ἐν ἑκατέρῳ τούτων ἔχουσι τὴν ἀφορμὴν εὔλογον, ὅτι τὰ μὲν ὡς περὶ Θεοῦ γέγραπται, τὰ δὲ διὰ τὸ ἀνθρώπινον αὐτοῦ σῶμα λέγεται. Οὐδὲ γὰρ ἐν ἀσωμάτῳ τὰ τοῦ σώματος ἂν ἐγεγόνει, εἰ μὴ σῶμα λαβὼν ἦν φθαρτὸν καὶ θνητόν· θνητὴ γὰρ ἦν ἡ ἁγία Μαρία, ἐξ ἧς ἦν καὶ τὸ σῶμα. Διὸ καὶ ἀνάγκη ἐν πάσχοντι σώματι, καὶ κλαίοντι, καὶ κάμνοντι γενομένου αὐτοῦ, αὐτοῦ λέγεσθαι μετὰ τοῦ σώματος καὶ ταῦτα, ἅπερ ἐστὶν ἴδια τῆς σαρκός. Εἴ τε τοίνυν ἔκλαυσε, καὶ ἐτα-

ράχθη, οὐκ ἦν ὁ Λόγος, ᾗ Λόγος ἐστὶν, ὁ κλαίων καὶ ταρασσόμενος, ἀλλὰ τῆς σαρκὸς ἴδιον ἦν τοῦτο· εἰ δὲ καὶ παρεκάλεσε παρελθεῖν τὸ ποτήριον, οὐκ ἦν ἡ θεότης ἡ δειλιῶσα, ἀλλὰ τῆς ἀνθρωπότητος ἦν ἴδιον καὶ τοῦτο τὸ πάθος· καὶ τὸ λέγειν· '"Ινα Mark xv. 34. *τί με ἐγκατέλιπες;' ὡς αὐτοῦ μέντοι πάλιν, κατὰ τὰ ἐν τοῖς ἔμπροσθεν εἰρημένα, καίτοι μηδὲν πάσχοντος (ἀπαθὴς γὰρ ἦν ὁ Λόγος) εἰρήκασιν ὅμως οἱ εὐαγγελισταὶ ταῦτα· ἐπεὶ καὶ ἄνθρωπος γέγονεν ὁ Κύριος, καὶ ὡς παρὰ ἀνθρώπου γίνεται καὶ λέγεται ταῦτα, ἵνα καὶ, ταῦτα τὰ παθήματα τῆς σαρκὸς κουφίσας αὐτὸς, ἐλευθέραν αὐτῶν ταύτην κατασκευάσῃ. Ὅθεν οὐδὲ ἐγκαταλείπεσθαι δύναται παρὰ τοῦ Πατρὸς ὁ Κύριος ὁ ἐν αὐτῷ ὢν ἀεὶ, καὶ πρὸ τοῦ εἰπεῖν, καὶ ὅτε ταύτην ἠφίει τὴν φωνήν. Ἀλλ' οὐδὲ θέμις πάλιν εἰπεῖν δειλιᾶν τὸν Κύριον, ὃν 'οἱ πυλωροὶ τοῦ* Job xxxviii. 17. *ᾅδου πτήξαντες' ἐξαφῆκαν τὸν ᾅδην· καὶ 'τὰ μὲν μνήματα* Matt. xxvii. 53. *ἀνέῳγε, πολλὰ δὲ σώματα τῶν ἁγίων ἀνέστησαν, καὶ ἐνεφανίσθησαν' τοῖς ἰδίοις. Φιμούσθω τοίνυν πᾶς αἱρετικὸς, καὶ φοβείσθω λέγειν δειλιᾶν τὸν Κύριον, ὃν ὁ θάνατος, ὡς δράκων, φεύγει, ὃν τρέμουσι δαίμονες, καὶ φοβεῖται θάλασσα· δι' ὃν οἱ οὐρανοὶ σχίζονται, καὶ πᾶσαι αἱ δυνάμεις σαλεύονται· ἰδοὺ γὰρ λέγοντος αὐτοῦ, '"Ινα τί με ἐγκατέλιπες;' ἐδείκνυεν ὁ Πατὴρ, ὡς ἀεὶ καὶ τότε ἦν ἐν αὐτῷ. Ἡ γὰρ γῆ, γινώσκουσα τὸν λαλοῦντα Δεσπότην, εὐθὺς ἔτρεμε, καὶ τὸ καταπέτασμα ἐσχίζετο, ὁ ἥλιός τε ἐκρύπτετο, καὶ αἱ πέτραι διερρήγνυντο, καὶ τὰ μὲν μνημεῖα, ὡς προεῖπον, ἠνοίγετο, οἱ δὲ ἐν αὐτοῖς νεκροὶ ἠγείροντο· καὶ τό γε θαυμαστὸν, οἱ τότε παρόντες καὶ ἀρνούμενοι πρότερον αὐτὸν, ὕστερον ταῦτα βλέποντες, ὁμολογοῦσιν ἀληθῶς τοῦτον εἶναι τοῦ Θεοῦ τὸν Υἱόν.*

57. *Περὶ δὲ τοῦ λέγειν αὐτὸν, 'Εἰ δυνατὸν, παρελθέτω τὸ* Ib. xxvi. 39. *ποτήριον,' μάθετε πῶς. ταῦτα εἰρηκὼς ἐπετίμα τῷ Πέτρῳ, λέγων· 'Οὐ φρονεῖς τὰ τοῦ Θεοῦ, ἀλλὰ τὰ τῶν ἀνθρώπων.' Ἤθελε* Ib. xvi. 23. *γὰρ ὃ παρῃτεῖτο, καὶ διὰ τοῦτ' ἦν ἐλθών· ἀλλὰ τοῦ μὲν ἦν τὸ θέλειν, (ἐπὶ τοῦτο γὰρ ἦλθε) τῆς δὲ σαρκὸς ἦν τὸ δειλιᾶν· διὸ καὶ ὡς ἄνθρωπος ἔλεγε τὴν τοιαύτην φωνήν. Καὶ ἀμφότερα πάλιν παρὰ τοῦ αὐτοῦ ἐλέγετο, ἵνα δείξῃ ὅτι Θεὸς ἦν θέλων μὲν αὐτὸς, γενόμενος δὲ ἄνθρωπος εἶχε δειλιῶσαν τὴν σάρκα, δι' ἣν συνεκέρασε τὸ ἑαυτοῦ θέλημα τῇ ἀνθρωπίνῃ ἀσθενείᾳ, ἵνα καὶ*

P

τοῦτο πάλιν ἀφανίσας, θαρραλέον τὸν ἄνθρωπον πάλιν πρὸς τὸν θάνατον κατασκευάσῃ. Ἰδοὺ γοῦν πρᾶγμα παράδοξον ἀληθῶς· ὃν ὡς κατὰ δειλίαν λαλεῖν νομίζουσιν οἱ Χριστομάχοι, οὗτος τῇ νομιζομένῃ δειλίᾳ θαρραλέους καὶ ἀφόβους τοὺς ἀνθρώπους κατεσκεύαζεν. Οἱ γοῦν μακάριοι ἀπόστολοι μετ' αὐτὸν οὕτως ἐκ τῶν τοιούτων φωνῶν κατεφρόνουν τοῦ θανάτου, ὡς μηδὲ φροντίζειν τῶν ἀνακρινόντων αὐτούς, ἀλλὰ λέγειν· ' Πειθαρχεῖν δεῖ Θεῷ μᾶλλον ἢ ἀνθρώποις·' οἵ τε ἄλλοι ἅγιοι μάρτυρες οὕτως ἐθάρρουν, ὡς μᾶλλον νομίζειν αὐτοὺς εἰς ζωὴν μεταβαίνειν, ἢ θάνατον ὑπομένειν. Πῶς οὖν οὐκ ἄτοπον τῶν μὲν θεραπόντων τοῦ Λόγου θαυμάζειν τὴν ἀνδρείαν, αὐτὸν δὲ τὸν Λόγον λέγειν δειλιᾶν, δι' ὃν κἀκεῖνοι τοῦ θανάτου κατεφρόνησαν; Ἐκ δὲ τῆς τῶν ἁγίων μαρτύρων καρτερικωτάτης προθέσεως καὶ ἀνδρείας δείκνυται, ὡς οὐκ ἦν ἡ θεότης δειλιῶσα, ἀλλὰ τὴν ἡμῶν δειλίαν ἦν ἀφαιρούμενος ὁ Σωτήρ. Ὡς γὰρ τὸν θάνατον θανάτῳ κατήργησε, καὶ ἀνθρωπίνως πάντα τὰ ἀνθρώπινα, οὕτω τῇ νομιζομένῃ δειλίᾳ τὴν ἡμῶν δειλίαν ἀφῃρεῖτο, καὶ πεποίηκε μηκέτι φοβεῖσθαι τοὺς ἀνθρώπους τὸν θάνατον. Ἔλεγεν οὖν ταῦτα καὶ ἅμα ἐποίει. Ἀνθρώπινα μὲν γὰρ ἦν τὸ λέγειν· ' Παρελθέτω τὸ ποτήριον,' καί, "Ἵνα τί με ἐγκατέλιπες;' θεϊκῶς δὲ ὁ αὐτὸς ἐποίει τὸν ἥλιον ἐκλείπειν, καὶ τοὺς νεκροὺς ἐγείρεσθαι. Πάλιν τε λέγων ἀνθρωπίνως, ' Νῦν ἡ ψυχή μου τετάρακται·' ἔλεγε καὶ θεϊκῶς· ' Ἐξουσίαν ἔχω θεῖναι τὴν ψυχήν μου, καὶ ἐξουσίαν ἔχω πάλιν λαβεῖν αὐτήν.' Τὸ μὲν γὰρ ταράττεσθαι τῆς σαρκὸς ἴδιον ἦν, τὸ δὲ ἐξουσίαν ἔχειν θεῖναι καὶ λαβεῖν, ὅτε βούλεται, τὴν ψυχὴν, οὐκέτι τοῦτο ἴδιον ἀνθρώπων, ἀλλὰ τῆς τοῦ Λόγου δυνάμεώς ἐστιν. Ἄνθρωπος γὰρ οὐ κατ' ἰδίαν ἐξουσίαν, ἀλλ' ἀνάγκῃ φύσεως καὶ μὴ θέλων ἀποθνήσκει· ὁ δὲ Κύριος, ἀθάνατος αὐτὸς ὤν, σάρκα δὲ θνητὴν ἔχων, ἐπ' ἐξουσίας εἶχεν, ὡς Θεός, ἀπὸ τοῦ σώματος χωρισθῆναι, καὶ τοῦτο πάλιν ἀναλαβεῖν, ὅτε βούλεται. Περὶ τούτου καὶ Δαβὶδ ψάλλει· ' Οὐκ ἐγκαταλείψεις τὴν ψυχήν μου εἰς ᾅδην, οὐδὲ δώσεις τὸν Ὅσιόν σου ἰδεῖν διαφθοράν.' Ἔπρεπε γὰρ, φθαρτὴν οὖσαν τὴν σάρκα, μηκέτι κατὰ τὴν ἑαυτῆς φύσιν μένειν θνητὴν, ἀλλὰ διὰ τὸν ἐνδυσάμενον αὐτὴν Λόγον ἄφθαρτον διαμένειν. Ὡς γὰρ αὐτός, γενόμενος ἐν τῷ ἡμῶν σώματι, τὰ ἡμῶν ἐμιμήσατο, οὕτως ἡμεῖς

III. 59.] *of Divine and human action.* 211

δεξάμενοι αὐτὸν, τῆς παρ' ἐκείνου μεταλαμβάνομεν ἀθανασίας.

58. Μάτην τοίνυν σκανδαλίζεσθαι προσποιοῦνται, καὶ μικρὰ νοοῦσιν οἱ Ἀρειομανῖται περὶ τοῦ Λόγου, εἰ γέγραπται, ἐταράχθη, καὶ ἔκλαυσεν. Ἐοίκασι γὰρ μηδὲ ἀνθρωπίνην αἴσθησιν ἔχειν, ἀγνοοῦντες τὴν τῶν ἀνθρώπων φύσιν καὶ τὰ τούτων ἴδια· δι' ἃ μᾶλλον ἔδει θαυμάζειν, ὅτι ἐν τοιαύτῃ πασχούσῃ σαρκὶ ἦν ὁ Λόγος, καὶ οὔτε ἐκώλυε τοὺς ἐπιβουλεύοντας, οὔτε ἐξεδίκει κατὰ τῶν ἀναιρούντων, καίπερ δυνάμενος, ὁ ἄλλους κωλύσας ἀποθανεῖν, καὶ ἀποθανόντας ἐγείρας ἐκ τῶν νεκρῶν· ἀλλ' ἠνείχετο πάσχειν τὸ ἴδιον σῶμα. Διὰ τοῦτο γὰρ καὶ ἐλήλυθεν, ὡς προεῖπον, ἵνα σαρκὶ πάθῃ, καὶ λοιπὸν καὶ ἀπαθὴς καὶ ἀθάνατος ἡ σὰρξ κατασκευασθῇ· καὶ ἵνα, καθὼς πολλάκις εἴπομεν, ὡς εἰς αὐτὸν τῆς ὕβρεως καὶ τῶν γινομένων φθανόντων, μηκέτι τῶν ἀνθρώπων ἅπτηται ταῦτα, ἀλλ' ἐξαφανισθῇ παντελῶς παρ' αὐτοῦ· καὶ λοιπὸν δι' αἰῶνος ἄφθαρτοι, ὡς ναὸς τοῦ Λόγου, διαμείνωσι. Ταῦτα εἰ οὕτως καὶ οἱ Χριστομάχοι διενοοῦντο, τόν τε σκοπὸν τὸν ἐκκλησιαστικὸν ὡς ἄγκυραν τῆς πίστεως ἐπεγίνωσκον, οὔτ' ἂν 'ἐναυάγησαν περὶ τὴν πίστιν,' οὔτε τοσοῦτον ἠναισχύντουν, ὡς ἀνθίστασθαι καὶ τοῖς βουλομένοις πεπτωκότας αὐτοὺς ἐγεῖραι, καὶ μᾶλλον ἐχθροὺς ἡγεῖσθαι τοὺς νουθετοῦντας αὐτοὺς εἰς εὐσέβειαν. Ἀλλ' ὡς ἔοικε, πονηρὸν ὁ αἱρετικὸς ἀληθῶς, καὶ πανταχόθεν ἐστὶν ἔχων διεφθαρμένην τὴν καρδίαν εἰς ἀσέβειαν. Ἰδοὺ γὰρ ἐπὶ πᾶσιν ἐλεγχόμενοι, καὶ δεικνύμενοι πάσης συνέσεως ἔρημοι, οὐκ αἰσχύνονται· ἀλλ' ὥσπερ ἡ λεγομένη παρὰ τοῖς Ἑλλήνων μύθοις ὕδρα τὸ θηρίον, ἀναιρουμένων τῶν προτέρων ὄφεων, ὤδινεν ἑτέρους ὄφεις, φιλονεικοῦσα πρὸς τὸν ἀναιροῦντα τῇ τῶν ἑτέρων προβολῇ· τὸν αὐτὸν τρόπον καὶ οἱ θεομάχοι καὶ οἱ θεοστυγεῖς, ὥσπερ ὕδραι, τὴν ψυχὴν πίπτοντες ἐφ' οἷς προβάλλονται, ἄλλας ἐφευρίσκουσιν Ἰουδαϊκὰς καὶ μωρὰς ἑαυτοῖς ἐκζητήσεις· καὶ ὥσπερ ἔχθραν τὴν ἀλήθειαν ἔχοντες, ἐπινοοῦσι καινότερα, ὅπως μᾶλλον Χριστομάχους ἑαυτοὺς διὰ πάντων ἐπιδείξωσιν.

59. Μετὰ γὰρ τοὺς τοσούτους κατ' αὐτῶν ἐλέγχους, ἐφ' οἷς καὶ ὁ διάβολος αὐτὸς ὁ τούτων πατὴρ ἐντραπεὶς ἂν ἀπῆλθεν ὀπίσω, πάλιν ὡς ἀπὸ στρεβλῆς τῆς καρδίας αὐτῶν ἐπινοοῦντες

1 Tim. i. 19.

P 2

212 *Arians adopt a new formula,* [III. 60.

γογγύζουσι, καὶ τοῖς μὲν ψιθυρίζουσι, τοῖς δὲ, ὡς κώνωπες, περιβομβοῦσι λέγοντες· '"Εστω, ταῦτα οὕτως ἑρμηνεύετε, καὶ νικᾶτε τοῖς λογισμοῖς καὶ ταῖς ἀποδείξεσιν· ἀλλὰ δεῖ λέγειν βουλήσει καὶ θελήσει γεγενῆσθαι τὸν Υἱὸν ὑπὸ τοῦ Πατρός.' Καὶ ἐν τούτῳ γὰρ πολλοὺς ἀπατῶσι προβαλλόμενοι τὸ βούλημα καὶ τὸ θέλημα τοῦ Θεοῦ. Τοῦτο δὲ εἰ μέν τις τῶν ὀρθῶς πιστευόντων ἁπλούστερον ἔλεγεν, οὐδὲν ἦν ὑποπτεῦσαι περὶ τοῦ λεγομένου, νικώσης τῆς ὀρθοδόξου διανοίας τὴν ἁπλουστέραν τῶν ῥημάτων προφοράν· ἐπειδὴ δὲ παρ' αἱρετικῶν ἐστιν ἡ φωνὴ, ὕποπτα δὲ τῶν αἱρετικῶν τὰ ῥήματα, καὶ, ὡς γέγραπται, 'Κυβερνῶσι δὲ ἀσεβεῖς δόλους,' καὶ, ' Οἱ λόγοι αὐτῶν εἰσι δόλιοι,' κἂν μόνον νεύσωσι, διεφθαρμένην γὰρ ἔχουσι τὴν καρδίαν· φέρε, καὶ τοῦτο τὸ λεγόμενον ἐξετάσωμεν, μήπως, ἐπὶ πᾶσιν ἐλεγχθέντες, λοιπὸν, ὡς ὕδραι, καινότερον ἐπενόησαν λεξείδιον, ἵνα διὰ τῆς τοιαύτης κομψολογίας καὶ πιθανῆς ὑφαρπαγῆς τὴν ἑαυτῶν ἀσέβειαν πάλιν ἄλλως ἐπισπείρωσι. Ταὐτὸν γὰρ σημαίνει ὁ λέγων, 'Βουλήσει γέγονεν ὁ Υἱὸς,' καὶ ὁ λέγων, '"Ην ποτε ὅτε οὐκ ἦν,' καὶ, ''Εξ οὐκ ὄντων γέγονεν ὁ Υἱὸς,' καὶ, 'Κτίσμα ἐστίν.' Ἀλλ' ἐπεὶ ταῦτα λέγοντες ᾐσχύνθησαν, ἑτέρως αὐτὰ πάλιν σημαίνειν ἐπεχείρησαν οἱ δόλιοι, 'βούλησιν' προβαλλόμενοι, ὡς τὸ μέλαν αἱ σηπίαι, ἵν' ἐν τούτῳ τοὺς μὲν ἀκεραίους σκοτίζωσιν, αὐτοὶ δὲ τῆς ἰδίας αἱρέσεως μὴ ἐπιλάθωνται. Πόθεν γὰρ τὸ 'βουλήσει καὶ θελήσει,' ἢ ἐκ ποίας Γραφῆς τὰ τοιαῦτα πάλιν προφέρουσιν, εἰπάτωσαν οἱ τοῖς ῥήμασιν ὕποπτοι, καὶ τῆς ἀσεβείας ἐφευρεταί. Ὁ μὲν γὰρ Πατὴρ ἀποκαλύπτων ἀπ' οὐρανοῦ τὸν ἑαυτοῦ Λόγον, ἐδείκνυεν, ὅτι ' Οὗτός ἐστιν ὁ Υἱός μου ὁ ἀγαπητός·' καὶ διὰ μὲν τοῦ Δαβὶδ ἔλεγεν· ''Εξηρεύξατο ἡ καρδία μου Λόγον ἀγαθόν·' τῷ δὲ Ἰωάννῃ εἰπεῖν ἐνετείλατο· ''Εν ἀρχῇ ἦν ὁ Λόγος·' καὶ ὁ Δαβὶδ δὲ ψάλλων φησὶν, ὅτι ' Παρὰ σοὶ πηγὴ ζωῆς, καὶ ἐν τῷ φωτί σου ὀψόμεθα φῶς·' ὅ τε Ἀπόστολος γράφει· ''Ος ὢν ἀπαύγασμα τῆς δόξης·' καὶ πάλιν· ''Ος ἐν μορφῇ Θεοῦ ὑπάρχων·' καὶ, ''Ος ἐστιν εἰκὼν τοῦ Θεοῦ τοῦ ἀοράτου.'

60. Πανταχοῦ τὸ εἶναι τοῦ Λόγου πάντες, καὶ οὐδαμοῦ ἐκ βουλήσεως αὐτὸν οὐδὲ ὅλως πεποιῆσθαι λέγουσιν· αὐτοὶ δὲ ποῦ ἄρα ' βούλησιν ἢ θέλησιν προηγουμένην ' εὗρον τοῦ Λόγου τοῦ

III. 61.] *'Begotten of the Father by will.'* 213

Θεοῦ, εἰ μὴ ἄρα, τὰς Γραφὰς ἀφέντες, ὑποκρίνονται καὶ τὴν Οὐαλεντίνου κακόνοιαν; Πτολεμαῖος γὰρ ὁ Οὐαλεντίνου ἔφη δύο ζυγοὺς ἔχειν τὸν ἀγένητον, ἔννοιαν καὶ θέλησιν· καὶ πρῶτον ἐνενόησεν, εἶτα ἠθέλησε· καὶ ἅπερ ἐνενόει, οὐκ ἠδύνατο προβάλλειν, εἰ μὴ ὅτε καὶ ἡ τοῦ θελήματος δύναμις ἐπεγένετο. Ἔνθεν οἱ Ἀρειανοὶ μαθόντες, θέλημα καὶ βούλησιν προηγεῖσθαι θέλουσι τοῦ Λόγου. Ἐκεῖνοι μὲν οὖν τὰ Οὐαλεντίνου ζηλούτωσαν· ἡμεῖς δὲ, ἐντυχόντες τοῖς θείοις λόγοις, ἐπὶ μὲν τοῦ Υἱοῦ τὸ '*ἦν*' εὕρομεν· καὶ αὐτὸν μόνον ἠκούσαμεν ὄντα ἐν τῷ Πατρὶ, καὶ εἰκόνα τοῦ Πατρός· ἐπὶ δὲ μόνων τῶν γενητῶν, ἐπεὶ καὶ τῇ φύσει οὐκ ἦν ποτε ταῦτα, ἀλλ' ἐπιγέγονε, '*προηγουμένην βούλησιν καὶ θέλησιν*' ἀνέγνωμεν, τοῦ Δαβὶδ ψάλλοντος ἐν μὲν τῷ ἑκατοστῷ δεκάτῳ τρίτῳ ψαλμῷ οὕτως· '*Ὁ δὲ Θεὸς ἡμῶν ἐν τῷ οὐρανῷ, καὶ ἐν τῇ γῇ πάντα, ὅσα ἠθέλησεν, ἐποίησεν*·' ἐν δὲ τῷ ἑκατοστῷ δεκάτῳ· '*Μεγάλα τὰ ἔργα Κυρίου, ἐξεζητημένα εἰς πάντα τὰ θελήματα αὐτοῦ*·' καὶ πάλιν ἐν τῷ ἑκατοστῷ τριακοστῷ τετάρτῳ· '*Πάντα, ὅσα ἠθέλησεν ὁ Κύριος, ἐποίησεν ἐν τῷ οὐρανῷ καὶ ἐν τῇ γῇ, καὶ ἐν ταῖς θαλάσσαις, καὶ ἐν πάσαις ταῖς ἀβύσσοις*.' Εἰ μὲν οὖν ἔργον καὶ ποίημα, καὶ εἷς τῶν πάντων ἐστὶ, λεγέσθω καὶ αὐτὸς '*βουλήσει*' γενόμενος· οὕτω γὰρ ἔδειξεν ἡ Γραφὴ τὰ ποιήματα γίγνεσθαι. Καὶ Ἀστέριος δὲ ὁ συνήγορος τῆς αἱρέσεως, τούτῳ συντιθέμενος, οὕτως γράφει· '*Εἴτε γὰρ ἀνάξιον τοῦ Δημιουργοῦ τὸ θέλοντα ποιεῖν, ἐπὶ πάντων ὁμοίως ἀνῃρήσθω τὸ θέλειν, ἵνα ἀκέραιον αὐτῷ σώζηται τὸ ἀξίωμα· εἴτε προσῆκον τῷ Θεῷ τὸ βούλεσθαι, καὶ ἐπὶ τοῦ πρώτου γεννήματος ὑπαρχέτω τὸ κρεῖττον. Οὐ γὰρ δὴ δυνατὸν ἑνί τε καὶ τῷ αὐτῷ Θεῷ τὸ θέλειν ἐπὶ τῶν ποιουμένων ἁρμόττειν, καὶ τὸ μὴ βούλεσθαι προσήκειν.*' Πλείστην ὅσην ἀσέβειαν ἐν τοῖς ῥήμασιν ἑαυτοῦ συνθεὶς ὁ σοφιστὴς, ὅτι τε τὸ γέννημα καὶ τὸ ποίημα ταὐτόν ἐστι, καὶ εἷς ἐκ πάντων τῶν ὄντων γεννημάτων ἐστὶν ὁ Υἱὸς, εἰς τοῦτο συνέκλεισεν, ὅτι τὰ ποιήματα βουλήματι καὶ θελήματι προσήκει λέγειν.

61. Οὐκοῦν εἰ ἄλλος ἐστὶ τῶν πάντων, ὥσπερ καὶ ἐν τοῖς πρὸ τούτων ἐδείχθη, καὶ μᾶλλον τὰ ἔργα δι' αὐτοῦ γέγονε, μὴ λεγέσθω '*βουλήσει*·' ἵνα μὴ καὶ αὐτὸς οὕτως γίνηται, ὥσπερ καὶ τὰ δι' αὐτοῦ γενόμενα συνέστη. Καὶ γὰρ ὁ μὲν Παῦλος,

οὐκ ὢν πρότερον, ὕστερον ὅμως 'διὰ θελήματος Θεοῦ' ἀπόστολος γέγονεν· ἡ δὲ κλῆσις ἡμῶν, ὥς ποτε καὶ αὐτὴ μὴ οὖσα, νῦν δὲ ἐπιγενομένη, προηγουμένην ἔχει τὴν βούλησιν, καὶ ὡς αὐτὸς πάλιν ὁ Παῦλός φησι, 'κατὰ τὴν εὐδοκίαν τοῦ θελήματος αὐτοῦ' γέγονε. Τό τε διὰ Μωσέως λεγόμενον, 'Γενηθήτω φῶς,' καὶ, ''Εξαγαγέτω ἡ γῆ,' καὶ, 'Ποιήσωμεν ἄνθρωπον,' ἡγοῦμαι, καθὰ καὶ ἐν τοῖς ἔμπροσθεν εἴρηται, τῆς βουλήσεως τοῦ ποιοῦντος εἶναι τοῦτο σημαντικόν. Τὰ μὲν γὰρ μὴ ὄντα ποτέ, ἀλλ' ἔξωθεν ἐπιγινόμενα, ὁ Δημιουργὸς βουλεύεται ποιῆσαι· τὸν δὲ ἴδιον Λόγον ἐξ αὐτοῦ φύσει γεννώμενον οὐ προβουλεύεται· ἐν τούτῳ γὰρ Πατὴρ τὰ ἄλλα, ὅσα βουλεύεται, ποιεῖ, καὶ δημιουργεῖ ἐν τούτῳ· καθὼς καὶ 'Ιάκωβος ὁ ἀπόστολος διδάσκων ἔλεγε· 'Βουληθεὶς ἀπεκύησεν ἡμᾶς Λόγῳ ἀληθείας.' Οὐκοῦν ἡ περὶ πάντων τῶν τε ἀναγεννωμένων καὶ τῶν ἅπαξ γινομένων τοῦ Θεοῦ βούλησις ἐν τῷ Λόγῳ ἐστὶν, ἐν ᾧ καὶ τὰ δόξαντα ποιεῖ καὶ ἀναγεννᾷ. Καὶ τοῦτο γὰρ πάλιν ὁ Ἀπόστολος σημαίνει, γράφων εἰς Θεσσαλονίκην· 'Τοῦτο γὰρ θέλημα Θεοῦ ἐν Χριστῷ Ἰησοῦ εἰς ὑμᾶς.' Εἰ δὲ, ἐν ᾧ ποιεῖ, ἐν αὐτῷ καὶ ἡ βούλησίς ἐστι, καὶ ἐν Χριστῷ ἐστι τὸ θέλημα τοῦ Πατρός· πῶς δύναται καὶ αὐτὸς ἐν βουλήσει καὶ θελήματι γίνεσθαι; Εἰ γὰρ καὶ αὐτὸς ἐν 'βουλήσει' καθ' ὑμᾶς γέγονεν, ἀνάγκη καὶ τὴν περὶ αὐτοῦ βούλησιν ἐν ἑτέρῳ τινὶ Λόγῳ συνίστασθαι, δι' οὗ καὶ αὐτὸς γίνεται· δέδεικται γὰρ ἡ τοῦ Θεοῦ βούλησις οὐκ ἐν τοῖς γινομένοις οὖσα, ἀλλ' ἐν τῷ δι' οὗ καὶ ἐν ᾧ γίνεται τὰ ποιήματα πάντα. Ἔπειτα ἐπειδὴ ταυτόν ἐστιν εἰπεῖν 'βουλήσει' καὶ, ''Ην ποτε ὅτε οὐκ ἦν,' ἀρκείσθωσαν τῷ λέγειν, ''Ην ποτε ὅτε οὐκ ἦν·' ἵνα, αἰσχυνόμενοι διὰ τὸ ἐκ τούτου χρόνους σημαίνεσθαι, γνῶσιν, ὅτι καὶ 'βουλήσει' λέγοντες χρόνους πρὸ Υἱοῦ σημαίνουσι· τῶν γάρ ποτε μὴ ὄντων προηγεῖται τὸ βουλεύεσθαι, ὡς ἐπὶ πάντων τῶν κτισμάτων. Εἰ δὲ ὁ Λόγος τῶν μὲν κτισμάτων ἐστὶ δημιουργὸς, αὐτὸς δὲ συνυπάρχει τῷ Πατρὶ, πῶς δύναται τοῦ ἀϊδίως ὄντος, ὡς μὴ ὄντος, προηγεῖσθαι τὸ βουλεύεσθαι; Εἰ γὰρ προηγεῖται βουλὴ, πῶς δι' αὐτοῦ τὰ πάντα; Μᾶλλον γὰρ εἷς τῶν πάντων ἐστὶ βουλήσει καὶ αὐτὸς ἀποκυηθεὶς Υἱὸς, ὥσπερ καὶ ἡμεῖς Λόγῳ ἀληθείας γεγόναμεν υἱοί· καὶ λοιπὸν ἡμᾶς ἀνάγκη ζητεῖν, ὥσπερ εἴρηται,

III. 62.] *transcends all acts of will.* 215

ἄλλον Λόγον, δι' οὗ καὶ οὗτος γέγονε, καὶ ἀπεκυήθη μετὰ πάντων, ὧν ἠθέλησεν ὁ Θεός.

62. Εἰ μὲν οὖν ἐστιν ἕτερος τοῦ Θεοῦ Λόγος, ἔστω καὶ οὗτος Λόγῳ γεγονώς· εἰ δὲ μὴ ἔστιν ἄλλος (οὐκ ἔστι γὰρ), ἀλλὰ 'πάντα δι' αὐτοῦ γέγονεν,' ἅπερ ὁ Πατὴρ βεβούληται, πῶς οὐ δείκνυται τούτων πολυκέφαλος πανουργία; "Ότι καταισχυνθέντες ἐπὶ τῷ λέγειν 'ποίημα' καὶ 'κτίσμα,' καὶ 'Οὐκ ἦν πρὶν γεννηθῇ' ὁ τοῦ Θεοῦ Λόγος, ἄλλως πάλιν κτίσμα λέγουσιν αὐτὸν εἶναι, 'βούλησιν' προβαλλόμενοι, καὶ λέγοντες· 'Εἰ μὴ βουλήσει γέγονεν, οὐκοῦν ἀνάγκη καὶ μὴ θέλων ἔσχεν ὁ Θεὸς Υἱόν.' Καὶ τίς ὁ τὴν ἀνάγκην ἐπιβαλὼν αὐτῷ, πονηρότατοι, καὶ πάντα πρὸς τὴν αἵρεσιν ἑαυτῶν ἕλκοντες; Τὸ μὲν γὰρ ἀντικείμενον τῇ βουλήσει ἑωράκασι· τὸ δὲ μεῖζον καὶ ὑπερκείμενον οὐκ ἐθεώρησαν. Ὥσπερ γὰρ ἀντίκειται τῇ βουλήσει τὸ παρὰ γνώμην, οὕτως ὑπέρκειται καὶ προηγεῖται τοῦ βουλεύεσθαι τὸ κατὰ φύσιν. Οἰκίαν μὲν οὖν τις βουλευόμενος κατασκευάζει, υἱὸν δὲ γεννᾷ κατὰ φύσιν· καὶ τὸ μὲν βουλήσει κατασκευαζόμενον ἤρξατο γίνεσθαι, καὶ ἔξωθέν ἐστι τοῦ ποιοῦντος· ὁ δὲ υἱὸς ἴδιόν ἐστι τῆς οὐσίας τοῦ πατρὸς γέννημα, καὶ οὐκ ἔστιν ἔξωθεν αὐτοῦ· διὸ οὐδὲ βουλεύεται περὶ αὐτοῦ, ἵνα μὴ καὶ περὶ ἑαυτοῦ δοκῇ βουλεύεσθαι. Ὅσῳ οὖν τοῦ κτίσματος ὁ υἱὸς ὑπέρκειται, τοσούτῳ καὶ τῆς βουλήσεως τὸ κατὰ φύσιν· καὶ ἔδει αὐτοὺς, ἀκούοντας, οὐ βουλήσει λογίζεσθαι τὸ κατὰ φύσιν. Οἱ δὲ ἐπιλαθόμενοι, ὅτι περὶ Υἱοῦ Θεοῦ ἀκούουσι, τολμῶσιν ἀνθρωπίνας ἀντιθέσεις λέγειν ἐπὶ Θεοῦ, ἀνάγκην καὶ παρὰ γνώμην, ἵνα τὸ εἶναι Υἱὸν ἀληθινὸν ἀρνήσωνται τοῦ Θεοῦ· ἐπεὶ εἰπάτωσαν ἡμῖν αὐτοί· τὸ ἀγαθὸν εἶναι καὶ οἰκτίρμονα τὸν Θεὸν ἐκ βουλήσεως πρόσεστιν αὐτῷ, ἢ οὐ βουλήσει; Εἰ μὲν οὖν ἐκ βουλήσεως, σκοπεῖν δεῖ, ὅτι ἤρξατο μὲν εἶναι ἀγαθὸς, καὶ τὸ μὴ εἶναι δὲ αὐτὸν ἀγαθὸν ἐνδεχόμενόν ἐστι. Τὸ γὰρ βουλεύεσθαι καὶ προαιρεῖσθαι εἰς ἑκάτερα τὴν ῥοπὴν ἔχει, καὶ λογικῆς φύσεώς ἐστι τοῦτο πάθος. Εἰ δὲ διὰ τὸ ἐκ τούτων ἄτοπον οὐκ ἐκ βουλήσεως ἀγαθὸς καὶ οἰκτίρμων ἐστὶν, ἀκουσάτωσαν ἅπερ εἰρήκασιν αὐτοί· 'οὐκοῦν ἀνάγκη καὶ μὴ θέλων ἐστὶν ἀγαθός.' Καὶ τίς ὁ τὴν ἀνάγκην ἐπιβαλὼν αὐτῷ; Εἰ δὲ ἄτοπόν ἐστι λέγειν ἐπὶ Θεοῦ ἀνάγκην, καὶ διὰ τοῦτο φύσει ἀγαθός ἐστιν, εἴη ἂν

216 *The Son prior to, not one of,* [III. 63.

πολλῷ μᾶλλον καὶ ἀληθέστερον τοῦ Υἱοῦ φύσει καὶ οὐκ ἐκ βουλήσεως Πατήρ.

63. Εἰπάτωσαν δὲ πάλιν ἡμῖν καὶ τοῦτο (πρὸς γὰρ τὴν ἀναισχυντίαν αὐτῶν ἐρώτησιν αὐτοῖς ἐπαγαγεῖν ἔτι βούλομαι, τολμηροτέραν μὲν, βλέπουσαν δὲ ὅμως εἰς εὐσέβειαν· ἱλάσθητι, Δέσποτα)· Ὁ Πατὴρ αὐτὸς, βουλευσάμενος πρότερον, εἶτα θελήσας, οὕτως ὑπάρχει, ἢ καὶ πρὸ τοῦ βουλεύσασθαι; Χρὴ γὰρ, καὶ περὶ τοῦ Λόγου τοιαῦτα τολμῶντας αὐτοὺς, τοιαῦτα καὶ ἀκούειν, ἵνα γνῶσιν ὅτι ἡ τοιαύτη αὐτῶν προπέτεια καὶ εἰς αὐτὸν τὸν Πατέρα φθάνει. Ἐὰν μὲν οὖν εἴπωσιν (ἅπαξ βουλευσάμενοι περὶ βουλήσεως) ὅτι καὶ αὐτὸς ἐκ βουλήσεως· τί οὖν ἦν πρὸ τοῦ βουλεύσασθαι, ἢ τί πλέον ἔσχεν, ὡς ὑμεῖς λέγετε, μετὰ τὸ βουλεύσασθαι; Εἰ δὲ ἄτοπος καὶ ἀσύστατός ἐστιν ἡ τοιαύτη ἐρώτησις, καὶ οὐ θέμις ὅλως τοιαῦτα λέγειν (ἀρκεῖ γὰρ καὶ μόνον ἀκούοντας ἡμᾶς περὶ Θεοῦ εἰδέναι καὶ νοεῖν ὅτι αὐτός ἐστιν Ὁ ὢν), πῶς οὐκ ἄλογον ἂν εἴη περὶ τοῦ Λόγου τοῦ Θεοῦ τοιαῦτα ἐνθυμεῖσθαι, καὶ 'βούλησιν καὶ θέλησιν' προβάλλεσθαι; Ἀρκεῖ γὰρ καὶ μόνον ἀκούοντας ἡμᾶς καὶ περὶ τοῦ Λόγου εἰδέναι καὶ νοεῖν ὅτι ὁ μὴ ἐκ βουλήσεως ὑπάρχων Θεὸς, οὐ βουλήσει, ἀλλὰ φύσει τὸν ἴδιον ἔχει Λόγον. Πῶς δὲ οὐχ ὑπερβάλλει πᾶσαν μανίαν, τὸ καὶ μόνον ἐνθυμεῖσθαι, ὅτι αὐτὸς ὁ Θεὸς βουλεύεται καὶ σκέπτεται, καὶ προαιρεῖται, καὶ θέλειν ἑαυτὸν προτρέπεται, ἵνα μὴ ἄλογος καὶ ἄσοφος ᾖ, ἀλλὰ Λόγον καὶ Σοφίαν ἔχῃ; Περὶ ἑαυτοῦ γὰρ δοκεῖ σκέπτεσθαι ὁ περὶ τοῦ ἰδίου τῆς οὐσίας ἑαυτοῦ βουλευόμενος. Πολλῆς τοίνυν δυσφημίας οὔσης ἐν τῇ τοιαύτῃ φρονήσει, εὐσεβῶς ἂν λεχθείη, ὅτι τὸ μὲν γενητὰ εὐδοκίᾳ καὶ βουλήσει γέγονεν, ὁ δὲ Υἱὸς οὐ θελήματός ἐστι δημιούργημα ἐπιγεγονώς, καθάπερ ἡ κτίσις, ἀλλὰ φύσει τῆς οὐσίας ἴδιον γέννημα. Καὶ γὰρ ἴδιος ὢν Λόγος τοῦ Πατρός, οὐκ ἐᾷ πρὸ ἑαυτοῦ λογίσασθαί τινα 'βούλησιν,' αὐτὸς ὢν βουλὴ ζῶσα τοῦ Πατρὸς, καὶ δύναμις, καὶ δημιουργὸς τῶν δοκούντων τῷ Πατρί. Καὶ ταῦτα αὐτὸς ἐν ταῖς Παροιμίαις περὶ ἑαυτοῦ φησιν· 'Ἐμὴ βουλὴ καὶ ἀσφάλεια, ἐμὴ φρόνησις, ἐμὴ δὲ ἰσχύς.' Ὡς γὰρ, αὐτὸς ὢν ἡ φρόνησις, ἐν ᾗ 'τοὺς οὐρανοὺς ἡτοίμασε,' καὶ αὐτὸς ὢν ἰσχὺς καὶ δύναμις· ('Χριστὸς' γὰρ 'Θεοῦ δύναμις καὶ Θεοῦ σοφία·') νῦν παρακλίνων εἶπεν, 'Ἐμὴ

III. 64.] *things produced 'by will.'* 217

φρόνησις, καὶ ἐμὴ ἰσχύς·' οὕτω λέγων, ''Εμὴ βουλὴ,' αὐτὸς ἂν εἴη τοῦ Πατρὸς ἡ ζῶσα βουλὴ, καθὼς καὶ παρὰ τοῦ προφήτου μεμαθήκαμεν, ὅτι αὐτὸς 'τῆς μεγάλης βουλῆς Ἄγγελος' γίνεται, Isa.ix.6. καὶ θέλημα τοῦ Πατρὸς αὐτὸς ἐκλήθη. Χρὴ γὰρ οὕτω διελέγχειν αὐτοὺς, ἀνθρώπινα περὶ τοῦ Θεοῦ διανοουμένους.

64. Οὐκοῦν εἰ τὰ ποιήματα 'βουλήσει καὶ εὐδοκίᾳ' ὑπέστη, καὶ ἡ κτίσις πᾶσα θελήματι γέγονεν· ὅ τε Παῦλος 'διὰ θελή- 1 Tim.i.1. ματος Θεοῦ' ἀπόστολος ἐκλήθη, καὶ ἡ κλῆσις ἡμῶν 'εὐδοκίᾳ Eph. i. 5. καὶ θελήματι' γέγονε, 'πάντα δὲ διὰ τοῦ Λόγου γέγονεν·' ἐκτός John i.3. ἐστιν οὗτος τῶν βουλήσει γεγονότων, καὶ μᾶλλον αὐτός ἐστιν ἡ ζῶσα βουλὴ τοῦ Πατρὸς, ἐν ᾗ ταῦτα πάντα γέγονεν· ἐν ᾗ καὶ ὁ ἅγιος Δαβὶδ εὐχαριστῶν ἔλεγεν ἐν τῷ ἑβδομηκοστῷ δευτέρῳ ψαλμῷ· ''Εκράτησας τῆς χειρός τῆς δεξιᾶς μου· καὶ ἐν τῇ Ps. lxxii. βουλῇ σου ὡδήγησάς με.' Πῶς οὖν δύναται, βουλὴ καὶ θέλημα (lxxiii.) 23,24. τοῦ Πατρὸς ὑπάρχων, ὁ Λόγος γίνεσθαι καὶ αὐτὸς 'θελήματι καὶ βουλήσει,' ὡς ἕκαστος, εἰ μὴ, καθὰ προεῖπον, μανέντες πάλιν εἴπωσιν αὐτὸν δι' ἑαυτοῦ γεγονέναι, ἢ δι' ἑτέρου τινός; Τίς οὖν ἐστι, δι' οὗ γέγονε; Πλασάσθωσαν ἕτερον Λόγον, καὶ τὰ Οὐαλεντίνου ζηλώσαντες, Χριστὸν ἕτερον ὀνομασάτωσαν· οὐ γὰρ γέγραπται. Ἀλλὰ κἂν πλάσωνται, πάντως κἀκεῖνος διά τινος γίνεται· καὶ λοιπὸν οὕτως ἐπιλογιζομένων ἡμῶν, καὶ ἀνακρινόντων τὴν ἀκολουθίαν, εὑρίσκεται τῶν ἀθέων ἡ πολυκέφαλος αἵρεσις εἰς πολυθεότητα πίπτουσα καὶ ἄμετρον μανίαν, ἐν ᾗ 'κτίσμα' καὶ 'ἐξ οὐκ ὄντων' θέλοντες εἶναι τὸν Υἱὸν, ἑτέρως τὰ αὐτὰ σημαίνουσι, 'βούλησιν καὶ θέλησιν' προβαλλόμενοι, ἃ μάλιστα ἐπὶ τῶν γενητῶν καὶ κτιστῶν ταῦτα εὐλόγως ἂν λέγοιτο. Πῶς οὖν οὐκ ἀσεβὲς τὰ τῶν γενητῶν ἐπὶ τὸν Δημιουργὸν ἀναφέρειν; ἢ πῶς οὐ βλάσφημον λέγειν 'βούλησιν' πρὸ τοῦ Λόγου εἶναι ἐν τῷ Πατρί; Εἰ γὰρ προηγεῖται βούλησις ἐν τῷ Πατρὶ, οὐκ ἀληθεύει λέγων ὁ Υἱὸς, 'Ἐγὼ ἐν τῷ Πατρί·' ἢ εἰ καὶ αὐτὸς ἐν τῷ Πατρί ἐστιν, ἀλλὰ δεύτερος λογισθήσεται, καὶ οὐκ ἔπρεπε λέγειν αὐτὸν, 'Ἐγὼ ἐν τῷ Πατρὶ,' οὔσης βουλήσεως John xiv. 10. πρὸ αὐτοῦ, ἐν ᾗ τὰ πάντα γέγονε, καὶ αὐτὸς ὑπέστη καθ' ὑμᾶς. Κἂν γὰρ τῇ δόξῃ διαφέρῃ, ἀλλ' οὐδὲν ἧττον εἷς ἐστι τῶν ἐκ βουλήσεως γινομένων. Ὡς δὲ ἐν τοῖς ἔμπροσθεν εἰρήκαμεν, εἰ οὕτως ἐστὶ, πῶς ὁ μὲν Κύριος, τὰ δὲ δοῦλα; Πάντων δὲ Κύριος

τυγχάνει οὗτος, ὅτι τῇ τοῦ Πατρὸς κυριότητι ἥνωται· καὶ πάντως ἡ κτίσις δούλη, ἐπεὶ ἐκτὸς τῆς τοῦ Πατρὸς ἑνότητός ἐστι, καὶ, οὐκ οὖσά ποτε, γέγονε. 65. Ἔδει δὲ αὐτοὺς, λέγοντας 'βουλήσει' τὸν Υἱὸν, εἰπεῖν, ὅτι καὶ φρονήσει γέγονε· ταὐτὸν γὰρ ἡγοῦμαι φρόνησιν καὶ βούλησιν εἶναι. Ὁ γὰρ βουλεύεταί τις, τοῦτο πάντως καὶ φρονεῖ· καὶ ὃ φρονεῖ, τοῦτο καὶ βουλεύεται. Αὐτὸς γοῦν ὁ Σωτὴρ ὡς ἀδελφὰ ταῦτα τῇ ἀναλογίᾳ συνῆψεν ἅμα λέγων· ''Ἐμὴ βουλὴ καὶ ἀσφάλεια, ἐμὴ φρόνησις, ἐμὴ δὲ ἰσχύς.' Ὡς γὰρ ἰσχὺς καὶ ἀσφάλεια ταὐτόν ἐστιν, ἡ αὐτὴ γὰρ δύναμίς ἐστιν· οὕτω ταὐτόν ἐστιν εἰπεῖν τὴν φρόνησιν καὶ τὴν βουλὴν εἶναι, ἅπερ ἐστὶν ὁ Κύριος. Ἀλλ' οἱ ἀσεβεῖς οὐ θέλουσι μὲν Λόγον καὶ βουλὴν ζῶσαν εἶναι τὸν Υἱόν· περὶ δὲ τὸν Θεὸν φρόνησιν καὶ βουλὴν καὶ σοφίαν ὡς ἕξιν συμβαίνουσαν καὶ ἀποσυμβαίνουσαν ἀνθρωπίνως γίνεσθαι μυθολογοῦσι, καὶ πάντα κινοῦσι, καὶ τὴν Οὐαλεντίνου ἔννοιαν καὶ θέλησιν προβάλλονται, ἵνα μόνον διαστήσωσι τὸν Υἱὸν ἀπὸ τοῦ Πατρὸς, καὶ μὴ εἴπωσιν ἴδιον αὐτὸν τοῦ Πατρὸς εἶναι Λόγον, ἀλλὰ κτίσμα. Ἐκεῖνοι μὲν οὖν ἀκουέτωσαν, ὡς Σίμων ὁ Μάγος ἤκουσεν· 'Ἡ ἀσέβεια Οὐαλεντίνου ' σὺν ὑμῖν εἴη εἰς ἀπώλειαν!' ἕκαστος δὲ Σολομῶνι μᾶλλον πειθέσθω λέγοντι αὐτὸν εἶναι Σοφίαν καὶ φρόνησιν τὸν Λόγον. Φησὶ γάρ· ' Ὁ Θεὸς τῇ Σοφίᾳ ἐθεμελίωσε τὴν γῆν· ἡτοίμασε δὲ οὐρανοὺς ἐν φρονήσει·' ὡς δὲ ὧδε ἐν φρονήσει, οὕτως ἐν Ψαλμοῖς· 'Τῷ Λόγῳ Κυρίου οἱ οὐρανοὶ ἐστερεώθησαν.' Ὡς δὲ τῷ Λόγῳ οἱ οὐρανοὶ, οὕτω 'πάντα, ὅσα ἠθέλησεν, ἐποίησε·' καὶ ὡς ὁ Ἀπόστολος γράφει Θεσσαλονικεῦσι· 'Τὸ θέλημα τοῦ Θεοῦ ἐν Χριστῷ Ἰησοῦ ἐστιν·' Ὁ ἄρα τοῦ Θεοῦ Υἱὸς, αὐτός ἐστιν ὁ Λόγος καὶ ἡ Σοφία, αὐτὸς ἡ φρόνησις καὶ ἡ ζῶσα βουλή· καὶ ἐν αὐτῷ τὸ θέλημα τοῦ Πατρός ἐστιν· αὐτὸς ἀλήθεια, καὶ φῶς, καὶ δύναμις τοῦ Πατρός ἐστιν. Εἰ δὲ ἡ βούλησις τοῦ Θεοῦ, ἡ Σοφία ἐστὶ καὶ ἡ φρόνησις, ὁ δὲ Υἱός ἐστιν ἡ Σοφία· ὁ ἄρα λέγων 'βουλήσει' τὸν Υἱὸν ἴσον λέγει τῷ τὴν Σοφίαν ἐν Σοφίᾳ γεγονέναι, καὶ τὸν Υἱὸν ἐν Υἱῷ πεποιῆσθαι, καὶ διὰ τοῦ Λόγου τὸν Λόγον ἐκτίσθαι. Τοῦτο δὲ καὶ τῷ Θεῷ μάχεται, καὶ ταῖς παρ' αὐτοῦ Γραφαῖς ἐναντιοῦται· καὶ γὰρ καὶ ὁ Ἀπόστολος οὐ βουλήσεως, ἀλλὰ αὐτῆς τῆς πατρικῆς οὐσίας ἴδιον ἀπαύγασμα καὶ χαρακτῆρα

III. 66.] *Each has 'pleasure' in the Other.* 219

τὸν Υἱὸν κηρύττει, λέγων· '"Ος ὢν ἀπαύγασμα τῆς δόξης καὶ Heb. i. 3. χαρακτὴρ τῆς ὑποστάσεως αὐτοῦ.' Εἰ δέ, ὡς προειρήκαμεν, ἐκ βουλήσεως οὐκ ἔστιν ἡ πατρικὴ οὐσία καὶ ὑπόστασις, εὔδηλον, ὡς οὔτε τὸ ἴδιον τῆς πατρικῆς ὑποστάσεως ἐκ βουλήσεως ἂν εἴη. Ὁποία γὰρ ᾖ καὶ ὡς ἐὰν ᾖ ἡ μακαρία ἐκείνη ὑπόστασις, τοιοῦτον καὶ οὕτως εἶναι καὶ τὸ ἴδιον ἐξ αὐτῆς γέννημα δεῖ. Καὶ αὐτὸς γοῦν ὁ Πατὴρ οὐκ εἶπεν, ' Οὗτός ἐστιν ὁ βουλήσει μου γεγονὼς Υἱός,' οὐδέ, '"Ον κατ' εὐδοκίαν ἔσχον Υἱόν·' ἀλλ' ἁπλῶς, ' Ὁ Matt. iii. 17. Υἱός μου,' καὶ μᾶλλον, ' ἐν ᾧ ηὐδόκησα·' δεικνὺς ἐκ τούτων ὅτι ' φύσει μὲν οὗτός ἐστιν Υἱός, ἐν αὐτῷ δὲ τῶν ἐμοὶ δοκούντων ἡ βούλησις ἀπόκειται.'

66. Ἆρ' οὖν ἐπεὶ φύσει καὶ μὴ ἐκ βουλήσεώς ἐστιν ὁ Υἱός, ἤδη καὶ ἀθέλητός ἐστι τῷ Πατρί, καὶ μὴ βουλομένου τοῦ Πατρός ἐστιν ὁ Υἱός; Οὐμενοῦν· ἀλλὰ καὶ θελόμενός ἐστιν ὁ Υἱὸς παρὰ τοῦ Πατρός, καί, ὡς αὐτός φησιν, ' Ὁ Πατὴρ φιλεῖ τὸν John iii. 35. Υἱόν, καὶ πάντα δείκνυσιν αὐτῷ.' Ὡς γὰρ τὸ εἶναι ἀγαθὸς οὐκ ἐκ βουλήσεως μὲν ἤρξατο, οὐ μὴν ἀβουλήτως καὶ ἀθελήτως ἐστὶν ἀγαθὸς (ὃ γάρ ἐστι, τοῦτο καὶ θελητόν ἐστιν αὐτῷ) οὕτω καὶ τὸ εἶναι τὸν Υἱόν, εἰ καὶ μὴ ἐκ βουλήσεως ἤρξατο, ἀλλ' οὐκ ἀθέλητον, οὐδὲ παρὰ γνώμην ἐστὶν αὐτῷ, Ὥσπερ γὰρ τῆς ἰδίας ὑποστάσεώς ἐστι θελητής, οὕτω καὶ ὁ Υἱός, ἴδιος ὢν αὐτοῦ τῆς οὐσίας, οὐκ ἀθέλητός ἐστιν αὐτῷ, Θελέσθω καὶ φιλείσθω τοίνυν ὁ Υἱὸς παρὰ τοῦ Πατρός· καὶ οὕτω τὸ θέλειν καὶ τὸ μὴ ἀβούλητον τοῦ Θεοῦ τις εὐσεβῶς λογιζέσθω. Καὶ γὰρ ὁ Υἱὸς τῇ θελήσει ᾗ θέλεται παρὰ τοῦ Πατρός, ταύτῃ καὶ αὐτὸς ἀγαπᾷ, καὶ θέλει, καὶ τιμᾷ τὸν Πατέρα· καὶ ἕν ἐστι θέλημα τὸ ἐκ Πατρὸς ἐν Υἱῷ, ὡς καὶ ἐκ τούτου θεωρεῖσθαι τὸν Υἱὸν ἐν τῷ Πατρί, καὶ τὸν Πατέρα ἐν τῷ Υἱῷ. Μὴ μέντοι κατὰ Οὐαλεντῖνον προηγουμένην τις ' βούλησιν' ἐπεισαγέτω· μηδὲ μέσον τις ἑαυτὸν ὠθείτω τοῦ μόνου Πατρὸς πρὸς τὸν μόνον Λόγον, προφάσει τοῦ ' βουλεύεσθαι.' Μαίνοιτο γὰρ ἄν τις μεταξὺ τιθεὶς Πατρὸς καὶ Υἱοῦ ' βούλησιν' καὶ σκέψιν. Καὶ γὰρ ἕτερόν ἐστι λέγειν, ' Βουλήσει γέγονεν'· ἕτερον δέ, ὅτι ' ἴδιον ὄντα φύσει τὸν Υἱὸν αὐτοῦ ἀγαπᾷ καὶ θέλει αὐτόν.' Τὸ μὲν γὰρ λέγειν, ''Εκ βουλήσεως γέγονε,' πρῶτον μὲν τὸ μὴ εἶναί ποτε τοῦτον σημαίνει· ἔπειτα δέ, καὶ τὴν ἐπ' ἄμφω ῥοπὴν ἔχει, καθάπερ εἴρηται· ὥστε δύνασθαί τινα

νοεῖν ὅτι ἠδύνατο καὶ μὴ βούλεσθαι τὸν Ὑιόν. Ἐπὶ Ὑιοῦ δὲ λέγειν, ' Ἠδύνατο καὶ μὴ εἶναι,' δυσσεβές ἐστι καὶ φθάνον εἰς τὴν τοῦ Πατρὸς οὐσίαν τὸ τόλμημα· εἴγε τὸ ἴδιον αὐτῆς ἠδύνατο μὴ εἶναι. Ὅμοιον γὰρ ὡς εἰ ἐλέγετο, ' Ἠδύνατο καὶ μὴ εἶναι ἀγαθὸς ὁ Πατήρ.' Ἀλλ' ὥσπερ ἀγαθὸς ἀεὶ καὶ τῇ φύσει, οὕτως ἀεὶ γεννητικὸς τῇ φύσει ὁ Πατήρ· τὸ δὲ λέγειν, ' Ὁ Πατὴρ θέλει τὸν Ὑιόν,' καὶ, ' Ὁ Λόγος θέλει τὸν Πατέρα,' οὐ ' βούλησιν προηγουμένην' δείκνυσιν, ἀλλὰ φύσεως γνησιότητα, καὶ οὐσίας ἰδιότητα καὶ ὁμοίωσιν γνωρίζει. Ὡς γὰρ καὶ ἐπὶ τοῦ ἀπαυγάσματος ἄν τις εἴποι καὶ τοῦ φωτὸς, ὅτι τὸ ἀπαύγασμα οὐκ ἔχει μὲν ' βούλησιν προηγουμένην' ἐν τῷ φωτὶ, ἔστι δὲ φύσει αὐτοῦ γέννημα, θελόμενον παρὰ τοῦ φωτὸς τοῦ καὶ γεννήσαντος αὐτὸ, οὐκ ἐν σκέψει βουλήσεως, ἀλλὰ φύσει καὶ ἀληθείᾳ· οὕτω καὶ ἐπὶ τοῦ Πατρὸς καὶ τοῦ Ὑιοῦ ὀρθῶς ἄν τις εἴποι, ὅτι ὁ Πατὴρ ἀγαπᾷ καὶ θέλει τὸν Ὑιὸν, καὶ ὁ Ὑιὸς ἀγαπᾷ καὶ θέλει τὸν Πατέρα.

67. Οὐκοῦν μὴ λεγέσθω θελήματος δημιούργημα ὁ Ὑιὸς, (μηδὲ τὰ Οὐαλεντίνου ἐπεισαγέσθω τῇ Ἐκκλησίᾳ,) ἀλλὰ βουλὴ ζῶσα, καὶ ἀληθῶς φύσει γέννημα, ὡς τοῦ φωτὸς τὸ ἀπαύγασμα. Οὕτω γὰρ καὶ ὁ μὲν Πατὴρ εἴρηκεν, ' Ἐξηρεύξατο ἡ καρδία μου Λόγον ἀγαθόν·' ὁ δὲ Ὑιὸς ἀκολούθως, ' Ἐγὼ ἐν τῷ Πατρὶ, καὶ ὁ Πατὴρ ἐν ἐμοί.' Εἰ δὲ ὁ Λόγος ἐν καρδίᾳ, ποῦ ἡ βούλησις; καὶ εἰ ὁ Ὑιὸς ἐν τῷ Πατρὶ, ποῦ ἡ θέλησις; καὶ εἰ ἡ βούλησις αὐτὸς, πῶς ἐν βουλήσει ἡ βουλή; Ἄτοπον γάρ· ἵνα μὴ καὶ ἐν Λόγῳ ὁ Λόγος, καὶ ὁ Ὑιὸς ἐν Ὑιῷ, καὶ ἡ Σοφία ἐν Σοφίᾳ γίνηται, καθάπερ πολλάκις εἴρηται. Πάντα γάρ ἐστιν ὁ Ὑιὸς τοῦ Πατρός· καὶ οὐδὲν ἐν τῷ Πατρὶ πρὸ τοῦ Λόγου· ἀλλ' ἐν τῷ Λόγῳ καὶ ἡ βούλησις· καὶ δι' αὐτοῦ τὰ τοῦ βουλήματος εἰς ἔργον τελειοῦται, ὡς ἔδειξαν αἱ θεῖαι Γραφαί. Ἐβουλόμην δὲ τοὺς ἀσεβεῖς οὕτως εἰς ἀλογίαν πεπτωκότας, καὶ περὶ ' βουλήσεως' σκεπτομένους, νῦν ἐρωτῆσαι μηκέτι τὰς τικτούσας αὐτῶν γυναῖκας, ἃς οὗτοι πρότερον ἠρώτων λέγοντες, ' Εἰ εἶχες υἱὸν, πρὶν γεννήσῃς;' ἀλλὰ τοὺς πατέρας, καὶ εἰπεῖν αὐτοῖς· ' Πότερον βουλευόμενοι γίνεσθε πατέρες, ἢ κατὰ φύσιν καὶ τῆς ὑμῶν βουλήσεως; Ἦ τῆς φύσεως καὶ οὐσίας ὑμῶν ἐστιν ὅμοια τὰ τέκνα;' ἵνα κἂν παρὰ τῶν γονέων ἐντραπῶσι, παρ' ὧν τὸ λῆμμα τῆς ' γενέσεως' ἀπῄτησαν, καὶ παρ' ὧν ἤλπισαν ἔχειν τὴν γνῶσιν. Ἀπο-

III. 67.] *may be turned against Arians.* 221

κριθήσονται γὰρ αὐτοῖς, ὅτι '*Α γεννῶμεν, οὐ τοῦ θελήματος, ἀλλ' ἡμῶν ἐστιν ὅμοια· οὐδὲ προβουλευσάμενοι γινόμεθα γονεῖς, ἀλλὰ τῆς φύσεως ἴδιόν ἐστι τὸ γεννᾶν· ἐπεὶ καὶ ἡμεῖς τῶν τεκόντων ἐσμὲν εἰκόνες.' *Η τοίνυν καταγινωσκέτωσαν ἑαυτῶν, καὶ πανέσθωσαν πυνθανόμενοι γυναικῶν περὶ τοῦ Υἱοῦ τοῦ Θεοῦ, ἢ μανθανέτωσαν παρ' αὐτῶν, ὅτι οὐ 'βουλήσει' γεννᾶται ὁ υἱὸς, ἀλλὰ φύσει καὶ ἀληθείᾳ. Πρέπων δὲ καὶ ἁρμόζων τούτοις ὁ ἐξ ἀνθρώπων ἔλεγχος, ἐπειδὴ καὶ ἀνθρώπινα περὶ τῆς θεότητος διαλογίζονται οἱ κακόφρονες. Τί τοίνυν ἔτι μαίνονται οἱ Χριστομάχοι; Καὶ τοῦτο γὰρ αὐτῶν, ὥσπερ οὖν καὶ τὰ ἄλλα προβλήματα, δέδεικται καὶ ἠλέγχθη φαντασία καὶ μυθοπλαστία μόνον ὄντα· καὶ διὰ τοῦτο ὀφείλουσι, κἂν ὀψέ ποτε θεωρήσαντες εἰς ὅσον ἀφροσύνης πεπτώκασι κρημνὸν, ἀναδῦναι καὶ φύγειν ἀπὸ τῆς τοῦ διαβόλου παγίδος, νουθετούμενοι παρ' ἡμῶν. Φιλάνθρωπος γὰρ ἡ ἀλήθεια κράζουσα διαπαντός· 'Εἰ ἐμοὶ μὴ John x. 38. πιστεύετε' διὰ τὴν τοῦ σώματος περιβολὴν, κἂν 'τοῖς ἔργοις πιστεύσατε· ἵνα γνῶτε, ὅτι ἐγὼ ἐν τῷ Πατρὶ, καὶ ὁ Πατὴρ ἐν ἐμοί·' καὶ, 'Ἐγὼ καὶ ὁ Πατὴρ ἕν ἐσμεν·' καὶ, 'Ὁ ἑωρακὼς ἐμὲ, Ib. 30. ἑώρακε τὸν Πατέρα.' Ἀλλ' ὁ μὲν Κύριος συνήθως φιλανθρω- Ib. xiv. 9. πεύεται, καὶ θέλει πάντας ἀνορθοῦσθαι τοὺς κατερραγμένους, ὡς 'ἡ αἴνεσις' λέγει τοῦ Δαβίδ· οἱ δὲ ἀσεβεῖς οὐ θέλοντες ἀκούειν Ps. cxlv. Κυριακῆς φωνῆς, οὐδὲ φέροντες ὁρᾶν τὸν Κύριον ὑπὸ πάντων (cxlvi.) 8. ὁμολογούμενον Θεὸν, καὶ Θεοῦ Υἱὸν, περιέρχονται οἱ ἄθλιοι, ὡς οἱ κάνθαροι, μετὰ τοῦ πατρὸς ἑαυτῶν τοῦ διαβόλου προφάσεις εἰς ἀσέβειαν ζητοῦντες. Ποίας οὖν ἄρα μετὰ ταῦτα πάλιν, ἢ πόθεν εὑρεῖν δυνήσονται, εἰ μὴ ἄρα παρὰ μὲν Ἰουδαίων καὶ τοῦ Καϊάφα δανείσωνται τὰς δυσφημίας, παρ' Ἑλλήνων δὲ λάβωσι τὴν ἀθεότητα; αἱ γὰρ θεῖαι Γραφαὶ τούτοις ἐκλείσθησαν, καὶ πανταχόθεν ἐξ αὐτῶν ἠλέγχθησαν ἄφρονες καὶ Χριστομάχοι.

ΤΟΥ ΑΥΤΟΥ ΛΟΓΟΣ ΤΕΤΑΡΤΟΣ.

I. ἘΚ Θεοῦ Θεός ἐστιν ὁ Λόγος· καὶ ' Θεὸς ' γὰρ ' ἦν ὁ Λόγος·' καὶ πάλιν· '*Ὧν οἱ πατέρες, καὶ ἐξ ὧν ὁ Χριστὸς, ὁ ὢν ἐπὶ πάντων Θεὸς εὐλογητὸς εἰς τοὺς αἰῶνας. Ἀμήν.' Καὶ ἐπειδὴ ἐκ Θεοῦ Θεός ἐστι, καὶ τοῦ Θεοῦ Λόγος, Σοφία, Υἱὸς, καὶ δύναμίς ἐστιν ὁ Χριστὸς, διὰ τοῦτο εἷς Θεὸς ἐν ταῖς θείαις Γραφαῖς καταγγέλλεται. Τοῦ ἑνὸς γὰρ Θεοῦ Υἱὸς ὢν ὁ Λόγος, εἰς αὐτὸν, οὗ καὶ ἔστιν, ἀναφέρεται· ὥστε δύο μὲν εἶναι Πατέρα καὶ Υἱὸν, μονάδα δὲ θεότητος ἀδιαίρετον καὶ ἄσχιστον. Λεχθείη δ' ἂν καὶ οὕτω μία ἀρχὴ θεότητος, καὶ οὐ δύο ἀρχαί· ὅθεν κυρίως καὶ μοναρχία ἐστίν. Ἐξ αὐτῆς δὲ τῆς ἀρχῆς ἐστι φύσει Υἱὸς ὁ Λόγος, οὐχ ὡς ἀρχὴ ἑτέρα καθ' ἑαυτὸν ὑφεστὼς οὐδ' ἔξωθεν ταύτης γεγονὼς, ἵνα μὴ τῇ ἑτερότητι δυαρχία καὶ πολυαρχία γένηται, ἀλλὰ τῆς μιᾶς ἀρχῆς ἴδιος Υἱὸς, ἰδία σοφία, ἴδιος Λόγος, ἐξ αὐτῆς ὑπάρχων. Κατὰ γὰρ τὸν Ἰωάννην, ἐν ταύτῃ τῇ ' ἀρχῇ ἦν ὁ Λόγος, καὶ ὁ Λόγος ἦν πρὸς τὸν Θεόν·' Θεὸς γάρ ἐστιν ἡ ἀρχή· καὶ ἐπειδὴ ἐξ αὐτῆς ἐστι, διὰ τοῦτο καὶ ' Θεὸς ἦν ὁ Λόγος.' Ὥσπερ δὲ μία ἀρχὴ, καὶ κατὰ τοῦτο εἷς Θεός· οὕτως ἡ τῷ ὄντι καὶ ἀληθῶς καὶ ὄντως οὖσα οὐσία καὶ ὑπόστασις μία ἐστὶν ἡ λέγουσα, ' Ἐγώ εἰμι ὁ ὤν,' καὶ οὐ δύο, ἵνα μὴ δύο ἀρχαί· ἐκ δὲ τῆς μιᾶς φύσει καὶ ἀληθῶς Υἱὸς, ὁ Λόγος, ἡ Σοφία, ἡ δύναμις ἰδία ὑπάρχουσα αὐτῆς, καὶ ἐξ αὐτῆς ἀχώριστος. Ὥσπερ δὲ οὐκ ἄλλη, ἵνα μὴ δύο ἀρχαὶ, οὕτως ὁ ἐκ τῆς μιᾶς Λόγος οὐ διαλελυμένος, ἢ ἁπλῶς φωνὴ σημαντικὴ, ἀλλὰ οὐσιώδης Λόγος καὶ οὐσιώδης σοφία, ἥτις ἐστὶν ὁ Υἱὸς ἀληθῶς.

IV. 2.] *The Word is 'subsistent.'* 223

Εἰ γὰρ δὴ μὴ οὐσιώδης εἴη, ἔσται ὁ Θεὸς λαλῶν εἰς ἀέρα, καὶ σῶμα οὐδὲν πλέον ἔχων τῶν ἀνθρώπων. Ἐπειδὴ δὲ οὐκ ἔστιν ἄνθρωπος, οὐκ ἂν εἴη οὐδὲ ὁ Λόγος αὐτοῦ κατὰ τὴν τῶν ἀνθρώπων ἀσθένειαν. Ὥσπερ γὰρ μία οὐσία ἡ ἀρχὴ, οὕτως εἷς οὐσιώδης καὶ ὑφεστὼς ὁ ταύτης Λόγος καὶ ἡ σοφία. Ὡς γὰρ ἐκ Θεοῦ Θεός ἐστι, καὶ ἐκ σοφοῦ Σοφία, καὶ ἐκ λογικοῦ Λόγος, καὶ ἐκ Πατρὸς Υἱός· οὕτως ἐξ ὑποστάσεως ὑπόστατος, καὶ ἐξ οὐσίας οὐσιώδης καὶ ἐνούσιος, καὶ ἐξ ὄντος ὤν.

2. Ἐπεὶ εἰ μὴ οὐσιώδης Σοφία, καὶ ἐνούσιος Λόγος, καὶ ὢν Υἱὸς, ἀλλὰ ἁπλῶς Σοφία, καὶ Λόγος, καὶ Υἱὸς ἐν τῷ Πατρὶ, εἴη ἂν αὐτὸς ὁ Πατὴρ σύνθετος ἐκ σοφίας καὶ Λόγου. Εἰ δὲ τοῦτο, ἀκολουθήσει τὰ προειρημένα ἄτοπα· ἔσται δὲ καὶ αὐτὸς ἑαυτοῦ Πατὴρ, καὶ ὁ Υἱὸς αὐτὸς ἑαυτὸν γεννῶν, καὶ γεννώμενος ὑφ' ἑαυτοῦ· ἢ ὄνομα μόνον ἐστὶ Λόγος, καὶ Σοφία, καὶ Υἱὸς, οὐχ ὑφέστηκε δὲ, καθ' οὗ λέγεται ταῦτα, μᾶλλον δὲ ὅς ἐστι ταῦτα. Εἰ οὖν οὐχ ὑφέστηκεν, ἀργὰ ἂν εἴη καὶ κενὰ τὰ ὀνόματα, ἐκτὸς εἰ μὴ ἄν τις εἴποι αὐτοσοφίαν εἶναι καὶ αὐτολόγον τὸν Θεόν. Ἀλλ' εἰ τοῦτο, εἴη ἂν αὐτὸς ἑαυτοῦ Πατὴρ καὶ Υἱός· Πατὴρ μὲν, ὅτε σοφὸς, Υἱὸς δὲ, ὅτε Σοφία. Ἀλλὰ μὴ ὡς ποιότης τις ταῦτα ἐν τῷ Θεῷ· ἄπαγε! ἀπρεπὲς τοῦτο· εὑρεθήσεται γὰρ σύνθετος ὁ Θεὸς ἐξ οὐσίας καὶ ποιότητος· πᾶσα γὰρ ποιότης ἐν οὐσίᾳ ἐστί. Κατὰ τοῦτο δὲ ἡ θεία μονὰς, ἀδιαίρετος οὖσα, σύνθετος φανήσεται, τεμνομένη εἰς οὐσίαν καὶ συμβεβηκός. Πευστέον οὖν τῶν προπετῶν· 'Ὁ Υἱὸς σοφία καὶ Λόγος ἐκηρύχθη τοῦ Θεοῦ· πῶς τοίνυν ἐστίν; εἰ μὲν ὡς ποιότης, ἐδείχθη τὸ ἄτοπον· εἰ δὲ αὐτοσοφία ὁ Θεὸς, καὶ τὸ ἐκ τούτου ἄτοπον εἴρηται παρὰ Σαβελλίῳ.' Οὐκοῦν ὡς γέννημα κυρίως ἐξ αὐτοῦ τοῦ Πατρὸς, κατὰ τὸ τοῦ φωτὸς παράδειγμα. Ὡς γὰρ ἀπὸ πυρὸς φῶς, οὕτως ἐκ Θεοῦ Λόγος, καὶ Σοφία ἐκ σοφοῦ, καὶ ἐκ Πατρὸς Υἱός. Ταύτῃ γὰρ καὶ ἡ μονὰς ἀδιαίρετος καὶ ὁλόκληρος μένει, καὶ ὁ ταύτης Υἱὸς Λόγος οὐκ ἀνούσιος, οὐδὲ οὐχ ὑφεστὼς, ἀλλ' οὐσιώδης ἀληθῶς. Ἐπεὶ εἰ μὴ τοῦτον ἔχει τὸν τρόπον, εἴη ἂν πάντα, ἃ λέγεται, κατ' ἐπίνοιαν καὶ ἁπλῶς λεγόμενα. Εἰ δὲ φευκτέον τὸ ἐκ τῆς ἐπινοίας ἄτοπον, ἆρα ἀληθὴς Λόγος οὐσιώδης ἐστίν. Ὥσπερ γὰρ ἀληθῶς Πατὴρ, οὕτως ἀληθῶς Σοφία. Κατὰ τοῦτο οὖν δύο μὲν, ὅτι μὴ κατὰ Σαβέλλιον ὁ αὐτὸς Πατὴρ

καὶ Υἱός, ἀλλὰ ὁ Πατὴρ Πατήρ, καὶ ὁ Υἱὸς Υἱός· ἐν δὲ, ὅτι Υἱὸς τῆς οὐσίας τοῦ Πατρός ἐστι φύσει, ἴδιος ὑπάρχων Λόγος αὐτοῦ. Τοῦτο ὁ Κύριος ἔλεγεν, ''Εγὼ καὶ ὁ Πατὴρ ἕν ἐσμεν.' Οὔτε γὰρ ὁ Λόγος κεχώρισται τοῦ Πατρός, οὔτε ὁ Πατὴρ ἄλογος πώποτε ἦν ἢ ἐστι. Καὶ ὁ Λόγος οὖν Θεὸς, καὶ ὁ Πατὴρ οὐκ ἄλογος· διὰ τοῦτο, ''Εγὼ ἐν τῷ Πατρὶ, καὶ ὁ Πατὴρ ἐν ἐμοὶ,' εἴρηκεν.

3. Καὶ πάλιν ὁ Χριστὸς Λόγος τοῦ Θεοῦ ἐστι. Πότερον οὖν ἀφ' ἑαυτοῦ ὑπέστη, καὶ ὑποστὰς προσκεκόλληται τῷ Πατρί; ἢ ὁ Θεὸς αὐτὸν πεποίηκε καὶ ὠνόμασεν ἑαυτοῦ Λόγον; Εἰ μὲν οὖν τὸ πρῶτον, λέγω δὴ τὸ 'ἑαυτῷ ὑπέστη καὶ Θεός ἐστι,' δύο ἂν εἶεν ἀρχαὶ, οὐκ ἔσται δὲ εἰκότως οὐδὲ τοῦ Πατρὸς ἴδιος, διὰ τὸ μὴ αὐτοῦ τοῦ Πατρός, ἀλλ' ἑαυτοῦ εἶναι· εἰ δὲ ἔξωθεν πεποίηται, εἴη ἂν κτίσμα. Λείπεται δὴ ἐξ αὐτοῦ τοῦ Θεοῦ λέγειν αὐτόν· εἰ δὲ τοῦτο, ἄλλο ἂν εἴη τὸ ἔκ τινος, καὶ ἄλλο τὸ ἐξ οὗ ἐστι· κατὰ τοῦτο ἄρα δύο. Εἰ δὲ μὴ δύο εἴη, ἀλλ' ἐπὶ τοῦ αὐτοῦ λέγοιτο, ἔσται τὸ αὐτὸ αἴτιον καὶ αἰτιατόν, καὶ γεννώμενον καὶ γεννῶν, ὅπερ ἄτοπον ἐπὶ Σαβελλίου δέδεικται. Εἰ δὲ ἐξ αὐτοῦ μὲν ἔστιν, οὐκ ἄλλο δέ· ἔσται καὶ γεννῶν, καὶ μὴ γεννῶν· γεννῶν μὲν, ὅτι ἐξ αὐτοῦ προφέρει, μὴ γεννῶν δὲ, ὅτι μὴ ἄλλο αὐτοῦ ἐστιν. Εἰ δὲ τοῦτο, εἴη ἂν κατ' ἐπίνοιαν λεγόμενος ὁ αὐτὸς Πατὴρ καὶ Υἱός. Εἰ δὲ ἀπρεπὲς οὕτως, εἴη ἂν δύο, Πατὴρ καὶ Υἱός· ἐν δὲ, ὅτι ὁ Υἱὸς οὐκ ἔξωθεν, ἀλλ' ἐκ τοῦ Θεοῦ γεγέννηται. Εἰ δὲ φεύγει τις τὸ λέγειν 'γέννημα,' μόνον δὲ λέγει ὑπάρχειν τὸν Λόγον σὺν τῷ Θεῷ· φοβηθήτω ὁ τοιοῦτος μὴ, φεύγων τὸ ὑπὸ τῆς Γραφῆς λεγόμενον, ἐμπέσῃ εἰς ἀτοπίαν, διφυῆ τινα εἰσάγων τὸν Θεόν· μὴ διδοὺς γὰρ ἐκ τῆς μονάδος εἶναι τὸν Λόγον, ἀλλ' ἁπλῶς κεκολλῆσθαι τῷ Πατρὶ Λόγον, δυάδα οὐσίας εἰσάγει, μηδετέραν τῆς ἑτέρας Πατέρα τυγχάνουσαν. Τὸ αὐτὸ δὲ καὶ περὶ δυνάμεως. Φανερώτερον δ' ἄν τις ἴδοι τοῦτο, εἰ ἐπὶ Πατρὸς λάβοι· εἷς γὰρ Πατὴρ, καὶ οὐ δύο, ἀλλ' ἐκ τοῦ ἑνὸς ὁ Υἱός. Ὥσπερ οὖν οὐ δύο Πατέρες, ἀλλ' εἷς, οὕτως οὐ δύο ἀρχαὶ, ἀλλὰ μία, καὶ ἐκ τῆς μιᾶς οὐσιώδης ὁ Υἱός. Πρὸς Ἀρειανοὺς δὲ ἀνάπαλιν ἐρωτητέον· τοὺς μὲν γὰρ Σαβελλίζοντας ἀπὸ τῆς περὶ Υἱοῦ ἐννοίας ἐλεγκτέον, τοὺς δὲ Ἀρειανοὺς ἀπὸ τῆς περὶ Πατρός.

IV. 4.] *Christ is Word and Son.* 225

4. Λεκτέον οὖν· Ὁ Θεὸς σοφὸς καὶ οὐκ ἄλογός ἐστιν, ἢ τοὐναντίον ἄσοφος καὶ ἄλογος; Εἰ μὲν οὖν τὸ δεύτερον, αὐτόθεν ἔχει τὴν ἀτοπίαν· εἰ δὲ τὸ πρῶτον, ἐρωτητέον, πῶς ἐστι σοφός, καὶ οὐκ ἄλογος· πότερον ἔξωθεν ἐσχηκὼς τὸν Λόγον καὶ τὴν σοφίαν, ἢ ἐξ ἑαυτοῦ; Εἰ μὲν οὖν ἔξωθεν, ἔσται τις ὁ προδεδωκὼς αὐτῷ, καὶ πρὶν λαβεῖν ἄσοφος καὶ ἄλογος· εἰ δὲ ἐξ αὐτοῦ, δῆλον ὅτι οὐκ 'ἐξ οὐκ ὄντων,' οὐδ' 'ἦν ποτε ὅτε οὐκ ἦν·' ἀεὶ γὰρ ἦν· ἐπεὶ καὶ οὗ ἐστιν εἰκών, ἀεὶ ὑπάρχει. Ἐὰν δὲ λέγωσιν, ὅτι σοφὸς μὲν ἔστι καὶ οὐκ ἄλογος, ἰδίαν δὲ ἔχει ἐν ἑαυτῷ σοφίαν καὶ ἴδιον Λόγον, οὐ τὸν Χριστὸν δὲ, ἀλλ' ἐν ᾧ καὶ τὸν Χριστὸν ἐποίησε· λεκτέον, ὅτι, εἰ ὁ Χριστὸς ἐν ἐκείνῳ τῷ Λόγῳ γέγονε, δῆλον ὅτι καὶ τὰ πάντα· καὶ αὐτὸς ἂν εἴη, περὶ οὗ λέγει Ἰωάννης, 'Πάντα δι' αὐτοῦ ἐγένετο·' καὶ ὁ Ψαλμῳδὸς δὲ, John i. 3. 'Πάντα ἐν σοφίᾳ ἐποίησας.' Εὑρεθήσεται δὲ ὁ Χριστὸς ψευδό- Ps. ciii. 24. μενος, ''Ἐγὼ ἐν τῷ Πατρὶ,' ὄντος ἑτέρου ἐν τῷ Πατρί. Καὶ, ''Ο Λόγος δὲ σὰρξ ἐγένετο,' οὐκ ἀληθὲς κατ' αὐτούς· εἰ γὰρ, ἐν John i. 14. ᾧ τὰ πάντα ἐγένετο, αὐτὸς ἐγένετο σάρξ, ὁ δὲ Χριστὸς οὐκ ἔστιν ἐν τῷ Πατρὶ Λόγος, δι' οὗ τὰ πάντα ἐγένετο, ἄρα ὁ Χριστὸς οὐ γέγονε σάρξ, ἀλλ' ἴσως ὠνομάσθη Λόγος ὁ Χριστός. Καὶ εἰ τοῦτο, πρῶτον μὲν ἄλλος ἂν εἴη παρὰ τὸ ὄνομα· ἔπειτα οὐ δι' αὐτοῦ ἐγένετο τὰ πάντα, ἀλλ' ἐν ἐκείνῳ, ἐν ᾧ καὶ ὁ Χριστός. Εἰ δὲ φήσαιεν, ὡς ποιότητα εἶναι ἐν τῷ Πατρὶ τὴν σοφίαν, ἢ αὐτοσοφίαν εἶναι· ἀκολουθήσει τὰ ἐν τοῖς ἔμπροσθεν ἄτοπα εἰρημένα. Ἔσται γὰρ σύνθετος, καὶ αὐτὸς ἑαυτοῦ Υἱὸς καὶ Πατὴρ γινόμενος. Πλὴν ἐλεγκτέον καὶ δυσωπητέον αὐτοὺς, ὅτι ὁ ἐν τῷ Θεῷ Λόγος οὐκ ἂν εἴη κτίσμα, οὐδὲ ἐκ τοῦ μὴ ὄντος· ὄντος δὲ ἅπαξ ἐν Θεῷ Λόγου, αὐτὸς ἂν εἴη ὁ Χριστὸς ὁ λέγων, 'Ἐγὼ ἐν τῷ Πατρὶ, καὶ ὁ Πατὴρ ἐν ἐμοί,' ὁ διὰ τοῦτο Ib. xiv. 10. καὶ μονογενὴς ὤν, ἐπειδὴ οὐκ ἄλλος τις ἐξ αὐτοῦ ἐγεννήθη. Εἷς οὗτος Υἱὸς, ὅς ἐστι Λόγος, σοφία, δύναμις· οὐ γὰρ σύνθετος ἐκ τούτων ὁ Θεὸς, ἀλλὰ γεννητικός. Ὥσπερ γὰρ τὰ κτίσματα Λόγῳ δημιουργεῖ, οὕτω κατὰ φύσιν τῆς ἰδίας οὐσίας ἔχει γέννημα τὸν Λόγον, δι' οὗ καὶ δημιουργεῖ, καὶ κτίζει, καὶ οἰκονομεῖ τὰ πάντα. Τῷ γὰρ Λόγῳ καὶ τῇ Σοφίᾳ τὰ πάντα γέγονε, καὶ τῇ διατάξει αὐτοῦ διαμένει τὰ σύμπαντα. Τὸ αὐτὸ δὲ καὶ περὶ 'Υἱοῦ·' εἰ ἄγονος, καὶ ἀνενέργητος ὁ Θεός· γέννημα γὰρ αὐτοῦ Ps. cxviii. 91.

Q

ὁ Υἱὸς, δι' οὗ ἐργάζεται. Εἰ δὲ μὴ, αἱ αὐταὶ ἐρωτήσεις καὶ τὰ αὐτὰ ἄτοπα τοῖς ἀναισχυντοῦσιν ἀκολουθήσει.

Deut. iv. 4.

5. Ἐκ τοῦ Δευτερονομίου· ''Υμεῖς δὲ οἱ προσκείμενοι Κυρίῳ τῷ Θεῷ ὑμῶν, ζῆτε πάντες ἐν τῇ σήμερον.' Ἐκ τούτου δυνατὸν εἰδέναι τὴν διαφορὰν, καὶ γνῶναι, ὅτι οὐκ ἔστι κτίσμα ὁ Υἱὸς

John x. 30.

τοῦ Θεοῦ. Ὁ μὲν γὰρ Υἱὸς λέγει, ''Εγὼ καὶ ὁ Πατὴρ ἕν ἐσμεν·' καὶ, ''Εγὼ ἐν τῷ Πατρὶ, καὶ ὁ Πατὴρ ἐν ἐμοί·' τὰ δὲ γενητὰ, ὅτ' ἂν προκόπτῃ, πρόσκειται τῷ Κυρίῳ. Ὁ μὲν γὰρ Λόγος, ὡς ἴδιος, ἐν τῷ Πατρί ἐστι· τὰ δὲ γενητὰ, ἔξωθεν ὄντα, πρόσκειται, ὡς τῇ μὲν φύσει ἀλλότρια, τῇ δὲ προαιρέσει προσκείμενα. Καὶ γὰρ καὶ υἱὸς μὲν ὁ φύσει, ἕν ἐστι μετὰ τοῦ γεννῶντος· ὁ δὲ ἔξωθεν υἱοποιούμενος προσκείσεται τῷ γένει.

Deut. iv. 7.
Jer. xxiii. 23.

Διὰ τοῦτο καὶ εὐθὺς ἐπιφέρει, ὅτι ' Ποῖον ἔθνος μέγα, ᾧ ἐστιν αὐτῷ Θεὸς ἐγγίζων;' καὶ ἀλλαχοῦ· ' Θεὸς ἐγγίζων ἐγώ·' τοῖς γὰρ γενητοῖς ἐγγίζει, ὡς ξένοις αὐτοῦ οὖσι· τῷ δὲ Υἱῷ, ὡς ἰδίῳ, οὐκ ἐγγίζει, ἀλλ' ἐν αὐτῷ ἐστι· καὶ ὁ Υἱὸς οὐ πρόσκειται, ἀλλὰ σύνεστι τῷ Πατρί. Ὅθεν καὶ πάλιν λέγει Μωσῆς ἐν αὐτῷ τῷ

Deut. xiii. 4.

Δευτερονομίῳ· ' Τῆς φωνῆς αὐτοῦ ἀκούσεσθε, καὶ αὐτῷ προστεθήσεσθε.' Τὸ δὲ προστιθέμενον ἔξωθεν προστίθεται.

6. Πρὸς δὲ τὴν ἀσθενῆ καὶ ἀνθρωπίνην ἔννοιαν τῶν Ἀρεια-

Matt. xxviii. 18.
Phil. ii. 9.
Col. iii. 1.

νῶν, διὰ τὸ ὑπονοεῖν τὸν Κύριον ἐνδεᾶ, ὅταν λέγῃ, ''Εδόθη μοι,' καὶ, ' ἔλαβον·' καὶ ἐὰν λέγῃ ὁ Παῦλος, ' Διὰ τοῦτο ὑπερύψωσεν αὐτὸν,' καὶ, ''Εκάθισεν ἐν δεξιᾷ,' καὶ τὰ τοιαῦτα, λεκτέον, ὅτι ὁ Κύριος ἡμῶν, Λόγος ὢν Υἱὸς τοῦ Θεοῦ, ἐφόρεσε σῶμα, καὶ γέγονε καὶ Υἱὸς ἀνθρώπου, ἵνα, μεσίτης γενόμενος Θεοῦ καὶ ἀνθρώπων, τὰ μὲν Θεοῦ ἡμῖν, τὰ δὲ ἡμῶν τῷ Θεῷ διακονῇ. Ὅταν οὖν λέγηται πεινᾶν, καὶ δακρύειν, καὶ κοπιᾶν, καὶ ''Ελωῒ, Ἐλωῒ,' ἀνθρώπινα ὄντα, καὶ ἡμέτερα πάθη, δέχεται παρ' ἡμῶν, καὶ τῷ Πατρὶ ἀναφέρει, πρεσβεύων ὑπὲρ ἡμῶν, ἵνα ἐν αὐτῷ

Matt. xxviii. 18.
John x. 18.
Phil. ii. 9.

ἐξαφανισθῇ· ὅταν δὲ, ὅτι ''Εδόθη μοι ἐξουσία,' καὶ, ' ἔλαβον,' καὶ, ' Διὰ τοῦτο ὑπερύψωσεν αὐτὸν ὁ Θεὸς,' τὰ παρὰ τοῦ Θεοῦ εἰς ἡμᾶς ἐστι χαρίσματα δι' αὐτοῦ διδόμενα. Οὐ γὰρ ὁ Λόγος ἐνδεὴς ἦν ἢ γέγονε πώποτε· οὐδὲ πάλιν οἱ ἄνθρωποι ἱκανοὶ ἦσαν ἑαυτοῖς διακονῆσαι ταῦτα· διὰ δὲ τοῦ Λόγου δίδοται ἡμῖν· διὰ τοῦτο, ὡς αὐτῷ διδόμενα, ἡμῖν μεταδίδοται· διὰ τοῦτο γὰρ καὶ ἐνηνθρώπησεν, ἵνα, ὡς αὐτῷ διδόμενα, εἰς ἡμᾶς διαβῇ.

when He receives for us.

Ἄνθρωπος γὰρ ψιλὸς οὐκ ἂν ἠξιώθη τούτων. Λόγος δὲ πάλιν μόνος οὐκ ἂν ἐδεήθη τούτων. Συνήφθη οὖν ἡμῖν ὁ Λόγος, καὶ τότε ἐξουσίαν ἡμῖν μετέδωκε, καὶ ὑπερύψωσεν. Ἐν ἀνθρώπῳ γὰρ ὢν ὁ Λόγος ὑπερύψωσε τὸν ἄνθρωπον· καὶ ἐν ἀνθρώπῳ ὄντος τοῦ Λόγου, ἔλαβεν ὁ ἄνθρωπος. Ἐπεὶ οὖν τοῦ Λόγου ὄντος ἐν σαρκὶ, ὑψώθη ὁ ἄνθρωπος, καὶ ἔλαβεν ἐξουσίαν, διὰ τοῦτο εἰς τὸν Λόγον ἀναφέρεται ταῦτα, ἐπειδὴ δι' αὐτὸν ἐδόθη· διὰ γὰρ τὸν ἐν ἀνθρώπῳ Λόγον ἐδόθη ταῦτα τὰ χαρίσματα. Καὶ ὥσπερ 'ὁ Λόγος σὰρξ ἐγένετο,' οὕτω καὶ ὁ ἄνθρωπος τὰ διὰ τοῦ Λόγου εἴληφε. Πάντα γὰρ ὅσα ὁ ἄνθρωπος εἴληφεν, ὁ Λόγος λέγεται εἰληφέναι· ἵνα δειχθῇ, ὅτι οὐκ ἄξιος ὢν ὁ ἄνθρωπος λαβεῖν, ὅσον ἧκεν εἰς τὴν αὐτοῦ φύσιν, ὅμως διὰ τὸν γενόμενον σάρκα Λόγον εἴληφεν. Ὅθεν ἐάν τι λέγηται δίδοσθαι τῷ Κυρίῳ, ἤ τι τοιοῦτον, νοεῖν δεῖ μὴ αὐτῷ ὡς χρῄζοντι δίδοσθαι, ἀλλὰ τῷ ἀνθρώπῳ διὰ τοῦ Λόγου. Καὶ γὰρ πᾶς πρεσβεύων ὑπὲρ ἄλλου, αὐτὸς τὴν χάριν λαμβάνει, οὐ χρῄζων, ἀλλὰ διὰ τὸν ὑπὲρ οὗ πρεσβεύει.

7. Ὥσπερ γὰρ τὰς ἀσθενείας ἡμῶν λαμβάνει οὐκ ἀσθενῶν, καὶ πεινᾷ οὐ πεινῶν, ἀλλὰ τὰ ἡμῶν ἀναπέμπει εἰς τὸ ἐξαλειφθῆναι· οὕτω τὰς ἀντὶ τῶν ἀσθενειῶν παρὰ Θεοῦ δωρεὰς πάλιν αὐτὸς δέχεται, ἵνα συναφθεὶς ἄνθρωπος μεταλαβεῖν δυνηθῇ. Λέγει γοῦν ὁ Κύριος· 'Πάντα ὅσα δέδωκάς μοι, δέδωκα αὐτοῖς·' John xvii. 7. καὶ πάλιν, ''Υπὲρ αὐτῶν ἐρωτῶ.' Ἠρώτα γὰρ ὑπὲρ ἡμῶν τὰ Ib. 9. ἡμῶν ἀναδεχόμενος, καὶ ἐδίδου ἃ ἐλάμβανεν. Ἐπειδὴ οὖν, συναφθέντος τοῦ Λόγου τῷ ἀνθρώπῳ, εἰς τὸν Λόγον ἀποβλέπων ἐχαρίζετο ὁ Πατὴρ τῷ ἀνθρώπῳ τὸ ὑψωθῆναι, τὸ ἔχειν πᾶσαν ἐξουσίαν, καὶ ὅσα τοιαῦτα· διὰ τοῦτο αὐτῷ τῷ Λόγῳ πάντα ἀναφέρεται, καὶ ὡς αὐτῷ διδόμενά ἐστιν, ἃ δι' αὐτοῦ ἡμεῖς λαμβάνομεν. Ὡς γὰρ δι' ἡμᾶς ἐνηνθρώπησεν αὐτὸς, οὕτως ἡμεῖς δι' αὐτὸν ὑψούμεθα. Οὐδὲν οὖν ἄτοπον εἰ, ὥσπερ δι' ἡμᾶς ἐταπείνωσεν ἑαυτὸν, καὶ δι' ἡμᾶς λέγεται ὑπερυψῶσθαι. ''Ἐχαρίσατο' οὖν 'αὐτῷ,' ἀντὶ τοῦ 'ἡμῖν δι' αὐτὸν' καὶ 'ὑπερύψωσεν,' ἀντὶ τοῦ 'ἡμᾶς ἐν αὐτῷ.' Καὶ αὐτὸς δὲ ὁ Λόγος, ἡμῶν ὑψουμένων, καὶ λαμβανόντων, καὶ βοηθουμένων, ὡς αὐτὸς ὑψούμενος, καὶ λαμβάνων, καὶ βοηθούμενος, εὐχαριστεῖ τῷ Πατρὶ, τὰ ἡμέτερα εἰς ἑαυτὸν Ib. 7, &c. ἀναφέρων καὶ λέγων· 'Πάντα ὅσα δέδωκάς μοι, δέδωκα αὐτοῖς.'

8. Οἱ περὶ Εὐσέβιον οἱ Ἀρειομανῖται, ἀρχὴν τοῦ εἶναι τῷ Υἱῷ διδόντες, προσποιοῦνται μὴ βούλεσθαι ἀρχὴν αὐτὸν ἔχειν βασιλείας. Ἔστι δὲ γελοῖον. Ὁ γὰρ ἀρχὴν τοῦ εἶναι διδοὺς τῷ Υἱῷ, πρόδηλον, ὅτι καὶ τοῦ βασιλεύειν ἀρχὴν δίδωσιν αὐτῷ· ὥστε ὁμολογοῦντες ὃ ἀρνοῦνται, τυφλώττουσι. Καὶ πάλιν οἱ λέγοντες μόνον ὄνομα εἶναι 'Υἱοῦ,' ἀνούσιον δὲ καὶ ἀνυπόστατον εἶναι τὸν Υἱὸν τοῦ Θεοῦ, τουτέστι τὸν Λόγον τοῦ Πατρὸς, προσποιοῦνται ἀγανακτεῖν κατὰ τῶν λεγόντων, ''Ην ποτε ὅτε οὐκ ἦν.' Ἔστι δὲ καὶ τοῦτο γελοῖον. Οἱ γὰρ ὅλως τὸ εἶναι αὐτῷ μὴ διδόντες, ἀγανακτοῦσι κατὰ τῶν κἂν χρόνῳ διδόντων. Καὶ οὗτοι οὖν ὅπερ ἀρνοῦνται, διὰ τοῦ ἐπιτιμᾶν τοῖς ἄλλοις, ὁμολογοῦσι. Πάλιν τε οἱ περὶ Εὐσέβιον, Υἱὸν ὁμολογοῦντες, ἀρνοῦνται αὐτὸν εἶναι φύσει Λόγον, καὶ κατ' ἐπίνοιαν 'Λόγον' λέγεσθαι τὸν Υἱὸν βούλονται· οἱ δὲ ἕτεροι, Λόγον ὁμολογοῦντες, ἀρνοῦνται αὐτὸν εἶναι Υἱὸν, καὶ κατ' ἐπίνοιαν 'Υἱὸν' λέγεσθαι τὸν Λόγον βούλονται, ἐξ ἴσου κενοβατοῦντες.

9. 'Ἐγὼ καὶ ὁ Πατὴρ ἕν ἐσμεν.' Τὰ δύο ἓν εἶναί φατε, ἢ τὸ ἓν διώνυμον, ἢ πάλιν τὸ ἓν εἰς δύο διῃρῆσθαι. Εἰ μὲν οὖν τὸ ἓν εἰς δύο διῄρηται, ἀνάγκη σῶμα εἶναι τὸ διαιρεθὲν, καὶ μηδέτερον τέλειον, μέρος γὰρ ἑκάτερον καὶ οὐχ ὅλον· εἰ δὲ τὸ ἓν διώνυμον, Σαβελλίου τὸ ἐπιτήδευμα, τὸν αὐτὸν Υἱὸν καὶ Πατέρα λέγοντος, καὶ ἑκάτερον ἀναιροῦντος, ὅτε μὲν 'Υἱὸς,' τὸν Πατέρα, ὅτε δὲ 'Πατὴρ,' τὸν Υἱόν. Εἰ δὲ τὰ δύο ἕν, ἀνάγκη δύο μὲν εἶναι, ἓν δὲ κατὰ τὴν θεότητα, καὶ κατὰ τὸ ὁμοούσιον εἶναι τὸν Υἱὸν τῷ Πατρὶ, καὶ ἐξ αὐτοῦ τοῦ Πατρὸς εἶναι τὸν Λόγον· ὥστε δύο μὲν εἶναι, ὅτι Πατήρ ἐστι καὶ Υἱὸς, ὅ ἐστι Λόγος, ἓν δὲ, ὅτι εἷς Θεός. Εἰ γὰρ μὴ οὕτως ἐστὶν, ἔδει εἰπεῖν, 'Ἐγώ εἰμι ὁ Πατὴρ,' ἢ, 'Ἐγὼ καὶ ὁ Πατήρ εἰμι.' Νῦν δὲ ἐν τῷ 'Ἐγὼ,' τὸν Υἱὸν σημαίνει· ἐν δὲ τῷ 'καὶ ὁ Πατὴρ,' τὸν γεννήσαντα· ἐν δὲ τῷ ' ἕν,' τὴν μίαν θεότητα καὶ τὸ ὁμοούσιον αὐτοῦ. Οὐ γὰρ καθ' Ἕλληνας ὁ αὐτὸς σοφὸς καὶ σοφία ἐστὶν, ἢ ὁ αὐτὸς Πατὴρ καὶ Λόγος ἐστίν· ἀπρεπὲς γὰρ αὐτὸν ἑαυτοῦ πατέρα εἶναι· ἡ δὲ θεία διδασκαλία οἶδε Πατέρα καὶ Υἱὸν, καὶ σοφὸν καὶ σοφίαν, καὶ Θεὸν καὶ Λόγον· καθόλου μέντοι φυλάττει ἀδιαίρετον, καὶ ἀδιάσπαστον, καὶ ἀμέριστον κατὰ πάντα.

IV. 11.] *Marcellian theory of the Word.* 229

10. Ἐὰν δέ, ὅτι δύο ἐστὶν ὁ Πατὴρ καὶ ὁ Υἱός, ἀκούων τις διαβάλλοι, ὡς δύο θεῶν καταγγελλομένων (τοιαῦτα γάρ τινες ἑαυτοῖς ἀναπλάττονται, καὶ εὐθέως γελῶσιν, ὅτι 'Δύο θεοὺς λέγετε')· λεκτέον πρὸς τοὺς τοιούτους· Εἰ ὁ Πατέρα καὶ Υἱὸν γινώσκων δύο θεοὺς λέγει, ὥρα καὶ τὸν λέγοντα ἕνα, ἀναιρεῖν τὸν Υἱόν, καὶ Σαβελλίζειν. Εἰ γὰρ ὁ λέγων δύο Ἑλληνίζει, οὐκοῦν ὁ λέγων ἓν Σαβελλίζει. Τοῦτο δὲ οὐκ ἔστι· μὴ γένοιτο! ἀλλ' ὥσπερ ὁ λέγων 'Πατέρα καὶ Υἱὸν δύο' ἕνα Θεὸν λέγει, οὕτως ὁ λέγων 'ἕνα Θεὸν' δύο φρονείτω Πατέρα καὶ Υἱόν, ἐν ὄντας τῇ θεότητι, καὶ τῷ ἐξ αὐτοῦ ἀμέριστον καὶ ἀδιαίρετον καὶ ἀχώριστον εἶναι τὸν Λόγον ἀπὸ τοῦ Πατρός. Ἔστω δὲ παράδειγμα ἀνθρώπινον, τὸ πῦρ καὶ τὸ ἐξ αὐτοῦ ἀπαύγασμα, δύο μὲν τῷ εἶναι καὶ ὁρᾶσθαι, ἓν δὲ τῷ ἐξ αὐτοῦ καὶ ἀδιαίρετον εἶναι τὸ ἀπαύγασμα αὐτοῦ.

11. Εἰς τὴν αὐτὴν μὲν ἄνοιαν τοῖς Ἀρειανοῖς πίπτουσι· κἀκεῖνοι γάρ φασι δι' ἡμᾶς αὐτὸν ἐκτίσθαι, ἵνα ἡμᾶς κτίσῃ, ὥσπερ τοῦ Θεοῦ περιμένοντος τὴν ἡμετέραν κτίσιν, ἵνα ἢ 'προβάληται' κατ' ἐκείνους, ἢ 'κτίσῃ' κατὰ τούτους. Ἀρειανοὶ μὲν οὖν πλέον ἡμῖν ἢ τῷ Υἱῷ χαρίζονται· οὐ γὰρ ἡμεῖς δι' ἐκεῖνον, φασίν, ἀλλ' ἐκεῖνος δι' ἡμᾶς γέγονεν· εἴγε διὰ τοῦτο ἐκτίσθη καὶ ὑπέστη, ἵνα ἡμᾶς δι' αὐτοῦ κτίσῃ ὁ Θεός. Οὗτοι δέ, ἐξ ἴσου ἢ καὶ μειζόνως ἀσεβοῦντες, ἔλαττον τῷ Θεῷ ἢ ἡμῖν διδόασιν. Ἡμεῖς γὰρ πολλάκις καὶ σιωπῶντες μέν, ἐνθυμούμενοι δέ, ἐνεργοῦμεν, ὥστε τὰ ἐκ τῆς ἐνθυμήσεως καὶ εἰδωλοποιεῖσθαι· τὸν δὲ Θεὸν σιωπῶντα μὲν ἀνενέργητον, λαλοῦντα δὲ ἰσχύειν αὐτὸν βούλονται· εἴγε σιωπῶν μὲν οὐκ ἠδύνατο ποιεῖν, λαλῶν δὲ κτίζειν ἤρξατο. Ἐρέσθαι γὰρ αὐτοὺς δίκαιον, εἰ ὁ Λόγος, ἐν τῷ Θεῷ ὤν, τέλειος ἦν, ὥστε καὶ ποιεῖν δύνασθαι. Εἰ μὲν οὖν ἀτελὴς ἦν, ἐν Θεῷ ὤν, γεννηθεὶς δὲ τέλειος γέγονεν, ἡμεῖς αἴτιοι τῆς τελειότητος αὐτοῦ, εἴγε δι' ἡμᾶς γεγέννηται· δι' ἡμᾶς γὰρ καὶ τὸ δύνασθαι ποιεῖν προσείληφεν. Εἰ δὲ τέλειος ἦν ἐν Θεῷ, ὥστε καὶ ποιεῖν δύνασθαι, περιττὴ ἡ γέννησις αὐτοῦ· ἐδύνατο γάρ, καὶ ἐν Πατρὶ ὤν, δημιουργεῖν· ὥστε ἢ οὐ γεγέννηται, ἢ γεγέννηται οὐ δι' ἡμᾶς, ἀλλ' ὅτι ἀεὶ ἐκ τοῦ Πατρός ἐστιν. Ἡ γὰρ γέννησις αὐτοῦ οὐ τὴν ἡμῶν κτίσιν δείκνυσιν, ἀλλὰ τὸ ἐκ Θεοῦ εἶναι· ἦν γὰρ καὶ πρὸ τῆς κτίσεως ἡμῶν.

12. Τὸ αὐτὸ δὲ καὶ ἐπὶ τοῦ Πατρὸς τολμῶντες φανήσονται. Εἰ γὰρ σιωπῶν οὐκ ἠδύνατο ποιεῖν, ἀνάγκη προσειληφέναι αὐτὸν δύναμιν γεννήσαντα, ὅ ἐστι, λαλήσαντα. Καὶ πόθεν προσείληφε; καὶ διὰ τί; Εἰ δὲ ἠδύνατο, ἔχων ἐν ἑαυτῷ τὸν Λόγον, ποιεῖν, περιττῶς γεννᾷ, δυνάμενος καὶ σιωπῶν ποιεῖν. Ἔπειτα, εἰ πρὸ τοῦ γεννηθῆναι, ἐν τῷ Θεῷ ἦν ὁ Λόγος, ἄρα γεννηθεὶς ἐκτὸς καὶ ἔξω τοῦ Θεοῦ ἐστιν. Εἰ δὲ τοῦτο, πῶς νῦν λέγει· ''Ἐγὼ ἐν τῷ Πατρί, καὶ ὁ Πατὴρ ἐν ἐμοί;' Εἰ δὲ νῦν ἐν τῷ Πατρί ἐστιν, ἄρα ἀεὶ ἦν ἐν τῷ Πατρί, ὥσπερ καὶ νῦν ἐστι, καὶ περιττὸν τὸ λέγειν, 'Δι' ἡμᾶς γεγέννηται, καὶ μεθ' ἡμᾶς ἀνατρέχει, ἵνα ᾖ ὥσπερ ἦν.' Οὐ γὰρ ἦν ὅπερ οὐκ ἔστι νῦν, οὐδέ ἐστιν ὅπερ οὐκ ἦν· ἀλλ' ἔστιν ὥσπερ ἦν ἀεί, καὶ ὡσαύτως καὶ κατὰ τὰ αὐτὰ ἔχων· ἐπεὶ ἀτελὴς καὶ τρεπτὸς φανήσεται. Εἰ γάρ, ὅπερ ἦν, τοῦτ' ἔσται μετὰ ταῦτα, ὡς νῦν οὐκ ὤν, δῆλον ὅτι οὐκ ἔστι νῦν, ὅπερ ἦν καὶ ἔσται. Λέγω δέ· Εἰ ἐν Θεῷ ἦν πρότερον, καὶ μετὰ ταῦτα πάλιν ἔσται, δῆλον, ὅτι οὐκ ἔστι νῦν ἐν τῷ Θεῷ ὁ Λόγος. Ἀλλ' ἐλέγχει τούτους ὁ Κύριος λέγων· ''Ἐγὼ ἐν τῷ Πατρί, καὶ ὁ Πατὴρ ἐν ἐμοί·' οὕτω γάρ ἐστι νῦν, ὥσπερ ἦν ἀεί. Εἰ δὲ οὕτω νῦν ἐστιν, ὥσπερ ἦν ἀεί· δῆλον, ὅτι οὐ ποτὲ μὲν ἐγεννᾶτο, ποτὲ δὲ οὔ· οὐδὲ ποτὲ μὲν ἐν Θεῷ ἡσυχία ἦν, ποτὲ δὲ ἐλάλει· ἀλλ' ἔστιν ἀεὶ Πατήρ, καὶ Υἱὸς ὁ τούτου Λόγος, οὐκ ὀνόματι μόνον Λόγος, οὐδὲ κατ' ἐπίνοιαν Υἱὸς ὁ Λόγος, ἀλλ' ὑπάρχων ὁμοούσιος τῷ Πατρί, οὐ δι' ἡμᾶς γεννηθείς, ἡμεῖς γὰρ δι' ἐκεῖνον γεγόναμεν. Ἐπεὶ εἰ δι' ἡμᾶς ἐγεννήθη, καὶ ἐν τῷ γεγεννῆσθαι αὐτὸν ἐκτίσθημεν, καὶ τῇ γεννήσει αὐτοῦ συνέστηκεν ἡ κτίσις, ἀνατρέχει δὲ ἵνα ᾖ ὅπερ πρότερον ἦν, πρῶτον μὲν ἔσται πάλιν μὴ γεννώμενος ὁ γεννηθείς. Εἰ γὰρ ἡ πρόοδος αὐτοῦ γέννησίς ἐστιν, ἡ ἀναδρομὴ πάλιν παῦλα τῆς γεννήσεως· γενομένου γὰρ αὐτοῦ ἐν τῷ Θεῷ, σιωπήσει πάλιν ὁ Θεός. Εἰ δὲ σιωπήσει, ἔσται ὅπερ ἦν, σιωπῶντος αὐτοῦ, ἡσυχία, καὶ οὐ κτίσις· παύσεται ἄρα ἡ κτίσις. Ὥσπερ γὰρ προελθόντος τοῦ Λόγου, γέγονεν ἡ κτίσις, καὶ ὑπῆρξεν· οὕτω παλινδρομοῦντος τοῦ Λόγου, οὐχ ὑπάρξει ἡ κτίσις. Τίς οὖν χρεία τοῦ γενέσθαι, εἰ παύσεται; ἢ τί καὶ ἐλάλει ὁ Θεός, ἵνα μετὰ ταῦτα σιωπήσῃ; τί δὲ προεβάλλετο, ὃν ἀνακαλεῖται; τί δὲ καὶ ἐγέννα, οὗ τὴν γέννησιν παύσειν ἤθελε; Τί δὲ πάλιν

IV. 14.] *and of Divine 'expansion.'* 231

ἔσται, ἄδηλον. *Ἡ γὰρ σιωπήσει ἀεὶ, ἢ πάλιν γεννήσει, καὶ ἑτέραν κτίσιν ἐπινοήσει· οὐ γὰρ τὴν αὐτὴν ποιήσει (ἢ γὰρ ἂν διέμεινεν ἡ γενομένη) ἀλλ' ἑτέραν· ἀκολούθως δὲ καὶ ταύτην παύσει, καὶ ἑτέραν ἐπινοήσει, καὶ τοῦτο εἰς ἄπειρον.
13. Τοῦτο δὲ ἴσως ἀπὸ τῶν Στωϊκῶν ὑπέλαβε, διαβεβαιουμένων συστέλλεσθαι καὶ πάλιν ἐκτείνεσθαι τὸν Θεὸν μετὰ τῆς κτίσεως, καὶ ἀπείρως παύεσθαι. Τὸ γὰρ πλατυνόμενον ἀπὸ στενότητος πλατύνεται· καὶ τὸ ἐκτεινόμενον συνεσταλμένον ἐκτείνεται· καὶ αὐτὸ μὲν ἔστι, πλέον δὲ οὐδὲν ἢ πάθος ὑπομένει. Εἰ τοίνυν ἡ Μονὰς, πλατυνθεῖσα, γέγονε Τριάς· ἡ δὲ Μονάς ἐστιν ὁ Πατὴρ, Τριὰς δὲ Πατὴρ, Υἱὸς, ἅγιον Πνεῦμα· πρῶτον μὲν πλατυνθεῖσα ἡ Μονὰς, πάθος ὑπέμεινε, καὶ γέγονεν ὅπερ οὐκ ἦν· ἐπλατύνθη γὰρ οὐκ οὖσα πλατεῖα· ἔπειτα εἰ αὐτὴ ἡ Μονὰς ἐπλατύνθη εἰς Τριάδα, Τριὰς δέ ἐστι Πατὴρ καὶ Υἱὸς καὶ ἅγιον Πνεῦμα· ὁ αὐτὸς ἄρα Πατὴρ γέγονε καὶ Υἱὸς καὶ Πνεῦμα κατὰ Σαβέλλιον· ἐκτὸς εἰ μὴ ἡ λεγομένη παρ' αὐτῷ Μονὰς ἄλλο τί ἐστι παρὰ τὸν Πατέρα. Οὐκ ἔτι οὖν πλατύνεσθαι ἔδει λέγειν, ἀλλ' ἡ Μονὰς τριῶν ποιητικὴ, ὥστε εἶναι Μονάδα, εἶτα καὶ Πατέρα, καὶ Υἱὸν, καὶ Πνεῦμα. Εἰ γὰρ ἐπλατύνθη αὕτη, καὶ ἐξέτειεν ἑαυτὴν, αὐτὴ ἂν εἴη, ὅπερ ἐξετάθη. Καὶ Τριὰς μὲν πλατυνθεῖσα οὐκ ἔτι Μονάς ἐστι· Μονὰς δὲ οὖσα οὔπω ἦν Τριάς. Καὶ ὁ Πατὴρ ἄρα ὢν οὔπω ἦν Υἱὸς καὶ Πνεῦμα· γενόμενος δὲ ταῦτα, οὐκ ἔτι Πατὴρ μόνον ἐστί. Ταῦτα δὲ καταψευδόμενος ἄν τις εἴποι, τοῦ Θεοῦ σῶμα καὶ παθητὸν αὐτὸν εἰσάγων· τί γάρ ἐστι πλατύνεσθαι ἢ πάθος τοῦ πλατυνομένου; ἢ τί ἐστι τὸ πλατυνόμενον, ἢ τὸ πρότερον μὴ τοιοῦτον, ἀλλὰ στενὸν τυγχάνον; ταὐτὸν γάρ ἐστι χρόνῳ μόνον διαφέρον ἑαυτοῦ.
14. Τοῦτο καὶ ὁ θεῖος γινώσκει Ἀπόστολος πρὸς Κορινθίους ἐπιστέλλων· 'Μὴ στενοχωρεῖσθε ἐν ἡμῖν· πλατύνθητε δὲ καὶ 2 Cor. vi. 12. ὑμεῖς, Κορίνθιοι.' Τοὺς γὰρ αὐτοὺς ἀπὸ στενότητος εἰς πλατυσμὸν μεταβάλλειν συμβουλεύει. Ὥσπερ δὲ εἰ ἐπλατύνθησαν πάλιν Κορίνθιοι καὶ στενοχωρούμενοι, οὐκ ἄλλοι ἐτύγχανον, ἀλλὰ πάλιν ἦσαν Κορίνθιοι· οὕτως εἰ ὁ Πατὴρ ἐπλατύνθη εἰς Τριάδα, ἡ Τριὰς πάλιν ἐστὶν ὁ Πατὴρ μόνος. Τὸ αὐτὸ δὲ πάλιν φησὶν, 'Ἡ καρδία ἡμῶν πεπλάτυνται·' καὶ ὁ Νῶε λέγει, Ib. 11.
'Πλατύναι ὁ Θεὸς τῷ Ἰάφεθ·' ἡ αὐτὴ γὰρ καρδία καὶ ὁ αὐτὸς Gen. ix. 27.

'Ιάφεθ ἐστὶν ἐν τῷ πλατυσμῷ. Εἰ μὲν οὖν ἡ Μονὰς ἐπλάτυνεν, ἄλλοις ἂν ἐπλάτυνεν· εἰ δὲ αὐτὴ ἐπλάτυνεν, αὐτὴ ἂν εἴη, ὅπερ ἐπλατύνθη. Τί δέ ἐστιν ἢ ὁ Υἱὸς καὶ Πνεῦμα ἅγιον; Ἐρέσθαι δὲ αὐτὸν τοιαῦτα λέγοντα, καλόν· Τίς ἡ ἐνέργεια τοῦ τοιούτου πλατυσμοῦ; ἢ, ὡς ἐπ' αὐτῆς ἀληθείας, διὰ τί ὅλως ἐπλατύνθη; Τὸ γὰρ μὴ μένον τὸ αὐτὸ, ἀλλ' ὕστερον πλατυνόμενον, ἔχειν ἀνάγκη δεῖ τὴν αἰτίαν, δι' ἣν καὶ ἐπλατύνθη. Εἰ μὲν οὖν ἵνα Λόγος καὶ Πνεῦμα συνῇ αὐτῷ, περιττὸν τὸ λέγειν, 'Μονάς·' εἶτα, ' ἐπλατύνθη.' Οὐ γὰρ ὕστερον Λόγος καὶ Πνεῦμα, ἀλλ' ἀεὶ, ἵνα μὴ ἄλογος ὁ Θεὸς κατὰ τοὺς Ἀρειανούς. Ὥστε, εἰ ἀεὶ ἦν Λόγος καὶ Πνεῦμα, ἀεὶ πλατεῖα, καὶ οὐ πρῶτον Μονάς. Εἰ δὲ ὕστερον ἐπλατύνθη, ὕστερον καὶ Λόγος. Εἰ δὲ διὰ τὴν ἐνανθρώπησιν ἐπλατύνθη, καὶ γέγονε τότε Τριὰς, ἆρα πρὸ τῆς ἐνανθρωπήσεως οὔπω ἦν Τριάς. Φανήσεται δὲ ὁ Πατὴρ καὶ γεγονὼς σὰρξ, εἴγε αὐτὸς, Μονὰς ὢν, ἐν τῷ ἀνθρώπῳ ἐπλατύνθη· καὶ τάχα λοιπὸν Μονὰς ἔσται καὶ σὰρξ, καὶ, τὸ τρίτον, Πνεῦμα· εἴγε αὐτὸς ἐπλατύνθη· ἔσται δὲ καὶ ὀνόματι μόνον Τριάς. Εἰ δὲ διὰ τὸ κτίσαι ἐπλατύνθη, ἄτοπον. Δυνατὸν γὰρ ἦν, καὶ Μονάδα μένουσαν αὐτὴν, πάντα ποιεῖν· οὐ γὰρ ἐνδεὴς ἦν πλατυσμοῦ ἡ Μονὰς, οὐδὲ ἀσθενὴς ἦν πρὸ τοῦ πλατυνθῆναι. Ἄτοπον γὰρ καὶ ἀσεβὲς τοῦτό γε ἐπὶ Θεοῦ νοεῖν καὶ λέγειν. Ἀκολουθήσει δὲ καὶ ἄλλο ἄτοπον. Εἰ γὰρ διὰ τὴν κτίσιν ἐπλατύνθη, ἕως δὲ Μονὰς ἦν, οὐκ ἦν ἡ κτίσις· πάλιν δὲ ἔσται μετὰ τὴν συντέλειαν Μονὰς ἀπὸ πλατυσμοῦ· ἀναιρεθήσεται καὶ ἡ κτίσις. Ὥσπερ γὰρ διὰ τὸ κτίσαι ἐπλατύνθη, οὕτω· παυομένου τοῦ πλατυσμοῦ, παύσεται καὶ ἡ κτίσις.

15. Τοιαῦτα μὲν οὖν ἄτοπα ἐκ τοῦ πλατύνεσθαι λέγειν εἰς Τριάδα τὴν Μονάδα ἀπαντήσει. Ἐπειδὴ δὲ οἱ τοῦτο λέγοντες τολμῶσι διαιρεῖν Λόγον καὶ Υἱὸν, καὶ λέγειν ἄλλον μὲν εἶναι τὸν Λόγον, ἕτερον δὲ τὸν Υἱὸν, καὶ πρότερον μὲν εἶναι τὸν Λόγον, εἶτα τὸν Υἱόν· φέρε, καὶ περὶ τούτων ἴδωμεν. Ἔστι δὲ τούτων διάφορος ἡ τόλμα. Οἱ μὲν γὰρ τὸν ἄνθρωπον, ὃν ἀνέλαβεν ὁ Σωτὴρ, αὐτὸν εἶναι τὸν Υἱὸν λέγουσιν· οἱ δὲ τὸ συναμφότερον, τόν τε ἄνθρωπον καὶ τὸν Λόγον, Υἱὸν τότε γεγενῆσθαι, ὅτε συνήφθησαν. Ἄλλοι δέ εἰσιν οἱ λέγοντες, αὐτὸν τὸν Λόγον τότε Υἱὸν γεγενῆσθαι, ὅτε ἐνηνθρώπησεν· ''Ἀπὸ γὰρ

IV. 16.] *The Word is the Son.* 233

Λόγου,' φασὶ, ' γέγονεν Υἱὸς, οὐκ ὢν πρότερον Υἱὸς, ἀλλὰ Λόγος μόνον.' Στωϊκὰ μὲν οὖν ἀμφότερα, τό τε πλατύνεσθαι λέγειν τὸν Θεὸν, καὶ ἀρνεῖσθαι τὸν Υἱόν. Κατὰ περιττὸν δὲ ἀνόητον, ὅτι, ὀνομάζοντες Λόγον, ἀρνοῦνται αὐτὸν Υἱὸν εἶναι. Εἰ μὲν γὰρ οὐκ ἔστιν ἐκ τοῦ Θεοῦ ὁ Λόγος, εἰκότως ἂν αὐτὸν ἀρνοῖντο εἶναι Υἱόν· εἰ δὲ ἐκ τοῦ Θεοῦ ἐστι, διὰ τί μὴ συνορῶσιν, ὅτι τὸ ἔκ τινος ὑπάρχον υἱός ἐστιν ἐκείνου, ἐξ οὗ καὶ ἔστιν; Εἶτα εἰ τοῦ Λόγου Πατήρ ἐστιν ὁ Θεὸς, διὰ τί μὴ καὶ ὁ Λόγος Υἱὸς ἂν εἴη τοῦ ἑαυτοῦ Πατρός; Πατὴρ γὰρ τίς ἐστι καὶ λέγεται, οὗ ἐστιν ὁ υἱός· καὶ υἱός τίς ἐστι καὶ λέγεται ἐκείνου, οὗ ἐστιν ὁ πατήρ. Εἰ τοίνυν τοῦ Χριστοῦ οὐκ ἔστι Πατὴρ ὁ Θεὸς, οὐδὲ ὁ Λόγος Υἱὸς ἂν εἴη· εἰ δὲ Πατὴρ ὁ Θεὸς, εἰκότως ἂν εἴη καὶ ὁ Λόγος Υἱός. Εἰ δὲ ὕστερον μὲν Πατὴρ καὶ πρῶτον Θεὸς, Ἀρειανῶν μὲν τὸ φρόνημα· ἔπειτα ἄτοπον μεταβάλλεσθαι τὸν Θεόν· σωματικὸν γάρ· εἰ δὲ ὥσπερ ἐπὶ τῆς κτίσεως ὕστερον ποιητής, ἰστέον, ὅτι τῶν γινομένων ὕστερόν ἐστιν ἡ μεταβολὴ, οὐχὶ τοῦ Θεοῦ.

16. Εἰ μὲν οὖν ποίημα καὶ ὁ Υἱὸς, καλῶς ἂν ὕστερον Πατὴρ καὶ ἐπ' αὐτοῦ· εἰ δὲ οὐ ποίημα ὁ Υἱὸς, ἀεὶ ἄρα ὁ Πατὴρ, ἀεὶ καὶ ὁ Υἱός. Εἰ δὲ ἀεὶ ὁ Υἱὸς, αὐτὸς ἂν εἴη ὁ Λόγος. Εἰ γὰρ μὴ Υἱὸς εἴη ὁ Λόγος, καὶ τοῦτό τις ἀποτολμῶν εἴποι· ἢ τὸν Λόγον Πατέρα λέγει, ἢ τὸν Υἱὸν κρείττονα τοῦ Λόγου. Τοῦ γὰρ Υἱοῦ John i. 18. ἐν κόλποις ὄντος τοῦ Πατρὸς, ἀνάγκη ἢ μὴ εἶναι πρὸ Υἱοῦ τὸν Λόγον· οὐδὲν γάρ ἐστι πρὸ τοῦ ὄντος ἐν τῷ Πατρί· ἢ εἰ ὁ Λόγος ἄλλος ἐστὶ παρὰ τὸν Υἱὸν, ὁ Λόγος ἂν εἴη ὁ Πατὴρ, ἐν ᾧ ἐστιν ὁ Υἱός. Εἰ δὲ οὐκ ἔστιν ὁ Λόγος Πατὴρ, ἀλλὰ Λόγος, ἐκτὸς ἂν εἴη ὁ Λόγος τοῦ Πατρὸς, ὄντος τοῦ Υἱοῦ ἐν τοῖς κόλποις τοῦ Πατρός. Οὐ γὰρ ἀμφότερα, ὅ τε Λόγος καὶ ὁ Υἱὸς, ἐν τοῖς κόλποις, ἀλλ' ἕνα εἶναι δεῖ, καὶ τοῦτον τὸν Υἱὸν, ὅς ἐστι μονογενής. Καὶ πάλιν, εἰ ἄλλος ἐστὶν ὁ Λόγος, καὶ ἄλλος ὁ Υἱὸς, κρείττων εὑρεθήσεται ὁ Υἱὸς τοῦ Λόγου· 'οὐδεὶς γὰρ γινώσκει τὸν Πατέρα, εἰ μὴ ὁ Υἱὸς,' οὐχ 'ὁ Λόγος.' *Ἡ τοίνυν οὐκ οἶδεν ὁ Matt. xi. 27. Λόγος, ἢ εἰ οἶδε, ψεῦδος τὸ, ' Οὐδεὶς γινώσκει.' Τὸ αὐτὸ δὲ καὶ ἐπὶ τοῦ, ' Ὁ ἑωρακὼς ἐμὲ, ἑώρακε τὸν Πατέρα,' καὶ, ' Ἐγὼ καὶ John xiv. 9. ὁ Πατὴρ ἕν ἐσμεν.' Υἱοῦ γάρ εἰσι φωναὶ, καὶ οὐ Λόγου κατ' Ib. x. 30. αὐτούς· δῆλον δὲ ἀπὸ τῶν Εὐαγγελίων. Κατὰ γὰρ τὸν Ἰωάννην, λέγοντος τοῦ Κυρίου, ' Ἐγὼ καὶ ὁ Πατὴρ ἕν ἐσμεν,' ἐβάστασαν Ib. x. 30-38.

λίθους οἱ Ἰουδαῖοι, ἵνα λιθάσωσιν αὐτόν. Ἀπεκρίθη αὐτοῖς ὁ Ἰησοῦς· Πολλὰ ἔργα καλὰ ἔδειξα ὑμῖν ἐκ τοῦ Πατρός· διὰ ποῖον αὐτῶν ἔργον ἐμὲ λιθάζετε; Ἀπεκρίθησαν αὐτῷ οἱ Ἰουδαῖοι· Περὶ καλοῦ ἔργου οὐ λιθάζομέν σε, ἀλλὰ περὶ βλασφημίας, καὶ ὅτι σὺ, ἄνθρωπος ὢν, ποιεῖς σεαυτὸν Θεόν. Ἀπεκρίθη αὐτοῖς ὁ Ἰησοῦς· Οὐκ ἔστι γεγραμμένον ἐν τῷ νόμῳ ὑμῶν, ὅτι ἐγὼ εἶπα, Θεοί ἐστε; Εἰ ἐκείνους εἶπε θεοὺς, πρὸς οὓς ὁ Λόγος τοῦ Θεοῦ ἐγένετο, καὶ οὐ δύναται λυθῆναι ἡ Γραφή· ὃν ὁ Πατὴρ ἡγίασε καὶ ἀπέστειλεν εἰς τὸν κόσμον, ὑμεῖς λέγετε, ὅτι Βλασφημεῖς, ὅτι εἶπον, Υἱὸς τοῦ Θεοῦ εἰμι; Εἰ οὐ ποιῶ τὰ ἔργα τοῦ Πατρὸς, μὴ πιστεύετέ μοι· εἰ δὲ ποιῶ, κἂν ἐμοὶ μὴ πιστεύητε, τοῖς ἔργοις πιστεύσατε, ἵνα γνῶτε καὶ γινώσκητε, ὅτι ἐν ἐμοὶ ὁ Πατὴρ, κἀγὼ ἐν τῷ Πατρί.' Καίτοι, ὅσον ἐκ τοῦ προφανοῦς δεῖ νοεῖν, οὔθ' ὅτι ' Θεός εἰμι,' οὐδ' ὅτι ' Υἱὸς Θεοῦ εἰμι,' εἶπεν, ἀλλ', ' Ἐγὼ καὶ ὁ Πατὴρ ἕν ἐσμεν.'

17. Οἱ μὲν οὖν Ἰουδαῖοι ἐν τῷ ἀκοῦσαι, ' ἕν,' ἐνόμιζον κατὰ Σαβέλλιον αὐτὸν εἰρηκέναι εἶναι τὸν Πατέρα· ὁ δέ γε Σωτὴρ ἡμῶν συλλογίζεται μὲν αὐτῶν τὴν ἁμαρτίαν ὅτι ' Εἰ καὶ Θεὸν εἶπον, ἔδει ὑμᾶς εἰδέναι τὸ γεγραμμένον, Ἐγὼ εἶπα, Θεοί ἐστε·' εἶτα τὸ, ' Ἐγὼ καὶ ὁ Πατὴρ ἕν ἐσμεν,' σαφηνίζων, ἐν τῷ Υἱῷ τὴν πρὸς τὸν Πατέρα ἑνότητα ἀποδέδωκε λέγων, '"Οτι εἶπον. Υἱός εἰμι τοῦ Θεοῦ.' Εἰ γὰρ τῇ λέξει οὐκ εἶπεν, ἀλλὰ τὴν διάνοιαν τοῦ, ' ἕν ἐσμεν,' ἀποδέδωκε τῷ Υἱῷ. Οὐδὲν γὰρ ἓν πρὸς τὸν Πατέρα, εἰ μὴ τὸ ἐξ αὐτοῦ. Τί δ' ἂν εἴη τὸ ἐξ αὐτοῦ ἢ ὁ Υἱός; Ἐπιφέρει γοῦν, ' "Ινα γινώσκητε, ὅτι ἐγὼ ἐν τῷ Πατρὶ, καὶ ὁ Πατὴρ ἐν ἐμοί.' Τὸ γὰρ ' ἐν ' ἐπεξηγούμενος, οὐκ ἐν τῷ αὐτὸ εἶναι ἐκεῖνο πρὸς ὃ ἕν ἐστιν εἶπεν, ἀλλ' ἐν τῷ αὐτὸν ἐν τῷ Πατρὶ, καὶ τὸν Πατέρα ἐν τῷ Υἱῷ, τὴν συνάφειαν, καὶ τὸ ἀχώριστον. Καὶ γὰρ καὶ Σαβέλλιον ἐν τούτῳ ἀνατρέπει, ἐν τῷ εἰπεῖν οὐχ, ' Ὁ Πατήρ εἰμι,' ἀλλὰ, ' Ὁ Υἱὸς τοῦ Θεοῦ·' καὶ Ἄρειον ἐν τῷ εἰπεῖν, ' "Εν ἐσμεν.' Εἰ τοίνυν ὁ Υἱὸς ἄλλο, καὶ ὁ Λόγος ἄλλο, οὐχ ὁ Λόγος ἕν ἐστι πρὸς τὸν Πατέρα, ἀλλ' ὁ Υἱός· οὐδὲ ὁ τὸν Λόγον ἑωρακὼς ἑώρακε τὸν Πατέρα, ἀλλ' ὁ τὸν Υἱόν. Τούτων δὲ δεικνυμένων, ἢ μείζων ὁ Υἱὸς τοῦ Λόγου, ἢ πλεῖον οὐδὲν ὁ Λόγος τοῦ Υἱοῦ ἔχει. Τί γὰρ μεῖζον ἢ τελειότερον τοῦ ' Ἕν,' καὶ τοῦ, ' Ἐγὼ ἐν τῷ Πατρὶ, καὶ ὁ Πατὴρ ἐν

ἐμοὶ,' καὶ τοῦ, ''Ο ἑωρακὼς ἐμὲ, ἑώρακε τὸν Πατέρα;' Καὶ γὰρ John xiv. 9, καὶ αὗται αἱ φωναὶ τοῦ Υἱοῦ εἰσι. Φησὶ γοῦν ὁ αὐτὸς 'Ιωάννης· ''Ο ἑωρακὼς ἐμὲ, ἑώρακε τὸν πέμψαντά με·' καὶ, ''Ο ἐμὲ δεχό- Ib. xii. 45. μενος, δέχεται τὸν ἀποστείλαντά με·' καὶ, ''Εγὼ φῶς εἰς τὸν Matt. x. 40. κόσμον ἐλήλυθα, ἵνα πᾶς ὁ πιστεύων εἰς ἐμὲ ἐν τῇ σκοτίᾳ μὴ John xii. 46– 48; xiv. 12. μείνῃ·' καὶ, ''Εάν τίς μου ἀκούσῃ τῶν λόγων, καὶ μὴ φυλάξῃ, ἐγὼ οὐ κρίνω αὐτόν· οὐ γὰρ ἦλθον ἵνα κρίνω τὸν κόσμον, ἀλλ' ἵνα σώσω τὸν κόσμον. Ὁ λόγος δὲ ὃν ἀκούει, ἐκεῖνος κρινεῖ αὐτὸν ἐν τῇ ἐσχάτῃ ἡμέρᾳ· ὅτι ἐγὼ πρὸς τὸν Πατέρα πορεύομαι.' Τὸ κήρυγμα δέ φησι κρίνειν τὸν μὴ φυλάξαντα τὴν ἐντολήν. 'Εἰ γάρ,' φησι, 'μὴ ἦλθον, καὶ ἐλάλησα αὐτοῖς, ἁμαρτίαν οὐκ εἶχον· Ib. xv. 22. νῦν δὲ πρόφασιν οὐχ ἕξουσιν, φησὶ, ἀκηκοότες μοῦ τῶν ῥημάτων, δι' ὧν σωτηρίαν καρπίζονται οἱ φυλάσσοντες.'

18. Ἴσως μὲν οὖν ἂν εἴποιεν ἀναιδῶς, μὴ Υἱοῦ, ἀλλὰ Λόγου εἶναι τὴν φωνὴν ταύτην. 'Αλλ' ἐν τοῖς ἀνωτέρω λεχθεῖσι δῆλον ἐγένετο, ὅτι Υἱός ἐστιν ὁ λέγων. Ὁ γὰρ λέγων ἐνταῦθα, ' Οὐκ ἦλθον κρῖναι τὸν κόσμον, ἀλλὰ σῶσαι,' δείκνυται οὐκ ἄλλος εἶναι ἢ ὁ μονογενὴς Υἱὸς τοῦ Θεοῦ. Φησὶ γὰρ ἐν τοῖς ἔμπροσθεν ὁ αὐτὸς 'Ιωάννης· ' Οὕτω γὰρ ἠγάπησεν ὁ Θεὸς τὸν κόσμον, Ib. iii. 16–19. ὥστε τὸν Υἱὸν αὐτοῦ τὸν μονογενῆ ἔδωκεν, ἵνα πᾶς ὁ πιστεύων ἐπ' αὐτὸν μὴ ἀπόληται, ἀλλ' ἔχῃ ζωὴν αἰώνιον. Οὐ γὰρ ἀπέστειλεν ὁ Θεὸς τὸν Υἱὸν εἰς τὸν κόσμον, ἵνα κρίνῃ τὸν κόσμον, ἀλλ' ἵνα σωθῇ ὁ κόσμος δι' αὐτοῦ. Ὁ πιστεύων εἰς αὐτὸν οὐ κρίνεται· ὁ δὲ μὴ πιστεύων ἤδη κέκριται, ὅτι μὴ πεπίστευκεν εἰς τὸ ὄνομα τοῦ μονογενοῦς Υἱοῦ τοῦ Θεοῦ. Αὕτη δέ ἐστιν ἡ κρίσις, ὅτι τὸ φῶς ἐλήλυθεν εἰς τὸν κόσμον, καὶ ἠγάπησαν οἱ ἄνθρωποι μᾶλλον τὸ σκότος ἢ τὸ φῶς· ἦν γὰρ αὐτῶν πονηρὰ τὰ ἔργα.' Εἰ ὁ λέγων, ' Οὐ γὰρ ἦλθον, ἵνα κρίνω τὸν κόσμον, ἀλλ' ἵνα σώσω αὐτὸν,' αὐτός ἐστιν ὁ λέγων, ''Ο θεωρῶν ἐμὲ, θεωρεῖ τὸν πέμψαντά με·' ὁ δὲ ἐλθὼν σῶσαι τὸν κόσμον, καὶ μὴ κρῖναι αὐτὸν, ὁ μονογενής ἐστιν Υἱὸς τοῦ Θεοῦ· δῆλον ὅτι ὁ αὐτὸς Υἱός ἐστιν ὁ λέγων, ''Ο θεωρῶν ἐμὲ, θεωρεῖ τὸν πέμψαντά με.' Καὶ γὰρ ὁ λέγων, ''Ο πιστεύων εἰς ἐμὲ,' καὶ, ' Εάν τίς μου ἀκούσῃ τῶν ῥημάτων, ἐγὼ οὐ κρίνω αὐτὸν,' αὐτός ἐστιν ὁ Υἱὸς, περὶ οὗ ταῦτά φησιν, ''Ο πιστεύων εἰς αὐτὸν οὐ κρίνεται· ὁ δὲ μὴ πιστεύων ἤδη κέκριται, ὅτι μὴ πεπίστευκεν εἰς

τὸ ὄνομα τοῦ μονογενοῦς Υἱοῦ τοῦ Θεοῦ.' Καὶ πάλιν, 'Καὶ αὕτη ἐστὶν ἡ κρίσις τοῦ μὴ πιστεύοντος εἰς τὸν Υἱὸν, ὅτι τὸ φῶς ἐλήλυθεν εἰς τὸν κόσμον, καὶ οὐκ ἐπίστευσαν' αὐτῷ, δηλονότι τῷ Υἱῷ. Αὐτὸς γὰρ ἂν εἴη 'τὸ φῶς τὸ φωτίζον πάντα ἄνθρωπον τὸν ἐρχόμενον εἰς τὸν κόσμον·' καὶ ὅσον χρόνον ἐπὶ γῆς ὑπῆρχε κατὰ τὴν ἐνανθρώπησιν, φῶς εἰς τὸν κόσμον ἦν, ὡς ἔφη αὐτός· "Ἕως τὸ φῶς ἔχετε, πιστεύετε εἰς τὸ φῶς, ἵνα υἱοὶ φωτὸς γένησθε. Ἐγὼ γὰρ φῶς,' φησὶν, 'εἰς τὸν κόσμον ἐλήλυθα.'

19. Καὶ τούτου τοίνυν δειχθέντος, δῆλον ὅτι Υἱός ἐστιν ὁ Λόγος. Εἰ δὲ ὁ Υἱός ἐστι τὸ φῶς τὸ εἰς τὸν κόσμον ἐληλυθὸς, ἀναντιρρήτως διὰ τοῦ Υἱοῦ ὁ κόσμος ἐγένετο. Ἐν γὰρ τῇ ἀρχῇ τοῦ Εὐαγγελίου περὶ τοῦ Βαπτιστοῦ λέγων Ἰωάννου ὁ Εὐαγγελιστής φησιν· 'Οὐκ ἦν ἐκεῖνος τὸ φῶς, ἀλλ' ἵνα μαρτυρήσῃ περὶ τοῦ φωτός.' Ἦν γὰρ, ὡς προέφημεν, 'τὸ φῶς' αὐτὸς ὁ Χριστὸς 'τὸ ἀληθινὸν, τὸ φωτίζον πάντα ἄνθρωπον τὸν ἐρχόμενον εἰς τὸν κόσμον.' Εἰ γὰρ 'ἐν τῷ κόσμῳ ἦν, καὶ ὁ κόσμος δι' αὐτοῦ ἐγένετο,' ἀνάγκη οὖν αὐτὸν εἶναι τὸν Λόγον τοῦ Θεοῦ, περὶ οὗ καὶ πάντα δι' αὐτοῦ γεγενῆσθαι ἔφησεν. Ἢ γὰρ δύο κόσμους ἀναγκασθήσονται λέγειν, ἵν' ὁ μὲν δι' Υἱοῦ, ὁ δὲ διὰ τοῦ Λόγου εἴη γεγονώς· ἤ, εἰ εἷς ἐστιν ὁ κόσμος καὶ μία ἡ κτίσις, ἀκόλουθον καὶ ἕνα καὶ τὸν αὐτὸν Υἱὸν καὶ Λόγον πρὸ πάσης κτίσεως· δι' αὐτοῦ γὰρ γέγονεν. Οὐκοῦν εἰ ὡς διὰ τοῦ Λόγου, οὕτω καὶ διὰ Υἱοῦ τὰ πάντα γέγονεν, οὐδὲν ἐναντίον φανήσεται, ἀλλὰ καὶ ταυτὸν εἴη ἂν εἰπεῖν, ὡς, 'Ἐν ἀρχῇ ἦν ὁ Λόγος,' 'Ἐν ἀρχῇ ἦν ὁ Υἱός. Εἰ δὲ, ὅτι μὴ εἶπεν ὁ Ἰωάννης, 'Ἐν ἀρχῇ ἦν ὁ Υἱὸς,' οὐχ ἁρμόζειν φήσουσι τῷ Υἱῷ τὰ τοῦ Λόγου, ὥρα καὶ τὰ τοῦ Υἱοῦ μὴ ἁρμόζειν τῷ Λόγῳ. Τοῦ δὲ Υἱοῦ ἐδείχθη τὸ, 'Ἐγὼ καὶ ὁ Πατὴρ ἕν ἐσμεν,' καὶ τὸ, 'ὁ ὢν ἐν τοῖς κόλποις τοῦ Πατρὸς,' ὑπάρχειν αὐτόν· καὶ τὸ, 'Ὁ θεωρῶν ἐμὲ, θεωρεῖ τὸν πέμψαντά με.' κοινὸν μέντοι πρός τε τὸν Λόγον καὶ τὸν Υἱὸν τὸ τὸν κόσμον δι' αὐτοῦ γεγενῆσθαι· ὡς ἐκ τούτου δείκνυσθαι πρὸ τοῦ κόσμου εἶναι τὸν Υἱόν. Ἀνάγκη γὰρ τὸν δημιουργὸν πρὸ τῶν γινομένων εἶναι. Καὶ τὸ πρὸς Φίλιππον δὲ λεγόμενον οὐ τοῦ Λόγου κατ' αὐτοὺς ἂν εἴη ἀλλὰ τοῦ Υἱοῦ. Εἶπε γὰρ, φησίν, ὁ Ἰησοῦς· 'Τοσοῦτον χρόνον μεθ' ὑμῶν εἰμι, καὶ οὐκ ἔγνωκάς με, Φίλιππε; Ὁ ἑωρα-

κὼς ἐμὲ, ἑώρακε τὸν Πατέρα. Καὶ πῶς σὺ λέγεις, Δεῖξον ἡμῖν τὸν Πατέρα; Οὐ πιστεύεις, ὅτι ἐγὼ ἐν τῷ Πατρὶ, καὶ ὁ Πατὴρ ἐν ἐμοί ἐστι; Τὰ ῥήματα, ἃ ἐγὼ λαλῶ ὑμῖν, ἀπ' ἐμαυτοῦ οὐ λαλῶ· ὁ δὲ Πατὴρ, ὁ ἐν ἐμοὶ μένων, αὐτὸς ποιεῖ τὰ ἔργα. Πιστεύετέ μοι, ὅτι ἐγὼ ἐν τῷ Πατρὶ, καὶ ὁ Πατὴρ ἐν ἐμοί. Εἰ δὲ μὴ, διὰ τὰ ἔργα αὐτὰ πιστεύετέ μοι. Ἀμὴν, ἀμὴν λέγω ὑμῖν, ὁ πιστεύων εἰς ἐμὲ, τὰ ἔργα, ἃ ἐγὼ ποιῶ, κἀκεῖνος ποιήσει, καὶ μείζονα τούτων ποιήσει, ὅτι ἐγὼ πρὸς τὸν Πατέρα πορεύομαι. Καὶ ὅ τι ἂν αἰτήσητε ἐν τῷ ὀνόματί μου, τοῦτο ποιήσω, ἵνα δοξασθῇ ὁ Πατὴρ ἐν τῷ Υἱῷ.' Οὐκοῦν εἰ ὁ Πατὴρ δοξάζεται ἐν τῷ Υἱῷ, ὁ Υἱὸς ἂν εἴη ὁ λέγων· 'Ἐγὼ ἐν τῷ Πατρὶ καὶ ὁ Πατὴρ ἐν ἐμοί·' αὐτὸς καὶ τὸ, 'Ὁ ἐμὲ ἑωρακὼς, ἑώρακε τὸν Πατέρα.' Αὐτὸς γὰρ ὁ ταῦτα λέγων Υἱὸν ἑαυτὸν δείκνυσιν ἐπάγων, ' ἵνα δοξασθῇ ὁ Πατὴρ ἐν τῷ Υἱῷ.'

20. Εἰ μὲν οὖν τὸν ἄνθρωπον, ὃν ἐφόρεσεν ὁ Λόγος, αὐτὸν εἶναι λέγουσι τὸν Υἱὸν τοῦ Θεοῦ τὸν μονογενῆ, καὶ μὴ τὸν Λόγον Υἱόν· ὁ ἄνθρωπος ἂν εἴη ἀκολούθως ὁ ἐν τῷ Πατρὶ, ἐν ᾧ καὶ ὁ Πατὴρ ἐν αὐτῷ· καὶ ὁ ἄνθρωπος ἂν εἴη, ὁ ἐν ὧν αὐτός καὶ ὁ Πατὴρ, καὶ ὁ ἐν τοῖς κόλποις τοῦ Πατρὸς, καὶ τὸ φῶς τὸ ἀληθινόν. Ἀναγκασθήσονται δὲ καὶ δι' αὐτοῦ τοῦ ἀνθρώπου εἰπεῖν τὸν κόσμον γεγενῆσθαι, καὶ τὸν ἄνθρωπον εἶναι τὸν ἐλθόντα μὴ κρῖναι τὸν κόσμον, ἀλλὰ σῶσαι αὐτόν· αὐτὸν δὲ εἶναι καὶ πρὶν Ἀβραὰμ γενέσθαι. 'Ἰησοῦς' γὰρ, φησὶν, 'εἶπεν αὐτοῖς· Ἀμὴν, John viii. 58. ἀμὴν λέγω ὑμῖν, πρὶν Ἀβραὰμ γενέσθαι, ἐγώ εἰμι.' Καὶ πῶς οὐκ ἄτοπον κατ' αὐτοὺς τὸν ἐκ σπέρματος Ἀβραὰμ μετὰ δύο καὶ τεσσαράκοντα γενεὰς γενόμενον λέγειν, πρὶν Ἀβραὰμ γενέσθαι, ὑπάρχειν; Πῶς δὲ οὐκ ἄτοπον, εἰ ἡ σὰρξ, ἣν ἐφόρεσεν ὁ Λόγος, αὕτη ἐστὶν ὁ Υἱὸς, λέγειν τὴν ἐκ Μαρίας σάρκα ταύτην εἶναι, δι' ἧς ὁ κόσμος ἐγένετο; Πῶς δὲ φήσουσι καὶ τὸ, 'Ἐν Ib. i. 10. τῷ κόσμῳ ἦν;' Τὸ γὰρ πρὸ τῆς κατὰ σάρκα γενέσεως τοῦ Υἱοῦ σημαίνων ὁ εὐαγγελιστὴς, ἐπήγαγε λέγων, 'Ἐν τῷ κόσμῳ ἦν.' Πῶς δὲ εἰ μὴ ὁ Λόγος Υἱός ἐστιν, ἀλλ' ὁ ἄνθρωπος Υἱὸς, δύναται τὸν κόσμον σῶσαι, εἷς ὢν καὶ αὐτὸς τοῦ κόσμου; Εἰ δὲ ἀναισχυντοῖεν ἐπὶ τούτοις, ποῦ ἔσται ὁ Λόγος, τοῦ ἀνθρώπου ὄντος ἐν τῷ Πατρί; Πόστος δὲ ἔσται ὁ Λόγος πρὸς τὸν Πατέρα, τοῦ ἀνθρώπου καὶ τοῦ Πατρὸς ἐν ὄντων; Εἰ δὲ ὁ ἄνθρωπος

μονογενής ἐστι, πόστος ἔσται ὁ Λόγος; Ἢ γὰρ δεύτερον εἶναι αὐτὸν λέξειέ τις· ἢ εἰ ὑπὲρ τὸ Μονογενές ἐστιν, αὐτὸς ἂν εἴη ὁ Πατήρ. Ὥσπερ γὰρ εἷς ἐστιν ὁ Πατὴρ, οὕτως ἓν καὶ τὸ ἐξ αὐτοῦ Μονογενές. Τί δὲ καὶ πλέον ὁ Λόγος ἔχει τοῦ ἀνθρώπου, εἴ γε οὐχ ὁ Λόγος Υἱός ἐστι; Διὰ μὲν γὰρ Υἱοῦ καὶ τοῦ Λόγου ὁ κόσμος γεγενῆσθαι γέγραπται, καὶ κοινόν ἐστι τῷ τε Λόγῳ καὶ τῷ Υἱῷ τὸ δημιουργεῖν τὸν κόσμον· τὸ δὲ ὁρᾶν τὸν Πατέρα οὐκ ἔτι ἐν τῷ Λόγῳ γέγραπται, ἀλλ' ἐν τῷ Υἱῷ· καὶ τὸ σώζειν τὸν κόσμον οὐκέτι διὰ τοῦ Λόγου ἐλέχθη, ἀλλὰ διὰ τοῦ μονογενοῦς Υἱοῦ. 'Εἶπε' γὰρ, φησὶν, 'ὁ 'Ιησοῦς· Τοσοῦτον χρόνον μεθ' ὑμῶν εἰμι, καὶ οὐκ ἔγνωκάς με, Φίλιππε; Ὁ ἑωρακὼς ἐμέ, ἑώρακε τὸν Πατέρα.' Καὶ τὸν Πατέρα δὲ οὐχ ὁ Λόγος γέγραπται γινώσκειν, ἀλλ' ὁ Υἱός· ὁρᾶν δὲ τὸν Πατέρα οὐχ ὁ Λόγος εἴρηται, ἀλλ' ὁ μονογενὴς Υἱὸς ὁ ὢν εἰς τὸν κόλπον τοῦ Πατρός.

21. Τί δὲ πλέον εἰς σωτηρίαν ἡμῶν ὁ Λόγος συμβάλλεται μᾶλλον τοῦ Υἱοῦ, εἴ γε κατ' αὐτοὺς ἄλλος ἐστὶν ὁ Υἱὸς, καὶ ἄλλος ὁ Λόγος; Πιστεύειν γὰρ ἡμᾶς οὐκ εἰς τὸν Λόγον, ἀλλ' εἰς τὸν Υἱὸν πρόσταξίς ἐστι. Φησὶ γὰρ ὁ Ἰωάννης· ''Ὁ πιστεύων εἰς τὸν Υἱὸν ἔχει ζωὴν αἰώνιον· ὁ δὲ ἀπειθῶν τῷ Υἱῷ οὐκ ὄψεται ζωήν.' Καὶ τὸ ἅγιον δὲ βάπτισμα, ἐν ᾧ πάσης πίστεως ἡμῶν ἡ σύστασις ὁρμεῖ, οὐκ εἰς Λόγον, ἀλλ' εἰς Πατέρα καὶ Υἱὸν καὶ ἅγιον Πνεῦμα δίδοται. Εἴπερ οὖν κατ' αὐτοὺς ἄλλος ἐστὶν ὁ Λόγος, καὶ ἄλλος ὁ Υἱὸς, καὶ οὐκ ἔστιν Υἱὸς ὁ Λόγος, οὐδὲν πρὸς τὸν Λόγον τὸ βάπτισμα. Πῶς οὖν σύνεστιν ὁ Λόγος κατ' αὐτοὺς τῷ Πατρὶ, οὐ συνὼν αὐτῷ ἐν τῇ τοῦ βαπτίσματος δόσει; Ἀλλ' ἴσως ἂν εἴποιεν· Ἐν τῷ τοῦ Πατρὸς ὀνόματι περιέχεται καὶ ὁ Λόγος. Διὰ τί οὖν οὐχὶ καὶ τὸ Πνεῦμα; Ἢ ἐκτὸς τοῦ Πατρὸς τὸ Πνεῦμα; Καὶ ἄνθρωπος μὲν, εἴπερ οὐκ ἔστιν Υἱὸς ὁ Λόγος, μετὰ τὸν Πατέρα ὀνομάζεται, τὸ δὲ Πνεῦμα μετὰ τὸν ἄνθρωπον· οὐκ ἔτι δὲ οὐδὲ εἰς τριάδα κατ' αὐτοὺς ἡ μονὰς πλατύνεται, ἀλλ' εἰς τετράδα, Πατέρα, καὶ Λόγον, καὶ Υἱὸν, καὶ Πνεῦμα ἅγιον. Ἐν τούτοις δὴ αἰσχυνόμενοι, εἰς ἕτερον καταφεύγουσι, καί φασι μὴ τὸν ἄνθρωπον καθ' ἑαυτὸν, ὃν ἐφόρεσεν ὁ Κύριος, ἀλλὰ τὸ συναμφότερον, τόν τε Λόγον καὶ τὸν ἄνθρωπον, εἶναι Υἱόν· συνημμένα γὰρ ἀμφότερα

IV. 22.] *but the Word, is the Son.* 239

Υἱὸς, ὡς αὐτοὶ λέγουσιν, ὀνομάζεται. Τί τοίνυν τίνος αἴτιον, καὶ πότερος πότερον Υἱὸν κατεσκεύασεν; ἢ, ἵνα λευκότερον εἴποιμι, ἆρα διὰ τὴν σάρκα ὁ Λόγος Υἱός; ἢ διὰ τὸν Λόγον ἡ σὰρξ Υἱὸς λέγεται; ἢ οὐδ᾽ ὁπότερον τούτων, ἀλλ᾽ ἡ ἀμφοῖν σύνοδος; Εἰ μὲν οὖν ὁ Λόγος διὰ τὴν σάρκα, ἀνάγκη τὴν σάρκα εἶναι Υἱὸν, καὶ ἀκολουθεῖ τὰ ἄτοπα, ὅσα προείρηται ἐκ τοῦ λέγειν τὸν ἄνθρωπον Υἱόν· εἰ δὲ διὰ τὸν Λόγον ἡ σὰρξ Υἱὸς λέγεται, καὶ πρὸ τῆς σαρκὸς πάντως ὁ Λόγος ὢν Υἱὸς ἦν. Πῶς γὰρ οἷόν τε υἱοποιεῖν τινα ἑτέρους, μὴ ὄντα αὐτὸν υἱὸν, ὄντος μάλιστα πατρός; Εἰ μὲν οὖν ἑαυτῷ υἱοποιεῖ, Πατὴρ αὐτὸς ἂν εἴη· εἰ δὲ τῷ Πατρὶ, ἀνάγκη αὐτὸν εἶναι Υἱὸν, μᾶλλον δὲ αὐτὸν εἶναι τὸν Υἱὸν, δι᾽ ὃν καὶ οἱ ἄλλοι υἱοποιοῦνται.

22. Ἐπεὶ εἰ, μὴ ὄντος αὐτοῦ Υἱοῦ, ἡμεῖς υἱοί ἐσμεν, ἡμῶν ἂν εἴη ὁ Θεὸς Πατὴρ, καὶ οὐκ αὐτοῦ. Πῶς οὐκ ἰδιοποιεῖται μᾶλλον λέγων, ''Ὁ Πατήρ μου,' καὶ, 'Ἐγὼ ἐκ τοῦ Πατρός;' John v. 17. Εἰ γὰρ κοινὸς πάντων Πατὴρ, οὐ μόνου αὐτοῦ Πατὴρ, οὐδὲ Cf. Ib. xvi. 28. μόνος αὐτὸς ἐξῆλθεν ἐκ τοῦ Πατρός. Λέγει δέ ποτε καὶ ἡμῶν αὐτὸν λέγεσθαι Πατέρα, διὰ τὸ αὐτὸν κεκοινωνηκέναι τῇ ἡμετέρᾳ σαρκί. Διὰ τοῦτο γὰρ γέγονεν ὁ Λόγος σὰρξ, ἵν᾽, ἐπειδὴ ὁ Λόγος ἐστὶν Υἱὸς, διὰ τὸν ἐνοικοῦντα ἐν ἡμῖν Υἱὸν λέγηται καὶ ἡμῶν Πατήρ. ''Ἀπέστειλε' γὰρ, φησὶ, 'τὸ Πνεῦμα τοῦ Gal. iv. 6. Υἱοῦ αὐτοῦ εἰς τὰς καρδίας ἡμῶν, κράζον, Ἀββᾶ, ὁ Πατήρ.' Οὐκοῦν ὁ ἐν ἡμῖν Υἱὸς, τὸν ἴδιον Πατέρα ἐπικαλούμενος, καὶ ἡμῶν αὐτῶν ποιεῖ Πατέρα λέγεσθαι. Ἀμέλει ὧν οὐκ ἔστιν εἰς τὰς καρδίας ὁ Υἱὸς, τούτων οὐδὲ Πατὴρ ὁ Θεὸς ἂν λεχθείη. Εἴπερ οὖν διὰ τὸν Λόγον ὁ ἄνθρωπος λέγεται Υἱὸς, ἀνάγκη πᾶσα, λεγομένων καὶ πρὸ τῆς ἐνανθρωπήσεως τῶν παλαιῶν 'υἱῶν,' εἶναι καὶ πρὸ τῆς ἐπιδημίας τὸν Λόγον Υἱόν. 'Υἱοὺς' γὰρ, Isa. i. 2. φησὶν, 'ἐγέννησα·' καὶ ἐπὶ Νῶε· 'Ἰδόντες οἱ υἱοὶ τοῦ Θεοῦ·' Gen. vi. 2. καὶ ἐν τῇ Ὠδῇ· 'Οὐκ αὐτὸς οὗτός σου Πατήρ;' Οὐκοῦν ἦν καὶ Deut. xxxii. 6. ὁ ἀληθῶς Υἱὸς, δι᾽ ὃν κἀκεῖνοι υἱοί. Εἰ δὲ κατ᾽ ἐκείνους πάλιν οὐδ᾽ ὁπότερον τούτων Υἱὸς, ἀλλὰ διὰ τὴν ἀμφοῖν σύνοδον, ἀνάγκη μηδ᾽ ὁπότερον εἶναι Υἱόν· φημὶ δὴ, μήτε τὸν Λόγον, μήτε τὸν ἄνθρωπον, ἀλλά τινα αἰτίαν, δι᾽ ἣν καὶ συνήφθησαν· καὶ οὕτω δὲ προηγήσεται ἡ αἰτία τῆς συνάψεως, ἥτις Υἱὸν ποιεῖ. Οὐκοῦν καὶ κατὰ τοῦτο πρὸ τῆς σαρκὸς προῆν ὁ Υἱός. Τούτων

δὴ λεγομένων, εἰς ἕτερον καταφεύξονται, λέγοντες μὴ τὸν ἄνθρωπον εἶναι Υἱόν, μηδὲ τὸ συναμφότερον, ἀλλὰ τὸν Λόγον ἐν ἀρχῇ μὲν εἶναι Λόγον ἁπλῶς· ὅτε δὲ ἐνηνθρώπησε, τότε ὠνομάσθαι Υἱόν· πρὸ γὰρ τῆς ἐπιφανείας μὴ εἶναι Υἱὸν, ἀλλὰ Λόγον μόνον· καὶ ὥσπερ ὁ Λόγος σὰρξ ἐγένετο, οὐκ ὢν πρότερον σὰρξ, οὕτως ὁ Λόγος Υἱὸς γέγονεν, οὐκ ὢν πρότερον Υἱός. Ταῦτα μὲν ἐκείνων τὰ φλυαρήματα· ἔχει δὲ τὸν ἔλεγχον ἐναργῆ.

23. Εἰ γὰρ ὅλως ἐνανθρωπήσας γέγονεν Υἱὸς, ἡ ἐνανθρώπησις αἰτία. Καὶ εἰ ὁ ἄνθρωπος αἴτιος τοῦ εἶναι αὐτὸν Υἱὸν, ἢ τὸ συναμφότερον, καὶ τὰ αὐτὰ ἄτοπα ἀπαντήσει. Ἔπειτα, εἰ πρῶτον Λόγος, καὶ ὕστερον Υἱὸς, φανήσεται ὕστερον ἐγνωκὼς τὸν Πατέρα, καὶ οὐ πρότερον. Οὐ γὰρ ᾗ Λόγος γινώσκει, ἀλλ' ᾗ Υἱὸς. ' Οὐδεὶς γὰρ γινώσκει τὸν Πατέρα, εἰ μὴ ὁ Υἱός.' Ἀπαντήσει δὲ καὶ τοῦτο, ὅτι ὕστερον ἐν κόλποις τοῦ Πατρὸς γέγονε, καὶ ὕστερον αὐτὸς καὶ ὁ Πατὴρ ἐν γεγόνασι, καὶ ὕστερον τὸ, ''Ὁ ἑωρακὼς ἐμὲ, ἑώρακε τὸν Πατέρα.' Ταῦτα γὰρ πάντα ἐπ' Υἱοῦ ἐλέχθη. Ἐκ δὴ τούτων ἀναγκασθήσονται εἰπεῖν, ' Οὐδὲν ἦν ὁ Λόγος, ἀλλ' ὄνομα μόνον.' Οὔτε γὰρ ἐν ἡμῖν μετὰ τοῦ Πατρὸς, οὔτε ὁ τὸν Λόγον ἑωρακὼς ἔβλεπε τὸν Πατέρα, οὔτε ὅλως τινὶ ἐγνώσθη ὁ Πατήρ· διὰ γὰρ Υἱοῦ γινώσκεται ὁ Πατήρ· οὕτω γὰρ καὶ γέγραπται, ' Καὶ ᾧ ἂν ὁ Υἱὸς ἀποκαλύψῃ.' Μήπω δὲ ὄντος τοῦ Λόγου Υἱοῦ, οὐδέπω τις ἐγίνωσκε τὸν Πατέρα. Πῶς οὖν Μωσεῖ, πῶς τοῖς πατράσιν ὤφθη; Αὐτὸς γὰρ ἐν ταῖς Βασιλείαις φησίν· ''Ἀποκαλυφθεὶς ἀπεκαλύφθην πρὸς πάντας τοὺς πατέρας ὑμῶν.' Εἰ δὲ ἀπεκαλύφθη Θεὸς, δῆλον ὅτι ἦν ὁ ἀποκαλύπτων Υἱὸς, ὡς αὐτός φησι, ' Καὶ ᾧ ἐὰν ὁ Υἱὸς ἀποκαλύψῃ.' Ἀσεβὲς μὲν οὖν καὶ ἀνόητον τὸ λέγειν ἄλλον εἶναι τὸν Λόγον, καὶ ἄλλον εἶναι τὸν Υἱόν. Πόθεν δὲ ἄρα τὴν τοιαύτην ὑπόνοιαν ἐσχήκασιν, ἐρέσθαι καλόν. Φασὶ δὴ, διὰ τὸ μὴ εἰρῆσθαι ἐν τῇ Παλαιᾷ περὶ Υἱοῦ, ἀλλὰ περὶ Λόγου, καὶ διὰ τοῦτο νεώτερον ὑπονοεῖν τοῦ Λόγου τὸν Υἱὸν διαβεβαιοῦνται, ὅτι μὴ ἐν τῇ Παλαιᾷ, ἀλλ' ἐν τῇ Καινῇ μόνῃ περὶ αὐτοῦ ἐλέχθη. Ταῦτ' ἐκεῖνοι ἀσεβῶς φθέγγονται. Πρῶτον μὲν γὰρ διαιρεῖν τὰς Διαθήκας, καὶ μὴ τὴν ἑτέραν τῆς ἑτέρας ἔχεσθαι, Μανιχαίων καὶ Ἰουδαίων τὸ ἐπιτήδευμα, τῶν μὲν τῇ Παλαιᾷ, τῶν δὲ τῇ Νέᾳ

IV. 24.] *The Son named in the Old Testament.* 241

ἀντιλεγόντων· ἔπειτα κατ' αὐτοὺς, εἰ τὰ ἐν τῇ Παλαιᾷ κείμενα προάγει τῷ χρόνῳ, τὰ δὲ ἐν τῇ Νέᾳ νεώτερά ἐστι, καὶ ἐκ τῶν γραμμάτων οἱ χρόνοι κρίνονται· ἀνάγκη πάλιν νεώτερα εἶναι τὸ, 'Ἐγὼ καὶ ὁ Πατὴρ ἕν ἐσμεν·' τό τε, 'Μονογενής·' καὶ τὸ, ''Ο John x. 30. ἑωρακὼς ἐμὲ, ἑώρακε τὸν Πατέρα·' οὐ γὰρ ἐκ τῆς Παλαιᾶς, ἀλλ' Ib. i. 18. ἐκ τῆς Καινῆς ταῦτα μαρτυρεῖται. Ib. xiv. 9.

24. Οὐ μὴν δὲ, ἀλλ' ἀληθῶς καὶ ἐν τῇ Παλαιᾷ περὶ Υἱοῦ πολλὰ λέγεται· οἷον ἐν τῷ δευτέρῳ ψαλμῷ τὸ, 'Υἱός μου εἶ σὺ, Ps. ii. 7. ἐγὼ σήμερον γεγέννηκά σε.' καὶ ἐν τῷ ἐννάτῳ ἡ ἐπιγραφὴ, 'Εἰς Ib. ix. τὸ τέλος ὑπὲρ τῶν κρυφίων τοῦ Υἱοῦ, ψαλμὸς τῷ Δαυΐδ.' καὶ ἐν τῷ τεσσαρακοστῷ τετάρτῳ, 'Εἰς τὸ τέλος ὑπὲρ τῶν ἀλλοιω- Ib. xliv. (xlv.) θησομένων, τοῖς υἱοῖς Κορὲ, εἰς σύνεσιν, ᾠδὴ ὑπὲρ τοῦ Ἀγαπητοῦ.' καὶ ἐν τῷ Ἡσαΐᾳ· 'Ἄσω δὴ τῷ ἠγαπημένῳ ᾆσμα τοῦ Isa. v. 1. Ἀγαπητοῦ τῷ ἀμπελῶνί μου. Ἀμπελὼν ἐγενήθη τῷ Ἠγαπημένῳ.' Τὸ δὲ Ἀγαπητὸς τίς ἂν εἴη ἢ Υἱὸς μονογενής; ὡς καὶ ἐν τῷ ἑκατοστῷ ἐννάτῳ, 'Ἐκ γαστρὸς πρὸ ἑωσφόρου ἐγέννησά Ps. cix. (cx.) σε,' περὶ οὗ ὕστερον λεχθήσεται· καὶ ἐν Παροιμίαις δὲ, 'Πρὸ Prov. viii. 25. δὲ πάντων τῶν βουνῶν γεννᾷ με·' καὶ ἐν τῷ Δανιὴλ, 'Καὶ ἡ Dan. iii. 25. ὅρασις τοῦ τετάρτου ὁμοία Υἱῷ Θεοῦ,' καὶ ἄλλα πλείονα. Εἰ τοίνυν ἐκ τῆς Παλαιᾶς ἡ ἀρχαιότης, ἀρχαῖος ἂν εἴη καὶ ὁ Υἱὸς, ὁ ἐν τῇ Παλαιᾷ ἐν πολλοῖς σαφηνιζόμενος. Ἀλλὰ 'ναὶ,' φασὶ, 'κεῖται μὲν, προφητικῶς δὲ ἔστω.' Οὐκοῦν καὶ περὶ τοῦ Λόγου προφητικῶς εἰρῆσθαι λεχθείη ἄν. Οὐ γὰρ τὸ μὲν, τὸ δέ. Εἰ γὰρ τὸ, 'Υἱός μου εἶ σὺ,' ἐπὶ μέλλοντος, δῆλον ὅτι καὶ τὸ, 'Τῷ Λόγῳ Κυρίου οἱ οὐρανοὶ ἐστερεώθησαν.' Οὐ γὰρ εἶπεν, Ps. xxxii. 'ἐγένοντο,' οὐδὲ, 'ἐποίησεν.' Ὅτι δὲ τὸ 'ἐστερέωσεν' ἐπὶ (xxxiii.) 6. μέλλοντος, φησίν· 'Ὁ Κύριος ἐβασίλευσεν·' εἶτα· 'Καὶ γὰρ Ib. xcii. ἐστερέωσε τὴν οἰκουμένην, ἥτις οὐ σαλευθήσεται.' Καὶ εἰ τὸ ἐν (xciii.) 1. τῷ τεσσαρακοστῷ τετάρτῳ, 'Ὑπὲρ τοῦ Ἀγαπητοῦ,' ἐπὶ μέλ- Ib. xliv. (xlv) λοντος, δῆλον ὅτι καὶ τὸ ἐπιφερόμενον τὸ, 'Ἐξηρεύξατο ἡ καρδία 1. μου Λόγον ἀγαθόν.' Καὶ εἰ τὸ 'ἐκ γαστρὸς' ἐπὶ ἀνθρώπου, Ib. cix. (cx.) ἄρα καὶ τὸ 'ἐκ καρδίας.' Εἰ γὰρ ἡ γαστὴρ ἀνθρώπινον, καὶ ἡ 3. καρδία σωματικόν. Εἰ δὲ τὸ 'ἐκ καρδίας' ἀΐδιον, καὶ τὸ 'ἐκ γαστρὸς' ἀΐδιον· καὶ εἰ ὁ Μονογενὴς ἐν κόλποις, καὶ ὁ Ἀγαπητὸς ἐν κόλποις. Ταὐτὸν γάρ ἐστι τό τε Μονογενὲς καὶ τὸ Ἀγαπητὸν, ὡς τὸ, 'Οὗτός ἐστιν ὁ Υἱός μου ὁ ἀγαπητός.' Οὐ γὰρ Matt. iii. 17.

R

δὴ τὴν εἰς αὐτὸν ἀγάπην σημᾶναι θέλων, εἶπε τὸ ''Αγαπητὸς,' ἵνα μὴ τοὺς ἄλλους μισεῖν δόξῃ· ἀλλὰ τὸ μονογενὲς ἐδήλου, ἵνα τὸ μόνον ἐξ αὐτοῦ εἶναι αὐτὸν δείξῃ. Καὶ τῷ 'Αβραὰμ γοῦν σημᾶναι θέλων ὁ Λόγος τὸ μονογενὲς, φησί· ' Προσένεγκε τὸν υἱόν σου τὸν ἀγαπητόν.' Παντὶ δὲ δῆλον, ἐκ τῆς Σάῤῥας μόνον εἶναι τὸν 'Ισαάκ. Ἔστιν ἄρα ὁ Λόγος Υἱὸς, οὐκ ἄρτι γεγονὼς ἢ ὀνομασθεὶς Υἱὸς, ἀλλ' ἀεὶ Υἱός. Εἰ γὰρ μὴ Υἱὸς, οὐδὲ Λόγος· καὶ εἰ μὴ Λόγος, οὐδὲ Υἱός. Τὸ γὰρ ἐκ τοῦ Πατρὸς Υἱός ἐστι. Τί δέ ἐστιν ἐκ τοῦ Πατρὸς εἰ μὴ Λόγος, ὁ ἐκ καρδίας προελθὼν, καὶ ἐκ γαστρὸς γεννηθείς; Οὐ γὰρ ὁ Πατὴρ Λόγος ἐστίν· οὐδὲ ὁ Λόγος Πατήρ ἐστιν· ἀλλ' ὁ μὲν Πατὴρ, ὁ δὲ Υἱός· καὶ ὁ μὲν γεννᾷ, ὁ δὲ γεννᾶται.

25. Μαίνεται μὲν οὖν Ἄρειος, ' ἐξ οὐκ ὄντων ' εἶναι λέγων τὸν Υἱὸν, καὶ ' ἦν ποτε ὅτε οὐκ ἦν.' Μαίνεται δὲ καὶ Σαβέλλιος, λέγων τὸν Πατέρα εἶναι Υἱὸν, καὶ ἔμπαλιν τὸν Υἱὸν εἶναι Πατέρα, ὑποστάσει μὲν ἕν, ὀνόματι δὲ δύο· μαίνεται δὲ καὶ παραδείγματι χρώμενος τῇ τοῦ Πνεύματος χάριτι· φησὶ γὰρ, "Ὥσπερ ' " διαιρέσεις χαρισμάτων εἰσὶ, τὸ δὲ αὐτὸ Πνεῦμα·" οὕτω καὶ ὁ Πατὴρ ὁ αὐτὸς μὲν ἔστι, πλατύνεται δὲ εἰς Υἱὸν καὶ Πνεῦμα.' Ἔστι δὲ τοῦτο μεστὸν ἀτοπίας. Εἰ γὰρ ὡς ἐπὶ τοῦ Πνεύματος, οὕτω καὶ ἐπὶ τοῦ Θεοῦ ἐστιν, ἔσται ὁ Πατὴρ Λόγος καὶ Πνεῦμα ἅγιον, ᾧ μὲν γινόμενος Πατὴρ, ᾧ δὲ Λόγος, ᾧ δὲ Πνεῦμα, πρὸς τὴν χρείαν ἑκάστου ἁρμοζόμενος, καὶ ὀνόματι μὲν Υἱὸς καὶ Πνεῦμα, τῷ δὲ ὄντι Πατὴρ μόνον· ἀρχὴν μὲν ἔχων τὸ γίνεσθαι Υἱὸς, παυόμενος δὲ τοῦ λέγεσθαι Πατήρ· καὶ ἐνανθρωπήσας μὲν ὀνόματι, τῇ δὲ ἀληθείᾳ μηδὲ ἐπιδημήσας· καὶ ψευδόμενος μὲν τῷ λέγειν, ' Ἐγὼ καὶ ὁ Πατὴρ,' τῷ δὲ ὄντι αὐτὸς ὢν ὁ Πατήρ· καὶ ὅσα ἄλλα ἐπὶ Σαβελλίου ἄτοπα ἀπαντᾷ. 'Ανάγκη δὲ καὶ παυθήσεσθαι τὸ ὄνομα τοῦ Υἱοῦ καὶ τοῦ Πνεύματος, τῆς χρείας πληρωθείσης· καὶ ἔσται λοιπὸν ἄχρι παιδιᾶς τὰ γινόμενα, ὅτι μὴ ἀληθείᾳ ἀλλ' ὀνόματι ἐπεδείχθη. Παυομένου δὲ τοῦ ὀνόματος τοῦ Υἱοῦ κατ' αὐτοὺς, παύσεται καὶ τοῦ βαπτίσματος ἡ χάρις· ' εἰς ' γὰρ ' Υἱὸν ' ἐδόθη. Καὶ τί ἀκολουθήσει ἢ ἀφανισμὸς τῆς κτίσεως; Εἰ γὰρ, ἵνα ἡμεῖς κτισθῶμεν προῆλθεν ὁ Λόγος, καὶ, προελθόντος αὐτοῦ, ἐσμεν, δῆλον ὅτι, ἀναχωροῦντος αὐτοῦ εἰς τὸν Πατέρα, ὥς φασιν, οὐκ ἔτι ἐσόμεθα. Οὕτω γὰρ ἔσται,

The Word is the Son.

ὥσπερ ἦν· οὕτως οὐκ ἔτ' ἐσόμεθα, ὥσπερ οὖν οὐκ ἦμεν. Οὐκέτι γὰρ προελθόντος, οὐκέτι ἡ κτίσις ἔσται.

26. Ἄτοπα μὲν οὖν ταῦτα. Ὅτι δὲ ὁ Υἱὸς οὐκ ἀρχὴν ἔχει τοῦ εἶναι, ἀλλ' ἀεὶ καὶ πρὸ τῆς ἐνανθρωπήσεως παρὰ τῷ Πατρί ἐστι, δηλοῖ ὁ Ἰωάννης ἐν τῇ πρώτῃ Ἐπιστολῇ λέγων οὕτως· 'Ὃ ἦν ἀπ' ἀρχῆς, ὃ ἀκηκόαμεν, ὃ ἑωράκαμεν τοῖς ὀφθαλμοῖς ἡμῶν, 1 John i. 1, 2. ὃ ἐθεασάμεθα, καὶ αἱ χεῖρες ἡμῶν ἐψηλάφησαν περὶ τοῦ Λόγου τῆς ζωῆς· καὶ ἡ ζωὴ ἐφανερώθη, καὶ ἑωράκαμεν, καὶ μαρτυροῦμεν, καὶ ἀπαγγέλλομεν ὑμῖν τὴν ζωὴν τὴν αἰώνιον, ἥτις ἦν πρὸς τὸν Πατέρα, καὶ ἐφανερώθη ἡμῖν.' Ἐνταῦθα λέγων, ὅτι ἡ ζωὴ οὐ γέγονεν, ἀλλ' ἦν πρὸς τὸν Πατέρα, ἐν τῷ τέλει τῆς Ἐπιστολῆς τὸν Υἱὸν εἶναί φησι τὴν ζωήν· γράφει δ' οὖν· ' Καί ἐσμεν ἐν τῷ Ib. v. 20. ἀληθινῷ, ἐν τῷ Υἱῷ αὐτοῦ Ἰησοῦ Χριστῷ. Οὗτός ἐστιν ὁ ἀληθινὸς Θεός, καὶ ζωὴ αἰώνιος.' Εἰ δὲ ὁ Υἱός ἐστιν ἡ ζωή, καὶ αὕτη πρὸς τὸν Πατέρα, καὶ εἰ ὁ Υἱὸς ἦν πρὸς τὸν Πατέρα, λέγει δὲ ὁ αὐτός, ' Καὶ ὁ Λόγος ἦν πρὸς τὸν Θεόν,' ὁ Υἱὸς ἂν John i. 1. εἴη ὁ Λόγος, ὁ ἀεὶ ὢν πρὸς τὸν Πατέρα. Ὥσπερ δὲ ὁ Υἱὸς Λόγος ἐστὶν, οὕτως ὁ Θεὸς ὁ αὐτὸς ἂν εἴη ὁ Πατήρ. Ὁ μέντοι Υἱὸς κατὰ τὸν Ἰωάννην Θεὸς οὐχ ἁπλῶς, ἀλλ' ' ἀληθινὸς Θεός' ἐστι. Καὶ γὰρ κατὰ τὸν αὐτὸν τοῦτον, ' Καὶ Θεὸς ἦν ὁ Λόγος·' Ibid. ἔλεγέ τε ὁ Υἱὸς, ' Ἐγώ εἰμι ἡ ζωή.' Οὐκοῦν ὁ Υἱὸς Λόγος ἐστὶ Ib. xiv. 6. καὶ ζωὴ ἡ οὖσα παρὰ τῷ Πατρί. Πάλιν δὲ τὸ ἐν αὐτῷ τῷ Ἰωάννῃ εἰρημένον, ' Ὁ μονογενὴς Υἱὸς, ὁ ὢν εἰς τὸν κόλπον τοῦ Πατρὸς,' Ib. i. 18. δείκνυσι τὸν Υἱὸν ἀεὶ εἶναι. Ὃν γὰρ λέγει ὁ Ἰωάννης Υἱὸν, τοῦτον ' χεῖρα' ὁ Δαβὶδ ψάλλει λέγων· ' Ἱνατί ἀποστρέφεις τὴν Ps. lxxiii. χεῖρά σου καὶ τὴν δεξιάν σου ἐκ μέσου τοῦ κόλπου σου ; (lxxiv.) 11. Οὐκοῦν εἰ ἡ χεὶρ ἐν τῷ κόλπῳ, καὶ ὁ Υἱὸς ἐν κόλπῳ, ὁ Υἱὸς ἂν εἴη ἡ χεὶρ, καὶ ἡ χεὶρ ἂν εἴη ὁ Υἱὸς, δι' οὗ ἐποίησε τὰ πάντα ὁ Πατήρ. ' Ἡ χείρ σου' γὰρ, φησὶν, ' ἐποίησε ταῦτα πάντα,' καὶ, Isa. lxvi. 2. ' τῇ χειρὶ ἐξήγαγε τὸν λαόν·' οὐκοῦν διὰ τοῦ Υἱοῦ. Εἰ δὲ καὶ Deut. vii. 8. ' αὕτη ἡ ἀλλοίωσις τῆς δεξιᾶς τοῦ Ὑψίστου·' καὶ πάλιν, ' εἰς τὸ Ps. lxxvi. (lxxvii.) 10. τέλος, ὑπὲρ τῶν ἀλλοιωθησομένων, ᾠδὴ ὑπὲρ τοῦ Ἀγαπητοῦ·' ὁ Ib. xliv. (xlv.) Ἀγαπητὸς ἄρα ἐστὶν ἡ χεὶρ ἀλλοιωθεῖσα, περὶ οὗ καὶ λέγει ἡ θεία φωνή· ' Οὗτός ἐστιν ὁ Υἱός μου ὁ ἀγαπητός.' Ἴσον ἄρα Matt. iii. 17. ἐστὶν, ' αὕτη ἡ χείρ μου,' τῷ, ' Οὗτος ὁ Υἱός μου.'

27. Ἐπειδὴ δέ τινες τῶν ἀπαιδεύτων, ἀναιροῦντες τὸ εἶναι

244   Ps. cx. 3 explained   [IV. 28.

Υἱὸν, εὐτελίζουσι τὸ, ' Ἐκ γαστρὸς πρὸ ἑωσφόρου ἐγέννησά σε,' ὡς ἂν ἐπὶ τῆς Μαρίας ἁρμόζοντος τούτου, φάσκοντες πρὸ τοῦ ἑωθινοῦ ἀστέρος γεγεννῆσθαι αὐτὸν ἀπὸ Μαρίας· μὴ γὰρ ἂν ἐπὶ Θεοῦ ἁρμόζειν γαστέρα λέγειν· ὀλίγα εἰπεῖν ἀνάγκη. Εἰ μὲν οὖν, ὅτι ἡ 'γαστὴρ' ἀνθρώπινόν ἐστι, διὰ τοῦτο ἀλλότριον Θεοῦ δῆλον ὅτι καὶ ἡ 'καρδία' ἀνθρώπινον ἔχει τὸ σημαινόμενον. Ἀκολουθεῖ γὰρ τὸν καρδίαν ἔχοντα ἔχειν καὶ γαστέρα. Ἀμφοτέρων δὴ ἀνθρωπίνων ὄντων, ἢ ἀναιρεῖν ἑκάτερον ἀνάγκη, ἢ ἀμφοτέρων τὴν διάνοιαν ζητεῖν χρή. Ὡς γὰρ ἐκ καρδίας Λόγος, οὕτως ἐκ γαστρὸς γέννημα. Καὶ ὥσπερ, καρδίας Θεοῦ λεγομένης, οὐκ ἀνθρωπίνην νοοῦμεν αὐτήν· οὕτως ἐὰν, 'ἐκ γαστρὸς' ἡ Γραφὴ λέγῃ, οὐ σωματικὴν δεῖ ταύτην ἐκδέχεσθαι. Ἔθος γὰρ τῇ θείᾳ Γραφῇ ἀνθρωπίνως τὰ ὑπὲρ ἄνθρωπον λαλεῖν καὶ σημαίνειν.

Ps. cxviii. (cxix.) 73.
Isa. lxvi. 2.
Ps. cxlviii. 5.

Ἀμέλει περὶ τῆς κτίσεως διηγούμενός φησιν· ' Αἱ χεῖρές σου ἐποίησάν με, καὶ ἔπλασάν με·' καὶ, 'Ἡ χείρ μου ἐποίησε ταῦτα πάντα·' καὶ, ' Αὐτὸς ἐνετείλατο, καὶ ἐκτίσθησαν.' Ἁρμοζόντως ἄρα περὶ ἑκάστου σημαίνει, τοῦ μὲν Υἱοῦ τὸ ἴδιον καὶ τὸ γνήσιον, τῆς δὲ κτίσεως τὴν ἀρχὴν τοῦ εἶναι. Τὰ μὲν γὰρ ποιεῖ καὶ κτίζει, τὸν δὲ γεννᾷ ἐξ ἑαυτοῦ, Λόγον, σοφίαν. Γαστὴρ γὰρ καὶ καρδία τὸ ἴδιον καὶ γνήσιον δηλοῦσι. Καὶ γὰρ καὶ ἡμεῖς τὸ μὲν γνήσιον ἐκ γαστρὸς ἔχομεν, τὰ δὲ ἔργα διὰ χειρὸς ποιοῦμεν.

28. Τί οὖν, φασὶ, καὶ τὸ 'πρὸ τοῦ ἑωσφόρου;' Ἐγὼ δ' ἂν εἴποιμι, εἰ τὸ πρὸ τοῦ ἑωσφόρου τούτου θαυμαστὴν δείκνυσι τὴν ἐκ Μαρίας γέννησιν, πολλοὶ καὶ ἄλλοι πρὸ τῆς τοῦ ἀστέρος ἀνατολῆς ἐγεννήθησαν. Τί οὖν θαυμαστὸν ἐπὶ τούτου εἴρηται, ὅτι ὡς ἐξαιρέτου τινὸς αὐτοῦ μνημονεύει, κοινοῦ ὄντος καὶ ἐπὶ πολλῶν ; Ἔπειτα διαφέρει τὸ γεννῆσαι τοῦ ἐξαγαγεῖν. Τὸ μὲν γὰρ γεννῆσαι ἀρχὴν ἔχει καταβολῆς· τὸ δὲ ἐξαγαγεῖν οὐδὲν ἕτερόν ἐστιν ἢ τὸ ὑπάρχον προαγαγεῖν. Εἰ τοίνυν ἐπὶ τοῦ σώματος ἁρμόζει ἡ φωνή, ἰστέον ὅτι οὐ τότε ἀρχὴν γενέσεως εἴληφεν, ὅτε τοῖς ποιμέσιν εὐηγγελίσθη νυκτὸς, ἀλλ' ὅτε ὁ ἄγγελος ἐλάλησε πρὸς τὴν Παρθένον. Οὐκ ἦν δὲ τότε νὺξ, οὐ γὰρ εἴρηται. νὺξ δὲ ἦν, ὅτε ἐξῆλθεν ἀπὸ τῆς γαστρός. Ταύτην τὴν διαφορὰν τίθησιν ἡ Γραφὴ, καὶ τὸ μὲν γεγεννῆσθαι πρὸ ἑωσφόρου φησί· τὸ δὲ ἐκ γαστρὸς πρόοδον ὀνομάζει, ὡς ἐν

Ib. xxi. (xxii.) 9.

εἰκοστῷ πρώτῳ ψαλμῷ· ' Σὺ εἶ ὁ ἐκσπάσας με ἐκ γαστρός.'

IV. 29.] *of the Son's pre-existence.* 245

Ἄλλως τε οὐκ εἶπε, πρὸ ἀνατολῆς ἑωσφόρου, ἀλλ' ἁπλῶς 'πρὸ ἑωσφόρου.' Εἰ τοίνυν ἐπὶ τοῦ σώματος ληπτέον τὸ ῥητὸν, ἀνάγκη ἢ πρὸ τοῦ Ἀδὰμ εἶναι τὸ σῶμα· πρὸ τοῦ Ἀδὰμ γὰρ τὰ ἄστρα· ἢ ζητεῖν τὸν νοῦν τοῦ γράμματος, ὃ παρὰ Ἰωάννου ἐκλαβεῖν δυνατόν· ἐν γὰρ τῇ Ἀποκαλύψει φησίν· 'Ἐγὼ τὸ Α, καὶ τὸ Ω, καὶ ὁ πρῶτος καὶ ὁ ἔσχατος, καὶ ἡ ἀρχὴ καὶ τὸ τέλος. Μακάριοι οἱ πλατύνοντες τὰς στολὰς αὐτῶν, ἵνα ἔσται ἡ ἐξουσία αὐτῶν ἐπὶ τοῦ ξύλου τῆς ζωῆς, καὶ τοῖς πυλῶσιν εἰσέλθωσιν εἰς τὴν πόλιν. Ἔξω οἱ κύνες, καὶ οἱ φαρμακοὶ, καὶ οἱ πόρνοι, καὶ οἱ φονεῖς, καὶ οἱ εἰδωλολάτραι, καὶ πᾶς ποιῶν καὶ φιλῶν ψεῦδος. Ἐγὼ Ἰησοῦς ἔπεμψα τὸν ἄγγελόν μου, μαρτυρῆσαι ὑμῖν ταῦτα ἐν ταῖς Ἐκκλησίαις. Ἐγώ εἰμι ἡ ῥίζα καὶ τὸ γένος Δαβὶδ, ὁ ἀστὴρ ὁ λαμπρὸς, ὁ πρωϊνός. Καὶ τὸ Πνεῦμα καὶ ἡ νύμφη λέγουσι, Ἔρχου· καὶ ὁ ἀκούων εἰπάτω, Ἔρχου· καὶ ὁ διψῶν ἐρχέσθω· ὁ θέλων λαβέτω ὕδωρ ζωῆς δωρεάν.' Εἰ τοίνυν τὸ γένος Δαβίδ ἐστιν ὁ ἀστὴρ, ὁ λαμπρὸς, ὁ πρωϊνὸς, δῆλόν ἐστι τὸ κατὰ σάρκα τοῦ Σωτῆρος ἑωσφόρον εἰρῆσθαι, οὗ προϋπῆρχε τὸ ἐκ τοῦ Θεοῦ γέννημα· ὡς εἶναι τοιοῦτον τὸ ἐν τῷ ψαλμῷ· 'Ἐξ ἐμαυτοῦ σε γεγέννηκα πρὸ τῆς κατὰ σάρκα ἐπιφανείας.' Τὸ γὰρ 'πρὸ ἑωσφόρου' ἴσον ἐστὶ τῷ 'πρὸ τῆς σαρκώσεως τοῦ Λόγου.'

29. Ἔστιν ἄρα καὶ ἐν τῇ Παλαιᾷ φανερῶς περὶ Υἱοῦ κείμενα, εἰ καὶ περιττάν ἐστι περὶ τούτων ἀμφισβητεῖν. Εἰ γὰρ τὰ μὴ κείμενα ἐν τῇ Παλαιᾷ νεώτερά ἐστι, λεγέτωσαν οἱ οὕτω φιλονεικοῦντες, ποῦ τῆς Παλαιᾶς περὶ τοῦ Παρακλήτου Πνεύματος εἴρηται; Περὶ Πνεύματος μὲν γὰρ ἁγίου ἐλέχθη, περὶ Παρακλήτου δὲ οὐδαμῶς. Ἆρ' οὖν ἕτερόν ἐστι τὸ Πνεῦμα τὸ ἅγιον, καὶ ἕτερος ὁ Παράκλητος, καὶ νεώτερος ὁ Παράκλητος, ἐπεὶ μὴ ἐν τῇ Παλαιᾷ κεῖται; Ἀλλὰ μὴ γένοιτο ἢ νεώτερον εἰπεῖν τὸ Πνεῦμα, ἢ διελεῖν καὶ ἕτερον εἰπεῖν τὸ ἅγιον Πνεῦμα, καὶ ἕτερον τὸν Παράκλητον. Ἓν γὰρ καὶ ταὐτόν ἐστι τὸ Πνεῦμα, καὶ τότε καὶ νῦν ἁγιάζον καὶ παρακαλοῦν τοὺς δεκτικοὺς αὐτοῦ· ὡς εἷς καὶ αὐτὸς Λόγος Υἱὸς εἰς υἱοθεσίαν ἄγων καὶ τότε τοὺς ἀξίους. Ἦσαν γὰρ καὶ ἐν τῇ Παλαιᾷ υἱοὶ, οὐ δι' ἄλλου ἀλλ' ἢ διὰ τοῦ Υἱοῦ τεκνοποιούμενοι. Εἰ γὰρ μὴ ἦν καὶ πρὸ τῆς Μαρίας Υἱὸς ὁ τοῦ Θεοῦ, πῶς 'πρὸ πάντων' ἐστὶν, ὄντων πρὸ αὐτοῦ υἱῶν; Πῶς δὲ καὶ 'πρωτότοκος,' δεύτερος μετὰ πολλοὺς εὑρισκόμενος;

246   The 'Beloved' is 'Only-begotten.'   [IV. 30.

Ἀλλ' οὔτε δεύτερος ὁ Παράκλητος· πρὸ πάντων γὰρ ἦν· οὔτε νεώτερος ὁ Υἱός: ' Ἐν ἀρχῇ γὰρ ἦν ὁ Λόγος·' καὶ ὡς ταὐτὸν τὸ Πνεῦμα καὶ Παράκλητος, οὕτω ταὐτὸν ὁ Υἱὸς καὶ Λόγος· καὶ ὥς φησιν ὁ Σωτὴρ περὶ τοῦ Πνεύματος· "Ὁ δὲ Παράκλητος τὸ Πνεῦμα τὸ ἅγιον, ὃ πέμψει ὁ Πατὴρ ἐν τῷ ὀνόματί μου,' ταὐτὸν λέγων καὶ οὐ διαιρῶν, οὕτως ὁ Ἰωάννης τὸ ὅμοιον διηγούμενος λέγει, ' Καὶ ὁ Λόγος σὰρξ ἐγένετο, καὶ ἐσκήνωσεν ἐν ἡμῖν, καὶ ἐθεασάμεθα τὴν δόξαν αὐτοῦ, δόξαν ὡς Μονογενοῦς παρὰ Πατρός.' Καὶ ἐνταῦθα γὰρ οὐ διεῖλεν, ἀλλὰ τὴν ταυτότητα ἀπήγγειλε. Καὶ οὐχ ὡς ἄλλος Παράκλητος, καὶ ἄλλο τὸ Πνεῦμα τὸ ἅγιον, ἀλλ' ἓν καὶ ταυτόν· οὕτως οὐκ ἄλλος Λόγος, καὶ ἄλλος Υἱός, ἀλλ' ὁ Λόγος Μονογενής ἐστι. Δόξαν γὰρ οὐκ αὐτῆς εἶπε τῆς σαρκός, ἀλλ' αὐτοῦ τοῦ Λόγου. Ὁ τοίνυν τολμῶν διαιρεῖν Λόγον καὶ Υἱόν, διαιρείτω καὶ Πνεῦμα καὶ Παράκλητον. Εἰ δὲ ἀδιαίρετον τὸ Πνεῦμα, ἀδιαίρετος καὶ ὁ Λόγος, ὁ αὐτὸς ὢν Υἱός, καὶ σοφία, καὶ δύναμις. Τὸ δὲ ' ἀγαπητὸν' καὶ Ἕλληνες ἴσασιν οἱ δεινοὶ περὶ τὰς λέξεις, ὅτι ἴσον ἐστὶ τῷ εἰπεῖν ' μονογενής.' Φησὶ γὰρ Ὅμηρος ἐπὶ Τηλεμάχου, τοῦ υἱοῦ Ὀδυσσέως μονογενοῦς ὄντος, ταῦτα ἐν τῇ δευτέρᾳ τῆς Ὀδυσσείας

' Τίπτε δέ τοι, φίλε τέκνον, ἐνὶ φρεσὶ τοῦτο νόημα
Ἔπλετο; πῇ δὲ θέλεις ἰέναι πολλὴν ἐπὶ γαῖαν,
Μοῦνος ἐὼν ἀγαπητός; Ὁ δ' ὤλετο τηλόθι πάτρης
Διογενὴς Ὀδυσεὺς, ἀλλογνώτων ἐνὶ δήμῳ.'

Ὁ ἄρα μόνος ὢν τῷ πατρὶ ἀγαπητὸς λέγεται.

30. Τινὲς τῶν ἀπὸ τοῦ Σαμοσατέως, διαιροῦντες τὸν Λόγον ἀπὸ τοῦ Υἱοῦ, φάσκουσι τὸν μὲν Υἱὸν εἶναι τὸν Χριστόν, τὸν δὲ Λόγον ἄλλον εἶναι· καὶ τούτου πρόφασιν λαμβάνουσιν ἀπὸ τῶν Πράξεων, ὃ καλῶς μὲν ὁ Πέτρος εἶπεν, αὐτοὶ δὲ κακῶς ἐκδέχονται. Ἔστι δὲ τοῦτο· ' Τὸν Λόγον ἀπέστειλε τοῖς υἱοῖς Ἰσραὴλ, εὐαγγελιζόμενος εἰρήνην διὰ Ἰησοῦ Χριστοῦ· Οὗτός ἐστι πάντων Κύριος.' Φασὶ γὰρ, ὡς τοῦ Λόγου διὰ Χριστοῦ λαλήσαντος, ὡς καὶ ἐπὶ τῶν προφητῶν, ' Τάδε λέγει Κύριος·' ἄλλος μὲν ἦν ὁ προφήτης, ἄλλος δὲ ὁ Κύριος. Ἀλλὰ πρὸς τοῦτο ὅμοιόν ἐστιν ἀντιτιθέναι τὸ ἐν τῇ πρώτῃ πρὸς Κορινθίους· ' Ἀπεκδεχομένους τὴν ἀποκάλυψιν τοῦ Κυρίου ἡμῶν Ἰησοῦ Χριστοῦ· ὃς καὶ βεβαιώσει ὑμᾶς ἕως τέλους ἀνεγκλήτους ἐν τῇ ἡμέρᾳ τοῦ Κυρίου

IV. 31.] *The Personal Union in Christ.* 247

ἡμῶν Ἰησοῦ Χριστοῦ.' Ὡς γὰρ οὐκ ἄλλος Χριστὸς ἑτέρου Χριστοῦ τὴν ἡμέραν βεβαιοῖ, ἀλλ' αὐτὸς ἐν τῇ ἑαυτοῦ ἡμέρᾳ βεβαιοῖ τοὺς ἀπεκδεχομένους· οὕτω τὸν Λόγον ἀπέστειλεν ὁ Πατὴρ σάρκα γενόμενον, ἵνα δι' ἑαυτοῦ ἄνθρωπος γενόμενος κηρύξῃ. Εὐθέως γοῦν ἐπάγει, 'Οὗτός ἐστι πάντων Κύριος·' Κύριος δὲ πάντων ὁ Λόγος ἐστί.

31. Καὶ εἶπε Μωσῆς πρὸς Ἀαρών· 'Πρόσελθε πρὸς τὸ Levit. ix. 7. θυσιαστήριον, καὶ ποίησον τὸ περὶ τῆς ἁμαρτίας σου, καὶ τὸ ὁλοκαύτωμά σου, καὶ ἐξίλασαι περὶ σεαυτοῦ καὶ τοῦ οἴκου σου, καὶ ποίησον τὰ δῶρα τοῦ λαοῦ, καὶ ἐξίλασαι περὶ αὐτῶν, καθάπερ ἐνετείλατο Κύριος τῷ Μωσεῖ.' Ἰδοὺ τοίνυν ἐνταῦθα, καίπερ ἑνὸς ὄντος τοῦ Μωσέως, ὡς περὶ ἑτέρου Μωσέως αὐτὸς Μωσῆς λέγων ἐστί, 'Καθάπερ ἐνετείλατο Κύριος τῷ Μωσεῖ.' Οὕτω τοίνυν καὶ περὶ τοῦ θείου Λόγου, ἐὰν λέγῃ ὁ μακάριος Πέτρος, ἀποσταλέντος τοῖς υἱοῖς Ἰσραὴλ διὰ Ἰησοῦ Χριστοῦ, οὐ χρὴ ἕτερον μὲν τὸν Λόγον, ἕτερον δὲ Χριστὸν νοεῖν, ἀλλ' ἕνα καὶ τὸν αὐτὸν διὰ τὴν ἕνωσιν τὴν πρὸς τὴν θείαν αὐτοῦ καὶ φιλάνθρωπον συγκατάβασίν τε καὶ ἐνανθρώπησιν. Εἰ δὲ καὶ νοοῖτο διχῶς, ἀλλ' οὐχ ὡς τοῦ Λόγου κεχωρισμένου, κατὰ τὸν θεσπέσιον Ἰωάννην, 'Καὶ ὁ Λόγος σὰρξ ἐγένετο,' εἰρηκότα, John i. 14. 'καὶ ἐσκήνωσεν ἐν ἡμῖν.' Τὸ ἄρα καλῶς καὶ ὀρθῶς εἰρημένον πρὸς τοῦ μακαρίου Πέτρου κακῶς καὶ στρεβλῶς νοοῦντες οἱ τοῦ Σαμοσατέως, ἐν τῇ ἀληθείᾳ οὐχ ἵστανται. Χριστὸς γὰρ τὸ συναμφότερον νοεῖται παρὰ τῇ θείᾳ Γραφῇ, ὡς ὅταν λέγῃ, 'Χριστὸς Θεοῦ δύναμις, καὶ Θεοῦ σοφία.' Εἰ τοίνυν λέγει ὁ 1 Cor. i. 24. Πέτρος τὸν Λόγον διὰ Ἰησοῦ Χριστοῦ ἀπεστάλθαι τοῖς υἱοῖς Ἰσραὴλ, τοῦτο σημαίνων νοείσθω, τὸν Λόγον σαρκωθέντα τοῖς υἱοῖς Ἰσραὴλ πεφανερῶσθαι, ἵν' ᾖ συνᾴδων τῷ, 'Καὶ ὁ Λόγος John i. 14. σὰρξ ἐγένετο.' Εἰ δὲ ἑτέρως ἐκεῖνο νοοῦσι, καὶ τὸν Λόγον μὲν, καθὼς καὶ ἔστι, θεῖον ὁμολογοῦντες, τὸν πρὸς αὐτοῦ ληφθέντα, ᾧ καὶ ἡνῶσθαι πιστεύεται, ἄνθρωπον ἀπ' αὐτοῦ χωρίζουσι, λέγοντες 'διὰ Ἰησοῦ Χριστοῦ' αὐτὸν ἀπεστάλθαι, ἑαυτοῖς ἐναντία φθεγγόμενοι οὐ νοοῦσιν. Οἱ γὰρ ἐνταῦθα χωρίζοντες τῆς θείας σαρκώσεως θεῖον νοοῦσι, σμικρύνουσιν ἄρα ἀκούοντες αὐτὸν σάρκα [? θεῖον γεγενῆσθαι, καὶ τὰ Ἑλλήνων φρονοῦσιν, ὥσπερ οὖν καὶ φρονοῦσι, Λόγον.] τροπὴν τοῦ Λόγου τὴν σάρκωσιν τὴν θείαν ὑπολαμβάνοντες.

32. Ἀλλ' οὐκ ἔστι τοῦτο, μὴ γένοιτο! Ὃν τρόπον γὰρ ἐνταῦθα τὴν ἀνέκφραστον ἕνωσιν ὁ Ἰωάννης κηρύσσει, ' καταποθέντος τοῦ θνητοῦ ὑπὸ τῆς ζωῆς,' καὶ αὐτοζωῆς ὄντος, καθὰ πρὸς τὴν Μάρθαν ὁ Κύριος ἔφη, ' Ἐγώ εἰμι ἡ ζωή·' οὕτω καὶ ὅταν λέγῃ ὁ μακάριος Πέτρος τὸ ' διὰ Ἰησοῦ Χριστοῦ ἀπεστάλθαι τὸν Λόγον,' τὴν θείαν ἕνωσιν σημαίνει. Ὡς γὰρ ἀκούων τις τὸ, ' Ὁ Λόγος σὰρξ ἐγένετο,' οὐκ ἂν νομίσοι μηκέτι οὖν εἶναι Λόγον, ὅπερ ἄτοπον, ὡς προείρηται· οὕτω καὶ Λόγον ἀκούων τὸν συναφθέντα τῇ σαρκὶ, τὸ θεῖον ἓν καὶ ἁπλοῦν νοείτω μυστήριον. Σαφέστερον δὲ καὶ ἀναμφισβήτητον παντὸς λογισμοῦ τὸ πρὸς αὐτὴν τὴν Θεοτόκον πρὸς τοῦ ἀρχαγγέλου ῥηθὲν τὴν ἑνότητα τοῦ θείου Λόγου καὶ ἀνθρώπου δείξειε. Φησὶ γάρ· ' Πνεῦμα ἅγιον ἐπελεύσεται ἐπὶ σὲ, καὶ δύναμις Ὑψίστου ἐπισκιάσει σοι· διὸ καὶ τὸ γεννώμενον ἅγιον κληθήσεται Υἱὸς Θεοῦ.' Ἀφρόνως οὖν οἱ τοῦ Σαμοσατέως τὸν Λόγον χωρίζουσι, σαφῶς ἀποδειχθέντα ἡνῶσθαι τῷ ἐκ Μαρίας ἀνθρώπῳ. Οὐκ ἄρα ἀπεστάλη δι' αὐτοῦ· ἀπέστελλε δὲ ἐν αὐτῷ, λέγων· ' Πορευθέντες μαθητεύσατε πάντα τὰ ἔθνη.'

33. Ἔθος δὲ τοῦτο τῇ Γραφῇ ἀπεριέργως καὶ ἁπλῶς τὰς λέξεις ἐκφράζειν· Οὕτω γὰρ καὶ ἐν τοῖς Ἀριθμοῖς τις εὑρήσει· ' Εἶπε' γὰρ, φησὶ, ' Μωσῆς τῷ Ῥαγουὴλ τῷ Μαδιανίτῃ, γαμβρῷ Μωσῆ.' Οὐ γὰρ ἄλλος Μωσῆς ὁ λέγων, καὶ ἄλλος οὗ ἦν γαμβρὸς ὁ Ῥαγουὴλ, ἀλλὰ εἷς ἦν Μωσῆς. Εἰ γὰρ ὁ Λόγος τοῦ Θεοῦ καὶ σοφία ὁμοίως χρηματίζει καὶ δύναμις, καὶ δεξιὰ, καὶ βραχίων, καὶ ὅσα τοιαῦτα· ἥνωται δὲ φιλανθρώπως ἡμῖν, τὴν ἀπαρχὴν ἡμῶν περιθέμενος, καὶ ταύτῃ ἀνακραθείς· ἆρα αὐτὸς ὁ Λόγος καὶ τὰ λοιπὰ εἰκότως εἴληχεν ὀνόματα. Τὸ γὰρ εἰρηκέναι τὸν Ἰωάννην ' ἐν ἀρχῇ μὲν εἶναι τὸν Λόγον, καὶ τοῦτον πρὸς τὸν Θεὸν, καὶ αὐτὸν Θεὸν, καὶ πάντα δι' αὐτοῦ, καὶ χωρὶς αὐτοῦ γεγενῆσθαι μηδὲν,' πλάσμα τοῦ Θεοῦ Λόγου σαφῶς καὶ τὸν ἄνθρωπον δείκνυσιν ὑπάρχειν. Εἰ τοίνυν τοῦτον σαθρωθέντα εἰς ἑαυτὸν λαβόμενος, πάλιν ἀνακαινίζει διὰ τῆς βεβαίας αὐτοῦ ἀνανεώσεως πρὸς διαμονὴν ἀτελεύτητον, καὶ διὰ τοῦτο ἐνοῦται, εἰς θειοτέραν ἀνάγων αὐτὸν λῆξιν, πῶς οἷόν τε λέγειν διὰ τοῦ ἐκ Μαρίας ἀνθρώπου τὸν Λόγον ἀπεστάλθαι, καὶ τοῖς λοιποῖς ἀποστόλοις, λέγω δὴ προφήταις, ἀποσταλεῖσι παρ' αὐτοῦ συναριθμεῖν τὸν τῶν ἀπο-

II. 34.] *Jesus, the Word made Man.* 249

στόλων Κύριον; Πῶς δὲ καὶ κληθείη Χριστὸς ψιλὸς ἄνθρωπος; Ἡνωμένος δὲ τῷ Λόγῳ, εἰκότως χρηματίζοι Χριστὸς, καὶ Υἱὸς Θεοῦ, ἄνωθεν τοῦ προφήτου σαφῶς ἐκβοήσαντος τὴν πατρικὴν ὑπόστασιν περὶ αὐτοῦ, καὶ εἰπόντος· 'Καὶ ἀποστελῶ τὸν Υἱόν μου τὸν Χριστόν·' καὶ ἐν τῷ Ἰορδάνῃ· 'Οὗτός ἐστιν ὁ Υἱός Matt. iii. 17. μου ὁ ἀγαπητός.' Ἐκπληρώσας γὰρ τὴν ὑπόσχεσιν, εἰκότως ὑπέδειξεν, ὡς οὗτός ἐστιν, ὃν εἶπεν ἀποστεῖλαι.

34. Τὸ τοίνυν συναμφότερον νοῶμεν Χριστὸν, Λόγον τὸν θεῖον ἡνωμένον τῷ ἐκ Μαρίας ἐν τῇ Μαρίᾳ. Ἐν γὰρ τῇ ταύτης νηδύϊ ὁ Λόγος ἑαυτῷ τὸν οἶκον διεπλάσατο, ὃν τρόπον ἐξ ἀρχῆς τὸν Ἀδὰμ ἐκ τῆς γῆς· μᾶλλον δὲ θειοτέρως, περὶ οὗ καὶ Σολομῶν φησι, τὸν Λόγον εἰδὼς καὶ σοφίαν χρηματίζουσαν φανερῶς· 'Ἡ Σοφία ᾠκοδόμησεν ἑαυτῇ οἶκον·' ὃν καὶ ὁ Ἀπόστολος Prov. ix. 1. ἑρμηνεύων λέγει, 'οὗ οἶκός ἐσμεν ἡμεῖς·' καὶ ἀλλαχοῦ δὲ 'ναὸν' Heb. iii. 6. προσαγορεύει, καθότι πρέπον Θεῷ ἐν ναῷ κατοικεῖν, οὗ καὶ εἰκόνα 1 Cor. iii. 16. τὴν ἐκ λίθων τοῖς παλαιοῖς κτίζειν διὰ Σολομῶντος προσέταξεν· ὅθεν τῆς ἀληθείας φανείσης, πέπαυται ἡ εἰκών. Βουληθεῖσι γὰρ τοῖς ἀγνώμοσι τὴν εἰκόνα δεῖξαι ἀλήθειαν, τὴν δὲ ἀληθῆ οἴκησιν, ἣν καὶ ἕνωσιν σαφῶς πιστεύομεν, καθελεῖν, οὐκ ἠπείλησεν· ἀλλ' εἰδὼς, ὡς αὐτοὶ καθ' ἑαυτῶν τολμῶσι, φησὶν αὐτοῖς· 'Λύσατε John ii. 19. τὸν ναὸν τοῦτον, καὶ ἐν τρισὶν ἡμέραις ἐγερῶ αὐτόν·' σαφῶς δεικνὺς ὁ ἡμέτερος Σωτὴρ, ὡς τὰ πρὸς ἀνθρώπων σπουδαζόμενα αὐτόθεν ἔχει τὴν διάλυσιν. 'Ἐὰν γὰρ μὴ Κύριος οἰκοδομήσῃ Ps. cxxvi. οἶκον, καὶ φυλάξῃ πόλιν, εἰς μάτην ἐκοπίασαν οἱ οἰκοδομοῦντες, (cxxvii.) 1. καὶ ἠγρύπνησαν οἱ φυλάσσοντες.' Τὰ τοίνυν τῶν Ἰουδαίων λέλυται· σκιὰ γὰρ ἦν· τὰ δὲ τῆς Ἐκκλησίας ἥδρασται· 'τεθεμε- Matt. vii. 29; λίωται γὰρ ἐπὶ τὴν πέτραν,' 'καὶ πύλαι ᾅδου οὐ κατισχύσουσιν John x. 33. αὐτῆς.' Ἐκείνων ἦν τὸ λέγειν, 'Πῶς σὺ, ἄνθρωπος ὢν, ποιεῖς σεαυτὸν Θεόν;' τούτων μαθητὴς ὁ Σαμοσατεὺς ὑπάρχει· ὅθεν εἰκότως τὰ παρ' αὐτοῦ τοῖς αὐτοῦ ἀπαγγέλλει. 'Ἀλλ' ἡμεῖς οὐχ Eph. iv. 20-24. οὕτως ἐμάθομεν τὸν Χριστὸν, εἴγε αὐτὸν ἠκούσαμεν, καὶ παρ' αὐτοῦ ἐδιδάχθημεν, ἀποθέμενοι τὸν παλαιὸν ἄνθρωπον τὸν φθειρόμενον κατὰ τὰς ἐπιθυμίας τῆς ἀπάτης, ἀναλαβόντες δὲ τὸν νέον τὸν κατὰ Θεὸν κτισθέντα ἐν δικαιοσύνῃ καὶ ὁσιότητι τῆς ἀληθείας.' Χριστὸς τοιγαροῦν τὸ συναμφότερον εὐσεβῶς νοείσθω.

35. Εἰ δὲ καὶ τὸ σῶμα καλεῖ πολλαχοῦ ἡ Γραφὴ 'Χριστὸν,' ὡς ὅταν λέγῃ ὁ μακάριος Πέτρος πρὸς Κορνήλιον, διδάσκων ''Ιησοῦν τὸν ἀπὸ Ναζαρὲτ, ὃν ἔχρισεν ὁ Θεὸς Πνεύματι ἁγίῳ·' καὶ πάλιν πρὸς 'Ιουδαίους, ''Ιησοῦν τὸν ἀπὸ Ναζαρὲτ, ἄνδρα ἀπὸ τοῦ Θεοῦ ἀποδεδειγμένον εἰς ὑμᾶς·' καὶ πάλιν ὁ μακάριος Παῦλος πρὸς 'Αθηναίους, ''Εν ἀνδρὶ ᾧ ὥρισε, πίστιν παρασχὼν πᾶσιν, ἀναστήσας αὐτὸν ἐκ νεκρῶν·' ταὐτὸν δὲ τῇ χρίσει πολλαχόσε τὴν ἀνάδειξιν καὶ τὴν ἀποστολὴν εὑρίσκομεν· ἐξ ὧν μανθάνειν ἔξεστι τῷ βουλομένῳ, ὡς οὐ διαφωνία τις ἐν τοῖς ῥήμασι τῶν ἁγίων, ἀλλὰ διαφόρως τὴν πρὸς τὸν ἐκ Μαρίας ἄνθρωπον τοῦ Θεοῦ Λόγου ἕνωσιν γενομένην ὀνομάζουσι ποτὲ μὲν 'χρίσιν,' ποτὲ δὲ 'ἀποστολὴν,' ἄλλοτε δὲ 'ἀνάδειξιν.' Τὸ τοίνυν λεγόμενον ὑπὸ τοῦ μακαρίου Πέτρου ὀρθὸν, καὶ εἰλικρινῆ τὴν θεότητα τοῦ Μονογενοῦς κηρύσσει, οὐ τὴν ὑπόστασιν χωρίζον τοῦ Θεοῦ Λόγου ἀπὸ τοῦ ἐκ Μαρίας ἀνθρώπου· μὴ γένοιτο! Πῶς γὰρ ὁ ἀκούσας πολλαχῶς τὸ, ''Εγὼ καὶ ὁ Πατὴρ ἕν ἐσμεν,' καὶ, ''Ο ἑωρακὼς ἐμὲ, ἑώρακε τὸν Πατέρα;' Δι' οὗ καὶ μετὰ τὴν ἀνάστασιν, τὸ αὐτὸ, 'κεκλεισμένων τῶν θυρῶν,' εἰσερχόμενον πρὸς πᾶσαν τῶν ἀποστόλων τὴν ξυνωρίδα, καὶ εἴ τι παρῆν ἐκ τούτου δυσπειθὲς, διαλύσαντα τῷ εἰπεῖν, 'Ψηλαφήσατέ με, καὶ βλέπετε, ὅτι πνεῦμα σάρκα καὶ ὀστέα οὐκ ἔχει, καθὼς ἐμὲ θεωρεῖτε ἔχοντα.' Καὶ οὐκ εἶπε, 'τόνδε,' ἢ, 'τὸν ἄνθρωπόν μου, ὃν ἀνείληφα,' ἀλλ' 'ἐμέ.' Ὅθεν οὐδεμίαν συγγνώμην εὑρεῖν δυνήσεται ὁ Σαμοσατεὺς, ἐκ τοσούτων τὴν ἕνωσιν τοῦ Θεοῦ Λόγου διελεγχθείς· καὶ ἀπ' αὐτοῦ δὲ τοῦ Θεοῦ Λόγου, ἄρτι μὲν πρὸς πάντας τὴν πεῖσιν προσάγοντος, καὶ πληροφορῶν ἀπό τε τοῦ φαγεῖν καὶ τὴν ψηλάφησιν ἐπιτρέψαι, ἣ δὴ καὶ γεγένηται. Πάντως γὰρ ὁ διδοὺς τὴν τροφὴν, ἣ οἱ διδόντες, ἥψαντο τῶν χειρῶν. ''Επέδωκαν' γὰρ, φησὶν, 'αὐτῷ ἰχθύος ὀπτοῦ μέρος, καὶ ἀπὸ μελισσίου κηρίου· καὶ φαγὼν ἐνώπιον αὐτῶν,' λαβὼν τὰ ἐπίλοιπα, ἀπέδωκεν αὐτοῖς. Ἰδοὺ τοίνυν, εἰ καὶ οὐχ ὡς ὁ Θωμᾶς, ἀλλ' ὅμως δι' ἑτέρας μεθόδου, τὴν πληροφορίαν αὐτοῖς παρέσχε ψηλαφηθείς. Εἰ δὲ καὶ τοὺς μώλωπας ἰδεῖν θέλοις, παρὰ Θωμᾷ μάθε· 'Φέρε' γάρ 'σου,' φησὶ, 'τὴν χεῖρα καὶ βάλε εἰς τὴν πλευράν μου, καὶ φέρε τὸν δάκτυλόν σου, καὶ βλέπε τὰς χεῖράς μου.' Πλευρὰν ἰδίαν καὶ χεῖρας ὀνομάζων ὁ

became Man, Jesus Christ.

Θεὸς Λόγος, καὶ ὅλον αὐτὸν ἄνθρωπόν τε καὶ Θεὸν ὁμοῦ, ἄρτι μὲν τοῦ Λόγου καὶ τὴν αἴσθησιν τοῖς ἁγίοις διὰ σώματος, ὡς ἔστι νοεῖν, παρέχοντος τῷ εἰσελθεῖν 'τῶν θυρῶν κεκλεισμένων·' παρευθὺ δὲ σὺν τῷ σώματι παρεστὼς, καὶ τὴν πληροφορίαν παρέχων. Ταῦτα τοῖς πιστοῖς εἰς βεβαίωσιν, καὶ τοῖς ἀπίστοις εἰς διόρθωσιν εἰρήσθω συμμέτρως.

36. Διορθούσθω τοιγαροῦν καὶ Παῦλος Σαμοσατεὺς, τῆς θείας κατήκοος γεγενημένος φωνῆς, 'τὸ σῶμά μου,' λέγοντος, καὶ οὐχὶ Matt. xxvi. 'τὸν Χριστὸν ἕτερον παρ' ἐμὲ τὸν Λόγον,' ἀλλὰ 'σὺν ἐμοὶ 26. αὐτὸν, καὶ ἐμὲ σὺν αὐτῷ. Τὸ γὰρ χρίσμα ἐγὼ ὁ Λόγος, τὸ δὲ χρισθὲν ὑπ' ἐμοῦ ὁ ἄνθρωπος· οὐ χωρὶς οὖν ἐμοῦ Χριστὸς κληθείη ἂν, ἀλλὰ σὺν ἐμοὶ ὢν καὶ ἐμοῦ ἐν αὐτῷ.' Τὸ τοίνυν ἀποστολὴν τοῦ Λόγου σημαίνεσθαι ἔνωσιν δηλοῖ τὴν πρὸς τὸν ἐκ Μαρίας Ἰησοῦν, ὃς ἑρμηνεύεται Σωτὴρ, οὐ δι' ἕτερόν τι, ἀλλ' ἢ διὰ τὸ τῷ Θεῷ Λόγῳ ἡνῶσθαι. Ταὐτὸ σημαίνεται τὸ ῥητὸν τοῦτο τῷ 'ὁ πέμψας με Πατὴρ,' καὶ, ''Απ' ἐμαυτοῦ οὐκ ἐλή- John viii. 10. λυθα, ἀλλ' ὁ Πατήρ με ἀπέστειλε.' Τὴν γὰρ πρὸς τὸν ἄνθρωπον Ib. 42. ἔνωσιν, σὺν ᾧ γνωρισθῆναι ἀνθρώποις ἦν δυνατὸν τὴν ἀόρατον φύσιν διὰ τῆς ὁρωμένης, 'ἀποστολὴν' ὠνόμασεν. Οὐ γὰρ δὴ Θεὸς τόπους ἀμείβει, καθ' ἡμᾶς τοὺς ἐν τόποις κρυπτομένους, τῷ τῆς μικρότητος ἡμῶν σχήματι τῆς ὑπάρξεως τῆς ἐν σαρκὶ ἐπιδεικνύμενος· πῶς γὰρ ὁ τὸν οὐρανὸν καὶ τὴν γῆν πληρῶν; Ἀλλὰ τῆς ἐν σαρκὶ παρουσίας ἕνεκα τὴν ἀποστολὴν οἱ δίκαιοι ὠνόμασαν. Εἶτα οὖν καὶ αὐτὸς ὁ Θεὸς Λόγος· Χριστὸς οὖν ὁ ἐκ Μαρίας Θεὸς ἄνθρωπος· οὐχ ἕτερός τις Χριστὸς, ἀλλ' εἷς καὶ ὁ αὐτός· οὗτος πρὸ αἰώνων ἐκ Πατρὸς, οὗτος ἐπ' ἐσχάτων ἐκ τῆς Παρθένου· ἀόρατος τὸ πρὶν καὶ ταῖς ἐν οὐρανῷ δυνάμεσιν ἁγίαις, ὁρατὸς νυνὶ διὰ τὴν πρὸς τὸν ὁρώμενον ἄνθρωπον ἕνωσιν· ὁρώμενος δὲ, φημὶ, οὐ τῇ ἀοράτῳ θεότητι, ἀλλὰ τῇ τῆς θεότητος ἐνεργείᾳ διὰ τοῦ ἀνθρωπίνου σώματος καὶ ὅλου ἀνθρώπου, ὃν ἀνεκαίνισε τῇ οἰκειώσει τῇ πρὸς ἑαυτόν. Αὐτῷ τὸ σέβας καὶ ἡ προσκύνησις, ὃς ἦν πρώην, καὶ νῦν, καὶ ἀεὶ, καὶ εἰς τοὺς αἰῶνας. Ἀμήν.

INDEX.

A.

AARON, 76.
'Accident and essence,' 37.
Action of Christ, Divine and human, 186, 189, 210.
Adam, before his fall, 139; fall of, 53; we die in, 46, 188.
Adoption, our sonship by, 129, 131, 174; dependent on the true Sonship, 40, 245.
Adoration, received by the Son, 92.
'Advancement,' how far possible to Christ, 206.
Agony of Christ, the, 209.
'Alterableness,' ascribed to the Son by first Arians, 9, 36, 53, 87.
'Angel of great counsel,' the Son, 166.
Angels, the holy, inferior to the Son, 58, 64, 168; in what sense the Son was 'made better than,' 58; Law given through, 61; ministration of, 65, 92, 166, 204; not associated with God, 166; refuse worship, but offer it to the Son, 92; rejoice in our exaltation, 44; various ranks of, 88, 96.
Anointing of the Son, what, 49, 251.
Anthropomorphic language of Scripture, 244.
Antichrist, 1, 7.
Apostles, the, 3, 210.
'Appropriation,' by the Word, of what belongs to man, 187, 193.

Arianism, novel, 8, 103; propositions or statements of, 5, 9, 11, 212; unscriptural, 9, 101.
Arians, baptism of, invalid, 112; cavilling questions put by, 24, 87, 102, 104, 180, 220; faith of, vain, 113; persecuting, 182; reticence of, 10; specimens of reasoning of, 15, 95, 171; title of, 3; worldly motives of, 56, 113.
Arius, 2, 7, 94, 106.
'As,' how much implied by, 177.
Asterius, 33, 94, 106, 109, 155, 213.
Athanasius, Catholics not called after, 3.

B.

BAPTISM, Christ's, effect of on us, 49.
Baptism, Christian, contains the whole faith, 238; its form witnesses for the Trinity, 35, 110; void when given by deniers of faith, 112.
Basilides, 3.
'Become,' how used of God, 65, 82; of the Son, 63, 67.
'Before He was begotten He existed not,' Arian dictum, 11, 21; laid aside by later Arians, 214.
'Beginning of ways,' how the Word is a, 118.
'Begotten,' sense of, as to Son of God, 28, 104, 127, 130.

Index.

Being of the Son, Divine, 159.
Belief, simple, best, 155.
'Beloved,' the, 246.
Blasphemy against the Son of Man, &c., 52.
Body, Christ's, 44, 131, 186, 195; is 'God's body,' 186.
'Brothers,' Arian objection as to, 15.

C.

CARPOCRATES, 59.
Catechizing, 4, 8.
Catholic Church, the, 4.
Change, none made in the Son by Incarnation, 41, 50, 76, 248.
Christ, the, must be Divine, 51; not a mere man, 85, 249.
Christian, name of, 2.
Coequality, the Divine, 52, 64, 159.
Coexistence, the Divine, 29, 33, 162, 183, 226.
Coinherence, the Divine, 155, 191.
Comparison, of things of the same kind, 59.
Constantius, 11, 183.
Council, the Nicene, 7, 31.
Counsel of God, the Son Himself is, 216.
Created agent for creating, Arian theory of a, 93, 229.
'Created,' how the Son is said to be, 14, 131.
Creation, the first, effected by the Son, 70, 133; and the second, 18, 147.
Creature, Arians make the Son a, 69, 89; identical with a work, 141.
Creatures, the Son not one of, 119; none of could join man to God, 137; prayer not made to any of, 187.
Creature-worship, of Arians, 8, 83, 170.
Cross, the, 44; a scandal to Jews, 185.

D.

DANIEL, predicted the time of Christ's coming, 84.
Day, the Last, how known and how not known to Christ, 192, 196.

Death of Christ, by His own will, and our death annulled by it, 210; cause of our salvation, 44, 63, 139.
'Deification' of manhood in Christ, 47, 178, 187.
Difficulties, not to weigh against belief, 105.
Distinction of Father and Son, 157, 222; of Godhead and Manhood in Christ, 184, 195, 249.
Ditheism, Arian tendencies to, 171.
Divine and human aspects of the Incarnation, 184, 186.
Division of Divine essence, impossible, 17.
Docetism, 112.

E.

'ECONOMY,' the, of the Incarnation, 67, 80, 120, 123.
'Efficient cause,' no creature truly an, 168.
Election, our, 147.
Emancipation of mankind by the Word, 83, 138, 143.
Emmanuel, prophecy of, 57, 184.
Emperor, image of the, 158.
'Essence' of the Son, proper to the Father, 90; used for Christ's Godhead, 80, 120, 136, 151.
Eternity of the Son, proved by His being a true Son, 16; by doctrine of Trinity, 18; by His titles, 20.
Eusebius (of Nicomedia), 24, 38, 94, 228.
'Ever Father,' 26, 30, 233.
Exaltation, ascribed to Christ in regard to our nature exalted in Him, 42, 226; and to His bodily resurrection, 45.
'Expansion,' theory of, 231.
'Expression' of the Father, Christ the, 21, 51, 69, 102.

F.

FAITH, the apostolical, 4.
'Faithful,' Christ how called, 78.
Fall of man, the, 53, 136.
Father, the, attributes of ascribed to the Son, 158; dishonoured by Arianism, 27; eternity of, implies

eternity of the Son, 26, 159; how called 'the only God,' 160; inseparable from the Son, 111, 158, 191; yet distinct from Him, 23, 157, 222; the Son 'from,' 191.
Fear, how there could be in Christ, 207.
'Firstborn,' how Christ is, 132.
Flesh of Christ, belongs to the Word, 46, 131; proper acts of the, 185; reality of the, 140, 195.
'Founded,' the Word how said to be, 143.
'Fountain,' the Father a, 20.
'From the Father's essence,' 17.

G.

GALATIANS, the, 57.
'Generate' things, 34, 37, 59.
Generation of the Son, eternal, 15, 26, 29.
'Genuineness' of the Sonship, 17, 63, 114, 156.
Glory of the Son before the Incarnation, 40; of the Trinity, one, 19.
God and Man, Christ is, 209, 251.
'God blessed for ever,' Christ is, 10, 26, 222.
God Incarnate, Christ is, 41, 45, 80, 85, 184, 204; not man deified or sanctified, 40, 185.
'God,' name of, sometimes used laxly, 40.
Godhead of the Son, the Father's, 86, 157, 169, 180.
Grace, given by the Son, 42, 47; perpetual in those who wish to retain it, 180.
Greek philosophy, 32.

H.

HADES, Christ did not remain in, 45; opened by Him, 209.
'Hand of God,' the Son called, 141.
'He that is,' God must be, 216.
Hebrews, Epistle to the, 78.
Heresy, ascribed to the devil, 8, 11; different from mere perplexity, 105.
High priesthood of Christ, 75.

'Homoiousion' denied by real Arians, 180; sense of 'Homoousion' virtually put upon it by St. Athanasius, 22, 163.
'Homoousion,' the, 9, 228, 230.
'How?' not a fit question as to God, 105.
Human attributes of Christ, wrongly urged against His Deity, 182, 190.
Human sonship, how far analogous to Divine, 28, 220.
Hymenæus and Alexander, 57.

I.

ILLUSTRATIONS, helpful but imperfect, 102, 177.
Image of God, the, must be Divine, 22, 69, 105, 165; eternal, 183.
Impassibility of the Word, as such, 188, 209.
'In Christ,' Christians are, 147.
'In God,' how we are, 178.
Incarnation, the, 52, 61, 65, 67, 226; in what sense necessary, 138; twofold aspect of, 184, 189, 249.
'Ingenerate,' the, 31, 170.
Inseparableness of Son from Father, 111, 158, 183, 191, 222.
Irreverent questions of Arians, 24.

J.

JESUS, Name of, 44, 85.
Jews, Arians compared to, 39, 69, 83, 161, 170, 182; Isaiah misinterpreted by, 57; ruin of their Temple, &c., 249; still expect a Messiah who is not to suffer, 83.
Jonah, 177.
Judgment, the future, 113.

K.

KING, Christ the eternal, 48, 51.
Knowledge of the Son is knowledge of the Father, 17, 37.

L.

LAW, the, excelled by the Gospel, 62.
Lazarus, 186, 191.

Likeness, complete, of the Son to the Father, 90.
Limitations ascribed to Christ as Man, not as God, 193.
Lordship of Christ prior to Incarnation, 81; proved mainly by His Sonship, 183.
Love, Christ's for man, 197; of righteousness, &c., 54.

M.

MADE, things that are, *per se* alterable, 52.
Man, Christ not a sanctified, 40, 185.
Manhood, Christ's, 79, 117; necessary to our salvation, 193; not to be ignored, 189; our relation to, 51; texts referring to, 72, 76, 180.
Manicheans, 3, 8, 24, 56, 109, 169, 190, 203, 240.
Manifestation of Godhead through Christ's Manhood, 206.
Marcion, 3, 90, 169.
Martyrs, 210.
Mary, the Blessed Virgin, 75, 112, 185, 195, 208, 251; ever-Virgin, 140; 'Theotocos,' 168, 184, 187, 248.
Materialistic notions disclaimed, 17, 29; imputed to Arians, 23, 154.
Mediator, the, 140, 226.
Meletius, 3.
Miracles of Christ, 186, 194.
Modifications of Arian language, 212.
'Monarchia,' the, 222.
Moses, contrasted with Christ, 78.
Mysteriousness of Divine being and action, 16, 105.

N.

NATURE, equivalent to essence, 58; Divine Sonship by, 70, 176; human, in Christ, 206; of Father and Son, one, 157; used for Christ's Godhead, 188.
Non-scriptural terms, use of, 51.
'Not as one of the creatures,' Arian saying, 87.
'Not two Fathers,' 224.
Novatians, 3.

O.

OFFSPRING of God, the Son is the true, 162; the eternal, 15; from His essence, 18, 37, 41, 165, 216, 225; opposed to a creature, 127; perfect, 105.
Omniscience, Christ had, as God, 197.
'Once the Son was not,' Arian formula, 5, 16, 19, 21 2.
'One Father, not two,' 224.
Oneness, Divine, of Father and Son, 228; ours with God, moral, 172.
'Only-begotten,' the, 132, 246.
Origin of Godhead, one, 222.
'Out of nothing,' Arians say the Son came to exist, 9, 68.

P.

PAGAN gods, local, 78.
Paraclete, the, 245.
Participation, error of saying that Christ is God by, 6, 17, 155.
Passion, the, belongs to Christ's Manhood, 188; yet said to be the Word's, 186.
Passions, power of, gradually destroyed in Christians through the Incarnation, 189.
Paul of Samosata, 27, 39, 81, 112, 180, 204, 250.
Paul, St., rapture of, 200.
Peter, bishop of Alexandria, 3.
Peter, St., confession of, 86.
Phrygians (Montanists), 112, 200.
Polytheism, imputed to Christians by Pagans, 169.
'Power of God,' the, a title of the Son, 12; He is the essential or subsisting, 70.
Powers, Arians make the Son one of the, 5, 107.
Prayer, efficacy of, 66; the Lord's, 35.
Predestination, our, relation of, to Christ, 146.
Pre-existence of the Son, 40, 89.
Probation impossible to the Divine Son, 39.
'Proper' to God and His essence, His Son must be, 31, 37, 70, 156, 159, 190, 208, 215.

Properties of manhood, the Incarnate Son acted through, 186.
Prophecy, pointed to a Divine Christ, 84.
Prophets, how the Word came to, 185.
Ptolemæus, 213.
Punishment heavier under Gospel than under Law, 62.

Q.

'QUALITY' and 'essence,' 223.
Question at issue, the, 10.

R.

'RADIANCE,' the Son called, 29, 103, 157, 167, 191, 229.
'Receive,' how Christ is said to, 194, 226.
Regeneration, Christian, 188.
Repentance after a fall, 180.
Repetition often necessary, 91, 207.
Restoration of man, could not be effected by a creature, 136; promotes God's glory, 44.
Resurrection of Christ, 45; the future, 136.
Reverence, how professed by the Arians, 5, 30.
Reward of virtue, Christ's exaltation not a, 41, 45, 49, 51.
Righteousness, made possible through Christ, 54.
Rule of Scripture interpretation supplied by Church-belief, 183, 190, 211.

S.

SABELLIANISM, 157, 190, 223, 228, 234, 242.
Sacrifice of Christ, the, 75, 77.
Saints, Arianism virtually ranks the Son with, 156.
Sanctification, gained by us from Christ, 43, 48, 50, 63; of Christ as to His Manhood, 49.
Scripture, Arians contradict, 101; insist on language of, but misuse, 8, 55; orthodox belief appeals to, 9, 143, 184.
Second Adam, Christ is, 53.
Simon Magus, 3.
Simplicity of the Godhead, 29.

Sins, when purged, 57.
Son, a, the true offspring of a father's essence, 16, 30, 70, 103, 215.
Son of God, claim to be, Jews regard as blasphemous, 83, 143; existence of a real, the first principle of Christianity, 103, 143; must be eternal, 15, 190, 193; not adopted, but proper, natural, and essential, 15, 129, 165, 173, 187, 224; not like human sons, 23; such as the Father is, 21; uncreated, 73; was before Incarnation, 240; Arianism denies reality of His Sonship, 16; another theory separates from Word, 232.
Sotades, 2, 4.
Spirit, the Holy, belongs to Christ, 50; given by Him, 17, 87; received by Him as Man, 50; receives from Him, 179, 197; superior to Him as Man, though equal as God, 52; the Father acts in, 169.
Stoics, 80, 231.
'Subsistence' of the Father, 21, 102, 219, 249.

T.

'TEMPLE,' Christ's body the true, 249; Christians a spiritual, 144.
Testaments, the Old and New, harmony of, 240.
Texts specially discussed:—

Deut. xxxii. 39	160
Ps. xlv. 7, 8	48
„ cx. 3	244
Prov. viii. 22	113
Isa. xliv. 6	160
Matt. xi. 27	190
„ xxvi. 39	207
„ xxviii. 18	190
Mark xiii. 32	195
Luke ii. 52	203
John i. 1, 14	123, 185
„ iii. 35	190
„ v. 30	190
„ x. 30	157, 208, 228, 234
„ xii. 27	207
„ xiv. 9, 10	154, 158
„ xiv. 28	61
„ xvii. 3	162
„ xvii. 11	171
„ xvii. 19	48

Texts specially discussed—*continued*.
Acts ii. 24 . . . 46
  „ ii. 36 . . . 79
  „ x. 36 . . . 246
Rom. viii. 29 . . . 131
Eph. i. 20 . . . 226
Phil. ii. 5–11 . . . 41
  „ ii. 6 . . . 159
Col. i. 15 . . . 132
  „ i. 18 . . . 132
  „ ii. 9 . . . 185
Heb. i. 4 . . . 55
  „ ii. 1 . . . 61
  „ iii. 2 . . . 69
  „ iii. 5 . . . 78
1 Pet. ii. 24 . . . 186
  „ iv. 1 . . . 188
1 John iv. 13 . . . 179
'Thalia,' the, 4, 10.
Theophanies, in Old Testament, 40, 168.
Thomas, St., worshipped Christ, 32.
Time, of Christ's coming, chosen, 31; of each man's death, hidden from him, 202.
Titles of 'Son' and 'Word,' 29.
Trinity, doctrine of the, 18, 169.
'True God,' the Son is, 162, 174.
'Two Eternals,' not held, 18.
'Two Gods,' not held, 229.

U.

'UNDERSTANDING' of God, the Son is, 218.
Union, ours with each other, 176; with God, moral, not essential, 174; with the Word, 226.
Unity of God, preserved by the Trinity, 19, 64, 157, 160, 223, 229.

Universality of Christianity, 62.
Unlikeness to the Father, ascribed to the Son by Arius, 6.

V.

VALENTINUS, 3, 90, 213, 218.
Variety of interpretations offered, 63, 81, 176, 192.
'Very God, of very God,' 41.
Vicariousness of Christ's death, 136.

W.

WEAK objections not to be ignored, 30.
'Whole God,' the Son is, 159.
'Will,' Arian formula respecting, 212; the 'living,' of God, the Son is, 70; mutual, of Father and Son, 219; Sonship transcends all acts of, 70, 215.
Wisdom, Arians imagine an impersonal, 5, 9, 106; created, seen in God's works, 148; the Divine, must be uncreate, 151; identical with the Son, 29, 153; truly incarnate, 152.
Word, the eternal, 20, 102; God could never be without, 21, 232; identical with the Son, 29, 80, 100, 108, 225, 232; only one, 96, 106, 190; really subsistent, not merely 'uttered,' 104, 223.
Work, the Son not a, 30, 69, 75.
World, the Son Framer of the, 198.
Worship of the Father and the Son, 160.

www.ingramcontent.com/pod-product-compliance
Lightning Source LLC
Chambersburg PA
CBHW061423300426
44114CB00014B/1508